SOLEDAD ACOSTA DE SAMPER

Escritura, género y nación en el siglo XIX

COMPILACIÓN DE CAROLINA ALZATE Y MONTSERRAT ORDÓÑEZ

SOLEDAD ACOSTA DE SAMPER

Escritura, género y nación en el siglo XIX

COMPILACIÓN DE CAROLINA ALZATE Y MONTSERRAT ORDÓÑEZ

Iberoamericana · Vervuert · 2005

Bibliographic information published by Die Deutsche Bibliothek
Die Deutsche Bibliothek lists this publication in the Deutsche Nationalbibliografie;
detailed bibliographic data are available on the Internet at <http://dnb.ddb.de>.

Esta obra ha sido publicada con la colaboración
de la Universidad de los Andes

© Iberoamericana, 2005
Amor de Dios, 1 – E-28014 Madrid
Tel.: +34 91 429 35 22
Fax: +34 91 429 53 97
info@iberoamericanalibros.com
www.ibero-americana.net

© Vervuert, 2005
Wielandstrasse. 40 – D-60318 Frankfurt am Main
Tel.: +49 69 597 46 17
Fax: 49 69 597 87 43
info@iberoamericanalibros.com
www.ibero-americana.net

ISBN 84-8489-097-X (Iberoamericana)
ISBN 3-86527-195-2 (Vervuert)

Depósito Legal: B-48.138-2005

Cubierta: Marcelo Alfaro
Impreso en España por Cargraphics.
The paper on which this book is printed meets the requirements of ISO 9706

Tabla de Contenido

II. INVITACIÓN A LA LECTURA

III. HISTORIAS Y CONTEXTOS

IV. UN NUEVO SIGLO

A la memoria de Montserrat Ordóñez

Presentación

Soledad Acosta de Samper (1833-1913) es la escritora colombiana más importante del siglo XIX y su obra se encuentra entre las más destacadas de su época. Dentro su producción se cuentan novelas sentimentales e históricas, cuadros de costumbres, obras de teatro, ensayos, la fundación y dirección de periódicos y la historiografía.

Esta autora nació en Bogotá en 1833, hija de Joaquín Acosta, militar de los ejércitos patriotas e historiador y geógrafo, y de Carolina Kemble, nacida en Nueva Escocia. Como hija única de este estudioso y con una fuerte herencia anglosajona, Soledad Acosta recibió una educación nada corriente dentro del medio femenino granadino. Su educación formal la recibió en París entre los doce y los diecisiete años, siendo éste apenas uno de los destinos diplomáticos a los que acompañó a su padre. Además de escritora de varios géneros y disciplinas, fue viajera y traductora. A toda su obra la recorre el interés de trabajar por el bien de la nación, interés común a toda la comunidad letrada de la época, y a favor de la educación, autonomía y bienestar del género femenino. Se casó con el escritor y político José María Samper, quien siempre fue propicio a su trabajo y con quien realizó varios proyectos conjuntos: de hecho las obras de estos dos autores son las más prolíficas del siglo XIX colombiano. Sostuvo correspondencia con lo más destacado de la intelectualidad española e hispanoamericana del momento, destacándose nombres como los de Mercedes Cabello de Carbonera y Juan Valera. Fue una de las fundadoras de la Academia Colombiana de Historia. Murió en Bogotá en 1913.

Su producción narrativa, valiosa por sí misma, arroja además una luz imprescindible sobre nuestro siglo XIX, sirviendo de contexto, entre otros, a la comprensión de *María*, de la labor nacional y literaria de la tertulia de El Mosaico y en general a toda la producción cultural decimonónica entendida en sentido amplio. La obra narrativa de esta autora contó sin embargo, y a pesar de su calidad y sofisticación, con muy poca recepción letrada en su momento, y ello explica en parte el desconocimiento o el conocimiento parcial y superficial del que la rodeó nuestra historiografía literaria hasta muy recientemente.

La compilación que hoy presentamos es producto de una amplia investigación hemerográfica y bibliográfica, así como del trabajo coordinado de estudiosos de la academia nacional e internacional que desde los años 1980 hacia acá se han interesado más y más en su obra. La labor en bibliotecas nacionales y la elaboración final del presente libro estuvo a cargo del grupo *Soledad Acosta de Samper. Estudios literarios y culturales del siglo XIX* (en particular de Carolina Alzate, María Victoria González y Yamile Silva), y consistió en la ubicación, lectura y selección de los textos escritos sobre esta autora desde la década de 1860 hasta el día de hoy. La búsqueda nos confirmó en algo que de antemano sospechábamos: los estudios sobre su obra comienzan a hacerse sistemáticos apenas en la década de 1980. En la primera mitad del siglo XX, dos reputados historiadores, Gustavo Otero Muñoz y Bernardo Caycedo, escribieron estudios extensos y cuidadosos sobre su producción, pero nada más pudimos localizar fuera de las menciones obligadas de autor, fechas y títulos de la gran mayoría de las historias literarias. Tampoco en el siglo XIX abundan los textos sobre la obra de Acosta de Samper: de tal manera, lo que decidimos fue ambientar ese silencio, y, así, publicar no sólo las notas que se refieren a ella sino también una selección de la abundante producción de esas décadas (1860-1890) sobre los temas de *la mujer*, la escritura y la nación, temas todos esenciales para la comprensión tanto de su obra como de su contexto literario y cultural.

Esta publicación parte de un supuesto: su obra no fue comprendida en su momento porque en buena medida no cumplía con las expectativas de lo establecido. La compilación de artículos de este libro quiere proporcionar un cuerpo de textos que: 1) permita comprender el contexto en el cual escribió y cómo fue la recepción inicial de su obra; 2) leer en los textos del siglo XX la manera en que comenzó a releérsela y 3) ofrecer vías de acceso a esta obra que merece y necesita ser leída y apropiada por la historiografía literaria colombiana y latinoamericana. El libro reúne textos decimonónicos de difícil acceso, así como artículos que, aunque contemporáneos nuestros, se encuentran dispersos y no son del todo accesibles para la generalidad del público. La manera en que organizamos las partes del libro corresponde a lo arriba descrito:

La primera parte, *Escritura y silencio*, ha sido dividida en tres apartados: *Nación y literatura*, *Mujer, nación y literatura* y *Una escritora*. En el primero incluimos los prospectos de los periódicos *El Mosaico* y la *Biblioteca de Señoritas*, dos publicaciones de amplia circulación en la época y a las cuales la autora contribuyó, así como un artículo de la *Biblioteca* sobre el género de la novela, su historia, su estado actual y su deber ser dentro de la nación. Ambos periódicos presentan como esencial en sus respectivos proyectos fomentar una literatura que contribuya a la fundación y consolidación de la nación. El segundo apartado reúne varios de los numerosos artículos sobre el género femenino que aparecieron en periódicos relevantes de la época y con los cuales Acosta estuvo relacionada: se trata de artículos que describen el deber ser de la mujer, la imagen que el discurso del siglo XIX se hacía de ella y el lugar que le asignaba dentro del proyecto de fundación nacional. En este apartado hemos incluido dos artículos escritos por Soledad Acosta que hacen contrapunto a los demás al proponer una imagen femenina que no tenga que restringir su acción al ámbito doméstico, uno de los cuales habla en particular sobre la "Misión de la escritora en Hispanoamérica"; también un artículo de José María Vergara y Vergara (1831-1872), miembro de El Mosaico, influyente letrado de la época y autor, entre otras cosas, de la primera historia de la literatura colombiana (1867). El tercer apartado reúne una selección de notas y textos publicados en vida de la autora y que hablan directamente de su obra; entre los autores que hemos elegido se encuentran Eugenio Díaz Castro (1804-1865, novelista colombiano, autor de *Manuela*), Mercedes Cabello de Carbonera (novelista peruana, 1845-1909), Emilia Serrano (viajera y escritora española) y José María Samper Agudelo (1828-1888, escritor y político y marido de la autora).

La segunda parte, *Invitación a una lectura*, la conforman dos extensos artículos de Gustavo Otero Muñoz (1937) y Bernardo Caycedo (1952) que de manera cuidadosa reseñan y comentan la obra completa de la autora y llaman la atención sobre la relevancia de su estudio, advirtiendo que quizá deban pasar algunas generaciones antes de que pueda apreciársela en su real dimensión. Gustavo Otero publicó junto con su artículo una completísima bibliografía de la autora sobre la cual han trabajado los estudiosos posteriores.

Historias y contextos, la tercera parte, reúne una selección de artículos publicados a partir de la década de 1970. Los desarrollos ocurridos dentro de la teoría y los estudios literarios a partir de la década de 1960 abrieron definitivamente un espacio dentro del cual la empresa de las escritoras del siglo XIX podía ser entendida, un espacio que legitimó dicha empresa y permitió su estudio riguroso presentando coordenadas que permitían restablecer sentidos ignorados incluso en el momento mismo de su aparición. Los artículos incluidos estudian los textos compilados por la autora en su libro *Novelas y cuadros de la vida sur-americana* (1869), en especial las novelas *Dolores*, *Teresa la limeña* y *El corazón de la mujer*, así como novelas posteriores de la autora: *Laura* (1870) y *Una holandesa en América* (1888). Los autores reunidos provienen de varias academias; varios de ellos son estudiosos colombianos que trabajan en universidades del país, y algunos trabajan en universidades de los Estados Unidos y del Canadá, si bien muchos pertenecen a las tradiciones española y latinoamericana.

La cuarta parte, *Un nuevo siglo*, reúne artículos escritos expresamente para esta compilación. La primera versión de varios de ellos fue presentada en el congreso de la Asociación de Estudios Latinoamericanos (LASA) realizada en marzo de 2000, en un panel sobre Soledad Acosta organizado por Montserrat Ordóñez. Otros proceden del Foro *Mujer, escritura y siglo XIX. Soledad Acosta de Samper y la construcción de una literatura nacional*, el cual tuvo lugar en la Universidad de los Andes de Bogotá en noviembre de 1999 y contó con la participación de reconocidos académicos de diferentes partes del país. Los artículos que conforman esta sección, además de estudiar las novelas ya mencionadas, incluyen su labor en las revistas culturales, algunas de sus novelas históricas y algunas piezas de teatro. Tanto en esta parte del libro como en la anterior, es de destacar el carácter intertextual de los estudios, los cuales señalan la relación estrecha de la obra de la autora con la literatura europea y latinoamericana del momento, la manera en que se apropiaba de algunos modelos o los subvertía.

Esta compilación de estudios críticos sobre la narrativa de ficción de la autora coincide con la primera reedición de *Novelas y cuadros de la vida suramericana*, libro de la autora que no había vuelto a publicarse desde su primera edición en 1869 y cuya edición anotada acaba de publicarse (Bogotá: Ediciones Uniandes y Centro Editorial Javeriano, 2004. Edición de Montserrat Ordóñez). Esperamos que la recepción contemporánea de su narrativa, y de este importante libro en particular, se vea facilitada por la compilación de textos críticos que presentamos, la cual publicamos con el deseo de que el silencio que rodeó esta obra en el siglo XIX no se repita en el XXI.

Agradecemos al Comité de Investigaciones de la Facultad de Artes y Humanidades de la Universidad de los Andes el valioso apoyo que brindó para la realización de este proyecto, tanto en su etapa de investigación como en la de publicación. Beatriz González-Stephan, quien ocupa la *Lee Hege Jamail Chair* en Literatura Latinoamericana de Rice University, hizo una donación importante para financiar la publicación, así como la *Faculty of Arts and Science* de Concordia University, a través de Catharina Vallejo: para ambas instituciones, nuestro agradecimiento.

Montserrat Ordóñez (1941-2001) no estará presente para ver esta publicación, pero la realización de este proyecto fue idea suya y su entusiasmo lo recorre de comienzo a fin. Su trabajo de recuperación de la obra de Soledad Acosta comenzó a finales de la década de 1980, y desde 1998 su trabajo de investigación se concentró en ella. Por todo esto, y muchas cosas más, le dedicamos este libro.

CAROLINA ALZATE
Bogotá, enero de 2005

I. ESCRITURA Y SILENCIO
1858-1909

NACIÓN Y LITERATURA

EL MOSAICO

Al colocar la primera piedrezuela en *El Mosaico* literario que, guiados de un
sentimiento puro, vamos a formar desde hoy, más de un triste pensamiento
viene a detener nuestra mano. El siglo del egoísmo y del oro, el siglo de las
pesas y las cifras, ¿no es por ventura un abismo inmenso que absorbe y
devora sin cesar y para siempre esas horas fugaces que llevan en su seno los
pensamientos del genio, los sentimientos de mil corazones generosos? Y
nosotros, soldados más que débiles de la gloriosa multitud que lucha en
todo el globo por ensalzar el pensamiento humano, por establecer en todo él
la aristocracia de la virtud y el talento, ¿no tendremos que retroceder al
comenzar apenas el camino? ¡Cuántos centenares de periódicos han aparecido entre nosotros en estos últimos años, cuya vida ha tenido que medirse
por instantes! Y sin embargo algunos de ellos habían comenzado a derramar
desde su aparición luz y flores que auguraban hojas dignas de brillar en la
diadema de nuestra patria. Pero el viento de la indiferencia ha apagado esa
luz, el espíritu de positivismo ha desgarrado esas flores. No importa; si
nadie segundare nuestros esfuerzos, si la indiferencia les arrojase su aliento
de muerte, conservaremos al menos la dulce satisfacción de haber abierto
un campo donde brillen los talentos tan privilegiados de la bella juventud
que hoy se levanta.

A los que miran con tan regio desdén las publicaciones literarias, talvez
porque de ellas no ven desprenderse monedas que vayan a repletar sus gave-
tas, sería mejor dejarlos en su precioso modo de pensar. Pero no: que vengan un instante con nosotros al mapa donde se ve tendido en su inmenso
lecho de aguas el continente de América. Hay en él una tierra que por su
situación geográfica está llamada a ocupar un puesto muy elevado entre las
naciones, que muy pronto tal vez será teatro de crímenes y sangre; pero que
después será un foco de riqueza y civilización. Esa tierra casi solitaria hoy,
siente acariciadas sus despobladas riberas por las ondas tumultuosas del
Atlántico, y por las quietas aguas del Pacífico, que le abren camino para
todos los puntos de la tierra. En su seno se condensan y fecundan los más
ricos metales y las más preciosas piedras; en sus bosques se elevan árboles
de exquisitas maderas, en sus campos crecen visitadas tan sólo por las brisas
y el sol, flores de vistoso ropaje y exquisita fragancia, raíces medicinales,
plantas que serán algún día tesoros para la industria del hombre. En esa tierra habitaron otro tiempo tribus numerosas de una interesantísima fisonomía

social, notables por su religión, por sus costumbres, por sus adelantos. Y luego se vio hollada la arena de sus playas por los soldados peregrinos del medio día de la Europa que elevaron en ella la cruz del Salvador, y tomando de manos de Colón una bandera se derramaron por todo el continente, para lanzar de él a fuerza de proezas la raza indígena, dominadora antigua de tan bellas regiones. Y más luego una generación vigorosa y altiva, brotada en el mismo suelo colombiano, se levantó para vengar la antigua raza, y desgarró la bandera ya desteñida y ajada de los conquistadores para clavar en cambio de ella el pabellón de los hombres libres en el corazón de los Andes.

¡Pues bien! Los tesoros inmensos de esa tierra tan rica y tan hermosa, son totalmente desconocidos en la actualidad. Los recuerdos tan originales, tan poéticos de una tierra totalmente desconocida en su parte material y moral no sólo de los extranjeros, que a causa de la ignorancia nos desprecian como a una turba de bárbaros; sino lo que es más triste, es desconocida de sus mismos moradores.

Así, pues, en ninguna parte más que en pueblos nacientes como el nuestro, la prensa está llamada a ejercer una alta influencia y a producir ingentes resultados. La prensa debe encarrilar la opinión pública, iluminar las sociedades, inoculando en todos los individuos las ideas de una civilización progresiva. Ese es el objeto de los periódicos políticos y religiosos.

A los que estamos separados de esa lucha enconosa de las pasiones públicas nos toca trabajar con ahínco por hacer conocer el suelo donde recibimos la vida, y donde seguirán viviendo nuestros hijos. A nosotros nos toca el elogio de las grandes acciones, la pintura de nuestros usos y costumbres. A nosotros nos toca también, aunque indirectamente, despertar esa multitud de corazones jóvenes, llenos de savia y de vigor, que sólo necesitan de una mano que los impulse para estallar en himnos inmortales, de una palestra en donde puedan recoger guirnaldas vistosísimas.

Para los que hayan tendido una mirada de simpatía sobre las columnas de *El Mosaico*, nuestro programa está concluido. Procuraremos complacerlos, ofreciéndoles escritos en prosa y verso de escritores nacionales y de cuando en cuando artículos de los hábiles escritores de la Península.

Las cuestiones políticas y los odios personales los dejamos para mejor ocasión; por ahora publicaremos únicamente lo que se nos envíe, relacionado con la ciencia y las glorias del país donde nacimos.

[*El Mosaico. Miscelánea de literatura, ciencias y música*, Tomo 1, #1, 1858.]

La Biblioteca de Señoritas

Deseosos de cooperar en algo al adelanto de nuestra literatura propia, hemos venido en fundar este periódico, bajo el patrocinio de las señoritas.

En el país del *valle de los alcázares*, notable por la belleza de sus regiones y el talento de sus hijos, ya era tiempo de emprender una tarea como ésta. No es justo que nuestros poetas continúen viviendo, como la flor en los desiertos, "melancólicos siempre y retirados"; los ecos de la Musa americana, aunque dormidos hasta aquí, tienen la misma resonancia que la voz de sus volcanes y el grito de sus águilas; nuestros bosques y nuestras fuentes también están cuajados de divinidades como los de los antiguos, y por su Parnaso y por su Hipocrene, tenemos los Andes con sus cumbres de luz y el Amazonas con su veste de espumas, su inmensidad y su fragor; y, más civilizados que los griegos y que los latinos, nosotros no haremos de la hermosura desenvuelta ni del valor salvaje, el tema de nuestras inspiraciones; no, porque María, la madre de Dios, es más hermosa y digna para nosotros llorando al pie de la cruz la muerte de su hijo redentor, que la Venus voluptuosa del mundo sensualista, brotada como una perla del seno de los mares; y los Teseos y los Edipos, vencedores de monstruos, son más pequeños a nuestros ojos, que Bolívar sobre el Chimborazo, Ricaurte en San Mateo y Sucre coronándose con el laurel de cinco naciones en el *rincón de los muertos*[1].

Y esto ¿por qué? Porque el Olimpo de los griegos ha caído a las miradas de la civilización moderna, como a la vista del ángel exterminador cayeron las puertas de la ciudad del pueblo contumaz, sucediéndose a la religión de los sentidos la religión cándida del alma. La noche del oscurantismo, sombría y triste como la muerte, ha pasado para nunca volver: hoy gozamos de la luz del día; hoy hay más amor en los corazones y más fe en los espíritus. Hoy el poeta no canta en las antesalas de los grandes ni templa su lira inmortal a la sombra del favor veleidoso de los príncipes; hoy no es el genio su indelicado comensal, sino que, por el contrario, ha osado oponer su figura a su figura, y como Víctor Hugo, el irritado cisne francés, desafiar la cólera imperial del sátapra de París.

El arpa de encina de la adulación ha enmudecido y rótose ante el arpa de oro de la libertad y de la gloria.

---

[1] Ayacucho.

A los tímidos arranques de una versificación mal dirigida (entre nosotros) se han sucedido ya atrevidos ensayos en el poema, el drama y la novela; las coplas insulsas de nuestros bardos de antaño van quedando olvidadas, y hoy sólo se abren paso al templo de la fama, los que han comprendido que la literatura, más que un pasatiempo de desocupados, es una ciencia hermosa y difícil, cuyo cultivo exige más conocimientos y más consagración, que los esfuerzos baladíes de nuestros líricos de oficio.

Empero, para esto se necesita un campo conocido y seguro donde sembrar los granos del talento, especie de urna de oro que recoja y guarde nuestras primeras obras como un depósito sagrado. Esa urna es la *Biblioteca de Señoritas*, que nosotros no hemos vacilado en poner en manos de las jóvenes neogranadinas, como en las manos mismas de las diosas protectoras del genio.

Nosotros hemos dicho: confiemos a la solicitud y al patrocinio de las damas la tarea que siempre ha fracasado aquí en manos de los hombres. Y ciertamente, una obra como la *Biblioteca de Señoritas*, consagrada enteramente a las bellas letras y a las bellas artes, a esparcir en toda nuestra República los conocimientos necesarios a toda educación elegante, no puede encomendarse más que a las señoras, como las más interesadas en el progreso moral de la sociedad.

Tanto la ciudadana como la campesina encontrarán en la *Biblioteca* una fuente inagotable de placeres domésticos; una compañera instruida y agradable para las noches del hogar; un guía seguro para penetrar sin embarazo en el mundo de la poesía y de la moda; y un diccionario histórico, en fin, donde saber la vida íntima y compendiada de los guerreros, de los oradores, de los filósofos, de los pintores y escultores, de los poetas y héroes de todos los tiempos y de todos los países. Sí, eso, y más, porque lo que ofrecemos a nuestros abonados es una enciclopedia universal.

Y no se crea que estas son como tantas otras promesas que tan a menudo se hacen al tratarse de obras como la presente. No; nosotros contamos para ello con las plumas más acreditadas de la República, y con todo lo demás que es necesario en trabajos como el que hemos emprendido.

Toca al tiempo justificar nuestras ofertas, como toca a las señoritas no rehusarnos su cooperación encantadora, una vez que todo lo pueden en un pueblo y en un siglo en que el Cristianismo y la luz proclaman y enrobustecen su imperio: el imperio de la hermosura y del corazón, único posible en las edades en que el cetro mismo de los reyes se ha partido más de una vez junto con la mano de hierro que lo empuñara.

LOS REDACTORES
[*Biblioteca de Señoritas*, #1. Bogotá, 1858.]

LA BIBLIOTECA DE SEÑORITAS (AÑO DOS)

Varias dificultades nos obligaron a suspender nuestro periódico durante tres meses. Estas dificultades han sido en gran parte allanadas; tenemos ya buen papel; hemos logrado comprometer dos de nuestros primeros escritores como constantes colaboradores directamente interesados en la prosperidad de la empresa, y conseguido fundar una correspondencia original de París, de la cual publicamos hoy la primera carta. Acerca de esta correspondencia nos escribe de aquella capital, nuestro amigo el señor * *, que tanto interés ha tomado por obtener de la bondadosa e ilustre Andina[1] la condescendencia de honrarnos con sus cartas, lo siguiente: "Ella (Andina) desconfía muy justamente de sus fuerzas y teme no satisfacer las esperanzas de usted y de sus suscriptores. Sin embargo, ha convenido en trabajar, y enviar cada 15 días una revista, y hoy va la primera a disposición de usted.

"Como las modas no varían sino a lo sumo de mes en mes, y la crónica de teatros, conciertos, bibliografías, etc., es interesante y exige algunos detalles, Andina ha creído conveniente para lo sucesivo hacer la siguiente distribución: 1° La revista de los días 15 de cada mes, se contraerá a las modas en todos sus ramos, anécdotas y crónica volante. 2 ° La de los días 30 y 31, abrazará (sin modas) la crónica de los teatros y todas las bellas artes, academias y museos, necrología de notabilidades en las ciencias y la literatura, inventos curiosos, baños de estío, fiestas, bailes, etc."

El mérito de la primera carta, que hoy publicamos, y el estar asociados a la empresa dos distinguidos literatos[2], son prueba suficiente de los esfuerzos que hemos hecho, no sólo para no dejar caer nuestra publicación, sino para cimentarla de una manera duradera y digna de las señoritas de Nueva Granada.

La *Biblioteca* no ha muerto, pues; estaba solamente concertando sus fuerzas para tomar el vuelo: hoy aparece robusta, y más llena de vida y esperanza que nunca.

Aunque participemos del carácter inconstante, perezoso e indolente de nuestra sociedad, las continuas súplicas, quejas y propósitos de auxiliarnos que hemos recibido de nuestros suscriptores, durante estos tres últimos

---

[1] Pseudónimo bajo el cual Soledad Acosta comenzó a hacer sus publicaciones en *El Mosaico* y en *La Biblioteca de Señoritas*. (*Nota de las editoras.*)

[2] Se trata probablemente de Eugenio Díaz y José Caicedo Rojas. (*Nota de las editoras.*)

meses, habrían sido suficientes estímulos para movernos a hacer cuantos esfuerzos hubieran estado de nuestra parte para levantar nuestro periódico, dado caso de haberlo abandonado. Más no son estos estímulos los que nos han movido a seguir; pues de veras, nunca hemos tenido ni motivos ni intenciones de dar al traste con una publicación que ha gozado de tantas simpatías, a pesar de los defectos de que ha estado plagada; defectos que, en realidad, fueron la causa de su suspensión; pues justamente desconfiábamos de nuestras únicas y escasas fuerzas, para dar a un periódico de esta especie la amenidad que debe tener; y si no hubiéramos logrado la colaboración con que hoy contamos, por nuestra parte estaría la *Biblioteca* a la hora de ésta en suspensión indefinida.

En cuanto a los figurines de las modas, no nos ha sido posible hasta ahora conseguirlos; mas no aventuramos nada para asegurar a nuestras amables suscriptoras, que, cuando más tarde, de aquí a cuatro meses comenzarán a recibir cada quince días los dichos figurines y una pieza de música, pues ya hemos dado nuestras órdenes a París sobre el particular.

La suscripción a cada serie de la *Biblioteca*, que consta de diez números, vale diez reales, que deben pagarse adelantados.

Los agentes de fuera de Bogotá y los suscriptores de esta ciudad deben entenderse directamente con la tipografía de los señores Pizano y Pérez, y arreglar con ellos sus cuentas pendientes.

[*Biblioteca de Señoritas*, Año II, #38, 1859]

DE LA NOVELA[1]
(*Editorial*)

Entre los prodigiosos adelantos que las letras hacen cada día en el orbe ilustrado, el ramo de novelas ha alcanzado tal perfección, que casi estamos por decir que las tales han superado al drama y confundídose con la epopeya.

Antes de Cervantes, y prescindiendo de Sir Walter Walter Scott, la novela caballeresca o feudal era el tema obligado de los pocos y mal aleccionados hombres de ingenio que hacían de las letras la dulce ocupación de su vida. Pero la literatura de hierro que creó tal linaje de escritos, era de suyo muy infecunda para dar alimento por muchos años a unas obras que necesariamente tenían que perecer con los cambios políticos y religiosos que se efectuaron en los siglos medios, y que son o pueden considerarse como la aurora de nuestra civilización de hoy. *Amadis de Gaula* y *Amadis de Grecia, Esplandian, Tirante el Blanco, Palmerin de Inglaterra, El rey Artus* y *Carlo Magno y sus doce Pares*, etc, creaciones fueron todas de momento, y por decirlo así, vaciadas en el mismo molde, esto es, en el del mal gusto y la exageración.

Las hazañas atribuidas a los semi-dioses de la Grecia en los tiempos heroicos, y la falsa gloria de los héroes fabulosos de todo el mundo antiguo, no parece sino haber deslumbrado de una manera infantil a los primitivos ingenios, o por lo menos a los ingenios que vivían de los castillos encantados, los hechiceros y los magos, los solitarios de los montes y los combates sobrenaturales de todos los días; pues sólo de ese modo se alcanza a explicar esa tenacidad batalladora de los protagonistas de la novela caballeresca, y ese mal gusto de las damas hermosas, cuya vivienda más común era la grupa de los guerreros que se las disputaban por caminos y bosques a mandobles, y que cambiaban de amante con la misma tranquilidad que de vestido.

Nosotros no podemos decir si efectivamente ése era el uso, pero no hay duda que ése y no otro debía de ser, puesto que la literatura, reflejo fiel de todo hecho social, nos pinta así las cosas, y no como una liviandad de la

---

[1] Aunque este artículo no aparece firmado, podemos afirmar que su autor es Felipe Pérez (1836-1891), primer editor de *El Carnero* de Rodríguez Freyle y autor de numerosas novelas históricas de tema americano que aparecen mencionadas en la segunda parte del editorial.

costumbre, sino como un romanticismo de despreocupación. "Dios y mi caballero", decía la dama; "Dios y mi dama", decía el caballero, nos da Larra como la expresión de los tiempos, ya no atrasados, de don Enrique, *el enfermo*, año de 1407.

Si hemos hecho una excepción respecto de las novelas feudales del célebre escocés Scott, no es precisamente porque la mayor parte de ellas no adolezcan del mismo mal, sino porque sus maravillosos trabajos versan sobre la tradición histórica y no sobre la fabulosa, y porque él pinta copiando y no pinta imaginando. Verdadero Deucalión, bástale sólo tocar los castillos de piedra de los siglos de la horca y la cuchilla, para convertirlos en bardos, damas y guerreros, jaurías, espadas y rodelas, sin que falte un pliegue del vestido a las mujeres, ni una hebilla ni un relieve a la armadura de los hombres. Pues como ya justamente lo ha reconocido el mundo, Sir Walter Scott sólo sirve a la historia de aquellas edades lejanas, y si nos habla de sortilegios y brujas, más es con la mira de ser fiel a su objeto, que porque crea lo mismo que relata.

Entre él y Madame Scudery, por ejemplo, habrá siempre la misma diferencia que entre el astrólogo antiguo y el cosmógrafo de hoy.

Mas, abandonando este punto demasiado extenso para un simple editorial de la *Biblioteca*, diremos sólo lo que al principio de este artículo: que la novela moderna ha tomado un incremento tan poderoso, que, no contenta con sobrepujar al drama, ha supeditado la epopeya reuniéndola en sí, o, lo que es todavía más, haciéndola innecesaria e imposible en lo sucesivo. Esta consideración, que para nosotros es evidente, salta a los ojos de cualquiera desde el momento en que se recuerda que los poemas épicos no pasan de doce en todas las literaturas conocidas, y que los ensayos sobre ellos, inclusive los de los cantores latinos, casi puede decirse que no han pasado de ensayos informes y defectuosos, tales como la *Jerusalén,* el *Orlando* y la *Mesiada*, sea el que fuere su mérito relativo. Respecto del *Paraíso perdido* y otras composiciones épicas, examinadas bien, no puede concluirse que sean verdaderos poemas, sino composiciones sublimes más por su objeto y desempeño, que por sus dimensiones y alcances. Episodios de épocas; nunca épocas completas. La tarea hubiera sido imposible.

Igual observación aunque por distintos respectos debe hacerse del *Pelayo*, la *Granada,* el *Diablo mundo,* el *Moro expósito* y mil ensayos más de la Alemania, de la España, de la Italia y de la Francia.

La novela, con más recursos y menos dificultades que el poema, es hoy la verdadera rama épica de la literatura, pues no sólo da a conocer un siglo, un pueblo y una civilización extinguidos, sino que puede entrar y en efecto entra en valiosas apreciaciones filosóficas y humanitarias de trascendencia tan enorme, que no hay trabajo poético que pueda comparársele. Para probar esto bastaríanos insertar aquí los nombres de algunas de las más célebres; pero nuestros lectores las conocen demasiado para fastidiarlos con semejante enumeración; y de no, los nombres de Sué, Dumas, Victor Hugo, Scribe, Bolwer y otros tantos serían bastantes a sostener en pie nuestro justísimo aserto.

Esto sin duda explica por qué la novela está tomando tantísimo incremento en todos los países verdaderamente civilizados, lo mismo que su participación directa en la historia universal, de cuyas fuentes inagotables, y a veces raras, toma tan gran caudal de pensamientos. Antes de Sir Walter Scott las novelas no pasaban de cuentos para niños, especie de libros de entretención para las familias, con una que otra máxima moral regada adrede, pero sin otro objeto que el poco elevado de deleitar. De éstas ya no quedan sino muy pocas, pero sí pueden servirnos de ejemplo las *Veladas de la Quinta,* el *Sitio de la Rochela* y *Alejo, o la casita en los bosques*, que, como todo, tuvieron su época de popularidad formando por mucho tiempo la biblioteca escogida de los aficionados.

Respecto de los romances del Cid Campeador y Bernardo del Carpio, aunque escritos sobre hechos y personajes históricos ¿quién podría ser el que creyese ni en la mitad de los sucesos en ellos referidos?

Por entre estas obras y el *Diablo cojuelo, Guzmán de Alfarache* y la *Casandra,* se arrastró la novela por mucho tiempo en Europa hasta la terrible aparición del *Quijote,* cuya lanza venció a toda la caballería antigua, limpiando los caminos de malandrines y follones, aventureros y princesas robadas. Sin embargo no puede decirse que la novela moderna, no satírica sino elevada y grandiosa, naciese sino hasta la aparición del *Telémaco,* los *Viajes de Antenor* y de *Anacársis*.

El soplo poderoso de Boileau había sido bastante para hacer desaparecer las tontunas maravillosas de los escritores de Europa hasta el reinado de los últimos Luises en Francia.

Y no vaya a creerse que el simple hecho de citar nosotros el *Telémaco* como una de las obras de la reforma equivale a que lo creamos un escrito acabado; pues nosotros, ni aceptamos el sistema político que defiende, ni gustamos de su estilo almibarado y poco o nada natural.

Voltaire y Rousseau no son tan fuertes que digamos en lo que puede llamarse la novela moderna. Las del primero son apenas soportables bajo el punto de vista de su amarga filosofía; y respecto de las del segundo la *Nueva Eloisa* bastaría para hacerle el proceso, porque el mundo del filósofo ginebrino no es por cierto el mundo tal como lo hizo Dios y lo explica la naturaleza; y aunque es un hecho cierto que con su *Clara Harlowe* logró despertar tal interés que varias personas del continente le escribieron repetidas cartas suplicándole que no la *asesinase* al fin de la novela, también lo es que esos siglos de oro del espiritualismo no son por cierto en los que vivimos hoy.

Las novelas de mera imaginación como las *Mil y una noches* ya apenas se leen en el día, y aún esta misma contaría pocos secuaces si una propensión natural del hombre no lo arrastrase siempre a lo maravilloso.

Hoy se pide algo más a los novelistas que un simple *cuento*. Hoy se les pide historia, costumbres, y hasta doctrina. Que esta doctrina sea o no el socialismo de la escuela francesa cubierto diestramente con la librea de *Martín el expósito,* o el ataque a una orden religiosa como el *Judío Errante*, o una descarga continua sobre el trono como las novelas de Alejandro Dumas, no nos metemos nosotros a averiguarlo, que bien resalta a toda cabeza bien formada; pero que es así ¿quién será el que lo contradiga o combata?

El *Tío Tom* no es una leyenda para entretenerse en una tarde lluvia o en una noche de insomnio: es una novela escrita para matar la institución de la esclavitud en la Unión Americana; y Dios sabe que acabará con ella más tarde o más temprano. Y esto no por otra cosa sino por la influencia incontrastable del novelista moderno en la marcha de la sociedad en general. Un novelista no es un orador o un periodista por ejemplo, cuyos discursos o cuyos artículos son apenas leídos por determinado círculo de gentes, y que no causan más impresión que la del momento. Por el contrario, el novelista penetra en todos los hogares desde el palacio hasta la cabaña, y penetra para triunfar en el corazón de todos los sexos, sean cuales fueren su edad y sus condiciones.

Y es bajo este punto de vista también que las novelas modernas tienen ese carácter de universalidad que ha hecho imposible el poema rimado de los antiguos, entre los que la cólera de un hombre o los padecimientos de otro dieron alimento a dos musas soberbias. Hoy no es sólo un rasgo de la vida de un héroe el que se toma por base de la composición: hoy se toma todo el héroe y toda su época, y se los toma para seguirlos hasta sus consecuencias ínfimas sin omitir nada que pueda hacer falta al propósito del escritor.

Pero, descendiendo de lo grande a lo pequeño, esto es, bajando de las regiones encumbradas de Europa a nuestra pobre y oscura tierra granadina, ¿qué diremos de nuestra novela nacional, o por lo menos americana?

Nada hasta ahora, es cierto, pero tal vez mucho en lo sucesivo. Los escritores de aquí tienen también un mundo y una historia que dar a conocer; nuestra lengua se presta por su riqueza y ternura aún más que muchas de las modernas; y no puede decirse que falte ingenio a los hijos de los hombres batalladores a quienes no faltó valor para darnos independencia. Y, ciertamente, no se puede nacer sin talento en unas regiones como las de América, donde todo, desde la paja de los campos hasta el oro de las montañas, es de un orden nuevo y superior a lo conocido en las regiones antiguas. Clima, cielos, jardines y pampas, todo es hermoso y divinal, y no puede decirse que falte la inspiración en un suelo que es todo de cisnes y flores. Lo que nos falta son estímulos; algo que decida a nuestros jóvenes a cultivar su talento y no emplearlo sólo para la política, ¡diosa ingrata y matadora de sus propios hijos!

La poesía erótica, los romances pasajeros y los frívolos artículos de costumbres, si bien pueden considerarse como otras tantas joyas de nuestra literatura naciente, no podrán servir jamás de base para una gloria sólida y legítima. La novela, esa forma del pensamiento perfecto, es la única que puede hoy resumirlo todo, poesía, doctrina e instrucción.

¡Ojalá que no se deje solos a los pocos escritores que entre nosotros cultivan este género admirable!

Y basta por hoy.

[Segunda parte]

A fin de no hacernos largos cortamos nuestro artículo anterior sobre este mismo tema en el punto en que empezamos a hablar de la novela americana. Haremos hoy algunas observaciones sobre el particular.

Cuando nos referimos a *la novela americana*, propiamente hablando no comprendemos en esta denominación la novela no muy popular de los Estados Unidos, porque para nosotros no hay nada de común con la sangre inglesa que puebla las regiones boreales de nuestro continente: nosotros no quisimos entonces, como ahora mismo no queremos, sino referirnos a nuestras comarcas latinas, a lo que sea español y nada más que español de origen. Y si no entramos aquí en la enumeración particular de cada una de las novelas nacionales que nos ilustran, débese ciertamente a que ellas son pocas, y además de pocas, casi desconocidas por la completa incomunicación literaria en que nos encontramos con nuestras Repúblicas hermanas. Respecto de Chile y Buenos Aires, donde el movimiento literario es más activo y más sólido, puede decirse que no recibimos sino impresos políticos de más o menos mérito, y una que otra composición poética de fácil metro y cortísima extensión, que cuando más serviría para probar que, aunque nacidos a dos mil leguas de la Península y amamantados en otras ideas que las ideas líricas de los compatriotas de Zorrilla, nuestra sangre es toda española y español nuestro corazón, puesto que no queremos salir del romance ni abandonar esa supuesta misión de lágrimas de los versificadores modernos. Literatos conocemos nosotros, y esto no sólo en Nueva Granada, cuya corona poética no pasa de una veintena de composiciones, y que teniendo ya treinta o cuarenta años de edad se la pasan retozando en los álbums de las señoritas, dando los días en quintillas o farfullando artículos de a pliego para los periódicos; y esto no por falta de ingenio sino por sobra de pereza.

La colección misma de poesías del eminente Olmedo no pasa de diez composiciones, ¡inclusive los cantos a Junín y a Miñarica!

Y ¿es imposible que con partes tan pequeñas se pueda levantar el soberbio edificio de nuestra literatura nacional? Nuestra madre patria misma no ha sobresalido nunca más que por sus líricos, puesto que hasta la mayor parte de sus dramas son romances dialogados en que todos los personajes hablan por la boca del autor.

Nosotros pues que hemos conocido temprano estos defectos, y que tenemos ya mejores modelos que imitar, debemos apartarnos más y más de la senda trillada en que no descubren los ojos nada absolutamente bueno que halague el corazón, y donde todo es triste y desierto como en la soledad. Cierto que, relativamente hablando, el número de nuestros poetas es crecido si lo comparamos con el de nuestra población; pero cierto también que los que entre los suramericanos se llaman *poetas*, no son más que meros versificadores, la mayor parte olvidadizos de las reglas de la prosodia y de los preceptos más sencillos de la lengua.

Nace de aquí esa costumbre contraída por el pueblo de hallar faltos de medida los versos ajustados a una cantidad exacta, esto es, que no tengan una o dos sílabas más que las correspondientes, y de no entenderlos si los pensamientos no vienen como de molde con los renglones, de manera que haya un concepto por cada verso; de ahí esa expresión, ya general, de *no me gustan*, con que se califican las composiciones heroicas donde el autor se eleva más allá de las trivialidades de la décima o de la facilidad del romance, y que equivale muy bien a un *no los entiendo*, o a un *son detestables*.

Débese esto principalmente a que las primeras obras que han caído en nuestras manos no han sido otras que la de los malos líricos españoles, y que hasta ahora es que empezamos a comprender a Espronceda, Victor Hugo y Caro. Para probarlo bastaríanos solo citar mil ejemplos, pero nos limitaremos únicamente a recordar el escándalo que se hizo aquí cuando algún periódico de la Costa nos trajo a Bogotá la poesía del último de los poetas citados, intitulada "Ceniza y llama", que es tal vez la más vigorosa de sus composiciones; pues no faltaron quienes dijeran que tales disparates no podían ser del rey de nuestros bardos.

En medio de tal desorganización de ideas y sin que sean muchos los escritores que entre nosotros merezcan semejante calificativo, no es extraño el desgreño literario en que vivimos, como no son extraños los triunfos que obtienen los coplistas sobre los pocos y verdaderos hijos de las Musas.

Pero volviendo a la novela, tema exclusivo de nuestro artículo ¿dónde está la voz de aplauso que se ha levantado en honor del malogrado Ángel, autor del *Doctor Themis*? ¿Dónde la guirnalda de gloria que se haya ido a depositar sobre las baldosas de su sepulcro, si no como una adulación al hombre vivo, sí como un homenaje al genio muerto?

No parece sino que le bastó santificar su obra con la desgracia de su muerte temprana, pues la envidia de los ignorantes la ha perseguido hasta allá; ¡hasta allá, donde debería acabarse todo!, y, lo que es todavía peor, el silencio, la más desesperante de las guerras, ha envuelto su obra como con un mato de reprobación y de sombras.

¡Ah! ¡Es tan duro reconocer el mérito ajeno!

Respecto de los otros ensayos sobre la novela americana, tanto los poquísimos que se versan sobre nuestros hechos históricos, como los que se refieren a asuntos de fuera del país, no somos nosotros los llamados a decir nada; la pequeñísima participación que hemos tenido en ellos quitaría a nuestra pluma la imparcialidad que debe distinguirla.

No hace muchos días que un periódico de esta capital manifestaba su extrañeza al respecto de que nada se hubiese dicho de la novela, original nuestra, y denominada *Los Pizarros*. Debemos confesar aquí que nosotros vimos esa parte del periódico referido, y nos sonreímos; porque ¿cómo era posible que se dijese nada teniendo el pecado mortal de ser de quien es? Eso hubiera sido tanto como faltar a la regla establecida de no conceder a ciertas personas ni la racionalidad.

Pero es lo cierto que nosotros no vamos a formar querella por eso, y sea cual fuere el mérito de nuestra última novela dada a la prensa, estimamos en más el silencio de parte de los que hubieran podido ser nuestros jueces, que las adulaciones de un juicio favorable de nuestros falsos amigos.

Aún no hace tres años (cuando publicamos a *Huayna Capac*) que un literato de campanilla, redactor a la sazón de un periódico político, llevó su *caridad* para con nosotros hasta el punto de decir en la crónica de su impreso, *que había empezado la publicación de nuestra novela, pero que no había entendido la mayor parte de ella por estar escrita en una lengua salvaje que hasta entonces no le había venido el negro humor de aprender*. La respuesta nos saltó entonces a los labios, pero llevamos nuestra humildad hasta guardar un silencio profundo.

Hoy las circunstancias no son las mismas; hoy hemos seguido adelante nuestra tarea, o mejor dicho nuestro pensamiento de dar a conocer los incidentes notables de nuestra historia antes y después de la conquista, bajo la forma deslumbrante y popular de la novela, y hoy necesitamos más que nunca dejar bien puesto nuestro crédito de romancistas, aunque sea a despecho de los que quieren juzgar una obra de meses enteros de trabajo y estudio con una *chulada* maligna, o un arranque de envidia o mal disfrazada *bondad*.

He aquí lo que entonces pudimos pero no quisimos contestar a nuestro Villergas, y que no hacemos más que copiar de nuestros borradores antiguos en la parte que no han perdido su interés general:

HUAYNA CAPAC

"El calificativo *salvaje*, aplicado ligeramente al idioma quichua, de probar algo, probaría la ignorancia de nuestro crítico, pues el tal no era un dialecto cualquiera, como si dijéramos el de esta o el de aquella otra tribu del Caquetá o de la hoya del alto Amazonas; sino una lengua completa, como cualquiera de las modernas, y que se hablaba (y aun se habla en varios de estos puntos) desde Popayán hasta la provincia de Chiloé, sobre las costas de Patagonia. Lengua que, como todo entre los antiguos peruanos, había sufrido las reformas de su avanzada civilización, hasta el punto de rivalizar con la italiana en dulzura y con la española en riqueza.

"*Salvaje* en romance tanto quiere decir como *silvestre*, *sin cultivo*; y en el caso en cuestión tanto como *montaraz*. Adjetivo rebuscado al efecto y tristemente aplicado al idioma de Garcilaso.

"Las palabras que en *Huayna Capac* han hecho confuso el sentido a nuestro estimable crítico, han sido, poco más, poco menos las siguientes:

Equivalente en español

Inca	Rey
Apusquipai	General
Camayu	Oficial
Ñusti	Noble
Amauta	Filósofo
Llauta	Corona
Tiana	Trono

"Y nótese que decimos *equivalentes* no más, pues a la verdad su traducción literal no es ni puede ser esa.

"Ahora, nosotros ponemos a cualquiera en nuestro lugar, a nuestro mismo crítico para no ir más lejos: ¿qué habría hecho él?, ¿habría dicho el *rey* Huayna, en vez del *inca* Huayna?, ¿el *general* Quizquiz en vez del *apus-quipai* Quizquiz?, ¿el *filósofo* en vez del *amauta*?, ¿la *corona* en vez del *llauta*? Sin duda que no, pues esto hubiera sido decir una cosa por otra; y lo hubiera sido, porque entre los antiguos peruanos no había reyes, ni generales, ni nobles, ni filósofos, ni coronas, ni tronos.

"Con efecto, dice el autor de los *Comentarios reales*, página 172 de su tomo primero: 'El inca se sentaba de ordinario en un asiento de oro macizo que llaman *tiana*. Era de una tercia de alto, sin braceras ni espaldar y con un cóncavo para el asiento. Poníanlo sobre un gran tablón cuadrado de oro'. ¿Tiene esto algo de común con el trono, sino es el uso para que estaba destinado y lo que representaba para los peruanos?

"Prescott, página 11 de la *Conquista del Perú*, dice: '... un turbante de muchos colores llamado *llauta*, y una venda con borlas como las que usaba el príncipe, pero de color rojo, con dos plumas de un pájaro curioso y raro llamado coraquenque que salían de ella, eran las insignias pertenecientes a la dignidad soberana'. ¿Y tiene esto algo de común con la corona, sino es el uso para que estaba destinado, y lo que representaba entre los antiguos peruanos?

"Por otra parte, *noble* entre los antiguos peruanos no significaba lo que en las lenguas modernas, principalmente en el centro y en el occidente de la Europa; pues entre los peruanos la nobleza apenas formaba una jerarquía igual e indivisible, y no varias como en el continente citado. Mejor dicho, los nobles (*ñusticuna*) eran una sola familia: la del inca –voz jerárquica con que se distinguían los de la parentela real, semejante a la de *veneciano*, con que se distinguían así mismo en Venecia los descendientes de las dieciséis familias que fundaron el gobierno aristocrático. ¿Para qué, pues, usar de una palabra que no es el fiel símbolo de la idea que se desea representar?

"¡Infeliz de mí si hubiera pecado por el lado opuesto!

"¿Qué hizo el vizconde de Chateaubriand cuando bajo la melancólica figura de *Atala*, dio a conocer el vasto imperio que se extendía desde el Labrador hasta las Floridas, y desde las orillas del Atlántico hasta los más distantes lagos del alto Canadá?

"Precisamente lo mismo que nosotros en la novela de *Huayna Capac*, darlo a conocer en la plenitud de todos sus cuadros, empezando por el de la naturaleza, el más espléndido de todos, y concluyendo por el de las sublimes pasiones de sus habitantes; y esto, sin descuidar nunca los episodios que podían servir a su objeto grandioso. Y nosotros hicimos lo mismo que el vizconde de Chateaubriand, porque nuestro objeto principal era seguir a los maestros del arte hasta donde nuestras fuerzas nos lo permitieran; y porque entonces como ahora, creemos que no hay más escuela posible en la novela que la fundada por Sir Walter Scott; escuela que rechaza las futilezas de los cuentos de mera imaginación, donde, si es cierto que se pasa el rato, también lo es que no se cosecha nada para la ciencia.

"Habíamos hablado de *Atala*, y volvemos a ella. Su autor conservó en esta obrita los nombres propios indígenas como se ve en Chactas (voz armoniosa), Meschacebé (Mississipi, "padre de las aguas"), Sachems (consejero), Areskoui (dios de la guerra), Mocasines (calzado),Tomahowk (hacha de pelea), etc; y usó de los giros siguientes: "luna de las flores", para significar el mes de Mayo; "luna de fuego", para el de julio; "tres, cuatro, once nieves", por tres, cuatro, once años; "estrella inmóvil", por el norte; y "país de las almas", por los infiernos. ¿Y qué censuras mereció por eso?, ninguna. ¡Hubiera sido una estupenda necedad el hacérselas!

"Nuestro poeta el señor J. F. Madrid en la escena 3ª del acto 4º de su *Guatimocín* pone en boca de Alderete, pérfido consejero de Cortés, los siguientes versos al hablar de la alarma causada en el pueblo mejicano por la presencia de Tepoczina:

> "¡Por mil partes
> *Resuena el caracol,* y de sus casas!"

"Porque el señor Madrid sabía lo que estaba haciendo, de lo contrario hubiera dicho:

> "¡Por mil partes
> *Resuena la trompeta!"*

"Como gustan de que se diga los que no quieren aprender las lenguas salvajes, no obstante que los aztecas no conocieron la trompeta sino en manos de los españoles, y que nunca pudieron tocarla durante la conquista puesto que la temían tanto como el arcabuz o el caballo, elevados al rango de divinidades infernales por su imaginación acalorada. Por otra parte, sabido es que el caracol y no otra cosa era la trompa guerrera de los americanos.

"Otra observación y será la última.

"*Tambo* es una voz quichua, que representa un objeto que conocen todos en Nueva Granada, a lo menos los que han viajado por las tierras calientes. Bien, ¿hubiera sido racional siquiera llamar a los *tambos* hoteles o mesones en *Huayna Capac?*"

Eso y algo más hubiéramos podido responder al literato que se dignó volver los ojos a nuestra torpe y humilde pluma para criticar sus producciones; pero ya hemos dicho que no quisimos hacerlo. Si hoy variamos de opinión, es porque ya nos fastidian las críticas sobre lo mismo hechas por varios de nuestros mejores y más autorizados criticastros.

Empero, sea de ello lo que fuere, es lo cierto que nosotros no nos apartamos nunca de la senda propia del novelista histórico, aquella que lo conduce a hacer conocer los pueblos, las familias y los personajes de que se ocupa, sus trajes, usos y costumbres, *idioma*, preocupaciones, estado de civilización, etc. Puede que nos equivoquemos en esto, pero en tal caso será nuestra equivocación la misma en que han incurrido Scott, Dumas, Sué, Scribe y Hugo.

Por lo demás, terminaremos este artículo, fastidioso ya, con el dicho aquel que el autor de la *Granada* pone en su prólogo en boca de cierto torero famoso: "Y dice bien Pedro Romero: las lecciones de torear se deben dar a la cabeza del toro".

Que nuestros literatos de oficio o nada más que de labios, no echen en olvido esta lección y escriban una o dos novelas para que nos sirvan de modelo.

[Biblioteca de Señoritas, #11 y #12, 1858]

MUJER, NACIÓN Y LITERATURA

Es culpa de los hombres

Los escritores de costumbres en nuestro país han creído siempre, que para destruir los abusos de la sociedad es necesario atacar a las mujeres hasta en sus mas ridículas pequeñeces; así es que no hay un solo artículo de costumbres en que la mujer no esté de blanco aunque sea indirectamente, llevando su manía hasta el punto de censurar el que algunas no queramos cambiar la libertad de que disfrutamos en el hogar paterno, por el yugo que ellos nos hacen llevar en la vida del matrimonio. Y sin embargo, estos señores escritores saben muy bien, que la mujer es lo que el hombre quiere que sea: que si ella es coqueta, es porque él es desleal, que si ella es frívola, es porque él es ignorante. De manera que al atacar a las mujeres para corregir la sociedad se ha querido matar la serpiente por la cola. Yo voy a atacar a los hombres, pero no se crea que es por el espíritu de rivalidad que existe entre los dos sexos, no, es porque queriendo contribuir fructuosamente a la moralización de la sociedad, creo que debo atacar el mal en sus principios para curarlo radicalmente.

I

Uno de los temas más comúnmente adoptados para los artículos en cuestión, es el de la coquetería de las mujeres, contra la cual no cesan de hacer brusquísimos ataques, no sólo los escritores sino el hombre de los corrillos, o sea el tribuno de los cachacos, sin quererse confesar a sí mismos que son ellos los únicos culpables de este desvío en las mujeres.

No sé si debido al clima, a los alimentos o a la naturaleza del terreno en que habitamos, lo cierto es que la mujer en nuestro país se desarrolla tan precozmente, que una niña de catorce años está aquí tan completamente formada, como lo estaría una de dieciocho o veinte en cualquier parte de Europa, según se nos cuenta. No sucede lo mismo respecto de su parte intelectual, pues cuando a los catorce años está físicamente bien formada, de manera que pueda llamarse mujer, todavía conserva la sencillez, la inocencia y la falta de malicia que caracterizan al niño. Todo esto, se me dirá, no viene al caso, nada tiene que hacer con la coquetería de la mujer, ni mucho menos con que el hombre tenga la culpa; sin embargo, necesito de esta pequeña reseña para que se vea, que cuando la mujer por su formación física tiene ya todos los atractivos que arrebatan y enamoran, carece todavía de la malicia que es necesaria para precaverse de los engaños y falsías de los hombres.

Cuando uno de estos pimpollos se presenta en el mundo, el inagotable ejército de los pepitos despliega sus banderas, refacciona sus fortificaciones, prepara sus armas y municiona sus cartucheras para entrar en batalla. Mas como la mamá no le permite asistir a los bailes, arena de las lidias amorosas, a causa de su poca edad (cosa que a la verdad encuentro muy juiciosa) es necesario dar la batalla en campo raso: las escaramuzas comienzan en la iglesia, porque los pepitos conocen bien la táctica, y siguen luego en la esquina más cercana a la casa donde habita la bella por quien suspiran, donde permanecen clavados como postes, esperando que la niña pueda hacer una escapadita para asomarse a la ventana; entonces comienzan los paseos a paso lento por delante del balcón, frente al cual hacen un reverente saludo, que es seguido de largos *pespuntes*[1]: estos se repiten tres o cuatro veces hasta que el astro de la luz los obliga a retirarse con él, para volver a continuar sus faenas al siguiente día. Entre estos pepitos no faltan muchos que hayan recibido brillantes lecciones en los corrillos de los cornavacetes, cuando el más atrevido cuenta los triunfos amorosos, que, con solo la audacia y el desdén, ha obtenido en más de veinte encuentros. Con estas lecciones creen los pepitos, que para ser hombres *comme il faut* es preciso registrar en su libro de memorias por lo menos veinte hermosas muertas de amor por ellos. El más afortunado ha conseguido atraparla en una pequeña reunión de familia; el deseo de hacer una conquista difícil, como dicen ellos, y además el de triunfar de sus jóvenes rivales, dan valor al campeón, que acomete con denuedo y sin dar un paso atrás. Es cosa de verse la facilidad, el desembarazo y la afluencia con que hace a la pobre niña la declaración de su amor, porque es necesario decir que ellos no son nada cortos; la urge, la obliga, la compromete a que dicte el fallo tremendo que ha de decidir de su vida entera. Ella, que no comprende lo que pasa, aturdida con tan inesperada declaración, responde solamente que no cree nada de lo que se le ha dicho, porque la duda en materia de amor nace con la mujer; el héroe no se desalienta y sigue con los más fuertes argumentos demostrándole que no ha dicho sino la verdad, y aunque no consigue convencerla, sí se persuade que la fortaleza es accesible, porque ha visto cierto cambio de colores durante el asalto, que es señal infalible de buen éxito.

---

[1] *Pespuntes* en el lenguaje de los pepitos son las miradas, que, después de haber saludado a su idolatrada pepita al pasar al pie de su balcón, le dirige el pepito repetidas veces siguiendo su marcha y volteando la cara con disimulo. (*Nota del R.*)

Una vez iniciada, dice el pepito, no hay más que tener constancia, que con ésta todo se vence, y con tal principio en la cabeza la persigue por toda parte y lugar, dirigiéndole miradas tiernas y amorosas; si alguna vez asiste al teatro, nuestro amiguito no ha mirado una sola vez a las tablas, a las que les vuelve la espalda para colocar su anteojo en dirección de la bella, porque los *lorñetazos* son de un efecto asombroso. En fin, al cabo de algún tiempo de haber hecho su corte asiduamente, alcanza aquel *sí* tan deseado, por el que se dan más de tres caídas los principiantes en amor; ha llegado a la cúspide, ya no le queda qué hacer: es de muy mal tono seguir los amores con una niña que ha soltado el *sí;* se acaban las devociones en la iglesia, los paseos por el frente del balcón y las miradas lánguidas. Cuando la inocente e inesperada muchacha percibe el desdén de su amante; cuando se persuade de que ha sido engañada, ya no es tiempo, el pepito la tiene anotada ya en su libro de memorias. ¿Qué hacer en tal estado? Confiar sus penas a una amiga ya experimentada en estas materias, que de seguro le aconseja que es necesario no entregarse a la muerte, ni aun darse por entendida siquiera: eso es lo que ellos se quieren, y es preciso no darles gusto ¿pero qué hacer? Manifestar contento y alegría, aceptar los obsequios de algún otro para *dar caroca* al atrevido pepito, que tan villanamente se ha manejado. El consejo es magnífico, ella lo ha encontrado inmejorable, y lo pone en práctica en la primera ocasión, pero con la mayor buena fe del mundo, sin tener más objeto que el de satisfacer su amor propio ofendido: ¡qué cosa más natural! La historia de sus primeros y mal aventurados amores es conocida ya en todos los pequeños círculos, y cuando se le ve luego serena y tranquila recibiendo los cortejos de otro, se le llama mujer sin corazón, y el falso pepito es el primero que desdeñosamente la califica de coqueta; esto se llama, señores del sexo fuerte, hacer el coco y asustarse de él. En menos de un año, y tal vez al cumplir los *quince*, la muchacha sencilla, candorosa y tímida ha recibido el título de mujer insensible, mujer coqueta, debido a la deslealtad de los hombres.

Tal es la manera como se forman entre nosotras las mujeres que los hombres llaman coquetas, calificativo que creo no merece ninguna mujer de nuestra sociedad, porque la coqueta, en la verdadera acepción de la palabra, es la que con marcados designios prodiga sonrisas y promesas lisonjeras que turben la tranquilidad del hombre para burlarlo luego, lo que supone una corrupción de corazón incorregible, y las virtuosas esposas, madres tiernas y respetables señoras de su casa, en que se convierten las que durante su vida de solteras han llevado tal calificativo, nos demuestran patentemente que no ha habido en ellas sino ligerezas superficiales, efecto de un carácter demasiado vivo y alegre, y las más de las veces efecto de la desconfianza que la falta de hidalguía en los hombres ha hecho nacer en ellas, pero que no han afectado en nada su corazón.

Sed justos, señores hombres de pluma, y sobre todo lógicos, y si verdaderamente tenéis las loables intenciones de corregir la sociedad con vuestros escritos, dirigid las críticas a los de vuestro sexo; enseñadles a respetar la debilidad y la inexperiencia de las mujeres, porque ellas han de ser las compañeras de su vida y las madres de sus hijos.

II

Si la mujer es frívola es porque el hombre es ignorante: esto dije en mi primer artículo sobre los hombres, con intención de hacer algunos razonamientos para poner en evidencia esta verdad, prometiendo muy buenos resultados en favor de la mujer; pero habiéndome alargado mucho en la primera parte del anterior artículo, hube de resolverme a hacer otro, que bien merece la pena, siendo la materia abundante y las razones tan obvias.

Los hombres se pierden constantemente en digresiones sobre la mujer, a quien encuentran siempre llena de defectos, porque olvidan, tal vez, que fue formada de la costilla del hombre, y por consiguiente enteramente humana y sujeta a todas las debilidades del hombre, que adolece también de algunas imperfecciones. Como en toda cuestión en que se procede sobre bases falsas, los argumentos son generalmente flojos y las contradicciones se suceden con más rapidez que las palabras que se pronuncian; a una niña candorosa, sencilla y que habla solamente lo necesario, la encuentran necia; a la que habla con desembarazo y con exactitud sobre toda materia, la apellidan *bachillera,* y a la que los entretiene con las modas del día, con la crónica de los amorcejos de la vecina, salpicando sus relaciones con graciosos comentarios, la bautizan sin consideración con el poco galante nombre de frívola. ¿En qué quedamos, señores antagonistas? ¿No hay forma posible para la mujer? Si al hombre le fuera dado el poder formar a la mujer a su antojo, habría de darle todas las formas posibles y al fin la dejaría tal como ella es; porque ese ser que tanto lo atormenta y sin el cual no puede vivir, necesita de sus caprichos, de su indolencia, de su insensibilidad, de su rigor, de su debilidad, en fin de todo cuanto la constituye, para mantener el mundo en equilibrio. ¿Qué fuera el globo terrestre sin sus fuerzas centrífuga y centrípeta?

Pero volvamos al verdadero tema de nuestro artículo, que es la frivolidad de la mujer, y oigamos al orador de los corrillos, cuando habla de la sociedad en que se ha divertido a sus anchas, porque siempre la encuentra atrasada y fastidiosa.

"Es lástima ciertamente", dice, "que esta sociedad esté tan poco adelantada; y vean ustedes, todo consiste en la falta de ilustración de las señoritas, porque el hombre naturalmente desea agradarlas, y para conseguirlo necesita tomarlas como ellas son, hablarles de todas las futilezas que forman el alimento de sus conversaciones favoritas, y que al fin acaban por embrutecer al hombre mismo. ¿Pero qué se ha de hacer? Yo mismo, a pesar de mi natural repugnancia por estas frivolidades, he resuelto proveerme de todos los cuentecillos más vulgares que he podido atrapar, sobre crónica de los amorcejos de la ciudad, y conozco ya hasta la moda de los trajes de franjas, que creo que es la última, porque tengo intención de no quedarme callado en las tertulias venideras; y como si fuera recopilación de leyes, me he aprendido de memoria todos los modismos y frases extravagantes que se sancionan cada día, para no tomar las derogadas como vigentes, y caer en el ridículo que tanto temo. Es el único medio de hacerse oír de las muchachas, porque si se les habla de pintura, no conocen ni la escuela más renombrada, si se les habla de música, conocen solamente las polkas y los estrauss, que tocan generalmente sin compás ni expresión, pero desconocen absolutamente los principios fundamentales de este arte, y en cuanto a literatura, han leído las novelas de Dumas, que las entretienen aunque no las instruyen; por consiguiente se encuentra sin auditorio entre las bellas el que quiere fomentar una conversación en este sentido. En Europa es otra cosa, pues los que han estado allí dicen que las señoritas conocen muy bien la historia, la geografía y que cultivan las artes, que sus conversaciones son instructivas e interesantes, que no sucede lo que aquí, en donde a falta de materia que sostenga una conversación, se discute a las personas hasta que todas se las aprenden de memoria. Y lo peor de todo es que yo no encuentro remedio para mejorar esta sociedad, y que las mujeres siempre serán frívolas".

Si alguna de mis compañeras no han oído a los jóvenes del día en esta clase de conversaciones, sepan que esos son los trozos de elocuencia con que nos regalan, creyendo hacerse conocer como hombres amigos del progreso y llenos de erudición, sin caer en la cuenta de que se presentan como la obra maestra de la ignorancia. Porque, ¿cómo es posible concebir que el hombre, ese ser fuerte por excelencia, inteligente y capaz de todo, no pueda conducir a la mujer a la altura de su ilustración, así como ella lo eleva a la altura de sus sentimientos? ¿Por qué es tan débil, que se deja arrastrar por las frivolidades de la mujer, en vez de rechazarlas, ofreciéndole en cambio sus sólidos conocimientos? Si no fueran ellos los primeros en iniciar esas conversaciones insustanciales y desabridas, para obtener las sonrisas de la mujer, sonrisas que son generalmente contracciones de la fisonomía en que no toma parte el alma; si en vez de tratar de producir impresiones pasajeras, que no dan por resultado sino el inmediato olvido del que las produjo, quisieran captarse una estimación; si con ese tino natural al hombre instruido promovieran las cuestiones de fondo que tan fácilmente interesan y gustan, y en fin, si buscaran aplausos en vez de sonrisas, las mujeres abandonarían la frivolidad que tanto nos reprochan, y el hombre no tendría que lamentarse de las inconstancias del bello sexo, porque lo que es digno de admiración se ama siempre.

Siendo la mujer débil por constitución, es sensible, impresionable y dócil para el aprendizaje de todo lo bueno, cuando se le estimula con el ejemplo, y se le anima con la idea de alcanzar la perfección. Nada es mas fácil que ilustrar a la mujer: basta solamente acostumbrarla a la lectura de los libros sanos y de principios útiles sobre la vida social (que debían procurarle sus jóvenes amigos); despertar en ella el sentimiento de lo bello con el cultivo de las artes, que la distraerían de las frívolas y necias conversaciones sobre crónicas domésticas y variaciones de las modas, y hacerles conocer que las cualidades que se adquieren con el estudio, son más atractivas y duraderas, que las perfecciones físicas que da la naturaleza.

El estudio del idioma patrio y el de los extranjeros modernos, el de la historia, la geografía, la moral cristiana, la música y el dibujo, bastan para formar la mujer distinguida de la sociedad. Que los hombres sepan estimar estos conocimientos en las mujeres que los obtienen; que ejerzan una sanción severa sólo con las que los han descuidado, y se encontrarán en poco tiempo en medio de una agradable sociedad europea, que echan de menos sin haber conocido.

RUFINA*
[*Biblioteca de Señoritas*, # 35 y 37,1858]

---

* Pseudónimo de un autor cuyo nombre desconocemos pero que creemos hombre y no mujer. (*Nota de las editoras*.)

LA MUJER

(*Biblioteca de Señoritas*)

Cierto es lo que dice Larra respecto de los pocos que piensan para ponerse a escribir, y de los muchos que se ponen a escribir antes de haber pensado. Rara vez he hecho una composición de lugar de algunos minutos para formar un artículo, y por esto salen constantemente tan imperfectos los de mi pluma: lo que vale decir que pertenezco al número de los muchos de que hablaba aquel gracioso español, a pesar del esfuerzo que he hecho para pertenecer a los pocos. Tan *ad pedem litera* está pasándome ahora esto, que tan solo sé que la mujer será el asunto de mis observaciones, y que tal vez será relativamente a su educación que habré de considerarla. Veamos, pues, lo que sale.

Afánase un padre de familia, desde que ve que sus hijas empiezan a crecer, para buscarles maestros de lectura y de escritura, de costura y de bordado, de música y pintura, de lenguas, matemáticas y geografía, y aun algunos (los más sensatos, a mi entender) de cocina y de repostería. Aprovechan o no aprovechan las niñas; gástase la plata y aun la paciencia y el tiempo; cásanse unas pocas, si dan esperanzas de buena dote; pásanlo mal por lo común, pues lo común es también que algún sote sea el marido, en razón de ser tantos los sotes que hay en este mundo; quédanse muchas sin colocación alguna, marchítanse, sufren algún chasco de amor o cosa así, y empiezan a decir que nacieron para monjas; que lo que les había de tocar de herencia para conquistar un novio, se les dé para que se les abran las puertas de un convento, pues en esta clase de prisiones se paga la entrada. Desde aquel entonces, adiós galas y peinado, adiós bailes y teatros, tertulias y paseos: un confesor, como si ya la hora suprema se acercara, algunas beatas por cortejo, libros espirituales por compañía, mortificaciones de ayuno y disciplina, son todas sus aspiraciones: en seguida viene el histérico, tal vez la locura, males de languidez, privaciones y convulsiones; hasta que los santos padres (quiero decir, los que las engendraron) decretan la prisión.

–Al Carmen es mi inclinación.

–Hija, allá no quieren enfermas porque la disciplina es muy rígida.

–A Santa Gertrudis, pues.

–Menos, porque hay que lavar, aplanchar y cocinar.

–A cualquier parte, pues: yo lo que quiero es retirarme del mundo; a Santa Inés, a la Concepción o a Santa Clara.

–Concedido, a Santa Clara.

Veamos a la casada como anda. Ya es madre, pasa malas noches y peores días, porque la cría, el marido y las criadas la tienen seca. Abandonó el piano y aun el canto; no retrata, no baila; no hace sino leer; pero, ¿cuál es su libro? Uno, y muy grande; el de la experiencia; el de los desengaños; el que más instruye, pero el que más atormenta, aquél en que todos leemos, sino nos morimos antes de que nos desteten. El sote (el marido, quise decir) o juega, o bebe, o galantea, porque en algo ha de ocuparse. Va tarde a la casa, de mal humor, porque perdió, o con demasiada alegría porque bebió; o padece asquerosas enfermedades, porque de todos aquellos polvos vinieron esos lodos. Ménguase la fortuna a proporción que aumenta la prole: vienen las deudas y con ellas las ejecuciones; arruinase y comienza la compasión a importunar a los mandatarios para conseguir un destinito, cuyo sueldo varía según el apellido, las relaciones y la gracia del pretendiente. La aptitud se consulta poco. Los vicios siguen y se transmiten a la descendencia; pero nada de esto le hace; volvamos a la monjita.

Verdad muy sabida es que los frailes y las monjas entran sin conocerse, viven sin amarse y mueren sin sentirse; y que con tales vínculos no puede haber sociedad posible en las cuatro paredes de una casa por grande que se la suponga. Pues, señor, la monjita estuvo muy contenta de novicia, porque todas las demás la acariciaban y contemplaban en demasía; pero luego de que profesa, como tiene sus habilidades, dieron en perseguirla por envidia, con cuentos, con insultos y con privaciones; y ella que es de viva sensibilidad y un poco enferma, está desesperada con esas viejas, arrepentida, embromada, *torneada, sorrostricada*, FREGADA. ¿Qué hacer? Ya no hay remedio, es *profesa,* que vale tanto como decir es *cadáver*. Pero está muy sonso quien se figura que *cadaver cadaveris* es el cuerpo muerto; nada de eso, este cadáver da guerra a su turno a las compañeras, a los parientes, a los hombres sensibles que tenemos noticia de sus padecimientos, y aun a Pío IX, a quien se ocurre en últimas para la excarcelación.

¿Qué os parece el cuadro, queridas paisanitas? ¿Hay exageración, hay mentira, mordacidad o qué? VERDAD y nada más. Verdad amarga, porque son pocas las dulces que existen en el mundo. ¿Pero lloráis? No tal, que todo en este mundo pasa, y lo del otro será mejor si en este vivimos bien. En mi calidad de buen cristiano siempre he creído en el sistema de penas y recompensas eternas, y en mi condición de granadino tengo que creer más todavía en él, para no desesperarme, y persuadirme de que mi país está lleno de bienaventurados, según pasamos de mal aquesta vida terrena.

Cualquiera de vosotras ha podido tomar la pluma y trazar esta misma relación, pero, por supuesto, más esmerada, más perfecta, aun cuando no más verídica. Y hay otra cosa para el consuelo, y es que más cuesta sufrir penas que oír la relación de ellas, y que los males comunicados suelen ser aliviados. Cierto estoy de que os ponéis ahora a decir: "Este como que lo dice por mí o por mi hermana, o por mi amiga tal." Acertáis; lo digo por ellas y por todas, porque desgraciadamente no son muchas las excepciones.

Conclusión. Nos los padres de familia, oído y visto lo dicho y escrito por Juancho Blanco, resolvemos no proveer de hoy en adelante a la educación de nuestras hijas, porque esto, lejos de proporcionarles felicidad y bienandanza, no hace sino desfalcar su herencia, produciendo su desgracia. Sean lo que antes eran, que así lo pasarán menos mal, y dejémonos de hacer gastos y sacrificios que no sólo inútiles sino también perjudiciales resultan a nuestras hijas. Y firmamos, para constancia de lo actuado.

Réplica. Reparad que el daño consiste en otra cosa. La falta de ilustración ha sido causa del atraso del país; el atraso del país ha traído la escasez de negocios en que pudieran las gentes ocuparse; la falta de negocios trae la ociosidad, y en pos de ella los vicios; y todo esto reunido, la rareza de los matrimonios y lo malo de muchos de ellos.

La educación en el hombre como en la mujer es gran preservativo para la corrupción; porque el hombre y la mujer de alguna cultura, tratan naturalmente de asociarse con sus iguales y hacerse acreedores a su estimación; mientras la rusticidad y la ignorancia tienden sin cesar a encenagarse allá en el fatal trato de la gente soez, que busca en los vicios el solaz que las gentes de algún provecho encuentran en el estudio y en los goces de la pura ilustración. No hay, pues, que desmayar, que algún día seremos mejores de lo que somos, a fuerza de trabajar para nuestra posteridad, que ésta es la misión del hombre en todas partes. Por egoísta que sea, hace una casa, por la que habrán de pasar cien generaciones; trabaja para su descendencia, que es trabajar para el mundo entero, y se interesa siempre algo por la suerte de los demás, aunque su falta de generosidad le impida mejorarla.

[*Biblioteca de Señoritas*, # 31, 1858]

DESTINO DE LA MUJER SOBRE LA TIERRA

"En una sociedad en que la mujer ejerce cristianamente su imperio y su apostolado irresistible, la fe no puede correr peligro, porque cada familia está evangelizada por una madre y cada nación por una santa. Muchas de esas santas madres, que son hoy patronas de los pueblos, tuvieron los antiguos galos y germanos; y cuando Clodoveo y sus francos se entregaron a Dios, se entregaron al Dios de Cleotilde y de Genoveva". Con estas bellas palabras empieza un autor contemporáneo a referir las virtudes y las glorias de la humilde pastora de Panterre, de la ilustre patrona de París, Santa Genoveva. Y, ciertamente, cuando se piensa en la poderosa influencia que ejerce la mujer, no sólo en el seno de las familias, sino también en medio de las sociedades, cuando se piensa en todo el bien que puede hacer y en todo el mal que puede evitar una criatura tan débil, tan tímida, tan necesitada de apoyo y protección, no puede uno menos que descubrir en esto algo de providencial, no puede menos de reconocer que Dios ha unido tanta belleza a tanta dependencia, tanto poder a tanta debilidad, para que ese poder, cuanto menos temido, sea más irresistible, para que ese imperio, cuanto menos ruidoso, sea más extenso, para que esa influencia, mientras menos combatida, sea más constante. Dios ha llenado a la mujer de gracia y atractivos; y si su belleza hace que se fijen en ella las miradas de los hombres, también debe hacer que ellos encuentren en su alma pura, tesoros aún más grandes de esa belleza espiritual, que Dios ha colocado en ella, para que conduzca al bien a todos aquellos que la miren, ya sea como hija, o como esposa, o como madre o como señora.

Dios ha puesto en todas sus obras el sello de la sabiduría; los cedros y las encinas que se levantan en los bosques y ofrecen una sombra deliciosa al fatigado caminante, nos obligan a pensar en la amorosa Providencia del Poder Celestial; y si los hallamos bellos para nuestros ojos, gratos para nuestra fatiga, también los hallamos útiles para nuestra vida de sociedad. La belleza de los campos, su frescura, la variedad de sus paisajes, recrea nuestra vista; y cuando al caer la tarde, cansados con el peso del día, nos sentamos al frente de una colina, o a la margen de un arroyo, también entonces bendecimos la paternal Providencia de Dios; y también entonces recordamos que en aquella multitud de yerbecillas está depositado el alivio de las dolencias humanas. Las flores de los jardines cautivan nuestra atención por su forma, por sus colores, por su frescura, por su delicado aroma. Ellas también conducen nuestro pensamiento hasta Dios, nos hacen bendecir su bondad y nos revelan los secretos de su eterno amor; y si el cedro altanero, la humilde yerbecilla y la modesta flor, tienen un destino más noble que el de recrear los sentidos de los hombres, con su belleza y sus perfumes, ¿cómo la mujer, la compañera del hombre, la hija de Dios, formada también a su imagen y semejanza, dotada de un alma espiritual, inteligente e inmortal, no había de tener otro destino sobre la tierra que el de ostentar su hermosura, y cautivar con ella el afecto fugitivo de los hombres? ¡Oh, no! Ella tiene otro destino, el de atraer y conducir al bien al padre, al esposo, al hijo, al hermano y a cada uno de los seres con quienes Dios la ha ligado. Para eso es que ha nacido bella, para eso es que tiene ese poder, esa dulzura en sus palabras, y esa inclinación vehemente a la piedad. Por eso es que cuando sus primeros pasos han sido bien dirigidos, cuando su alma no ha sido manchada con las malas costumbres, siente en sí misma ese entusiasmo por las acciones nobles y generosas, esa poderosa inclinación al bien, ese amor ardiente a la virtud, ese invencible horror a la inmodestia, esa profunda aversión al mal, y ese respeto y esa adhesión constante a su fe, a su santa y divina religión que nunca cesa, que nunca se apaga en ese corazón.

La mujer, en medio de las sociedades degradadas está degradada también, y entonces no brilla en su alma, no resplandece en su fisionomía, esa gracia celestial que adorna a la mujer ennoblecida por la doctrina Católica. La mujer infiel, aunque sea bella, es más despreciable que una esclava, es más inútil que una flor. Por eso se le compra y se le vende, se le hace servir sin descanso y casi sin recompensa, se le mantiene y se le adorna como un objeto de lujo; ella no tiene un esposo que la proteja y la ampare, sino un amo que la domina, no tiene hijos que la respeten y la consuelen, sino en ellos nuevos señores que la desprecian y la ultrajan; no tiene derechos, sólo tiene deberes. Más en la sociedad ilustrada por la doctrina evangélica, ella tiene apoyo y protección, derechos y consuelos, honores y recompensas; ordena, conduce y aconseja; sus deseos, cuando son bien ordenados, llegan a ser leyes, sus ruegos mandatos y sus miradas suplicantes, órdenes imperiosas. Ella reina en el corazón de los hombres más por su dulzura que por su autoridad, más por su virtud que por su belleza.

Dichosa ella si sabe hacerse digna de ese imperio, si reconocida a la divina religión que la ha enaltecido, procura conservar en el seno de la familia y en medio de la sociedad, la pureza de las costumbres y el sagrado depósito de la fe. Dichosa ella si, recordando la miserable condición de la mujer en los países en que no ha resonado la palabra de salud y de vida eterna, y en los que habiendo resonado ha venido a perderse en medio del estruendo de las pasiones humanas y de los mezquinos intereses de la tierra, eleva su corazón al cielo y promete al Dios que la rescató, no olvidar nunca lo que debe a esa religión divina que ha sabido reconquistar sus derechos, devolverla a su primitivo esplendor, y ponerla en posesión de su perdido imperio.

Dichosa ella si, fijando sus miradas en la Santa Mujer, que como un modelo celestial ha puesto el Rey de las eternidades ante los ojos de la hija del cristianismo para que imite su excelsa santidad, aparta de sí todo lo que sea contrario al pudor, a la modestia, a la dignidad de una cristiana, en sus vestidos, en sus palabras, en sus modales, en sus costumbres, en sus recreaciones, en sus habilidades, y no contenta con ser el encanto de la sociedad, por los atractivos de su belleza, y el embeleso de las gentes, por las gracias de su entendimiento, aspira a llenar completamente la honrosa misión que el Señor le ha confiado, aliviando al pobre, consolando al afligido, animando al débil, aconsejando al extraviado, vituperando el vicio, ensalzando la virtud, reanimando la fe de los unos, alentando la esperanza de los otros, encendiendo el fuego de la caridad en todos los corazones, afianzando el imperio de la religión en todas las almas, e inspirando con su ejemplo y con sus palabras sentimientos puros, nobles, generosos y elevados entre todos los que la rodean.

¡Oh!, dichosa ella, en fin, si al repasar sus deberes y al conocer su insuficiencia, levanta los ojos al cielo, piensa en su eterno destino, implora los auxilios del Todo-Poderoso y pone su vida bajo la custodia de la inocente virgen de Nazareth, rogándole que guíe sus pasos, que alumbre su camino, que sostenga su flaqueza para trabajar constantemente en la perfección de su espíritu para adornar y embellecer su alma con la práctica de las virtudes cristianas, para separar del error y el vicio a las almas que estén bajo su custodia y para ejercer dignamente el dulce y poderoso imperio que el señor le ha confiado.

Entonces su familia tendrá para ella amor imperecedero, sus amigos le ofrecerán una estimación constante, la sociedad la colmará de bendiciones, y los ángeles del señor tejerán, para adornar su frente, una corona de eterna gloria y de eternos resplandores.

[*El Mosaico, #* 8, 1859]

La mujer

Unos han dicho que la mujer es la obra maestra de la naturaleza, y otros que es la fragilidad misma ¿qué hay en esto de verdad?

¿Es la mujer un misterio, o un ser múltiple y precioso bajo cualquier punto de vista que se la considere?

Como niña, es para nosotros la personificación de la inocencia. Como joven participa de la naturaleza del ángel y de la flor. Como esposa, es la base de la familia y el sol del hogar. Como madre tiene todos los caracteres de la santa; y como anciana es el oráculo de su generación.

Se ha escrito mucho contra ella, es verdad, pero siempre bajo la forma de las generalidades o de lo que se llama vulgarmente *absolutos*; mas no es posible seguir aceptando como verdades semejantes injusticias. Hoy no es la mujer la esclava de otros tiempos, ni el ser cuya alma se sometió a duda hasta por la teología misma. Compañera del hombre, de cuya naturaleza participa en todos sus desarrollos, y mitad eminentemente amable del humano linaje, la civilización cristiana la ha colocado ya en el puesto que le ha tocado en la creación. Su desgracia ha consistido en que, como a los negros, se le ha postergado, humillado y sometido a una cadena de oprobio descuidando su educación y atormentándola con el peso de un anatema estúpido.

Hecha por nuestra parte esta proclamación de fe, insertamos con mucho gusto, y como un trabajo curioso, el siguiente artículo que publica "El Tornillo" de Tunja.

Catorce Refranes

La mujer, a quien muchos han creído incomprensible, ha sido sentenciada desde tiempos remotos. Catorce sentencias, que se llaman refranes, demuestran el profundo conocimiento que el mundo tiene de ella, y la triste suerte que en él le tocó. Cada vez que la mujer pretende engañar, y para esto aparece de cierta manera, es atacada siempre por el refrán. Reglas generales establecidas ha mucho tiempo, sancionadas por muchos años, ponen de manifiesto a la mujer. El mundo empezó por decir: "La mujer y el vidrio, siempre en peligro".

Nace la mujer. Su aparición en este globo no causa mucha alegría; su desgracia empieza con su existencia, y el padre que contempla la criatura que acaba que nacer, dice con el refrán: "Pasar mala noche, y nacer hija".

Crece y se educa al lado de la madre en los principios de la más sana moral; se le inspira un profundo temor de todo aquello que puede perjudicar su honor; se procura infundirle desconfianza de los hombres y de sus promesas, y educada de esta manera resulta una mujer como lo canta el refrán: "De madre piadosa, hija melindrosa". Si, al contrario se le educa en los principios del gran tono, se la da una notable instrucción, y resulta una mujer de mundo, festiva, alegre y literata, entonces se la hace la cruz y se le reza el refrán: "A mujer que hable latín no se le espera buen fin". Si su natural inclinación la arrastra a mirar con desprecio los falsos placeres de este mundo, y se la entrega al servicio de Dios y a la práctica de la religión, entonces grita el refrán: "De día beata, y de noche gata".

Nacida para el amor sabe inspirarlo, pero nadie tiene fe en la mujer a quien ama; en medio del más ardiente delirio de amor, una voz secreta parece que repite al oído del amante más enamorado: "Mujer, viento y fortuna, luego se mudan". Si es naturalmente candorosa y tímida, y con su natural timidez se presenta siempre delante de la sociedad, parece entonces que lleva escrito en la frente el conocido refrán: "Doncella triste, alegre viste".

Si es hermosa, el mundo se prosterna ante ella; se le habla el más florido lenguaje de amor; se la queman los más exquisitos inciensos, pero sin apartarse jamás del sentido estricto del refrán: "Mujer hermosa, o loca, o presuntuosa" . Si ama, y en el camino de sus amores encuentra una decepción; si en su modo de proceder ha cometido una leve y amorosa falta, y necesita para borrarla de llorar, entonces se la admira más que nunca, porque las lágrimas son la mejor aureola de la mujer; porque una mujer llorando sus amores es magníficamente bella, y debe extasiarse el que la considera, como el que ve por primera vez el magnífico meteoro de la aurora boreal; pero el que la contempla repite: "En cojera de perro, lágrimas de mujer y juramento de tendero, no hay que creer". Si la mujer poseída de virtud quiere intimidar al mundo con su propia dignidad, entonces cien voces gritan: "A la mujer y al papel no hay que tenerles miedo".

La sociedad, que, aparentemente acompaña en su dolor al que sufre, retira su compasión a la mujer, aún cuando lamente la pérdida de su esposo muerto en la luna de miel, porque la sociedad dice a una con el refrán: "La viuda pobre o rica, con un ojo llora y con el otro repica".

Todo aquel a quien la fortuna no le ha dado riquezas, desespera de ser correspondido de la mujer a quien ama, porque el refrán le levanta este falso testimonio: " Deme Dios marido rico, aunque sea borrico".

No se sabe la razón, pero el mundo con una sentencia irrevocable condena con especialidad ciertas mujeres a la desconfianza general, con las siguientes razones: "A la mujer barbuda desde lejos se saluda".

En fin, el hombre vive lleno de temor y desconfianza respecto de la mujer; abre tamaños ojos en esto de los amores para no dar un paso falso, y está siempre como el centinela avanzado dando el grito de "quién vive", porque una horrible idea lo atormenta sin cesar, idea que le hace perder el bienestar y la calma, porque comprende que un pequeño desliz puede perderlo irremediablemente, porque el refrán dice: "Todo está sujeto al hombre, menos la mala mujer".

M. G.
[*El Mosaico*, # 4, 1865]

Misión de la madre de familia

Vaya, que el título no deja de prometer, dirán algunos al leer este encabezamiento. En efecto, nada más interesante que la misión de la mujer y más aún la de la madre de familia.

¿Quién no ha escrito algo tocante a la mujer? La mujer es el tema obligado de todo escritor aprendiz, tema diluido y dinamizado infinitesimalmente, a estilo homeopático, por los dramaturgos y novelistas, por los fisiólogos y moralistas de todos los tiempos y de todas las naciones. Todo el que quiere acreditarse de profundo conocedor del corazón humano empieza por analizar a su modo a la mujer. Cada cual pretende haberla estudiado a fondo. Balzac entre otros, cree haberla conocido, como al través de la corriente se puede ver el seno de un riachuelo. Unos la pintan como un demonio, otros como un querubín boquirrubio, quienes como un ser mixto, es decir, ángel y demonio al mismo tiempo, cuales como una impenetrable esfinge; en fin, cada uno habla de la feria según le va en ella.

¡Cosa singular! Todos más o menos son naturalistas en esto de conocer los animales. Saben, por ejemplo, que perro y perra son de la misma especie, con diferencia de sexo, que gato y gata id, id.; pero se han propuesto que hombre y mujer han de ser distintos; y seguirán devanándose los sesos hasta la consumación de los siglos, queriendo hallar en la mujer un ser incomprensible, mientras no se persuadan de que hombre y mujer son dos seres idénticos, dotados de las mismas pasiones, con las mismas necesidades y nacidos para los mismos fines, es decir, que la mujer nació para el hombre y éste para la mujer: sentado este principio y una vez definidas las cosas, veamos lo que es la mujer.

La mujer es la compañera del hombre y su misión en la sociedad es la de ser madre de familia; luego es en la casa en donde debemos estudiarla. Pocos se han propuesto por estudio la interesante misión de la madre de familia, y entre estos pocos me complazco en citar el libro de oro de Aimé Martin, libro que nunca me canso de leer. Pero, ¿qué es la madre de familia en nuestra tierra? Como no me creo con fuerzas para moralizar sobre el asunto; como soy poco amiga de teorías, me voy a la práctica, suponiendo que poco más o menos todas somos una, contaré lo que yo soy y lo que sucede en casa todos los días.

Hay en la vida doméstica días de fastidio, momentos de profundo aburrimiento. En meses pasados, cansada ya de hablar con las amigas de la torpeza de las criadas, de las travesuras de los muchachos y de la carestía de los víveres, materia inagotable de conversación entre nosotras, decía yo para mis adentros: ¿será posible que nuestra misión en este país sea tan nula que lo mismo da el ser mujer de hombre acomodado que de zapatero remendón? ¿Por qué no imitar a las europeas, o a las norteamericanas que cultivan las artes y las letras, que escriben, que se mueven, que hasta tienen *meetings* y peroran? Hagamos un esfuerzo, en vez de estar siempre arraigadas a la casa vegetando tontamente como arbolocos.

En el acto hice mil proyectos de aprovechar el tiempo lo mejor que pudiese, escribiendo sobre cualquier cosa para ejercitar el entendimiento, o siquiera de emprender algunas lecturas instructivas que sacasen mi espíritu de las prosaicas regiones de la vida doméstica. Era domingo en la tarde, y desde luego tiré mis planes para empezar a ponerlos en planta desde el día siguiente. Ya que no voy a teatro, ni a tertulias, ni a paseos, que no tengo tiempo para asistir a ejercicios, a novenas, ni a sermones; haré lo posible para escapar entre ocupación y tarea algunos momentos para cultivar mi inteligencia que siento ya embotada con los afanes de la vida. Pero ¿qué hacer con media docena de muchachos que sin cesar gritan y se rebullen junto a mí?

Verdad es que los dos mayores están ya en el colegio, que no deja de ser algún descanso; pero me quedan cuatro, de los cuales dos están aprendiendo conmigo, una niñita que no hace sino jugar y el último que está, no diré de pecho, pero sí de tetero.

Usted se mata, mi sia Pilar, me dicen algunas amigas. Mande esos niños a la escuela que aprendan a leer, y así descansa algo y puede vigilar mejor la despensa y entregarse más a los pormenores de la casa. Pero ¿cómo resolverme a que les vicien la pronunciación en esas escuelas donde les enseñan el ca-ca, ce-que, ci-quí, xa-ja, xe-je, xi-ji, etc.? Imposible: yo misma he de enseñar a éstos así como enseñé a los otros: ni ¿qué cosa más satisfactoria para una madre que dar a sus hijos las primeras enseñanzas que tanto influyen en el giro que han de tomar esas tiernas inteligencias que nos están confiadas? Jamás he podido entrar por la moda de abandonar los hijos al cuidado ajeno. Nada de eso: yo misma he de verles la ropa, he de atender a que sus camitas estén limpias y bien tendidas, y por la noche asistir a su hora de acostarse, a fin de que lo hagan con orden, eleven a Dios sus oraciones y duerman en paz.

Nuestras costumbres domésticas difieren esencialmente de las de otros países civilizados, no sé si a causa de la índole nuestra o por el mismo atraso en que estamos, a lo que se agrega también el malísimo servicio de los criados. Entre nosotros la señora es la primera criada de la casa, la que dirige y manda en jefe a las otras criadas, y cuenta, que las tenemos en número doble del que por lo general se tiene en Europa. Ella es la que vigila el arreglo de la casa, maneja la despensa, atiende a los hijos y tiene en la memoria hasta el último pañuelo del marido: así es que constantemente está en la tarea de renovar ya las camisas, ora las medias, ora el calzado de los niños o las diversas piezas del vestido de estos diantricos que parece que tuvieran garfios en todo el cuerpo, según es el destrozo que hacen de la ropa; la que está en roce continuo con los sirvientes que, a fuerza de familiarizarse con ella, la irrespetan a menudo; la que se entiende con la lavandera, con la aguadora, con el carbonero; que tiene que saber cuándo se acabaron las velas, cuándo el azúcar, cuándo el chocolate: en una palabra, es al mismo tiempo la señora, la niñera y la *mayordoma* de la casa, debiendo entrar en todos aquellos pormenores capaces de vulgarizar a la más remilgada.

Y luego dirán los maridos que a ellos les toca la peor parte en el matrimonio. No, señor, es que son los hombres de suyo desagradecidos. Y sino, ¿por qué se casan tan pronto los viudos? Porque no pueden aguantar los muchachos y toda esa barahúnda que se llama vida doméstica; porque se vuelven locos en sólo una semana que tengan que entenderse con la cocinera, con la mandadera y toda la falange que los rodea y los acosa y los obliga a vaciar a cada paso el bolsillo.

Pues, como tengo dicho, a pesar de tantos quehaceres, me propuse llevar adelante mis planes; así fue que me acosté temprano pensando levantarme a las cinco; mas, no pude conseguirlo, como lo deseaba, porque el niñito dio mala noche y el sueño me cogió tan sabrosamente hacia la madrugada, que a duras penas logré estar en pie a las seis y media, y aquí comenzó la faena. Entre el desayuno, levantar y vestir los niños, bañarlos, peinarlos y aliñar mi propia persona, dieron las ocho. Siguió luego el arreglo de la casa que debe estar toda barrida y sacudida para cuando entre el marido a almorzar: por consiguiente estoy toda la mañana de aquí para allí; que no parece sino que fuera yo hormiga de esas que llaman *arrieras*, porque andan por todos lados husmeando donde hay que comer, llevando y trayendo hojitas y cuanto encuentran y tropezando unas con otras en distintas direcciones. Y debo decir de paso que para esto del manejo y buena marcha de una casa no hay como el *Tratado de economía doméstica*, escrito por doña Josefa A. de Gómez, libro que debiera estar en la mesa de costura de toda madre de familia.

Pues, como iba diciendo, aunque materialmente no haga yo misma los oficios de barrer y limpiar la casa, tengo de intervenir en todo, para que cada cosa quede en su lugar, porque mi marido aunque es manso y tolerante no disculpa nunca el desarreglo, sea cual fuere el motivo que se alegue para ello.

A las diez almorzamos: como era lunes, hubo aquello de despachar a la lavandera, entregándole la ropa que debía lavarse y recibiéndole la que había lavado la semana anterior. Y no hay que hacer el gesto, bellas lectoras; pues por más desagradable que sea el oficio, tarde o temprano llegará el día en que tengáis que hacerlo, so pena de abandonar un poco vuestras obligaciones. Una vez despachada la lavandera, tuve que dedicar algunos momentos a la despensa, en donde la cocinera me esperaba para disponer la comida, y en esas y las otras dieron las doce sin haber podido todavía sentarme a coser.

La costura es una de las cosas que absorben más tiempo a una ama de casa. Y no basta tener costurera; porque además de lo nuevo que se hace, hay siempre mucho que remendar y componer, porque los muchachos rompen que es un gusto.

En casa se almidona los martes: de modo que los lunes hay que apuntar lo roto, registrando minuciosamente pieza por pieza la ropa limpia. Mis lectores perdonarán todos estos prosaicos pormenores en que he tenido que entrar, una vez que me he propuesto escribir acerca de la misión de la madre de familia en nuestra tierra, contando lo que sucede por lo regular en casa, por más santo que sea el empleo que haga yo de mi tiempo y de mis facultades.

Antes de coger la costura fue preciso ponerles lección a los dos muchachos que están el uno en Fleury y el otro comenzando a leer, y en esto se me pasó un buen espacio de tiempo. Por fin, a la una, después de mandarlos a jugar, tomé con empeño la aguja y me senté a coser. Embebecida estaba con mis pensamientos que se sucedían con más rapidez que una puntada seguía a la otra (que no hay como la costura para distraerse, mejor que el fumar que aprenden las señoritas por distracción, según dicen), cuando viene la muchacha carguera del niño y me dice: mi siñá Pilar, que camine sumercé y verá lo que están haciendo los niños. –¿Y qué haces tú que no los ves, tú que eres la encargada de cuidar de ellos? –Pero si no quieren hacer caso y dicen que a mí nada me importa y que yo no soy su mamá para que los mande.

Fuime al corral con ímpetus de regañarlos, figurándome que estaban haciendo una gran travesura, pero no pude menos que soltar la risa al encontrarlos como unos matachines. Como teníamos obra en la casa y estaban pintando el interior de ella, mientras que los albañiles y el pintor se habían ido a comer, los muchachos se apoderaron en primer lugar de una cuerada de barro, con el cual hicieron unas cuantas arepas y ollas y cazuelas; y por remate cogieron las brochas del pintor y se entretuvieron en pintarse el uno al otro bigotes, chivera y anteojos, de verde, colorado, amarillo y negro indistintamente. ¡Jesús! Qué niños, que no dejan a una quieta: imposible que yo pueda tener tiempo para abrir siquiera un libro: está visto que yo no sirvo sino para estar todo el día atendiendo a ellos.

Fue preciso bañarlos y enjabonarlos de pies a cabeza y cambiarles la ropa porque la que tenían estaba lastimosamente embadurnada, y en esto ya fue hora de comer. Por la tarde ocurrí al expediente de mandarlos a pasear, pensando que así podría contar siquiera con un par de horas, quedando en libertad para lo que deseaba; y eso medio a hurtadillas del marido, no fuera él a decir que yo abandonaba mis quehaceres por la literatura. Acababa de coger un libro y me sentaba cómodamente a leer, cuando entró Leoncia, una amiga mía que lo ha sido siempre desde que estuvimos juntas donde las Paquitas. Dejé el libro con gusto y no me pesó la interrupción, porque cuando la amistad es verdadera hay verdadero placer en cultivarla. Y siempre que nos juntamos las dos, parecemos un par de cotorras, charlando de cuanto ocurre y sobre todo de nuestro tema sempiterno, los muchachos.

–¡Ay! Niña –me dijo apenas tomó asiento–. Me he venido huyendo de aquellos enemigos malos que por poco me vuelven loca. –¿Y qué ha sucedido? –le dije. –Pues que hoy se han propuesto revolver toda la casa y no han dejado cómoda, ni escaparate que no hayan esculcado, sacando cuanto trapo han podido para disfrazarse de cuanto gana les ha dado. –Niña, no me diga de eso, que a mí me tienen hasta la coronilla–. Y le conté la función de la pintura y el baño.

¿Pues creerá que he estado pensando en resolverme a buscar alguna persona que haga mis veces para manejar la despensa y lidiar los niños? ¿Por qué no hemos de hacer nosotras como las extranjeras que tienen ayas para los hijos y viven descansadamente y salen a la hora que quieren, o pasan el día recibiendo visitas, sin que nada les impida llevar esa vida holgada y sin afanes? Esto decía Leoncia, pidiéndome mi parecer en el asunto. Pero yo, que soy tan opuesta a salir de la rutina, le dije que eso de buscar quién hiciese nuestras veces tenía sus más y sus menos, que ninguna otra puede tener el cuidado de la madre, y que lo pensara bien antes de llevarlo a cabo. Sin embargo, Leoncia objetó mis temores poniéndome algunos ejemplos tomados aquí y allí. Bien puede ser, le contesté, pero yo no me atrevería a hacer la prueba; y además, esas personas que lo hacen, seguramente serán ricas que pueden llevar cierto tren que a nosotras las pobretonas nos está vedado. En cuanto a hacer lo que otras hacen, no me diga eso, que aquí casi todo se hace por moda. Por moda arrastraban poco ha los vestidos en las calles y en los caños, así como por moda andan ahora con la ropa levantada hasta los tobillos. De veras, niña, que parecen todas pollas zanconas con ese modo de alzarse los camisones.

Las seis daban cuando se despidió Leoncia, a tiempo que entraban de pasear los niños. Como había pasado la tarde sin llenar mi objeto, me propuse disponer desde temprano lo del refresco para, luego que acostara a los niños, entregarme a mis propósitos.

A rezar, hijitos, para acostarse; porque los niños deben dormirse temprano para levantarse temprano, bañarse, peinarse y estudiar su lección.

Todos –Pero cuéntanos un cuento después de rezar, mamá.

–Si yo no sé cuentos, hijitos.

Antonio –Sí sabes el del carlanco que nos leíste en un libro de Fernán Caballero.

Luis –O el del pájaro azul, que es tan bonito.

Rosita –A mí el que más me gusta es el de la culebrita que era una niña encantadora.

–Ese quien lo sabe es Juana, que os lo cuente ella.

Antonio –Ella se lo cuenta a las otras criadas, y a nosotros lo que nos cuenta es cosas de diablos y de espantos que nos asustan.

–Pero tú no hagas caso de eso: el diablo que tú debes temer son tus malas inclinaciones, de las cuáles debes huir como de la peste; y en cuanto a espantos, no hay tal cosa, porque los vivos no espantan y los muertos menos. Y tú sabes que a los muertos los entierran y allí dentro el cuerpo se vuelve tierra, que lo que es el alma se va donde Dios la mande.

Rosita –Y el alma de los perros la ensartan en palos, ¿no mamá?

–No digas disparates, hijita.

Rosita –¿Con que no te acuerdas de la que vimos el otro día por Belén ensartada en un palo de una cerca?

Antonio –Tan boba que es Rosa: esa no era alma, no era sino la calavera de un perro puesta en un palo.

Rosita –Más bobo eres tú, que dices que los cocos comen niños, cuando mamá dice que los cocos sirven para hacer dulce y comer nosotros.

–Callen, callen, niñitos, y a rezar para acostarse que ya son las ocho.

Cesa por fin la charla y cada cual va tomando posesión de su cama y a poco rato el silencio sucede a la tormenta del día, lo cual indica que todos duermen tranquilamente.

Ahora sí, digo para mi capisayo, aprovechemos la ocasión. Pero qué ocasión ni qué pandorga. En aquel momento dos aldabonazos en el portón avisaron que alguien nos favorecía con su visita. Era don Pedro Pedraza a quien no podrían ir mejor nombre y apellido: desde que entró se arrellanó bien en la poltrona buscando el rincón más oscuro, porque tenía los ojos como dos tomates maduros. Un pater noster después entró también doña Juana Modarro a quien yo siempre equivoco el nombre llamándola doña Juana Modorra. Venía con la criada y demás arreos de invierno, es decir, zapatones, paraguas y linterna, los cuales se acomodaron en el hueco de una ventana, mientras que la señora se sentó en un canapé a cuyo extremo me fue preciso hacerle frente a más no poder.

Ambos se apresuraron a decir que habían tenido aquella noche el feliz pensamiento de venir a acompañarnos a refrescar. Mi consorte y yo les dimos las gracias por esa prueba de confianza, y aunque ya habíamos refrescado nosotros, tuvimos el placer de verlos a cual más oficioso con los bizcochos y el pan de yuca que a toda prisa mandé traer de la tienda más cercana.

Eran ya como las nueve cuando doña Modorra, levantándose, tomó de manos de su criada, que en calidad de trasto yacía donde ya dije, una especie de saco de noche que usan algunas señoras, donde cargan los libros de misa, las novenas, el pañuelo, las llaves y útiles de costura por lo que pueda ofrecerse. En aquel pozo de Donato llevaba doña Juana un memorial o representación dirigida al congreso, pidiendo pensión como viuda de un capitán de la independencia; y mi pobre marido era la víctima escogida no solamente para que tuviese la *bondá* de pasar la vista por él (el memorial) y lo corrigiese, sino para que, como representante que era entonces mi marido, la presentase él mismo apoyándola con su voto y buscándole los demás que se necesitasen para que pasara en los tres debates.

–Aquí le traigo este memorial, señor Dr. Usted que es tan bondadoso y que fue tan amigo de mi difunto Pancho, es el llamado a sacarme de este empeño –dijo doña Juana–. Me lo ha escrito mi sobrino que entiende de eso, porque pasa su vida de picapleitos en los juzgados y tiene ya práctica en la materia.

Y tienen ustedes, lectores míos, a mi viuda haciendo el panegírico del difunto capitán Carroña, cuyos servicios a la patria fueron algo problemáticos. Tuvimos que oírle pacientemente toda la relación que nos hizo, de donde ella derivaba la justicia que la asistía para pedir pensión al congreso. Media docena de bostezos se me escaparon, por más cruces que me hice sobre la boca para escaparlos; y gracias a que empezó a paramar, doña Juana se despidió antes de que lloviese recio.

Pero don Pedro dijo que él esperaba a que escampase, y mientras tanto manifestó que después del placer de vernos, el motivo de su visita era el de que mi marido, que debía tener conocimiento de las prácticas parlamentarias, le trabajase un reglamento: que le habían hecho el honor de nombrarlo secretario de una sociedad que trataba de establecerse con el objeto de promover mejoras materiales, y que estando tan enfermo de los ojos le era imposible escribir una línea, sin embargo de haber admitido por patriotismo el cargo que se le imponía. Hubo, pues, que discutir todos los artículos y parágrafos, uno por uno, a contentamiento de don Pedro, en cuya tarea les cogieron las once de la noche. Yo que a pesar de mis buenos impulsos de aprovechar algunas horas siquiera leyendo, me había contagiado aquella noche del apellido de doña Juana, recosté la cabeza contra el canapé y empecé a dormitar. Y habría continuado Dios sabe hasta cuándo, a no haberme despertado con sobresalto yo misma con un fuerte ronquido que asustó a los dos reglamentadores.

No me quedó más recurso que levantarme a toda prisa poniéndome las manos en los carrillos y pretextar un terrible dolor de muelas que no me dejaba casi hablar para despedirme de don Pedro. Y me fui a acostar, desalentada de tanto esfuerzo perdido y persuadida de que no quedándome tiempo para instruirme, nunca podré dejar de ser lo que soy.

En fin de fines, creo que la misión de la mujer sí puede y debe ser algo más que remendar trapos y regañar muchachos. Aunque también sé por experiencia que a eso es a lo que regularmente se reduce nuestra vida. Así es que por lo tocante a mí, estoy convencida de que vivo condenada a ser solamente lo que rezan mi nombre y apellido, menos la última letra.

PILAR SEGURA DE CASAS*
[*El Iris*, # 8,1866]

---

* Pseudónimo de un autor cuyo nombre desconocemos. (*Nota de las editoras*.)

CONSEJOS A UNA NIÑA

José María Vergara y Vergara

*A Elvira Silva Gómez**

Elvira:

En los risueños cuentos de la infancia se habla de princesas a cuyas cunas se llamaron las hadas para que les deseasen y consiguiesen todas las virtudes y todas las dichas. Cuando tú estés por la edad en situación de leer y comprender estas páginas, ya estarán lejos de ti los risueños cuentos de la cuna, ya no habrá historias de hadas amigas ni de princesitas dormidas. Estarás aprendiendo las crueles verdades de la vida, y aún no las sabrás todas. Extrañarás entonces que tus padres no llamaran dos risueñas hadas a tu cuna con sus varitas mágicas, sino a los dos más desgraciados de sus numerosos amigos. Esto no tiene más explicación que el cariño; pero sería fácil encontrarle una. Todo es tan instable en la vida, que acaso los que ríen te atraerán dolores y nosotros con nuestros dolores te atraeremos dichas. El pararrayo, que tú conocerás después, llama a sí todos los rayos y deja libre y seguro el espacio que lo rodea. Así son los desgraciados y por eso no producen mala sombra. Ellos están ahí para recibir todas las tempestades del cielo.

Para esa edad que se te espera y que vendrá a ti "coronada de rosas y cantando", ya habré muerto yo, confiando en Dios, y contrastarán estas líneas en que te hablo de la vida y de sus flores, con las líneas que digan en mi sepulcro estas palabras, cuya sencillez no ahoga su profunda verdad: Aquí descansa... y luego un nombre, el mismo que voy a poner al pie de estas páginas. Mis palabras de hoy entonces tendrán doble solemnidad para ti, y pensando en ello te las escribo. ¡Qué diferencia! Yo que estoy ahora en la plenitud de mi vida y de mis dolores, estaré entonces descansando a la sombra de una cruz; y tú que no entiendes ahora lo que te hablo, y que te encuentras en el indeciso albor de la vida, estarás entonces en la plenitud de tu belleza y de tu inteligencia. Querrás acaso oír de mi boca estas palabras que leerás escritas y será imposible, tan imposible como si yo deseara en mis últimos días volver a oír tu voz con que hoy balbuceas el nombre de tu padre.

---

* Hija de Ricardo Silva, escritor costumbrista y padre de José Asunción (1865-1896).

La vida habrá hecho su destrozo en ambos: a ti te habrá quitado la paz de la infancia para darte las agitaciones de la juventud, y a mí la de mis actuales dolores para darme la paz del sepulcro.

Conversemos, pues, al través de tu cuna y de mi tumba.

Para entonces, Elvira, los negros cabellos de tu madre tendrán hilos de plata: la erguida estatura de tu padre comenzará a inclinarse en la tarde de su vida, como se inclina uno en la noche de su día, buscando el reposo; que el día como la vida cansan con sólo vivirlos. Ambos, cansados ya de su felicidad, como yo lo estoy de mis pesares, porque el alma no tiene fuerzas ni para lo uno ni para lo otro, mientras está prisionera entre el cuerpo, te dirán que nos leas y que nos oigas.

Óyeme, pues, querida Elvira.

Y nos oirás, ¿no es cierto? Más bien que las fútiles páginas que el mundo pondrá ante tus ojos, leerás las que están en este libro, ¿no es cierto? ¿Qué mucho que te pidamos tu noble padrino y yo una hora sobrante de las fiestas de tu juventud para que las leas, si en cambio te dejamos todas las horas de tu vida para que seas dichosa?

¡Oye, querida niña, las palabras de dos pobres viajeros que se sentaron por un momento en tu hogar, y antes de seguir su camino quisieron dejarte una predicción, un conjuro para que seas feliz siempre!

Sabemos él y yo que tan imposible es evitar que en la juventud de la mujer lleguen serenatas a su reja y cantares a su corazón, como que vengan rosas a sus mejillas, perlas a su boca, sonrisas a sus labios, luz a sus ojos. El corazón, al despertarse de su infancia, palpita, y el alma, puesto que viene del cielo, sueña y ama. No queremos que dejen de venir ni esas flores ni esos cantares, ni que ese corazoncito que hoy se sobresalta con el vuelo de una mariposa, deje de palpitar de amor; ¡lo que queremos es que esa rosa no se marchite ni que esos cantares se apaguen! Lo que queremos es que tomando la vida tal cual es, buena y amable como un dón de Dios, la vivas en paz y que al morir no te acuerdes de ella como de un crimen que te haga temblar, sino como de una virtud que te haga sonreír.

¿Y cómo podrá ser que la dicha sea una virtud? Aguardando pacientemente a que Dios la envíe; comprometiéndolo a fuerza de virtudes a que la envíe pronto y sosteniéndolo con ellas para que la conserve, a fin de que si Él juzga conveniente en su sabiduría infinita que se acabe, pues

Ni toda pena es maldición del cielo
Ni todo gozo bendición de Dios,

se acabe escapándose como un perfume de entre un vaso que se abre, y no como una fiera que se huye de su jaula.

El hombre tiene la iniciativa para ser su dicha y la de la mujer, y para labrar también su infelicidad y la de ella; pero la mujer tiene una misión más suave, más propia de su delicadeza, de su sensibilidad y de su pudor. Su misión consiste en aceptar y seguir el bien (el bien es su dicha) y en rechazar el mal (el mal es su dolor y su desgracia).

¿Y cómo sabrás cuál es el bien y cuál es el mal?

Antes de que viniera Jesucristo al mundo, Séneca o Platón hubieran escrito un volumen entero para explicarte el bien y el mal. Después de que vino el Redentor, la conciencia adquirió la certeza de su camino, porque se iluminó instantáneamente, menos con la sabiduría que emana de aquellos labios que con la luz, la luz del cielo, que salía de aquellos ojos. "El que lo sigue no anda en tinieblas".

La sabiduría humana antes y después de Él, suda y forcejea por atar las acciones humanas, ¡pero en vano! Sólo Él, dueño del alma, supo el verdadero remedio y ordenó atar el pensamiento. ¡No lo olvides, Elvira! Las ondas del torrente que baja de la montaña, no se detienen en su caída cuando ya arrastran peñascos; se detienen allá arriba cuando son una gotita de agua que nace entre una hoja de musgo y aparece apenas como una perla. Haz bueno y casto tu pensamiento; llénalo de piedad y de dulzura; ofrécelo en tributo y sacrificio incesante a Dios y verás que todas tus acciones serán como él.

Para mayor apoyo de la debilidad femenina crió Dios un modelo y un espejo de mujeres en su madre. Criada en el silencio del hogar, como el ave en el silencio del bosque; humilde y pudorosa el día que se le notificó su dicha; relinda y laboriosa en su vida de familia; intercesora, benévola y humilde cuando la vida pública de su Hijo la hizo encontrarse con la sociedad; sufriendo silenciosa y resignada cuando le tocó la prueba del martirio; silenciosa también y también resignada cuando llegó la de gloria; no tuvo en toda su vida un día que no sirviese de modelo, ni dio un paso que no pudiera servir de huella. Por ella y en ella fue rehabilitada la mujer: fuera de ella no hay salvación posible para la mujer.

Un rey de Francia felicitaba a una madre que tenía dos hijos: "Señora, le dijo, tenéis un hijo de quien se habla mucho y una hija de quien no se habla nada". Este es el mejor elogio que se puede hacer de una cristiana, y yo te lo recomiendo para que trates de merecerlo. Para el hombre el ruido y las espinas de la gloria; para la mujer las rosas y el sosiego del hogar; para él el humo de la pólvora; para ella el sahumerio de alhucema. Él destroza, ella conserva; él aja, ella limpia; él maldice, ella bendice; él reniega, ella ora.

Sigue, pues, tu camino y no extrañes encontrar en él deberes dolorosos. La vida no es un baile de aparato sino una prueba de justificación. La parte peor es la del crimen; la virtud tiene a veces lágrimas, pero nunca sollozos ahogados; tiene la lucha de una tentación, pero jamás los dolores de un remordimiento.

Niña, vive feliz; si llegas a ser esposa, sé fiel y humilde. Obedece siempre, para no dejar de reinar. Dios, tus padres, tu esposo serán tus únicos dueños; el mundo los llama algunas veces tiranos; la felicidad los llama guardianes. La vida no es la mala sino sus habitantes. No les maldigas nunca, pero perdona siempre. Para que las grabes en tu memoria te acompaño unas máximas, pequeño código de filosofía práctica que me ha enseñado el trato con mujeres virtuosas, que fueron fieles y murieron en paz. Léelas a menudo, si tus padres te lo permiten, pues sin licencia de ellos no debes ni aspirar a la felicidad:

No alces nunca tus ojos sino para mirar al cielo.

No cierres nunca tu corazón a tu madre: déjala leer en él como en un libro abierto.

No des entrada al orgullo en tu alma, porque el orgullo pierde con más seguridad a la mujer que al hombre, y al hombre lo pierde siempre.

Sé dócil a tus padres, en tal extremo, que ellos no tengan la pena de decirte con los labios lo que bastaría te dijesen con los ojos.

Nunca tengas amigas íntimas.

Pónte todos los días en la presencia de Dios, so pena de olvidar que vives en ella.

No des entrada a la primera falta; pero si en ella incurrieres, no la ocultes a la persona de quien dependas y confiésasela a Dios, porque Él no perdona lo que ha visto sino lo que se le cuenta.

Sólo dos cosas no salen ilesas de un baile: el pudor del alma y los encajes del vestido; si tú crees que puedes ser la excepción de esa regla, que nunca falla, anda a los bailes. ¿Qué significa una vuelta dada con un hombre en un salón y en presencia de la sociedad? ¿Ni qué significan las vueltas que da una mariposa en derredor de la llama? Que en muchas de ellas sale ilesa y en una de ellas se quema.

Sé caritativa con todos los pobres, con todas las miserias. Si llegas a ponerte un traje de seda, no olvides que la seda es tan pesada, que es menester poner un pan en el otro plato de la balanza para mantener el equilibrio ante Dios.

No tengas nunca el pecho descubierto; ni la tisis, ni las miradas de los hombres perdonan nunca a la que hace tales imprudencias.

Usa vestidos blancos para que armonicen con la alegría de tu edad y la pureza de tu corazón.

El linón es la tela que tiene menos valor, porque no la consumen sino las jóvenes discretas, y en el comercio han reparado que éstas son muy pocas.

Todo prendedor de piedras preciosas vale más que la mujer que lo lleva; pero toda mujer vale más que un lazo de cinta.

No leas novelas, porque las buenas son peores que las malas, y éstas no han perdonado ningún corazón.

Mira que si vales mucho por el peinado, podrá avaluarte cualquier peluquero.

Si tienes la desgracia de ser bella, haz que la envidia no hable de tu belleza por consideración a tus virtudes.

En el mundo no hay mujeres feas: lo que hay es mujeres malas o sin educación.

Con la conciencia no hay transacciones: las que celebra de día las rompe de noche, y de las que se hacen en el mundo apela ante la sociedad.

No demuestres tu superioridad sino en la bondad del corazón.

El calzado se debe romper dentro de la casa: cuando quieras romperlo en las calles usa botas y pantalón.

Si tienes talento, escóndelo, y si no lo tienes, escóndete.

La mujer es bella a los quince, la inocencia es bella a los cuarenta.

Las criadas son las que expiden certificados sobre la virtud de sus señoras.

Los versos a las mujeres se hacen con mentiras y consonantes.

Cuando una mujer tropieza, el tropezón no está en la piedra sino en su pie.

Cuando las flores están en el balcón nadie entra a la casa a verlas.

El color de la vergüenza gusta más que la palidez de la serenidad.

El hombre que te ame de veras te lo enviará a decir con tu madre.

Las mujeres que tienen miedo no tendrán nunca necesidad del valor.

El matrimonio es una cadena de flores, pero aunque tenga flores es cadena.

Si tu esposo es bueno, imítalo, y si es malo, haz que te imite.

Adiós, querida Elvira: cuando estés en edad de comprender estas líneas, comprenderás también el deber que tienes para con el que te vio en tu cuna y le enviarás no flores sino oraciones, ¿no es cierto? Ruega, ruega por mí, a fin de que "yazga en paz mi amargura amarguísima". Sé buena y, si es posible, dichosa: lo primero estará en tu mano, mientras que lo segundo no pertenece sino a Dios. Él te guarde, y tú no me olvides.

[*La Caridad*, 1867. *La patria*, 1878. Reproducido de "Artículos Literarios". *Obras Escogidas*, tomo II, Bogotá: Editorial Minerva, 1931]

Las bellas esclavas

Anoche me hallaba rodeado de niñas, coro virginal, manojo bello de flores en botón. Mis ojos se complacían en mirarlas, tan risueñas y felices. Mi corazón gemía, recordando lo que en un tiempo fue y aún es la suerte de la mujer.

Poema eterno y siempre nuevo el de aquel primer jardín encantado. El palacio estaba ya formado con sus lechos de flores y sus cortinas de ramaje y sus doseles de azul inmenso. Do quiera animación, ruido, armonía; en los aires, en los bosques, en las aguas. El hombre estaba solo. Sus sienes se doblaron, y su imaginación se veló con los colores de un sueño mágico. ¿Qué vio en ese sueño? Sus labios no pudieron referirlo. Pero al despertar, la vida le pareció más suave y su ser más completo. A su lado palpitaba un corazón gemelo: unos labios de rosa contestaban a sus sonrisas de amor; unos ojos, divinas centellas, reflejaban en relámpagos de alegría y en velos de lágrimas, su alegría y su dolor. ¡Cómo comprendió entonces que efectivamente: "No es bueno que el hombre esté solo"!

¡Ser desgraciado cuanto bello! Sus manos delicadas abrieron para sus hijos las puertas del delito. Por ella produjo la tierra espinas, y el pan hubo de buscarse con el sudor de la frente. ¡Cuán terrible fue su castigo! ¿Se unirán en el mundo esos dos seres gemelos para consolarse recíprocamente y aliviarse la carga?¡No!, ¡oh!, ¡no! El hombre es feroz y no perdona. Pero feroz, ¿con quién? ¿Con ese ser débil y hermoso que tengo a mi vista?¿Con ese coro de querubines rosados, que gira ahora a mi vista al son del piano, en una atmósfera de perfumes entre gasas y sonrisas y flores? ¡Ay!, ¡sí! Con ese ser que encanta el orbe y le da vida.

"Estaréis sometida al marido", le dijo Dios. Y es preciso confesar que el hombre no se lo ha dejado decir dos veces. ¡Cuán triste no ha sido en el mundo la historia de la mujer! Es una historia de lágrimas. La historia del esclavo, que a lo más por algunos momentos se olvida de sus grillos y canta melancólico.

Hubo un tiempo en el que la civilización se expresaba con estas palabras: "Edificación del hombre: humillación de la mujer". Ni como madre, ni como hermana, ni como hija, pudo inspirar lástima o respeto. Preguntadlo a Grecia y Roma. ¡Oh amor santo de dos espíritus que vagan por el valle del dolor, aspirando a una inmortalidad feliz! Tú no lograste formar un solo hogar a la sombra del Coliseo o del Partenón.

Los planos del arquitecto Vitrubio nos pintan el interior de una habitación griega. Cada casa tenía dos departamentos. En el primero, adornado de estatuas, de colgaduras, de jardines, la sala de audiencia, la sala de conversación, la biblioteca y el salón de los festines, destinado todo al hombre. En el segundo, dos o tres jaulas para la hermosa y débil prisionera, que solo sabía pintarse y acicalarse para agradar a su verdugo. En Roma era menos esclava. Y sin embargo...¡ay!, uno de estos lindos amores que tengo a la vista, al entregarla a un esposo era entregada a un verdugo. El esposo tenía sobre la esposa derecho de vida o muerte. Madre, se la consideraba como hermana de sus hijos; viuda, perdía el derecho sobre sus hijos y ni siquiera heredaba.

Hay amores que son solos y exclusivos. ¿A quién podréis amar como amasteis a vuestro padre? ¿A quién podréis adorar como a vuestra madre adorasteis? Y así es el amor (digo el amor verdadero) a la mujer. No existe más que una vez en la vida. Los demás son como astros del cielo del corazón que preceden a la salida del sol. Cuando este amor brilla, todos los otros se eclipsan, y queda él solo, fijo, perenne, inmortal. He ahí el amor conyugal. Quien se entrega, se entrega para siempre, con todas sus fuerzas, con todas sus ilusiones, con todas sus esperanzas. Se entrega en cuerpo y alma. Preguntadle: ¿hasta cuando? Él os responderá: "¡para siempre!".

–¿Las penas de la vida?

–Se endulzarán.

–¿Los años?

–Los desafío.

–¿La muerte?

–Eso es un absurdo. El alma y el amor no perecen.

Ahora hablad a esas almas de divorcio. El divorcio es la muerte del amor y la fuente más impura de la corrupción social. Por eso en la antigüedad, la mujer no era sólo esclava sino juguete. El marido la abandonaba por el más leve capricho. A su vez la mujer corrompida, desdeñaba los goces del hogar y seguía el ejemplo de su esposo. Muchas damas romanas no contaban los años sino por el número de sus esposos. Los mudaban, como mudaban sus trajes.

No me habléis de las excepciones. Yo sé que Veturia y Volumnia detuvieron ante Roma a Coriolano; obteniendo así la madre y la esposa lo que no obtuvieron ni el pueblo, ni el Senado, ni los pontífices. Yo sé que a Cornelia por ser madre de los Gracos, le fue erigida una estatua. Yo he visto a Antígona, modelo de amor filial, guiando en el destierro a su padre ciego y anciano. Yo sé que Semíramis reinó en Asiria y Cleopatra en Egipto. Yo sé que hubo filósofos que al morir legaron a una mujer sus bienes, poetas que las cantaron, artistas que en lienzo y mármol grabaron su imagen. ¡Y qué importan las excepciones ante el cuadro que presentaban las leyes y las costumbres! Evocar tanta sombra manchada, sería profanar este coro de albas palomas, no manchadas con el cieno del mundo.

Después del divorcio, recuerda el espíritu contristado otra manifestación de la esclavitud de la mujer: la poligamia. Id hoy a Turquía, cuyas mujeres dejan atrás en belleza a las rosas del Saaron. Allí las encontraréis reducidas al nivel del ganado. Como una mercancía las engordan y venden, insultando el pudor de la humanidad. Como a un rebaño sin alma y sin corazón las encierran en el redil de los serrallos. ¡Oh!, ¡hombre!, ¡qué verdugo tan cruel eres! Ni el tigre ni la pantera han podido dejarte atrás. ¡Tirano de tus hermanos! ¡Verdugo de la mujer!

Es verdad que ese tigre al fin se sintió medio domeñado. ¿Gracias a quién? A Cristo. Mientras en la soberbia Roma de los Césares, la mujer era conducida en ricos carros de oro y marfil a su tálamo de espinas, debajo de la tierra asistían los ángeles a una escena tierna y conmovedora. Sobre la tumba de un mártir, que servía de altar al Dios vivo, otro mártir de blancos cabellos y lleno de cicatrices echaba su bendición a dos jóvenes esposos postrados ante el altar, y uniendo sus manos, decía al hombre:

–Compañera os doy y no esclava.

Los ancianos, en otro tiempo paganos, inclinaban sus frentes y sentían los ojos llenos de lágrimas. Los niños, cristianos ya, alzaban sus voces angelicales, que al través de las bóvedas subían hasta Dios. Y niños y ancianos y jóvenes ensalzaban allí la regeneración de la mujer, que al fin llegaría a ocupar su puesto, borrando los recuerdos de las prisioneras griegas y de las cortesanas romanas.

Mucho queda aún para romper en todo el orbe la cadena impuesta a la parte más bella de la humanidad. La civilización no ha recorrido aún toda su órbita. Pero mucho se ha hecho. ¡Oh!, que este coro, que se agita muellemente a mi vista, no sienta jamás entre las guirnaldas con que ha de ceñirse, la oculta espina. Hoy son apenas hijas, orgullo y delicia de aquellos a quienes deben el ser. En ellas está en botón la amante esposa y la madre tierna.

[El Eco Literario, # 40, 1873]

Misión de la escritora en Hispanoamérica[1]

Soledad Acosta de Samper

La cuestión que desearíamos, no diremos dilucidar, pues no nos alcanzan las fuerzas para tanto, pero sí tocar de paso, es ésta en primer lugar: ¿cuál es la misión de la mujer en el mundo? Indudablemente que la de suavizar las costumbres, moralizar y *cristianizar* las sociedades, es decir, darles una civilización adecuada a las necesidades de la época, y al mismo tiempo preparar la humanidad para lo porvenir; ahora haremos otra interrogación: ¿Cuál es el apostolado de la escritora en el Nuevo Mundo?

Estudiemos primero lo que el señor de Varigny dice en su obra sobre *La Mujer en los Estados Unidos*. "Cada raza", escribe, "se ha formado un ideal particular de lo que debe ser la mujer. Las ideas, como las lenguas, varían, y para explicar mi pensamiento veamos cuál es éste. Para los *franceses* la mujer personifica y encarna en sí todas las exquisitas y delicadas perfecciones de la civilización; para el *español* es una virgen en una iglesia; para el *italiano*, una flor en un jardín; para el *turco* un mueble de dicha. No olvidemos la queja candorosa de la joven árabe: Antes de ser mi esposo besaba la huella de mis plantas y ahora me engancha con su asno a su arado y me hace trabajar.

"El *inglés*, precursor del americano, ve sobre todo en la mujer la *madre* de sus hijos y la *señora* de su casa. Al abandonar Inglaterra, la mujer que fue a establecerse a la América del Norte, no dejó en Europa sus costumbres y sus tradiciones. Todo emigrante, rico o pobre, lleva un mundo consigo, mundo invisible de ideas, resultado de la primera educación, herencia de las anteriores generaciones, cosas que no abandona cuando todo lo abandona, sino al cabo de mucho tiempo, y que casi siempre conserva piadosamente". Así pues, para el americano del Norte, su ideal es igual al del inglés, pero allí la mujer es todavía más señora de su casa que en Inglaterra.

El hispanoamericano, más adelantado en estas cosas que el español, su antepasado, ve en la mujer algo más que "una virgen en una iglesia". Se ha notado que en todas las repúblicas que se formaron después de la indepen-

---

[1] Ya esto se había publicado antes (en la *Colombia Ilustrada* de Bogotá), artículo que fue reproducido en periódicos suramericanos. (*Nota de la autora.*) [*Colombia Ilustrada* 8, 1889]

dencia, se ha tratado desde su fundación de dar a la mujer una educación mejor y un papel más amplio en la vida social. Los gobiernos han hecho grandes esfuerzos para redimirnos de la situación secundaria, y no diremos secundaria sino ínfima, a que nos condenaban las costumbres coloniales, hijas de las españolas.

En Colombia, por ejemplo, se da una educación bastante adelantada en las escuelas normales a las señoritas que después son maestras de escuela para niños de uno y otro sexo, y se ha observado que en las escuelas de primeras letras superan en mucho a los hombres en instrucción, orden, comportamiento, etc. En Bogotá hay una Academia de música para niñas, de la cual han salido maestras de primer orden; y hubo en años pasados otra de dibujo y pintura en que el sexo femenino no se quedó atrás de lo llevado a cabo por los jóvenes. De la escuela de telegrafía regida por una señora consagrada a esa enseñanza, han resultado empleadas muy notables que sirven al gobierno en gran número de oficinas de la República. En la Escuela de medicina de Bogotá se ha dado entrada a señoritas que asisten a las clases con los estudiantes y son altamente respetadas por ellos. Se abre, pues, un horizonte más extenso a las aspiraciones de la mujer en Colombia y en otras naciones hispanoamericanas (como lo hemos visto en otras secciones de este libro) y en breve sucederá en estas repúblicas como en Norteamérica, que se contará con la influencia femenina para la buena marcha de la sociedad.

Una vez que la mujer ha conquistado la importante posición que ocupa en la sociedad hispanoamericana, es preciso que medite en ella y sepa qué se espera de esa influencia que va a ejercer en esos países nuevos (los cuales parece como si ya empezasen a abandonar la época de turbulencias y conjuraciones políticas que durante más de ochenta años obscurecieron el horizonte social de las nuevas repúblicas) para entregarse al trabajo y a elaborar un progreso juicioso; debemos reflexionar maduramente acerca del papel que hará la mujer en el nuevo orden de cosas que se prepara.

Concluyó para estos gobiernos su estado de fermentación, indispensable, según las leyes de la naturaleza, para que se produzca una *nación* con elementos encontrados, heterogéneos y distintos. "Compararía voluntariamente", decía Carnot (el padre del que fue presidente de Francia), "un país revolucionado a nuestros grandes cubos de vendimia: en el cubo de las pasiones todo se agita, de la superficie hasta el fondo, desde el vino más generoso hasta las heces más inmundas; pero la fermentación purifica y ennoblece el licor".

De aquí para adelante no hay duda que se verán trastornos públicos, cambios de gobiernos y quizás de sistemas, pero las naciones se salvarán en brazos de la civilización, cuyas leyes impedirán que se atrase en las veredas del progreso por las cuales transitan con conocimiento de causa, y los gobiernos se reconstruirán en breve sobre bases sólidas y respetables.

Los Estados Unidos, en donde la prosperidad es tan asombrosa, nos deben dar en esto ejemplos saludables para Hispanoamérica; y en aquel país que en adelantos materiales se halla a la cabeza de todos los demás, la mujer goza de una inmensa y reconocida influencia. ¿Por qué así? Porque es respetada por todos. ¿Y por qué es respetada? Porque sus acciones, su carácter, su valor moral la hacen respetable; porque, a más de cumplir sus deberes como esposa y como madre, es real y positivamente la compañera del hombre; no es una flor, un ensueño, un juguete, un adorno, una sierva; es igual a su marido y a su hermano por la solidez de su instrucción, la noble firmeza de su carácter, por sus dotes espirituales, y por consiguiente para ella todas las carreras le están abiertas, menos una, la menos envidiable: la de la política. En Norteamérica no solamente son empleadas públicas, abogadas, médicas, agricultoras, banqueras, etc., sino que hacen competencia a los hombres en esos puestos de igual a igual. No se les da ningún empleo o recompensa por favor; no se les elogia sino cuando lo merecen; no se les concede premio, ni son elevadas a un puesto honorable, sino porque pueden ocuparlo mejor que cualquier hombre. Ésta es la verdadera justicia, y a ella debemos aspirar si queremos ejercer una verdadera y benéfica influencia sobre nuestros conciudadanos; pero para merecerla es preciso que trabajemos con seriedad, que renunciemos a favores especiales y que no pidamos sino estricta justicia y nada más.

Entre las naciones de raza española, aún se mira a la mujer como a un ser inferior, como a un niño, y se la elogia cuando se eleva un poquito sobre la medianía con una exageración que abochorna. Debemos, empero, rechazar cierta clase de ponderaciones como una ofensa casi, porque éstas prueban que se aguardaba tan poco de nosotras, que cualquier cosa que hagamos, y que pruebe alguna instrucción o talento, es extraña en nuestro sexo y se debe aplaudir como una rareza fuera de lo natural. No nos envanezcamos, pues, con elogios pasajeros que se lleva el viento, porque no tienen peso, y ocupémonos en la misión de la cual debemos encargarnos.

La moralización de las sociedades hispanoamericanas, agriadas por largas series de revoluciones, de desórdenes y de malos gobiernos, está indudablemente en manos de las mujeres, cuya influencia, como madres de las futuras generaciones, como maestras de los niños que empiezan a crecer y como escritoras que deben difundir buenas ideas en la sociedad, deberán salvarla y encaminarla por la buena vía.

Pero, se dirá, aunque hay escritoras hispanoamericanas, son éstas tan pocas, en realidad, tan contadas; confían, además, tan poco en sus faculta-

des intelectuales, que será imposible que tengan influencia, ni la más pequeña, en la marcha de la sociedad. Así parece realmente, y, sin embargo, hubiera muchas más mujeres escritoras si fueran menos tímidas, si se persuadie-
sen de que tienen una misión benéfica que desempeñar, pues la mujer
siempre quiere ser útil cuando es buena, y olvida todo si se persuade de que
en su mano está el hacer el bien.

En Colombia, por lo menos, la mujer es altamente respetada y confío en
que en otras repúblicas suramericanas no sucederá, ¡a Dios gracias!, como en
España (valga el dicho del insigne literato y diplomático, don Juan Valera),
en donde "en toda mujer que se lanza a ser autora hay que suponer valentía
superior a la valentía de la Monja-Alférez, o a la propia Pentesilea". "Cada
dandy", añade, "si por acaso la encuentra, será contra ella un Aquiles, más
para matarla que para llorar su hermosura después de haberla muerto. Quiero
decir, dejando mitologías a un lado, que en literatura suelen ver en las escritoras los solterones[2] algo de anormal y de vitando, de desordenado e inco-
rrecto, por donde crecen las dificultades para una buena boda, etc., etc...".

No, entre nosotros en Hispanoamérica, no sucede así, y una mujer que
escribe para la prensa no es mal mirada en la sociedad; al contrario se la atiende y respeta (cuando no se la envidia y se la hace la guerra bajo cuerda)[3]. Esto
debe provenir de que las poetisas han sido todas mujeres de su casa, que no
la han descuidado porque acaso en sus horas perdidas emborronan papel. Con
este motivo, no solamente se les permite sin dificultad escribir versos y prosa,
sino que se las anima y aun se las elogia mucho por la prensa, demasiado,
como ya dijimos antes, porque esto envanece a las principiantas.

Una vez que la carrera de escritora está abierta y pueden las mujeres
abrazarla sin inconveniente, todas las que se sientan llamadas a ello deberían fijarse en una cosa: en el bien que pueden hacer con su pluma. Si Dios les
ha dado cualidades intelectuales, aprovéchense de ello para empujar a su
modo el carro de la civilización[4]; no imitemos el estilo de moda hoy día en
literaturas extranjeras y mucho menos el francés; no pintemos vicios ajenos,
sino virtudes propias de nuestro suelo. No en vano el Altísimo ha prodigado
en América todos los dones de la naturaleza más bella del mundo para que
desdeñemos describirla; no nos ha puesto Dios en estos países nuevos, que

---

[2] En el texto de 1889 aparece "solteros" en lugar de "solterones". (*Nota de las editoras.*)

[3] El texto entre paréntesis no aparece en la versión de 1889. (*Nota de las editoras.*)

[4] Esta frase aparece aquí modificada con respecto al texto de 1889: "Si Dios nos ha
dado cualidades intelectuales, aprovechémonos de ellas para empujar a nuestro modo el
carro de la civilización". (*Nota de las editoras.*)

trabajan en formarse, para que no estudiemos su historia y sus costumbres y de ellas saquemos enseñanzas provechosas.

Mientras que la parte masculina de la sociedad se ocupa de la política, que rehace las leyes, atiende al progreso material de esas repúblicas y ordena la vida social, ¿no sería muy bello que la parte femenina se ocupase en crear una nueva literatura? Una literatura *sui generis*, americana en sus descripciones, americana en sus tendencias, doctrinal, civilizadora, artística, provechosa para el alma; una literatura tan hermosa y tan pura que pudieran figurar sus obras en todos los salones de los países en donde se habla la lengua de Cervantes; que estuvieran en manos de nuestras hijas; que elevaran las ideas de cuantos las leyesen; que instruyesen y que al mismo tiempo fueran nuevas y originales como los países en donde hubiesen nacido... En esta literatura de nuestros ensueños no se encontrarían descripciones de crímenes y escenas y cuadros que reflejaran las malas costumbres importadas a nuestras sociedades por la corrompida civilización europea; pues digan lo que quieran los literatos de nuevo cuño, la novela no debe ser solamente la descripción exacta de lo que sucede en la vida real entre gentes de mala ley; la novela puede interesar *a pesar* de ser moral, y debe pintar gráficamente la existencia humana y al mismo tiempo lo ideal, lo que debería ser, lo que podrían ser los hombres y las mujeres si obraran bien.

¿Qué misión más bella para una mujer que proporcionar solaz y dulces lecciones a la sociedad? Nótese que todas las obras que sobreviven en el ramo de la bella literatura tienen no solamente un fondo de moralidad, sino que también su lenguaje es pulcro, elegante y que sólo despierta imágenes puras y hermosas. Las excepciones a esta regla son contadas y la confirman.

Nuestros países empiezan a formarse; es preciso que como el árbol pequeño que puede enderezarse o torcerse, nuestras costumbres crezcan derechas y bien formadas, y que podamos presentarnos las mujeres escritoras del nuevo mundo suramericano con todo el realce y la vitalidad sana y benéfica de las de la América del Norte.

En sociedades que no solamente han llegado a su madurez, sino que empiezan a bajar por la pendiente que lleva al ocaso, el escritor puede detenerse en el camino para coger las flores envenenadas, señalar los lodazales, describir las sentinas del vicio que encuentra a su paso. Allí hay lectores de todas clases, y muchos cuyas inteligencias estragadas por el exceso de la civilización necesitan un alimento condimentado con descripciones cada día más violentamente exageradas, y cuadros que conmuevan sus sentidos embotados por un refinamiento cercano a la corrupción, pues toda fruta demasiado madura toca ya a la podredumbre. Pero nuestras sociedades no han llegado a ese punto: están creciendo, no han acabado de formarse, necesitan alimentos intelectuales sanos e higiénicos, y ¡qué gloria sería para la mujer americana si pudiese proporcionar a nuestras incipientes sociedades la literatura que necesita para vivir con el alma, después de emplear sus facultades en trabajar en la parte, por decirlo así, material de nuestras instituciones sociales y políticas!

No creemos que se moraliza a los lectores poniendo ante sus ojos cuadros de vicios y corrompidas costumbres, aunque después se quiera señalar los inconvenientes de esos vicios. El lector lee con avidez las descripciones que le llaman la atención, y olvida con frecuencia la moraleja del cuento, y no las escenas de desórdenes y malos ejemplos, cuidándose poco o nada del castigo del vicio.

Hay la preocupación de que las virtudes y la abnegación de almas nobles, los percances y aventuras de personas buenas, no pueden presentar drama interesante, y que solamente lances de amor llaman la atención, y eso si éstos son pecaminosos; que no se leen con gusto sino intrigas rebuscadas que ofenden el pudor y no deben ser leídas por las doncellas; pero ésta es preocupación y nada más; la VERDAD unida a un estilo ameno será siempre popular y tendrá más larga vida que toda narración que se dirige a esas pasiones falsas, inconstantes, ligeras, que pasan como las modas, sin dejar rastro ni huella, y que se olvidan como se olvida el corte del vestido del año pasado. No: las escritoras americanas deberían dedicarse con toda seriedad a hacerse un nombre imperecedero, haciendo el bien con las obras literarias que escribirán para cumplir la misión que creo que tienen en la nueva literatura hispanoamericana que alborea[5].

[*La mujer en la sociedad moderna*. París, 1895]

---

[5] La frase final presenta variaciones con respecto al texto de 1889: "haciendo el bien con obras dignas de la misión que tienen en la nueva literatura hispanoamericana que empieza". (*Nota de las editoras.*)

APTITUD DE LA MUJER PARA EJERCER
TODAS LAS PROFESIONES

(*Memoria presentada en el Congreso Pedagógico Hispano-Lusitano-Americano reunido en Madrid en 1892*)

Soledad Acosta de Samper

¿Cuál es la misión de la mujer en la época actual? He aquí una de las cuestiones más debatidas en los últimos cincuenta años, y una de las que más han apasionado los espíritus, sobre todo entre las razas sajonas y anglo-sajonas, en donde la mujer manifiesta más independencia, y es también más perita y más capaz de hacer uso de ella.

La mujer española-americana ha heredado aquel sentimiento de dependencia semi-oriental, que es indudablemente uno de los principales atractivos que tiene el bello sexo con respecto al fuerte, cuando éste prefiere la belleza a la inteligencia. Pero ya con las luces que se han difundido al fin de este siglo es preciso que la educación que reciba la mujer sea más adecuada a las necesidades de la época, al grado de civilización de que se disfruta y a las obligaciones que nos impone la patria.

"El porvenir de la sociedad (dice un escritor[1] que se ha ocupado de estas materias) se halla en manos de *la mujer*, y ella será el agente de la revolución moral que hace tiempo empezó y que aún no ha concluido".

Se trata aquí de averiguar si la mujer es capaz de recibir una educación intelectual al igual del hombre, y si sería conveniente darle suficiente libertad para que pueda (si posee los talentos necesarios) recibir una educación profesional.

La mujer del siglo que expira ha transitado por todas las veredas de la vida humana; ha sabido dar ejemplos no solamente de virtud, de abnegación, de energía de carácter, sino también de ciencia, de amor al arte, de patriotismo acrisolado, de heroísmo. Pero aún le falta mucho por cumplir la misión salvadora que le tiene señalada la Divina Providencia, y si deseamos hacerla comprender e instruirla en lo que se aguarda de ella, conviene enseñarle el camino que han llevado otras para que sepa escoger el que concuerde mejor con el carácter especial de cada una.

---

[1] Aimé Martin.

La educación es en el fondo una serie de ejemplos que se da al hombre cuando su cerebro se halla como un libro en blanco, sobre el cual se puede escribir lo que se desea no olvide jamás. Pero allí mismo está el peligro: las enseñanzas no deben ser ni demasiado adelantadas, ni demasiado atrasadas, de manera que se hallen en armonía con el espíritu de cada nación, para que las fuerzas morales no se desequilibren, y los jóvenes lleguen hasta el ideal que ha hecho nacer en ellos la instrucción que reciben.

Tan impropio es despertar en el alma de los jóvenes una ambición de glorias y conocimientos que no podrán alcanzar, como es funesto dejar a las generaciones que se levantan en una completa ignorancia de los adelantos y progresos del siglo; deberíase graduar el calor intelectual que necesita cada pueblo para que germine en él una sana y verdadera civilización, y por consiguiente saberse de una manera evidente hasta qué punto debe llevarse la educación de la mujer, en cuyas manos se encomendará la enseñanza de las generaciones venideras.

En los países hispanoamericanos las costumbres son tan diferentes de las francesas, alemanas e inglesas que es preciso que el sistema de educación sea adecuado a sus necesidades morales y a los elementos físicos de que dispone. Así como sería una empresa absurda edificar en la helada Siberia una ciudad cuya construcción fuera propia sólo para los ardientes climas de la India, así sería locura procurar aclimatar en Hispanoamérica sistemas de educación que sólo han tenido buenos resultados en Alemania, en Suiza, en Inglaterra.

Todas las naciones no se encuentran, aunque lo parezca en la superficie, igualmente maduras para recibir la misma educación: su situación geográfica, su historia, su sistema de Gobierno, sus costumbres, las fuerzas físicas y morales de los individuos que las componen, todo en ellas es diferente; y se necesitaría una gran perspicacia y conocimiento íntimo de todas las capas sociales que componen la población de cada país, para lograr plantear en cada uno de ellos la clase de educación que le conviene. Aún mayor delicadeza demanda el sistema de enseñanza que se debe dar a la mujer española y americana. Para dar fuerza, valor y emulación a las mujeres cuyas madres y abuelas han carecido casi por completo de educación, en mi humilde concepto creo que debería empezarse por probarles que no carecen de inteligencia y que a todas luces son capaces de comprender lo que se les quiera enseñar con la misma claridad que lo comprenden los varones. Además se les debería señalar con ejemplos vivos y patentes, dado que, en el presente siglo al menos, muchísimas mujeres han alcanzado honores, y distinguídose en todas las profesiones a las cuales se han dedicado con perseverancia y ánimo esforzado; debería demostrárseles que si hasta ahora las de raza española son tímidas y apocadas en las cosas que atañen al espíritu, la culpa no es de su inteligencia sino de la insuficiente educación que se les ha dado.

Centenares de mujeres se han distinguido en este siglo por los servicios de toda suerte que han prestado a la humanidad, a saber: desde la Reina en la excelsitud de su posición hasta la artista en su taller; desde las Bienhechoras que han legado inmensas fortunas a los pobres, hasta las abnegadas Hermanas de la Caridad, que encierran en sí mismas los tesoros de su alma; desde la gran Señora hasta la humilde sirvienta; desde la dama de educación más culta, hasta la sencilla labriega. En todas las naciones las mujeres han señalado su huella haciendo el bien en todas las carreras, de manera que las niñas desde su más temprana edad podrían escoger alguna de ellas, según se sientan con más o menos fuerza, con mayor o menor disposición para tal o cual carrera.

Si el buen ejemplo es el arma más poderosa para promover el progreso ¿por qué no se ha de hacer uso de él señalando a la presente generación cuáles han sido en este siglo las mujeres que más bien han hecho a la humanidad? Podríamos nombrar a aquellas que activas siempre, y animosas, han sabido abrirse campo por sí solas hacia la fama; dar a conocer a las que se han distinguido en el camino de una virtud benéfica para la sociedad; señalar a las que se han hecho notables en las profesiones y artes liberales, en los oficios remunerativos y sobre todo en las obras que tienden a aliviar y mejorar a sus hermanas.

Desearíamos, pues, inculcar a las jóvenes que la mujer es capaz de transitar por todas las veredas que conducen al bien; que se han visto en el siglo que concluye ya miles que han desempeñado brillantemente todas las profesiones, todas las artes, todos los oficios honorables; que en todas partes se han manifestado dignas del respeto y de la estimación general, sin que por eso hayan tenido que renunciar a la Religión de sus mayores, a las dulces labores de su hogar, al cuidado de sus familias y a la frecuentación de la sociedad.

"¡Ah!", me dirían acaso, "todo eso es imaginario y teórico, una cosa es decir que las mujeres se han distinguido en todas las profesiones y que son capaces de elevar su inteligencia hasta las ciencias y las bellas artes, y otra es probarlo con hechos; se ha reconocido ya que ellas carecen de ánimo y valor personal; de perseverancia; de juicio; de seriedad en las ideas; que la imaginación las arrastra siempre; que no saben dominar las situaciones difíciles, sino que al contrario se dejan llevar siempre por las impresiones del momento, y que con el vaivén de sus sentimientos cambian sin cesar, y nunca tienen fijeza sino cuando obedecen a su capricho".

A estos cargos me limitaré a contestar con ejemplos recientes, fundados en hechos llevados a cabo por personas vivas actualmente, lo que prueba hasta la evidencia que el talento no es patrimonio exclusivo de los hombres, como quieren creer en España y en algunas de sus hijas de ultra mar.

Sería imposible citar a todas las mujeres distinguidas que mencionan las historias, las artes y los anales científicos de los últimos cien años; necesitaría escribir muchos libros para hablar de una parte de las obras importantes en que han dejado huella las inteligencias femeninas. Permítaseme, empero, estampar los nombres de las más notables.

I

A los que pretendan probar que las mujeres son de ánimo apocado siempre y que carecen de valor personal, bastará recordarles la multitud de mujeres que arrostraron con más serenidad que los hombres la guillotina en Francia, a fines del siglo pasado; y a principios de éste la heroica conducta de la mujer española y americana durante las guerras llamadas de la Independencia. No es preciso citar nombres, cada cual recordará a la santa hermana de Luis XVI, a María-Antonieta, a las mujeres de las familias más aristocráticas de Francia que murieron unas como heroínas cristianas, y combatieron otras personalmente en la Vendea para defender su causa ¡Y qué diremos de las españolas en la época de la invasión francesa, y de la magna guerra de la Independencia! ¿Se olvidarán jamás los nombres de Agustina Zaragoza, y de Mariana Pineda, y de las muchas que se distinguieron en Hispanoamérica en las guerras allí habidas? Todas éstas, inspiradas por el patriotismo se condujeron con un ánimo, un valor sereno digno en todo de las virtudes de su raza.

Ahora, si queremos recordar a las mujeres que se han distinguido por sus dotes administrativas, podríamos citar a muchas que han hecho fortuna en Francia, en Inglaterra, en todas partes del mundo; pero no quiero aquí ocuparme sino de las que han dedicado sus talentos y su fortuna a grandes obras de Caridad. De paso mencionaré a la Baronesa Burdett Coutts en Inglaterra, a la Marquesa de Pastoret y a otras muchas en Francia; en Italia a la Condesa de Bellini, a la marquesa de Barol, la primera protectora de Silvio Pellico y ambas fundadoras de los principales establecimientos de Caridad de Turín y de varias otras ciudades de Italia ¿Y en España, cuántas grandes damas de la Corte y cuantas Señoras no se han constituido en Mayordomos de su haberes para distribuirlos juiciosamente entre los pobres!

A muchas mujeres que no poseen rango, influencia ni riquezas las vemos dedicarse en cuerpo y alma a alguna reforma social, como Isabel Fry, Dorotea Dix y Florencia Nightingale en Norte América e Inglaterra. Estas pasaron largos años visitando una a una las prisiones, las casas de locos y los hospitales del Antiguo Mundo y de los Estados Unidos para estudiar lo bueno y lo malo de ellas. Propusieron enseguida Memoriales a los Parlamentos y Congresos y trabajaron en todo sentido hasta cambiar la legislación de los establecimientos de corrección y de caridad en pro del desagraciado y del ignorante. Otras han seguido estas huellas, cuyos nombres no menciono por no alargar demasiado este escrito, pues me falta mucho que decir en honor de la mujer útil y benéfica.

¿Y qué me diréis de las mujeres Misioneras? Mujeres realmente misioneras apostólicas que han recorrido los países salvajes del mundo para llevar la luz del Evangelio entre los paganos. Algunas han muerto en África (como las Hermanas Josefina Fabriani y Magdalena Caracassiani) en el ejercicio de la misión que se habían impuesto; otras han perecido en la China, en el Japón, en la India, en la Oceanía a manos de los infieles que ellas procuraban convertir. Quiero citar a una más, a la brasilera Damiana Cunha, quien se dedicó en su país a mejorar la suerte de los indios salvajes de la provincia de Goyaz.

Hoy mismo existe en Londres un establecimiento llamado Escuela Médica y Zenana, en la cual se preparan las mujeres que quieren dedicarse a cristianizar a las Indianas y a enseñarles prácticamente artes y oficios. En la época en que Lady Dufferin, esposa del actual Ministro de Inglaterra en París, era Virreina de la India, protegió y fundó nuevas escuelas para llevar a cabo esa empresa de civilización.

Quisiéramos citar algunas siquiera de las muchas damas inglesas que han pasado a la India con el objeto de dedicarse a la enseñanza de las mujeres asiáticas, así como de las que han fundado establecimientos filantrópicos para moralizar al soldado, al marinero, al obrero inglés. Aunque en menor escala, muchísimas mujeres de todas partes del mundo han dedicado su tiempo, su fortuna y sus desvelos a moralizar al pueblo de su país. No alcanzaría por cierto un grueso volumen para referir siquiera una parte de lo que han hecho las mujeres en esta vía.

¡Cuántas mujeres han dedicado su pluma a influir sobre las cuestiones sociales que tanto se discuten en el mundo! La más conocida entre todas y la que llevó a cabo una de las obras más trascendentales de este siglo, fue Enriqueta Beecher Stowe, la autora de *La cabaña del tío Tom* . La lectura de ese libro produjo una impresión extraordinaria en los Estados Unidos y en todo el mundo civilizado. Jamás escrito alguno de mujer tuvo una popularidad semejante. Tradújose en todos los idiomas y en los últimos cuarenta años se han vendido millones de ejemplares.

Por no alargarme demasiado no cito a muchas otras que han imitado a esta americana, en todos los países cristianos en donde las mujeres escriben para la prensa. Sólo haré una excepción en honor de una española, la digna señora Doña Concepción Arenal de García Carrasco, quien de un salto se puso a la cabeza de todas las escritoras filántropas y moralistas. Ella ganó con un brillo extraordinario, en 1873, el primer premio que la Academia de Ciencias Morales y Políticas de Madrid había ofrecido al autor de la mejor Memoria acerca de los caracteres de la Beneficencia, la Filantropía y la Caridad. Bien sabido es que después la señora Arenal ha escrito varias obras cuyas tendencias elevadísimas y moralizadoras le han dado uno de los primeros puestos entre los escritores españoles del presente siglo[2].

Lo he repetido hasta la saciedad: las mujeres de la época actual han ejercido todas las profesiones y se las ha visto brillar en todos los puestos que antes eran reservados a los hombres no más.

En las grandes capitales europeas y de Norte América encuéntranse a pesar de la repugnancia de los aferrados a las ideas antiguas, multitud de *Doctoras* en medicina que tienen numerosa clientela y ganan una renta más o menos crecida. La primera que en este siglo se entregó públicamente al estudio de la medicina fue una americana hija de padres ingleses: Isabel Blackwell. Podría citar a otras muchas, como Isabel Garret, Ana Kingford, Isabel Morgan Hoggan, Marta Putnam, Raquel Littler, la belga Van Drest, la española Doña Martina Castillo, la colombiana Doña Ana Gálvez, la rusa Nadeejda Souslowa, la polaca Tomasrewiez Dobrska, la austriaca Rosa Welt, la señorita Verneuil, francesa,etc. Pero sería imposible alcanzar a citar las más notables siquiera; mayor número aún contarían las ciencias en su seno si no fuera por la guerra que en las familias se le hace a toda niña que pretende salirse del camino trillado.

En Londres las mujeres tienen una Escuela de medicina propia y un Hospital que rigen solas, con grande éxito.

Doctoras en leyes las hay en los Estados Unidos quienes ejercen la profesión de Abogados, y en el presente año se graduó en París una señorita que alcanzó con particular brillo los honores universitarios. Y que son capaces de seguir esa carrera las mujeres de raza española, lo han probado algunas que se han dedicado a esos estudios: no solamente en la Madre Patria, sino también en Hispanoamérica.

II

No hay nada que alargue tanto la vida como una existencia consagrada a las ciencias naturales: parece como si la Naturaleza premiase a sus admiradores

---

[2] Cuando esto escribíamos aún no había muerto esta notabilísima escritora gallega.

dándoles largos años sobre la tierra para que tengan tiempo de estudiar a fondo las maravillosas creaciones de Dios. Gran número de sabios contemporáneos han vivido más de ochenta años y otro tanto ha sucedido con la mujer de más ciencia que ha brillado en este siglo, a saber, María Fairfax Sommerville. Era astrónoma y matemática de primer orden, miembro de la Academia de Astronomía de Londres y de otras muchas sociedades científicas. Murió en 1872 a los noventa y dos años de edad.

Una norteamericana Maria Mitchell, tenía a su cargo en los Estados Unidos un Observatorio astronómico. Desde allí descubría cometas y hacía cálculos astronómicos que llamaban la atención de los sabios europeos. Dos rusas, las señoras Kovalevsky y Litonova también se han dedicado con provecho al estudio de la astronomía: la primera de estas es profesora de matemáticas en una Universidad de Suecia.

Muchas mujeres europeas y de Norte América se han dedicado al estudio de la botánica. Entre otras la inglesa Mariana North quien recorrió toda Europa, Asia, Australia, Norte América, etc. con el objeto de formar una colección botánica, la más completa que se conoce, a la cual añadió una serie de seiscientos paisajes hechos por ella a la aguada. Hoy se encuentra esta colección en Kew-Gardens, cerca de Londres. Febe Lankester ha escrito libros y dado conferencias con el objeto de demostrar que los conocimientos de botánica y de las virtudes de las plantas puede mejorar el estado sanitario de las ciudades y de la clase pobre, proporcionando a ésta medicamentos baratos. Una holandesa, Emy de Leeuw, es redactora de un periódico científico y además ha escrito una obra de mérito sobre botánica.

La Real Sociedad de Agricultura de Londres cuenta entre sus más afamados profesores a Leonor Ormerod la cual estudia a fondo los insectos y sus costumbres para enseñar a los agricultores la manera de precaverse de ellos.

Arabela Buckley fue durante once años secretaria del famoso geólogo Carlos Lyell, y es autora de varias obras de la Historia Natural. Las austriacas Von Enderes y Ostoie se han dedicado también al estudio de la Historia Natural, a la Arqueología, y a las lenguas orientales.

Amelia Edwards, inglesa, miembro de muchas sociedades sabias, se ha dedicado a la Arqueología. Ha viajado en Oriente con el objeto de hacer descubrimientos en los monumentos antiguos, cuyos secretos sabe interpretar, y al mismo tiempo escribe interesantes novelas que le han proporcionado una notable fortuna.

Todas estas damas no son aficionadas no más a estudios serios, sino profesoras cuya opinión es acatada por los sabios.

La políglota más notable del sexo femenino que se conoce actualmente es una rusa Elena Blavatsky, parienta de dos escritoras conocidas en el mundo de las letras, de Madama de Witt (hija de M. Guizot), y de la condesa Hahn-Hahn. La señora Blavatsky conoce a fondo cuarenta o más lenguas antiguas y modernas.

Varias mujeres contemporáneas se han dedicado al estudio de la Economía Política y de la marcha de la cosa pública en la actualidad, a saber: las francesas Clementina Royer y Julieta Lamber (Madame Adam), la inglesa Garret Fawcett, la española Emilia Pardo Bazán y otras no menos importantes en los países más civilizados de Europa y América.

Entre las más notables viajeras es preciso contar a Ida Reyer Pfeiffer, la cual recorrió casi todo el globo terráqueo, sin compañero masculino que la protegiese. Durante toda su juventud y parte de su edad madura estuvo atesorando ciencia y dinero para llevar a cabo su deseo de viajar. Contaba ya cerca de cincuenta años cuando empezó a recorrer el mundo. No regresaba a Europa sino a dar a la estampa los libros que escribía para dar cuenta de sus aventuras, y con el producto de aquellos emprendía nuevos viajes. Varias veces dio la vuelta al mundo hasta que rendida con tantas fatigas murió a los sesenta y tres años de edad en Viena, su ciudad natal. Ya sabemos cual es entre las inglesas el amor que tienen a los viajes: encuéntranse estas en todas partes del globo y las librerías están llenas de los libros que escriben refiriendo sus aventuras. Una rusa, Lidia Paschkoff, ha paseado su original talento por el Oriente, Japón, China y América y sus obras han sido publicadas en París. Una española, la señora Baronesa de Wilson, ha recorrido América, escrito sus impresiones en libros interesantes y ha hecho gráficas descripciones de lo que ha presenciado.

¡Y qué diremos ahora de las mujeres políticas!

En esta época de transición de una faz de la civilización a otra que aún no podemos entender, en que, como en una vasija llena de licor efervescente, como lo ha dicho no recuerdo qué escritor elocuente, se encuentran todos los elementos de lo futuro reunidos y mezclados; en que el bien y el mal aparecen enlazados; en que no es posible prever si el mundo podrá regenerarse o si se perderá por entero en el caos de ideas que suelen obscurecer hasta los espíritus más claros; en esta sociedad actual tan llena de contradicciones, se ha levantado una voz que ha hecho estremecer a muchos hombres, ha movido a risa a unos, a odio a algunos y a generosa defensa a unos pocos: hablo de la decantada emancipación política de la mujer. Hoy esta idea nos parece absurda (quizá no sea sino prematura), y nos parece absurda porque las mujeres que la han patrocinado se han puesto en ridículo por sus exageraciones, sus malas ideas morales y religiosas, sus discursos extravagantes y el fervor temerario de que han hecho alarde.

Muchas mujeres inglesas, francesas, alemanas, rusas, italianas han enar-
bolado su bandera de la emancipación política; pero en los Estados Unidos
es en donde aquel partido ha tomado cuerpo; hay allí un semillero de mujeres que piden a gritos libertad completa, recorriendo calles y plazas, teatros
y salones y levantando en torno suyo una espesa polvareda dentro de la cual
desaparecen todas las cualidades más delicadas de la mujer. Inútil será mencionar nombres, pues son muchísimos, y en un Congreso femenino tenido
en este año en París se habló abundantemente sobre el asunto de la emancipación política de la mujer sin que se lograse convencer a nadie de la actual
necesidad de ello.

Ya hemos visto que hay oradoras públicas, pero también hay en los Estados Unidos predicadoras religiosas, las cuales tienen a su cargo sectas protestantes que las acatan y las siguen.

Siempre que se trata de la facultad artística de la mujer se dice que hasta
ahora no ha habido ni un Mozart o un Rossini femenino, ni entre las pintoras y escultoras descuella ninguna mujer que pueda compararse a Murillo, a
Rubens, a Thorwaldsen. Pero si hasta ahora no se señala ninguna mujer
maravillosa como artista, las ha habido y las hay famosísimas, cuyas obras
no son las menos apreciadas entre las de los artistas modernos. De ello, pueden ser testigos cuantos han visitado las últimas exposiciones artísticas de
las Capitales europeas.

En una revista del último Salón de los Campos Elíseos en París, leemos
las siguientes líneas:

> Uno de los retratos de cuerpo entero más completos que se admira allí por su
> ejecución viril, es el de *Kossuth*; lo ha ejecutado una mujer, una Húngara, la
> señora Parlaghy... Esta dama no es una aficionada a la pintura, entendida y hábil
> no más, como las hay en las escuelas de pintura de Austria-Hungria, sino una
> artista llena de originalidad y de mérito[3].

El autor del artículo menciona a otras muchas artistas que han brillado
en la Exposición de París de 1892, así como en todas las que ha habido en
los últimos cincuenta años. En Madrid se han distinguido también varias
artistas de mucho mérito, en Bélgica, Berlín, en todas partes las mujeres
dejan su huella en las artes.

En cuanto a música también han brillado las mujeres en ese ramo.

Luisa Bertin, hija de un notable periodista francés, compuso tres óperas
que fueron representadas en París a mediados de este siglo y otras han com-

---

[3] *Revue des Deux Mondes*, 1er juin 1892.

puesto operetas que se han representado con aplauso. En 1885 se representó en Moscovia una ópera *Uriel Acosta*, obra de una dama rusa.

En cuanto a Oratorios, Sonatas, Nocturnos, y otra clase de composiciones musicales podríamos presentar una lista crecida de obras compuestas por mujeres de varios países. Entre las naciones europeas Suecia es una de las más privilegiadas por el amor a las artes que profesan hombres y mujeres, y multitud de éstas se han dedicado a la música y al canto. Entre las Repúblicas americanas descuella Venezuela por el sentimiento músico que se ha desarrollado allí hace años. Una señorita de Caracas, Teresa Carreño, se hizo aplaudir por su ciencia musical en salones europeos. Entre las bogotanas aficionadas al arte de Euterpe debemos mencionar a la señora Teresa Tanco de Herrera, que es autora no solamente de piezas musicales sino también de operetas.

Entre las españolas mencionaremos de paso unos pocos nombres como los de la hija del Duque de la Torre, de Margarita de Hevia, de Clotilde Cerda y de otras muchas.

Críticas de música notables también las hay en la falange artística femenina. Entre otras una discípula de Liszt, Maria Lipsius (que firma La Mara), la cual ha escrito libros que se consideran como obras clásicas de crítica musical.

¿Sería preciso probar que hay mujeres que en España se han distinguido en las letras, en las artes y en todas las ciencias, cuando en este recinto no más se encuentran tantas damas que se han coronado unas con la aureola de Clío, y otras con las de Melpómene y Calíope?

Y si esto es en España, en donde, según el dicho de Don Juan Valera, se hace guerra cruda a las mujeres que se dedican a la literatura, y en donde, asegura la distinguida escritora Doña Concepción Gimeno de Flaquez, los laureles que alcanzan las literatas están rociados de lágrimas, ¿qué diremos de los otros países europeos y americanos en donde la carrera literaria es honorífica y respetabilísima, pero llena de abrojos y de espinas?

Se cuentan por docenas, por centenares, las mujeres literatas de nombre conocido que publican sus obras en Inglaterra, en Francia, en Alemania, en Suecia, en Dinamarca, en Bélgica, en Italia, en España, en la América del Norte y también en la del Sur. Las hay en Oriente y en la China, en todas partes en donde una conveniente educación ha desarrollado los talentos latentes en los cerebros femeninos.

III

No se puede negar, pues, que la mujer es perfectamente capaz de seguir las carreras profesionales, así como todas aquellas en que se necesita ejercitar el entendimiento.

Si con frecuencia hemos visto a muchas mujeres extravagantes que se han puesto en ridículo cuando han abrazado las carreras literarias, científicas y artísticas, esto no probará jamás que la mujer carece de aptitud para consagrarse a ellas. No; no debemos juzgar a todas por unas pocas que en lugar de ser realmente doctas son presuntuosas, bachilleras y marisabidillas, y que, ignorantes en el fondo, están llenas de tontas pretensiones. Pero ya esa época ha terminado; las *preciosas ridículas* no son de este siglo; en adelante la mujer española e hispanoamericana sabrá situarse con dignidad en el lugar que le tiene señalado la Divina Providencia. Las mujeres que se encuentren con fuerza para ello se podrán entregar a estudios serios, y si poseen dotes adecuados seguirán carrera en las profesiones al igual de los hombres. Entretanto la gran mayoría continuará dedicada a las labores femeninas, al cuidado de su hogar y a hacer la dicha de la humanidad, ejerciendo las cualidades que le son propias. Así como no todos los hombres han nacido para las carreras profesionales, literarias y artísticas, no todas las mujeres pueden abrazarlas con buen éxito; pero la educación pone en evidencia las inclinaciones naturales de cada ser humano; ninguno debe carecer de aquello que le permita cultivar su entendimiento, dejándolo después en libertad para consagrarse a la carrera que más le incline.

Queda pendiente ahora la cuestión de si será conveniente, si será justo, si será razonable, si será discreto, dar a la mujer la libertad suficiente para que ejercite sin trabas la inteligencia que Dios le ha concedido.

Muchos preguntan si la mujer que se pone en la misma línea con el varón no perderá acaso los privilegios excepcionales de los que ha gozado hasta el día. Creo que lo justo, lo equitativo será abrir las puertas a los entendimientos femeninos para que puedan escoger la vía que mejor convenga a cada cual. Ellas podrán entonces elegir entre dos caminos igualmente honorables sin duda, pero muy diferentes. Unas continuarán bajo la dependencia casi absoluta de la voluntad del varón, y en cambio cosecharán aquellas consideraciones, aquel respeto que rinde el Caballero a la mujer y al niño, con la generosidad con que todo ser fuerte trata al débil.

Otras penetrarán a los recintos científicos que hasta el día sólo frecuentaban los hombres, y allí al igual de ellos ganarán las palmas del saber humano. En cambio, empero, de ese privilegio, de esa independencia de acción, perderán indudablemente las prerrogativas que en premio de su sumisión y humildad habían gozado en el mundo civilizado desde la Edad Media.

En el siglo que en breve empezará la mujer tendrá libertad para escoger una de esas dos vías; pero jamás será respetable, nunca será digna del puesto que debe ocupar en el mundo, si renuncia a ser *mujer* por las cualidades de su alma, por la bondad de su corazón, y si no hace esfuerzo para personi-

ficar siempre la virtud, la dulzura, la religiosidad y la parte buena de la vida
humana.

París, agosto de 1892
[*Memoria presentada en el Congreso Pedagógico
Hispano-Lusitano-Americano reunido en Madrid en 1892*]

UNA ESCRITORA

ANDINA (DOS PALABRAS DE GRATITUD)

Eugenio Díaz

Es de notarse el número de individuos que de Nueva Granada han ido a la ciudad de París y a otras varias de Europa, si se tiene en cuenta que la Nueva Granada no alcanza a dos millones de habitantes, y que las ciudades civilizadas son pocas y muy pequeñas, y que las más se encuentran diseminadas entre las alturas de los Andes, a muy grandes distancias de los puertos. Es también de celebrarse el que en los colegios de París, y alguno otro, haya habido granadinos de provecho, y que las bibliotecas hayan sido visitadas, y las ciencias naturales coadyuvadas por granadinos.

La Biblioteca de Señoritas tiene que mostrarse profundamente agradecida a su corresponsal "Andina"[1], señora bogotana, que le da tanto mérito a sus propias columnas. Las señoras granadinas le deben "gloria" por la parte de señoras, "instrucción" por las noticias y "amor" por sus tiernos consejos de madre. Pero hay un mérito más sobresaliente que levanta la fama de Andina sobre los monumentos de su patria, *la moral de sus escritos*. Tierna amiga, les avisa a sus paisanas cuáles de las nuevas producciones literarias de París les convienen, y cuáles no, lamentándose de la presteza (es decir de la malignidad) con que se traducen y propagan entre nosotros los libros corruptores. Andina no se alucina porque los libros sean novelas francesas. Andina tiene juicio y penetración, y sabe apreciar el pudor en las señoras. Andina prohibe aconsejando, que es la mejor de las prohibiciones. Madres, sacerdotes y magistrados de la Nueva Granada, ¿habéis pensado lo que debéis a la señora corresponsal de la *Biblioteca*?

Si pues esta ave emigrante vuelve sus ojos desde las orillas del Sena a sus rocas y árboles nativos; si su corazón palpita por las avecillas, sus compañeras, ¿cuánta debe ser la gratitud hacia ella, y cuáles las pruebas de cariño y afecto? Las que mi patria le prodigue; las que le tributen los amigos del orden y de la moral, las esperamos como amantes de la justicia. Por nuestra parte no alcanzamos sino a manifestar a la eminente señora corresponsal de la *Biblioteca* toda la efusión de nuestra gratitud, por parte de un ciudadano, por parte de una familia y por parte de un colaborador.

[*Biblioteca de Señoritas* # 67, 1859]

---

[1] Pseudónimo de Soledad Acosta.

DOS PALABRAS AL LECTOR

José María Samper

Debo una explicación a cuantos favorezcan con su benévola acogida este libro, respecto de los motivos que han determinado su publicación.

La esposa que Dios me ha dado y a quien con suma gratitud he consagrado mi amor, mi estimación y mi ternura, jamás se ha envanecido con sus escritos literarios, que considera como meros ensayos; y no obstante la publicidad dada a sus producciones, tanto en Colombia como en el Perú, y la benevolencia con que el público la ha estimulado en aquellas repúblicas, ha estado muy lejos de aspirar a los honores de otra publicidad más durable que la del periodismo. La idea de hacer una edición en libro, de las novelas y los cuadros que mi esposa ha dado a la prensa, haciéndose conocer sucesivamente bajo los seudónimos de *Bertilda, Andina* y *Aldebarán,* nació de mí exclusivamente; y hasta he tenido que luchar con la sincera modestia de tan querido autor para obtener su consentimiento.

¿Por qué lo he solicitado con empeño? Los motivos son de sencilla explicación. Hija única de uno de los hombres más útiles y eminentes que ha producido mi patria, del General Joaquín Acosta, notable en Colombia como militar y hombre de estado, como sabio y escritor y aun como profesor, mi esposa ha deseado ardientemente hacerse lo más digna posible del nombre que lleva, no solo como madre de familia sino también como hija de la noble patria colombiana; y ya que su sexo no le permite prestar otro género de servicios a esa patria, buscó en la literatura, desde hace más de catorce años, un medio de cooperación y actividad.

He querido, por mi parte, que mi esposa contribuya con sus esfuerzos, siquiera sean humildes, a la obra común de la literatura que nuestra joven república está formando, a fin de mantener, de algún modo, la tradición de patriotismo de su padre; y he deseado que, si algún mérito pueden hallar mis conciudadanos en los escritos de mi esposa, puedan estos servir a mis hijas como un nuevo título a la consideración de los que no han olvidado ni olvidarán el nombre del general Acosta.

Tan legítimos deseos justificarán, así lo espero, la presente publicación. Esta contiene, junto con seis cuadros hasta ahora inéditos, una pequeña parte de los escritos que la imprenta ha dado a luz bajo los tres seudónimos mencionados y las iniciales S.A.S; pero he creído que sólo debía insertar en este

libro cuadros homogéneos, prescindiendo de gran número de artículos literarios y bibliográficos, y de todos los trabajos relativos a viajes y otros objetos.

¡Quieran los amigos de la literatura, entre los pueblos hermanos que
hablan la lengua de Cervantes y Moratín, acoger con benevolencia los escritos de una colombiana, que no cree merecer aplausos y solamente solicita
estímulos!

París, Octubre 5 de 1869
[*Novelas y Cuadros de la Vida Suramericana,*
de Soledad Acosta de Samper. Gante: Imprenta de Vanderhaeghen, 1869]

Una holandesa en América
(*Prólogo*)

Aunque sea ignorándolo su discreta autora, vamos nosotros a dejar correr la pluma en las primera páginas de este libro, escribiendo algo que le sirva de introducción, y sea así como un prólogo, bien que ni ella ni él lo han menester de mano ajena, pero que a nosotros se nos antoja hacerlo, movidos del entusiasmo que nos lleva a la admiración por los productos sazonados de los altos ingenios.

La autora de este libro, a quien la mano maestra de don Juan Valera (uno de los primeros prosistas españoles del siglo XIX) acaba de calificar de *escritora ilustre*, no ha menester, decíamos, de que nadie la presente al público ilustrado de los países en que se habla la lengua de Cervantes y Jovellanos, porque ella es de suyo muy conocida y tiene ya dadas a la estampa, en testimonio de sus notables y bien cultivadas facultades, obras de aliento y provechosa instrucción, que la han hecho merecedora de calificado concepto literario y le han granjeado alta estima entre los que siguen de cerca la profesión de las letras. Y si los escritores y periodistas la aplauden con decidido entusiasmo, no es menor éste en la gran masa de los lectores, los cuales procuran las obras de su ingenio como apetecido solaz en las horas consagradas al trato ameno de la literatura.

Y por lo que hace al libro mismo, tampoco necesita él que mano extraña le recomiende en manera alguna, cuando en sí propio tiene cuanto es preciso para que cuente con franca y amistosa acogida de parte de los que aman las buenas letras y gozan con el brillante desempeño de los diversos recursos de la inventiva.

Modelo de aquella encantadora sencillez tan difícil de manifestar en las obras de arte, es ésta que la señora Doña Soledad Acosta de Samper regala hoy a los lectores de la América española con el título de *Una holandesa en América*.

Algunas costumbres de los habitantes provincianos de Holanda, y otras de las rústicas y también de las cultas de los de Colombia, acompañadas de largos e interesantes episodios de la historia moderna de esta República, aparecen allí dibujadas con mano hábil, entretejidas con oportunas y bien meditadas sentencias, al favor de una trama novelesca de las más cónsonas con la naturaleza humana, y de las más adecuadas al estado social y político de los países a que se contrae en las épocas que abraza la parte narrativa de la importante fábula.

En eso de pintar los hábitos sociales y el sello que en la costumbres tradicionales pone el carácter permanente de una raza, nos parece sobre modo atinada la novela que de su original ingenio nos ofrece ahora la eminente escritora colombiana.

Quédese aparte en buena hora la fiel consecuencia que en los personajes aparece como signo de su carácter definido: no paremos mientes en el interés que en el enredo y en los diferentes lances de la acción despierta el buen manejo del asunto primordial: ni digamos siquiera lo acabado de los accidentes que se muestran conducidos en diálogos o en relaciones epistolares: sea todo ello omitido, aunque por sí valga cada rasgo una joya, ya que eso deba tomárselo todo como la condición indispensable a la bondad de una novela; pero ¿quién dejaría de aplaudir como sublime la intención de la escritora en una obra en que así las partes como el conjunto respiran el más bello y puro sentimiento de moral cristiana?; ¿quién no admiraría una y mil veces el caudal de conocimientos y estudios especiales que allí se han de reconocer como base y razón de ese ingenioso fruto del saber, el talento y la experiencia social de la celebrada novelista?; ¿quién sería el que no rindiese el homenaje de su acatamiento al espíritu de observación, reflexivo y tenazmente inquisidor, que en este libro se revela como la causa eficiente de esas concepciones dignas de la atención grata de los lectores sensatos?; ¿a quién dejaría de impresionar lo importante del relato histórico de Colombia, que culmina entre los episodios de la trama como el más valioso de los dones o elementos que la forman y hacen?

Una vez más se da a brillar en el presente libro con esplendor ingenuo la pluma de esta distinguidísima noveladora colombiana, a quien nosotros vemos con el orgullo natural del patriotismo americanista, y cuya consagración a las tareas intelectuales, comprobada en obras ya serias (como sus novelas y sus trabajos sobre historia), ya ligeras (como sus numerosos y frecuentes artículos de periódicos), nos atrevemos a proclamarla nosotros, con alto y merecido elogio, como ejemplo digno de imitación para las otras damas americanas que, logrando vencer el vano temor que por acá sigue a la mujer en la profesión de las carreras literarias, no han dudado lanzarse al campo de los conocimientos humanos en pos de una ocupación propia de sus delicadas facultades.

De todas las manifestaciones con que el ingenio llega a dar forma a sus conceptos y lucubraciones, la que pertenece a la dote inventora de la imaginación (y a ella corresponde la de los novelistas) es acaso la más rara, y por eso tal vez la más digna de admiración; así como sin duda alguna es la que más deslumbra y fija la atención de los demás. Cuando la facultad de novelar toma su trono, por decirlo así, en la inteligencia observadora de una mujer, el alma sensible de ésta y su mayor conocimiento de los resortes secretos del propio corazón, suelen dar toques inimitables de gusto y precisión en las obras que conciben, y que ellas esmaltan a cada paso de coloridos, de verdad y sencillez que no es dable mejorar a ninguno de los maestros en el arte de hacer novelas.

¡Siga la eminente escritora dando al mundo los reflejos de su elevado entendimiento, y en ellos la esencia de sus principios de alta moral y las generosas aspiraciones de su virtuoso corazón; y léanla, para bien propio, las nuevas generaciones de la América española, en tanto que ésta se regocije en los esplendores de la gloria con que a ella la circunden los triunfos alcanzados con la fama de sus obras!

[LOS EDITORES]
Curazao, diciembre de 1888.

[*Una Holandesa en América*, de SOLEDAD ACOSTA DE SAMPER.
Curazao A. Bethencourt e hijos, 1888]

Señora doña Soledad Acosta de Samper

Antonio Rubió y Lluch

Nos apresuramos a dar publicidad a los siguientes párrafos de carta escrita por un notable literato de Barcelona, por encontrarse allí merecidos elogios a la distinguida escritora colombiana, Señora Doña Soledad A. de Samper.

Barcelona, 5 de enero de 1890.

Señora Doña Soledad Acosta de Samper – Bogotá.

Su nombre de usted me era muy conocido desde hace algunos años; desde que mi excelente amigo Don Miguel A. Caro me remitió el *Repertorio Colombiano*. Allí leí la animada relación de las novelescas aventuras del General Joaquín París, que después he saboreado de nuevo con mucho gusto.

Sus restantes obras no las conocía sino de nombre. Hoy, afortunadamente, no puedo decir otro tanto, bien que todavía me queda mucho que aprovechar de su rico tesoro intelectual.

El libro que más cumple la intención didáctica que ha inspirado su fino obsequio, el que primero tomé en mis manos, y el que más me ha ilustrado respecto de cosas de Colombia, llenándome al mismo tiempo de admiración hacia mis antepasados, es el que contiene las biografías de hombres célebres de la conquista. Aquí en España, donde no nos enseñan más que cuatro vulgaridades de Hernán Cortés, Pizarro y Almagro, y algo más de Cristóbal Colón, sería de desear que fueran más conocidas las hazañas del simpático Quesada, la vida novelesca y extraordinaria de Belalcázar, las exploraciones de Federmann y los hechos de otros conquistadores. Vivos deseos le vienen a uno de recorrer esos países que pisaron por vez primera y bautizaron aquellos héroes de tenacidad infatigable y de voluntad de hierro, muy superiores a los Stanley, los Emiro y los Livingston modernos.

Como español le agradezco de corazón los elogios que tributa a la humanidad de los primeros colonizadores en la biografía de Quesada, al hablar del castigo que mereció el conquistador por la injusta muerte del Zipa, del buen gobierno del primer Presidente de Nueva Granada Don Andrés Venero de Leiva, y sobre todo de los misioneros y frailes españoles, al trazar el cuadro ejemplar de la vida del Patrón de América, San Luis Beltrán. Ya vendrá algún día en que me aproveche de sus atinadas observaciones, y Dios quiera que no tenga que esgrimirlas contra mis propios compatriotas.

Hace sobre todo interesantes sus biografías el que no sólo atienda usted a la historia externa y política, sino que procura usted reconstruir la vida interna, social, doméstica y particular, trasladando al lector a la época que usted describe. Después siente usted un amor tan grande por las cosas de Colombia y por la época de la conquista, como el que en nosotros despierta nuestra Edad Media, y ese amor le inspira reconstrucciones arqueológicas tan detalladas e interesantes como, v. gr., lo de la vida y modo de ser de Bogotá en 1569...

Uno mis elogios a los que le tributan en su prólogo los editores de Curazao, al publicar su última novela, *Una holandesa en América*... Me ha parecido una novela histórico-contemporánea a lo Pérez Galdós, pero con espíritu cristiano. Me consta que es usted admiradora de Walter Scott, y que en sus restauraciones de lo pasado, procura usted inspirarse en el espíritu del gran novelador escocés, que hizo a la novela más exacta que la misma Historia; pero siempre esas reconstrucciones, cuando se refieren a un pasado casi contemporáneo, me recuerdan los *Episodios Nacionales* de nuestro Pérez Galdós, de cuyo género viene usted a ser en Colombia el más legítimo representante. El "Diario de Mercedes" me trae a la mente algo de la novela *Mi claustro*, de nuestro novelista cristiano (hijo de Barcelona) Patxot, cuyas *Ruinas de mi Convento* recomiendo a usted más por lo sentidas que por lo bien escritas. También allí la relación anda mezclada con sucesos históricos de nuestra época liberalesca, muy parecidos a la calamitosa del General Mosquera, contra el cual tronaron en tremendas filípicas, su eminente esposo el Señor Samper, y el Señor Ortiz en aquel terrible artículo de carácter elegíaco, que se hizo por ahí tan popular...

Muchas gracias también por los dos tomos de Derecho Interno de Colombia, de su difunto esposo el Señor Samper, el primero de los cuales comprende la *Historia Crítica del derecho Constitucional Colombiano desde 1810 a 1886*, y el segundo el *Comentario Científico de la Constitución de 1886,* que con tanta ventaja sustituyó a la Constitución de Rionegro, y que es la base de la Regeneración fundamental del país, en la que su esposo tuvo también tanta parte. No soy voto en materias judiciales, a pesar de ser abogado, como casi todos los españoles. Sólo puedo decirle que la obra del malogrado Señor Samper me ha sido solicitada por algunos de nuestros más sabios Catedráticos de la Escuela de Derecho.

La figura moral y literaria de su esposo cautivó mi atención desde que leí en el *Repertorio Colombiano* de 1888 aquel delicado y sentido análisis psicológico titulado *Mi conversión*, en el que se transparenta la bondad de una alma que hizo de la honradez un culto y de la sinceridad un deber. Luego los elogios del Dr. Carrasquilla (Rafael) y de otros literatos, me han confirmado la opinión que formé de aquel escritor privilegiado...

Crea usted que deploro vivir tan lejos de Colombia para no conocer muy a fondo al valiente polemista político, al fecundo escritor polígrafo que ha dejado más de diez volúmenes de historia, viajes, ciencias morales y políticas, novelas, dramas y poesías, al que mereció consideraciones y frases de respeto de Lamartine, Julio Simón y Víctor Hugo, al que conocen cuantos han saludado las letras desde Caracas a Buenos Aires, y han ensalzado todos los órganos más autorizados de la opinión pública. Sé también que sus novelas de costumbres, después de la sentida *María* de J. Isaacs y del *Álvaro* de Caicedo Rojas, son de lo mejor de la literatura romanesca colombiana.

Tengo el honor, señora, de suscribirme su más leal y atento servidor Q.B.S.P.

[*La Nación. Periódico Político, Literario y Noticioso*, # 458, 1890. Reproducido en la *Revista Literaria* de Isidoro Laverde Amaya]

SOLEDAD ACOSTA DE SAMPER[1]

Mercedes Cabello de Carbonera

Ni títulos más honrosos ni aureola más simpática puede haber para una escritora si de ella con verdad se dice: que ha sido en el hogar doméstico tan cumplida madre de familia, como es en el campo de las letras, la más levantada figura que de su sexo se ha destacado en su patria. Tal es Soledad Acosta de Samper, literata colombiana, cuyo perfil biográfico tócanos hoy la honra de bosquejar, lamentando contar tan solo con el estrecho espacio que la directora de "El Perú Ilustrado" dedica a esta sección[2]; lo que nos obligará a enumerar apenas las obras y los sucesos más culminantes de la vida de esta literata.

Hija de un hombre eminente de Colombia, el General Acosta, conocido entre nosotros por ser autor de la *Historia de la Conquista y Colonización de los Estados Unidos de Colombia*, diríase haber adquirido por herencia dotes de escritora y de historiadora notables y relevantes.

El General Acosta fue una de esas naturalezas múltiples, que con igual corrección se desempeñan, ora sea en el bufete del publicista, o entre las científicas colecciones del naturalista, ora sea a la cabeza de sus soldados, llevando a cabo exploraciones atrevidas, o con la espada de General colombiano, ganada al servicio de su patria, y en bien de las libertades de América. En uno de sus viajes a Europa contrajo matrimonio con una joven inglesa, adornada de bellas cualidades morales: y de esta unión, que era la fusión de dos razas: latina la una y sajona la otra; soñadora e idealista aquélla, pensadora y reflexiva ésta, debía nacer una niña que heredara las cualidades de sus progenitores.

Soledad fue hija única, y fácil es deducir con cuánto esmero se la educaría, y con cuánto cariño se la velaría. Niña aún, fue llevada a París, donde se la educó sin escasearle ningún género de conocimientos propios de su sexo. Así pues, su educación fue en armonía, no con la que a la sazón recibían las

---

[1] A este artículo lo acompaña en el original un retrato de Soledad Acosta hecho en grabado por ilustradores del periódico. Es uno de los cinco retratos de la autora que se conservan.

[2] La Directora del periódico en el momento es la escritora peruana Clorinda Matto de Turner.

niñas, sino en armonía con las dotes intelectuales que el padre, como hombre talentoso y experto, columbró desde muy temprano en su hija.

Muy joven aún el dolor vino a herirla en mitad del corazón. Poco después de regresar de París, cuando principiaba para ella la edad feliz de los goces juveniles, Soledad vio enlutecida su patria, y más que su patria su hogar: es que había muerto su padre, el preclaro historiador, y notable escritor, el General benemérito, el que debía como hombre de luces y gran talento guiar los inciertos pasos de la candorosa y adolescente niña, que más que nunca necesitaba de aquel brazo vigoroso para prestarles protección y apoyo.

El vacío que deja un buen padre, puede llenarlo quizá un buen esposo; y Soledad tuvo esta dicha. Su corazón halló en el Doctor José María Samper, al hombre que, cuando no del todo, al menos en gran parte, debía llenar el vacío que su ilustre padre le dejara. Bien conocido y estimado es en Lima el doctor Samper, corresponsal y redactor del periódico *El Comercio*.

Recién casados trasladáronse de Colombia a París, de donde enviaron nutridas correspondencias, en las que la pluma y el ingenio de la escritora colombiana fueron el más importante contingente para prestarle amenidad y brillo a esas correspondencias; las que, publicadas en *El Comercio*, periódico entonces, como ahora, de gran circulación en Lima, eran leídas con avidez, y estimadas en alto grado, por los que podían aquilatar el mérito de aquellos dos talentos literarios.

Más tarde ambos esposos fijaron su residencia en Lima, y el doctor Samper se encargó de la redacción de *El Comercio* y de una *Revista Americana*, en la cual, también la pluma de la señora Samper, colaboró con importantes publicaciones.

Su primer novela tuvo por argumento un tema peruano y llevaba por título *Teresa la limeña*.

Su residencia en Lima fue corta y de aquí pasaron a Bogotá, donde pesares de familia y contrastes de fortuna debían derramar sombras sobre su hermoso y hasta entonces dichoso hogar. La muerte de dos de sus tiernas hijas llenó de duelo el corazón de la amorosa madre. Entonces (dice ella en una de las cartas con que nos ha favorecido), "para alcanzar olvido a mi pena me entregué por completo al estudio de la Historia, y escribí las *Biografías de los conquistadores*". Bellísimas palabras, síntesis del sentimiento de aquella alma esencialmente femenina que, entregada a las dulces fruiciones del amor maternal, busca las profundas lucubraciones históricas sólo como un medio de dar otro fin a sus ideas, y otros horizontes a su afligido espíritu.

Quedáronle dos hijas, en las que debía hallar, entonces el consuelo de sus dolores y hoy de reciente viudez. Una de ellas es la heredera del talento de sus padres; y aunque siempre ha escrito bajo un pseudónimo, el mérito de sus composiciones ha revelado su nombre; y Bertilda Samper es ya una de las poetisas afamadas de Colombia. Sus versos, casi todos místicos, revelan los sentimientos más delicados del corazón; son ramilletes de bellísimas y fragantes flores, dignas del Dios a quien ella, con mística unción, las ofrece.

La revolución colombiana de 1876 quebrantó profundamente la regular fortuna de que disfrutaba este feliz matrimonio; y entonces el temple del alma de la esposa modelo, y la literata eminente, tuvo ocasión de manifestarse en toda su noble alteza. Sin abatirse un punto por tal contraste, ella puso su contingente de inteligencia y actividad, y emprendió negocios comerciales, cuyos productos llegaron a aliviar la anormal situación de la familia; y mientras su esposo ocupaba su tiempo en un empleo poco lucrativo, ella se daba a empresas con las que tal vez hubiese resarcido su perdida fortuna.

Pero no eran las áridas combinaciones comerciales, las que hubieran podido satisfacer la actividad intelectual, y las dotes artísticas de la señora Samper: otro campo más vasto y más en armonía con sus aspiraciones, era el que debía ella cultivar, con esa invencible vocación de las naturalezas privilegiadas; y muy luego dio todo su tiempo a la literatura y tomó a su cargo la redacción de una Revista quincenal titulada: *La Mujer*, siguiéndole otra con el título de *La Familia*.

Más tarde consagró sus talentos al cultivo de la novela, cosechando desde luego, resultados muy *positivos* en armonía con el mérito de la obra, pues que un periódico de Estados Unidos pagó a buen precio los originales. Esta novela vio la luz pública con el título de *Los tres asesinos de Eduardo*.

No fue menos feliz con otra de sus novelas, titulada una *Holandesa en América*, la que fue comprada por la casa Editora de Betancurt de Curazao.

El caudal literario de Soledad Acosta de Samper es rico y abundante, y su reputación está ya sancionada por la opinión pública que muy justamente la ha colocado en la primera línea entre los escritores de Hispanoamérica. No necesitamos pues, obedecer a nuestro entusiasmo, espaciándonos en aplaudir su frase robusta y su estilo correcto y siempre ameno, ya sea que trate asuntos serios y profundos, ya novelas de trascendental propósito.

Sus obras más importantes son aquellas que versan sobre estudios históricos; allí es donde con más brillantez, nos revela su conceptuoso talento y su bien nutrido espíritu.

Biografías de hombres ilustres, es una obra llena de erudición histórica, escrita con claridad y corrección, condiciones indispensables en toda obra de estudio sobre la historia. Aunque no de la extensión ni la importancia del diccionario de nuestro ilustre historiógrafo General Mendiburo, encierra gran caudal de hechos notables y datos históricos y biográficos, que, como obra americana y de consulta, es tesoro de inapreciable mérito. Los que afirman que los arduos estudios históricos son poco adecuados a la índole de la inteligencia femenina, han recibido elocuente mentís con esta obra, una de las primeras en su género de las publicadas por plumas varoniles. Este solo timbre de gloria bastaría para levantar muy alto el nombre de Soledad, ilustre ya por mil títulos literarios.

Episodios novelescos de la Historia patria, como su título lo demuestra, es una novela al estilo de las de Walter Scott, en la que los personajes históricos movidos por la fantasía del autor, se presentan siempre conservando el sello característico que la historia y la tradición les imprimieron.

Los Piratas de Cartagena son cuadros históricos iluminados con tal riqueza de colorido, que diríanse escritos por la pluma del ilustre Macaulay.

Una Holandesa en América es algo semejante a *París en América*, donde la señora de Samper como Laboulaye, pinta hábitos y costumbres extranjeras y americanas, en parangón las unas de las otras, razonadas con oportunas y bien meditadas reflexiones y animado todo el conjunto de la trama novelesca llena de vida y de acción.

En la lista de sus obras publicadas hallamos *La Familia, La Mujer, El Corazón de la mujer, Novelas y cuadros de la vida* [*suramericana*], las que, a pesar de sernos desconocidas, no trepidamos en suponer dignas de la bien cortada pluma de la autora de *Una Holandesa en América*.

Actualmente proyecta un viaje a España, donde necesita ir a consultar los archivos de aquella nación, para dar cima a algunas obras históricas de gran aliento que hoy tiene en preparación. Serán éstas sin duda, nuevas joyas que embellecerán la corona de gloria de la ilustre literata colombiana.

[*El Perú Ilustrado. Semanario para las familias*. Año 3, #142, 1890]

LA SEÑORA SOLEDAD ACOSTA DE SAMPER

A. Levink

Con el mayor placer traducimos e insertamos a continuación un artículo referente a nuestra célebre compatriota la señora Doña Soledad Acosta de Samper, publicado recientemente en la revista parisiense *L'Echo Littèraire*. En el mismo número de dicho periódico ha comenzado a ver la luz una novela titulada *L'esclave de Juan Fernández*, escrita en francés por la misma ilustre escritora. Ha de ser satisfactorio para todos los colombianos este justísimo encarecimiento de los méritos de una paisana nuestra, hecho con tan cordial simpatía por una acreditada publicación de la capital de Francia.

El artículo dice así:

"Hoy comenzamos la publicación de *El esclavo de Juan Fernández*, de la señora Soledad Acosta de Samper.

"El nombre de la autora no es desconocido de nuestros lectores: en una nota bibliográfica más sucinta de lo que hubiéramos deseado, hemos expresado ya nuestra opinión sobre esta mujer de talento. La novelita que hoy publicamos, adecuada a las dimensiones de nuestro periódico, apenas podrá dar remotísima idea del talento de la autora. Cuando más, puede y debe servir a la escritora como de introducción para con nuestros lectores, y nos presenta oportunidad para trazar su biografía.

"Hija del ilustre General Joaquín Acosta, sabio eminente, leal soldado, notable historiador y hombre de Estado, muy prestigioso, la señora Acosta de Samper tuvo por marido un hombre no menos célebre. En efecto, el señor Samper no solamente fue estadista muy popular y distinguidísimo, sino también poeta e historiador notable.

"La señora Acosta de Samper, dotada de viva inteligencia, de grande amor al estudio y de una facilidad de asimilación poco común, no podía menos que llegar a ser la escritora que es. Aunque muy mujer, muy sentimental, muy experta en las cosas del alma y del corazón, ella vuela aún más alto y aspira a algo mejor que el sentimentalismo; no se contenta con asuntos ideales: lleva sus investigaciones al través del paso de la historia para referirnos las batallas, la obra de la conquista, las grandes acciones de los hombres ilustres de su país. ¡Y con qué vigor, con qué persuasión, con cuánta seguridad de vista y de juicio nos narra estas cosas! Bien que desde hace largos años nos ocupamos en juzgar libros, no ha sido muy frecuente que nos encontremos con un historiador que sepa comunicar a sus lectores el mismo entusiasmo que a él lo anima. La pintura que la autora nos da de los paisajes lejanos en donde nació, no es inferior a sus demás trabajos. Y en toda su obra, sumamente importante, se descubre una mujer que sabe mucho, y que, sabiéndolo muy bien, se expresa con claridad, convicción y elegancia.

"La señora Acosta de Samper se ha consagrado especialmente a hablar de la mujer, como lo prueban los títulos de algunas de sus obras, que nos complacemos en mencionar especialmente: *La mujer en la civilización, La mujer en la antigüedad, La mujer en los imperios de oriente y occidente, La mujer española antes de J.C., La mujer de la Gran Bretaña y de Alemania, La mujer española en América, El corazón de la mujer,* y muchas otras que sería largo enumerar, pero las cuales, más aún que sus trabajos históricos extensos le hacen particularmente simpática al *Eco Literario* de Francia.

"Durante su permanencia en París, que esperamos sea larga, prestará su valeroso concurso, como siempre lo ha hecho, a todo lo que concierne a obra de la mujer, que ella estima en la misma medida que nosotros. Esta literata americana educada en París, que habla bien el francés, es, pues, nuestra hermana, en toda la acepción de la palabra. Y experimentamos verdadero placer al presentarla a nuestros lectores, para que en ellos despierte la misma simpatía que nosotros hemos sentido al conocerla.

"Para no lastimar su delicadeza y su modestia, no haremos su retrato físico; apenas diremos que su amplia frente, su tipo aguileño, su mirada clara y franca, cuadran a maravilla a la autora de las *Biografías de Hombres Ilustres,* de *Los Piratas de Cartagena,* a la directora de *La Familia,* de *El Domingo de la Familia Cristiana,* y a la que ha producido numerosas novelas que abrazan todos los géneros literarios, y sobre todo esa encantadora obra histórica y de imaginación que se llama *Una holandesa en América,* de la cual un escritor, curazoleño, ha dicho:

> Esta obra es un modelo de la exquisita naturalidad del escritor, naturalidad tan difícil de alcanzar en las obras de arte. Las costumbres de los provinciales holandeses, lo mismo que las de los habitantes del campo de Colombia, están allí unidas a episodios de grande interés de la historia moderna de esta república. Todo esto está trazado con mano hábil.

"Basta de citas. Esas pocas líneas prueban que en Colombia las cualidades que reconocemos en la escritora son altamente apreciables. Nos hallamos, pues, de enhorabuena al ofrecer a nuestros lectores la primera de las obras que dicha escritora ha traducido al francés; esto nos permite llenar un agradable deber de confraternidad y afirmar por otra parte, una vez más, que allá lejos, en Colombia y fuera de ella, en todas esas repúblicas del sur, hay abundancia de literatos, hombres estudiosos, poetas y estadistas. Es necesario que se sepa que allá también brillan la inteligencia y la antorcha divina del fuego sagrado por las artes y las ciencias. Con ánimo, con intrepidez, con perseverancia, esos zapadores remueven el pasado para alumbrar el presente y preparar el porvenir. Gracias a su trabajo, a su talento, y a su amor por la patria, aquellos países pronto dejarán de tener secretos para nosotros, que hemos sabido apreciarlos y leerlos".

[*Revista Literaria* II, 23, 1892. Los editores [Isidoro Laverde Amaya]]

SOLEDAD ACOSTA DE SAMPER

Emilia Serrano, Baronesa de Wilson

Tiene doble y altísimo relieve la escritora y educacionista insigne, que con su nombre señaló una nueva era en la literatura colombiana.

Reúne Soledad Acosta, a una imaginación viva, perspicaz y brillante, las galas de una educación esmeradísima y de la profunda instrucción que adquirió en largas horas de estudio y en el contacto con uno de los hombres más notables y más sabios de la Nueva Granada: el general don Joaquín Acosta, padre de aquella a quien dedicamos estas páginas, que debió a tan favorable circunstancia los altos conocimientos que adquiriera en sus años juveniles.

Fue el general Acosta, valeroso y honradísimo soldado, y de su patriotismo dejó en la historia señaladas muestras; pero a la par de sus hazañas en bélicos combates, seducía por su talento y su saber como hombre de ciencia y por las gráficas pinceladas que le han hecho distinguir como sabio estudioso y geólogo notable.

En tal escuela se enriqueció la mente de Soledad, y no tardó la bellísima colombiana en seguir el camino que brinda lauros y glorias literarias, de tal modo que al entregar su corazón y su mano a uno de los literatos más eminentes, José María Samper, ya ceñía la joven escritora hermosa corona por sus producciones ingeniosísimas, siendo de advertir que su fecunda pluma había trazado ya valiosas páginas, internándose en el santuario de la Historia, a la vez que invadía también el fecundo campo de la novela, el de la poesía, así como el de la instrucción pública[1].

Soledad Acosta de Samper, tuvo, entre otras aspiraciones, la de educar a la mujer, dando a sus escritos un giro ameno e instructivo, para que el sexo femenino se sobrepusiera a la inercia en que vivía y tomara el impulso y la preponderancia de que es digno. Loable fue la empresa y en la campaña iniciada por el periódico *La Mujer* logró Soledad Acosta el éxito más glorioso,

---

[1] Las primeras publicaciones de Soledad Acosta son posteriores a su matrimonio. La autora no escribió poesía. (*Nota de las editoras*.)

[2] La escritora Agripina Samper de Ancízar es hermana de José María Samper, cuñada entonces de Soledad Acosta. Su hija poeta se llamaba Bertilda Samper Acosta. (*Nota de las editoras*.)

y en las columnas de aquella publicación obtuvo su insigne fundadora las primicias de muchos de los talentos femeninos que hoy brillan en primera línea, descollando entre aquellos el de Agripina Samper de Ancízar, la predilecta entre las hijas[2] que embellecían el hogar de Soledad Acosta.

Todas las obras de la ilustrada publicista son preciosos cuadros de gráfica exactitud, y si de costumbres patrióticas se trata revisten un colorido local inimitable. En su libro *Biografías de hombres ilustres* se encuentran riqueza de datos, imparcialidad en las narraciones y el conjunto verídico de la conquista y colonización del extenso territorio al que Gonzalo de Quesada dio el nombre de Nueva Granada.

Caprichosos y variados son los giros del infatigable ingenio femenino objeto de este estudio, ora se interne en las escabrosidades históricas, ora juguetee en las feraces regiones de la fantasía, llegando en ellas hasta las cumbres del idealismo.

En su libro relativo a la civilización de la mujer se admiran no sólo lo correcto del estilo, y la facilidad del lenguaje, sino también el vastísimo estudio hecho para atesorar detalles que enriquecen la obra y la hacen doblemente interesante.

Soledad Acosta ha viajado mucho, y en ocasión del Centenario vino a España, siendo acogida en Madrid con singular aplauso y festejada por todos nuestros más celebrados escritores. Después habitó algún tiempo en Francia y en Italia, y al regresar a Colombia se ha dedicado a esparcir en libros y en periódicos los pensamientos que le fueron inspirados por los países que ha recorrido.

La sabia colombiana tuvo por única compañera, en sus excursiones, a su bellísima hija Blanca, pues hace algunos años perdió a su marido, que fue economista, poeta, viajero y diplomático ilustre.

[*Mujeres ilustres de América. Bosquejos biográficos.*
Barcelona: Maucci, 1904]

BIBLIOTECA HISTÓRICA. ÉPOCA DE LA INDEPENDENCIA

(*Prospecto*)

El conocimiento de su propia historia es uno de los rasgos característicos de los pueblos civilizados. El individuo de algún valer intelectual no sólo recuerda los hechos principales de su vida, sino que los enlaza en su mente por vínculos de causalidad. Esto le da luz para conocerse a sí mismo, lo que es, según Sócrates, el *desideratum* de la filosofía; y mientras más poderosa sea su inteligencia, más claramente conoce sus cualidades y defectos y la consiguiente línea de conducta que debe seguir en la vida. Jóvenes hay que no esperan de los años estas provechosas lecciones, porque un corazón recto hace surgir en su mente clarísima luz desde temprano; y ellos van lejos, como que toman desde luego su camino. Así también los pueblos capaces de conservar su nacionalidad conocen su pasado, procuran inmortalizar su recuerdo en toda clase de monumentos, y por el estudio de sus glorias y desastres reavivan sus energías, corrigen sus defectos y se encaminan a un porvenir seguro. Cuando los pueblos olvidan lo que fueron, están próximos a la disolución: la persistencia en la vida es, en las sociedades humanas, fruto de la conciencia del pasado.

Tampoco el patriotismo, ese hermoso amor a los compañeros de la caravana, puede existir sin el conocimiento del pasado. Es necesario estar orgullosos, satisfechos siquiera, de lo que fuimos, para apreciar y amar al pueblo a que pertenecemos. ¿Y cómo podemos estarlo si ignoramos la labor que llenaron en la vida nuestros padres y abuelos? El estudio de su historia nos dirá de lo que somos capaces y los escollos que debemos evitar; él nos dirá qué cualidades tiene ese pueblo que formamos, conocimiento que engendrará el amor patrio y que nos inspirará el deseo de coadyuvar a desarrollarlas: así va el pasado, por obra consciente de los individuos, creando la prosperidad y grandeza de las naciones.

Movidos por este pensamiento, hemos resuelto fundar la presente BIBLIOTECA HISTÓRICA. Queremos facilitar al pueblo colombiano la manera de conocer los hechos más importantes de su historia y los hombres que más han contribuido a trazarla. No son ya los tiempos en que Vergara y Vergara se quejaba de la indiferencia con que Pueblo y Gobierno veían estos estudios: hoy, por el contrario, se nota un entusiasmo consolador por todo lo que se refiere a la historia nacional, signo seguro de que la vida resurge y de que un impulso decisivo nos lleva adelante. Favorezcamos este movimiento difundiendo en el pueblo noticias importantes de su historia, que así contribuiremos a su engrandecimiento porque le haremos adquirir la conciencia de su ser, de sus glorias y de sus destinos y con ella el propósito de seguir adelante en el camino del progreso.

La hora es propicia. Después de cien años de una vida agitada y tumultosa, en que consumimos sangre, energías y riquezas tras el prestigio de las ideas (no de los hombres, lo que excusa y honra nuestros excesos sangrientos), la Nación se ha sentado en la dura piedra del desengaño, medita y busca su orientación en los caminos de la paz, de la concordia, de la razón. Ayudémosle en esta hora de meditación madura, trayendo a su memoria el recuerdo de sus grandezas y desastres, de sus progresos y desfallecimientos, de sus preclaros hijos... Todo ello será lección provechosa; y ningún tributo mejor a los fundadores de la República, en el próximo Centenario de la Independencia Nacional, que el hacer que ningún colombiano ignore ese día lo que ellos fueron e hicieron, lo que de sus ideales realizaron las generaciones que le sucedieron, y las vías por donde se extraviaron; porque así sabremos todos, por lo que fuimos, lo que debemos ser.

Paralela a esta BIBLIOTECA, destinada a las gentes que no disponen de tiempo ni de holgura para largos estudios históricos, y a quienes daremos cada quince días lecturas sencillas y breves, pero exactas y suficientes, sobre hombres y sucesos nacionales, publicaremos otra de extensos volúmenes, ya inéditos, ya escasos porque se hayan agotado sus anteriores ediciones. Todo ello en el supuesto de que nos favorezca, como lo esperamos, el entusiasmo del público por este género de estudios.

La Imprenta Moderna
[*Biblioteca Histórica. Época de la Independencia*, tomo I.
Soledad Acosta de Samper. Bogotá: Imprenta Moderna, 1909]

Doña Soledad Acosta de Samper

Damos principio a esta BIBLIOTECA HISTÓRICA con una hermosa serie de estudios biográficos debidos a la experta pluma de D.ª Soledad Acosta de Samper, la gloria máxima de la mujer colombiana en el campo de la literatura, después de aquella paloma de cantos altísimos que se llamó la Madre Castillo.

Blanca está ya su cabeza y débil la dulce y bondadosa mirada; pero su inteligencia brilla aún con todo el esplendor con que, de cuarenta años a esta parte, viene cautivando la atención del público y ganando para su Patria honra y prestigio. En el aristocrático silencio de su hogar, la ilustre viuda de aquel grande hombre que fue D. José María Samper y que a ella debió en gran parte la cristiana coronación de su vida, trabaja intensamente perfeccionando y completando sus obras históricas y literarias, sin descuidar un punto sus deberes de madre solícita y dama sobresaliente de la sociedad en que nació y en que ha sido y sigue siendo dechado y ejemplar de la mujer cristiana.

Nacida en Bogotá del matrimonio del general D. Joaquín Acosta, militar, historiador, diplomático, prócer insigne, con una señorita inglesa, fue llevada a la edad de doce años a Halifax (Nueva Escocia) al lado de su abuela materna. Un año después pasó a París, en donde completó, en varios colegios, durante cinco años, la esmerada educación que había empezado a recibir en el hogar; a lo que contribuyó grandemente, sin duda, la feliz circunstancia de que cada vez que volvía de vacaciones a su casa encontraba que el círculo de amigos de su ilustre padre comprendía personajes como Humboldt, el químico Dumas, Arago, Boussingault, Elie de Beaumont, los dos Orbigny, los Bertrands y otros académicos franceses.

De las distracciones y futilezas de París, que como un remolino absorben a las gentes comunes, tomó aquella niña de dieciocho años cuanto alegra y embellece la vida, pero sin entregarle la devoción a su espíritu; la cual, con poderoso anhelo, se fue desde entonces tras de los altos ideales del bien, la belleza y la verdad, como hermoso testimonio de que no están reñidas en manera alguna la alegría y la hermosura de la edad primera con la preparación para una vida digna y fecunda. Sus aficiones literarias, a que la llevaban naturalmente el vigor de su espíritu y la herencia vinculada a su ilustre apellido, debieron de desarrollarse y fortalecerse en el medio científico y literario que constituía su hogar, no menos que con el ejemplo y las enseñanzas de su padre.

De regreso en Bogotá, y muerto ya su meritísimo padre, casó con el fecundo escritor D. José María Samper en 1855, con quien volvió poco después a Europa. Residieron allí cinco años, hasta 1862, en que fueron a pasar un año en el Perú. Volvió a Bogotá, y sólo dos años después de la muerte de su esposo, acaecida en 1888, dejó de nuevo la ciudad del águila negra para ir con sus dos hijas a residir durante otros cinco años en Francia, Inglaterra y Suiza. Desde 1896 vive en Bogotá entregada a las labores literarias.

Empezó D.ª Soledad, ya casada, a ensayarse como escritora traduciendo algunas piezas del inglés y el francés para los periódicos que dirigía su esposo; luego se encargó de escribir revistas de modas y de sociedad para algunos diarios del Perú; en seguida se ensayó como cuentista y novelista; y, por último, en medio del dolor que le causó la muerte de dos de sus hijas, buscó la distracción de los estudios serios, y de allí surgió historiadora, con todos los conocimientos necesarios para llenar lucidamente esta difícil empresa.

Mujer de altas energías, no sólo con la pluma, sino también con decorosa industria supo hacer frente a la precaria situación a que se vio reducido su hogar a consecuencia de las persecuciones de que fue objeto su esposo durante la guerra civil de 1876. Mientras él se hallaba en los campamentos, el Gobierno confiscaba su imprenta y hacía que la noble dama desocupase y entregase en el término de veinticuatro horas, su casa de habitación. Desde entonces, y durante muchos años, sin secar la pluma, ejerció el comercio y ganó así lo necesario para la subsistencia propia y de sus dos hijas sobrevivientes, una de las cuales honra hoy con sus talentos y sus virtudes los claustros de la Enseñanza, mientras la otra –no menos distinguida– es la compañera de su anciana madre.

Durante su última permanencia en Europa asistió como Delegada de Colombia al Congreso de Americanistas, celebrado en Huelva, a fines de 1892. Allí fue acogida y honrada como lo merece, por lo más selecto de la intelectualidad española, como Núñez de Arce, Valera, Cánovas del Castillo, Castelar, Pardo Bazán, Conde de las Navas, Duque de Rivas, Menéndez Pelayo, etc. A ese Congreso, al Pedagógico y al Literario Hispano-Americanos de Madrid, presentó memorias muy interesantes, que fueron después publicadas en correcta edición. Desde entonces solicitan con interés su colaboración varios periódicos y casas editoriales de España.

Su labor literaria ha sido muy grande. Causa admiración, considerando que la ha realizado casi toda en un medio impropicio, como es el nuestro, por la escasez de lectores y estímulos; que su simpático hogar ha sido atendido por ella con el esmero de una dama acuciosa que no tuviese otra atención; que no sólo se extiende esa labor a obras de imaginación, sino también de estudios serios y laboriosos, como son los históricos; y que a la vez de libros voluminosos, ha redactado, casi sola, varias Revistas como *La Mujer* (1879 a 1882*)*, *La Familia* (1884), *El Domingo de la Familia Cristiana* (1889 a 1890), *El Domingo* (1898), y *Lecturas para el Hogar* (1905), sin perjuicio de colaborar en otros periódicos, principalmente en los que dirigía su señor esposo. En gran parte se explica esta dichosa fecundidad por el hábito que la distingue de cumplir siempre su palabra; pues quien lo adquiere se cumple a sí mismo sus propósitos y se vuelve perseverante y capaz.

Traducciones, colecciones de cuentos, novelas históricas y de costumbres, relaciones de sus viajes por España, Suiza, Francia e Inglaterra, memorias científicas, artículos sobre asuntos femeninos, estudios sobre la mujer en general y en especial sobre las que más se han distinguido en Europa y América, numerosas biografías de los personajes notables de la conquista de América y de la Emancipación de la Gran Colombia, una historia especial del Itsmo de Panamá, un Catecismo y una Historia de Colombia, una Historia Universal, monografías de algunas épocas de la Colonia, y ahora en preparación una Historia de la América Latina, por medio de Biografías de hombres célebres, es un bagaje que honra altamente la vida de esta insigne escritora, no tanto por su cantidad, como por su calidad: el riquísimo fondo de ideas, conocimientos e investigaciones que esas obras contienen, se muestra armónico tras el puro cristal de la forma sencilla, elegante y correcta. No allí el recargo de adornos y debilidad de pensamiento que generalmente se observa en los escritos femeninos: la escritora a que nos referimos encanta más con el engranaje de la ideas, que con la hermosura de las frases.

Muchas de sus obras están inéditas aún. Hemos visto impresas las *Memorias* a que antes nos referimos, las *Biografías de Conquistadores*, el *Catecismo*, las *Lecciones de Historia de Colombia* para Escuelas Normales (estas tres últimas publicadas por el Gobierno*)*, la *Historia de la mujer en la civilización*, la *Biografía del Mariscal Sucre* (obra premiada en Caracas en un concurso de historia); la del General París (premiada en otro de Bogotá), la del General D. Joaquín Acosta, su padre, y algunas otras. En Pasto está editándose una bastante extensa del General Nariño. Ojalá vean pronto la luz todas ellas, lo que será útil y honroso para el país.

Del aprecio que la simpática escritora ha alcanzado en el mundo literario, dará idea el siguiente párrafo que transcribimos del *Boletín de las Repúblicas Americanas*, de Nueva York:

La Señora Doña Soledad Acosta de Samper no necesita que se la presente al público latinoamericano. No hay en toda la América Latina quien no conozca sus obras, ni quien le niegue el puesto que le corresponde entre las grandes escritoras de la América, y de Colombia en particular. La última obra de la Señora de Samper que ha llegado a la Oficina Internacional, es un libro de 400 páginas titulado *Lecciones de Historia de Colombia*, publicado bajo la dirección del Ministerio de Instrucción Pública en la Imprenta Nacional de Bogotá. El hecho de que el Ministerio de Instrucción Pública haya prohijado este trabajo, le da un valor particular como obra de texto para el uso de las escuelas, colegios, bibliotecas públicas, etc.

No menos aprecio muestran por ella D. Juan Valera y otros insignes escritores españoles en cartas que han visto la luz pública.

Doña Soledad pertenece a las Academias de Historia de Bogotá y Caracas, a la Sociedad de Geografía de Berna, a la de Escritores y Artistas de Madrid, a la Jurídico-Literaria de Quito, etc.

> [*Biblioteca Histórica. Época de la Independencia*, tomo I.
> Soledad Acosta de Samper. Bogotá: Imprenta Moderna, 1909]

II. INVITACIÓN A LA LECTURA

SOLEDAD ACOSTA DE SAMPER

Gustavo Otero de Muñoz

I

En el período de transición que va de la Independencia al establecimiento del orden democrático en la Nueva Granada, se encuentra un nuevo modelo de mujeres, diferente del tipo de las de la Gran Colombia, que sin desinteresarse de la vida civil –o acaso por eso mismo– comienzan a interesarse por las letras. Era llegada la época del Romanticismo, y los jóvenes poetas de la generación "gólgota" y "filotémica" hallaron almas gemelas para combustible de sus ideales. La mujer más interesante de esta nueva época, la precursora del tipo moderno de la colombiana intelectual, fue, sin duda alguna, la ilustre esposa de José María Samper. Doña Soledad, en efecto, tuvo salón, habló varios idiomas, conoció el mundo y escribió muchos libros. Vivió una larga vida; fue amiga de presidentes, de ministros y de políticos, respiró la atmósfera de la Nueva Granada, de los Estados Unidos de Colombia y de la República central y unitaria; trató a plenipotenciarios extranjeros y a intelectuales nativos e hispanos; sostuvo correspondencia con escritores europeos de la talla de don Juan Valera; fue hija de un estadista e historiador, esposa de un polígrafo y político, de lucha, y madre de una religiosa-poetisa. La tradición la señala unánimemente como una mujer de voluntad, de cultura y de espíritu, que fue la ninfa Egeria del poeta-soldado y la Corina que celebró los grandes hombres y las obras maestras de su patria.

Nació en Bogotá, del matrimonio del general Joaquín Acosta con la honorable dama inglesa Carolina Kemble, el 5 de mayo de 1833, en una vieja casona santafereña en la calle 14, conocida antiguamente en su cuadra sexta con el nombre de "calle de los enfardeladores".

A la edad de doce años fue llevada a Halifax –Nueva Escocia–, donde a la sazón residía su abuela materna. Poco después pasó a París, y allí completó en varios colegios, durante un lustro, la esmerada educación que había empezado a recibir en el hogar.

De regreso a Bogotá, y muerto ya su meritísimo padre, casó con el notable escritor José María Samper, en 1855, con quien volvió dos años después a Europa. Residieron allí hasta 1862, en que fueron a pasar un año en el Perú, donde su esposo redactó *El Comercio* y fundó la *Revista Americana*, de Lima, casi con la exclusiva colaboración de doña Soledad.

Vueltos a Colombia, ambos continuaron dedicados de lleno a labores intelectuales. Durante algunos años fue muy conocida en la prensa de Bogotá con los seudónimos de "Aldebarán", "Bertilda", "Andina", "Olga" y "Renato", y los periódicos de la capital, desde 1862 hasta su muerte, o sea durante medio siglo, contienen gran copia de artículos, novelas y revistas del extranjero, escritos por ella.

"Empezó doña Soledad ya casada –dice uno de sus biógrafos– a ensayarse como escritora traduciendo algunas piezas del inglés y del francés para los periódicos que dirigía su esposo; luego se encargó de escribir revistas de modas y de sociedad para algunos diarios del Perú; en seguida se ensayó como cuentista y novelista; y, por último, en medio del dolor que le causó la muerte de dos de sus hijas, buscó la distracción en los estudios serios, y de allí surgió historiadora, con todos los conocimientos necesarios para llenar lúcidamente esta difícil empresa.

"Mujer de altas energías, no sólo con la pluma sino también con decorosa industria, supo hacer frente a la precaria situación a que se vio reducido su hogar a consecuencia de las persecuciones de que fue objeto su esposo durante la guerra civil de 1876. Mientras él se hallaba en los campamentos, el Gobierno confiscaba su imprenta y hacía que la noble dama desocupase y entregase en el término de veinticuatro horas su casa de habitación. Desde entonces, y durante muchos años, sin secar la pluma, ejerció el comercio y ganó así lo necesario para la subsistencia propia y de sus hijas sobrevivientes"[1].

Forman las primicias de sus labores como escritora una serie de cartas enviadas a la "Biblioteca de Señoritas", de Bogotá, periódico en donde aparecieron, en 1859, bajo el título de "Revista parisiense", y otra de artículos muy interesantes sobre sus recuerdo de Suiza y viajes por Europa, publicados en ese mismo año en "El Mosaico", con el seudónimo de "Andina", y posteriormente completados en "La Mujer".

A instancias de su esposo publicó su primer libro en Bélgica, en 1869, con el epígrafe [sic] de *Novelas y cuadros de la vida sudamericana* . A partir de entonces dio a la estampa, con extraordinaria abundancia, novelas, estudios sociológicos, ensayos, impresiones de viaje, biografías, crónicas y libros de historia; fundó y sostuvo revistas femeninas; obtuvo, en 1883, con "La biografía del general Joaquín París", el premio en el concurso abierto en Bogotá con ocasión del primer centenario del Libertador; ganó otro en Caracas, en 1909, con su "Vida del Mariscal Sucre", y asistió, como delega-

---

[1] Prólogo de la "Biblioteca Histórica" de Soledad Acosta de Samper. Bogotá 1910, Imprenta Moderna.

da de Colombia, al Congreso de Americanistas celebrado en Huelva a fines de 1892, con motivo del cuarto centenario del descubrimiento de América, en donde presentó varias "Memorias" que le valieron el aprecio de las primeras mentalidades hispanas. Profesora de un feminismo sano, señaló nuevas rutas a su sexo, y adaptó a la educación de la mujer las ideas de Smiles en su "Self-Help", editando en París tres libros sobre asuntos sociológicos, en los cuales desarrolla admirablemente aquellas teorías, con profundidad en el razonamiento y en forma gallarda y placentera.

Amaba a Colombia con un patriotismo digno de los tiempos heroicos. Cuando, el 3 de noviembre de 1903, Panamá, efectuó su separación, mediante el apoyo armipotente de los Estados Unidos del Norte, redactó ella un enérgico y bellísimo manifiesto, que fue firmado por más de trescientas damas bogotanas, en el cual señalaron éstas una línea de dignidad y de altivez al Vicepresidente de la República, para dejar enhiesto el pabellón de la patria en medio de la infausta tribulación: "No os faltan, señor, ejemplos que imitar –le decían–. No necesitamos recordar a los héroes de otras razas; en la nuestra los hay con profusión. ¿No arrojaron los españoles de su suelo a todo un Napoleón, que llevaba por séquito la Europa entera? Y en Sur América no olvidéis las hazañas de Francisco Solano López, aquel Presidente de una nación mucho más débil, mucho más atrasada, mucho más pobre que la nuestra. ¡Ah! Permitid que os hablemos de este heroico paraguayo y de su nación...

"En nombre de la dignidad humana, señor –concluían las matronas con un grito de angustia que parecía lanzado en un desierto, pues no halló sino un eco de estirada cortesía en las altas esferas–, en nombre de nuestra futura reputación, en nombre de vuestros nietos, que os pedirán cuenta de la herencia que debe bajar inmaculada a las generaciones venideras, os pedimos, señor, que levantéis en alto el estandarte que nos legaron Bolívar y Santander, de manera que de las cenizas del pendón nacional que algunos bandidos miserables se atrevieron a quemar en Panamá, surja nuestra fama, nuestro honor y futura gloria".

Y la señora Acosta publicó luego cuatro artículos, "Relaciones de los Estados Unidos con las naciones vecinas", en los que puso de presente los peligros que amenazaban a la patria por las artimañas del poderoso Tío Sam, clamando cual sacerdotisa del patrio amor:

> Nuestro deber es abandonar las ideas de ambición, olvidar los resentimientos de partido, apuntalar la casa de nuestra madre, mientras que acarreamos las piedras del cimiento del edificio que hemos de levantar... Salvemos a Colombia de la muerte que la amenaza, unámonos todos, y por medio de la predicación,

los consejos y de ese amor patrio que mora, más o menos desconocido, en el fondo de todo corazón humano, lancémonos juntos a salvarla, a volver por su honra y a sacarla del abismo.

En agosto de 1907 publicó otro artículo, "dedicado a los bogotanos", sobre "El general Antonio Nariño, primer patriota colombiano", en el que, después de referir cuanto aquél hizo y sufrió por darnos vida independiente, inicia la idea de levantar una estatua en la capital, digna del Precursor, no costeada por el gobierno sino por los compatriotas del ínclito prócer: "que los amigos de la justicia se interesen en ello, que propaguen por la prensa y particularmente esta idea; que se formen comisiones para ir de casa en casa a pedir a cada uno su óbolo, sea grande o chico, y que la lista de los contribuyentes para esta patriótica obra se publique y se conserve, en honor de los conciudadanos del gran Nariño".

Mujer caritativa, que unía el ejemplo a la palabra, destinó los bienes de la herencia paterna, consistentes en unos lotes de área de población en el municipio de Guaduas, a la obra de la Infancia Desamparada, de donde surgió el portentoso Asilo de San Antonio, fruto de la perseverancia del apóstol que respondió en vida al nombre de Manuel María Camargo. Y así como en las clásicas efemérides se ponía doña Soledad a la cabeza de las más notables damas para rendir glorioso homenaje a los próceres de la patria, en las cruentas calamidades de ésta era la columna que guiaba la aristocracia femenina en cuerpo colegiado, para aplacar con su influyente respetabilidad el desborde de las pasiones políticas, o para impetrar con súplicas cristianas gracia humanitaria respecto de los sentenciados al cadalso.

La señora Acosta de Samper no se señaló únicamente como escritora distinguidísima en nuestra lengua; también publicó en francés su novela "El esclavo de Juan Fernández", y vertió al español algunas obras de autores ingleses y franceses. Perteneció a las Academias de Historia de Colombia y Venezuela, a la sociedad de Geografía de Berna, a la de Escritores y Artistas de Madrid, a la Jurídico-Literaria de Quito y a otras similares.

Tan sólo la muerte hizo que la pluma cayera de sus manos. Sus últimos artículos fueron publicados en "La Crónica" de Camacho Carrizosa, y revelan el patriotismo desvelado de la ilustre anciana: en uno se refería a la debatida cuestión panameña, que por aquellos días agitaba los espíritus, con motivo de las gestiones entre las cancillerías para el reparo de la ofensa causada a Colombia; en el otro dio la primera voz de alarma contra la fiebre tifoidea, que se trataba de hacer endémica en el suelo bogotano.

Confortada por los consuelos de su fe entregó el alma al Señor el 17 de marzo de 1913 esta escritora, considerada por la prensa suramericana como "la más notable de Colombia y una de las más gloriosas figuras de la intelectualidad femenina de América"[2].

II

La figura y su marco son –por el resumen biográfico que acabo de hacer– parejos en absoluto de los de doña Josefa Acevedo de Gómez y doña Silveria Espinosa de Rendón, ilustres e inmediatas predecesoras de la señora Acosta de Samper en nuestras letras. Sin embargo, lo esencial de la obra de una y otras es lo que se aparta rotundamente en ellas.

Doña Josefa y doña Silveria, poetisas, dieron en todo momento rienda suelta a sus emociones, a los delirios de su numen y de su corazón; la libertad, por la cual habían luchado su padre y sus hermanos, fue inspiradora de los cantos de la primera; Dios y la naturaleza vista por sus ojos, lo fueron de la segunda, pero sólo como un reflejo de lo que ella misma buscaba en cuanto imaginaba o veía. Doña Soledad al contrario, nunca hizo versos, y huía del subjetivismo como el más temible enemigo. Para ella la producción literaria era un medio de conocer mejor lo que la rodeaba, y de expresar cuanto en ella existía de exterior a su intimidad. En una página del más sustancial de sus libros, nos dirá esta escritora lo que en su opinión debe ser la literatura cultivada por las mujeres de Hispano-América:

"Mientras que la parte masculina de la sociedad se ocupa de la política, que rehace las leyes, atiende al progreso material de esas repúblicas y ordena la vida social, ¿no sería muy bello que la parte femenina se ocupase en crear una nueva literatura? Una literatura 'sui generis', americana en sus descripciones, americana en sus tendencias, doctrinal, civilizadora, artística, provechosa para el alma; una literatura tan hermosa y tan pura que pudieran figurar sus obras en todos los salones de los países en donde se habla la lengua de Cervantes; que estuvieran en manos de nuestras hijas; que elevaran las ideas de cuantos las leyesen; que instruyesen y que al mismo tiempo fueran nuevas y originales como los países en donde hubiesen nacido... En esta literatura de nuestros ensueños no se encontrarían descripciones de crímenes, ni escenas y cuadros que reflejaran las malas costumbres importadas a nuestras sociedades por la corrompida civilización europea; pues digan lo que quieran los literatos de nuevo cuño, la novela no debe ser solamente la descripción exacta de lo que sucede en la vida real entre gentes de mala ley; la novela puede interesar 'a pesar' de ser moral, y debe pintar gráficamente

[2] *El Comercio*, de Lima.

la existencia humana y al mismo tiempo lo ideal, lo que debería ser, lo que podrían ser los hombres y las mujeres que obraran bien"[3].

En estos conceptos queda hecha la clasificación decisiva de la literatura cultivada por la señora Acosta de Samper: novela de costumbres, pero sin cortar las alas a la imaginación. Entre la realidad y la visión del escritor se interpone siempre, en efecto, un cristal que aumenta o reduce determinados extremos, conforme a una inclinación sentimental existente "a priori". Ese cristal combina, a gusto del que mira, escenas, sentimientos, hechos y palabras inexistentes, que él se saca de una pieza de su cerebro, cual Minerva saliera de la de Júpiter en la mitología helénica; otras veces llega a esfumar, hasta suprimirlas, aquellas facetas de la realidad contrarias a su sentir, o que el escritor, maquinal y certeramente, juzga preferible evitar.

El fin, en los escritos de la señora Soledad Acosta, no puede presentarse más diáfano: era un fin exclusivamente didáctico y moralizador.

Por la misma época en que actuaba doña Soledad vivía en el Perú otra escritora no menos ilustre, la señora Mercedes Cabello de Carbonera, que publicó *Blanca Sol*, novela de mucho éxito editorial en Lima e Hispano-América, pero de ideas artísticas diametralmente opuestas a la de la colombiana. En el prólogo de aquella obra, la autora emitía estos conceptos, con los cuales no podía simpatizar el catolicismo integral de la noble hija de Santafé:

> El arte se ha ennoblecido; su misión no es ya cantar la grandiosidad de las catedrales góticas, ni llorar sobre la fe perdida, hoy tal vez para siempre; y en vez de describirnos los horrores de aquel infierno imaginario, describamos el verdadero infierno, que está en el desordenado curso de las pasiones. Nuevos ideales se le presentan a su vista; él puede ser colaborador de la ciencia en la sublime misión de procurarle al hombre la redención que lo libre de la ignorancia, y el paraíso, que será la posesión de la verdad científica.

> ¡No, y mil veces no! –replicaba con ardentía doña Soledad–. Si el arte ha perdido la fe en Dios, el arte no se ha ennoblecido, se ha degradado... Pero no; el verdadero arte, el ideal, el puro, el grande, aun canta 'la grandiosidad de las catedrales', en donde se adora el verdadero Dios y se evoca esa fe que no se ha perdido sino en ciertos corazones maleados o extraviados; y si no creyera en la existencia de ese infierno que se llama 'imaginario', ¿por qué serían 'desordenadas' las pasiones, y por qué no habría cada cual de tratar de gozar en este mundo de un paraíso que no se encuentra fuera de la llamada 'verdad científica'?

Para ella, en efecto cuanto oliera a inmoralidad, a relajación en las costumbres, a desacato de todas las autoridades, desde la del Papa hasta la del

---

[3] *La mujer en la sociedad moderna*. París 1895, 338.

jefe de familia, era tema nefando y prohibido. Cuanto pudiera entibiar la religión, o aflojar los lazos entre esposos, o entre padres e hijos, debía ser pasado resueltamente por alto.

Como consecuencia naturalmente desprendida de este credo, todas las ocasiones, vinieran o no a cuento, se aprovechaban por nuestra escritora para explayar y recalcar las ideas susceptibles de elevar el alma hacia las regiones de la ortodoxia cristiana y de las verdades del catolicismo. De aquí que doña Soledad no supo nunca resistir al deseo de hacer hablar a sus personajes conforme a lo que, sin duda, suponía podían haber dicho, o a lo que ella misma diría en tales circunstancias. Y, poco a poco, dejándose llevar de este afán moralizador, llegó a cortar sus relatos con largos y enfadosos recursos, totalmente extraños al giro de los sucesos.

He aquí el más constante reproche que se le ha dirigido. Por este afán discursivo se aproxima a la escritora cuya ideología resulta más distante de la suya: a Jorge Sand, quien no supo ver a las gentes sino enmarcada en los dilatados párrafos de su propia fraseología. Y es así como puede decirse que Jorge Sand y la señora Acosta de Samper llegan a ser muy semejantes en sus procedimientos literarios, aunque diametralmente opuestas en ideas. Jorge Sand no sólo acepta el romanticismo, sino que se precipitó en él de cabeza; para doña Soledad lo subjetivo, prohibido en efusiones líricas, resumía en esa tensión constante hacia el bien, que fue, por otra parte, la distintiva del carácter y los actos todos de su vida.

La señora Acosta de Samper, escritora –y escritora de una pieza–, tuvo en toda su producción una característica esencialmente femenina: la de recibir las huellas de cuantas influencias le salieron al paso.

Empero, este aserto debe tomarse en el sentido de mayor amplitud. Tratándose de un espíritu de tan potente eficacia como el de esta autora, ocioso es subrayar que las influencias que podían avasallarlo no habían de ser meras modalidades del momento. La personalidad de doña Sola afirmóse desde un principio lo bastante enérgica para sacudir las normas tediosas y frívolas del ambiente de aristocracia criolla en que vivía, y por lo mismo no iba a dejarse arrastrar de buenas a primeras por una u otra corriente literaria. Mas su misma curiosidad; esa curiosidad insaciable que la hacía entregarse de lleno a unos estudios o a unas lecturas comenzados poco menos que al azar, y sustituirlos por otros estudios u otras lecturas, cuando aún no se le habían revelado los primeros sino muy superficialmente; su mismo afán de saber y de avanzar de continuo, no le permitieron nunca equilibrar, en un credo literario sereno, el ideal propuesto y el ideal aceptado.

Al abrir los ojos al mundo literario tropezó con Victor Hugo y Balzac e imitó a estos maestros en *Dolores*, en *Teresa la limeña* y en *El corazón de la mujer*, sus primeras novelas. Los cuadros de costumbres fueron el punto fuerte de la literatura colombiana en el pasado siglo: desde la *Manuela* de Eugenio Díaz hasta *El Moro*, de Marroquín toda la producción de ese género constituye el verdadero aporte idiosincrásico de Colombia a las letras hispanoamericanas. La señora Acosta de Samper, que no admitía, según la declaración que he transcrito, el yugo del naturalismo francés, y que siempre quiso sentar plaza de casticista en literatura y en ideas, siguió en sus comienzos la escuela de un naturalismo moderado, con ribetes románticos, no el del autor de los *Rougon Macquart* sino ensayándose en escenas de una encantadora espiritualidad, a la vez que se internaba en el estudio psicológico del corazón femenino, auscultado a través de varios tipos de mujer.

Dolores apareció por primera vez como folletín de *El Mensajero*, el diario que en 1867 preparó el golpe de estado del 23 de Mayo contra Mosquera –y dos años después fue recogida en el volumen *Novelas y cuadros de la vida sudamericana*. La acción, que se desarrolla veinte años atrás, versa sobre los amores de una muchacha de aldea, romántica y artista, hacia cierto joven bogotano, a quien conoce en unas fiestas de su pueblo. Mas la fatalidad, el implacable "moira" de los griegos, viene a interponerse entre los dos enamorados: el terrible mal de Lázaro, heredado de su padre por Dolores, se apodera del grácil cuerpo de ésta, y hace imposible la unión de los jóvenes. La autora nos describe con grave sencillez los estragos físicos y morales de la enfermedad, y el proceso del drama interior que desgarra el corazón de la protagonista, hasta rendir su carne a la madre tierra, aislada del mundo, con el recuerdo de su amor en la mente y el nombre del amado en los labios.

Esta breve novela de menos de cien páginas, produjo sorpresa y admiración. Era la verdad cotidiana que entraba en el arte. Frente a los vuelos imaginativos resaltaba aquí la sencilla realidad; frente al lenguaje y estilo literarios, el lenguaje natural y corriente. El efecto que produjo lo tenemos bien reflejado en el hecho de haber sido vertida al inglés y publicada en Nueva York bajo el título de *Dolores: The Story of a Leper*. El tema era nuevo en las letras, aunque después haya sido explotado con maestría por novelistas y dramaturgos. La autora era desconocida aún, y firmó su obra con el seudónimo de "Aldebarán". El mayor mérito de esta novela consiste seguramente en la gran verdad de los caracteres y de las descripciones; y si la labor de la señora Acosta de Samper, comparada con la de insignes maestros que vinieron después, nos parece hoy algo pálida, en relación con sus predecesores, en relación con el estado en que se hallaba entonces la novela, merece ciertamente, el tributo de grandes elogios.

Siguieron a *Dolores: Teresa la limeña*, relato de la vida de una peruana, que se publicó primeramente en 1868, en el folletín de *La Prensa*, de Bogotá, y que fue el resultado de la experiencia de sus observaciones en la sociedad del Rímac; *Laura*, novela psicológica, de índole sentimental y docente, que se basa en un caso de adulterio, o mejor dicho, de bigamia, terminado en tierno idilio de ultratumba entre el esposo culpable y la digna compañera ofendida, quien sólo perdona y vuelve a amar en el instante supremo de la muerte, y *Constancia*, hechicera figura de mujer apasionada y superior, cuya historia vemos deslizar entre rosas y espinas. Estas dos últimas aparecieron en *El Bien Público*, de Bogotá, [entre los] años de 1870 y 1871.

Mas ya por esta misma época, sin proponérselo, sin saberlo tal vez, la señora Acosta de Samper, diletante de todas las novedades exóticas; catadora, con frecuencia serena, y con frecuencia algo ingenua, de todas las modalidades y modas literarias, encontróse a sí misma, encontró su "razón de ser", agrupándose simplemente junto a los novelistas que explotaban los temas históricos y de que era jefe el escocés Walter Scott, enamorado de la naturaleza y de las tradiciones de su patria. Aficionóse, quizás por sugestión de su ilustre esposo, al estudio de los grandes hechos que narran las crónicas americanas, y pensó penetrar el secreto de hacer resurgir el pasado con su espíritu propio y en todos sus detalles. "Desconfiando de mis facultades para escribir una historia verdadera de la vida de los conquistadores de mi patria –confiesa ella misma–, intentaba trazar una serie de cuadros histórico-novelescos que pusieran de manifiestos los hechos de aquellos héroes cuasi fabulosos, cuando toqué con una dificultad –¡quién lo creyera!– la de que la vida, desnuda de toda trama novelesca, sin quitarle ni ponerle cosa alguna, sin tener que añadir ninguna aventura a la narración de cada uno de aquellos personajes, bastaba para interesar al lector y surtía todos los efectos de un cuadro histórico-novelesco".

Y fue así como escribió en 1870 *José Antonio Galán*, episodios novelescos sobre la insurrección de los Comuneros, ampliado y complementado diez y ocho años después con una segunda parte sobre *Juan Francisco Berbeo*, recogida con la anterior, en libro que vio la luz pública en 1887. El buen éxito de *Galán* le animó a iniciar la más ambiciosa empresa novelística que hayamos tenido. Propúsose pintar las costumbres y el carácter del español en su tierra natal, antes y después del descubrimiento de América, con el objeto de que esto sirviera de introducción a un vasto plan de vulgarización de la historia de Colombia, para darla a conocer al pueblo en la forma novelada en que lo estaba haciendo con la española el insigne Pérez Galdós en sus *Episodios nacionales*. Empezó con *Gil Bayle*, leyenda histórica de la España de fines del siglo XIV, publicada primitivamente en el folletín de *La Ley* –1876–, en cuyo protagonista describe al guerrero hispano del feudalismo puro. A esta novela siguióle la titulada *Los hidalgos de Zamora*, en que estudia al peninsular del siglo XVI, con todos sus defectos y cualidades, su heroísmo, su valor y galantería exquisita, sus instintos de arrogancia, de dureza y de orgullo llevados hasta la crueldad. Aunque apareció por la primera vez en el folletín de *El Deber*, en 1878, lleva al pie fecha de Julio de 1873, por lo cual ésta y la anterior debieron ser escritas entre el último año y el de 1870.

Tornó a la novela de costumbres con *La holandesa en América*, publicada en el folletín de *La Ley* –1876–, en la que aparecen dibujadas con mano hábil algunas costumbres de los habitantes provincianos de Holanda, y otras de las gentes rústicas y también de las cultas de Colombia, acompañadas de largos e interesantes episodios de la historia moderna de esta república, como la insurrección de Melo, entretejidos con reflexiones y sentencias bien meditadas, al favor de una trama novelesca que hunde sus raíces en la naturaleza humana, y de acuerdo con el estado social y político del país en la época que abraza la parte narrativa de la fábula desarrollada por la autora.

En 1878 reanudó la serie histórica con "Alonso de Ojeda", el descubridor de nuestras costas atlánticas, tipo acabado del capitán aventurero del siglo XVI, cuya vida fue realmente una novela. Apareció en *La Mujer*, primera revista dirigida por Doña Soledad, y muchos años después, en 1907, se reeditó en libro con el título de *Un hidalgo conquistador*. Sólo en 1905 publicó en *Lecturas para el hogar* la cuarta novela de la serie, *Aventuras de un español entre los indios de las Antillas*. Y se quedaron inéditas *Vasco Núñez de Balboa*, *El tirano Aguirre*, y otra que tenía proyectada sobre los extraños viajes de Nicolás de Federmann al través de Venezuela y los Llanos, y la súbita llegada a la Sabana de Bogotá, en donde tropezó con otros dos conquistadores: Quesada que había trepado a la altiplanicie desde Santa Marta, y Belalcázar que venía de Quito.

La época de la colonización quedó representada en el libro de crónicas histórico-novelescas, *Los piratas de Cartagena*, publicado en 1886, que es, sin duda, el más interesante de los que escribió doña Soledad dentro del género, por su estilo preciso y claro, y por la habilidad en la distribución de los resortes novelescos, en que mezcla la parte histórica con la romántica, a fin de atraerse la atención del lector. También pertenecen al estudio de esta época las relaciones cortas "Francisco Martín", "La esposa del contador Urbina", "El ángel de doña Juana", "Bartolomé Sánchez", "La nariz de Melchor Vásquez", "La india de Juan Fernández" y "Una aparición en 1651". Y, en cuanto a la guerra de la Independencia, la señora Acosta de Samper la describió en tres novelas: *La juventud de Andrés, La familia de tío Andrés,* y

Una familia patriota, publicadas entre 1880 y 1885 en *La Mujer* y *La Familia*, revistas que dirigió la autora por esos años.

III

Hablaré ahora brevemente de la historiadora.

Los trabajos eruditos de doña Soledad, sobre historia de Colombia, no son, en su gran mayoría, de pura investigación, hecha en bibliotecas y archivos, sino de segunda mano. Fue, más bien, una elegante divulgadora de noticias contenidas en los viejos cronistas y en los historiadores patricios, que "el sabio" narrador "de condiciones tales que para encontrar algo semejante tendríamos tal vez que remontarnos a César, a Tito Livio u otro de los grandes modelos de la antigüedad o del Renacimiento", como se dijo en forma demasiado fervorosa e irreflexiva por un crítico de la *Revista de España*, en 1887. Era, sí, alguien que leía mucho, entre lo antiguo y lo nuevo, y que sabía aplicar a tiempo lo que había leído. Un gran vulgarizador, que en el género serio de la historia se especializó en biografías, de las que dejó algunas magníficas.

Injusto es, pues, en demasía, el concepto que trae el autor de la "Vida del Almirante Padilla", cuando en una de las notas de aquel trabajo afirma que "la señora Acosta de Samper se aficionó tanto a las leyendas que cuando escribía, quizá sin darse cuenta, fantaseaba en ambos géneros, sin que el lector pueda saber, en definitiva, cuando hablaba de veras y cuando improvisaba". Y en prueba de ello transcribe lo que dice nuestra escritora sobre la manera como fue hallado en la celda de su cárcel, al día siguiente de la conspiración del 25 de septiembre de 1828, el general Padilla, "con la espada del llanero Bolívar ceñida al cinto y a su lado el cadáver del mismo". Truena el muy distinguido historiador contra la señora Acosta, y le toma el pelo por la "conmovedora escena" que ella describe, en que pasó –dice aquél– "de la novela al novelón". Pues bien: esa ira y esas ironías son, vuelvo a repetirlo, del todo injustas, pues si alguien las mereciera no sería la honrada historiadora, sino el general Joaquín Posada Gutiérrez, testigo de abono a quien ella acaba de invocar y citado con frecuencia por el propio Otero D'Costa, autor de la glosa a que me refiero. Copiemos al viejo e imparcial veterano:

[...] no pudiendo los oficiales persuadir a Padilla, teniendo ellos mismos que retirarse, pues ya salía de tropel el batallón Vargas detrás de los artilleros, lo dejaron en la calle a la puerta del cuartel de artillería, y temiendo que el coronel Bolívar produjese una reacción en los granaderos presos y aun en los mismos artilleros a quienes dirigía la palabra excitándoles, le mataron en el acto de un balazo, y dejaron a Padilla la espada del muerto, lo que agravó mucho su responsabilidad, pues, aturdido, *tenía esa espada acusadora ceñida, cuando* [...] *lo aprehendieron poco rato después en su mismo cuarto* a donde se dirigió saltando la tapia por donde entraron a su prisión los conjurados.

Y más adelante agrega, al defender de toda culpabilidad al general Padilla en la conjuración de Septiembre: "Tampoco la tuvo en el asesinato del coronel Bolívar; pero, ¿cómo persuadirlo, cuando parecía que el mismo Padilla lo había perpetrado, y así se decía y se ha creído generalmente, habiéndoseles visto en la calle con los conjurados y *ciñendo su cintura la espada del muerto?*"[4].

¿Qué queda, pues, del grave cargo de falsaria que se ha hecho con tanta ligereza a doña Soledad? El lector juzgará. Porque la ofendida ni siquiera en las novelas históricas trató de adulterar los hechos sustanciales:

Advertimos, eso sí –dijo en el prólogo de la 'La insurrección de los Comuneros'–, que los hechos que presenta la historia como sucedidos verdaderamente no los alteraremos jamás; en lo que no la seguiremos siempre es en el carácter frecuentemente equivocado de los personajes; y en los móviles que tuvieron para ejecutar tal o cual acto, buscaremos en todo caso lo verosímil y probable.

* * *

No desmerece un escritor porque sus obras completas comprendan muchos títulos cuya trascendencia esfumóse a la par que su actualidad. La señora Acosta de Samper está todavía demasiado próxima a nosotros para que sus escritos "de actualidad" en su época, nos parezcan viejos; se necesita el transcurso de algunas generaciones para que lo viejo adquiera pátina de antiguo, y recobre su interés. Podrá ser solamente un interés histórico o de mera erudición, pero al fin y al cabo brillará su nombre en medio de la densa oscuridad. Nos será lícito entonces darle el título, que nadie le ha disputado, de uno de los más insignes escritores colombianos de la época inmediatamente anterior a la nuestra[5].

[*Boletín de Historia y Antigüedades* 26, 271 (1937)]

---

[4] "Memorias histórico-políticas del general Joaquín Posada Gutiérrez". Tomo I. Bogotá, 1865, 118 y 119.

[5] Al final del artículo aparece una bibliografía de Soledad Acosta, producto valiosísimo de la investigación del autor y la primera que se hizo de la autora. A partir de ella han trabajado los investigadores posteriores y se han elaborado las bibliografías más recientes. (*Nota de las editoras.*)

Semblanza de doña Soledad Acosta de Samper*

Bernardo Caycedo

Figura y genio

Estamos ante la imagen de una mujer a quien, cuando era núbil, retrató su novio con palabras que es preciso repetir en este lugar y en este instante:

Solita, no era lo que comúnmente se llama mujer *bonita*, ni tampoco hermosa, porque ni tenía los ojos grandes, ni las mejillas sonrosadas y llenas, ni el seno turgente, ni sonrisa amable y seductiva, ni cuerpo verdaderamente lozano. Pero tenía ciertos rasgos de *belleza* que a mis ojos eran de mucho precio. Desde luego, en nada había heredado el tipo británico-griego de su madre, sino el español valenciano de su padre, a quien se parecía mucho. Tenía el talle elegante, los ojos muy vivos, de mirada profunda y expresiva, frente amplia y magnífica, el andar digno y mesurado, un aire que tenía no sé qué de arábigo, con manifiestos signos de fuerte voluntad, energía y reserva, y en toda la fisonomía, una gran cosa que se revelaba patentemente: el *alma*, movida y agitada por el sentimiento del *ideal*... En esto consistía la belleza de Solita: tenía en el semblante aquella luz que nunca ven los ojos vulgares, indicativa de la ardiente vitalidad de una grande alma...

Así, conturbado al primer encuentro con la grácil doncella, nos ha dejado su estampa viva aquel insigne polígrafo, Don José María Samper, uno de los casos más sorprendentes y a la vez más olvidados que haya podido darse en la historia de las letras.

Ha pasado casi medio siglo desde aquel minuto emocionado, hasta la edad que la dama representa en el magnífico lienzo del joven maestro Rafael Díaz Picón, en el que entra esta noche a ocupar sitial perenne en la galería de historiadores egregios que ha formado la Academia. Ya es anciana la niña que deslumbró como una aparición al galán enamorado. Y sin embargo, es de admirar que habiendo corrido toda una vida entre las dos imágenes, puedan aplicarse a la última con insignificantes mudanzas, las mismas palabras en que un día evocó a la primera, el poeta que logró embelesarla con sus cantigas de amor.

---

* Discurso del doctor Bernardo J. Caycedo, Vicepresidente de la Academia Colombiana de Historia, en la sesión pública efectuada el 5 de agosto de 1952, con motivo de la colocación del retrato de doña Soledad Acosta de Samper en la galería de historiadores.

Esta circunstancia me ha permitido ahorrar otra descripción nueva de la dama, y ofrecer a quien medite un poco, la inmediata deducción de estos hechos: la permanencia de su personalidad, inalterada a través de los años, y la conservación de rasgos físicos que subsistieron incólumes ante el estrago del tiempo. Y algo más: que si ellos eran indicio "de la ardiente vitalidad de una grande alma", el retrato del poeta y del pintor trasciende de la simple figura corporal a los más elevados atributos del espíritu. Son como biografías minúsculas, y compendian el largo camino de aquella gloriosa longevidad, cuyas vicisitudes dejaron intacta la esencia íntima del individuo, es decir, su carácter.

Quiero detenerme en él, en vez de reconstruir la totalidad de aquella vida múltiple. Prescindo, pues, de la cronología minuciosa, de la narración puntual y escueta de sus actos, de su riquísima y extensa bibliografía, de los honores que le tributaron entidades doctas del país y del exterior. No veo que para conocer a la señora, tenga que seguirla a todas partes tras el cairel de su rotunda saya santafereña. Antes creo que cuadra mejor con la naturaleza de esta ceremonia, reducir mis palabras al breve examen de los motivos que la justifican. Doña Soledad está aquí, por haber escrito sobre materias de las que forman el objeto de esta institución cultural. Cómo surgió la escritora, y de ella, luego la historiadora, y de qué escondidas llamadas e inclinaciones proceden ésta y aquélla, parece esfuerzo más apropiado de la ocasión, que copiar y reacomodar a otro molde lo que ya han dicho graves historiógrafos.

Estampa y carácter

Si empiezo a hablar de su carácter, casi inaprehensible, de sus amores, de sus problemas íntimos, es porque nada de eso puede divorciarse de las causas que la indujeron a escribir. Este aspecto no ha sido aún examinado por sus biógrafos que, confundidos por el número inmenso de sus producciones, se han parado tímidamente al comienzo de un intento de clasificación y de crítica, no siempre ajustada a la realidad; y se han perdido en el magnífico estuario en que se dividió la corriente de su literatura, paseándose por casi todos lo géneros de la vieja preceptiva: religión y moral, crítica, costumbrismo, didáctica, novela, periodismo, teatro, cartas, historia.

Todo, o casi todo, menos versos. Cosa rara en este país y en aquélla época romántica, y en una mujer sensible.

Sensible, sí, aunque otra sea la impresión que de ella conservan, ya algo borrosa, los que la conocieron, incluso sus allegados. Solemne, su solemnidad podía parecer acritud de espíritu. Impenetrable, su silencio parecía intransigencia con las cosas que ocurrían a su lado o con las personas que eran sus interlocutores ocasionales. Sin necesidad de regañar, se adivinaba en ella, sin motivo, una desaprobación latente, que cohibía, que alejaba. Y como detrás de esa sombra enlutada fulgía el prestigio de sus largos estudios, de su pulida versación y de sus variados escritos, el respeto acaba por imponerse siempre sobre toda otra emoción, a pesar de la amistad íntima, a pesar del parentesco cercano. Pero no vaya a confundirse su actitud con el retraimiento. No era, no podía ser retraída, quien desde la infancia se había acostumbrado a activa vida social, quien por sus condiciones familiares había pisado mullidas alfombras y alternado en salones de su ciudad y de muchas ciudades y cortes extranjeras con lo mejor del mundo aristocrático, político e intelectual de su tiempo.

Mas, ahí estaba la cuestión: que aun sumergida en ese mar de relaciones y compromisos, había en ella algo inaccesible, que impedía verla tal como era íntegramente en su interior. Sus mismos escritos, si permiten conocer el amplio universo de sus ideas y, naturalmente, iluminan el examen de su psicología personal, no dicen todo lo que fue.

Se aventuraría mucho quien quisiese adivinar en éste o en el otro personaje de sus relatos novelescos o históricos, fragmentos de su propia personalidad o capítulos de su propia vida. Lo que no puede sacarse de sus labios por confesión directa, sin esbozos, quedará por siempre encerrado en la barbacana de su dignidad que imponía y contenía. Pero que dentro de ese recinto hay mucho que jamás salió fuera y, por eso, hizo que sus prójimos no se formasen de ella idea exacta, empieza a comprenderse cuando se halla, por ejemplo, en un librito suyo, donde manuscribió inconexas anotaciones confidenciales, esta frase de Alfredo de Vigni, que ella hizo suya, porque le llegó al alma: "El corazón tiene la forma de una urna: es un vaso sagrado, lleno de secretos".

Conque esta señora que habló tanto y que escribió mucho, esta mujer que fue periodista –profesión genuinamente indiscreta–, ¿se guardaba algo para sí y se cuidaba de que sus palabras no fuesen a ser revelaciones de su recóndita vida interior?

Hay que acercarse con respeto y con temor de profanar aquel arcano, que ella quiso celar siempre, al único álbum que se conserva en su archivo, y en el cual están confiadas al papel sus emociones de los cuatro últimos meses de soltera[1]. De allí se infiere que existieron otros cuadernos, hoy perdidos, o que al menos yo no he podido hallar, y que contenían el "diario" correspondiente al año anterior.

---

[1] El diario que menciona el autor, del cual sólo se tenía noticia por este artículo, ha sido recientemente publicado: *Diario íntimo y otros escritos de Soledad Acosta de Samper*, Edición y notas de Carolina Alzate. Bogotá: Instituto Distrital de Cultura y Turismo, 2004.

Al lamentar el extravío de lo que falta, he de tenerme por afortunado si, consecuente con mis habituales propósitos de traer siempre algo nuevo y desconocido a los temas que trato, puedo ofrecer hoy, al menos, varios hechos fundamentales, no revelados antes, y que sirven para delinear la fisionomía moral de la insigne escritora bogotana. No se arguya que es imposible sacar de un "diario" de cuatro meses, y éstos, los más agitados de esa crisis que representa para la sensibilidad femenina la elección de estado, principios o conclusiones aplicables al resto de los muchos años de aquella vida tan rica y tan intensa. El número de sus páginas, el total de sus días, poco importan. Hay que pensar que se trata de un "diario" de amor. Y que si sus anotaciones son fugaces, como el breve tiempo a que se refieren, conservan, en cambio, encerrada para siempre, para la eternidad, la esencia de una mujer que fue vaso de selección.

La escritora empieza, pues, por un secretísimo diario de amor, que era novela de sí misma, historia de sí misma. No estaba destinado a que lo viesen ojos extraños. Pero en él se halla en germen diminuto el formidable desarrollo ulterior de su vocación intelectual.

La española inglesa

Y es que todo contribuía en ella a producir aquel estupendo ejemplar humano: la sangre de dos razas, la afluencia de dos idiomas, el conflicto de dos religiones, el choque de dos políticas, el cotejo de dos mundos sociales, la alternación de dos escuelas literarias, la colisión de dos sistemas de vida.

El noviazgo de sus padres había sido idilio casual, de esos que se hacen al azar de las travesías marinas. Cuando regresaba de Francia a América, el entonces Capitán Don Joaquín Acosta, después de largos estudios y correrías en varios países europeos, conoció en el barco a Carolina Kemble, hija de padre inglés y de madre griega, que venían a Nueva Escocia. Pero el encuentro fortuito no quedó en efímero devaneo. Un año después se casaban en Nueva York, apadrinados por el general Francisco de Paula Santander y venían con él, ya como Presidente electo de la recién constituida República de la Nueva Granada.

Así vino al mundo, en este retazo geográfico, donde tres años antes había muerto el Libertador, y con él la Gran Colombia, la niña cuyo nombre de pila no fue sólo recordación del de su abuela paterna, sino trasunto de lo que iba a ser su personal historia: Soledad. Hija única, sin juegos compartidos; párvula crecida en el hogar silencioso, casi sin amiguitas de su edad; aislada de su madre, espiritualmente, por diferencias de principios vitales y por la tesura y adustez de la heredada educación; aislada de su padre por las absorbentes ocupaciones de éste, como escritor, diplomático, militar y naturalista. Y, sin que ella lo hubiese esperado, aislada de su marido, puesto que su matrimonio, aunque unió el destino de dos seres, enfrentó dos idearios que vivieron en permanente reticencia, y sólo se reunieron en uno –el de ella–, a fuerza de persuasión y de dolores, cuando culminaron, después de muchas más etapas que para sí contó Féval, en la ruidosa conversión que Don José María Samper dejó consignada en su "Historia de un alma".

Ya de por sí la parte británica de su ascendencia introducía elementos exóticos en su personalidad criolla, de pura cepa española. Y ella alimentó y cultivó su natural inclinación a preferir, como regla de conducta social, la modalidad inglesa. Cuando en la plenitud de su carrera literaria escribe sus "Estudios sobre Inglaterra", no puede disimular su complacencia al describir las virtudes y aun los defectos del pueblo a que pertenecía su madre. Indudablemente ha descubierto en sí misma las prendas que colectivamente se le atribuyen a aquél. Y es verdad que muchas de ellas le cuadran: la independencia, la veracidad, la reserva, el orgullo, la voluntad indomable, el orden, la disciplina. Y en sus oídos se quedan temblando, con grata lisonja, las palabras conque el conde Montalembert, también británico a medias –como ella– empieza a delinear en su obra sobre "Los Monjes de Occidente" las características de ese imperio "más vasto que el de Alejandro y el de los Césares".

Pero lo más digno de atenta observación es que aquellas cualidades suyas que le venían por el lado materno, dejaron intactas o apenas lograron atenuar, en feliz combinación, las dotes de procedencia española que le llegaban por su padre. Religiosidad finísima, tenacidad, sentimentalismo, ideas e ideales que se llevaban la preferencia por sobre todo otro interés.

Y la "española inglesa", apretada entre aquellos gérmenes de contradicción, tuvo tal fuerza individual, que haciendo en su alma, desde pequeñita, una síntesis de principios, los sostuvo siempre inmunes a toda mudanza y se labró la fisonomía con que la vemos de niña, de joven, de adulta, de anciana, con las mismas facciones y con los mismos atributos.

Del esfuerzo por casar sus dos mitades étnicas, surgieron, desde luego, a la sombra del sentimentalismo, dos de sus cualidades más averiguadas: la reserva y la melancolía.

Revelaciones de un diario íntimo

Vamos a repasar las hojas de aquel "diario" íntimo que hemos tardado en abrir. Entre ellas, como si fuese una colección botánica, engrosa el volumen un verdadero herbario de hojas y flores secas, toda la jardinería del romanticismo: helechos, jazmines de Guaduas, pensamientos, alisos del río Fucha. Cada corola, un recuerdo. Y día por día repetidas las que su marido llamó después en cierta novela enigmática "las encantadoras majaderías que suelen ocupar a una joven de veinte años, por muy seria y pensativa que sea".

Entre ellas, siempre que se refiere a su novio, lo llama "mi trovador", aludiendo a la fluyente vena poética con que Samper versificaba diariamente las suyas.

Pero no es propiamente en ese monólogo de amor donde se encuentra la confidencia reveladora de su carácter. Porque la doncella puede decir:

> Yo le he mostrado este diario íntimo y allí ha conocido que yo lo amo... Mi madre me decía en días pasados que jamás debíamos confiar completamente nuestro afecto. No sé por qué diría esto. Oh, yo nunca podría dar mi corazón sino completamente. Por qué, pues, no decirlo?... Con mi trovador no puedo tener esa reserva que ha sido el martirio de mi vida, que ha amargado mis pasados años.

Puede decir eso la novia que se va acercando al altar. Pero lo más elocuente de su desahogo no consiste en lo que entonces se atreve a revelar, abriéndole los diques a la discreción, sino en que al mismo tiempo rompe el uso de toda la vida. Por primera vez hace excepción a su habitual reserva y da descanso al martirio permanente de callar.

Sería, sin embargo, erróneo decir que ese espíritu de reserva le era impuesto y no emanaba de ella misma.

Volvamos la página, para leer en otra parte el reconocimiento explícito de que esa esquivez es obra suya, y para aprender lo que pudiéramos llamar su técnica: "Nadie sabe que bajo esta apariencia indiferente y calma, encubro un corazón lleno de sensibilidad; cuando se siente mucho, se teme dejar libre curso a las emociones y después no poderlas contener. 'Deep waters run smooth', dice el proverbio inglés: mientras más hondo es el cauce, más tranquilas parecen las aguas".

Otra vez, para explicar por qué no le gusta hablar de su padre muerto, por qué ha sufrido cuando nadie, nadie comprende la razón de su silencio, descorre aún más el velo de su santuario:

> Tal vez habrás creído que porque no hablo *nunca* de mi *padre* no pienso en *él*; pero es tan doloroso este tema que creo que jamás debo hablar de él sino con completo y profundo respeto y no en la conversación en que con la sonrisa en los labios se habla de las cosas más serias; es para mí sacrificio el escribir esto.

Su pérdida es un pesar tan hondo, que no puedo jamás pensar en él, sin estar triste... Es este sentimiento de religioso respeto que le he tributado a mi padre en el fondo de mi alma y no con palabras que se lleva el viento. *Nadie* hasta ahora ha comprendido esto.

Esta incomprensión que ella veía entorno suyo, la obligaba más y más a refugiarse en el silencio, a sentirse solitaria entre gentes de quienes discordaba, a creerse extraña en su misma casa. Al cumplirse el tercer aniversario de la muerte del General Acosta, escribía su hija desoladamente: "En este día expiró no solamente mi padre, sino el único ser que me comprendía".

La introspección, el reconcentrado examen de lo que ocurría dentro y fuera de su conciencia, junto con la detestación de cuanto fuese vulgaridad, la ejercitaron en el dominio de sus facultades, en el refrenamiento de sus ímpetus primarios y en la comparación del mundo interior con el mundo exterior. Ya que de ese continuo trabajar no se deslizó a la misantropía, tampoco pudo evitar que el desencanto de cada golpe con la realidad la sumiera en lo que Rivas Groot llamó "la melancolía irremediable de almas que han encontrado el mundo inferior a su pensamiento".

Llegó a familiarizarse con aquel estado. Me atrevo a decir que aun llegó a preferirlo. En su edad decadente escribió cierta vez: "No hay nada más aristocrático que la melancolía". Y lo dijo en momentos en que recomendaba a las muchachas que eran sus lectoras, "el deber de estar alegres".

La fe de granito

De su padre tenía la entrañable remembranza del confidente que llegó a su corazón como jamás otro alguno llegó. La influencia paterna fue la que predominó siempre en la hija, sin que sus deberes de militar, de hombre público, que necesariamente perdía el inmediato contacto del hogar, hubiese bastado a disminuir lo que él infundió en la chiquilla. Por ese lado, el horizonte de su psicología deja vislumbrar nuevas claridades. La primera misión diplomática del General Acosta fue la representación en Quito, a donde viajó con su familia, cuando Soledad tenía cuatro años. Transcurridos otros dos regresaron a Bogotá, aunque sin gozarse de la apacible vida del hogar, porque de 1840 a 1842, su padre fue a la campaña del Sur, contra la revolución de Obando. Al regresar, pasó a Washington, con el carácter de Ministro. Después fue representante al Congreso y Secretario de Relaciones Exteriores de la Administración del General Pedro Alcántara Herrán, hasta 1845, en que, aleccionado por incidentes e ingratitudes de la política, resolvió irse a París, a terminar y editar su "Compendio Histórico del Descubrimiento y Colonización de la Nueva Granada".

Ese viaje fue el de la educación de Soledad, que, al quedarse con su madre, cerca de un año, en Halifax, en la provincia canadiense de Nueva Escocia, tuvo ocasión de defender por primera vez la ciudadela de su corazón. Porque entonces, cuando no llegaba a la adolescencia, afrontó ella sola, el problema de la defensa e integridad de su fe. La niña había sido bautizada en la religión católica y se ve que el general Acosta cumplió exactamente con su conciencia, al disponer que se la instruyese en la doctrina de la Iglesia romana. Su esposa, Doña Carolina Kemble, adepta al anglicanismo, respetó las creencias de su hija. Pero se llegó un momento en que la dualidad de esos cultos, en el santuario doméstico, había de poner a prueba la firmeza de la inocente criatura. Si ella no lo dice, no habríamos podido siquiera adivinarlo. Pero, ya casadera, viendo que por el lado de su prometido, Don José María Samper, se le podía presentar la misma tormenta, le dejó oír, con mucha suavidad, pero con entera decisión premonitoria, esta advertencia que constituye una de las más bellas y reveladoras páginas de su "diario":

> Pepe: algunas veces he creído que no eras suficientemente respetuoso hacia la religión de Cristo, lo que me ha dado algún pesar. Yo no soy fanática, pero soy profundamente religiosa, y creo que la religión que yo he escogido es la mejor para adorar a Dios; yo no soy católica sin haber reflexionado mucho sobre esto; hasta los doce años viví en Bogotá; después fuimos a vivir diez meses con la madre de mi mamá, que era protestante. Ella trató de convertirme. Mientras que estuve allí no leí más sino libros protestantes, no iba sino a iglesias protestantes; pero, aunque muy niña, escuchaba todo, leía todo, nunca contradecía, pero no me pude convencer. En Francia estudié y comparé los dos cultos, el católico y el protestante, y estoy hondamente convencida que el primero es el mejor... Lo que acabo de escribir aquí jamás se lo he dicho a nadie, pero quiero que tú comprendas perfectamente cuáles son mis más íntimos sentimientos.

Su retrato moral queda así completo, descrito en unas cuantas palabras: "Escuchaba todo, leía todo, nunca contradecía; pero no me pude convencer".

Y de veras que fue lectora infatigable. Por los cauces del francés, del inglés y del español, principalmente, le fueron llegando las ideas, las informaciones que hicieron ingente el caudal de su cultura.

Delicias al pie del Altar

El siglo xix ha llegado a su mitad. Es el momento en que la señorita, después de ver en Francia una revolución, vuelve a su patria y la halla también

lacerada de odios; en escenario más pequeño ve reproducidas las iniquida-
des y los sacudimientos de la estructura social aquí lo mismo que allá; su
padre marcha a otra guerra civil y terminada ésta, se acoge a morir en su
apacible villa natal de San Miguel de las Guaduas. Es entonces cuando para
consuelo de la orfandad de la niña, llama a sus puertas el amor.

Amor que también fue tormento y melancolía. ¿Cómo iba ella a explicarlo?

El elegido, Don José María Samper Agudelo, era un viudo de veintisiete
años, poeta, abogado, periodista, dramaturgo, político. Le faltaba ser militar
para completar la nota romántica. Pero entonces se le ocurrió al General José
María Melo hacer su revolución y tomarse por asalto el poder. El novio le escribió a su amada en el álbum que ella le había entregado: "Antes que amarte, fui
patriota; antes que darte el corazón, le había ofrecido mi alma a la República".

Y terciándose un rifle, se fue a combatir la dictadura.

Era necesaria la guerra de Melo para colgar las charreteras a los hombros
de aquel trovador. Y la prometida pudo escribir en su "diario": "He vivido,
he meditado y también he sufrido más en el año cuyo aniversario es hoy,
que en todo el resto de mi vida".

Pero el sufrimiento más hondo no era el de la guerra: era el de unos inexplicables celos retrospectivos de la difunta mujer del que iba a ser su esposo. La fecha de las bodas se acercaba. Don José María, espíritu fuerte, no
quería contradecir sus ideas políticas, su oposición a la Iglesia, pues que él
había cooperado, en 1853, a la aprobación de las leyes laicas y en particular
al establecimiento del matrimonio civil y del divorcio vincular.

Entonces, hábilmente, la novia que diez años antes, con su precoz apolo-
gética infantil había resistido en silencio a las prédicas protestantes de la abuela, combinó celos y religión, y con la imperiosa autoridad que usó en muchos
pasos de su vida, obligó al reformador a menospreciar sus leyes laicas.

Y dejó en su "diario" esta apuntación, que rectifica lo que hasta ahora se
sabía del caso, y demuestra que el origen de la conversión de Samper, al
cabo de treinta años, no ha de buscarse en sus diferencias con el padre Cera,
ni otros incidentes de su vida, sino en el poderoso influjo de Doña Soledad:

¡No faltan ya sino nueve días para ser tu esposa, amado Pepe! Nueve de
intervalo y seré tuya para siempre ...No querías cumplir con una ceremonia de la
Iglesia, ... pero yo te lo he exigido porque quiero ser más tuya y tu más mío que
aquella que fue tu esposa... Yo no podría ser completamente feliz sin esto. Es tal
vez una idea absurda, pero quiero ser algo más de lo que fue ella. Yo no quiero
que la olvides nunca. Tienes que pagarle un tributo a su memoria y no creas que
yo vuelva a dudar un instante de ti. Yo te ayudaré a recordarla. Ya no temo su
memoria, como antes la temía.

Y comenzó la peregrinación, que fue dura y larga.

Del "diario" aquel, que termina el día del matrimonio, 5 de mayo de 1855, surge luego la escritora que hizo sus ensayos iniciales de psicología y sus rudimentarias tentativas históricas observando su propio corazón, hasta poder decir con uno de sus modelos, Mauricio de Guérin: "mi alma fue mi primer horizonte y ya hace mucho que la contemplo".

La melancolía de que antes hablé y cuya mención he de repetir porque fue en ella una segunda naturaleza, constituyó el medio en que se desenvolvió su asombrosa fecundidad literaria. Antes de dejar las páginas íntimas de su álbum conviene saber por él que cuando está triste puede escribir con facilidad, mas no cuando está alegre. Corolario: que si mucho escribió no sería porque estaba alegre.

"Me he puesto tarea para estar distraída y así no puedo estar tan triste", decía en una noche de ausencia.

"He seguido traduciendo una obrita filosófica que me consuela con sus consejos y me instruye al mismo tiempo", decía otra noche de celos.

"Voy a distraerme algo, leyendo las poesías de Zorrilla, que me dejó mi bien".

Creo que vamos descubriendo, bajo el velo de estas acotaciones, a la mujer que hasta la fecha había estado soterrada por la escritora. Pero ya empieza a surgir ésta, como hija legítima de su tiempo y de las influencias que en él preponderaban.

Las influencias humanas

En la corta visita que hizo a esta ciudad don Pedro Salinas, poco antes de su muerte, hablando en un discurso sobre la concordia entre el progreso y la tradición, criticaba a los críticos que empiezan su labor buscando las fuentes inmediatas y nominativas que hayan podido inspirar a determinado autor. Antes que estas influencias debe averiguarse, según consejo del insigne literato, la que en una obra dada y en un momento dado haya ejercido la tradición general. Cada época, cada generación traen sus modos y sus modas, y son ellos, y no la fuerza de cualquiera autoridad individual, las que se reflejan en la producción literaria.

Sí, desde luego. Y en el caso de doña Soledad Acosta de Samper, basta mirar el contorno suyo para saber que tenía que ser romántica, ineludiblemente. El romanticismo no era tanto escuela, sistema, estilo, como atmósfera. El que hubiera querido escaparse de él habría tenido que dejar de respirar en ese medio siglo. De modo que aquí no se hace el menor esfuerzo para aplicar el consejo de Salinas.

Pero cumplido éste, ¿por qué no descender al estudio de los influjos particulares, para averiguar cuál fue el vehículo en que el medio general se concretó y particularizó respecto de determinada persona?

En el prólogo al "San Francisco de Asís", de doña Emilia Pardo Bazán, ha dicho Menéndez y Pelayo: "Toda mujer ha sido grandemente influida. Ellas pueden realzar, abrillantar, difundir con lengua de fuego lo que en torno de ellas se piensa, pero al hombre pertenece la iniciativa".

En doña Soledad Acosta de Samper, sin negar la fuerza de su temperamento, sin quitar nada de lo que en ella hubo de vocación, de afición, innatas, puede decirse que sobre éstas obraron siempre, además, como presiones colaterales, el ascendiente y la sugestión de influencias humanas y de prestigios literarios muy variados.

Llamo influencias humanas a las que provinieron directamente más del afecto y de la acción que de las letras de personas que ejercieron en ella indisputada autoridad. Tal fue la de su padre y después la de su marido, aun desde el tiempo del noviazgo.

Cuando ella despertaba a la pubertad, su padre se hallaba en todo el esplendor de su carrera política, que fue mucho menos la del militar que la del diplomático, historiador y hombre de ciencia. Su biblioteca, sus reuniones, su actividad intelectual eran ejemplo que invitaba a la imitación. Lo que observó la niña curiosa y callada no podía dejar de impresionarla y de despertar su interés. Herencia y ejemplo fueron, pues, las causa remotas de la ulterior laboriosidad de la mujer madura.

Pero quizás ellas solas no hubiesen bastado a producir la ubérrima floración. Era necesario que a través de otro afecto hondamente humano le llegase el urgente incentivo, casi con el imperio de un mandato. Y de ello se encargó Don José María Samper, mente de extraordinaria movilidad, de brillantes emociones. Puede afirmarse que desde el principio de su idilio quiso asociar a doña Soledad a su vivaz dinamismo literario, aunque fuese dentro del circuito hermético de pliegos destinados a registrar en el ámbito doméstico, las peripecias de sus amores.

Y es que precisamente por entonces la facundia de Samper, dando salida a su inagotable curiosidad y ambición todavía juveniles, llegaba a convertirse en verdadera incontinencia literaria. Él mismo cuenta las varias ocasiones en que al azar de las posada y de los caminos, en los holgorios y aun en las jornadas guerreras a que le llevó su entusiasmo político, hablaba en verso durante horas y horas, teniendo a veces como interlocutores a poetas de tan elevada jerarquía como Julio Arboleda y Rafael Pombo.

Doña Soledad, por su parte, menciona las poesías que le improvisaba en sus diarias visitas de novio, a veces dos, tres, cuatro y más, si era preciso, en una misma ocasión. No es que todas esas obras merezcan conservarse. Pero aquella facilidad para versificar era, de todas maneras, expresión literaria aun dentro del correr de la vida común. Y cuando se piensa que sus madrigales nocturnos sobrevenían después de sus oraciones parlamentarias, de sus artículos periodísticos, de sus alegatos forenses, de sus múltiples trabajos del día, se verá que en él la literatura no era simple afición; era ambiente que lo rodeaba, que ambulaba con él y que, al fin, acabó por envolver inevitablemente a su novia.

Esta interpretación de las influencias elementales que hicieron de la joven una escritora, no es suposición ni mucho menos sagacidad mía. Es algo real, que ella deja entender con palabras inequívocas. Tengo para mí que el verdadero aprendizaje, el ejercicio inicial de las habilidades literarias que dormían intactas en doña Soledad, fueron aquellos cuadernos de su "diario" que nunca han sido utilizados para llegar al enigma de su corazón, ni para definir las facciones de su rostro espiritual.

Cuando, impresionada la doncella por el vertiginoso trajinar de Samper en las diferentes direcciones en que dispersaba su atención, sentía deseos de ayudarlo a llevar el peso de su desbordante diligencia, ella decía en su "diario": "Yo le debo dar valor, darle fuerza a su genio para que siga esa senda de gloria que le ha trazado la suerte. Concededme, Dios mío, talento para alentar el suyo y que brille aún todavía más su espíritu, dándole honor a nuestra adorada patria con sus escritos y elocuencias".

Este deseo de que él brillase se desenvolvió en otro, muy natural: en el deseo de emparejar con él, de no quedarse atrás y de brillar ella misma. Paréceme que las palabras suyas, que ahora voy a copiar, son el manantial, las *cabeceras*, como aquí decimos, de donde brotó la dilatada corriente de su producción literaria: "¿Será cierto –se pregunta– que jamás pueden los poetas encontrar en el mundo su bello ideal?"

Y temiendo defraudar a su poeta, temiendo no retener algún día su amor, declara: "Dicen que las mujeres no tienen esa noble ambición de gloria, que no la comprenden. Que amamos, pero no comprendemos el amor a la futura fama. Cuán equivocada es esta idea... El deseo de la inmortalidad es la ambición de las almas nobles".

Ya está. La influencia humana ha conseguido romper la celda de la crisálida.

Las influencias literarias

Por eso ella lee mucho, y se impone tarea, y cumple la que él le señala de traducir esto de Dumas y aquello de Jorge Sand. Y entonces la influencia humana del novio es el arcaduz por donde viene la influencia literaria del romanticismo imperante.

Y del romanticismo original, de su hontanar primitivo:"He estado leyendo todo el día una crítica sobre las obras de Madame de Staël y esta tarde a Zorrilla".

Fue Madame de Staël, quien notó las distintas preferencias literarias al rayar el siglo XIX, y la que demarcó las áreas geográficas que favorecían el desarrollo de esas tendencias. Ella veía renacer el pensamiento pagano de la antigüedad en el sur de Europa, donde prevalecía el clasicismo, a tiempo que en el norte triunfaba la inspiración cristiana, el atediado concepto de la vida perecedera, el sentimiento dramático del amor y del ideal, que fueron típicas manifestaciones románticas. La elación de su femenina sensibilidad la inclinó, por supuesto, a esta última escuela.

Al revisar hoy las tesis con que Madame de Staël se adelantó perspicazmente a todo otro intento contemporáneo de clasificación literaria, en su conocida obra *La literatura considerada en su relación con las instituciones sociales*, y quitando lo que de arbitrariedad puede haber en su geografía literaria, en seguida su huella se reconoce en doña Soledad. Firme en su ideología, intransigente en su moral, celosa de la integridad de sus creencias, ésta no cede jamás en esos puntos, no contemporiza con los que de ellos se apartan, en una u otra escuela. Pero el estudio a fondo de su obra iría patentizando que la obediencia al influjo de la gran escritora francesa se cumplió aun en lo referente al estilo. También para Madame de Staël "la melancolía es sentimiento fecundo en las obras del Genio". Consecuente con su teoría, la encuentra sólo en los pueblos del norte. Hacia allá se dirige su afecto. Sus compatriotas, tan celosos de su papel de maestros, tienen que perdonarle a Madame de Staël que haya dicho: "Todas las novelas francesas que amamos, las debemos a la imitación de los autores ingleses".

Esto le cayó muy bien a quien tenía sangre inglesa, y reforzó su inclinación a todo lo que de Inglaterra viniese.

El académico doctor Gustavo Otero Muñoz, en el mejor de los pocos y cortos estudios que se han hecho de la señora Acosta de Samper, en el que incluye la más completa lista bibliográfica de sus obras, observa que, "para doña Soledad lo subjetivo, prohibido en efusiones líricas, resumía en esa tensión constante hacia el bien, que fue, por otra parte, la distintiva del carácter y los actos todos de su vida".

Por eso he dicho que el subjetivismo suyo no puede encontrarse sino en el diario íntimo, en donde la apoteosis, o al menos la exaltación del yo, se hallaba circunscrita a sus dos únicos lectores. Tenía que desbordar en otra forma el día que saliese a la calle. Y al salir a la calle habría de hacerlo bajo el disfraz del seudónimo que es como un sondeo de la crítica, aconsejado por el miedo al fracaso. Desde el escondite el autor se siente a salvo. Se cubre con él como con una rodela que reciba los primeros golpes. Después, se desemboza. Con el procedimiento, espera que si el falso nombre cae, el nombre verdadero no caiga. Andina, Bertilda, Renato, Aldebarán, Orión, fueron, en diferentes épocas, seudónimos de Doña Soledad, y ella explica que en usarlos no influyó "otro motivo que la natural desconfianza de echar a la luz" su nombre. El seudónimo es el homenaje de la timidez a la opinión. Pero además es moda, imitación y, en los casos en que el autor escribe mucho y sobre asuntos desemejantes, también puede inducirlo al disimulo el deseo de que no se le juzgue enciclopédico.

Mas, ni bajo aquella máscara podía doña Soledad, por su carácter y rigidez, atreverse con la novela personal, de más o menos claras revelaciones autobiográficas.

Frente al público

Las primicias de su osadía con el público fueron, a los tres o cuatro años de casada, algunas traducciones, correspondencia sobre bibliografía, bellas artes y literatura, crónicas de viaje y de modas, sus "Recuerdos de Suiza", todo lo cual enviaba como colaboración a varios periódicos durante el viaje que hizo en compañía de su madre, de su esposo, de sus hijitas, por varias naciones europeas.

Fue un viaje de estudio y observación directa de la cultura y la situación de los países que recorrieron y un curso práctico que, por lo que se refiere a doña Soledad, le acabó de dar la formación que necesitaba para empezar su diálogo con el gran público. Este tipo de personas reservadas y recogidas le hablan con más facilidad a la muchedumbre desconocida que a las personas de su intimidad. Saltando por sobre el círculo que las ciñe se dirigen al colectivo interlocutor innominado con más seguridad que a quienes se creen con derecho a su inmediata confidencia.

Naturalmente no es que siempre digan a aquél lo que a éstos les ocultaron. En la carrera literaria de doña Soledad, obstruido el camino de la novela personal, como antes dije, ya la crítica ha reconocido que derivó hacia la que se llamaba entonces "novela moderna", cuyo iniciador era Honorato de Balzac. Novela pura, en la cual no me interesa detenerme sino para anotar que contiene, sin embargo, significado histórico, hecho de la viva apreciación exacta de los caracteres humanos, de los lugares geográficos y de las diferentes épocas, hasta el punto de que para Fernando Brunetière en una centena de páginas del *Médecin de Campagne*, de Balzac, hay tantas verdades como en los veinte volúmenes de Thiers, sobre *El Consulado y el Imperio*. Pero además de Balzac, fueron muchos sus modelos y versátil su devoción a ellos, como lo explica Otero Muñoz. Siempre dentro de la órbita romántica y cada vez más con tendencia a la historia nuda. A lo que leía se agregó el conocimiento personal de los más renombrados autores, durante largas residencias en París, en Londres, en Madrid, donde el matrimonio Samper-Acosta frecuentó el trato de personajes eminentes. Con decir que en París hicieron buena amistad con Lamartine y con Michelet –literatura e historia–, puede adivinarse cuál sería el interés por aprovechar el beneficioso efecto de aquellas relaciones.

Se ha dicho que "acaso sin proponérselo, sin saberlo tal vez", doña Soledad "encontró su *razón de ser* agrupándose simplemente junto a los novelistas que explotaban los temas históricos y de que era jefe Walter Scott, enamorado de la naturaleza y de las tradiciones de su patria".

No fue sin saberlo ni quererlo. Cuando un autor nos confiesa las fuentes de su inspiración, los nombres de los literatos a quienes se ha propuesto seguir, nos ahorra el esfuerzo de inferir, de rastrear, de forjar hipótesis, que suele ser el sistema del crítico para penetrar hasta el meollo de la obra que analiza.

Aunque en el caso de doña Soledad es más patente que en otros la relación con sus inspiradores, resulta más seguro atenernos a la ingenuidad con que nos dice al frente de los episodios novelescos que tuvieron por escenario la insurrección de los Comuneros: "En todas las novelas históricas que hemos escrito procuramos tomar por norma al creador de ellas, a Walter Scott".

Fácil de creer su confesión, nos allana aquel proceso, en su contorno general, pero al mismo tiempo y por otro lado nos obliga a observar si hay o no fidelidad en su propósito, o si habiéndola en el fondo, son iguales, o parecidos, o diferentes, o contrarios los medios de ejecución, la mecánica expresiva, la técnica literaria.

Scott no se hizo campeón de la novela histórica sino cuando su precedente obra poética fue postergada en el gusto del público por la aparición de otros poetas, especialmente de Byron. La historia está siempre en el trasfondo de su obra, sea poética, sea novelesca. Era un denominador común. Pero lo usaba sólo como telón. Para la crítica moderna no sintió jamás el deseo de profundizar, de calar en la entraña de otra época. Del autor del *Waverley* e *Ivanhoe* dijo Taine que se detenía en el umbral del alma y en el vestíbulo de la historia, y su *Quintin Durward* tuvo que sufrir aguda reprimenda de Balzac, por la desfiguración del carácter de Luis XI. Le robaba al pretérito un tema, un episodio colorido, sin empeño de ahondar en sus causas y sólo para bordar sobre la tela de la historia los motivos que le sugería su riquísima imaginación.

En doña Soledad la inclinación inicial y la evolución fueron bien diferentes. Ella no siguió al poeta Scott, sino al novelista Scott. Y si él puso a la ficción un fondo teatral de historia, en doña Soledad es esta última la que se lleva la preferencia sobre la parte novelesca. En otras palabras, en ella la novela no fue lo esencial, sino el camino, el puente al dominio territorial de la historia documentada. Pero aun en la novela advierte que "los hechos que presenta la historia como sucedidos verdaderamente" no los alterará jamás.

Sus relatos novelescos sobre "José Antonio Galán", "Juan Francisco Berbeo", "Los piratas de Cartagena", y algunos más, fueron vehículos eficaces de divulgación. Allí vistió los temas épicos con el ropaje del romanticismo, buscando siempre en el repertorio de estruendosas hazañas nacionales la materia de sus obras.

Los orígenes de la historiadora

Situada ahí, los años y las constantes lecturas habían de llevarla a la postrera jornada de aquel proceso. De sus cuatro hijas, dos habían muerto, con diferencia de pocos días en una epidemia memorable; "su trovador", a quien ella condujo a su olvidada fe, también se había dormido para siempre; Bertilda, la primogénita, había profesado en el monasterio de las benedictinas de La Enseñanza y descolló en la poesía mística y religiosa, con elogio de críticos tan autorizados como don Juan Valera.

Con la única hija que le quedaba vivió los últimos veinticinco años de su vida. La tristeza que había sido propicia a sus trabajos literarios cuando era joven, habría de seguir cumpliendo su misión hasta el fin.

Fue entonces la época de sus producciones netamente históricas. Cansada de novelar, convencida de que las creaciones de la imaginación son inferiores a las de la realidad, si éstas se exhiben con arte e interés, optó por la historia pura. Su marido alcanzó a escribir el prólogo de las *Biografías de hombres ilustres y notables*, donde se propuso hacer el trabajo de los historiadores, a quienes cargaba con la omisión de estudios sobre la vida personal de hombres eminentes. Allí el "Vasco Núñez de Balboa" y el "Alonso de Ojeda", que habían sido antes relatos novelescos, forman capítulos apretujados de verdades, dentro del ciclo de los descubridores. Y éstos, sumados a los conquistadores y a los misioneros, llegan a doscientas noventa biografías comprimidas que cumplen para los primitivos tiempos de nuestros anales fin semejante al que para la época de la Independencia se propusieron Scarpetta y Vergara, en su *Diccionario biográfico de los campeones de la libertad*.

Cuando la novela histórica se puso de moda en las literaturas europeas, influyó en ello grandemente la credulidad con que se la aceptó como testimonio de verdad de hechos pasados. El artificio se fue desvaneciendo poco a poco y, por ejemplo, en España, a pesar del éxito de los *Episodios nacionales* de Pérez Galdós, ya esa forma literaria iba de capa caída hacia el año de 1880.

Historia y sólo historia

Encaminada doña Soledad por el nuevo derrotero que había elegido, habría que estudiar la realidad política y social del país para ver cómo fue presionando a la escritora y determinándola a escribir sobre los temas que eligió. El proceso requiere espacio mayor que el de un discurso. A ella le tocó vivir en todas las épocas políticas del país y en todos sus regímenes constitucionales posteriores a la Gran Colombia. En esa línea quebrada de nuestra historia se pueden tomar los vértices más notorios para analizar o la influencia del medio o el esfuerzo por escaparse del medio. Dejó entonces de pensar en las biografías de los varones antiguos para confeccionar en su *Biblioteca histórica* las de los modernos, empezando por los Precursores –Nariño y Miranda– y continuando con estudios sobre las figuras de Bolívar, Santander, Sucre, Serviez, Joaquín París y varios otros héroes de la Independencia.

De sus biografías hay que destacar ante todo la de su mismo padre el General Joaquín Acosta, que pudo escribir con el máximo de autoridad, por su observación directa y por la utilización del minucioso diario escrito por aquél, y del cual hace frecuentes transcripciones, con retoques que juzgó indispensables para su presentación al público.

El postrer estudio biográfico extenso fue la biografía del General Antonio Nariño, que puede considerarse como la más completa del Precursor hasta ese tiempo. Ella superó los ensayos parciales que anteriormente se habían hecho y constituye obligado punto de partida de las biografías del prócer que se han escrito después.

Para cabo y remate de aquella transformación literaria la señora de Samper acometió sus *Lecciones de historia de Colombia*, y después su *Catecismo de historia de Colombia*, que tienen las características de adustos libros de texto, sin reminiscencia siquiera lejana de su antiguo anhelo de romancear. Por cierto que las *Lecciones* se inician con el interesante estudio sobre pobladores aborígenes anteriores a la Conquista, tema que fue también la base de uno de los trabajos presentados por ella, junto con varias otras memorias, al IX Congreso Internacional de Americanistas, reunido en el Convento de la Rábida en 1892, para celebrar el IV centenario del descubrimiento de América, congreso en el cual llevó la señora de Samper la representación oficial de Colombia.

Ese libro de texto contiene además una completa bibliografía de los temas históricos a que se refiere cada capítulo. La que empezó por su diario personal íntimo y pasó a describir sus viajes, y se entregó después a la novela histórica, y más tarde, como sustituto de ésta, a la biografía, concluye por la más árida forma de narración historial, la de las lecciones de cátedra, que excluyen la libertad literaria para confinarse en la necesidad didascálica; que reseca la inspiración y ayuna de la estética dentro de los particulares propósitos de la pedagogía. Toda la evolución que corre entre los dos términos que en forma inimitable definieron los hermanos Goncourt al decir que "la historia es la novela que ha sido; la novela es la historia que hubiera podido ser".

No es esta la ocasión para examinar su obra con todo rigor desde el punto de vista literario. Escribió como se escribía en su tiempo y no es posible exigirle a ella más de lo que dieron de sí los escritores contemporáneos; a muchos excedió, indudablemente, en su extensa y variada información, en las múltiples facetas de su cultura; a todos en el inmenso volumen y fecundidad de sus trabajos.

No era posible pedirle que se anticipase a la transformación del estilo histórico que ha extendido tanto la lectura de esta especialidad en el mundo contemporáneo. Hay que pensar, por ejemplo, que la biografía plena es cosa de hoy. Antes era sólo la relación de las virtudes, el seco extracto de los hechos, la presentación de la vida pública y de los actos ostensibles. Biografía hemipléjica, que dejaba en la sombra el defecto, el pecado, la vida privada, como si todos estos materiales no tuvieran parte en la configuración verdadera del héroe, del prócer, del santo.

Había que dejar que muriese el siglo XIX para dar un vuelco a los estudios de historia. Harto hizo la señora Acosta de Samper con aprovechar los progresos que en ese campo se habían hecho hasta la época en que le tocó escribir.

Además, hay que pensar que en pocos medios como en el nuestro se hallaba expuesta a críticas la mujer que se atreviese a escribir para el público. Sobre ella, como un velo turco, caía una tradición de aislamiento, de clausura, que hacía muy meritorio el esfuerzo de la que osase desafiar aquellos prejuicios sociales.

La previsión pesimista del mañana, que ya es hoy

Doña Soledad iba a conquistar ese mundo y a acabar con muchos molinos de viento.

El ápice a que llega todo historiador consciente es el de la predicción. No la profecía, que supone un don sobrenatural, sino la previsión de lo que aproximadamente puede ocurrir. El historiador que ha proyectado la luz de un faro para examinar lo pretérito, la hace girar en sentido opuesto y empieza a alumbrar el futuro. Es lo que el insigne prologuista español de *La decadencia del Occidente* denomina "el intento de predecir la historia".

Pues esta condición, que en Spengler abarca un panorama gigantesco, la tiene también, naturalmente en la medida y proporción del escenario que la rodeaba, esta escritora con quien la posteridad olvidadiza ha sido tan injusta, que todavía no se ha reproducido una página suya en las ediciones con que se quiere dar idea de la cultura nacional.

Y asombra que, cuando las investigaciones etnográficas y los estudios antropológicos no habían llegado a la madurez con que hoy se presentan, vestidos de rigurosa moda, doña Soledad hubiese podido no sólo escribir historia, sino anunciarla, basándose en deducciones que la preocuparon por largos años y la estimularon a luchar por la elevación de la mujer, por los derechos de la mujer, por la admisión de la mujer en esferas de la vida intelectual y social, con el ánimo de influir en el rumbo de aquella historia que predecía.

Ella no consideraba que siquiera fuese vedado a la mujer el mundo político, en el cual veía conveniente su acceso, no para mezclarse en lo que tiene de sórdido, sino precisamente para contribuir a la orientación de la sociedad y evitar el indigno forcejeo de las luchas sin grandeza.

¿Llegó a desengañarse o conservó esa esperanza?

Acaso tenga ella razón cuando después de meditaciones en que se esforzó por alcanzar al fondo de los problemas nacionales, dio explicaciones –como dije antes– sobre nuestro destino histórico, tan alarmantes, pero tan dignas de atención, como ésta con que termino y que sugiere graves pensamientos acerca de situaciones que ella preveía con perfecta lucidez:

> Creemos firmemente –dice– que el mal que en Sur América experimentamos proviene de esa amalgama con razas contrarias a la caucásica; ese injerto de los blancos con los negros y amarillos, cuyo carácter, inclinaciones y modo de ser es completamente diverso y hasta enemigo de la civilización europea; ese injerto de pueblos heterogéneos, variables e ingobernables, ha producido este desorden, esta anarquía que nos impedirá por mucho tiempo gozar de paz.

Así, con esta visión del futuro en las pupilas, llega a la cumbre de sus ochenta años, la dulce novia del trovador que veía en ella *"el alma*, movida y agitada por el sentimiento del ideal".

"Y en esto consistía la belleza de Solita..."

Al entregar a la Academia este retrato, la Junta de Festejos desea conmemorar dos fechas: pronto se completarán –el 1° de septiembre–, cincuenta años desde que doña Soledad Acosta de Samper fue aclamada como miembro honorario de la academia Colombiana de Historia. Y hace poco –el 21 de febrero– se cumplió el centenario de la muerte de su padre, el General Joaquín Acosta, prócer, diplomático, publicista, científico e historiador, cuyo retrato figura hace años en la colección del instituto.

De esta manera quiere la Academia, honrando a la hija, honrar también al padre, juntándolos a los dos en un solo recuerdo.

Al saludar, en la egregia dama, a la primera mujer que toma asiento entre los colegas de la Academia Colombiana de Historia, no he de callar el deseo de que su glorificación póstuma señale un definitivo cambio de rumbo que abra las puertas de la Academia para recibir –no ya figuradamente, sino en viva y actuante humanidad– la fraternal cooperación de la mujer colombiana.

[*Boletín de Historia y Antigüedades*. 39, 452-4 (1952)]

III. HISTORIAS Y CONTEXTOS

VIDA Y CARRERA LITERARIA TEMPRANA DE LA ESCRITORA COLOMBIANA DEL SIGLO XIX SOLEDAD ACOSTA DE SAMPER

Harold E. Hinds*

El historiador y crítico literario colombiano Gustavo Otero Muñoz escribió: "Era llegada la época del romanticismo... La mujer más interesante de esta nueva época, la precursora del tipo moderno de la colombiana intelectual, fue, sin duda alguna, [Soledad Acosta de Samper]"[1]. A pesar de esta irrefutable opinión, ni la vida de Soledad Acosta ni sus trabajos literarios han sido aún el tema de un estudio serio y erudito. Este escrito reseñará brevemente la vida y obra de Doña Soledad; luego, propondrá un número de factores sobre su vida que pudieron haber contribuido a su desarrollo como la única escritora prominente en Colombia durante el siglo XIX; y finalizará con un análisis sobre su temprana producción periodística.

I

Soledad Acosta nació en Bogotá, capital de Colombia, el 5 de mayo de 1833, hija de Joaquín Acosta y la inglesa Caroline Kemble. Siendo señorita se dedicó a sus estudios en el exterior, primero en Halifax, Nueva Escocia, durante 1845 y luego en París durante los siguientes tres años. Después de su matrimonio con José María Samper en 1855, empezó su carrera literaria con la traducción de obras de Alexander Dumas y George Sand para el *Neo-Granadino* de Bogotá, un periódico liberal editado por su esposo. Ella continuará traduciendo obras del francés y del inglés al español toda su vida. Mientras tanto, empezó lo que para ella fue el otro rol importante de su vida, el de madre, con el nacimiento de dos de sus hijas en 1856 y 1857.

Entre 1858 y 1863 los Samper viajaron a Europa y al Perú, debido a un clima político inhospitalario en Colombia. En este segundo viaje al exterior, Doña Soledad empezó a publicar sus propias obras. Escribió una columna

---

* Traducción de Yamile Silva.

[1] Gustavo Otero Muñoz, "Soledad Acosta de Samper" *Boletín Cultural y Bibliográfico* (Bogotá), vol. 7, no. 6 (1964), p. 1063.

para los magazines literarios *Biblioteca de Señoritas* y *El Mosaico*, ambos de Bogotá. La columna describía la última moda francesa y reseñaba obras teatrales, óperas y literatura recientes. Estas columnas revelan claramente la admirable amplitud de su formación intelectual. Obras en francés, inglés, español, italiano, suizo, alemán, danés y ruso llamaron su atención. También escribió un ensayo corto sobre su viaje a Suiza y publicó unas cuantas piezas cortas *costumbristas*. (Más tarde regresaría a estas dos formas literarias. Por ejemplo, al volver a Europa en la década de los noventa, registró sus recuerdos en un trabajo de dos volúmenes titulado *Viajes de España*. Y el color local y los personajes típicos se encuentran en muchas de sus novelas románticas posteriores.) Durante su residencia en el Perú, Soledad asumió la codirección con José María de la *Revista Americana*, un suplemento literario quincenal del prestigioso diario peruano *El Comercio*. Entre tanto había dado a luz a sus otras dos hijas[2].

Los Samper volvieron a Colombia en 1863. Después de un breve receso, un torrente de obras empezó a fluir de la pluma de Doña Soledad. Al principio consagró la mayor parte de su notable energía a escribir novelas históricas románticas y cuentos. De acuerdo con el crítico literario colombiano del siglo XIX, Isidoro Laverde Amaya, ella usó casi todos los temas posibles a tratar en una novela. Sin embargo, estuvo particularmente atraída por los episodios dramáticos de los períodos de la conquista y la colonia, y por los temas *costumbristas*. Doña Soledad fue una divulgadora, que no hizo una investigación novedosa, pero adaptó crónicas antiguas o recurrió a su propio conocimiento del paisaje local, las costumbres y los tipos de temperamento. Sin embargo, su trabajo carece de contenido autobiográfico ya que era una persona extremadamente reservada. Prestó cuidadosa atención a los hechos históricos conocidos, y desarrolló episodios probables basados en

---

[2] Gustavo Otero Muñoz, "Doña Soledad Acosta de Samper" *Boletín de Historia y Antigüedades*. (Bogotá), vol. 20 no. 229 (Abril 1933), pp. 171-175; Soledad Acosta de Samper, *Biografía del General Joaquín Acosta: Prócer de Independencia, historiador, geógrafo, hombre científico y filántropo*. (Bogotá: Librería Colombiana, Camacho Roldán y Tamayo, 1901), pp. 395, 427, 457; Bernardo J. Caycedo, "Semblanza de Doña Soledad Acosta de Samper, *Bolívar* (Bogotá), no. 15 (Noviembre-Diciembre 1952), pp. 970, 976, 978; Gustavo Otero Muñoz, "Soledad Acosta de Samper," *Boletín de Historia y Antigüedades*, vol. 24, no. 271 (Mayo 1937), pp. 259, 263; Soledad Acosta de Samper (Andina), "Revista Parisiense", *Biblioteca de Señoritas* (Bogotá) (Marzo 26, 1859), pp. 89-91; Gustavo Otero Muñoz, "Soledad Acosta de Samper" (1964), pp. 1063-1064; José María Samper, *Historia de una alma, 1884 a 1881* (2ª edición) 2 volúmenes. (Bogotá: Publicaciones del Ministerio de Educación de Colombia, vol. 1, Editorial Kelly, 1946; vol. 2, Prensas del Ministerio de Educación de Colombia, 1948), vol. 2, pp. 142, 280, 332, 356.

esos hechos. También trabajó dentro de las convenciones literarias contemporáneas, y evidentemente fue muy influenciada por las novelas románticas de Walter Scott, Honoré de Balzac y Víctor Hugo, así como también por los *costumbristas* colombianos José Manuel Marroquín (1827-1908) y Eugenio Díaz (1804-1865). Doña Soledad fue una católica devota, que nunca perdió una oportunidad para defender la fe. En sus obras, los temas sobre la moral cristiana siempre predominan, y algunas veces se vuelven largos y molestos comentarios al margen, interrumpiendo el desarrollo de un episodio[3].

A pesar de que ella continuó escribiendo novelas históricas el resto de su vida, al principio de la década de los ochenta Doña Soledad aumentó su producción de biografías y relatos históricos. Es entonces cuando incluye temas de la Independencia a los episodios dramáticos de los períodos de la conquista y la colonia, haciendo énfasis en el estudio de sus personajes heroicos. Sus retratos fueron históricamente precisos, pero unidimensionales. Ignoró sus vidas privadas, sus defectos, y las acciones imprudentes de sus héroes, enfocándose sólo en lo positivo de sus vidas. A pesar de su atención para precisar detalles históricos, estas biografías tienen una fuerte semejanza con vidas de santos. Sin embargo, la mayoría de historiadores colombianos de la época retrataron héroes nacionales de una manera similar. Varias de las biografías escritas por Doña Soledad y muchos de sus estudios históricos fueron aclamados por la crítica. La biografía de su padre ganó un premio en Bogotá con la ocasión del centenario del nacimiento del Libertador Bolívar, y la biografía del héroe de la Independencia, José Antonio Sucre, ganó un premio en Caracas. Durante su estadía en Europa, después de la muerte de su esposo en 1888, fue escogida para representar a Colombia en el Congreso de Americanistas llevado a cabo en España para conmemorar el cuarto centenario del Descubrimiento de América. Algunos de los estudios que presentó en este Congreso fueron publicados. Fue condecorada por numerosas academias europeas y latinoamericanas, y fue miembro fundador de la Academia Colombiana de Historia[4].

---

[3] Otero Muñoz, "Doña Soledad Acosta de Samper" (abril 1933), p. 173; Caycedo, "Semblanza," pp. 965,976,978-980; Isidoro Laverde Amaya, "De las novelas colombianas", *La Revista Literaria* (Bogotá) (junio 1893), pp. 83-84; Otero Muñoz, "Soledad Acosta de Samper" (mayo 1937), pp. 263-264, 266-269; Soledad Acosta de Samper, *Episodios novelescos de la historia patria. La insurrección de los Comuneros.* (Bogotá: Imp. de la Luz, 1887), p. vii.

[4] Otero Muñoz, "Doña Soledad Acosta de Samper" (abril 1933), pp. 174-175; Caycedo, "Semblanza," pp. 981-982,984; Otero Muñoz, "Soledad Acosta de Samper" (mayo 1937), pp. 259,261.

Doña Soledad estuvo siempre interesada en los problemas y temas de las mujeres. Algunos de sus primeros ensayos señalaron la necesidad de estudiar la historia de las mujeres y la aceptación de la igualdad entre hombres y mujeres. Creyó fervientemente que al dar a las mujeres una sólida educación y al involucrarlas en una vida intelectual, se moralizaría la humanidad y se aseguraría la continuidad del ideal cristiano. Entre sus muchas publicaciones feministas, se destacan dos especialmente. En *La mujer en la sociedad moderna*, buscó ilustrar a las mujeres colombianas sobre los logros y las profesiones de las mujeres en el siglo XIX. Ellas también, aconsejaba a sus lectoras, podrían emprender profesiones honorables que las llenaran de satisfacción y no necesitarían sentirse obligadas a casarse si ningún hombre honesto pedía su mano. Si las mujeres virtuosas y profesionales pudieran rechazar las ofertas de los hombres inmorales, entonces los hombres se verían forzados a cambiar de maneras para conseguir esposa y el mundo sería moralmente mejor. En 1878 Doña Soledad fundó *La Mujer*, la primera publicación colombiana editada y redactada totalmente por mujeres, que duró tres admirables años. Estudios históricos, novelas, cuentos, y artículos didácticos especialmente dirigidos a *señoritas* llenaron sus columnas. Durante el resto de su larga vida, fundó y editó otros tres periódicos feministas. Doña Soledad murió el 17 de marzo de 1913, a la edad de setenta y nueve años[5].

II

Claramente Soledad Acosta de Samper fue una figura extraordinaria en una época en la cual la mayoría de las mujeres colombianas eran iletradas. Incluso en las clases altas, pocas mujeres tenían algo más que una educación rudimentaria. Algunas contemporáneas publicaron ocasionalmente un volumen de poesía o una novela[6], pero ninguna fue una figura literaria significativa o prominente, y sin duda ninguna se podría siquiera comparar con sus

---

[5] Otero Muñoz, "Doña Soledad Acosta de Samper" (abril 1933), pp. 173-175; Caicedo, "Semblanza", p. 983; Otero Muñoz, "Soledad Acosta de Samper" (mayo 1937), p. 262; Soledad Acosta de Samper (Bertilda), "Historia de la mujer", *El Tiempo* (Bogotá) (mayo 8, 1860), p. (3); Soledad Acosta de Samper, *La mujer en la sociedad moderna* (Paris: Garnier Hermanos, 1895), pp. vii-xi.

[6] Gustavo Otero Muñoz, en *Resumen de historia de la literatura colombiana*, 4ª ed. (Bogotá: Librería Voluntad, 1943), pp. 296-306; y Laverde Amaya, en "De las novelas colombianas", p. 86, n. 1, menciona veinte escritoras del período posterior a la Independencia, que juntas no publicaron ni una fracción de lo que escribió Acosta de Samper.

más de ciento cincuenta obras literarias e históricas[7]. De hecho, probablemente ninguna figura, masculina o femenina, en las letras colombianas durante el siglo XIX o XX fue más prolífica, salvo su esposo. El presente trabajo señalará algunos factores en la vida de Soledad Acosta de Samper que pueden explicar por qué se convirtió en la única escritora prominente en el siglo XIX en Colombia.

Crecer como única hija en el hogar Acosta influye en su desarrollo intelectual. Casi no se sabe nada acerca de su madre, Caroline Kemble, y la relación entre ellas no era cercana. Sin embargo, fue su madre quien le enseñó inglés, lo que le abrió las puertas del mundo de la Literatura Inglesa y lo que le permitió luego convertirse en una exitosa traductora. Su padre, Joaquín Acosta, debió haber tenido una mayor influencia en ella. Él había luchado en las batallas por la Independencia de Colombia y luego ascendió al rango de general. Tuvo una vida política activa. En varias ocasiones fue elegido al Congreso, y también sirvió como embajador en Ecuador (1837-1839) y en los Estados Unidos (1842-1843), y como Ministro de Relaciones Exteriores (1844-1845). Joaquín Acosta fue excepcionalmente bien educado, pasó varios años en Europa estudiando ciencias; y fue el autor de importantes estudios científicos e históricos. Debido a su ocupada vida política y académica, estuvo muchas veces ausente de su hogar en Guaduas. No obstante, su casa fue un centro constante de actividad intelectual y discusión debido a la destacada posición de Acosta en los círculos políticos, científicos y culturales, y al hecho de que Guaduas era el sitio de descanso preferido sobre la ruta entre Bogotá y el Río Magdalena. Muy cercana a su padre e hija única, Soledad fue seguramente una observadora aguda, y tal vez participante activa, de las reuniones intelectuales de su hogar. Su padre también fue un modelo académico para ella. El trabajo sobre la Conquista de Colombia de Joaquín Acosta es una investigación rigurosa, históricamente un trabajo preciso. El interés de Doña Soledad en la historia, y especialmente en el período de la conquista, así como también su insistencia en la precisión histórica, indudablemente reflejan la influencia de su padre. Más exactamente, la labor de Acosta en las guerras de independencia marcó el interés de Soledad por escribir biografías de héroes de la Independencia. El catolicismo ferviente de Doña Soledad, con un énfasis moral, y la insistencia en la lucha por los ideales, también reflejan actitudes heredadas de su padre. Los viajes de su padre le dieron a Soledad la oportunidad de recibir una educación mucho

---

[7] Para una bibliografía de la producción de Acosta de Samper, ver Otero Muñoz, "Soledad Acosta de Samper" (mayo 1937), pp. 270-283.

mejor que aquella a la que tenían acceso las mujeres en Colombia. A pesar
de que no se conoce el contenido de la educación que ella recibió en Halifax
y París entre 1845 y 1849, sí podemos juzgar por la amplitud y la erudición
de sus primeros escritos que debió haber recibido clases de Inglés y Francés,
un basto conocimiento de las letras europeas clásicas y contemporáneas, y
algún conocimiento sobre historia universal y negocios[8].

De igual importancia, si no mayor, es su matrimonio con José María
Samper para explicar la carrera literaria de Doña Soledad. Su esposo fue un
prominente político, poeta, dramaturgo, ensayista, y periodista de increíble
productividad, que hacía alarde, muy preciso, de que había escrito más en
una vida de lo que muchos hombres diligentes podrían escribir en dos. José
María tenía una actitud ambivalente hacia las mujeres, lo cual le permitía
estimular la carrera de Soledad. Cuando hablaba de las mujeres en general,
incluso después de su matrimonio con Soledad, veía al "segundo sexo"
como inferior intelectualmente, políticamente incompetente, y propio para
el manejo de la casa. Pero él reconocía excepciones. Señalaba con orgullo el
hecho que su madre hubiera aprendido a leer y a escribir. Financió la publicación de algunos de los poemas escritos por su hermana, Agripina Samper
de Ancízar. Y obviamente sentía un considerable respeto intelectual por
Soledad, ya que publicaba sus traducciones del inglés y del francés en los
periódicos que dirigía, editó con ella la *Revista Americana* y la animó enérgicamente para que publicara su primer libro en 1869. Sin embargo, parece
evidente que Doña Soledad escogió restringir su trabajo creativo a áreas que
no duplicaran, es decir, desafiaran, el talento de su esposo y su considerable
ego. Esto, obviamente, la restringió, pero le dejó suficiente espacio para sus
principales intereses. Mientras que él se concentró principalmente en periodismo político y poesía, ella se enfocó mucho más en los trabajos históricos,
crítica literaria, y temas femeninos para una audiencia femenina. Esta división de la labor intelectual fue evidente durante su residencia en Europa
desde 1858 hasta 1862 cuando José María escribía principalmente comentarios políticos y sociales mientras que Soledad escribía sobre moda y artes,
temas en los cuáles José María se veía a sí mismo como incompetente[9].

[8] Caicedo, "Semblanza," pp. 965-974; Robert Henry Davis, "Acosta, Caro, and Lleras: Three Essayists and Their Views of New Granada´s National Problems, 1832-1853"
(Ph.D. dissertation, Vanderbilt University, 1969), pp. 92-166; Acosta de Samper, *Biografía del General Joaquín Acosta*, pp. 394ss.
[9] Samper, *Historia de una alma*, vol. 1, pp.68-69, 210; José María Samper, *Ensayo
sobre las revoluciones políticas y la condición social de las repúblicas colombianas (his-
pano-americanas): Con un apéndice sobre la orografía y la población de la Conferencia*

La personalidad de Doña Soledad también ayudó en su carrera literaria. Mientras que ella era reacia a revelar sus sentimientos y su vida privada, tenía una personalidad fuerte y segura. Por ejemplo, en su juventud se rehusó a cumplir los deseos de su abuela materna de convertirse en creyente protestante; y se negó totalmente a casarse en una ceremonia no católica como lo deseaba José María. De hecho, fue gracias a la influencia de Soledad que él volvió a la Iglesia en 1865. Antes de su matrimonio con José María, ella estaba interesada, como lo revela en su diario, en estar por encima de su primera esposa, con quien él no se había casado en una ceremonia religiosa, y también en propiciar su escritura manteniéndose a un mismo nivel intelectual. Ella reveló además, en el mismo diario, que creía que las mujeres podían y estaban capacitadas para emprender la carrera literaria. Su determinación a ser intelectualmente digna de José María, junto con su fuerte personalidad, su excelente educación, y sus actitudes feministas, debieron haber contribuido considerablemente para producir tan memorable carrera literaria[10].

III

Soledad Acosta de Samper, como es evidente desde la primera parte de este escrito, tuvo una larga y prolífica carrera de escritora. Muchos de sus trabajos son dignos de comentarios extendidos, este escrito explorará sólo los principios de su carrera literaria. Entre 1856 y 1863, mientras estaba fuera del país, Doña Soledad publicó un número de columnas y otras piezas en periódicos colombianos y peruanos. Ella comentaba acerca de una amplia variedad de temas. Por ejemplo, ricos y famosos, estilos de muebles, festividades, política, fotografía, crimen, teatro, psicología, movimientos reformistas, religión, oratoria, todos estos temas llamaron su atención[11]. Sin embargo, la mayoría de sus escritos tratan sobre viajes, moda, literatura y artes, y mujeres.

Granadina, (2ª ed.) (Bogotá: Publicaciones del Ministerio de Educación de Colombia, Editorial Centro, n.d.), p.158; José María Samper, *Pensamientos sobre moral, política, literatura, religión y costumbres* (2ª ed.) (Caracas: Imprenta de G. Corser, 1858), pp.23,40; José María Samper, *Ecos de los Andes: Poesías líricas. Segunda colección de 1849 a 1860.* (Paris: E. Thunot y Ca., 1860), pp. 343-396; Otero Muñoz, "Soledad Acosta de Samper" (mayo 1937), p. 259; José María Samper, *Viajes de un colombiano en Europa*, 2 vols. (Paris: Imprenta de E. Thunot y Ca., 1862), vol. 1, p. 353.

[10] Caicedo, "Semblanza," pp. 965, 9771-973, 975-976; Samper, *Historia de una alma*, vol. 1, pp. 209-210.

[11] Los escritos de Acosta de Samper sobre estos temas pueden ser encontrados en las publicaciones de enero 2, 1859; febrero 5, 1859; febrero 19, 1859; marzo 5, 1859; marzo

Doña Soledad fue viajera experimentada, y encontró una audiencia ávida para sus columnas de viajes. Reseñó libros de viajes, previno a sus lectores acerca de esperar demasiado de las agencias de viajes; los suizos, por ejemplo, eran especialistas en explotar la credulidad de los viajeros. Muchos viajeros llamaron su atención. Encontró al viajero inglés o intolerablemente rico o descortés, maleducado y ladrón de *souvenirs*. A los viajeros americanos no les fue mejor: estaban interesados sólo en comer y beber. De todos los países europeos que los Samper visitaron, Francia fascinó particularmente a Doña Soledad. Las ideas francesas eran muy populares en Colombia y desde la distancia Francia parecía culta y progresista. Doña Soledad fue especialmente crítica de la clase alta, visiblemente derrochadora, profana y sexualmente promiscua, que se casaba por conveniencia y valoraba la decoración suntuosa por encima de la sustancia real. Por ejemplo, la escandalizaba la necesidad de las señoritas de tener veintiocho vestidos de lujo para pasar un fin de semana con la Emperatriz; y creía que una madre que pedía dinero después de la muerte de su hijo en un duelo era totalmente bárbara. Sin duda, aseguraba a sus lectores, ninguna madre suramericana haría algo tan mercenario.

Las columnas de Doña Soledad introdujeron a los lectores latinoamericanos a la última moda europea, especialmente la francesa. Encontró que la mayoría de estas modas eran demasiado extravagantes y ornamentadas para darles un uso práctico en las sociedades menos ricas. Y los colores brillantes ofendían su gusto conservador. Las mujeres, advertía, ¡no deben vestir como papagayos! De forma interesante, percibía una conexión entre la moda y los sistemas políticos. Si una persona vestía de manera simple y conservadora, el gobierno era democrático; y si el vestuario era ornamentado y revelador, seguramente vivían bajo una tiranía.

La literatura francesa fue muy leída hacia mediados del siglo XIX por los jóvenes colombianos, quienes creían que esta literatura les brindaba un modelo para el progreso. En numerosos ensayos de crítica literaria, Doña Soledad se burla de esta literatura de moda. Como un consejo de madre, advierte que casi nada de lo escrito en francés es adecuado para la lectura de *señoritas*. Muchas novelas degradaban el matrimonio y popularizaban el divorcio. Doña Soledad estaba convencida de que estas obras antisociales

---

26, 1859; abril 23, 1859; mayo 14, 1859; junio 4, 1859; junio 18, 1859 de la *Biblioteca de Señoritas*; en las publicaciones de septiembre 17, 1859; octubre 1, 1859; marzo 17, 1860; y marzo 26, 1864 de *El Mosaico* (Bogotá); y en enero 20, 1863; febrero 20, 1863; marzo 5, 1863; abril 5, 1863; abril 20, 1863; mayo 5, 1863; mayo 20, 1863 de la *Revista Americana* (Lima).

arruinarían la familia. Señaló en especial que las obras de George Sand y Gustave Flaubert idealizaban la licencia sexual. Igualmente lamentable, la literatura contemporánea no respetaba la religión, como era el caso de *El judío errante* de Eugene Sue. Doña Soledad comentaba que mientras los trabajos del romanticismo eran generalmente lecturas aceptables, los provenientes del realismo reciente no lo eran. El realismo, afirmaba, era común, vulgar y trivial. Además no retrataba personajes honorables ni los ideales que se debían perseguir. A pesar de que pensaba que la buena literatura no debía distorsionar la realidad histórica, sostenía que ésta no se debía concentrar en eventos sórdidos sino en representar altos ideales. Un libro debía, ante todo, tener un mensaje moral claro.

Quizás lo más importante de sus primeros escritos fueron sus columnas feministas. Ella percibió su audiencia como femenina y supo que su rol era educarla. Las mujeres, creía, eran iguales a los hombres en inteligencia. Denle a la mujer una educación decente, advertía al otro sexo, y su igualdad intelectual será evidente. Más aún, las mujeres eran superiores a los hombres en imaginación, memoria e intuición. Eran, sin embargo, inferiores en fuerza física, por lo cual debían evitar los campos de batalla y la política. Doña Soledad pensaba que las mujeres debían ser modelos de virtud, especialmente para sus esposos e hijos, y, en el caso de no estar casadas, para la sociedad. Con ello las mujeres tendrían una mayor influencia que si se involucraban en política. Enfatizaba que las mujeres no debían verse como esposas solamente. Las carreras profesionales estaban también abiertas para ellas en la medida en que no destruyeran su feminidad, es decir, su delicadeza, modestia y timidez. Cada vez que podía proponía profesionales exitosas como modelos, e invitaba a que se escribiera la historia de las mujeres, una historia que ella misma escribió después. Doña Soledad también basó su feminismo en la creencia de que hombres y mujeres eran iguales ante los ojos de Dios. Pensaba que la religión era indispensable para las mujeres pues les daba consuelo a sus sufrimientos y los conventos daban un refugio a quienes tenían desacuerdos con la vida secular. Junto con la educación, la religión salva a las mujeres de la inmoralidad. A pesar de sus esfuerzos por mejorar las condiciones de las mujeres, éstos nunca llegaron a las clases bajas. Doña Soledad entendía que las mujeres de clase baja necesitaban trabajar sino querían verse obligadas a prostituirse. Sin embargo siempre desaprobó las organizaciones de criadas para protegerse de empleadores inescrupulosos, como ocurría en Londres. Esto, reprochaba, significaba que algunas mujeres de clase alta se quedarían sin servicio, y se alegraba de que las criadas colombianas conocieran su lugar. Sin embargo, la escritura de Doña Soledad sobre el lugar que debían ocupar las mujeres era progresista.

A mediados del siglo xix la defensa de la igualdad de las mujeres era todavía una noble causa: entre los colombianos pueden encontrarse muy pocos
que cuestionen la domesticidad femenina y que las defiendan como personas inteligentes interesadas en temas serios. En palabras de Doña Soledad,
"La mujer no es un niño que se puede manejar con paliativos".

> ["Life and Early Literary Career of the Nineteenth Century
> Colombian Writer Soledad Acosta de Samper".
> En *Latin American Women Writers: Yesterday and Today.*
> Pittsburgh, *Latin American Literary Review.*
> Yvette E. Miller and Charles M. Tatum Editors, 1977, 33-41]

EL PROYECTO FEMINISTA
DE SOLEDAD ACOSTA DE SAMPER:
ANÁLISIS DE *EL CORAZÓN DE LA MUJER*

Gilberto Gómez Ocampo

La abundante producción literaria de Soledad Acosta de Samper, que cubre los años de 1855 hasta el de su muerte en 1913 a la edad de setenta y nueve años, figura preeminentemente en el sistema literario finisecular colombiano por su amplísima difusión y por su variedad genérica, que incluyó textos ensayísticos, biográficos, de historia, novela, cuento, así como una nutrida actividad periodística[1]. Esposa del poeta y famoso ensayista y político José María Samper, Soledad Acosta llevó una vida refinada en los diversos lugares en que vivió. Su larga estadía en Europa le proporcionó una educación multilingüe y un contacto directo con las literaturas europeas del momento, de las cuales fue traductora al español[2]. Sin embargo, como afirmara Harold E. Hinds "neither her life nor her literary works have yet been the subject of serious literary study"[3]. Una conocida obra sobre el movimiento feminista del siglo XIX llega a identificarla como "venezolana"[4]. Como gran parte de la producción literaria de este período, su nombre figura sólo pasajeramente en las historias literarias. Por ejemplo, Gustavo Otero Muñoz escribía en 1937 que "La señora Acosta de Samper está todavía demasiado cerca a nosotros para que sus escri-

---

[1] Algunas de las obras más importantes de Soledad Acosta son: *Novelas y cuadros de la vida sur-americana* (Gante: Imprenta de E. Vanderhweghen, 1869, volumen donde *El corazón de la mujer* apareció por primera vez); *Biografías de hombres ilustres y notables* (Bogotá: Imprenta de "La Luz", 1887); *Una holandesa en América* (Curazao: A. Bethencourt e Hijos, 1888); *La mujer en la sociedad moderna* (París: Garnier, 1895). Para una lista detallada de su bibliografía, ver Gustavo Otero Muñoz, "Soledad Acosta de Samper", *Boletín de Historia y Antigüedades,* 24, No. 271 (Mayo de 1937) 270-83.

[2] Gustavo Otero Muñoz, *Resumen de historia de la literatura colombiana* (Bogotá: Librería Voluntad, 1945), 293.

[3] Harold E. Hinds, Jr., "Life and Early Literary Career of the Nineteenth-Century Colombian Writer Soledad Acosta de Samper", en Yvette E. Miller, ed. *Latin-American Women Writers: Yesterday and Today* (Pittsburgh, PA: Latin American Literary Review, 1970, 23.

[4] Rosa María Copel, ed., *Mujer y sociedad en España: 1900-1975* (Madrid: Ministerio de Cultura, 1982), 129.

tos 'de actualidad' en su época, no parezcan viejos". Añadía que "Se necesita el transcurso de algunas generaciones para que lo viejo adquiera pátina de antiguo, y recobre su interés", y en típica actitud canonizante sentenciaba que "Podrá ser solamente un interés histórico o de mera erudición, pero al fin y al cabo brillará su nombre en medio de la densa oscuridad"[5].

En las páginas que siguen nos proponemos analizar dos de sus textos, su novela de 1869 *El corazón de la mujer,* y el ensayo *Aptitud de las mujeres para ejercer todas las profesiones,* de 1893. Nuestra preocupación central será detectar el perfil ideológico y retórico de estos textos en su posible relación genética con el siglo XIX colombiano. De gran atractivo para nosotros es su aspecto feminista, que por su precocidad y persistencia podemos considerar uno de los más destacados. Un aspecto que nos preocupa inicialmente es plantear el problema de la especificidad genérica de la escritura femenina: ¿es la escritura de una mujer intrínsecamente diferente a la de un hombre? Si ello es así, ¿qué repercusiones tiene en cuanto al posible juego de lenguajes que se dan cita en el texto literario para constituirlo, o en cuanto a aspectos tales como la construcción simbólica o imaginaria de un *otro* masculino en términos de la caracterización de los personajes masculinos? Estas preguntas están sin duda en un sitio preeminente de los enfoques feministas contemporáneos, y consideramos que al estudioso de la obra de una escritora no le es posible pasarlas por alto[6]. Al respecto observa Alice Jardine que "To say that there is *no* difference between men and women's writing, is a masculine perspective... But to say that they are exclusively different (even potentially) is equally masculine"[7]. Por consiguiente nos preguntamos: ¿qué hace que la literatura de Soledad Acosta sea "femenina"? O, en primer lugar, ¿lo es? En segundo lugar, ¿tiene ello alguna relevancia en la constitución de su especificidad ideológica y/o retórica?

De acuerdo con Jardine, un aspecto que caracteriza formalmente la escritura femenina es precisamente su corrección formal, temerosa de una transgresión demasiado obvia que incite su rechazo masculino por no escribir "adecuadamente": "... women do seem much less willing to experiment in a radical way with existing conventions... this 'respect for form' appears at several levels: for example, at the syntactic level through a hyper-grammatical

[5] Otero Muñoz, 269.

[6] Gabriela Mora discute este aspecto desde una perspectiva de hispanoamericana en G. Mora y Karen S. Van Hooft, ed., *Theory and Practice of Feminist Literary Criticism.* Ypsilanti, Michigan: Editorial Bilingue, 1982, 6.

[7] Alice Jardine, "Transatlantic Perspectives", in *Yale French Studies,* Volume No. 62, 1981, 230.

correctness"[8]. En tanto, Gabriela Mora, resumiendo las posiciones críticas al respecto, indica que se puede "dar por sentado que ni uno ni otro sexo puede reclamar exclusividad en la invención de recursos retóricos que forman parte del acervo cultural general"[9]. En la dificultad de decidir si estas palabras son igualmente válidas para *toda* escritura femenina, el posible lector de Soledad Acosta podrá comprobar que al menos son bastante pertinentes en cuanto a su escritura. De hecho, elementos tales como su régimen sintáctico o su selección léxica, considerados intertextualmente, estarán por su carácter esencialmente convencional opuestos al tipo de transgresión que en el período en que Soledad Acosta escribió representa la escritura de Vargas Vila, por ejemplo.

En tanto que Patricia Meyer Spacks se pregunta si la expresión creativa femenina parte de la percepción como mujer[10], Annette Kolodny opina que la literatura masculina es inequívoca e inherentemente distinta de la de mujeres por razón de su componente genérico[11]. Por tanto, si el horizonte de expectativas que plantea el texto femenino es distinto del masculino ello evidenciaría la apertura o reconocimiento de un vasto espacio para el ejercicio hermenéutico.

Una primera lectura de *El corazón de la mujer* plantea varios problemas básicos. En primer lugar, la atribución de este texto a un género específico se hace difícil ya desde su subtítulo de *Ensayo psicológico,* al que sigue un "Prólogo" (en la edición de 1887) en que una voz masculina anónima presenta a los lectores la obra de "esta respetable señora americana" y de manera consistente con el carácter patriarcal de la época certifica su calidad. Al "Prólogo" le sigue una "Introducción" de la propia autora, en el que anuncia su objetivo de estudiar el corazón de la mujer, asociando esta curiosa sinécdoque a un símil que establece la base figurativa de su discurso: "El corazón de la mujer es un arpa mágica que no suena armoniosamente sino cuando una mano simpática la pulsa" (1)[12]. La sinécdoque, que según el

---

[8] Jardine, 232.

[9] Gabriela Mora, p. 7. Sobre las diferencias en la apropiación del lenguaje según el sexo, véase la bibliografíaelaborada por Cheris Kramer, Barrie Thorne y Nancy Henley, *Signs,* 3, N.º 3 (primavera 1978), 638-51.

[10] Patricia Meyer Spacks, *The Female Imagination.* New York: Alfred A. Knopf, (1975), 3.

[11] Annette Kolodny, "A Map for Rereading; or Gender and the Interpretation of Literary Texts", Shirley Nelson Garner, ed., *The (M)other Language* (Ithaca, NY: Cornell University Press, 1985), 256.

[12] Soledad Acosta de Samper, *El corazón de la mujer: ensayo psicológico* (Curazao: Imprenta de la Librería de A. Bethencourt e Hijo: 1887), p. 1 (En lo sucesivo citaré solamente el número de página entre paréntesis).

Grupo MU tiene como resultado "The effect of increasing the extension of a term, that is, making it more 'general'"[13], constituye la manera básica de representación de este texto. Esto se evidencia en dos aspectos centrales: (1) Toma la parte por el todo al "estudiar" los casos de seis mujeres en seis relatos que ejemplifican las afirmaciones o tesis de la "Introducción". (2) Toma la parte por el todo al referirse al corazón de la mujer como el *locus* de su feminidad.

Empero, no se trata de un ensayo en el sentido genérico de la palabra. Este *Ensayo psicológico* no es un compendio expositivo de aspectos sobre la condición femenina. Su estructura dislocada en seis secciones hace problemática la atribución de este texto al género novelístico o al cuentístico. Como explicaremos en detalle más adelante, hemos optado por considerar el texto como una novela ya que su unidad estructural y de sentido, opuesta a una aparente dispersión de seis relatos centrados en diversas voces narradoras, lo amerita así. En *El corazón de la mujer* una narradora anónima comienza el relato. Es pertinente observar la manera como esta narradora se difumina en el texto de una manera que va mas allá de su anonimato: no sabemos nada de sus reacciones o de su vida. De hecho, la cantidad de información que esta narradora ofrece acerca de sí o de su entorno es sumamente parca, y las pocas ocasiones en que ella evalúa ese entorno son lo suficientemente vagas como para atribuirlas a una cierta ironía: "La casa cural de la aldea *** era la única habitación un tanto civilizada que se encontraba en aquellas comarcas. Después de la muerte de mi madre, mi hermana y yo fuimos a pasar algunos meses al lado del cura, que era nuestro tío" (4).

Nos interesa recalcar dos aspectos de esta locución: la represión informativa que hay en ella, y su relativo desapego emotivo. La aldea es anónima, por tanto su ubicación exacta o imaginaria no es de importancia para la narradora. Reemplazar el nombre de un sitio por iniciales o por espacios en blanco es una sinécdoque común en la literatura decimonónica para aumentar la ilusión de realidad[14]. En este caso, esa sinécdoque transfiere a la novela entera un cierto valor semántico propio de esa figura, de la que el Grupo MU escribe que "it is easily seen that a generalizing synechdoche will give an abstract 'philosophic' cast to the discourse, which obviously clashes in the case of naturalistic parody with the concreteness of the context"[15].

---

[13] Group MU, A *General Rhetoric* (Baltimore; Johns Hopkins University Press, 1981), p. 103.

[14] John Earth, citado en *A General Rhetoric*, 103.

[15] A General Rhetoric, 103.

Por otro lado, la carencia de una reacción emotiva que evidencia esta narradora es un aspecto también muy significativo. Su madre ha muerto, pero en ningún momento ella expresa una reacción emotiva al respecto. Quizá más significativo aún es el hecho de que la posible desaparición del padre ni siquiera se menciona; antes bien, su ausencia se da por sentada pero no se la considera objeto de explicación. En ambos casos al lector se le oculta si la muerte o desaparición ha sido reciente o no, trágica o natural. Considerados desde el punto de vista del sistema literario de la época estos dos aspectos son llamativos porque significarían una posible ruptura con el romanticismo y el realismo, aunque en la literatura colombiana existiera el conocido precedente del alejamiento de Efraín en *María:* "Era yo niño cuando me alejaron de la casa paterna para que diera principio a mis estudios en el colegio de ***...". Es posible asociar esta represión de información y de emotividad a una represión del deseo como subtexto que gobierna este "Ensayo psicológico" y que explica sus características sobresalientes tanto de tipo formal o retórico como de tipo significativo o ideológico.

Obsérvese que la narradora y su hermana están en relación de dependencia de un hombre al que el texto convenientemente distancia, en primer lugar por razones familiares, ya que es un tío; en segundo lugar, por fuerza de consideraciones morales, éticas y en últimas ideológicas, ya que es un sacerdote católico. El texto de Soledad Acosta acude a un personaje femenino sustraído en principio de los *loci domestici* tradicionales: no es ni esposa, madre, ni tampoco, amante. El texto la sitúa entonces en una posición privilegiada y asexuada, "la casa cural de" *** con su implícito ascetismo. Simultáneamente el texto ubica a la narradora verticalmente bajo la tutela del tío cura y horizontalmente en pie de igualdad con una "hermana", igualmente anónima y de quien tampoco el lector llega a saber nada. Además, de manera simultánea el texto la coloca en posición de benefactora cuasi maternal de la viajera Matilde, enferma y psicológicamente maltratada por su esposo Enrique. Anotamos que el espacio constituido por estas tres personas elimina tanto la posibilidad de ejercer una sexualidad como la de acceder a la maternidad, cuya culminación es aparentemente uno de los ideologemas centrales en el texto, en lo que a primera vista aparece como una exaltación del matrimonio y de la reproducción de la maternidad.

Desde esta posición de doble aislamiento la narradora ejerce el que será su papel más importante en términos de la narración: escucha una serie de relatos narrados por otros personajes, seis en total, que como ella doblan su papel de narradores en el de oyentes. Por tanto, ella está confinada textualmente a la pasividad del papel de oyente. De hecho, de manera semejante a la de narraciones tradicionales como *Las mil y una noches,* en *El corazón de la mujer se* configura un grupo de personas que, para vencer el tedio del ambiente rural en este caso, cuentan una historia cada noche. Así, en el primer relato, "Matilde", llegan a la casa cural en busca de ayuda un caballero "rico propietario", don Enrique Noriega, y su esposa enferma, Matilde, que iban de viaje. Ya que el clima le es propicio, Matilde se hospeda en la casa cural durante dos meses. El relato que Matilde hace de su vida, narrado "una tarde cuando estábamos sentadas las tres en el corredor exterior de la casa... al caer el sol" (6) desplaza hacia ella el punto de vista narrativo y hace de Matilde la verdadera narradora y convierte a los demás en oyentes de esta narración.

A lo largo de la novela, la anónima "narradora"-oyente no ejerce ninguna iniciativa y por el contrario se limita a su pasivo papel de oyente, matizado por ocasionales comentarios que facilitan la transición de un relato a otro. Este retraimiento a una posición pasiva y marginal nos parece que es significativo en términos del relato en su totalidad como una construcción narrativa simbólica[16], ya que puede entenderse como un paralelo a la situación descentrada, marginal, que Soledad Acosta identificaba en la mujer. A su transformación ella dedicó parte importante de su actividad intelectual, especialmente en escritos como la memoria *Aptitud de la mujer para ejercer todas las profesiones,* sin que esto implique que lo mismo no sea igualmente cierto en cuanto *El corazón de la mujer.* De hecho, en la "Introducción" a *El corazón,* que no firma la autora Soledad Acosta, pero que podemos asumir es escrita por ella, observa que "Las mujeres no tienen derecho de desahogar sus penas a la faz del mundo. Deben aparentar siempre resignación, calma y dulces sonrisas" (3). Estas palabras, leídas teniendo el resto de la novela como telón de fondo, confieren a los diversos relatos la significación de caleidoscopio de representaciones femeninas: los diversos relatos, como veremos a continuación, exploran situaciones específicas que tienden a confirmar lo expuesto en la "Introducción", como en la novela de tesis.

Todas las seis secciones o relatos que componen el texto tienen como título el nombre de una mujer cuya biografía narran: "Matilde", "Manuelita", "Mercedes", "Juanita", "Margarita" e "Isabel". La sección "Matilde" es la única en la novela en que la protagonista narra en primera persona. La sección "Manuelita" está narrada en primera persona por la hermana anóni-

---

[16] Véase Fredric Jameson sobre la narrativa como una forma simbólica, *The Political! Unconscious: Narrative as a Socially Symbolic Act* (Ithaca: Cornell University Press, 1981), 144. Véase también Hernán Vidal al respecto, *Sentido y práctica de la crítica literaria: panfleto para la proposición de una arqueología acotada* (Minneapolis: Instituto forthe Study of Ideologies and Literature, 1984), 20-32, y "Para una redefinición critica", en *Ideologies & Literature,* mayo-junio 1983, 122.

ma de la narradora que abre la novela, lo mismo que la sección siguiente, "Mercedes". La cuarta sección, "Juanita", tiene como narrador a don Enrique, quien habiendo regresado a la casa cural para recoger a su esposa se une al grupo de conmitilones interesado en la suerte de Juanita, a quien había conocido "accidentalmente". Juanita resulta ser la hermana menor de Mercedes. La sección quinta, "Margarita", es narrada por don Felipe, hermano de Matilde, y también de visita en la casa cural. Por último, la sección sexta, "Isabel", es narrada en primera persona por el tío cura, y es la historia de la mujer homónima. En total, la novela emplea seis narradores que en conjunto narran la vida de igual número de mujeres. Tres de los narradores son mujeres, y tres son hombres.

Un análisis contrastivo de estos narradores y de las relaciones que se establecen entre ellos arroja resultados significativos para el estudio de la novela, no solamente desde un punto de vista de su gramática narrativa sino precisamente desde la femineidad de sus protagonistas, de las cualidades del "corazón de la mujer", y de la reproducción de la maternidad, que identificamos desde ya como uno de sus subtextos principales[17].

En primer lugar observamos una actividad que une y relaciona a estos disímiles narradores: contar historias, que se presenta inicialmente como denominador común. El grupo formado por el tío cura y sus dos sobrinas, al que se unen Matilde, su esposo Enrique y su hermano Felipe se convierte en la primera audiencia de estos relatos. Esta audiencia, compuesta según se ve de tres hombres y tres mujeres, es especial, como observa Matilde al comienzo de su relato: "Vivía triste, enferma... *pero he hallado en ustedes una verdadera familia*" (5. El subrayado es mío). Por tanto, es en el seno de una familia figurada (presidida por un *pater familias* inverosímil: un sacerdote católico) donde estos relatos existen, y es precisamente a un sentido familiar donde apunta su carga semántica. Esta familia figurada se compondría de dos parejas de hermanos (las dos hermanas huérfanas, Matilde y Felipe), y dos figuras patriarcales, don Enrique y el tío cura. Es pertinente observar aquí la organización binaria que el texto atribuye a sus personajes, evidente en la simetría sexual de los narradores: tres mujeres y tres hombres.

La asociación de estos personajes para contar queda establecida desde el comienzo, al ganar preponderancia la voz de Matilde, que desplaza a la de la narradora inicial. Matilde explica con cierto detalle su vida y su situación actual

---

[17] Véase Nancy Chodorow, *The Reproduction of Mothering: Psychoanalysis and the Sociology of Gender* (Berkeley:University of California Press, 1978), especialmente 3-39 y 179-190.

de resignación ante la frialdad e indiferencia de Enrique, que ella considera "justo castigo" por sus conatos de coqueteo con otro hombre, Fernando, de quien se ha enamorado. Ante la imposibilidad de hacer avanzar ese romance, "quise buscar un consuelo donde tenía la seguridad de hallarlo... y me dirigí a la iglesia.... *y ya me sentía más resignada"* (19. El subrayado es mío). Su relato termina con una predecible moraleja acerca de las consecuencias negativas de su "carácter débil", sobre el cual comenta la hermana que ella conoce un caso similar, que "debe interesar como aprobación de esta verdad: que un recuerdo, aunque vago, puede ser benéfico, y es a veces más duradero y firme de lo que generalmente se cree" (25). Esta afirmación se constituye en hipótesis que hace del relato siguiente su demostración. El estatus de narración queda establecido en las palabras finales de esta sección: "–¿Pudiera usted referírnoslo? –preguntó Matilde. –Lo haré gustosa... Pido plazo hasta mañana para ordenar mis ideas a fin de hacer la narración lo menos cansada posible" (25).

Estas palabras sirven de introducción al segundo relato, "Manuelita", que inicialmente es narrado en primera persona por la hermana anónima. Se trata aquí de la historia de una mujer anciana que por medio de una anécdota de su primera juventud le enseña a su acompañante el valor de los recuerdos. Es la historia de dos hermanas, Carmen y Manuela, que en su juventud, en la época de la Independencia, conocen a Manuel Valdez, un tímido galán, "en una hermosa tarde de enero de 1823" (29). Manuel trata de cortejar a Manuelita, pero por timideces mutuas nunca llegan a hablarse. Algún tiempo después un extraño se acerca a Manuela en un baile de gala para susurrarle al oído que "Mauricio Valdez acaba de morir... Usted fue su último pensamiento y mientras eso... usted baila!" (35). Esta confidencia se convierte en un remordimiento que habría de durar el resto de la vida de Manuela y, aún más importante, definiría su sensibilidad.

Este relato se caracteriza por el mismo procedimiento narrativo de la primera sección. El hilo de la narración pasa de la hermana a Matilde sin ninguna transición, por lo cual la narración cae siempre en un yo que narra. Nos interesa recalcar en este momento en cuanto a las formas narrativas de la novela ese desplazamiento. Además, el hecho de que al final del relato se identifica a Manuela como tía de las hermanas sugiere la permanencia básica del nexo familiar *pero sin maternidad,* aunque esto cobrará importancia aún mayor en otros de los relatos.

El tercer relato, "Mercedes", narrado también por la hermana, enfatizará el ideologema de la maternidad como sino femenino, complemento y fin último de la vida de la mujer. El juego de narradores en este relato involucra a Mercedes, quien ha contado su vida a la hermana, la cual a su vez lo escribió "para no olvidarlo".

Mercedes se describe a sí misma: "A los diez y seis años era yo una dichosa niña llena de dicha y alegría. Era mi padre español de nacimiento y energúmeno defensor del rey" (42). En medio del fragor de las guerras de la Independencia Mercedes se enamora de un joven oficial español, que le exige seguirlo a España para que sea su esposa: "¡A España! Mi patria no podría ser sino la suya" (49). La mañana en que ellos deciden llevar a cabo el escape termina en tragedia. El caballo de Mercedes se desboca aún antes de abandonar la ciudad y la caída hace que Mercedes quede desfigurada, por lo que Pablo, el oficial español, la rechaza. Este desfiguramiento es causa de que Mercedes decida encerrarse. La aparición en esta novela del ideologema "patria" no sorprende dado que forma una de las bases del epistema decimonónico finisecular[18].

En efecto, la ulterior victoria de los "patriotas" determina la ruina económica de la familia, ya que el padre ha sido condenado al exilio interno. La pronta muerte del padre y la pobreza total en que viven hacen que Mercedes se case por conveniencia con el ex esclavo Santiago. Sin embargo no es el amor lo que la motiva: "Tenía una hermana pequeña... esto era lo único que me interesaba" (58). Con el fin de redimir la familia de la abyecta pobreza en que ahora viven, Mercedes decide casarse secretamente con Santiago. En este punto su historia se convierte en una duplicación de la trama inicial, de la que ella como narradora es consciente. La idea de huir a escondidas para unirse a un hombre cuya unión la familia desaprueba ya es conocida por Mercedes. En ambos casos ella ha temido la perspectiva del castigo, que juzga merecido e inexorable (62).

En efecto, el propósito de estas uniones es lo que determina su diferente carácter: si la primera huida estaba motivada por la "culpable" satisfacción del deseo y ella ha aceptado la caída del caballo como expiación "merecida", ahora se une a Santiago en medio de un sentimiento de asco y deshonor pues éste es mulato y ex esclavo venido a más. El *deber familiar es* la motivación que la anima ahora y que la convierte vicaria y simultáneamente en figura paterna y materna: "Yo estaba, sin embargo, desesperada con nuestra situación y decidida a hacer cualquier sacrificio por mi familia; así le dije a mi pretendiente que, puesto que mi madre se resistía a darme su consentimiento, me casaría con él sin que ella lo supiera" (62). En relación con la recurrencia de huidas en el texto, anotemos la oportuna observación de

---

[18] Cabe recordar aquí que esta novela fue publicada por primera vez en 1869, dentro del libro *Novelas y cuadros* de la autora. La de 1887 es su segunda edición, aunque la primera edición independiente. (*Nota de las editoras.*)

Gabriela Mora, según la cual "se ha encontrado una copiosa repetición de imágenes expresivas de los conceptos de encierro y escape en la literatura femenina. Las metáforas sugerentes de espacios restrictivos y estáticos reiteradas en las obras de mujeres tendrían... una función estética diferente a las figuras de 'prisión' usadas por los varones"[19].

La noción implícita que sirve de subtexto a este relato es la asumida santidad de la obligación familiar entendida como deber o imposición, y cuya satisfacción debe de sobrepasar su costo. Como la novela enfatizará desde este momento, la mujer debe sacrificarse y resignarse. La evolución de la vida de Mercedes desde ahora pasa a ser un ejemplo de esa visión. Aquí Mercedes asume la condición de jefe de su hogar y por tanto madre de su hermana y, por lo menos subliminalmente, esposo de su madre. Su propio hijo, Francisco, morirá más tarde durante "la revolución de mayo" (71). "Mi existencia no tenía interés alguno, mis afectos estaban encerrados en las tumbas de cuantos había amado", (72) dice ella poco antes de morir. Mercedes ha expiado de esta manera los actos "apátridas" de su juventud, ya que las que fueron sus amistades se han negado a prestarle cualquier ayuda. Así, vieja, sola y desamparada, al morir en la "casa rural de ***", transforma a las hermanas sobrinas del cura en madres vicarias, como ella lo había sido en el pasado.

La historia de "Juanita" tiene una relación de dependencia en cuanto al relato anterior, como si fuera una derivación. Se trata de la historia de la vida de Juanita, hermana de Mercedes, quien para escapar de la pobreza y los males tratos de Santiago había sido adoptada por una rica familia como empleada doméstica. La transición entre el relato de Mercedes y el de Juanita se hace posible por un hecho fortuito: "¡Que casualidad! exclamó don Enrique. Yo conocí en Neiva a la hermana de esa misma Mercedes, a Juanita Vargas" (73). Don Enrique es el narrador de esta sección. El destino de Juanita en general es bastante semejante al de su hermana. Tiene que casarse también por conveniencia y sin amor con un mercader, Bonifacio. Llevan una vida sin armonía, pero al final Juanita descubre que su esposo sufre lepra, y que este oculto sufrimiento es la causa del distanciamiento de Bonifacio. Juanita decide dar sus hijos en adopción a un tío suyo (que por "coincidencia" es también cura) y regresar subrepticiamente al lado de su esposo para cuidarle hasta su muerte. Bonifacio se pregunta "¿Por qué ha puesto Dios a este ángel a mi lado?", (82) en lo que es claramente una versión del topos victoriano de "The

---

[19] Mora, 7. Véase también Sandra M. Gilbert y Susan Gubar, *The Madwoman in the Attic: the Woman Writer and the Nineteenth-Century Imagination* (New Haven: Yale University Press, 1979), 86-87.

Angel-in-the-House"[20]. En efecto, Juanita se ha despreocupado por completo de sus hijos, regalándolos, para dedicarse enteramente al hombre que antes la ignoraba. Don Enrique comenta que "Su aspecto era más animado, su mirada más viva y se notaba en ella cierta irradiación del alma: *tal es la influencia de una noble acción y de la conciencia de un deber cumplido!*" (83. El subrayado es mío). En nuestra discusión de la semántica general de la novela nos ocuparemos de esta curiosa concepción falocéntrica del deber, que aquí se entiende como un vínculo unilateral que va de la mujer hacia el hombre en desmedro de los hijos confirmando los valores patriarcales.

En lo que pasa a tomar las apariencias de un distanciamiento irónico con respecto al papel de la mujer, Felipe exclama en la acostumbrada evaluación que al terminar cada relato hacen los narradores-oyentes que "... en este hecho se revela el gran sentimiento de abnegación que es el fondo de un verdadero corazón femenino. Nosotros podemos admirar... pero rara vez sabemos amar así. Amar hasta el sacrificio sólo por un sentimiento de compasión, amar sin esperanza de recompensa alguna, no está en nuestra naturaleza!" (83).

En este y otros comentarios semejantes diseminados por la novela los personajes masculinos irán constituyendo una teoría implícita de la diferencia genérica. Aunque generalmente de muy poca extensión y aparentemente secundarios, estos comentarios coexisten en una relación dialéctica con los relatos que les siguen y les preceden.

En "Margarita" el personaje homónimo sacrifica su vida no a un hombre sino a la religión. En este relato asistimos a una culminación del motivo de la "resignación" u observancia extremada de la noción del "deber" que pervade la novela. "Margarita" es sin duda la sección más compleja de la novela. Felipe, que ha sido sólo un oyente en los relatos anteriores pasa a ser el narrador de esta sección, introduciendo su narración como "una historia de la cual tuve conocimiento por varias circunstancias casuales" (84). Nuestro interés en esta observación radica en dos aspectos: en primer lugar, en esa aparente inocencia o impasividad o desapego con que procede el relato que, como el lector averiguara sólo al final, es en realidad autobiográfico. Este "self-effacement" es similar al de los personajes femeninos. Por otro lado, este relato presenta ese mismo desplazamiento de narradores que hemos

---

[20] Véase Elaine Showalter, *A Literature of Their Own: British Women Novelists from Bronte to Lessing* (Princeton: Princeton University Press, 1977), 14. Showalter identifica este topos como propio de la clase media en las sociedades industriales, especialmente Inglaterra y los Estados Unidos. Sin embargo, también existe en sociedades básicamente agrarias como la Colombia del siglo XIX. Véase también *"El ángel del hogar:* The Cult of Domesticity in Nineteenth Century Spain", en G. Mora, 62-88.

visto ya en otras secciones. "Margarita" es también la historia de Felipe, sólo que aquí se presenta y domina la perspectiva femenina. Por consiguiente, la situación narrativa general consiste de una escritora que crea una narradora anónima que introduce a un narrador masculino que cuenta la vida de Margarita, que es también su historia.

Este intrincado desplazamiento o distanciamiento se configura como otro de los recursos retóricos fundamentales de *El corazón de la mujer*, y alude no tanto a la fragmentación formal de los aspectos narrativos de la novela como a lo que, en relación con las características propias de la escritura femenina decimonónica, Sandra M.Gilbert y Susan Gubar han llamado "fantasies in which maddened doubles functioned as social surrogates for docile selves"[21]. De hecho, hay en *El corazón de la mujer* un apretado juego de dobles: las dos hermanas son lo suficientemente anónimas como para que puedan ser intercambiables, pues a la textura del relato no aflora ningún elemento que las pueda caracterizar o diferenciar entre sí. Además, Mercedes y Juanita, a su vez hermanas que han seguido diversos rumbos, corren sin embargo la misma suerte. Por otro lado, la historia de Enrique y Matilde tiene una duplicación interior en la de Fernando y su esposa.

La historia de Margarita funciona también dentro de ese juego de duplicaciones. La suya es en términos generales la historia de un amor fallido y está precedida por la historia de otro amor fallido, el de la india Jacoba y su novio, un soldado. Margarita es la esposa del coronel Perdomo, que la maltrata. Poco antes de que este muriera en acción ella conoce a Eugenio, un joven revolucionario perseguido, que resulta ser primo de Perdomo. La noticia de su muerte hace que ella dé por cancelado el romance con Eugenio, ya que se siente culpable de la muerte de su esposo (99).

Hasta este momento la historia de Margarita es una repetición de la historia de Jacoba y su novio en sus aspectos básicos: a la unión deseada (con un militar) surge un obstáculo (la guerra) seguido de la resignación por la pérdida del esposo que en esta historia tiene como paralelo o culminación la pérdida del semi-amante. Llevada por el sentimiento de culpa Margarita "había hecho voto deliberado de consagrar a Dios el resto de sus días... en la persuasión de que sólo en un convento hallaría el olvido completo de lo pasado" (100). Por su parte, la historia intercalada de la india Jacoba y su novio sirve de marco introductorio a la de Eugenio y Margarita y su punto de intersección con ella es de un alto valor significativo. El indio se despide de Jacoba y la decepciona al decirle que ya está casado (por conveniencia) y

---

[21] Gilbert and Gubar, *The Madwoman in the Attic*, xi.

que por tanto no podrá casarse con ella. Además, él debe partir para la guerra, pues ha estallado una revolución contra el gobierno. "No me guardes ojeriza: mira, aquí te traje esta crucecita para que la ensartes en tu rosario y te acuerdes de mí cada vez que le veas" (87). Esta cruz se convierte en ícono que enlaza las dos historias y determina su articulación y desenlace: si para Jacoba la cruz es un objeto que debería garantizar la permanencia del indio (y de lo que no pudo ser) en su memoria, para Margarita esa misma cruz se convierte en señal que autoriza u ordena la exclusión y olvido del amante. En efecto, Eugenio consigue que Margarita reconsidere su drástica decisión de clausurar su vida en un convento y la ocasión que propone es un paseo hasta las ruinas de una iglesia (104). De una manera igualmente fortuita que en otros encuentros en la novela, Margarita halla la cruz que Jacoba acaba de perder en el césped: "¡He aquí la señal enviada por Dios! pensó palideciendo al enseñársela a Eugenio; el cielo no levanta nunca un voto hecho en expiación de una falta"(104). La separación se consuma; los amantes se apartan para no volver a reunirse hasta el momento de la muerte.

La recepción de la historia de Margarita por parte de los personajes-oyentes es negativa. En primer lugar a algunos la historia les parece "inverosímil". La discusión sobre la posible verosimilitud o no de que tal amor platónico se conservase durante veinte años cede lugar a una evaluación de la justeza de ese encierro conventual, que para don Enrique es "exagerado" y "más bien un acto impío" (112). El tío cura, por otro lado, opina que "la conducta de Margarita... provino de una idea elevada de sus deberes" (112). El tío cura actúa aquí como portavoz de la Iglesia y su participación como oyente y figura de autoridad en estos relatos sirve de paralelo simbólico al papel de la Iglesia en la dinámica social que está en la génesis de la novela. En este momento la novela parecería apuntar a un enfoque irónico o escéptico con respecto a asuntos como la clausura del cuerpo femenino al placer, el retraimiento o exclusión de la mujer del mundo en un espacio definido por la "resignación" o el "deber", sea la familia (y más concretamente la sumisión al esposo) o el convento. Sin embargo, esta insinuación es tan leve y está tan matizada en el texto por el múltiple juego de narradores que una conclusión inequívoca se hace difícil. De hecho, la evaluación de la historia de Margarita rehúsa una clausura o cierre definido y como en ocasiones anteriores se desliza hacia la historia o relato siguiente: el tío cura informa al grupo de oyentes que "Les tengo ofrecido mi tributo de un cuento y el que se me ocurre viene muy al caso como ustedes verán" (113). De esa manera introduce el último relato, "Isabel", que él narra en primera persona.

En este relato, precedido por una cita de la *Imitación de Cristo* de Tomás de Kempis, que elogia el valor de la humillación divina "para que aprenda tus justificaciones y destierre de mi corazón toda soberbia y presunción" (114), se enfoca más directamente el asunto de la religión, la divinidad en su relación con la condición de madre, y "el corazón de la mujer"; doña Isabel es una mujer rica e irascible cuyo hijo enfermo está a punto de morir. Jura a Dios no volver a la iglesia si él muere, en lo que es su manera de no conformarse con la desgracia. A la muerte de su hijo ella cae en la blasfemia, desafiando a Dios a que le "demuestre" su existencia.

La historia se desarrolla en un sitio anónimo; el tío cura informa que "siendo bastante joven me enviaron a ***" (114). Tanto este hecho como el que el sitio mismo donde estas historias están siendo narradas es anónimo sugiere que el texto atribuye una irrelevancia básica a la exactitud de la topología en favor de una implícita universalidad del conflicto de estas historias. Este es un importante aspecto cronotópico de *El corazón de la mujer*. Y, como afirma Derrida, los problemas de topología (sitio) y de economía (oikos = casa) pasan a ser idénticos[22].

La historia de Isabel establece de una manera muy visible la dialéctica de la transgresión, castigo ("merecido", "justo") y resignación presente en las otras historias, y recalcado aquí por un *deux ex machina* tradicional. Isabel, que había jurado a la muerte de su hijo que "¡Nunca más doblaré la rodilla ante un Dios tan cruel!" (119) vive un período de transgresión, al apartarse voluntariamente de las reglas morales que rigen el mundo de "***". El cura indica que "temblaba al pensar en el castigo que la aguardaba" (120), indicando que él conoce la inexorabilidad de las reglas o leyes que ella ha quebrantado.

Estamos aquí precisamente frente a una de las bases de la construcción imaginaria de la mujer por parte de la sociedad masculina en el siglo XIX: a la mujer se la explica como enfermiza e histérica, y por tanto "naturalmente" irresponsable. Y ya que histeria = hysterikós = útero, por consiguiente la mujer es "naturalmente" inestable y caprichosa, mientras que los hombres son "naturalmente" dueños de una patricia serenidad, como Enrique, Felipe o el tío cura. Es bastante significativo al respecto que el narrador de esta historia sea un personaje masculino.

En el mundo que habita Isabel no hay esposo y por tanto no hay una familia a la manera usual. La muerte posterior de sus dos hijos motiva en ella una transición hacia un mundo exocéntrico, pues ella "Se dedicó a cuidar niños pobres y enfermos, por el resto de su vida, siendo su casa un perpetuo asilo de cuantos desgraciados imploraban su beneficencia" (122). La

---

[22] Jacques Derrida, "Choreographics", en *Diacritics* 12, No. 2, 66.

suerte de Isabel es similar a la de otras heroínas de la novela. La constitución de ese espacio íntimo y cálido que según la ideología patricia dominante es su *situ* les es negada por diversas fuerzas: sociales (a Margarita la guerra le arrebata su esposo; su amante a Mercedes, y luego su hijo),
enfermedades (la lepra de Bonifacio en "Juanita"; la precoz muerte de Mauricio Valdez en "Manuelita"); los celos de Enrique (su "naturaleza violenta
y vengativa"). Además, la propia narradora y su hermana carecen de una
familia propiamente dicha: ya al comienzo de la novela informan que "Después de la muerte de mi madre, mi hermana y yo fuimos a pasar algunos
meses al lado del cura, que era nuestro tío" (4). Esta información casual no
se complementará con ninguna otra, estableciéndose tan sólo que son huérfanas. Queremos enfatizar, sin embargo, que al padre ni siquiera se le menciona. Su ausencia se constituye en un importantísimo elemento textual
como lo no dicho[23], y nos parece que esa ausencia se conjuga dialéctica-
mente con la presencia traumática de los otros hombres (padre, esposos,
hijos o amantes) en las secciones que componen la novela.

Los hombres de *El corazón de la mujer* invariablemente fallan en cuanto
a sus papeles de esposo (Enrique), padre (Santiago), amante (Mauricio,
Pablo). Por contraste, las mujeres resisten y perduran y son elementos de
estabilidad y aún de supervivencia. La noción implícita es que la mujer
puede ser más fuerte que el hombre, y que su capacidad de resistir es mayor.
Recuérdese que en la "Introducción" la autora ha escrito que el sufrimiento,
la capacidad de sufrir y resignarse, es el atributo definitorio de la mujer (3).

Las anónimas hermanas, en tanto que oyentes narradoras, ocupan un
lugar en el espacio narrativo que hace de ellas las destinatarias de un *Bildungsroman* que exhibe un final traumático para las que se casaron pero por
lo menos neutro para ellas, que terminan solteras. En estas narraciones rela-
tadas por personajes adultos las hermanas visualizan los diferentes caminos
que se abren ante ellas en tanto que mujeres. Sin embargo, y como se había
señalado antes, la "Introducción" establece una apertura irónica al sentido
total de la novela: al criticar la tendencia femenina a la idealización del
"espíritu poético" y el peligro de caer de la "vida ideal" a la "realidad",
"Muchas mujeres... llevan consigo un desaliento vago que les hace ver el
mundo sin goces; viven solamente para cumplir un deber, y se convierten en
beatas o amargamente irónicas" (1), la novela parece criticar esa suerte para

---

[23] Véase Terry Eagleton, *Criticism and Ideology: A Study in Marxist Literary Theory* (London: NLB Press, 1978), en relación con "lo no dicho", 88-90; Machenery, *A
Theory of Literary Production*, 78).

la mujer y oponerse al topos Victoriano del "ángel en el hogar", que en realidad tiene una larga tradición en la cultura hispana, con conocidas expresiones en la cultura popular como el refrán "La mujer en casa y con la pata quebrada", o en la cultura escrita como el clásico falocrático de Fray Luis de León *La perfecta casada* (1583). El problema expuesto en estos textos resulta ser nada menos que recetar como conveniente para la mujer lo que Derrida llama el arresto domiciliario o "asignation à residence"[24]. La indecisión crítica que presenta se evidencia no tanto en el hecho de no sugerir una alternativa como en limitarse inicialmente a una oscura ambigüedad que puede ser leída casi de cualquier manera, y sobre todo en confirmar la capacidad de sufrir de la mujer como rasgo loable. En su ensayo de 1893 *Aptitud de la mujer para ejercer todas las profesiones,* en cambio, Soledad Acosta propondrá específicamente ampliar el radio de acción de la mujer, superar la cocina, la costura y el convento y llegar hasta la oficina, el observatorio astronómico, el laboratorio, el mundo de los negocios.

Aún a nivel de los significantes se puede observar esa indecisión. Si como dijimos al comienzo la sinécdoque presta a la novela sus características especiales de darle universalidad a su discurso al ubicar la narración y algunos acontecimientos en "la aldea de ***", en otros de sus apartes se impone el discurso naturalista con la precisión de sus detalles: Ibagué, Honda, Monserrate, Bogotá, etc.

Pensamos, sin embargo, que la significación fundamental de *El corazón de la mujer* es cuestionar la conveniencia del matrimonio tradicional para la mujer. Este es precisamente uno de los motivos centrales de la escritura femenina decimonónica, según ha establecido Annis Pratt[25]. Si en términos de la mujer no es posible que exista una armonía de pareja y la unión familiar termina despedazada, también resulta cierto que el matrimonio y la maternidad como "destino" femenino resulta puesta en entredicho. No sólo las dos hermanas son funcionalmente estériles, sino que Margarita, al abrazar la vida del convento se aparta de ese destino.

La visión de la familia que este texto de Soledad Acosta ofrece en el año1887 es sumamente traumática como para que se pretenda considerarla como modelo a seguir. En conclusión, podría decirse que *El corazón de la mujer,* bajo el pretexto de ilustrar la naturaleza estoica de la mujer desliza sutilmente un cuestionamiento de la noción de "deber" por el que se la sacri-

---

[24] Derrida, "Choreographies", 68.
[25] Annis Pratt, en Joan I. Roberts, ed., *Beyond Intellectual Sexism: A New Reality* (Nueva York: David McKay Co., 1976), 180.

fica a menudo y de la maternidad y la familia como destino único para la mujer. En *Aptitud de la mujer para ejercer todas las profesiones* Soledad Acosta articula de una manera más explícita la orientación feminista de su escritura. En este escrito, presentado como "memoria" en el Congreso Pedagógico Hispano-Lusitano-Americano reunido en Madrid en 1892[26], Soledad Acosta se propone "averiguar si la mujer es capaz de recibir una educación intelectual al igual del hombre, y si sería conveniente dar la suficiente libertad para que pueda (si posee los talentos necesarios) recibir una educación profesional"[27]. El texto de *Aptitud* tiene una estructura expositiva regida por la sinécdoque también, y por una lógica deductiva basada en una larga serie de ejemplos con los que busca verificar la capacidad de la mujer para desempeñarse en todo tipo de actividades, argumentando que las mujeres han triunfado "en todas partes donde una conveniente educación ha desarrollado los talentos latentes en los cerebros femeninos" (83-88).

Soledad Acosta propone la activa incorporación de la mujer a una sociedad cambiante y de expansión capitalista[28]. Ella consideraba la educación como la manera más expedita para incorporar a la mujer en lo que sagazmente veía como "esta época de transición de una faz de la civilización a otra que aún no podemos entender" (80).

Como Miguel Antonio Caro y en general la Regeneración, el movimiento conservador hegemónico en Colombia a fines del siglo XIX, ella expresa temores ante el creciente proceso de secularización del que era testigo, aunque a diferencia de ellos y simultáneamente visualiza la posibilidad de un cambio: "no es posible prever si el mundo podrá regenerarse o si se perderá por entero en el caos de ideas que suelen oscurecer hasta los espíritus más claros" (80). El proyecto feminista de Soledad Acosta deja entrever una utopía que desviara el cansado destino de la mujer tradicional ya que como apuntara Jean Franco,"... in the Nineteenth-century... in the process of secularization of society... the system of differences between male and female is also changed. Women become allegories of 'la madre patria' upon

---

[26] Sobre este congreso y el naciente feminismo hispanoamericano como proyecto común, véase Rosa María Capel M., ed., *Mujer y sociedad en España: 1700-1975,* pp. 109-145, en especial p. 128 y sucesivas.

[27] Soledad Acosta de Samper, "Aptitud de la mujer para ejercer todas las profesiones", en Acosta de Samper, *Memorias de congresos* (Chartres: Imprenta de Durand, 1893), p. 73. En adelante citaremos sólo el número de página entre paréntesis.

[28] Ángel Rama estudia la relación de estos procesos sociales con la producción literaria del periodo en "La modernización literaria de América Latina", *Hispanoamérica,* XII, No. 36 (1983), 3-19.

which the male project is to be realized"[29]. En el contexto del sistema literario colombiano, anotamos el papel que en este sentido se asigna a la mujer en la poesía patriótica de Caro, por sólo citar un ejemplo.

En tanto que en *El corazón de la mujer* Soledad Acosta desarrolla un texto en que la noción de diferencia entre hombres y mujeres es básica, en *Aptitud* recalcará, por necesidades de su estrategia retórica argumentativa, la semejanza de unos y otras con respecto a las necesidades de incorporación en la expansiva economía de mercado. Si en *El corazón de la mujer* propone que la armonía familiar y la estabilidad de la pareja no son más que ideales deseables pero de obtención difícil o imposible y de conveniencia dudosa, en *Aptitud* expone una versión feminista de una economía política que incluya a la mujer en los espacios extrafamiliares, bien que bajo la lógica capitalista de incorporación productiva: *Aptitud* nada dice del derecho de la mujer a ejercer el goce.

La múltiple obra de Soledad Acosta de Samper, de la cual tan sólo hemos dado cuenta aquí de dos instancias, constituye un muy importante logro literario en la segunda mitad del siglo XIX colombiano. Dentro de los parámetros ideológicos del conservatismo católico hegemónico esa obra, sin embargo, alcanza a percibir y elaborar las nociones básicas de diferencia entre los sexos y de la condición femenina como un otro ontológicamente diverso, tímida pero eficazmente expuesto en sus páginas. Si el poder al que otros escritores de la época como José María Vargas Vila y Juan de Dios Uribe se oponían era hegemónico y adquiría la visibilidad de la fuerza armada, el poder de la falocracia que en sus escritos combatía doña Soledad no era, por aparentemente "invisible", menos insidioso y hegemónico. Por ejemplo, Ángel Cuervo, el novelista hermano de Rufino J. Cuervo, escribía por esos mismos años que "Si en algún ser está arraigado el egoísmo, es en la mujer... ella es su propio ídolo, ella sola es digna de adoración", y proponía que el papel ideal de la mujer era "cumplir con los deberes morales que la religión y la conciencia nos imponen..."[30]. En el largo período de hegemonía conservadora que comenzara con la Regeneración no sería hasta bien entrado el siglo XX que se oyera una voz disidente en la literatura colombiana.

[Originalmente publicado en *Revista de Estudios Colombianos*, 5 (1988), 13-22. Posteriormente incluido como capítulo en *Entre María y La vorágine: literatura colombiana finisecular, 1886-1903*, Gilberto Gómez Ocampo. Bogotá: Fondo Cultural Cafetero, 1988]

---

[29] Jean Franco, "Trends and Priorities for Research in Latin-American Literature", *Ideologies and Literature*, año V, mayo-junio 1983, 117.

[30] Ángel Cuervo, "Jamás", en *Revista Literaria*, IV, Nos. 43-44 (1893), 381.

LA MODALIDAD HERMÉTICA
DE LA SUBJETIVIDAD ROMÁNTICA
EN LA NARRATIVA DE SOLEDAD ACOSTA DE SAMPER

Lucía Guerra-Cunningham

En los estudios acerca del Romanticismo generalmente se ha destacado la importancia ideológica de la marginalización con respecto a una circunstancia histórica marcada por el desarrollo industrial, el avance de la tecnología y el crecimiento de la ciudad. El texto romántico se caracteriza así como un gesto subversivo de la imaginación que opone la libertad al orden convencional, que inserta la individualidad como centro transgresivo de los códigos institucionalizados y que concibe la naturaleza no como espacio utilizable con un afán de lucro, sino como reflejo de un orden divino y perfecto. El héroe romántico es, por lo tanto, aquel individuo que trasciende las limitaciones de una sociedad utilitaria por medio de una búsqueda de carácter espiritual. Y en este proceso de búsqueda, la mujer resulta ser el objeto de identificación para la subjetividad romántica, la mediatriz a través de cuya relación el héroe logra trascender para encontrar su propia identidad y vislumbrar la perfección del amor de Dios que, según la teoría de Jean-Jacques Rousseau, es mediatizado por el amor a la mujer.

Pero no obstante los atractivos de la típica heroína romántica (hermosura, espiritualidad, pureza), es importante hacer notar que el personaje femenino es únicamente la proyección imaginaria de un sujeto androcéntrico, un otro inmovilizado en la perfección y que carece tanto de una identidad propia como de un lugar activo en el devenir histórico[1]. Y, en este sentido, habría que aseverar que el movimiento romántico, lejos de contraponerse al orden burgués, lo reafirma idealizando y mistificando la subordinación de la mujer.

En el *Emilio* (1762) de Rousseau, la mujer constituye un epílogo, el volumen final que dará al protagonista una compañera luego de un abultado

---

[1] Al respecto Lucienne Frappier-Mazur afirma: "En última instancia inmovilizada por la perfección atemporal, ella muestra la vía y representa una etapa necesaria en la búsqueda de la identidad realizada por el héroe, pero nunca aparece como sujeto de esa búsqueda" ("Desire, Writing and Identity in the Romantic Mystical Novel: Notes for the Definition of the Feminine", ponencia presentada en la conferencia de Berkshire sobre Historia de la Mujer). La traducción es mía.

proceso de formación. En el tomo V en el cual se introduce a Sophie, la diferencia entre los sexos se postula como una ley natural que hace del hombre un ser activo, fuerte y racional mientras la mujer es un individuo intuitivo y débil que ha sido hecho para agradar y ser subyugado. Es más, en su calidad de segundo sexo, su ser o existencia sólo se logra a través del reconocimiento de los hombres:

> Ellas dependen de nuestros sentimientos, del valor que ponemos en sus méritos, de la importancia que les damos a sus encantos y virtudes... No es suficiente que sean estimables; deben ser estimadas. No es suficiente que sean bellas, deben agradar. No es suficiente que sean moderadas; deben ser reconocidas como tales[2].

Esta subordinación y absoluta dependencia inserta en una estructura económica patriarcal aprobada por Rousseau es, sin embargo, embellecida y mistificada a partir del signo del "imperio sublime" que la mujer se construye a base de la virtud, el pudor, la modestia, la pureza, la docilidad, el temperamento gentil y la dulzura de carácter. Rousseau, en una estrategia ya típica del sistema falocrático, atribuye compensatoriamente la gloria a la debilidad femenina y hace de la mujer un sinónimo de la inspiración, de la fuerza etérea que motiva un hacer del cual ella ha sido proscrita.

La ideología romántica pone así a nivel de concepto dominante la idea que postula a la mujer como un corazón sublime y enfermo. Ella es el ángel del hogar quien cultiva su propia fragilidad con severas dietas y polvos de arroz que hacen de la tez un pálido semblante. Corazón débil y santo que debe erigirse sobre un pedestal, según el pensamiento de Augusto Comte, etéreos reflejos de Ofelia, Julieta y Mimí que el discurso científico del siglo XIX calificará como similar a las razas inferiores de acuerdo a la teoría de Charles Darwin en *The Descent of Man* (1871). La mujer tiene el corazón grande y el cerebro anormalmente pequeño: dato que le permite a Spencer postular en su *Estudio de sociología* (1873) que ésta es la causa por la cual ella no posee el poder abstracto de la razón, mientras Augusto Strindberg, en "La Revue Blanche", (1895) asevera que la menstruación y la pérdida periódica de fluido nutritivo termina atrofiándole el cerebro. En esta nueva construcción cultural del signo mujer, la enfermedad se perfila como idealización folletinesca que erotiza anulando simultáneamente toda expresión de poder[3]; así, el desmayo femenino en brazos del amado no sólo apunta hacia

---

[2] Jean-Jacques Rousseau. *Emile or On Education*. New York: Basic Books, Inc., Publishers, 1979, 364. La traducción es mía.

[3] Para un excelente análisis del *leit-motiv* de la enfermedad femenina en la pintura del siglo XIX, se puede consultar el libro de Bram Dijkstra titulado *Idols of Perversity:*

la posesión sensual de un cuerpo sino también a la fragilidad y vulnerabilidad física y sicológica de la mujer. Por consiguiente, la enfermedad debe considerarse como un atributo que embellece al cuerpo sumiso y débil subordinado a la ley del padre y a la ley del esposo.

El primer aspecto que llama la atención en *Novelas y cuadros de la vida sur-americana* (1869) de Soledad Acosta de Samper (1833-1913) es precisamente la ubicación bajo la ley patriarcal. En el prólogo escrito por su esposo José María Samper, no sólo se otorga su aprobación oficial sino que también se pone de manifiesto el hecho de que para ser digna hija de su padre, la autora por ser mujer únicamente ha podido prestar servicio a su patria escribiendo novelas:

> ¿Por qué lo he solicitado con empeño? Los motivos son de sencilla explicación. Hija única de uno de los hombres más útiles y eminentes que ha producido mi patria, del general Joaquín Acosta, notable en Colombia como militar y hombre de estado, como sabio y escritor y aún como profesor, mi esposa ha deseado ardientemente hacerse lo más digna posible del nombre que lleva, no sólo como madre de familia sino también como hija de la noble patria colombiana; y ya que su sexo no le permitía prestar otro género de servicios a esa patria, buscó en la literatura, desde hace más de catorce años, un medio de cooperación y actividad[4].

El acto de acatar las leyes de la subordinación social trasciende, en el caso de Soledad Acosta de Samper, al plano de la imaginación, pues en su modelización de la feminidad ella claudica, en primera instancia, al modelo masculino de la heroína romántica. En su introducción a los relatos titulados *El corazón de la mujer (Ensayos psicológicos)*, la autora define a la mujer como un ser que siempre ama "sea un recuerdo, una esperanza o la ideal fantasía creada por ella misma" (238), cuyo corazón es "un arpa mágica que no suena armoniosamente sino cuando una mano simpática la pulsa" (237). La metáfora del instrumento musical mudo e inacorde a menos que el sujeto masculino le infunda movimiento y armonía, pone en evidencia el concepto de que la esencia misma de la mujer está determinada no simplemente por el amor que ella pueda sentir en un rol de agente sino, más bien, por el hecho de ser amada, determinismo existencial que hace de ella un "carbón petrifi-

---

Fantasies of Feminine Evil in Fin-de-Siecle cle Culturel. New York: Oxford University Press, 1986. Ver especialmente el capítulo "The Cult of Invalidism; Ophelia and Folly; Dead Ladies and the Fetish of Sleep" (25-63).

[4] Soledad Acosta de Samper. *Novelas y cuadros de la vida sur-americana*. Gante: Imprenta de Eug. Vanderhaeghen, 1869. Citado de " Dos palabras al lector" escritas por José M. Samper.

cado" o un "ser angelical" que "perdona a todo el mundo en cambio de los dulces sentimientos con los que alguien embelleció su existencia" (238). Es más, siguiendo los presupuestos de una ideología que atribuye al hombre el intelecto y a la mujer la intuición, Acosta de Samper asevera: "El hombre siente, se conmueve y comprende el amor; el corazón de la mujer lo adivina antes de comprenderlo" (239). Sin embargo, en este mismo texto, se introducen conceptos que indudablemente modifican la mistificación romántica al postular a la mujer como un ser condenado al desengaño de una realidad que la aniquila y hace de su vida un constante sufrimiento: "Tiene cuatro épocas en su vida: en la niñez vegeta y sufre; en la adolescencia sueña y sufre; en la juventud ama y sufre; en la vejez comprende y sufre" (239). Y aunque el dolor es en la experiencia masculina otra fuente de creatividad, en el caso de la mujer el sufrimiento debe enmascararse por el deber social de las buenas apariencias. Internalización y sofocamiento que la autora define al declarar: "Las mujeres no tienen derecho de desahogar sus penas a la faz del mundo. Deben aparentar siempre resignación, calma y dulces sonrisas; por eso ellas entierran sus penas en el fondo de su corazón, como en un cementerio, y a solas lloran sobre los sepulcros de sus ilusiones y esperanzas. Como el paria del cementerio bramino (de Bernardin de Saint-Pierre), la mujer se alimenta con las ofrendas que se hallan sobre las tumbas de su corazón" (239).

Silencio, soledad y sepulcro son, por lo tanto, los signos que Acosta de Samper añade a la figura consagrada de la heroína romántica modificándola de manera tangencial, insertando márgenes que modelizan literariamente una problemática femenina sin voz ni voto en el devenir histórico. Lo interesante es que estos mismos márgenes constituyen en sí una clausura pues representan el tronchamiento absoluto de la subjetividad femenina. Si el héroe romántico está básicamente configurado por un principio de actividad, ya sea a nivel espacial o en la zona de su propia interioridad, la búsqueda en los relatos de Acosta de Samper se desplaza a una negatividad completa la cual hace del anhelo o la insatisfacción un estado inmóvil de no-búsqueda que solamente se resolverá pasivamente con la llegada fortuita del amor. Ser amada, que equivale, en las relaciones históricas y sociales, a ser elegida por el sujeto masculino, cerca también otros espacios de la hermeticidad, ya que el amor para la mujer de la época, en su carácter inmanente e inesencial, es un fin en sí mismo, la meta centrípeta que la acerca al absoluto[5]. A diferencia del amor masculino, resorte por excelencia de otros

---

[5] En su análisis señero de la vivencia femenina del amor, Simone de Beauvoir afirma: "Una criatura inesencial es incapaz de sentir el absoluto en el centro de su subjetivi-

centros que revierten finalmente en un narcisismo primario a la identificación del yo[6], la vivencia femenina es generadora de la satisfacción estática
que, en caso de la pérdida del amor, se transforma en sinónimo de los espacios cerrados de la muerte.

En este sentido, la disposición formal del texto titulado *Teresa la limeña.
(Páginas de la vida de una peruana)* funciona como índice mismo de la
modalidad hermética de la subjetividad femenina. El relato se inicia en el
momento en que Teresa encerrada en su cuarto contempla en silencio y a
través del balcón el movimiento de la gente en la playa de Chorrillos poblada de aves y de lobos marinos. El cuerpo de la protagonista es el signo visible de su circunstancia patética al describírsela de la siguiente manera: "Una
larga y penosa enfermedad había velado el brillo de sus ojos y daba una languidez dolorosa a sus pálidas mejillas; su abundante y sedosa cabellera, desprendida, se derramaba sobre sus hombros con un descuido e indiferencia
que indicaban sufrimiento" (74). El espacio cerrado y oscuro del cuarto en
contraposición a un afuera de olas y música simboliza la aniquilación de la
existencia que sólo adquirirá algún sentido en el movimiento regresivo de la
memoria y la confesión. Y el relato mismo, cuando deja de nutrirse del
recuerdo, se cierra en un anti-desenlace representado por la figura de Teresa
aún a oscuras y en silencio frente al balcón de su habitación ahora cercada
por una noche absoluta donde significativamente la luna, como elemento
típico del escenario romántico, ha sido borrada.

El relato configurado por la memoria sigue, en esencia, las instancias cardinales del folletín amoroso puesto que se estructura a partir de la fantasía
del amor, el desengaño de la realidad, la espera del amor y el enfrentamiento
con el amor imposible. Tanto Teresa como Lucila forman sus ideales a partir
de la lectura de novelas románticas y cada una debe confrontar sus sueños

---

dad; un ser condenado a la inmanencia nunca podrá encontrar una auto-realización en
sus propios actos. Aprisionada en la esfera de lo relativo, destinada a un hombre desde la
niñez, habituada a ver en él a un ser superior que ella no puede igualar, la mujer que no
ha reprimido su derecho a la humanidad soñará con hacer trascender su ser hacia uno de
estos seres superiores, amalgamándose con el sujeto soberano. No existe otra alternativa
para ella que perderse a sí misma en cuerpo y alma en aquél que para ella representa lo
absoluto y lo esencial". (*The Second Sex*. New York: Vintage Books Editions, 1974, 713.
La traducción es mía).

    [6] En su interesante estudio titulado *Historias de amor*, Julia Kristeva analiza textos
amorosos claves en la tradición occidental a partir de este principio narcisista primario
que sólo la figura de Don Juan subvierte al hacer de su seducción lo provisional y sin
objeto, al suplantar la trascendencia del Yo por el juego barroco, el goce y la pasión
absoluta. (México: Siglo XXI Editores, 1987).

con una realidad que contradice el modelo ficticio del hallazgo milagroso del amor. Se produce así el desengaño, experiencia que en la ideología romántica de Acosta de Samper constituye el accidente inevitable de toda inspiración espiritual. Teresa en Lima se enfrenta con "la yerta realidad" (91) de una aristocracia utilitaria y superficial mientras Lucila permanece en el páramo solitario de la casa de sus padres en la provincia francesa. El paralelismo en la vida de las dos heroínas funciona como recurso de intensificación del conflicto folletinesco. Si Lucila deambula sin sentido por los anchos pasillos del caserón, Teresa en las lujosas fiestas se siente "impelida al vaivén de una vida sin objeto" (101). Se produce así la total desarmonía entre lo vivido y lo deseado/imaginado, entre el ser paradójicamente enclavado en el ideal del deseo y de la imaginación versus un parecer que claudica al vacío de la realidad. Esta inadecuación esencial hace a Lucila afirmar: "Para mí la vida es como la de una planta a la sombra de un murallón y que tiene por horizonte un pedregal" (151). Por otra parte, la insatisfacción espiritual de Teresa se describe como un "sentimiento de dolor incierto, vago, muchas veces sin nombre, que echa una sombra duradera sobre el espíritu y el corazón" (146).

Naturaleza sofocada y misterio umbroso son así los signos metafóricos de la inefable agonía producida por la aspiración insatisfecha del amor que a nivel del cuerpo se expresa a través de extraños nerviosismos, rostros pálidos e inexplicables enfermedades. El cuerpo deviene así en depositario visible de una angustia que se reprime en la zona convencional y pública del lenguaje; es, en sentido metonímico, un corazón en el cual se da, de manera indisoluble, lo espiritual y lo físico[7]. Y como perfil tangible de un vacío, éste simbólicamente empieza a descorporalizarse en el caso de Lucila cuya historia funciona como índice prefigurador del destino de Teresa, la protagonista principal. En una de sus cartas le cuenta: "Si me vieras ahora tal vez no me conocerías; el rosado de mis mejillas ha desaparecido completamente, y éstas, si no han desaparecido, han desmedrado tanto que al través de la cutis casi se ven los huesos; en cambio mis ojos se han agrandado y los rodea una sombra azul" (154).

No obstante el aspecto inefable de la insatisfacción espiritual entra en el lenguaje y, por lo tanto, en la conciencia para constituirse en lo nombrado

---

[7] Como un modo de reafirmar este concepto, en la novela se incluye deliberadamente la siguiente cita de Honorato Balzac: "La *tristeza*, motivada por la ruina de todas nuestras esperanzas es una enfermedad, y a veces causa la muerte. La fisiología actual debería procurar descubrir de qué modo un *pensamiento* llega a producir la misma desorganización que un veneno, y cómo la *desesperación* destruye el apetito y cambia todas las condiciones de la mayor fuerza vital" (*Teresa la limeña*, 157).

amor, la subjetividad femenina permanece en una pasividad y una no-búsqueda en la cual la acción se sustituye por la duda, razón por la cual Teresa reflexiona: "Amar y ser amada era su delirio, el ideal de su vida, único sentimiento que creía podía llenar una existencia; y sin embargo, no había podido lograrlo. ¿El amor como ella lo comprendía sería acaso una mentira? Jamás lo había visto en otro corazón; nunca se le había presentado en todo su esplendor entre los seres que había conocido. ¿Acaso su suerte sería la de correr tras de una quimera?" (159).

La quimera, sin embargo, se hace una realidad en las figuras de Reinaldo y Roberto, personajes que en la típica intriga folletinesca serán los agentes activos de sucesivos encuentros y desencuentros. Los relatos paralelos y en contrapunto ahora se bifurcan en función de un amor imposible que adopta dos diferentes modalidades. En el caso de Lucila, Reinaldo sólo conoce su amor en el instante en que ella muere, mientras que Roberto y la protagonista viven plenamente la experiencia del amor hasta ser separados por la ambición del padre de Teresa, la envidia de Rosa y el orgullo de Roberto.

De este modo, el *leit-motiv* del amor imposible conlleva la retórica implícita de "lo que no pudo ser" y "lo que no pudo seguir siendo", modalidades que se resolverán en la muerte y en la muerte en vida respectivamente. Dada la importancia centrípeta del amor para la existencia femenina, no es de extrañar que el sujeto masculino se postule como otorgador absoluto de vida, como único sentido en una trayectoria que de otra manera no es más que "una sombra que no deja huella ninguna" (186) y, simbólicamente, el beso que Reinaldo da a Lucila moribunda la hace exclamar: "Morir así rescata una vida de sufrimiento" (190). Por otra parte, el amor de Roberto hace vislumbrar una armonía que se troncha irrevocablemente una vez producida la separación y la vida de Teresa se convierte en una "calma estancada" (223), en muerte "árida y desnuda" (223), en "letargo doloroso" (226) producido por "la herida secreta del corazón" (225).

Si bien en ambos relatos se exalta un discurso sentimental que reafirma la posición del otro adjudicada a la mujer por el folletín romántico e incluso se podría aseverar que la representación de lo femenino duplica la pasividad intrascendente de la heroína según una imaginación masculina y androcéntrica, en el contexto de la narrativa de Soledad Acosta de Samper, también es posible vislumbrar ciertos márgenes agregados a los signos de "la flor marchita" (177), "el lirio tronchado" (154) y "la estatua de mármol" (177). Básicamente porque a la pasividad mistificada y usual del texto romántico se añade la pasividad patética de una hermeticidad absoluta que implícitamente se contrapone a la existencia versátil de los hombres no sólo en cuanto al amor sino también en un hacer que a la mujer le está vedado, y si ellos "cambian fácilmente de ídolo: el amor es el mismo pero el objeto diferente" (229), también activamente participan en el devenir histórico.

Es más, en los relatos de menor valor literario incluidos tanto en *El corazón de la mujer. Ensayo psicológico* como en *Ilusión y realidad*, la vejez y la pérdida de la belleza se plantean como únicos posibles castigos para una existencia femenina que depende absolutamente de la mirada y el reconocimiento de un sujeto masculino. Por otra parte, como ha demostrado Gilberto Gómez Ocampo, el ideologema de la hermeticidad como condición histórica de la femineidad se plasma en *El corazón de la mujer* a partir del doble aislamiento de la narradora y su hermana en posición pasiva y marginal, quienes, en función de destinatarias de los seis relatos enmarcados, conocen los trágicos desenlaces de la trayectoria femenina fijada en la única ruta posible del amor y el matrimonio[8]. Incluso el amor a Dios es, para la perspectiva de Acosta de Samper, el refugio para las vicisitudes limitadas de la vida de la mujer, como se observa en las viñetas que describen a las habitantes del convento en " La monja".

En este contexto ideológico, *Dolores. Cuadros de la vida de una mujer* resulta ser el texto que, de manera más efectiva, representa literalmente la modalidad hermética de una circunstancia femenina clausurada. El sueño premonitorio del sarcófago y la denominación de "extranjera en la vida" (225) presentes en *Teresa la limeña* asumen ahora la forma exacerbada de la proscripción y el aislamiento absoluto. Es más, la típica enfermedad de la heroína romántica (tuberculosis, ataque al corazón) se desplaza a la deformación horrorosa producida por la lepra.

El relato se estructura a partir de tres instancias cardinales: la armonía, el advenimiento de la fatalidad y el destierro. Como indica el epígrafe de Víctor Hugo que inicia la primera parte, "La nature est un drame avec des personnages", Dolores se presenta como íntimamente ligada a la naturaleza en una relación armoniosa que refleja un orden de carácter divino. Ella es "un precioso lirio en medio de un campo" (l), elemento integral en un paisaje ameno de aguas, flores y pájaros: "En medio de sus flores y pájaros Dolores pasaba el día cosiendo, leyendo y cantando con ellos. Desde lejos se oía el rumor de la pajarera y la dulce voz de su ama" (23). Tanto las aves en su simbolismo tradicional de espiritualidad[9] como el canto en su función sígni-

---

[8] Consultar su valiosísimo ensayo titulado "El proyecto feminista de Soledad Acosta de Samper: Análisis de *El corazón de la mujer*" (*Revista de Estudios Colombianos*, N.º 5, 1988, 13-22).

[9] Juan-Eduardo Cirlot explica: "En general, aves y pájaros, como los ángeles, son símbolos del pensamiento, de la imaginación y de la rapidez de las relaciones con el

ca de materialización de la armonía e imagen de la conexión natural entre todas las cosas (Cirlot, 330-331) ponen de manifiesto una concepción de lo femenino unido a una totalidad cósmica que en su armonía intrínseca refleja la perfección de Dios. Y su amor con Antonio es un reflejo más del Orden divino y la naturaleza en sus manifestaciones de belleza y fertilidad: "El amor entre estos dos jóvenes era bello, puro y risueño como un día de primavera" (16). Según la concepción de la mujer presentada en la novela, el amor es también la instancia natural que viene a satisfacer una esencia hecha para amar, el elemento que hará de ella una totalidad como parte integrante de una armonía mayor. Razón por la cual en la trayectoria de la protagonista el conocimiento del amor posee un valor de iniciación.

Sin embargo, el advenimiento de la fatalidad viene a insertarse como quiebre absoluto de lo femenino en su relación armoniosa tanto con lo cósmico divino como con lo masculino. Víctima de un mal hereditario, Dolores enferma de lepra y su cuerpo empieza a deformarse haciendo de ella un espectro:

> La linda color de rosa que había asustado a mi padre, y que es el primer síntoma del mal, se cambió en desencajamiento y en la palidez amarillenta que había notado en ella en el Espinal: ahora se mostraba abotagada y su cutis áspera tenía un color morado. Su belleza había desaparecido completamente y sólo sus ojos conservaban un brillo demasiado vivo (51-52).

Y es la fatalidad de la lepra la que la convierte en "Una fiera de los bosques" (152), en un ser condenado al horror de la monstruosidad del propio cuerpo que constituye a la vez la enajenación y la locura.

La soledad y el aislamiento en un destierro voluntario no marcan, sin embargo, una marginalización absoluta para la subjetividad femenina; por el contrario, se mantiene el amor como soporte de la existencia y se adquiere una comprensión aún más profunda de la magnificencia de todo lo creado, como se ejemplifica en el siguiente pasaje:

> La noche había llegado, y a medida que el suelo se cubría de sombras el cielo se poblaba de estrellas. Las lámparas celestes se encendían una a una como cirios en un altar. ¡Cuántas constelaciones, qué maravillosa titilación en esos lejanos soles, qué inmensidad de mundos y de universos sin fin...! Poco a poco

---

espíritu. Conciernen al elemento aire y, como se dijo de las águilas, son altura y, en consecuencia, espiritualidad" (*Diccionario de símbolos*, Barcelona: Editorial Labor S.A., 1969, 100).

la misteriosa magnificencia de aquel espectáculo fue calmando mi desesperación. ¿Qué cosa era yo para revelarme contra la suerte? (60-61).

La belleza cósmica como manifestación de la perfección divina motiva el amor a la vida, el impulso a aferrarse a un cuerpo deteriorado donde paradójicamente el espíritu se fortalece. No obstante Dolores es, a nivel del parecer, un espectro y una sombra, la negación absoluta de la belleza como símbolo del Orden divino, su deformación repugnante afianza los soportes de su identidad inserta en la relación espiritual con todo lo creado. Y su esencia, definida a partir del amor, continúa nutriéndose del amado ahora manifiesto en la naturaleza:

> Si supieras cómo me persigue tu imagen. Resuena tu nombre en el susurrante ramaje de los árboles, en el murmullo de la corriente, en el perfume de mis flores favoritas, en el viento que silba..., veo tus iniciales en el ancho campo estrellado, entre las nubes al caer el sol, entre la arena del riachuelo en que me baño (67-68).

El carácter trágico de la agonía se da en el enfrentamiento no disyuntivo de un yo portador de la muerte y de la nada ante el ciclo eterno de la naturaleza, de un cuerpo asquerosamente deformado en medio de la belleza natural e inmutable. Enfrentamiento que produce la vivencia de "una espantosa hermosura" que parece surgir de un desorden que se manifiesta en los márgenes del Orden divino. De este modo, la lepra moviliza a la subjetividad haciéndola fluctuar entre los valores ya dados (creencia en Dios, autor de la naturaleza como manifestación divina) y la negación de esos valores. Duda e ira que revierten finalmente a una experiencia mística como se evidencia en la siguiente confesión:

> Hay momentos en que en un acceso de locura vuelo a mis flores, que parecen insultarme con su hermosura, y las despedazo, las tiro al viento: un momento después me vuelve la razón, las busco enternecida y lloro al encontrarlas marchitas. Otras veces mi alma se rebela, no puedo creer en que un Dios bueno me haga sufrir tanto, y en mi rebeldía niego su existencia: después... me humillo, me prosterno y caigo en una adoración sin fin ante el ser supremo' (70).

Sin embargo, el carácter trascendente de estas experiencias se clausura en el texto por la inserción dominante del concepto de la mujer como "un ser nacido para amar" (70), como "esencialmente amante" (71). Concepción que relacionada con las limitaciones impuestas a la mujer en un contexto histórico específico troncha deliberadamente su potencialidad de trascendencia a nivel de la figura literaria de la heroína romántica. Es más, la lepra como deformación de la belleza femenina resulta ser el verdadero escollo trágico que impide a la protagonista una realización existencial exclusivamente anclada en las circunstancias subordinadas de "ser amada" y "ser elegida" por el sujeto masculino. Por lo tanto, la muerte de Dolores descrita como "flor encerrada" (20) y "árbol carcomido" (71) es originada por la pérdida irrevocable del amado que cierra así el cauce no sólo de una experiencia compleja de la subjetividad femenina en su relación con Dios, sino también de la escritura misma como actividad que reinscribe el Yo en el lenguaje.

En el tomo final del *Emilio*, Sophie, al conocer el ideal del amor representado por el personaje literario Telémaco de Fenelón, comienza a enfermar al no encontrar a un amado semejante en la realidad. Cuando está a punto de morir, Rousseau con su poder autorial masculino decide resucitarla para entregársela como esposa a Emilio. En un paradigma ya típico de las construcciones culturales falologocéntricas que en el código del cuento maravilloso asume la forma de un despertar o resucitar gracias al beso de un príncipe, Sophie vuelve a la vida para integrarse a la única posibilidad del ser que le está permitida por una sociedad en la cual la procreación de hijos es, en última instancia, la justificación histórica de su existencia. Para la perspectiva ideológica de Soledad Acosta de Samper, la resurrección de sus heroínas es imposible aún a nivel de la modelización imaginaria de la condición femenina.

Por otra parte, no obstante la muerte de la heroína romántica llegó a constituirse en un *leit-motiv* privilegiado en muchos textos concebidos por la imaginación romántica, nos parece que en el caso de *Dolores y Teresa la limeña*, adquiere significados adicionales al funcionar a la manera de un ideologema básico que postula la existencia femenina limitada exclusivamente a una trascendencia que se nutre de su relación con el sujeto masculino. La hermeticidad representada por el aislamiento enajenante, los espacios cerrados y el amor imposible que definen la vida de la mujer como "un negro ataúd" (68) responde a la visión femenina de una heroína romántica que, a diferencia de los textos androcéntricos, no constituye la figura idealizada que sirve de vehículo de identificación y trascendencia para el protagonista masculino. Por el contrario, ella, en estas ficciones, asume una posición de sujeto, subvirtiendo imaginariamente su alteridad histórica. Sin embargo, dicha posición queda, precisamente por sus limitaciones históricas, a nivel de un gesto tronchado, de una subjetividad que, por estar limitada a la experiencia centrípeta del amor, su centro mismo es sinónimo de mutilación.

Es evidente que en Soledad Acosta de Samper, a pesar de su ideología conservadora y católica, existía una clara conciencia de este problema básico en la circunstancia histórica y existencial de la mujer determinada por una organización económica patriarcal. En el prólogo a su libro titulado *La mujer en la sociedad moderna* (1895) indica que se propone presentar "ejemplos de mujeres que han vivido para el trabajo propio, que no han pensado que la única misión de la mujer es la de mujer casada, y han logrado por vías honradas prescindir de la necesidad absoluta del matrimonio, idea errónea y perniciosa que es el fondo de la educación al estilo antiguo. ¡Cuántas mujeres desdichadas no hemos visto, solamente porque han creído indispensable casarse a todo trance para conseguir un protector que ha sido su tormento y su perdición!"[10]. Si bien esta afirmación supone un concepto radical que libera a la mujer de su rol primario de madre y esposa para incursionar activamente en la esfera de la producción económica, es importante observar que este concepto ideológico de la autora se da dentro de un contexto conservador que lo tiñe de contradicciones. Así, por ejemplo, en su ensayo "Misión de la escritora en Hispanoamérica" incluido en *La mujer en la sociedad moderna*, Acosta de Samper ratifica la estructura patriarcal al afirmar: "Mientras que la parte masculina de la sociedad se ocupa de la política, que rehace las leyes, atiende al progreso material de esas repúblicas y ordena la vida social, ¿no sería muy bello que la parte femenina se ocupara en crear una nueva literatura?"[11]. Es más, partiendo de un concepto positivista que adjudica a la mujer el rol de resguardadora de la virtud, esta literatura producida por la mujer latinoamericana debe poseer, según la autora, una función altamente edificante y moralizadora que, para nuestra perspectiva actual, estaría reforzando precisamente esos valores que han prevenido a la mujer de una verdadera participación en el devenir histórico.

Como en el caso de Gertrudis Gómez de Avellaneda, resulta interesante observar que la representación literaria de la problemática de la mujer en el siglo XIX corresponde a los textos escritos en la juventud. Soledad Acosta de Samper posteriormente se dedicó a escribir numerosos folletines históricos de escaso valor literario[12], aunque le valieron el reconocimiento de sus coetáneos. Sin embargo, en el canon literario latinoamericano eminentemente

---

[10] Soledad Acosta de Samper. *La mujer en la sociedad moderna*. París: Garnier Hermanos, Libreros-Editores, 1895, ix.

[11] Soledad Acosta de Samper. *La mujer en la sociedad moderna*. Paris: Garnier Hermanos, 1895, 354.

[12] El carácter exclusivamente folletinesco de estos textos es comentado por Donald McGrady en *La novela histórica en Colombia* (Bogotá: Edit. Kelly, s.f.).

falocrático, los textos analizados en este estudio no han sido sino una sombra y un espectro como los personajes femeninos que presentan[13]. A manera de epílogo, se podría agregar que actualmente el único texto conocido de la autora es *Los piratas en Cartagena* (1886), folletín que con sus incidentes reafirma las actividades masculinas de la agresividad y la violencia.

[En *Una nueva Lectura*. Edición de Montserrat Ordóñez.
Bogotá: Ediciones Fondo Cultural Cafetero, 1988, 353-367.]

---

[13] Aparte del trabajo de McGrady antes mencionado, el único estudio de carácter exclusivamente bio-bibliográfico es aquél incluido en el libro *La novela femenina en Colombia* de Lucía Luque Valderrama (Bogotá: Pontificia Universidad Católica Javeriana, 1954, 33-47).

Soledad Acosta de Samper, pionera de la profesionalización de la escritura femenina colombiana en el siglo XIX: *Dolores, Teresa la Limeña* y *El corazón de la mujer* (1869)

Flor María Rodríguez-Arenas

0. Uno de los casos más sorprendentes en la historia de la literatura colombiana es Soledad Acosta de Samper; la escritora más activa y respetada literariamente del siglo XIX y primeras décadas del XX; pero una de las más desconocidas en la actualidad. Hija de Joaquín Acosta, patriota de la época de la Independencia, y de Carolina Kemble, escocesa; nació el 5 de mayo de 1833, en Santa Fe de Bogotá, capital de la República de la Nueva Granada, cuando su padre retornó al país, acompañando a su padrino de matrimonio –el General Francisco de Paula Santander– quien regresaba a hacerse cargo de la presidencia de la recién constituida república que tres años antes formara parte de la Gran Colombia.

Hija única, creció en un hogar adusto y silencioso, aislada mentalmente de su madre por la rígida educación e inclinaciones religiosas; y alejada físicamente de su padre por las múltiples ocupaciones que éste había adquirido como escritor, diplomático, militar y naturalista. En las misiones gubernamentales del padre, residieron en Quito, cuando Soledad tenía cuatro años, regresando a Santa Fe de Bogotá en 1839. Entre 1843-1844, vivieron en Washington. En 1845, mientras el General Acosta se estableció en París por un año para terminar y editar su *Compendio Histórico del Descubrimiento y Colonización de la Nueva Granada*, la niña acompañó a su madre a Halifax (Nueva Escocia), donde conoció a su abuela materna. De allí, la llevaron a París, capital en la que estuvo diez años, completando y mejorando su educación. Al regresar a la Nueva Granada, su padre marchó a otra guerra civil y regresó a morir en Guaduas, su lugar natal. En 1855, Soledad contrajo matrimonio, con José María Samper Agudelo, viudo de veintisiete años, poeta, abogado, periodista, dramaturgo, político y militar; quien plasmó con su pluma para la historia, un retrato de esta gran mujer:

> Solita no era lo que comúnmente se llama una mujer **bonita**, ni tampoco hermosa, porque ni tenía los ojos grandes, ni las mejillas sonrosadas y llenas, ni el seno turgente, ni sonrisa amable y seductiva, ni cuerpo verdaderamente lozano.

Pero tenía ciertos rasgos de **belleza** que a mis ojos eran de mucho precio. Desde luego en nada había heredado el tipo británico-griego de su madre, sino el español valenciano de su padre, a quien se parecía mucho. Tenía el talle elegante, los ojos muy vivos, de mirada profunda y expresiva, frente amplia y magnífica, el andar digno y mesurado, un aire que tenía no se qué de arábigo, con manifiestos signos de fuerte voluntad, energía y reserva, y en toda la fisonomía una gran cosa que se revelaba patentemente: el **alma**, movida y agitada por el sentimiento del **ideal** (...). En esto consistía la belleza de Solita: tenía en el semblante aquella luz que nunca ven los ojos vulgares, indicativa de la ardiente vitalidad de una grande alma (...) (en Caycedo 1953, 962).

Un par de años después, ya madre de dos hijas, Soledad viajó con ellas, su esposo y su progenitora, nuevamente a Europa, y allí residió hasta 1862. Durante ese tiempo se inició como escritora, colaboró para varios periódicos con traducciones, correspondencia sobre bibliografía, bellas artes y literatura, crónicas de viaje y de modas, y escribió su primer libro, *Recuerdos de Suiza*. En 1863-1864, la familia radicó en Lima, Perú. Allí, Samper fundó la *Revista Americana*, donde publicó una novela de su propia inspiración con el título "Una taza de claveles: escenas de la vida peruana (novela original)", bajo el seudónimo: Juan de la Mina. En esta publicación como en el diario *El Comercio* del que fue redactor, se dedicó a impulsar activamente la literatura del Perú.

Al mismo tiempo, la actividad de Soledad en el campo de las letras se hizo más activa. Colaboró, especialmente en la *Revista Americana*, trabajando de cerca en actividades relacionadas con la edición, la corrección, el montaje y la publicación de textos; experiencia que aunó a la vista y recibida durante los años de permanencia en Europa. De esta forma, perfeccionó sus habilidades de escritora y adquirió el impulso que necesitaba para comenzar a producir una serie de novelas y narraciones que más tarde, bajo los seudónimos: S.A.S., "Aldebarán", "Bertilda", "Olga", "Andina" y "Renato", empezaría a publicar en periódicos de Santafé, y con las cuales formó el volumen: *Novelas y cuadros de la vida sur-americana*, que publicó en Bélgica en 1869. En esta obra se encuentran: "Dolores", "Teresa la limeña", "El corazón de la mujer: Matilde, Manuelita, Mercedes, Juanita, Margarita, Isabel", "La perla del valle", "Ilusión y realidad", "Luz y sombra", "Tipos sociales: La monja, Mi madrina", "Un crimen"[1].

---

[1] *Cf.* Soledad Acosta de Samper. *Novelas y cuadros de la vida sur-americana* (Gante: Imp. de Eug. Vanderhaeghen, 1869). Todas las citas serán tomadas de esta edición, empleando únicamente el año y el número de página. La ortografía de los fragmen-

Esta dedicación a la escritura y su laboriosidad, le permitieron en 1876 hacer frente a la precaria situación económica a que se redujo su hogar y tomar las riendas de él, cuando hallándose su esposo ausente y perseguido políticamente durante la guerra civil, el gobierno la desapropió de la imprenta que poseían y de su casa de habitación.

A causa de esto, consolidó su inclinación periodística, convirtiéndose en editora de diversas publicaciones. Fundó: *La Mujer* (revista quincenal redactada íntegramente por ella con la exclusiva cooperación de mujeres; la cual funcionó desde el 1.º de septiembre de 1878 hasta el 15 de mayo de 1881); también, *La Familia* y *Lecturas para el Hogar*. Dirigió el periódico *El Domingo de la Familia Cristiana* y fue colaboradora de *La Prensa, La Ley, La Unión Colombiana, El Deber, El Mosaico, Biblioteca de Señoritas,*

---

tos se ha modernizado. La crítica disponible sobre Soledad se reduce a los siguientes textos: Isidoro Laverde Amaya. *Apuntes sobre bibliografía colombiana* (con apéndice de escritoras y teatro colombiano; Bogotá: Librería Soldevilla y Curriols y Rafael Chávez, 1882: 213-214). Gustavo Otero Muñoz, "Doña Soledad Acosta de Samper", *Boletín de Historia y Antigüedades* XX.229 (1933: 169-175). Gustavo Otero Muñoz. "Soledad Acosta de Samper", *Boletín de Historia y Antigüedades* XXIV.271 (mayo 1937: 270-283). Ernesto Porras Collantes. *Bibliografía de la novela en Colombia* (Bogotá: Instituto Caro y Cuervo, 1976: 6-26). Luis Mario Sánchez López. *Diccionario de escritores colombianos* (Bogotá: Plaza y Janés, 1982: 26). Datos tomados de estas fuentes son los que consigna Harold E. Hinds Jr. "Life and Early Literary Career of the Nineteenth-Century Colombian Writer Soledad Acosta de Samper", *Latin American Women Writers: Yesterday and Today*, Ed. Yvette E. Miller Y Charles M. Tatum (Pittsburgh: Latin American Literary Review, 1977: 33-41). Este escrito, a pesar de ser casi una traducción literal de los escritos de Otero Muñoz (1933, 1937) en varios de sus apartados, es el único texto que se encuentra en inglés sobre esta escritora. La publicación más reciente, se debe al impulso de Montserrat Ordóñez y de la directora de las ediciones del Fondo Cultural Cafetero, Aida Martínez. La obra se titula: Soledad Acosta de Samper. *Una nueva lectura*. (Bogotá: Ediciones Fondo Cultural Cafetero, 1988) y que contiene los artículos de: Montserrat Ordóñez. "Soledad Acosta de Samper. Una nueva Lectura" (11-24) y Lucía Guerra Cunningham. "La modalidad hermética de la subjetividad romántica en la narrativa de Soledad Acosta de Samper". (353-368), más la reimpresión del artículo de Gustavo Otero Muñoz (1933). En el mismo año, se publicó la disertación de doctorado de Gilberto Gómez Ocampo: "Retórica e ideología en la literatura colombiana: 1886-1903", bajo el título: *Entre María y la Vorágine: La literatura colombiana finisecular (1886-1903)*. (Bogotá: Fondo Cultural Cafetero, 1988). En ella aparece un estudio sobre *El corazón de la mujer* en el capítulo: "El proyecto feminista de Soledad Acosta de Samper: Una extraña anomalía" (119-148). Reimpreso: "El proyecto feminista de Soledad Acosta de Samper: análisis de *El corazón de la mujer*". *Revista de Estudios Colombianos* 5 (1988): 13-22. Ubica esta obra como escrita en 1887 (fecha de la segunda edición) y la emplea para estudiarla como obra finisecular.

La Nación y *El Eco Literario*. Además escribió para diversas publicaciones extranjeras.

Su mente fecunda, su claridad de pensamiento y la profunda perspicacia de su visión de mundo, la llevaron a incursionar en diversos aspectos del campo de la prosa: escribió novelas, cuentos, cuadros, ensayos, artículos de costumbres, reportajes, editoriales, estudios, etc. Asimismo, para representar la situación de su patria, lacerada de odios, empleó tanto sus habilidades histriónicas y el conocimiento de las técnicas teatrales para producir dramas y comedias, como para recrear historias de vidas personales y describir la historia de los acontecimientos.

Educadora, moralista y traductora, dedicó su vida a la instrucción de su patria. Su mayor preocupación fueron las mujeres de su tierra; para quienes escribió una extensa serie de artículos y libros –convirtiéndose en una de las primeras feministas en el suelo hispanoamericano–. En este sentido, pensando en el destino de sus congéneres, ilustró con ejemplos y señaló los medios para que la mujer fuera protagonista de su propia historia y reivindicara su posición, tanto social como familiar.

Después de la muerte de su esposo –acaecida en 1888–, del deceso de dos de sus cuatro hijas –víctimas de una epidemia que había asolado el territorio–, y de la profesión religiosa de Bertilda –la hija mayor– en el monasterio de las Benedictinas de La Enseñanza, vivió los últimos veinticinco años de su existencia en compañía de su hija menor, hasta su fallecimiento el 17 de marzo de 1913. En ese último tiempo optó por la historia pura y se dedicó a estudiar la realidad política y social del país. En la colección que tituló: *Biblioteca Histórica*, profundizó sobre la vida y los hechos de los hombres que a partir de la independencia habían incidido en el destino histórico del territorio: Nariño, Miranda, Bolívar, Santander, Sucre, etc. Prosiguió con las *Lecciones de Historia de Colombia* y otros textos que, a pesar del rechazo que han ocasionado entre estudiosos de épocas posteriores, deben considerarse a la luz del tiempo en que se produjeron y no exigirle a la mujer escritora, lo que los hombres de letras contemporáneos a ella no lograron[2].

Soledad Acosta, escritora dentro de un mercado prácticamente novel para la actividad femenina en el campo de las letras y teniendo como fuente de inspiración y herencia, el papel que tuvieron las mujeres en Inglaterra y

---

[2] De las numerosas publicaciones de Soledad Acosta se ha podido rescatar la información bibliográfica de 192 textos: 37 novelas, 49 cuentos y relatos, 59 estudios, ensayos y artículos, 21 obras de historia, 4 piezas de teatro, 12 relaciones de viaje, 5 periódicos fundados y dirigidos por ella, y 10 de sus traducciones de ensayos y novelas del inglés, francés y alemán.

Francia durante los siglos XVII, XVIII y la primera mitad del XIX, hizo acopio y representó el desarrollo de nuevas ideas sobre la femineidad y lo femenino a través de la novela. Como mujer escritora se encontró en una posición particular por las actitudes de la sociedad hacia su sexo; posturas que afectaron, de una u otra forma la respuesta que ella ofreció a esa ubicación.

Con la colección editada en Bélgica: *Novelas y cuadros de la vida suramericana*, Soledad se lanzó de lleno a la vida pública como escritora de ficción, entrando sólidamente a un área que en Colombia, hasta ese momento, era dominio del hombre. Su antecesora en el campo de la narrativa de ficción en el país, Josefa Acevedo de Gómez, había escrito en diversos periódicos una serie de artículos costumbristas y narraciones que José María Vergara y Vergara había publicado póstumamente en volumen en 1861[3]. Algunos de esos relatos se destacan como cuadros pintorescos de situaciones y circunstancias de la época, pero en su gran mayoría carecen de las complejidades estructurales y técnicas de la novela (ver estudio sobre Josefa Acevedo de Gómez en este mismo volumen).

Hasta el año 1867 cuando Soledad Acosta empezó a publicar algunas de las obras de la colección, en Colombia se habían editado alrededor de un centenar de relatos y novelas, entre ellas, las conocidas *Manuela* de Eugenio Díaz Castro (1859) y *María* de Jorge Isaacs (1867); además de tres de su esposo, José María Samper: la publicada en Lima, ahora bajo el título: "Los claveles de Julia: escenas de la vida peruana" (1863); "Viajes i aventuras de dos cigarros" (1864); "Las coincidencias: escenas de la vida colombiana" (1865) (Cfr. Porras Collantes, 1976). Dentro de este grupo, ella es la primera mujer de la que se tiene noticia que comenzó a publicar obras de ficción de larga extensión en el siglo XIX.

La presentación de *Novelas y cuadros de la vida sur-americana* sigue la forma más convencional de la época. Las palabras liminares son de José María Samper, quien a la vez que indica haber dado su aprobación para la actividad de su esposa, presenta a Soledad con las siguientes palabras:

> La esposa que Dios me ha dado y á quien con suma gratitud he consagrado mi amor, mi estimación y mi ternura, jamás se ha envanecido con sus escritos literarios, que considera como meros ensayos; y no obstante la publicidad dada a sus producciones, tanto en Colombia como en el Perú, y la benevolencia con que el público la ha estimulado en aquellas repúblicas, ha estado muy lejos de aspirar

---

[3] Josefa Acevedo de Gómez. *Cuadros de la vida privada de algunos granadinos, copiados al natural para instrucción y divertimiento de los curiosos.* (Bogotá: *El Mosaico*, 1861).

á los honores de otra publicidad más durable que la del periodismo. La idea de hacer una edición en libro, de las novelas y los cuadros que mi esposa ha dado a la prensa, haciéndose conocer sucesivamente bajo los seudónimos de Bertilda, Andina y Aldebarán, nació de mí exclusivamente; y hasta he tenido que luchar con la sincera modestia de tan querido autor para obtener su consentimiento.

Porqué lo he solicitado con empeño? Los motivos son de sencilla explicación. Hija única de uno de los hombres más útiles y eminentes que ha producido mi patria, el general Joaquín Acosta (...). mi esposa ha deseado ardientemente hacerse lo más digna posible del nombre que lleva, no sólo como madre de familia sino también de la noble patria colombiana; y ya que su sexo no le permitía prestar otro género de servicios á esa patria, buscó en la literatura, desde hace más de catorce años, un medio de cooperación y actividad.

He querido, por mi parte que mi esposa contribuya con sus esfuerzos, siquiera sean humildes, á la obra común de la literatura que nuestra joven república está formando, á fin de mantener de algún modo, la tradición del patriotismo de su padre; y he deseado que, si algún mérito pueden hallar mis conciudadanos en los escritos de mi esposa, puedan estos servir a mis hijas como un nuevo título a la consideración de los que no han olvidado ni olvidarán el nombre del general Acosta.

Tan legítimos deseos justificarán, así lo espero, la presente publicación. Esta contiene, junto con seis cuadros hasta ahora inéditos, una pequeña parte de los escritos que la imprenta ha dado a luz bajo los tres seudónimos mencionados y las iniciales S.A.S.; pero he creído que sólo debía insertar en este libro cuadros homogéneos, prescindiendo de gran número de artículos literarios y bibliográficos, y de todos los trabajos relativos a viajes y otros objetos.

Quieran los amigos de la literatura, entre los pueblos hermanos que hablan la lengua de Cervantes y Moratín, acoger con benevolencia los escritos de una colombiana, que no cree merecer aplausos y solamente solicita estímulos![4].

Este texto no sólo justifica la labor de esta intelectual, sino que muestra claramente la situación ante la que Soledad Acosta se enfrentaba como escritora y como mujer. Por su circunstancia histórico-social pertenecía a una sociedad que la definía y la juzgaba de acuerdo a las nociones de lo que se consideraba femenino; nociones que se hallan internalizadas en su producción. Deseando hacerse útil a la patria, sólo le era permitido escribir; pero para que el producto de su pluma –en especial éste de la ficción– pudiera salir al público, necesitaba informar a sus futuros lectores la autorización y el apoyo[5] que había recibido del hombre y del escritor que era su esposo.

---

[4] José M. Samper. "Dos palabras al lector", en Acosta, 1869: vi-viii.
[5] Esta situación era una norma de conducta de la época. Véanse en el estudio en este volumen, las dificultades que tuvo que superar María Martínez de Nisser para salir del ámbito de lo doméstico.

Esta corroboración pública de su capacidad le otorgaba la preeminencia necesaria, a pesar de su calidad de madre y esposa, para figurar en el campo de las letras, donde muchas mujeres, a causa del alto precio que debían pagar por la publicidad adquirida, habían hecho pocos o ningún intento para entrar. Que una mujer escribiera era considerado raro; pero no lo era tanto como que su producción se publicara. Las intelectuales que buscaban el derecho a un público receptor, corrían el riesgo de ser condenadas como seres humanos; por eso, no era sorprendente que se retrajeran a lo doméstico a causa del doloroso y real conflicto que les provocaba estar en la mira pública. Esta situación no sólo constriñó la producción escritural femenina, sino que creó una serie de problemas de rechazo y aislamiento social para la mujer que se atrevía a entrar en esa área. Situación que dejaba el campo abierto para los escritores, quienes no tenían la presión social que acosaba a la mujer; con lo cual, tampoco estaban obligados a competir con ellas, adquiriendo de esta forma un puesto mucho más visible en el campo intelectual.

Esta ausencia de mujeres que se presenta en los textos impresos tiene implicaciones que se prolongan y permanecen en la actualidad, pues además del hecho de haberle dado al hombre libertad de decretar y obrar en el campo de las convenciones literarias, presenta grandes inconvenientes cuando se intenta trazar las raíces de la escritura femenina. Las mujeres publicaron en menor cantidad[6] y lo que salía de las imprentas tenía la tendencia a

---

[6] En Colombia, dedicadas a escribir ficción, artículos periodísticos, ensayos, libros morales, y otros tipos de prosa y poesía, en el siglo XIX, se encuentran: María Josefa Acevedo de Gómez. María de Jesús Aguiar Rueda. Mercedes Alvarez de Flórez [y de Velaso]. Josefa Andrade Berti. Enriqueta Angulo. Dorila Antommarchi de Rojas. Hortensia Antommarchi de Vásquez. Elmira Antommarchi. Teresa Arrubla de Codazzi. Carmen C. de Ballén. Isabel Bunch de Cortés. Eufemia Cabrera de Borda. Dolores Calvo de Piñeres. Indalecia Camacho. Pomiana Camacho de Figueredo. Ana Joaquina Cárdenas. Inés Aminta Consuegra. Evangelina Correa de Rincón Soler. Waldina Dávila de Ponce de León. Sor Emilia de San Juan Bautista. Silveria Espinosa de los Monteros de Rendón. Elena Facio Lince. Vicenta Fernández de Ramos. Dolores García y Barrera. Herminia Gómez Jaime de Abadía. María Mercedes Gómez Victoria. Teresa González. María del Rosario Grillo de Salgado. Dolores Haro de Roca. Priscila Herrera de Núñez. Mercedes Hurtado de Alvarez. María Martínez de Nísser. Isabel Mejía de Gómez. María Mendoza de Vives. Elena Milla Zuleta. Elena Miralla y Zuleta. Agripina Montes del Valle. Dolores Neira Acevedo. Mercedes Párraga de Quijano. Vicenta Pinedo de Caicedo. Cándida F. Quintero. Rafela Restrepo. Angélica Rivas. Bertilda Samper Acosta. Agripina Samper de Ancízar. Juana Sánchez Lafaurie. Isabel Saravia. Margarita Sarmiento de Silvestre. Mercedes Suárez. Dolores Toscano de Aguiar. Magdalena Urrutia y Valdés. Mercedes Vargas Villegas de Franco. Eva Ceferina Verbel y Marea. Hermelinda Zorrilla. María Luisa Zuloaga de García. Algunas de estas escritoras ofrecen producción también en el siglo XX,

ser anónimo, menos favorecido por el gusto popular y muy fácil de perderse en el horizonte del tiempo, debido a la falta de una sociedad acostumbrada a la actividad escritural femenina. Por cada mujer que escogía escribir públicamente, desafiar las convenciones y arriesgar el repudio y la condenación de su femineidad, existían muchas más que preferían la aceptación social y abandonaban sus aspiraciones como escritoras. Para las primeras, las dificultades no cesaban al tomar la decisión, sino que continuaban hasta socavar con sus efectos lo que producían; puesto que internamente debían luchar contra el temor que significaba el enfrentar un terreno muy poco frecuentado por ellas. Por esta actitud cultural establecida como tradición a lo largo del tiempo, y para prevenir la erosión en la confianza propia que pudiera sufrir su esposa, José María Samper hace público su apoyo, escribiendo bajo el título: "Dos palabras al lector", el texto antes transcrito.

Las narraciones contenidas en el volumen, calificadas como "cuadros homogéneos", causan desconcierto en la literatura colombiana, tanto por el olvido al que se las ha relegado en el presente siglo, como por el elevado nivel estructural en que se fundan. Soledad Acosta proporciona dos características importantes a las letras del país con estos relatos: a) contribuyó a la formación y estructuración de la novelística colombiana y con ello al proyecto de reconstrucción nacional; y b) fue la primera mujer que adoptó en Colombia públicamente en el siglo XIX, una posición con respecto al tratamiento de la mujer a través de la ficción y su destino como miembro componente de la sociedad.

Para expresar sus ideas, hizo que el tema central de cada uno de sus relatos fuera la vida de un personaje femenino con un conflicto propio que era relevante para la mujer de la época: Dolores: enfermedad; Teresa: soledad; Aureliana: pasión; Luz: injusticia; Perla: soberbia; etc. De esta forma, cada una de las protagonistas halla amenazada su femineidad por expectativas culturales y novelísticas; cada una está presionada a rendir una definición de sí misma para ser aceptada y aceptable como mujer. Cada una experimenta una tensión entre la sexualidad y la autonomía, entre el cuerpo y la mente, entre el amor y la propia definición. Soledad Acosta no jugó con las utopías de modernización sociales en las que se empeñaban los hombres en el momento. Se concentró en el mundo que la rodeaba y al que conocía; y experimentó con la conciencia de los personajes femeninos que creó hasta

---

como es el caso de Soledad Acosta de Samper, quien produjo casi todos sus escritos históricos no ficticios y algunos relatos después de 1903 (*cf.* la sección de bibliografía en este volumen).

convertirlos en portavoces de un mensaje para que la mujer hiciera frente a la fosilización de las estructuras tradicionales que la atrapaban, reprimían y condenaban.

Como escritora aprovechó la unión de la novela con la historia de amor, pero no para crear el tipo de narración romántico idealizado y lejano a la realidad en que vivía la mujer y que entró a conformar el canon novelístico durante esos años en Hispanoamérica. Ejemplo de ello, son las clásicas obras: *Soledad* (1847, Bartolomé Mitre), *Esther* (1851, Miguel Cané), *El primer amor* (1858, A. Blest Gana), *Julia* (1861, Luis Benjamín Cisneros), *María* (1967, Jorge Isaacs), *Clemencia* (1869, I. M. Altamirano), etc. Al contrario, haciendo uso de la misma tradición que establecía que la mujer –si se aventuraba a escribir– debía hacerlo sobre aquellos temas que conocía mejor: la familia, el matrimonio, el ámbito de lo doméstico, elaboró en sus obras todo un programa de acción para que la mujer de la época pudiera ver que había alternativas para combatir ese relegado lugar en el que le tocaba vivir; programa que incluía como elemento importante, la educación. Con estos parámetros en mente, su pluma entró a hacer frente a los conflictos culturales y a las condiciones sociales que insistían que la mujer únicamente se realizaba a través del matrimonio, como compañera pasiva, sacrificada, abnegada y servicial, hasta el extremo de la entrega total.

Para realizar este enfrentamiento, en todas las narraciones de este volumen empleó dos elementos fundamentales provenientes de la tradición literaria imperante tanto en la Inglaterra victoriana como en la Francia napoleónica: la historia de amor o romance y la mujer como tema. Elementos que, construidos dentro del orden masculino y establecidos en la tradición de la prosa de ficción que controlaba ese orden, eran secundarios y marginales.

1. La novela que abre el volumen, *Dolores*, apareció publicada originalmente como folletín en *El Mensajero* en 1867; en 1869 pasó a formar parte de la colección: *Novelas y cuadros de la vida sur-americana* y en 1872 se la tradujo al inglés como: *Dolores: The Story of a Leper*. En 1988, el Fondo Cultural Cafetero la reimprimió en el volumen: *Una nueva lectura*. Esta historia de amor interrumpida por la enfermedad, deja ver la lucha sin concesiones entre el intelecto y las emociones; entre la tragedia y la valoración personal; entre lo público, que implica el aislamiento y lo privado, con su significado de libertad. Contienda que sostiene la joven Dolores en el camino que la vida le traza.

La vida de la muchacha, relatada por Pedro, primo suyo, a partir de recuerdos y confidencias, se complementa con cartas y diarios de la protagonista. Su narración muestra el proceso de transformación que se produce en la "flor más bella de aquellas comarcas" que abre el relato, y que se transforma en "la fiera de los montes", por causa de la enfermedad que su padre le había contagiado: la lepra. Pero con la extinción de su belleza y luego de su vida, ella no cesa de existir; continúa después de la muerte a través de su diario; en el que deja las páginas más sentidas de autoconocimiento y reflexión sobre el mundo, la situación personal y su esencia como mujer.

A través de la enfermedad, Dolores comienza a reconocer las limitaciones y restricciones que hasta ese entonces había tenido, sin haberse dado cuenta. Mediante el dolor, la angustia y la soledad adquiere la lucidez para luchar contra la distorsionada imagen que ella había asumido culturalmente sobre lo que debía ser y hacer una mujer, proyectando esta contienda en su escritura.

El tono inicial de aprobación del narrador corresponde a la actuación de Dolores en su medio ambiente. Lugar ameno, con flores, pájaros, días luminosos; en el que se mueve la joven en medio de gente alegre, pacífica y bondadosa y, obviamente, en donde encuentra el amor de Antonio, amigo y compañero del primo. Con el descubrimiento de la enfermedad y subsecuente aislamiento, postración y deceso de la muchacha, el narrador se manifiesta sombrío y acongojado ante pérdida tan irremisible. Pero esta situación trágica que mina la existencia de Dolores y abate al narrador, es el proceso de liberación de la joven y el logro de su autonomía como ser humano. Bella y alabada por todos, como hija protegida se veía limitada en sus actuaciones y decisiones, por las tradicionales reglas sociales; se decidía por ella y se le indicaba cómo actuar. En estas circunstancias, el lector sabe de su existencia, por referencias a su gran hermosura, y por el demoledor efecto que causa en Antonio cuando éste la conoce; pero tarda mucho en saber su nombre y en ver algún rasgo especial que la distinga de cualquier otro objeto de adorno del transfondo del relato.

Hasta la mitad de la narración, la identidad pública y la conciencia de Dolores no están diferenciadas. Cuando todo supone el "típico" final feliz de una lineal historia de amor, el lector encuentra que la muchacha empieza a reflexionar sobre sí misma y lo que la rodea, ante la ausencia de aquél de quien se ha enamorado.

Paradójicamente, con la separación de su amado, la joven descubre un mundo nuevo a través de la escritura, que le permite, no sólo romper las barreras de lo doméstico, traspasar las distancias y entrar a otros mundos, sino crearse uno propio en el que expresa libremente lo que siente y piensa y que plasma en el papel:

> Y me presentó un papel en que acababa de escribir unos preciosos versos, que mostraban un profundo sentimiento poético y cierto espíritu de melancolía

vaga que no le conocía. Era un tierno adiós á su tranquila y feliz niñez y una invocación á su juventud que se le aparecía de repente como una revelación. Su corazón se había conmovido por primera vez, y ese estremecimiento la hacía comprender que la vida del sufrimiento había empezado (1869, 24).

Apropiación de la escritura que es el comienzo del desarrollo de su conciencia y de la realización externa de su existencia como ser multidimensional. Para subrayar la importancia del hecho, la primera parte de la novela termina en este punto.

En el comienzo de la segunda sección hasta el final (3.ª sección), Dolores tiene voz propia a través de sus cartas y de su diario. El narrador masculino, ahora, desempeña el simple papel de portavoz del paso del tiempo y de sucesos del mundo exterior, cuya voz sirve de marco para el desarrollo interior que se produce en Dolores. Esa introspección la anima a tomar sus propias decisiones en el crucial momento en que decide el camino de la libertad hacia un espacio cerrado que puede considerar suyo por libre voluntad, en rechazo del ostracismo social a que iría a ser sometida por lazarina, en la casa de su tía. Libertad que es el resultado de la lucha entre el destino del cuerpo y el gozo de la posesión de la autoconciencia; gozo que Pedro –como miembro del limitante mundo patriarcal– no puede entender, porque aunque ve el cambio en Dolores, no comprende sus motivaciones especialmente cuando ella las transmite por medio de la escritura:

> El estado de dolor mórbido a veces, exaltado otras que revelaban las cartas de Dolores me alarmó. Escribí a mi padre aconsejándole que procurasen distraerla, pues ese pensamiento continuo en una cosa tan dolorosa podía predisponerla más que todo a que estallase en ella la enfermedad de su padre (1869, 36).

Este desprendimiento de la sociedad y la abierta manifestación a través de la grafía de sus más íntimos sentimientos: deseo, amor, odio, frustración, intelección y aceptación; configuran un equilibrio en el discurso que marca el camino inverso recorrido por el cuerpo y la conciencia; senda en la que triunfa el intelecto al acercarse a la muerte. De esta forma, la oposición irreductible vida-muerte y la continuación del bienestar terrestre que promulga el mundo material se destruyen, permitiendo mostrar que el deceso no es más que una parte fundamental de la existencia. La novela se manifiesta, entonces, como un complejo experimento que subvierte los lugares asignados a la comodidad material y a la infinita sensación que proporciona la libertad espiritual. La apropiación, que se observa en *Dolores*, de lo privado como un espacio escogido voluntariamente, muestra la conciencia que mujeres, como Soledad Acosta, poseían sobre las limitaciones del mundo en que se movían; y proporciona alguna de las soluciones que ellas planteaban para cambiar el estado de los hechos.

Al crear el personaje de Dolores, y permitirle tener conciencia de su propia individualidad; al hacer que ella se cuestione sobre el amor hacia Antonio y su posible matrimonio y vida con él; al mostrar, cómo en medio de la fragilidad que siempre caracterizó a la joven, que ella es la que decide rechazar a su enamorado sin darle explicaciones; al representar a Dolores saliendo voluntariamente de la casa que había sido su hogar durante toda su vida y, luego, aislarse de las personas de las que había dependido para tratar de encontrar en medio del retiro el alivio a su tragedia, Soledad Acosta comienza a transgredir los cánones establecidos para la novela realista que se producía tanto en Francia como en Inglaterra; normas que dictaban que la única felicidad completa alcanzada por la mujer era a través del matrimonio[7].

En su lugar, proyectó en esta narración, la crisis que vivía diariamente la mujer cuando se enfrentaba a la destrucción de sus ilusiones, por causas ajenas a su control, como la enfermedad. Crisis que recrudecían las conflictivas condiciones culturales y sociales que hacían que la mujer fuera, no sólo dependiente durante toda su vida, sino que impulsaban la asunción de que las virtudes típicamente femeninas eran el sacrificio y la entrega total con la renuncia de la propia individualidad que se lograban por medio de las vocaciones de esposa y madre; ideas, manipuladas por la ideología que propendía por la gratificación masculina en detrimento del sexo femenino.

Soledad Acosta reconoce la gran injusticia de estas ideas que buscaban confinar a la mujer a una existencia puramente relativa, y reacciona articulando conscientemente en sus obras la ambivalencia de los papeles adjudicados a cada uno de los sexos. No obstante, su posición no era completamente ruptural. Por un lado, genuinamente creía que una de las mejores metas de la mujer era el matrimonio; pero por el otro, sabía que era imposible que todas pudieran alcanzar este estado, por lo cual la sociedad debería dejar de promover ideologías engañosas y en su lugar, proporcionar los medios para que la mujer pudiera hacer frente a las cambiantes circunstancias sociales que se vivían. Asimismo, reconocía que la soltería de las muje-

---

[7] Esta idea encuentra su mejor expresión en la obra de Coventry Patmore, *The Angel of the House* (1855, 1856), en el Libro I, Canto IV, Preludio I, donde dice: "Her disposition is devout / Her countenance angelical; / The best things that the best believe / Are in her face so kindly writ / The faithless, seeing her, conceive / Not only heaven, but hope of it. [Su disposición es dedicada / Su figura angelical; / Las mejores cosas que los mejores creen / Se encuentran amablemente escritas en su faz / El infiel, al verla alcanza / no sólo el cielo, sino esperanza también] (La traducción es nuestra).

res tenía también sus recompensas y que era reprensible negarlas, como normalmente ocurría.

Con *Dolores*, Soledad Acosta abre una nueva tendencia de narración realista en Colombia, que a la vez que señala los problemas que socialmente constreñían a las mujeres por la poca o mala educación que recibían, muestra uno de los serios problemas sociales que afectaba al país: la lepra y la forma inhumana como se trataba a los desafortunados que la padecían.

> En los siglos de la edad media cuando se le declaraba Lázaro a alguno, era inmediatamente considerado como un cadáver: lo llevaban a la iglesia, le cantaban la misa de difuntos y lo recluían por el resto de sus días como ser inmundo... Pero al menos ellos no volvían a tener comunicación con la sociedad; morían moralmente y jamás llegaban a su oídos los ecos de la vida de los seres que amaron. Y yo que me he retirado al fondo de un bosque americano, hasta aquí me persigue el recuerdo (...) (1869, 69).

Al escoger la forma autobiográfica del diario, para dejar que Dolores hablase por sí misma, emplea uno de los tipos de escritura que se le permitían a la mujer, por ser privado y por lo general secreto; espacio que servía para que ella pudiese decir libremente lo que pensaba sobre sí misma y lo que la rodeaba sin que fuera sancionada. En las entradas que la voz narrativa reproduce, se observa la variación de identidad que se efectúa en la joven a causa tanto de la enfermedad como del autoconocimiento que se realizaba en ella. De la misma manera, se refleja la crisis continua que la embargaba, manifestada por medio de la ambigüedad y la ambivalencia de sus comentarios. Discurso marginalizado y no autorizado públicamente que le permitió ofrecer una versión de su experiencia y revelar los momentos negativos en que ni dios ni ley humana tenían sentido o valor:

> La vida es un negro ataúd en el cual nos hallamos encerrados. ¿La muerte es acaso principio de otra vida? ¡Qué ironía! En el fondo de mi pensamiento sólo hallo el sentimiento de la nada. Si hubiera un Dios justo y misericordioso como lo quieren pintar ¿dejaría penar un alma desgraciada como yo? (68).

> ¡Terribles vacilaciones de mi alma! ¡Si mi mal fuera solamente físico, si tuviera solamente enfermo el cuerpo! Pero cambia la naturaleza del carácter y cada día siento que me vuelvo cruel como una fiera de estos montes, fría y dura ante la humanidad como las piedras de la quebrada. Hay momentos en que en un acceso de locura vuelo á mis flores, que parecen insultarme con su hermosura, y las despedazo, las tiro al viento: un momento después me vuelve la razón, las busco enternecida y lloro al encontrarlas marchitas. Otras veces mi alma se rebe-

la, no puede creer en que un Dios bueno me haga sufrir tanto, y en mi rebeldía niego su existencia: después... me humillo, me prosterno y caigo en una adoración sin fin ante el Ser Supremo (69-70).

De esta forma, con el diario, Soledad Acosta representa una heroína que se aleja completamente de la que creó Jorge Isaacs en *María*: a pesar de fallecer, también, a causa una enfermedad, no se la ve dudar ni vacilar en sus convicciones ni en sus actos. Dolores abre la senda que seguirán las otras protagonistas de los relatos de *Novelas y cuadros de la vida sur-americana*, criaturas que son un reflejo de las circunstancias socioculturales por las que atravesaba el territorio colombiano recién comenzada la segunda parte del siglo XIX.

2. *Teresa la limeña*, la novela más extensa del volumen, presenta en su discurso la forma como se internaliza y proyecta la visión de la sociedad sobre la mujer hispanoamericana de clases altas de mediados del siglo XIX, a través de la clásica novela de formación, de aprendizaje o *bildungsroman*[8]; género olvidado, pero no ausente del panorama literario hispanoamericano, durante el siglo XIX[9].

En la proyección de la memoria de Teresa –la protagonista– se observan las implicaciones de crecer como mujer, coercionada por el tipo de educación recibida; subvertida por las lecturas efectuadas y violentada por el padre y amigos cercanos en los afectos y decisiones personales. Soledad Acosta manifiesta su concepción sobre las posibilidades de la mujer, dentro de esas nociones de lo privado y lo ético al crear esta novela femenina de aprendizaje, ofreciendo una "representación" que asume congruencia fácilmente con los valores culturales de la época; pero que se diferencia del tipo clásico de novela de formación[10] cuando la heroína se resiste a sucumbir ante las nor-

---

[8] Mientras en el siglo XIX abundaron los personajes femeninos, la forma clásica de novela de evolución personal o de formación que pasó de Alemania a Inglaterra y tangencialmente a Francia, ofrece muy pocas heroínas que sean protagonistas de este tipo de novelística.

[9] Los estudios que se han impulsado sobre la mujer lograron a partir de 1970, que la crítica canónica aceptara la filiación de este tipo de narrativa femenina, donde la heroína se halla en busca de su propia identidad, con el masculino *bildungsroman*. A partir de ese entonces, se han revaluado los personajes femeninos de los siglos XVIII y XIX, incorporándolos al concepto de *bildung*. De esta forma, el término se ha ampliado para incluir todas las experiencias que se relacionen con la búsqueda del autoconocimiento y del propio desarrollo femenino.

[10] La novela de formación tradicionalmente es una forma de escritura que exalta los ideales masculinos y universaliza su experiencia. En ella se muestra el desarrollo del

mas culturales que la delimitan como adulta; y rechaza asimilarse, reaccionando al cerco que le imponen las expectativas sociales conocidas.

El proceso de conocimiento de Teresa y su intento de encontrar un rol adulto adecuado dentro de un contexto social es el centro estructural de la novela. La voz narrativa, abre la historia, presentando a la protagonista en un momento crucial de su existencia. Pero, a través del estilo directo, deja que sea la propia Teresa Santa Rosa, quien formule sus planes de búsqueda, identificación y realización propias:

> Quiero examinar la causa de las emociones que me han dominado esta noche(...) ¿no podrá uno conocerse jamás? Recorreré mi vida desde que me acuerdo; esta será una lección para mi orgullo, tan débil esta noche, y una confesión hecha ante mi conciencia (1869, 77).

A partir de esa toma de conciencia de la protagonista, la voz narrativa cuenta la vida de la joven desde un comienzo absoluto: hija única, se identifica en su infancia positivamente con la madre: "bella chilena de suave carácter y salud achacosa", quien "había vivido retirada desde que se casó, en Chorrillos, en donde su esposo, más por vanidad que por cariño, le había mandado a edificar una hermosa casa a orillas del mar" (1869, 77).

En el proceso de formación de su identidad, durante sus primeros años y como producto de su aislamiento social, Teresa aprende, gracias a su naturaleza sensible, a meditar sobre los acontecimientos en los que su vida se ve envuelta; a la vez que asimila varios roles sociales, adquiriendo algunos rasgos definitivos de voluntad fuerte y decidida que la individualizan:

> (...) sobreponiéndose a veces a su habitual indolencia, tenía sus ímpetus de voluntad, aunque de ordinario se sometía tranquilamente a las órdenes de su padre. Sin embargo, cuando llegó la época de aprender a leer, se resistió de tal manera que su padre no pudo obligarla á obedecer; las súplicas de su madre, á quien adoraba, vencieron su resistencia, pero no su odio al estudio, de suerte que todos los días había escenas de llanto y disgusto, y la salud de la madre necesitaba tranquilidad, por lo que los médicos opinaron que Teresa no debía estar á su lado (1869, 78).

---

protagonista en una forma lineal hasta el logro de su madurez. Su esquema estructural y objetivo, más aceptado, deriva del patrón de la vida de Wilhelm Meister (Goethe). Tiende a demostrar siempre lo que Lukacs llamó: la reconciliación entre el interior y la realidad. *Cf.* Georg Lukacs, "Whilhelm Meister's Years of Aprenticeship", *The Theory of the Novel*. (Cambridge: M. I. T. Press, 1977): 132.

En ese comienzo de exclusión, Teresa se identifica con la madre, pero al mismo tiempo, se distancia interiormente al estar en permanente conflicto con ella. Este proceso de unificación/extrañamiento con la identidad materna queda inconcluso, no sólo por su temprana separación física sino por la muerte de su progenitora poco tiempo después. De esta forma, la niña no desarrolla completa ni conscientemente el papel de docilidad y sumisión que ella debería desempeñar al haberse plegado a los deseos y la personalidad de su madre, asimilando las constricciones sociales a las que pasivamente se sometía su progenitora[11]. A la orfandad se suman, luego, la expatriación: viaje a París; la incomunicación: aprendizaje de lengua y cultura diferentes; y el encierro: su padre la interna en un convento religioso para recibir una educación que "la hiciera brillar y atraer a sus salones la sociedad" (1869, 79).

Ante este ostracismo emocional, físico y cultural, Teresa busca refugio y compañía en aquello que le había ocasionado tantos sinsabores en el pasado: el estudio. Su personalidad se afianza y a "los doce o trece años la limeña era una perfecta muestra de la ardiente naturaleza americana, tan llena de contrastes". En esa época hace amistad con Lucía de Montemart, una aristocrática joven francesa, cuya alejada y melancólica personalidad, le ofrece puntos de identificación a los cuales se asocia. Las dos adolescentes desarrollan, a través de la lectura de obras de Racine, Corneille, Lamartine, Mme de La Fayette, Byron, etc., una enfática identificación literaria, de la cual ambas derivan una actitud importante hacia el matrimonio:

> Lucila, con aquel carácter dulce que la distinguía, soñaba con un porvenir de paz, al amparo de algún castillo viejo, feliz con el amor del ser que amaba con su imaginación, ser que para decir verdad había tomado la forma palpable de un primo suyo, a quien no había visto desde que estaba muy chica, pero á quien adornaba con todas las virtudes y la belleza de un paladín de la edad media.
>
> Teresa, de índole ardiente y entusiasta, no deseaba esa tranquila paz: soñaba con una vida agitada; deseaba hallar en su camino algún joven romántico, desgraciado, a quien debería sojuzgar después de mil aventuras peligrosas (...). Ambas hablaban de sus héroes como si realmente existieran, y componían entre las dos interminables novelas (1869, 81).

En este punto, la narrativa se amolda al *bildungsroman* clásico[12] europeo, cuando ofrece pocos roles adultos apropiados para que los personajes

---

[11] *Cf.* Marie Dellas y Eugene L. Gaier. "The Self and Adolescent Identity in Women: Options and Implications". *Adolescence* 10 (1974): 399-406.

[12] *Cf.* Jerome H. Buckley, *Season of Youth: The Bildungsroman from Dickens to Golding.* (Cambridge: Harvard University Press, 1974): 17.

femeninos se desarrollen, permitiendo, de esta forma, que Lucila, alma gemela de Teresa en afectos y en ciertas normas de conducta, sea incapaz de quebrantar las imposiciones establecidas después de concluida su educación, y termine sin haber alcanzado ninguno de sus ideales o aspiraciones, en una de las paradigmáticas conclusiones a que la mujer se veía constreñida: la muerte[13].

Para Lucila se hace imposible este aprendizaje en su desarrollo hacia la madurez, a medida que las restricciones tradicionales sobre la mujer se enfocan en las oposiciones entre feminidad y autonomía; hecho que no se presenta en la novela de formación masculina, ya que los logros mayores del hombre son la adquisición de la libertad y de la autosuficiencia. Los moldes mentales de dependencia y sumisión que la joven había asimilado en el convento, sumados a los ideales que se había forjado a través de las lecturas –estar bajo la protección y dirección del ser elegido por ella–, no concuerdan con las experiencias que debe vivir. Esas circunstancias la enferman y la circunscriben a estar al servicio de los demás, a costa de su propia individualidad. Cuando se da cuenta de que es protagonista de su propia tragedia, intenta desligarse del conflicto impuesto y ofrece a Teresa consejos para que a ella no le ocurra lo mismo. Así encuentra, una forma de elevarse sobre las imposiciones establecidas, para intentar redefinir hechos y reinterpretar experiencias, intentando no permanecer apática ni neutral a la situación de mujeres como ella que se veían condenadas por la censura y el entrenamiento recibido:

> En tu última carta me hablas vagamente de un matrimonio que tu padre proyecta para tí (...). No, no tengas la debilidad de dejarte arrastrar por influencias ajenas a tus sentimientos (...). Tal vez creerás que me he vuelto muy pedante, aconsejándote acerca de asuntos que no entiendo; pero te aseguro que no hay mejor maestro de experiencia que el sufrimiento (...). (1869, 113-114).

Teresa ofrece una respuesta totalmente contraria a la de Lucila, y por lo tanto mucho más visible en los círculos sociales. Pese a tener los mismos ideales románticos que su amiga sobre el mundo y la vida, la historia se enfoca en el desarrollo de su individualidad y el conocimiento que de sí misma va adquiriendo, cuando en lugar de encontrar una ubicación en el negativo contexto social que la circunda, se retrae de él. Para la joven, este conflicto de su yo dentro de esa sociedad permanece como problema:

---

[13] *Cf.* Elizabeth Abel, et al. (Eds). *The Voyage In: Fictions of Female Development.* (Hanover & London: University Press of New England, 1983).

> (...) iba como aturdida y llena de tristeza con la pintura de las intrigas, ridiculez y vaciedad que reinaban en medio de aquella sociedad que parecía tan amable y franca (1869, 100).
>
> Volvió a seguir su vida de salón (...) pero su corazón, su alma y su espíritu estaban siempre en completo desacuerdo con cuanto la rodeaba, y por consiguiente no podía ser feliz (1869, 144).

A diferencia de la novela masculina de aprendizaje, en esta narrativa se observa cómo la evolución de la personalidad de Teresa progresa hacia un balance entre su propio ideal interno y la adaptación que le demanda el mundo exterior, al que se veía lanzada por su propio padre; adaptación que nunca llega a ser total. Su posición está fijamente delimitada dentro de unos parámetros socio-culturales, establecidos desde antaño y manipulados por la tradición y la censura, donde se le exige que como mujer de sociedad, entretenga o se deje entretener, mientras realice un matrimonio conveniente en sentido monetario, único objetivo que las mujeres de clase alta deberían perseguir.

> (...) confesó al señor Santa Rosa que ella no podía amar a León, lo que hizo reír a su padre, quien (...) le dijo que ese sentimiento sólo existía en los libros y que no pensara en semejante disparate; concluyendo con prevenirla perentoriamente que diera el sí a León dentro de breves días, pues sus negocios sufrían con tantos retardos e incertidumbres (1869, 101).

Todas estas limitaciones sociales y de género le impiden llevar a cabo muchas expectativas; claramente lo que se espera de ella, no es lo mismo que la protagonista anhela obtener; pero la oposición que encuentra le permite avanzar un grado más en su evolución como mujer y en el desarrollo de su autonomía. Aunque presionada por las circunstancias contraiga matrimonio con León a quien no quiere, su progreso es interno: su expansión es metafísica y su emancipación es la indiferencia ante las determinadas actitudes que los otros pretenden que ella adopte; quedando, en cierto sentido, fuera de las normas sociales, pero reaccionando y evitando, así, la completa asimilación que se le imponía (*cf.* 1869, 124-129).

La voz narrativa perfila y respalda con sus comentarios la forma en que Teresa arrostra la imposibilidad de vivir plenamente en ese mundo que niega actuaciones significativas a las mujeres. Por eso la protagonista, al darse cuenta de que el alejamiento de la sociedad no era suficiente para contrarrestar todo aquello que pretendía degradarla, "al día siguiente puso en obra un proyecto que la alejara del inminente peligro en que se veía. Se fingió enferma, y hablando con el médico de la casa le suplicó que le prescribiese los aires del campo".

Allí, aunque se puso a distancia de los peligros que la acechaban en la ciudad, encontró una situación paradójica que la hizo reaccionar aún más violentamente. Tuvo que enfrentarse con la eterna tensión entre la autonomía y la inclusión, centro de su propio desarrollo como ser humano: la "intimidad, nacida del aislamiento le patentizó más que nunca cuán indiferente le era León", por lo cual Teresa decidió regresar a Lima.

Esa glacial verdad, arrancada de la experiencia, muestra otra de las innovaciones de esta novela: una nueva proyección interna del motivo de la búsqueda de la heroína; ya que, al alejarse Teresa de los círculos sociales e ir a reunirse con su esposo, logra un mayor conocimiento de su yo interior y de la autonomía que deseaba; así, adquiere la convicción de que su condición es un problema humano, distorsionado por el confinamiento y las limitaciones a las que se veía reducida.

El intento por encontrar el equilibrio entre estas tensiones, producidas por la lucha entre la individualidad y la asimilación, siempre resistiendo las continuas definiciones externas sobre ella, se manifiesta en sus reacciones después de cada una de sus relaciones sentimentales.

Con Pablo Hernández –su primer desengaño– aprende a conocer la maleabilidad del hombre, más atento a las comodidades ofrecidas por el dinero, que a los sentimientos sinceros. Esta actuación masculina está reforzada dentro de la historia por las cartas de Lucila, en las que ella le relata las mismas actitudes en su primo Reinaldo, pero con resultados funestos. Por esa razón, "Teresa no volvió a ver a Pablo, y procuraba no recordarlo nunca" (95).

La relación con Arturo, el "petimetre de moda", seductor de solteras y casadas, a quien "no le gustan las empresas difíciles, sobre todo donde no se acostumbran" (131) y que la hace blanco de sus burlas, le proporciona la comprensión de la "fatuidad de los hombres que se imaginan que las mujeres están ocupadas sólo de adivinarles los pensamientos" (130).

León Trujillo llega a ser su esposo por compromiso contraído por Santa Rosa –el progenitor de Teresa–; pero su carácter débil lo convierte en "esclavo sumiso á las órdenes de su padre y no se atreve jamás a obrar por sí mismo" (127). Como resultado de la resistencia inicial de Teresa a aceptar los roles que se le asignan, su matrimonio con León le hace ver efectivamente la unicidad de su propio yo, prefiriendo como solución a la alternativa que se le presenta, la soledad antes que fingir un sentimiento que no abriga en un matrimonio impuesto.

La relación con Roberto Montana –su único amor verdadero– está desde el principio marcada por el romanticismo trágico que envuelve a la pareja. Infortunio que toma prestados elementos estructurales del argumento de la

ópera *Lucía de Lammermoor*[14] cuya aria es la que hace que los dos establez-
can comunicación, cuando Teresa, retirada en Chorrillos, toca al piano los
trozos más sentimentales de la composición para combatir el tedio, y Roberto corresponde cantando la misma ópera con su potente voz de barítono
(1869, 102)[15].

Esta relación, desde sus inicios hasta el rompimiento final, ocasionado
por Santa Rosa y las malas artes de Rosita –la agonista– pone a prueba la
resistencia de Teresa en la búsqueda por su propia autonomía, desencade-
nando el enfrentamiento consigo misma que se observa al comienzo de la
historia y que, a la vez, es el final de la novela: "Esta era la situación en que
se hallaba Teresa la tarde en que, como recordará el lector, la vimos por primera vez en su balcón en Chorrillos" (1869, 233).

La interferencia de Rosita[16] en la vida de Teresa, que produce el estado en
que se encuentra a la protagonista por primera vez y en el que se la deja al

---

[14] Ópera de Gaetano Donizetti, "Lucía de Lammermmoor", cuyo modelo fue *The
Bride of Lammermmoor* de Walter Scott. En ella, los protagonistas: Lucía Ashton y
Edgardo de Ravenswood se aman a pesar de la larga rencilla y desprecio que sostienen
entre sí las dos familias. Cuando Edgardo debe partir para Francia repentinamente en
cumplimiento de una misión diplomática, los jóvenes intercambian anillos y hacen votos
de mutua fidelidad, que juran sellar con su matrimonio. Al enterarse de esta situación
casualmente, Enrico –hermano de Lucía– y darse cuenta de que ella ha pactado con
aquél a quien él considera enemigo, intercepta las cartas que la pareja intercambia, fabri-
ca una misiva adjudicándosela a Edgardo, para demostrarle a la joven el engaño de su
enamorado. Ante esta aparente decepción y forzada por las circunstancias y los consejos
de un clérigo, Lucía acepta contraer matrimonio con Arturo Bucklaw, a quien no ama,
para reforzar la ya exigua fortuna de Enrico. En el momento en que se está celebrando el
matrimonio, Edgardo llega proclamando su inocencia. Enrico lo reta a duelo en el
cementerio de los Ravenswood. Mientras esto sucede, Lucía pierde el juicio, asesina a
Arturo, y en su mente enfermiza cree que ha contraído nupcias con Edgardo. Mientras
tanto, éste se halla en el camposanto esperando el duelo. Allí, recibe la noticia de la
muerte la joven y movido por la desesperación se suicida. *Cf*. David Hamilton, Ed. *The
Metropolitan Opera Encyclopedia*. New York: Simos and Schuster, 1987: 198-199.

[15] El preludio de esta amistad lo delimitan los acordes de las árias de *Lucía di Lammermoor* (Donizetti) y de *Norma* de Vincenzo Bellini (102-103); composiciones en las
que muere la heroína. La afinidad de la relación entre Teresa y Roberto se hace concreta
cuando los jóvenes se conocen personalmente y se cimenta cuando ambos se acompañan
para la interpretación de arias de *Orfeo ed Euridice* de C. W. von Gluck (139), cuyo protagonista pierde por segunda vez a su esposa a quien ha intentado regresar a la vida,
aceptando una prueba puesta por Zeus. Sólo el Amor logra reunir en vida nuevamente a
la pareja.

[16] Rosa cumple en la narración el papel que Enrico, hermano de Lucía, efectúa en la
ópera. Esta mujer se gana la confianza de Teresa para poder controlar sus acciones y con-

concluir la historia, define los parámetros de la tensión que peculiariza la indagación que ella ha emprendido. En su lucha por salir del cerco creado por Rosa, Teresa evidencia más abiertamente las posibilidades de una fuerte percepción de sí misma; un conocimiento progresivo del contexto social y mayor comprensión de las alternativas en las relaciones interpersonales que una mujer podía lograr dentro de los límites aceptados por ella misma como individuo. De esta forma, se presenta otro desvío del *bildungsroman* masculino tradicional, ya que en *Teresa, la limeña* se trata de representar la mujer como ser humano en su totalidad, al mostrar al protagonista desarrollándose en contra de las expectativas culturales, conformando una personalidad madura que abraza, a la vez, la feminidad y la autonomía. Pues, a pesar de haber crecido y moldeado su personalidad para cumplir las expectativas de las normas culturales, el sentido que tiene de sí misma como persona, subyace en toda la narración. Aunque Teresa aceptó muchas de las estereotípicas convenciones femeninas impuestas antes de presentarse ante los lectores, comienza la narración con una acto de propia definición. Durante esta revisión interior, al observar su pasado vivido en relación con el entramado cultural, reinterpreta sus experiencias previas, deduciendo formas que utiliza para desmantelar la red retrospectivamente. Asimismo, logra, a pesar de conservar en la memoria el recuerdo de Roberto, un entendimiento de su vida pasada y conforma una base para construir su futuro, al crearse una nueva definición de sí misma.

Soledad Acosta de Samper, al poner en tela de juicio, en esta temprana novela, la proposición de que una mujer joven no puede adquirir su propia identidad si no se pliega a las limitaciones sociales establecidas, intenta romper con la tradición que viene desde el siglo XVIII y que considera la novela de formación como típicamente masculina, a través de la reconstrucción de la vida que efectúa la protagonista. Por ello, subvierte con habilidad la narrativa tradicional, introduciendo un patrón más amplio dentro del *bildungsroman*.

De la misma forma, con los dos desenlaces típicos, pero contradictorios e impredecibles por el final abierto de la narración (el recuerdo de Roberto que conserva Teresa y la nota de ambivalencia no del todo satisfactoria con la que concluye la novela: "¿Acaso Teresa se condolió al fin del afecto constante de Carlos y volvió a pasar por el terrible camino del amor en el cual tanto había sufrido?" [1869, 233]), Soledad Acosta propone una alternativa

---

seguir el amor de Roberto. En un plan fraguado en compañía de Santa Rosa, fabrican cartas donde supuestamente Roberto engaña la confianza que Teresa ha depositado en él. Roberto inocente de todo lo que se le inculpa, intenta buscar comunicación con su amada, pero ella la rechaza creyendo que es una nueva burla.

diferente. Abre el camino a una gama de posibilidades que la mujer puede adoptar para contrarrestar los parámetros de comportamiento que novela y tradición, tanto en Colombia como en Hispanoamérica, representaban e imponían a los personajes femeninos y por medio de ellos, a la mujer en general: docilidad total a lo establecido y acatamiento a la vida doméstica como forma de existencia o el aislamiento social que terminaba con la prostitución y llevaba a la muerte, justo castigo por atreverse a pretender una vida diferente, lograda por la educación[17] y la búsqueda de la autonomía.

Abriendo sendas y mostrando las posibilidades que la mujer tenía, Soledad Acosta critica los modelos culturales preestablecidos sobre la búsqueda que emprende la mujer como ser humano por su propia identidad. Modelos que le negaban a la mujer el derecho a lograr el autoconocimiento y la libertad individual, sin el amparo o la compañía del hombre; que le vedaban el intentar ser algo más que una figura subordinada o la simple inspiración masculina como: Manuela y María, las protagonistas de la obra de Eugenio Díaz Castro[18] y de Jorge Isaacs[19] respectivamente.

En la novela de Isaacs, María es paciente y abnegada, cree en la superioridad intelectual de los hombres y se abstiene de cualquier palabra o acción que desdiga que ella es el **objeto** pasivo de admiración que le toca desempeñar. Durante toda su actuación es tan dulce y sumisa, que se convierte en el estereotipo de mujer del romanticismo, que pide de sus congéneres los extremos más absolutos. Gustavo Mejía, señala algunos rasgos con los que se crea a María:

> [La] primera imagen que vemos de la heroína, al terminar el primer capítulo, inicia una serie de caracterizaciones del personaje en las que se tratará de asociarla con la Virgen. Si entonces la vemos entronada como un ícono en su nicho de enredaderas, y si dos capítulos más tarde se nos habla de su sonrisa como la de una "virgen de Rafael" (Cap. III), en el capítulo XXXI, Braulio pregunta por María refiriéndose a ella como "la virgen de la silla", en clara alusión a la pintura de Rafael (Isaács 1983, 10).

---

[17] La psicología de la época establecía que cuando las jóvenes demostraban inquietudes y curiosidad, a la vez que indiferencia hacia la vida doméstica y no seguían dócilmente los designios de los padres; queriendo trabajar fuera de casa como enfermeras o hermanas de la caridad, eran signos seguros de enfermedades mentales inevitablemente heredadas en línea directa por la vía materna. *Cf.* Elaine Showalter. *The Female Malady: Women, Madness, and Culture*, 1830-1980 (New York: Penguin Books, 1987): 75-76.

[18] Eugenio Díaz Castro. *Manuela* (Bogotá: 1866). Medellín: Bedout, 1976.

[19] Jorge Isaacs. *María* [Bogotá: 1867] (Edición, Introducción y notas: Gustavo Mejía). Madrid: Sociedad General Española de Librerías, 1983.

A través de esos patrones, se impedía a la mujer buscar nuevos senderos para expresar sus propios deseos. De ahí que en las novelas *María* y *Manuela*, aunque lleven como título el nombre del personaje femenino, sus verdaderos protagonistas sean Efraín y Dámaso. Así, se indicaba que la búsqueda de la identidad era un atributo puramente masculino; y que los pocos rasgos de individualidad permitidos y otorgados a la mujer eran significantes sólo en relación con el hombre, cuya identidad ella debía reforzar desde una posición secundaria.

3. *El corazón de la mujer. Ensayos psicológicos*, única narración del volumen que abre con una "Introducción", es una colección donde se agrupan una novela ("Mercedes") y cinco relatos ("Matilde", "Manuelita", "Juanita", "Margarita", e "Isabel") unificados por un marco común, establecido en "Matilde", cuya complejidad estructural varía de acuerdo al número de voces narrativas que intervienen (ver esquema en página siguiente).

En ese marco se inserta la voz femenina que funciona como narrador básico (N^o) en cada una de las historias que cuenta aspectos de la vida de la protagonista, cuyo nombre la titula. Esta voz da paso, en la representación, a los diversos narradores secundarios que emiten las historias, sean personajes o no de ellas, y quienes como actores en el enmarque narrativo responden, comentan, apoyan o critican lo relatado más tarde.

Argumentalmente, las seis historias son un reflejo fiel del mensaje que las palabras de la voz agenérica de la "Introducción" emite:

> El corazón de la mujer se compone en gran parte de candor, poesía, idealismo de sentimientos y resignación. Tiene cuatro épocas en su vida: en la niñez vegeta y **sufre**; en la adolescencia sueña y **sufre**; en la juventud ama y **sufre**; en la vejez comprende y **sufre**. La vida de la mujer es un **sufrimiento diario**; pero éste se compensa en la niñez con el candor que hace olvidar; en la adolescencia, con la poesía que todo lo embellece; en la juventud, con el amor que consuela; en la vejez con la resignación. Mas sucede que la naturaleza invierte sus leyes, y se ven niñas que comprenden, adolescentes que aman, jóvenes que vegetan y ancianas que sueñan (1869, 237).

En este tono, la obra, a nivel superficial, muestra las paradigmáticas historias, basadas específicamente en experiencias femeninas, que demandan pasividad, autosacrificio y negación de sí mismas por parte de las protagonistas; cuya existencia adquiere sentido únicamente al entrar en las esteoreotípicas relaciones que el mundo patriarcal les impone y les permite.

Asimismo, al emplear para esta obra, los patrones y escenarios convencionales conocidos: domésticos y románticos (el argumento más utilizado

Estructura narrativa:

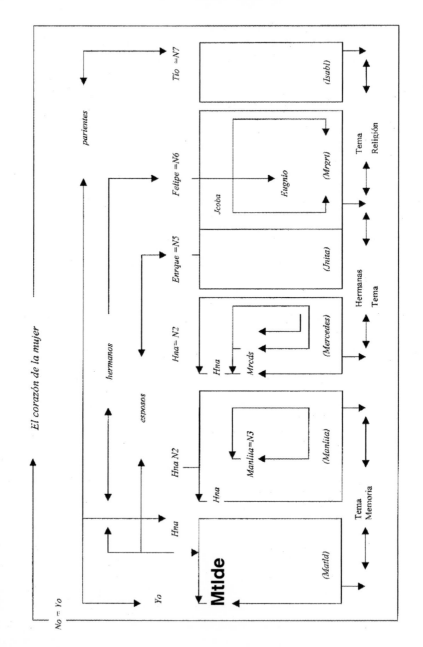

para un destino femenino era la "historia de amor"), Soledad Acosta reveló las limitaciones para la autorrealización de las mujeres, tanto escritoras como protagonistas de ficción; las que se hallaban atrapadas dentro de definiciones y argumentos viejos y condenadas a vivir y a actuar como lo prescribían esos desgastados modelos estructurales transmitidos por la historia.

El tema escogido, ubica a Soledad Acosta en el centro de la tradición de la escritura femenina; pues, en cierto sentido, contar vidas es lo que las mujeres novelistas han hecho siempre. Aunque literalmente no hayan contado su propia vida, han encontrado en la flexibilidad del género novelístico un vehículo para expresar sus percepciones subjetivas. Y es en esta ubicación dentro de la tradición escritural femenina, que *El corazón de la mujer* adquiere una especificidad particular.

Al emplear la voz femenina en primera persona como la narradora básica que presenta el marco novelístico, y a través de ella, mediante uno o varios cambios estructurales, dar paso a otras tres narradoras para que cuenten –en primera persona– sus propias existencias, ofrece un sorprendente recurso argumental y temático, que renueva la interpretación de estas vidas femeninas, subvirtiendo, de esta forma, el poder de las viejas historias.

Las tres narradoras (Matilde (N^1), Manuelita (N^3), Mercedes (N^4)) se oponen, en el acto de contar su propia historia, a las tres voces masculinas (Enrique (N^5), Felipe (N^6), el tío sacerdote (N^7)) que relatan la vida de otras tres mujeres (Juanita, Margarita, Isabel). Con la ejecución de este acto, la autora hace a un lado los determinismos culturales, permitiendo que sean las propias narradoras-protagonistas las que hagan un examen de sus experiencias como mujeres y encuentren un lugar para ellas dentro de una definición personal, en lugar de hacerlas llegar a una total capitulación ante la pasividad, como se observa en los relatos de los tres narradores masculinos.

Las seis protagonistas sufren el conflicto entre la definición propia y la subordinación abnegada, silenciosa y sacrificada que señala la tradición. Cada una de ellas enfrenta las limitaciones de las líneas argumentales decimonónicas romántico-realistas, donde la vida de las mujeres está fijada por las anticipadas resoluciones argumentales de dificultades en el matrimonio (Matilde, Mercedes, Juanita), muerte (Margarita/Isabel) o penoso aislamiento (Matilde, Mercedes, Margarita); situaciones, éstas que postulan la existencia femenina como dependiente en su esencia de una figura masculina. Pero, cuando las protagonistas presentan por sí mismas los hechos, en las tres primeras historias, el proceso narrativo se compromete y, hasta cierto punto, rechaza los típicos argumentos fijos y especialmente la estructura teleológica para las experiencias vividas. Pues, decir "Yo" como mujer, es presentar la dificultad de separar lo subjetivo de lo esencial y, al mismo tiempo, reconocer que la subjetividad está parcialmente adherida en este presupuesto.

Con las tres narradoras protagonistas, se pone en evidencia lo asumido históricamente sobre los destinos femeninos; ya que cuando la narradora es la protagonista, ella escinde y trasciende lo atribuido como inmodificable por el contexto cultural que transforma a la mujer en un "objeto" incapaz de internalizar su voz subjetiva y su presencia. A medida que el "Yo" femenino habla de sí y por sí mismo, insiste necesariamente en las contradicciones entre las definiciones internas y externas de lo que se considera femenino y por tanto, muestra ese "exceso de humanidad" que proporciona siempre una vía hacia el futuro y una resistencia a la estaticidad[20].

Mientras Matilde (N[1]) explica a sus interlocutoras, la narradora básica (N[o]) y a su hermana (N[2]), el porqué de su actuación y reacciones presentes[21], interpreta y transforma racionalmente las circunstancias que la estaban constriñendo e impidiendo su avance personal[22]; así logra transgredir el destino cultural y

---

[20] Cfr. Makhail Bakhtin, *The Dialogic Imagination: Four Essays*. ed. Michael Holquist (Austin: University of Texas Press, 1981): 37.

[21] [Argumento] Matilde -a pesar de haber sido bastante desdichada en su primer matrimonio- se había casado, presionada por las circunstancias, en segundas nupcias con "Enrique Nuega, rico propietario de Jiron", a quien no quería. Un día, ella se enteró -sin proponérselo- al enterarse sin proponérselo de que su ahora esposo había burlado la confianza de su amigo Fernando y había engañado a la esposa de éste, sacándola del hogar bajo promesas que nunca le cumplió para después obligarla a regresar a su incierto destino. Al darse cuenta de ese hecho, Enrique comenzó a maltratarla emocionalmente y la relegó a una posición subordinada. Para intentar tapar su culpa, la había mantenido durante 6 años en una cárcel de desprecio y silencio, queriendo convencerla con esta actitud que ella había sido la causante de esa situación por haber sostenido correspondencia con Fernando -quien había sido su amigo y por quien sentía un afecto muy especial mucho antes de que Enrique entrara en su vida-. Una de las mayores tristezas de Matilde era el no poder olvidar el tiempo plácido y alegre en que Fernando y ella eran amigos; situación que se le hacía insoportable al contrastarla con su existencia presente: "El recuerdo es siempre cruel...; si es de dicha nos entristece porque jamás volverá; si es de pena, porque la volvemos a padecer en la imaginación" (pp. 257-258).

[22] Curiosamente, la única lectura que se ha efectuado de esta narración, es bastante superficial y tendenciosa al invertir el orden de los hechos. De esta forma se presenta el argumento del relato de Matilde: "...explica con cierto detalle su vida y su situación actual de resignación ante la frialdad e indiferencia de Enrique, que ella considera "justo castigo" por sus conatos de coqueteo con otro hombre, Fernando de quien se ha enamorado..." (Gómez Ocampo 1988, 128). Esta lectura que presenta distorsiones tan serias como la mencionada, se agrava aún más, cuando el estudio de la novela se hace sobre la aserción de que fue escrita en 1887 [fecha de la segunda edición y no en 1869] y se la emplea para compararla con los escritos de Juan de Dios Uribe y José María Vargas Vila.

novelístico que la condenaba a la incomunicación y al abandono –como en el caso de Soledad, protagonista de la novela de Bartolomé Mitre (1848)[23]–.

Esto le permite poner en práctica una sugerencia de la narradora básica (N°), con lo cual su vida toma otros rumbos: "Alentada por sus consejos procuré olvidar lo pasado y mostrarme menos tímida con mi esposo, quien al verme menos retraída se ha manifestado más amable y hace seis meses que vivimos en completa armonía" (1869, 348).

La siguiente historia está en la voz de la hermana de la N°, quien relata un suceso –"una página oculta de [la] vida"– que su tía Manuelita le había comunicado en el pasado, únicamente para demostrarle a Matilde que los recuerdos no siempre eran penosos.

Ese hecho había estado destinado a empañar la existencia de Manuelita, cargándola con una culpabilidad insostenible para un carácter diferente al suyo[24]. Durante el recuento de los acontecimientos, la tía recapacitó sobre esas dolorosas circunstancias y valoró el efecto que ellas produjeron en su vida: "La juventud lo exagera todo; no se debe juzgar únicamente por las apariencias" (1869, 262). La fortaleza interior que había demostrado ante el impacto de la noticia, la hizo comprender posteriormente que su reacción era el resultado de que "su espíritu había madurado en pocos momentos haciéndole ver la vida de otra manera"; y le había permitido seguir "las vicisitudes de la existencia en sus dichas y en sus penas" (1869, 269), sin consentir que el remordimiento y la culpabilidad mal entendidos arruinaran su futuro. Aunque había reconocido la trampa mental conque Mauricio la había querido atrapar, conservaba por el malogrado joven "un recuerdo silencioso, oculto y tal vez más duradero que el afecto probablemente pasajero que hubiera sentido por él en otras circunstancias" (1869, 269).

Cuando la sobrina (N²) de Manuelita funge como narradora para recontar la historia que ella le había relatado, se apropia de la reacción final adop-

---

[23] Soledad, joven de 15 años, se ve forzada por la precaria situación económica en que quedó la familia después de la muerte del padre y por la voluntad de su moribunda madre a contraer matrimonio con un cincuentón a quien no quiere. La vida que ella lleva desde ese instante, la reduce al completo silencio, la obliga a aceptar su puesto de mujer casada con un hombre mayor que le niega cualquier esparcimiento movido por los celos y que, además, la considera muy joven e inexperta para compartir con ella hechos cotidianos. Cfr. Bartolomé Mitre. *Soledad*. (Bolivia: Eds. Abaroa, 1976).

[24] Durante las guerras de Independencia, Manuelita conoció a Mauricio, un soldado, a quien presta poca atención. Este enferma y en su lecho de muerte, al enterarse de que la joven asiste a un baile y queriendo castigarla porque no le ha aceptado sus pretensiones, convence a un amigo para que se presente ante ella inmediatamente: "...dile que he muerto mientras ella bailaba. Estoy seguro de que si dices esto nunca me olvidará" (p. 268).

tada por su tía, y con una visión bastante positiva intenta convencer a Matilde de lo errado de sus percepciones, para mostrarle que existían diversas
opciones en la vida, las cuales sólo cada ser humano era capaz de poner en
práctica:

> La memoria es una fuente de goces inapreciables. Sean dulces o amargos,
> tristes ó alegres, los recuerdos se hallan en el fondo de toda alma sensible: ellos
> nos deleitan renovando las escenas de nuestra vida: con ellos se olvidan las
> penas presentes; de manera que, bien considerado todo, la ficción mitológica del
> río **Leteo**[25] es una de las creaciones más paganas que nos ha legado la antigÜe-
> dad (1869, 258).

La tercera historia de la colección es la de Mercedes[26] Vargas, quien la
había relatado también a la N². A diferencia de los otros relatos, éste fue el
único que se fijó a través de la escritura: "(...) parece que le inspiré confianza, y como lo que me refirió no carece de interés hasta cierto punto, para no
olvidarlo lo escribí" (1869, 270).

Mercedes, malcriada y acostumbrada a actuar frívolamente, "sabiendo
que las mujeres tenemos el privilegio de hablar sin que nuestras palabras nos

---

[25] Leteo, el Olvido, es hija de Eride, la Discordia. Dio su nombre a una fuente situada en los infiernos, de la que bebían los muertos para olvidar su vida terrestre. Del mismo
modo en las concepciones de Platón, antes de volver a la vida y hallar otra vez un cuerpo, las almas bebían de este brebaje que les borraba de la memoria lo que habían visto en
el mundo subterráneo. Cfr. Michael Grant, et al. *Gods and Mortals in Classical Mytho-
logy.* (New York: Dorset Press, 1979): 222.

[26] Fue una bella y rica adolescente, acostumbrada a hacer su voluntad. Para vengarse de las humillaciones que en un tiempo tuvo que sufrir por las ideas realistas de la
familia, hizo caer en una trampa y condenar a trabajos forzados a Antonio, un militar
patriota, que en el pasado había salvado la vida de su padre. Prontamente se olvidó de
esta acción, al enamorarse de Pablo, soldado realista, quien la convenció de que se fuera
con él bajo promesa de matrimonio. El día de la huida, la joven se burló de Antonio,
quien estaba realizando trabajos forzados. En ese instante el caballo en el que ella mon-
taba se desbocó y la hizo sufrir un serio accidente que la desfiguró y la dejó demente.
Con el tiempo la familia fue desterrada y sus bienes confiscados. El padre murió. Tres
años después, Mercedes contrajo matrimonio con un negro liberto para salir de la miseria en la que se hallaban sumidas; la madre falleció poco después. Como su situación
empeoraba cada día con humillaciones y maltratos físicos, logró alejar a su hermana Juanita del lugar y se resignó a llevar esa vida dedicándose a cuidar a su pequeño hijo, hasta
que un día huyó del lugar para ponerse a salvo con su primogénito. Años después, Santiago, el marido, los encontró y durante dos años los visitó repetidamente, llevándose
cada vez lo poco de valor que podía encontrar. En la guerra de 1840, el hijo fue reclutado
y poco después llegó a morir en brazos de Mercedes, quien lo siguió en pocos meses.

sujeten á responsabilidad" (1869, 276), se atrae el ostracismo social con su actitud. Creyendo ayudar a la causa realista –que se le ha enseñado a considerar como la única valida–, comete una serie de errores, que aunados a su orgullo y juventud le acarrean una excesiva cadena de desgracias, que van desde la pérdida de la hermosura: "Una ancha cicatriz me cortaba la frente, tan blanca y tersa antes; casi toda mi hermosa cabellera se había caído, y además me faltaban algunos dientes" (1869, 284), el abandono de su amado, una profunda melancolía, el destierro y finalmente la miseria y la orfandad. Arrebatada violentamente de todo aquello con lo que había crecido, imposibilitada para traspasar, en vida de sus padres, las barreras creadas por el orgullo de clase, las tradicionales líneas argumentales la condenaban al triste final que irremediablemente debía lanzarla a la prostitución, como en el caso de Rosaura, protagonista de *La emancipada* (1863) o de *Blanca Sol* (1888)[27].

Ante esta situación, Soledad Acosta le da un giro distinto a los acontecimientos, pues es consciente de que "la bella que cae no es enteramente culpable"[28]; detrás de su comportamiento yace un triste y defectuoso sistema de educación de las mujeres que las impulsa a dejarse avasallar por sus sentimientos más que por su razón. Por esto, si bien es cierto que Mercedes llega a la pobreza total y sin recursos de ningún tipo para sostener a su familia, antes que aceptar el camino de prostitución que se le muestra, contrae matrimonio fuera de su clase para salvar de una segura muerte por inanición a su madre y a su hermana. Acto que también le acarrea graves consecuencias: "Santiago no se había casado conmigo por darme comodidades no más, deseaba tener la satisfacción de que se supiese que una señora de las mejores familias de Bogotá era su esposa, y vengarse así de la sociedad que tantas veces lo había despreciado" (1869, 294-195). No obstante, con gran fortaleza, impide que las circunstancias adversas destruyan lo único que les quedaba a ella y a su hermana, la vida y la esperanza. Engaña a su marido para que envíe a ésta última lejos de la casa, encomendándosela a una buena familia y ella misma, dos años después de haber sido madre, rompe el cerco familiar, social y cultural que la asfixiaba, y huye del lado de Santiago, procurando el bienestar para su hijo.

La reaparición del esposo en la vida de Mercedes y Francisco, sintomática de la ideología patriarcal, señala nuevos infortunios, que se resuelven con

---

[27] Miguel Riofrío. *La emancipada*. (2ª ed. Cuenca, Ecuador: Universidad de Cuenca, 1983). Mercedes Cabello de Carbonera. *Blanca Sol*. (Lima: Carlos Prince Ed., 1889).

[28] Cfr. Sandra Gilbert y Susan Gubar, *The Madwoman in the Attic. The Woman writer and the Nineteenth-Century Literary Imagination*. (New Haven: Yale University Press, 1979): 24.

la desaparición del hombre, después de haberlos dejado nuevamente sin recursos. Posteriormente, ante la nueva tragedia –la muerte de Francisco–, no reacciona como lo hará Isabel, la protagonista del relato final, sino que "al cabo de unos días, viendo que si me dejaba llevar por mi dolor tendría al fin que mendigar, que es lo que más horror me causa, me revestí de valor, procuré sacudir mi abatimiento y volví a trabajar para vivir" (1869, 301).

Estructuralmente esta narración, la más complicada de todas las de esta colección, encierra dentro de su estructura una serie de juegos de dobles (dos hermanas, dos caídas económicas, envío de dos amigos a la cárcel, dos semifugas para casarse secretamente, dos narradoras principales, etc.) que muestran la complejidad narrativa y la destreza que Soledad Acosta ya había alcanzado como escritora. Asimismo, la transmisión de información para llegar hasta su nivel último, preanuncian el intrincado ejercicio escritural que será característico de la novela hispanoamericana contemporánea: Mercedes cuenta su vida en diversas oportunidades a varios interlocutores: al sacerdote ("Hace un momento que una pobre mujer me refirió, aunque muy de paso, una parte de su vida (...) me dijo, si mal no me acuerdo, que te había contado su vida en todos sus pormenores". (1869, 270); y al soldado Díaz ("Habiendo recobrado mi serenidad le referí la causa de mis desgracias (...)" 1869, 297). Pero sólo a la N^2 se la relata detalladamente; y es ella, la que al tomarse el trabajo de escribirla y luego recontarla, le otorga un lugar preeminente en la valoración de las circunstancias personales de las vidas femeninas.

A través de esta narradora, Soledad Acosta no sólo puede criticar los patrones argumentales disponibles, sino también generar nuevos modelos según la propia experiencia: la argumentación, por tanto, entra aquí en un diálogo crítico con la re-argumentación. Históricamente se ha comprobado que al emplear discursos de voces dobles las escritoras han adquirido la capacidad de subvertir los textos dominantes y sus argumentos para las vidas femeninas; resistiendo, de esta forma, las expectativas culturales[29].

Esta historia presenta un complicado intercambio de niveles: 1) Mercedes → 2) interlocutores → 3) N^2 → 4) escritura → 5) oralidad → 6) [Mercedes] ("en largas conversaciones que tuvimos, y ayudada de algunos datos que me suministró por escrito, creo haber reunido los principales rasgos de su vida, cuya narración he puesto en boca de ella". 1869, 275). Niveles que expresan la amplia visión que ofrece la capacidad generativa del dialogismo de este relato. Dentro de él, el "Yo" narrativo adquiere una mayor eficacia:

---

[29] Cfr. Elizabeth Abel. "Narrative Structure(s) and Female Development", (Abel, 1983): 164.

ya que, junto a la potencialidad de comprometer lo normativo y, simultáneamente, eludirlo y criticarlo; posee el poder de evocar "realidades" y, al
mismo tiempo, buscar nuevas formas para definirlas. En otras palabras, este
"Yo" narrativo, con sus lazos históricos hacia la representación, no sólo
trastorna las imágenes externalizadas tradicionalmente de la femineidad
sino que obtiene el poder de redefinir las convenciones de la novela a través
de representaciones subversivas que van más allá de lo que se espera de un
texto femenino[30].

Ahora bien, en virtud de hablar como mujeres, las tres protagonistas de
las tres historias y sus narradoras evocan rasgos de autoconciencia sobre la
disyunción entre las definiciones internas y externas establecidas; al hablar
directamente con una voz personal niegan el derecho exclusivo a la voz
autorial masculina implícita en la voz pública de la sociedad que las castiga
y condena; de esta forma, escapan a la expresión de la ideología dominante
de la que depende el narrador omnisciente[31].

En oposición a estas protagonistas, las 3 últimas vidas, las de Juanita,
Margarita e Isabel son presentadas por tres narradores masculinos, quienes
relatan los hechos de estas existencias, de forma tal, que se ajusten a sus
propios deseos y concepciones de lo que el hombre pensaba que debía ser la
existencia de las mujeres[32], impidiendo o coartando los intentos que ellas
hicieran por liberarse.

---

[30] Cfr. Joanne Blum. *Transcending Gender. The Male/Female in Women's Fiction.*
(Ann Arbor: U-M-I Research Press, 1988): 16.

[31] Cfr. Joanne S. Frye. *Living Stories. Telling Lives: Women and the Novel.* (Ann
Arbor: The University of Michigan Press, 1986): 51.

[32] Si un pronombre recurre a lo largo de un texto, las expectativas culturales que se
esperan de él están predeterminadas. Es decir, si el "Yo" hace referencia a un sujeto
femenino, llama la atención inevitablemente hacia la femineidad del texto. Mientras que
el "Yo", sin ningún tipo de marca genérica, recuerda únicamente la presencia subjetiva
de la voz narrativa, un agente sin nombre, que generalmente la tradición patriarcal asocia
con el género masculino. [Un claro ejemplo de esta situación se ofrece en el estudio de
Gómez Ocampo, cuando afirma que el "Prólogo" de esta novela lo ofrece "una voz masculina anónima" (Gómez Ocampo 1988, 122). Aseveración que carece de todo fundamento, ya que en ningún momento se puede identificar el género de quien habla]. La tercera persona "ella" deriva hacia la complacencia y las expectativas culturales; en
contraste con el "Yo" que reclama constantemente la posibilidad y el cambio. En *El
grado cero de la escritura*, Roland Barthes comenta sobre el pronombre de tercera persona, convención novelística típica, como el tiempo narrativo, que impulsa hacia la
acción de la novela; mientras que cuando la narración intenta romper con lo convencional, el empleo del "yo" es la solución más obvia. De esta forma el "yo" narrativo, a la
vez que resiste la mitificación del personaje, destruye las expectativas novelísticas que

Enrique (N⁵) presenta la historia de Juanita[33], hermana de Mercedes. Este relato ofrece la vida de una mujer que después de haber descendido en la escala social, por hechos ajenos a su control, sufre humillaciones, rechazos, calumnias y más tarde debe soportar el maltrato y el aislamiento a que su esposo la somete, sin saber las causas que los originan: es "una delicada flor azotada por una continua tempestad" 1869, 304. Su aceptación de este tipo de existencia es de tal grado que cuando sabe que a su cónyuge lo aqueja una enfermedad que lo ha convertido en expósito de la sociedad llega al absoluto sacrificio personal y total desprendimiento de todo lo que le es más preciado: su independencia y sus hijos: "Desde ese día Juanita cambió completamente de modales con Bonifacio (...). Se consagró completamente á servirle y sufría con una santa paciencia el mal humor y las crueles palabras del enfermo, no queriendo separarse de él por ningún pretexto" 1869, 307.

En una palabra, esta vida expresa argumentalmente los deseos íntimos de Enrique (N⁵), quien espera lograr que su esposa Matilde –narradora de su propia historia– reaccione en la misma forma que Juanita, ya que él es el causante de la situación establecida entre los dos; situación que ella racionaliza como injusta e inhumana:

> He oído hablar de los sufrimientos de un desgraciado que, estando encadenado a un compañero de cárcel, este murió durante la noche y permaneció muchas horas en contacto con un cadáver. Esa ha sido mi vida por espacio de seis años! Enrique ha sido siempre de mármol para conmigo: jamas ha podido perdonarme que yo supiera ese episodio de su pasado (...) (1869, 256).

---

la tercera persona "él/ella" imponen a la acción de la novela. Cfr. *Writing Degree Zero*. trns. Annette Lavers y Colin Smith (New York: Hill and Wang, 1981): 35.

[33] "Mercedes logró colocar a Juanita como costurera en una casa de familia. Cuando la muchacha llegó a la adolescencia se reveló su gran belleza, la cual comenzó a acarrearle disgustos, tanto entre los hijos varones del matrimonio, como entre los vecinos, quienes no le perdonaban su hermosura y natural elegancia: Las malas lenguas que no comprenden que puede haber virtud verdadera rodeada de tentaciones, se cebaron en su reputación" (p. 303). Para evadir todo este infortunio contrajo matrimonio con Bonifacio, sastre huraño y de mal carácter, a quien no quería. Madre de dos hijos se halló después "desamparada, se propuso ser paciente, inclinó su cabeza al yugo y sufrió callada" (p. 304). Al saber que su esposo padecía de lepra, cambió completamente su actitud hacia él y olvidándose de sus hijos -a quienes abandonó por completo- dedicó totalmente su existencia a cuidar al enfermo. Este radical cambio de actitud, causó gran sorpresa en Enrique, ya que él asumía "que puesto que Juanita había sufrido tanto con Bonifacio, acogería la idea de una separación si nó con gusto, á lo menos sin repugnancia, pero me equivoqué: quién comprende á las mujeres" (pp. 306-307).

En la quinta historia, Felipe (N[6]), convertido en Eugenio en su relato, interpreta desde su posición de protagonista, la decisión que Margarita[34] toma para entrar al convento después de que él le propone matrimonio. Traduce estas acciones, como las de una joven viuda reciente, que padece remordimientos por dejar que su corazón ame a otro hombre y que por ello, se culpa de la muerte de su esposo, dedicándose a aliviar su conciencia en la religión ("'al ser la caja del retrato mas grande, (...) la bala no habría penetrado en el cuerpo'. –Oh! esta muerte la he causado yo! (...) yo misma escogí la caja más pequeña (...) Yo lo he matado" 1869, 325).

El narrador percibe a Margarita como una persona incapacitada para decidir su propio destino –pues dependió primero de su padre y luego de su esposo– y con una religiosidad mal entendida que la hace entrar al convento, para veinte años después, ver de nuevo a su amado y morir en sus brazos. Esta percepción de la actuación de Margarita, coincide perfectamente con el sentimiento de despecho que Felipe siente al verse rechazado por ella. De ahí que, la existencia de la joven encaje perfectamente dentro de uno de los anticipados patrones culturales que limitan y cercenan la vida de la mujer: el convento; y con él, la frustración, la soledad y, más tarde, la muerte.

Isabel, cuya vida relata el sacerdote (N[7]), se relaciona con la de Margarita por el tema de la religión[35].

---

[34] Un joven indio, agradecido con aquél que le salvó la vida y lo cuidó mientras estuvo herido, no quiere serle ingrato, ilusionando y robándole después a su hija Jacoba, de quien se ha enamorado, pero a cuya mano no puede aspirar porque es hombre casado. Para evitar esta situación se enlista en el ejército. En el instante de su partida -apertura de la historia- regala una cruz de plata a la joven para que conserve a través de ella para siempre su memoria. La chica pierde el regalo, pero prontamente es recogido por Margarita, quien con Eugenio y una chaperona se han acercado al lugar. Para Eugenio, quien quiere conservar la cruz, ella es símbolo de la esperanza de que cuando vuelva de su viaje, Margarita aceptará ser su esposa. Pero para la joven, que recién ha enviudado, es la representación de aquél a quien va a entregar todos sus días.

[35] Es la historia del castigo, que por soberbia recibe esta madre, quien luego de haber perdido a su esposo, se dedica a sus dos hijos. Acostumbrada a conseguir lo que quiere, ante el inminente peligro de muerte de uno de ellos, hace un juramento: "si mi niño no se salva, juro ante estas divinas imágenes no volver nunca a la iglesia (...)" (1869, 343). Al fallecer su primogénito a causa de la enfermedad, ella cumple su promesa, rechazando a todos y todo lo que tenga que ver con la religión, ya que Dios no ha accedido a sus demandas; causando con esta actitud -según la interpretación del narrador-, la muerte de su segundo hijo, quien durante una tormenta, cuando su madre no quiso rezar: "fue herido por el rayo (...) en la frente y en varias partes del cuerpo del niño apareció grabada una cruz como un sello puesto por la mano de Dios para manifestar su poder" (1869, 346).

Este Narrador empeñado en hacer de sus palabras, un caso ejemplar, sigue las corrientes de pensamiento que prescriben que la relación/narración debe cumplir un fin didáctico que sirva para establecer modelos ideológicos de conducta y por tanto servir como instrumento de represión y control; por ello, deduce que la muerte del segundo hijo, fue culpa de la madre por haber renegado de la religión y de dios en momentos de intenso dolor.

Las tres últimas historias, presentan en forma ascendente, cada una de las resoluciones teleológicas con que los patrones culturales moldeaban la vida de las mujeres: sumisión y entrega total a la comodidad y beneficio del hombre; aislamiento y soledad; y, finalmente, el castigo supremo de la maternidad perdida que sufre Isabel al atreverse a manifestar su intenso dolor en forma de ira abierta contra la iglesia. Por esto, la agenérica voz anónima que presenta la "Introducción", a la vez que enfatiza la situación, se lamenta por la triste ubicación socio-cultural que inhibe al género femenino y le impide expresar libremente sus pensamientos:

> Las mujeres no tienen derecho de desahogar sus penas a la faz del mundo. Deben aparentar siempre resignación, calma y dulces sonrisas; por eso ellas entierran sus penas en el fondo de su corazón, como en un cementerio y a solas lloran sobre los sepulcros de sus ilusiones y esperanzas (1869, 237-239).

Como se observa, la posibilidad de interpretar las líneas argumentales en estas vidas femeninas, se ofrece más abiertamente, cuando la protagonista es su propia narradora. Ella muestra facetas de estas vidas, que transgreden los patrones socio-culturales establecidos; creando, así, nuevos argumentos y nuevas lecturas que ayudan a comprender las diversas alternativas que se ofrecen a las mujeres.

Ahora bien, en los argumentos presentados en *El corazón de la mujer*, la secuencialidad es una convención que generalmente se presenta como un hecho dado, como una cronología "natural". Pero no lo es para el "Yo" que narra, cualquiera que sea su género. Esta forma de narrar puede ser –y de hecho es– una función de control del relato, que pretende proporcionar coherencia al presentar los hechos a través de la relación causa-efecto, para probar un punto específico que se quiere comunicar. Por tanto, la secuencialidad debe observarse con desconfianza, ya que a medida que la voz narrativa hace las conecciones de tiempo que el relato inevitablemente implica, el/la protagonista reclama la capacidad para un nuevo entendimiento de su persona y de su vida.

Esta predominante convención narrativa de lo pasado puede ser una forma de fijar la historia y de otorgarle un patrón determinado, como sucede en los tres relatos contados por las voces masculinas. Mientras que, cuando la voz narrativa moldea los hechos de acuerdo a una perspectiva femenina, como en las tres primeras historias, se dibuja la apertura de la memoria humana, hacia aspectos evadidos, al interpretar las secuencias[36]. Las necesidades del presente promueven interpretaciones de lo pasado, haciendo que la memoria de la voz narradora ofrezca una "realidad" diferente al mostrar una cronología diferente. Este hecho, al ser recordado por la propia protagonista es una subversión de lo fijo, una reapertura a la "verdad" cultural[37]; puesto que los sucesos han adquirido con la reordenación, una nueva definición y por tanto, un nuevo significado. Al reclamar el derecho a contar sus propias historias, las protagonistas femeninas reclaman la autoridad para nombrar y construir su propia experiencia.

Soledad Acosta, consciente de que los esquemas de conducta disponibles son resistentes al cambio; que el proceso de desarrollo de modelos alternativos es lento y difícil, pero no imposible; y observando que la novela como género era una respuesta a sus propias perspectivas sobre la experiencia humana al regresar nuevamente a las relaciones personales y la vida diaria, propone unas posibles soluciones ficcionales a las contradicciones de la realidad. Soluciones que van en contra de las enfáticamente expresadas por la novela de personaje femenino escrita por hombres en Hispanoamérica durante la misma época[38].

---

[36] Hayden White señala que la "realidad" de los datos del pasado consiste en el hecho de que ellos son recordados; además, los datos tienen la capacidad de ubicarse cronológicamente ordenados dentro de una secuencia. Cfr. "The Value of Narrativity in the Representation of Reality", *On Narrative*. ed. W. J. T. Mitchell (Chicago: University of Chicago Press, 1981): 19.

[37] Para el agente narrativo el pasado existe en una interacción continua con el presente; la memoria sirve para moldear los paradigmas personales por los cuales éste ordena y organiza las experiencias presentes y suple diferente información cuando reestructura los paradigmas temporales para examinar las experiencias pasadas. Cfr. Louis Mink, "Narrative Form as Cognitive Instrument", *The Writing of History: Literary Form and Historical Understanding*. ed. Robert H. Kanary, et al. (Madison: University of Wisconsin Press, 1978): 136.

[38] La novela decimonónica estaba influida por tres factores interactuantes: la tendencia hacia el realismo, la idealización de la mujer y las normas de moralidad pública. Además, las premisas de la representación del género novelístico realista están ligadas en nuestro entendimiento a cuatro amplias y definidas áreas: el argumento, los personajes, la realidad y la unidad temática. Para un análisis de los códigos específicos que se pueden agrupar en estas áreas, Confróntense: Roland Barthes, *Introducción al análisis estructural del relato*; y su análisis de Balzac en *S/Z*. Ver también, un resumen de los códigos estructuralistas en Jonathan Culler. *Structuralist Poetics: Structuralism, Lin-*

Con el logro de la autoconciencia y la libertad a través de la escritura que se produce en *Dolores*, con el rompimiento de patrones del **bildungsroman** masculino en *Teresa la limeña* o a través de la complejidad estructural que se evidencia en *El corazón de la mujer*, narración con la que reclama nuevas fórmulas argumentales y socioculturales para la interpretación de las vidas femeninas; opuestas a lo explicitado por las voces masculinas que presentan existencias de mujeres completamente momificadas y adheridas a rígidos modelos preestablecidos, Soledad Acosta señala cómo las mujeres, al igual que las protagonistas de sus novelas, deben logar su autoconocimiento, no ya de lecciones **a priori**, sino de aquellas obtenidas de su propia experiencia, para adquirir la autonomía necesaria que les permita desempeñarse como seres activos socialmente.

A la vez que, al adscribirse como escritora y, al mismo tiempo, intentar alejarse de las pautas masculinas en literatura, ofrece opciones diferentes a las de otros intelectuales de su época, no sólo en Colombia sino en Hispanoamérica. Con su actuación y sus escritos, abre sendas que más tarde, en la década siguiente, en el Perú seguirán el grupo de escritoras que en 1876 se reunieron en las tertulias de la argentina Juana Manuela Gorriti y de donde salieron novelistas como Mercedes Cabello de Carbonera (*Sacrificio y recompensa*, 1887; *Blanca Sol*, 1888; *El conspirador*, 1892) y Clorinda Matto de Turner (*Aves sin nido*, 1889).

---

guistics and the Study of Literature. (Ithaca, N. Y.: Cornell University Press, 1976): 202-238. Para una perspectiva menos estática de las convenciones literarias y la forma como ellas interactúan con el contexto social, ver: Raymond Williams, *Marxism and Literature*. (Oxford: Oxford University Press, 1977): 173-179.

SOLEDAD ACOSTA DE SAMPER.
EL ECO DE UN GRITO

Santiago Samper Trainer

En Colombia la mujer ha sido menospreciada a todo nivel. En consecuencia sólo desde hace unos pocos años han sido estudiados y aceptados su labor y su papel dentro de la sociedad. Pero esta actitud generalizada por parte de los historiadores, que desconoce la presencia del elemento femenino dentro del desarrollo social, cultural, económico y político del país, está en proceso de cambio. Ahora se fomenta el redescubrimiento de la labor de la mujer en la historia y se busca correr el velo que durante siglos ha estado silenciando una realidad: la mujer siempre ha existido, y su naturaleza ha sido un factor generador de importantes acontecimientos de cambio en la nación.

La historia de Colombia, casi en su totalidad, ha sido escrita por hombres y sus protagonistas han sido predominantemente del sexo masculino. Se ha pasado por alto, ya sea en forma intencional o inconsciente, la realidad de que el carácter de la mujer y su proceder han estado funcionando siempre como medio de generación de actitudes, movimientos y tendencias que, al final, constituyen los hechos integrantes de la historia de cualquier lugar.

Aunque a la mujer, en su momento, cualquiera que fuere, se le dio la importancia que tenía, ésta siempre fue una aceptación momentánea y efímera de sus actos. Así, la gran mayoría de las realizaciones femeninas pasaron pronto al olvido, y el crédito se les ha concedido a sus interlocutores, los hombres, que son los que, al cabo, figuran en la historia que han escrito ellos mismos.

La referencia a la mujer en la historia tradicional de Colombia se hace en forma anecdótica, sarcástica y picaresca, restándole importancia a los hechos. La mujer sobresale en nuestra historia sólo cuando ha actuado heroicamente, como los hombres. En las corrientes historiográficas actuales, se acepta que la mujer es diferente al hombre, tanto biológicamente como espiritualmente, y que por lo tanto, su actuación dentro del acontecer de la vida tiene que ser distinta a la del hombre. Esto no implica ni sugiere que ella sea de menor o secundaria importancia; significa que ahora la historia mira y estudia el pasado con una perspectiva más real, y que acepta y busca descubrir qué hizo realmente el "bello sexo" en épocas anteriores.

El sexo femenino siempre ha estado presente, y sus características han influido sobre el desarrollo de la historia en infinidad de formas. Algunas quedaron plasmadas en escritos, cartas, crónicas y obras literarias; otras han quedado agazapadas en documentos oficiales y diversas fuentes históricas, entre ellas los diarios y la correspondencia íntima. La mayoría, sin embargo, se han mantenido disfrazadas y ocultas tras los hechos atribuidos solamente a los hombres, bajo seudónimos, o en el anonimato.

Una de las primeras mujeres en salir del estado de figura secundaria y anónima en Colombia fue doña Soledad Acosta de Samper, considerada por muchos estudiosos como la mujer más importante dentro de la literatura colombiana del siglo XIX. Algunos afirman que posiblemente no exista nadie, hombre o mujer, más prolífico que ella en la historia de nuestra literatura.

Periodista, historiadora, novelista, comerciante, intelectual y líder cívica, Soledad Acosta fue una de las mujeres más influyentes de su época. En su vida y en su obra se puede ver claramente lo que sólo hasta ahora se comienza a estudiar y a redescubrir: la importancia de la mujer en todos los aspectos de la vida de una sociedad. Es necesario aclarar que doña Soledad no fue la única, ni la primera, ni fue un ejemplo sobresaliente de genialidad; simplemente fue una de las primeras mujeres que se atrevió a expresar lo que pensaba, lo que sentía, y lo que la afectaba, cosa que muchísimas mujeres no se habían atrevido a hacer antes, como resultado de la visión parcializada y excluyente de los hombres, tanto en su época como de épocas anteriores.

Nacida en la ciudad de Bogotá, el 5 de mayo de 1833, en el hogar de don Joaquín Acosta y Pérez de Guzmán y doña Carolina Kemble Rou, Soledad fue hija única del matrimonio Acosta-Kemble. Su padre Joaquín Acosta, dotado de una extraordinaria inteligencia, fue un hombre polifacético: militar (llegó al grado de general), ingeniero, botánico, historiador, geólogo y astrónomo, entre muchas otras actividades. Vivió varios años en Europa y en Estados Unidos, donde, por nexos de familia y amistades, entabló relaciones serias y duraderas con los más notables científicos, políticos y literatos de su época. En lo poco que queda de su archivo personal, y con los datos presentados en su biografía, escrita por su hija, figuran documentos, estudios y correspondencia cruzada con las figuras más destacas de su tiempo, sobre todo de Francia, Inglaterra y los Estados Unidos de América. Frecuentó y cultivó la amistad con personajes como Alejandro von Humboldt, el general Lafayette, Jean Baptiste Boussingault, Edme François Jomard, Roulin, el obispo Henri Grégoire y Jules Michelet, entre muchos otros.

Al general Acosta se le recuerda como uno de los estadistas, militares, científicos e historiadores más influyentes de su momento. Como militar, fue oficial de artillería, ramo bastante desconocido en la Nueva Granada en esa época; como estadista, fue Ministro de Relaciones Exteriores, miembro del congreso en varias oportunidades y diplomático; como científico, presentó estudios valiosos a la nación, como métodos para desviar el curso del río Magdalena, la influencia que ejerce la tala de bosques sobre la disminución de las aguas, y el uso del éter en la medicina; como historiador, dejó a la posteridad su *Historia de la Nueva Granada*. El general Joaquín Acosta fue también director del Observatorio Astronómico y del Museo Nacional, y fue catedrático de la Universidad en Bogotá.

La madre de Soledad Acosta, doña Carolina Kemble Rou, nació en Kingston, Jamaica, y era hija de don Gedeón Kemble y doña Tomasa Rou, de ascendencia griega. Carolina Kemble se crió en Jamaica y los Estados Unidos de América, donde la familia de su padre era propietaria de una afamada fábrica de fundición de cañones, en Terry Town, población cercana a la ciudad de Nueva York. Allí contrajo matrimonio con Joaquín Acosta, el 31 de mayo de 1832, siendo padrino de matrimonio el general Francisco de Paula Santander, a quien el mismo Acosta había sido comisionado para informar oficialmente su nombramiento como Presidente de la República.

El matrimonio Acosta-Kemble se trasladó a Colombia, acompañando al general Santander, y se estableció en Bogotá, con desplazamientos de residencia frecuentes a Guaduas, donde había nacido don Joaquín Acosta el último día del siglo XVIII, y donde también falleció, el 21 de febrero de 1852.

En este ambiente privilegiado se crió Soledad Acosta. Sus primeros estudios los realizó en Bogotá. A la edad de doce años fue enviada a Halifax (Nueva Escocia, Canadá) donde vivía su abuela materna, y donde recibió una fuerte dosis de puritanismo protestante. De allí pasó a estudiar durante cinco años en varios colegios de París, donde frecuentó con su padre las tertulias y reuniones científicas en las que se agrupaban los elementos más destacados de las artes y las ciencias. Ella, como su padre, y como lo haría luego su marido, cultivó y mantuvo estas relaciones por el resto de su vida, enriqueciendo así en forma constante sus conocimientos y su afán de aprender.

A principios de la segunda mitad del siglo XIX regresó a Colombia, donde su padre fue reincorporado a la carrera militar. Estando en Guaduas conoció a don José María Samper Agudelo, político y escritor, con quien se casó en Bogotá el 5 de mayo de 1855. Su marido sería, junto con su padre, una de las dos influencias más grandes en su formación y su carrera.

Tenemos, pues, en 1855, a doña Soledad en una situación privilegiada: con una excelente formación familiar y académica, con un buen conocimiento de los dos idiomas más importantes de su siglo: el inglés y el francés, y con un marido que, como su padre, era uno de los hombres más influyentes en la vida intelectual, social, política y cultural de una buena parte del siglo XIX.

Ávida lectora, escritora e investigadora desde su juventud, doña Soledad, en su unión con José María Samper, le dio rienda suelta a sus grandes talentos y a su inagotable imaginación. En el prólogo de José María Samper a su libro de poesías *Ecos de los Andes*, dice:

> La tercera parte ("Improvisaciones") requiere una explicación especial. En días de suprema ventura –esperando un himeneo, o gozando sus alegrías- había en el hogar de la que es mi esposa una especie de lucha artística y amante, que encantaba nuestras horas. Soledad me pedía versos, [imponiéndome asunto, metro forzado y término preciso, (veinte, cuarenta o sesenta minutos)], y de allí salían mis *improvisaciones*. Después ella tenía que sentarse al piano, a dibujar a mi vista dos lindas viñetas para cada canto. Tal era nuestra lucha de amor que produjo una especie de biblioteca sentimental!

Aquí vemos cómo don José María le da crédito a las habilidades y al criterio crítico de su esposa, pero termina relegándola a lo que tenía que hacer la mujer en su época: cumplir una misión de acompañante, limitada a ciertas labores, hasta entonces características de la mujer, dibujar y tocar el piano.

En 1869, José María Samper prologa el primer libro de su esposa. En la introducción al volumen *Novelas y cuadros de la vida sur-americana,* en "Dos palabras al lector", presenta tímidamente la obra de su esposa y pretende asumir la responsabilidad de la selección de las obras incluidas, al afirmar: "He querido, por mi parte, que mi esposa contribuya con sus esfuerzos, siquiera sean humildes, a la obra común de la literatura que nuestra joven república está formando".

Este tomo no es el inicio de la carrera literaria de Soledad Acosta, antes había publicado diversas obras en folletines, bajo distintos seudónimos: Aldebarán, Renato, Bertilda y Andina, con los cuales había adquirido cierto prestigio. En este primer libro abandonaba los seudónimos al recopilar las obras en un tomo que reunía algunos de sus escritos. Con el tiempo, abandonó el uso de seudónimos y publicó con su nombre.

Soledad Acosta tuvo cuatro hijas con José María Samper: Bertilda, nacida en Bogotá el 31 de julio de 1856 (Bertilda es un anagrama de la palabra libertad, inventado por Samper); Carolina nacida en Guaduas el 15 de Octubre de 1857; María Josefa, nacida en Londres el 5 de noviembre de 1860; y Blanca Leonor, nacida en París el 6 de Mayo de 1862.

En enero de 1858, José María Samper viajó a Europa con su familia: su esposa, su suegra y sus dos hijas. Allí viviría y viajaría constantemente hasta

1862, permaneciendo principalmente en París; doña Soledad Acosta, además de procrear a sus dos hijas menores y, por supuesto, cuidar del resto de su familia, continuó sus labores literarias, las cuales publicó desde 1858 en la *Biblioteca de Señoritas* y en *El Mosaico* de Bogotá, tertulia y revista en las cuales participó activamente al lado de la más insigne intelectualidad literaria del país. Ayudó a su marido en diversos periódicos que él dirigía, con traducciones de artículos del francés y del inglés, y enviaba artículos suyos a algunos diarios del Perú, como *El Comercio*, de Lima, que generalmente contenían breves consejos para la mujer, asuntos sobre la moda femenina, el arte y la literatura en Europa, y algunos relatos propios.

En 1862, la familia Samper-Acosta se trasladó al Perú, donde don José María había sido nombrado redactor principal del diario *El Comercio*. Doña Soledad le fue de valiosa ayuda en esa empresa, mediante la contribución de los artículos que antes enviaba desde Europa, y su colaboración activa en varios aspectos editoriales del diario. En Lima fundaron la *Revista Americana*, un periódico de impresión elegante que no tuvo larga vida. Refiriéndose a la labor de doña Soledad en la publicación, dice Samper:

> El egoísmo de unos, y la preferencia que los más daban a la prensa maldiciente y personalista, nos dejaron sin colaboradores. Así, mi esposa sostenía con su pluma dos o tres secciones, y yo con la mía las siete u ocho restantes; a fin de atender a tal variedad, yo tenía que hacer prodigios de diversificación de estilo y de estudio y tratamiento de materias, procurando, para mantener la ilusión de los lectores y hacerles creer que colaboraban muchos otros escritores, diversificar los nombres y seudónimos con que mis artículos, novelas, cuadros de costumbres, etc. aparecían suscritos (*Historia de una alma*).

De regreso a Bogotá, José María Samper fue nuevamente nombrado miembro del Congreso y descolló como periodista, abogado, ministro, académico y diplomático. Como político, se destacó inicialmente como liberal, pero con el tiempo cambió de partido y se constituyó en elemento importante de la ideología conservadora. Sin lugar a dudas, Soledad Acosta ejerció influencia para que se plasmara dicho cambio. Durante este proceso político, don José María fue encarcelado en 1875 por el gobierno de Santiago Pérez, se le confiscaron sus bienes, se cerró su imprenta, y Soledad Acosa se vio obligada a dedicarse de lleno al desempeño de actividades comerciales para sostenerse y levantar a sus dos hijas sobrevivientes (María Josefa y Carolina habían fallecido en Bogotá en una epidemia, en octubre de 1872).

El encarcelamiento de José María Samper produjo un enérgico documento de doña Soledad al presidente Pérez, en el cual deja entrever su carácter fuerte, sus conocimientos legales y su personalidad avasalladora, cuando demanda sus derechos y defiende la libertad del periodismo:

> Ciudadano Presidente de la Unión.
>
> Soledad Acosta, esposa del ciudadano José María Samper, ante vos, en uso de las garantías individuales, siquiera estén todas suspendidas por resolución vuestra, respectivamente expongo:
>
> El día 9 del corriente mes se hallaba todo el Estado de Cundinamarca en plena paz, sin que persona alguna hubiese aquí turbado el orden público, y todos los ciudadanos se creían con derecho a gozar de todas las garantías individuales que reconoce la Constitución, ya porque a nadie es lícito confiscarlas ni suspenderlas, ya porque no habiendo un verdadero estado de guerra, no podía alegarse, en apoyo de ninguna violencia gubernativa, ni aún el artículo 91 de la Constitución, entendido al revés de su racional sentido.
>
> Mi esposo no había ejecutado acto ninguno de perturbación del orden público. Sostenía de palabra y por la prensa una causa política y os hacía la oposición, usando de dos libertades que son, conforme a la Constitución, no solamente absolutas y *esenciales* para la existencia de la Unión Colombiana, sino tan sagradas que aparejan la *irresponsabilidad* completa.
>
> ¿Cuál, Ciudadano Presidente, de los pretextos alegados puede ser el verdadero motivo para la prisión de mi esposo? Si se le ha encarcelado por ser periodista, la prisión no tiene objeto; toda vez que ha cesado la publicación de todos los periódicos de oposición, que las imprentas están mudas; que por orden vuestra, han sido suspendidas las garantías individuales, bien que los periodistas que os sostienen sí gozan de libertad para escribir, y aún para insultar a sus cofrades encarcelados. Nada de esto alego, porque no es mi ánimo haceros oír quejas de una mujer que tiene y debe tener la dignidad de no quejarse ni pedir favor. Lo que os pido, Ciudadano Presidente, es equidad, es integridad. Os pido que obréis conforme a los principios que tan valientemente sostuvisteis en el *Mensajero*, en 1866 y 67, cuando erais periodista de oposición.
>
> Os pido que hagáis respetar la Constitución, mayormente cuando han cesado los sucesos de la Costa, y cuando vos mismo habéis recibido, en plena paz de Cundinamarca y de toda la Unión, a los generales victoriosos en el bajo Magdalena. Os pido, por tanto, que devolváis a mi esposo la libertad y demás garantías que le habéis privado[1].

En la historia de Colombia, otras mujeres se habían dirigido a los mandatarios para que intercedieran por sus esposos. Pero siempre se acogían al hecho de que por ser mujeres necesitaban al hombre para subsistir. Doña

---

[1] Archivo Soledad Acosta de Samper (*nota del autor*). Este archivo se encuentra bajo la custodia del Gimnasio Moderno de Bogotá (nota de las editoras).

Soledad es una de las primeras que no se somete a esa estrategia. En cambio, en el documento transcrito, ella deja expreso parte de su concepto acerca de cuál debería ser el rol de la mujer en la sociedad. En muchas otras oportunidades, pues constantemente aparecía en sus escritos, doña Soledad manifestó sus opiniones sobre cuál era el papel y el deber de la mujer, y cuáles eran sus derechos en la sociedad. Veamos algunos pocos:

Uno de los errores que más se ha arraigado entre nosotros es el de que la mujer debe estar siempre retirada de la política de su patria [...] Lejos de nosotros la idea de abogar por la absurda emancipación de la mujer, ni pretendemos pedir que ella aspire a puestos públicos, y que se la vea luchando entorno a las mesas electorales, no; esa no es su misión, e indudablemente su constitución, su carácter y naturales ocupaciones no se lo permitirían jamás. Pertenece sin disputa al hombre la parte material y visible del negocio público, pero quedaría a la mujer, si ella quisiera, la parte más noble, la influencia moral en las cuestiones trascendentales y fundamentales de la sociedad [...] pero ella tiene el deber de comprender lo que quieren y a lo que aspiran los partidos [...] la falta de la influencia de las mujeres buenas en la política proviene de la ignorancia que en estas materias afectan tener las mujeres, olvidando que su misión es eminentemente moral[2].

Mientras que la parte masculina de la sociedad se ocupa de la política, que rehace las leyes, atiende al progreso material de esas repúblicas y ordena la vida social, ¿no sería muy bello que la parte femenina se ocupara en crear una nueva literatura?[3]

La mujer de alta sociedad y de la clase media ha tenido siempre en París una grande, pero se puede decir solapada, influencia, no como en Inglaterra y sobre todo en los Estados Unidos, en donde la mujer es una entidad con la cual se cuenta, y vive respetada e independiente, y hace parte, casi al igual del hombre, de la máquina social. En Francia el *bello* sexo es aún considerado inferior al llamado *fuerte*, y difícil será que llegue a ser jamás tan influyente e importante como en los Estados Unidos. ¡Cosa curiosa! A pesar de que el partido liberal brinda a la mujer ciertas libertades nada apetecibles, y prerrogativas que los conservadores le niegan, puesto que el espíritu de este partido es conservar los anti-

---

[2] Acosta de Samper, en *La mujer*, Nº. 59, Bogotá, 1881; y *Lecturas para el hogar*, N.º 12, Bogotá, 1906, 381-384.

[3] Acosta de Samper, *La mujer en la sociedad moderna*, París, Garnier Hermanos, 1895, 354 (publicado antes en "Misión de la escritora en Hispano América", *Colombia Ilustrada*, Bogotá, 1889).

SANTIAGO SAMPER TRAINER

guos usos y costumbres de los antepasados, casi todas la mujeres, no solamente de las clases elevadas, sino también de la burguesía y aún del pueblo, son monarquistas o imperialistas. ¿Por qué es esto? Porque la mujer tiende a elevarse, ama naturalmente lo elegante, lo bello, lo noble, y para ella la democracia es contraria a su modo de ser[4].

El corazón de la mujer se compone en gran parte de candor, poesía, idealismo de sentimientos y resignación. Tiene cuatro épocas en su vida: en la niñez vegeta y sufre; en la adolescencia sueña y sufre; en la juventud ama y sufre; en la vejez, comprende y sufre. La vida de la mujer es un sufrimiento diario; pero este se compensa en la niñez con el candor que hace olvidar; en la adolescencia, con la poesía que todo lo embellece; en la juventud, con el amor que consuela; en la vejez con resignación. Mas sucede que la naturaleza invierte sus leyes, y se ven niñas que comprenden, adolescentes que aman, jóvenes que vegetan y ancianas que sueñan. Las mujeres no tienen derecho de desahogar sus penas a la faz del mundo. Deben aparentar siempre resignación, calma y dulces sonrisas[5].

Su libro *La mujer en la sociedad moderna*, publicado en 1895, contiene seis ensayos que son de suma importancia para comprende la obra de Soledad Acosta en la divulgación de la labor de la mujer en la historia universal. En esta compilación, presenta hechos relevantes de la mujer en el pasado, y abre puertas para que se le reconozca su labor y se le permita sobresalir en muchos campos (carreras profesionales, política, arte, literatura, bienestar familiar y social, etc.), hasta entonces limitados casi exclusivamente al hombre. En el prólogo afirma que se propone estudiar:

Ejemplos de mujeres que han vivido para el trabajo propio, que no han pensado que la única misión de la mujer es la de mujer casada, y han logrado por vías honradas prescindir de la necesidad absoluta del matrimonio, idea errónea y perniciosa que es el fondo de la educación al estilo antiguo. ¡Cuántas mujeres desdichadas no hemos visto, solamente porque han creído indispensable casarse a todo trance para conseguir un protector que ha sido su tormento y su perdición![6]

Los anteriores conceptos de doña Soledad, apenas unos pocos dentro de una gigantesca producción encaminada a orientar y defender a la mujer,

---

[4] Acosta de Samper, *Cartas de París*, Nueva York, Revista Ilustrada de Nueva York, 1891.

[5] Acosta de Samper, *El corazón de la mujer*, publicado en *Novelas y cuadros de la vida sur-americana*.

[6] Acosta de Samper, *La mujer en la sociedad moderna*, París, Garnier Hnos., 1895.

contrastan con sus recomendaciones para que ésta desempeñe una misión silenciosa, un rol de consejera, amante y compañera, y para que ejerza una actividad soterrada en la política. Tales recomendaciones también contrastan con la imagen de una doña Soledad demandante ante el presidente Pérez y, más tarde, de acuerdo con una carta de Ricardo Palma fechada el 26 de agosto de 1906, desde Lima, ante el presidente Rafael Reyes:

> Mi distinguida amiga: no tenía la menor noticia de usted después de la que publicaron aquí los diarios dando cuenta del desaire, inferido por el general presidente Reyes a una comisión de señoras presidida por usted, que fue al palacio a solicitar el indulto de unos reos[7].

Soledad Acosta aglutinó esfuerzos e inquietudes de la mujer, y buscó, aunque fuera en forma esporádica, dar solución a algunos de los problemas que enfrentaban las mujeres comunes y corrientes. Durante su larga trayectoria como escritora, presentó casos específicos en sus novelas, cuentos, artículos y ensayos, y casi siempre trató de darle salida a los conflictos que se les presentaban a las mujeres, generados con frecuencia por su condición femenina.

Al fallecer José María Samper Agudelo en 1888, doña Soledad se negó sistemáticamente a recibir ayuda económica de sus cuñados. Emigró nuevamente a París, donde se radicó y se sostuvo con sus escritos y sus traducciones. En 1892 fue nombrada Delegada Oficial de la República de Colombia al IX Congreso Internacional de Americanistas, en el convento de la Rábida, y representó a su país en los congresos conmemorativos del Cuarto Centenario del Descubrimiento de América, donde en ocasiones fue la única mujer, alternando con Emilia Pardo Bazán en presentar trabajos literarios e históricos junto a los más insignes estudiosos y pensadores de la lengua castellana. Allí tuvo la oportunidad de entablar amistad con personalidades como Marcelino Menéndez y Pelayo, Juan Valera, Emilia Pardo Bazán, Gaspar Núñez de Arce, Juan Zorrilla de San Martín, Rubén Darío, Pancho Sosa, Pallares Arteta, Ferraz, Ricardo Palma, J. E. Hartzenbusch y muchos otros insignes literatos y pensadores hispanoamericanos. A muchos les extrañó encontrarse con una mujer representando a un país de Suramérica, casi todos alabaron su obra; Juan Valera le escribe en 1894: "He recibido con placer y he leído con interés y aplauso su libro sobre la mujer que contiene muchas noticias, que está escrito con elegancia y sencillez, que se lee

---

[7] Archivo Soledad Acostad de Samper (ver nota 1).

con agrado" (Archivo Soledad Acosta). Manuel B. Ugarte le escribe en 1897, desde Buenos Aires: "El fragmento de novela que usted nos envía es una hermosa página y crea usted señora, que si nuestra estimación por su talento era ya grande, ha aumentado más aún después de leer tan garbosos párrafos" (Archivo Soledad Acosta). Marcelino Menéndez y Pelayo le escribe en 1893: "Hoy con mayor tranquilidad de ánimo, puedo decir a usted que he leído con mucho agrado e interés la colección de memorias por usted escritas con motivo del pasado Centenario del Descubrimiento de América: que me parecen tan eruditas como juiciosas" (Archivo Soledad Acosta).

La obra de Soledad Acosta se puede dividir en dos grandes etapas, marcadas por la muerte de sus hijas en 1872. La primera es esencialmente la de novelista y cuentista romántica, en ocasiones casi de vanguardia, en comparación con otras mujeres y aun con escritores hombres de su época. Aún está por estudiarse y analizarse una basta obra, de gran imaginación y de profundos contenidos sociales, simbólicos y psicológicos. Doña Soledad se lanza a escribir, y lo hace sumamente bien, logrando éxito y prestigio, en una época en que la mujer, amordazada por la sociedad, no se pronunciaba públicamente. También está por hacerse un análisis profundo y un paralelo entre *María*, de Jorge Isaacs, y *Dolores. Cuadros de la vida de una mujer*, ambos publicados por primera vez en 1867, por poseer las dos obras asombrosas similitudes.

No obstante, se puede afirmar que la gran mayoría de la obra de Soledad Acosta es autobiográfica o biográfica y tiene sus raíces en acontecimientos reales, en relatos que escuchó en su juventud, en experiencias, y en hechos relacionados con su familia. Surgen entonces interrogantes que tendrán que resolverse en el futuro, como, por ejemplo, por qué ese especial interés, durante más de cincuenta años, en la enfermedad de la lepra; parece haber una conexión entre Dolores y una tía abuela de doña Soledad, de quien escribe: "Doña Soledad tenía otra hermana mayor, doña Gabriela, que había convertido las piezas que le señalaron en casa de don José de Acosta –con quién vivió desde que murieron sus padres– en una especie de convento del cual jamás salía"[8].

La lepra reaparece desde principios de 1860 hasta finales del siglo, como tema recurrente en la obra de Soledad Acosta. También existe testimonio de que trató de que el gobierno hiciera algo por los enfermos. En 1899, el presidente Manuel A. Sanclemente le dirige una carta en la cual dice:

---

[8] Acosta de Samper, "Biografía del general Joaquín Acosta", *El Domingo*, N.º 2, Bogotá, 1898, 34.

Preocupa a usted, con justísima razón, un asunto de vital importancia para el país, cual es la propagación de la lepra, producida por el contacto de los enfermos con las personas sanas, proveniente éste del descuido de las autoridades locales para disponer que los atacados del terrible flagelo se aíslen convenientemente. De eso hablaré con el señor ministro de gobierno, quien llegará dentro de pocos días a esta población, y con la carta de usted en la mano, estudiaremos el mejor camino que pueda tomarse mientras se resuelve definitivamente el problema. Tiene usted sobrados títulos, señora, para que sus opiniones sean acatadas con respeto, y en esta, como en toda otra ocasión me será grato satisfacer los patrióticos deseos de usted (Archivo Soledad Acosta).

Hacia 1888, su trabajo se torna más investigativo. Se dedica con mayor ahínco al periodismo, a la investigación histórica, y a apoyar a la mujer. Durante su vida, Soledad Acosta funda, dirige y casi que exclusivamente escribe folletines o pequeñas revistas redactadas para mujeres, con temas muy variados, pero todos orientados a capacitar y recrear a la mujer: *La Mujer* (1878-1881), *La Familia, lecturas para el Hogar* (1884-1885), *El domingo de la Familia cristiana* (1889-1890), *El Domingo* (1898-1899), *y Lecturas para el hogar* (1905-1906). Todas estas revistas fueron intentos fallidos, pero valerosos, ya que su edición se vio limitada por causas económicas y por la situación política nacional. Doña Soledad promovía sus revistas y tenía agentes comerciales en distintos lugares del país y del exterior. Sus publicaciones tenían periodicidad semanal, quincenal y mensual.

En las revistas redactadas por Soledad Acosta proliferan diversidad de temas, desde la historia, la antropología, la moda y la ciencia, hasta artículos dirigidos a la mujer, en los cuales daba consejos y alertaba sobre problemas como el alcoholismo y la infancia desamparada, y la orientaba en sus deberes, como la educación de sus hijos, y en sus obligaciones, como apoyo a la labor del hombre.

Su obra es amena, aunque seria y sarcástica. Abarca toda la gama de géneros. De gran importancia para comprender sus actitudes, a veces contradictorias, es su correspondencia y su contacto continuo, durante más de medio siglo, con algunos de los más importantes científicos, literatos y políticos, tanto de Europa como de América. En su correspondencia toca todos los aspectos sociales, políticos y culturales de su época, sin limitarse a observaciones locales. Es una excelente relacionista pública y promueve con entusiasmo a algunos de los literatos más importantes de Colombia, como Rafael Núñez, Rafael Pombo y otros. Participa activamente en tertulias y círculos literarios desde muy joven, y al representar a Colombia en los congresos conmemorativos del Cuarto Centenario del Descubrimiento de

América, aglutina a su alrededor a muchos de los literatos asistentes. En 1904, le escribe Antonio Rubio y Lluch:

> ¡Me parecen un idilio aquellos días en que veía a usted tan a menudo, no pensando sino en la ópera, en las recepciones, en mis amigos, en usted y en la Marquesa de Heredia y en mis amigas [...]! [...] También he publicado por mi parte en Colombia Cristiana, tres cartas sobre mis recuerdos del centenario, y una buena parte de una de ellas está dedicada a usted, a su tertulia del Hotel Inglés y a los extranjeros de viso que lo ocupaban, delegados por sus países en aquella solemnidad [...] De las tres cartas, la más floja quizá, y menos animada, es la que yo quisiera que fuera mejor, la consagrada a usted y a la tertulia litera-ria y científica cosmopolita del Hotel Inglés, o de la calle de Echegaray, si no ando trascordado" (Archivo Soledad Acosta).

Se destaca, pues, Soledad Acosta, como una organizadora y como líder en varias de las actividades que emprendió. De carácter templado, aparece a veces como una narradora dulce y tierna, y en ocasiones, como una matrona fría e indolente.

En 1896, casi treinta años después de haber escrito *La Monja* en *El Mosai-co*, una obra en la cual encasilla a las mujeres que se encierran en claustros, y las clasifica en estrictas categorías, su hija mayor Bertilda ingresa al claustro de La Enseñanza. Doña Soledad no acepta la decisión de su hija y recibe una carta de ella en la cual se puede entrever la desconexión de Soledad Acosta con lo que la rodeaba, y cómo sus convicciones a veces le resultaban adversas:

> Muchísima pena me dio la carta que de usted recibí ayer, tanto por la que le he causado con mi ausencia, como por los cargos que en ella me hace. En cuan-to al de ser reservada con usted, piense, querida mamá, que en eso usted me ha dado el ejemplo, porque tenemos caracteres muy semejantes y naturalmente reservados. En cuanto a lo de la frialdad y despego, hace años enteros que inten-cionalmente dejaba que así me creyeran ustedes, porque sabía que algún día daría el paso que hoy he dado, y pensaba que mientras más fría me vieran, menos me sentirían y menos falta les haría después. Si yo le he hecho justicia a usted en ocasiones cuyo móvil no podía conocer (de lo cual le pido mil perdones), otro tanto le ha sucedido a usted respecto de mí porque no hay nada más difícil y casi imposible, que apreciar y juzgar bien de las intenciones [...] Espero, muy queri-da mamá, que no haya entre nosotras amarguras y resentimientos; que mientras me dé el gran placer de venir a verme, cuente siempre con el cariño de su hija que estrechamente la abraza (Archivo Soledad Acosta).

En su correspondencia con literatos españoles y americanos muestra una gran dosis de americanismos. Se cruzan conceptos agrios y agresivos acerca de las reuniones en la celebración del Cuarto Centenario del Descubrimiento de América y defiende enérgicamente el uso y la aceptación de americanismos en la Academia de la Lengua. Don Ricardo Palma le escribe, en el siguiente aparte de una de las muchas cartas que le envió en la misma tónica, acerca de lo que parece haber sido casi una batalla campal en lugar de una celebración fraternal:

> Después de la independencia política que fundaron nuestros padres, es preciso que si no nosotros, nuestros hijos funden la independencia literaria y la del lenguaje. Hablemos y escribamos en americano, dando un puntapié al Diccionario y sus estravagancias (*sic*) y disparates. Constituyamos una Academia Americana que funcione en cualquiera de nuestras capitales, y cesemos los correspondientes de estar tocando bombo a la Española. Más hemos hecho en materia lingüística los americanos por el idioma castellano que la infatuada academia. Bello, Baralt, los Cuervo, Juan Montalvo y tantos otros americanos lo comprueban. Por lo pronto las Academias de Chile, Guatemala, y Perú se han declarado difuntas, no funcionan ni funcionarán más como súbditas de la de España. En las dos repúblicas del Plata hay verdadero desdén por los tiranuelos del lenguaje. Diez y siete millones de españoles nos imponen su capricho a treinta millones de latino-americanos. Hagamos pues propaganda para romper pronto el yugo y completar la independencia (Archivo Soledad Acosta).

No se sabe qué partido tomó doña Soledad en el asunto, pero conociendo ya su temperamento, seguramente algo trató de hacer al respecto. Soledad Acosta de Samper no fue académica de la lengua en Colombia, pero sí perteneció a cuanta academia y organización pudo, como miembro honorario o como académica de número. Fue socia honoraria de la Sociedad Jurídico-Literaria de Quito, miembro de la Asociación de Escritores y Artistas de Madrid, de la Sociedad Geográfica de Berna, de la Sociedad de Historia Nacional de Bogotá, de la Academia de la Historia de Caracas, y de muchas otras organizaciones de importancia. Los académicos le hacían consultas y comentarios, y se ufanaban de conocerla; llegó a constituirse en una de las mujeres más interesantes del siglo XIX.

Recibió premios nacionales e internacionales, y el respeto de los intelectuales de su tiempo. En 1905, coordinó todas las actividades relacionadas con la celebración del Tercer Centenario del Quijote en Bogotá. En 1910 fue encargada de parte de la organización de la celebración del Primer Centenario de la Independencia.

Soledad Acosta fue una escritora prolífica: más de veinte novelas, cincuenta narraciones breves, y cientos de artículos científicos y religiosos, de crítica literaria, estudios sociales, e investigaciones históricas conforman su

acervo. Y asombra este hecho, si se tiene en cuenta que desde la última década del siglo XIX, doña Soledad sufrió fuertes dolores e incapacidades físicas
en las manos, ocasionadas por graves crisis de "reumatismo". Sin embargo,
con grandes dificultades, siguió escribiendo ella misma sus trabajos, cada
día más numerosos.

Elocuente y dicharachera, y con un agudo y crítico sentido del humor
(una rama de los sobrinos de su marido la recordaba con el apodo de "La tía
cuchillo"), doña Soledad se distinguió siempre por ser una mujer cosmopolita. Fue muy popular en su época, y su obra fue muy leída, difundida y
apreciada. Algunas de sus obras fueron traducidas al inglés y al francés.
Sorprende ver hoy la facilidad con la cual se desplazaba por distintas partes
del continente y de Europa, generalmente en compañía de su anciana madre
y sus dos hijas solteronas, en una época en que viajar era toda una proeza.
De sus múltiples viajes dejó recuerdos, donde plasmó sus apreciaciones
sobre diferentes países: usos, costumbres, vida cultural, académica, científica y botánica, etc.

Continuamente solicitaba a gobiernos americanos y a figuras literarias
información sobre literatura, historia y geografía de sus pueblos, para luego
condensarla y publicarla en sus revistas. Trató así de promover el conocimiento de la historia americana, la cual presenta en forma original y seria,
basándose siempre en fuentes y datos fidedignos y actuales. En sus últimos
años, luchó por promover la independencia económica de la mujer y por
presentar al americano como un individuo diferente al español y al europeo,
pero con atributos y derechos propios. Escribió varias versiones de la historia de Colombia en forma de catecismos, que fueron utilizados en las escuelas públicas por muchos años.

Al morir Soledad Acosta de Samper el 17 de marzo de 1913, tenía casi
ochenta años de edad, se había constituido en una de las más importantes
mujeres de Colombia, y era considerada por la prensa suramericana como
"una de las más gloriosas figuras de la intelectualidad femenina de América"[9].

La contradicción es una constante en la obra y en la vida de Soledad
Acosta: es cosmopolita, pero sus temas tienden a regresar a la aldea; promueve la sumisión pública de la mujer, pero al mismo tiempo le aconseja la
necesidad de capacitarse para lograr cierta libertad de acción; apoya la
corriente americanista de independizarse de la rigidez de la Academia Española de la Lengua, pero conserva, con diplomacia, su amistad con los acadé-

    [9] Gustavo Otero Muñoz, *Boletín de Historia y Antigüedades*, N.º 229 (Bogotá,
1933).

micos españoles; es una mujer católica y conservadora, pero muchas de sus actitudes tienden hacia un liberalismo emancipador; es una excelente exponente del romanticismo decimonónico, pero sorprende al presentar temas y estilos que se salen de las corrientes de la literatura de su época, pues trata temas tan variados como la ciencia ficción, la futurología, la violencia y el misterio, géneros que en Latinoamérica evolucionarían y tomarían fuerza, con ocasionales excepciones, muchos años después.

Sin embargo, estas aparentes contradicciones hay que estudiarlas y valorarlas tomando en cuenta la personalidad de Soledad Acosta de Samper. La ironía y el sarcasmo, rasgos predominantes de su personalidad, fluyen por toda su obra, tanto en sus escritos literarios, como en su correspondencia privada y en sus actos públicos. Y es entonces donde surgen grandes interrogantes, que pueden aclarar el porqué de estas contradicciones. Cuando Soledad Acosta dice: "Lejos de nosotros la idea de abogar por la absurda emancipación de la mujer, ni pretendemos pedir que ella aspire a puestos públicos, y que se le vea luchando en torno a las mesas electorales, no; ésa no es su misión"[10], ¿no será que es precisamente lo contrario lo que pretende insinuar? Y al continuar en el mismo artículo, afirmando que la mujer influye en el aspecto político, tanto sobre su marido, como sobre sus hijos, con la educación moral que les da en casa, ¿no está sarcásticamente sugiriendo que si a la mujer no la dejan actuar abiertamente en la política, que la solución es hacerlo de todas formas, pero de manera disfrazada?

La obra de doña Soledad está llena de conceptos aparentemente opuestos. Pero eso no desmerece su importancia. Es necesario darle el crédito de haber tenido la audacia y el valor de romper el silencio que rodeaba a la mujer. Y es indispensable analizar su labor literaria con nuevos enfoques y sin compararla con sus contemporáneos masculinos.

A Soledad Acosta se le ha criticado duramente por haber escrito historia novelada. Dejemos que sea ella misma quien explique por qué escogió este género para presentar muchas de sus obras:

> Sabido es, y por sabido se debería callar, (si no fuera porque lo que mejor se sabe es casi siempre aquello que callamos) que cada época tiene su literatura adecuada para sus necesidades; y así ha habido tiempos en que no podía llamarse la atención del público sino bajo las formas de crónicas llamadas historiales; otras veces nadie quería oír sino fábulas, o estaban de moda las epístolas o los diálogos, o las anécdotas, los proverbios, los dramas y las comedias. En el siglo XVIII todos se ocupaban en leer obras filosóficas, y se desdeñaba toda forma de

---

[10] Acosta de Samper, en *La Mujer*, N.º 59, Bogotá, 1881.

literatura que no fuera esa; hoy se ha puesto de moda la novela, y tanto los viejos como los niños y las mujeres, los letrados como los ignorantes, no quieren ocuparse sino del género novelesco; por lo que, quien quiere hacer popular una idea, tiene que vestirla con ese ropaje. En Europa como en América se usa desarrollar cuestiones filosóficas, sociales, de economía política, de legislación, geografía, viajes, geología, mineralogía, botánica y hasta arte medical, bajo la forma de la novela de costumbres ideales o verdaderas.

Ahora bien: ¿cuál es el primer deber del escritor en la patria americana? ¿No es cierto que consiste en hacerla conocer y presentarla bajo la forma más halagüeña, obligando tanto a sus habitantes como a los extraños a que la amen y admiren? Sentada esta verdad, añadiremos que para amar una cosa es preciso conocerla y contemplarla bajo todas sus faces, e indagar hasta el fondo su índole y costumbres; en una palabra comprenderla.

Nos hemos propuesto, pues, emprender, hasta donde nos alcancen las fuerzas, una serie de novelas históricas que pintan, bajo una forma familiar, la historia de nuestra patria, desde su conquista hasta nuestros días, tomando para ello los episodios más adecuados al caso, y presentando la historia vestida de gala y bajo el aspecto más interesante, pero sin quitarle su semejanza, y haciendo lo posible para que ni los defectos ni las virtudes sean disimuladas; pues preciso es conocer las faltas de nuestros antepasados para precavernos de ellas, ya que es cosa averiguada que los defectos, así morales como físicos, son hereditarios. También es provechoso no ignorar cuáles fueron las virtudes y buenas cualidades de aquellos para imitarlas en lo posible, y seguir su ejemplo, y agradecer los sacrificios que hicieron.

Es verdad que, aunque el plan es bueno, nosotros para llevarlo a cabo no podemos alegar otro mérito, sino el deseo de servir con nuestro modesto contingente en la grande obra de la civilización. Para ello tan solo presentaremos el fruto de constantes estudios en las primeras fuentes de la historia americana, y una completa veracidad en las fechas, los nombres propios y el fondo de las relaciones; procurando únicamente idear sencillas tramas que hagan fijar en la memoria del lector los hechos principales, sin quitar un ápice a la verdad histórica, y exponiendo además escenas que en gran parte pinten las costumbres de los viejos tiempos y la índole de los primeros pobladores españoles que vinieron a estas tierras[11].

Y Soledad Acosta logró su objetivo: resumió en su obra la historia, los anhelos, las características y las particularidades, tanto del colombiano como del americano, en forma sencilla y amena, resaltando en la ficción los hechos más sobresalientes y destacados de la historia.

---

[11] Acosta de Samper, "Los españoles en España", *El Domingo*, N.º 2, Bogotá, 1898, 59-60.

En conclusión, Soledad Acosta de Samper se perfila como uno de los máximos valores de la literatura hispanoamericana, cuya obra ha quedado plasmada y congelada, dispersa en un gran número de tomos olvidados, que tienen que revisarse y analizarse bajo una nueva luz. Son muchos los aspectos de su obra que están por rescatar. Es un trabajo tan extenso y tan complejo que no merece seguir en el anonimato. Representa el grito de una mujer del siglo XIX, cuyo eco se está comenzando a escuchar cien años después y que, estudiado seriamente, aportaría una visión distinta tanto de la historia de Colombia, como de la mujer y de su época.

[*Las mujeres en la historia de Colombia*, Tomo I,
Mujeres, historia y política.
Bogotá: Editorial Norma, 1995, 132-155.]

SOLEDAD ACOSTA DE SAMPER: ¿UN INTENTO FALLIDO DE LITERATURA NACIONAL? *LAURA*, UNA HISTORIA PERDIDA[1]

Montserrat Ordóñez

Esta es la historia de cuentos que no se han podido contar, o que no se han querido oír. Cuentos sobre cuentos y dentro de cuentos, cuentos que salen de cuentos, cuentos que nos llevan a más cuentos. Es la historia de algún cuento que voy a contar, y de muchos interrogantes, sin cuento, que quiero compartir. Repito algo que todos sabemos: Soledad Acosta de Samper sigue sin conocerse y sin leerse en Colombia. A partir de ahí revisaré brevemente su intento de escribir una literatura nacional, y terminaré contando la historia de *Laura*, protagonista y título de una obra casi inaccesible de Soledad Acosta, que puede ser un espléndido ejemplo de esta literatura perdida, un texto que considero desconocido y que creo que nunca se reeditó.

Como ya he dicho anteriormente, Soledad Acosta de Samper prácticamente no existe en la historia literaria colombiana (Ordóñez, 1988). A mí se me apareció, literalmente, en 1985, en la Universidad de Pittsburgh, mientras revisaba bibliografía sobre escritoras latinoamericanas. De ese encuentro, y de la conciencia de la magnitud de su obra, surgió la reedición en 1988 de algunos de sus textos narrativos, reedición que se realizó gracias al entusiasmo de Aída Martínez Carreño, directora entonces del Fondo Cultural Cafetero en Bogotá. Ambas quedamos con el sabor de la tarea comenzada pero no cabalmente cumplida, y Doña Soledad Acosta de Samper ha seguido rondándonos e incomodándonos desde entonces. En estos años se han publicado muchos más trabajos, y el interés ha ido creciendo, siempre con el gran inconveniente de no tener un fácil (con frecuencia ni siquiera difícil) acceso a sus obras ni a sus archivos (Guerra Cunningham, Gómez Ocampo, Londoño, Rodríguez-Arenas, Samper Trainer).

---

[1] Trabajo presentado en el IX Congreso de la Asociación de Colombianistas, Universidad de Los Andes, Bogotá, 26-29 de julio 1995, y en el Coloquio Internacional "La Mujer en el Siglo XIX: Su cultura e historia en América Latina", Casa de Las Américas, La Habana, 12-16 febrero, 1996. Versión revisada del artículo "Soledad Acosta de Samper: ¿un intento fallido de literatura nacional?".

Al regresar a ubicar y releer la obra narrativa de Soledad Acosta, lo que se encuentra comienza a cobrar un nuevo sentido. Partimos del hecho incontrovertible de que ha sido la escritora más prolífica y más versátil de nuestra historia: se dice que sólo su marido, José María Samper, escribió más que ella en Colombia en el siglo pasado. Pero, ¿cuáles son las líneas y temas de su trabajo, y qué relación pueden tener con sus proyectos personales y culturales? Gustavo Otero Muñoz, en la imprescindible bibliografía que publica en el *Boletín de Historia y Antigüedades* (1937), clasifica su obra en diez categorías: 1) Ciencias y religión, 2) Crítica y estudios literarios, 3) Estudios sociales, 4) Historia, 5) Narraciones breves, 6) Novelas, 7) Periódicos, 8) Teatro, 9) Traducciones, 10) Viajes. ¿Cómo pudo una sola persona abarcar tal diversidad de escrituras y mantenerse activa durante toda su larga vida? Porque Soledad Acosta, que nace en 1833 y muere en 1913, publica en 1859 sus primeras críticas (sobre *La Sibila italiana* y *El perdón de Ploermel* en *Biblioteca de señoritas,* 53 y 63) y sus primeras crónicas de viaje (*Recuerdos de Suiza* en *El Mosaico,* 1859-60) y, según Otero Muñoz, dejó listo para publicación, el 20 de julio de 1912, el libro *Ensayo sobre la influencia de la mujer en la historia de la humanidad,* una obra que complementaría su libro anterior, *La mujer en la sociedad moderna,* de 1895. Más de medio siglo de producción y publicaciones.

Estudiar la cronología de la obra, como un intento de moverse entre el caos, hace que las publicaciones comiencen a autoexplicarse. En la primera etapa de su actividad de escritora, Soledad Acosta de Samper está dedicada principalmente a la narrativa (novelas y cuadros), a la crítica, a la traducción y a las crónicas de viajes. A partir de la mitad de la década del 70, la balanza se inclina hacia la biografía y los relatos históricos, el periodismo y el ensayo. Evidentemente, estas categorías no eran claras en su momento, y más bien podríamos decir que la escritura de la propia autora ayudaba a definirlas. Los títulos y subtítulos varían notablemente, no solo en la clasificación que hace la autora sino en clasificaciones posteriores: narraciones breves, folletines, cuentos, novelas, cuadros, fragmentos y reflexiones, estudios sociales, novela histórica, biografía. La misma Soledad Acosta, que subtitulaba sus obras como "novelas y cuadros de costumbres", "novela psicológica" o "ensayo psicológico", "cuadro íntimo", "recuerdos", "páginas", a mediados de la década del 70 comienza a subtitularlas cada vez con más frecuencia "novela histórica", "cuadro histórico novelesco", "leyenda fantástica", "leyenda histórica", "cuadro histórico-fantástico", "episodios novelescos de la historia", "cuento nacional", "novela de costumbres nacionales". La indecisión es evidente, y hay que valorarla como la de alguien que está participando en la creación y definición de los nuevos géneros discursivos de su momento histórico y literario. Como ya dije, la historia, el ensayo y el periodismo por fin prevalecen, y la ficción (lo que entonces eran "novelas y cuadros") se convierte en subsidiario a su proyecto educativo y cultural. Por supuesto ni el corte es tan drástico, ni el primer estilo y temas desaparecen, sino que se integran a su producción posterior, tanto como textos que ella reimprime en sus publicaciones periódicas a partir de 1878, o como habilidades muy desarrolladas que le sirven para seguir escribiendo sus narraciones y biografías históricas. No puedo aquí extenderme en este tema, pero la década del 70 correspondería no solo al proceso personal y conservador de la escritora, sino a los procesos de modernización en América Latina y a las críticas a la idea liberal del Estado (Jaramillo Uribe, Rama).

La primera época, pues, sería la de las narraciones (llamadas repetidamente "novelas" y "cuadros") que se publican entre 1866 y 1876, y que corresponden a una época de indefinición, tanto de la literatura nacional como de la escritura de Soledad Acosta de Samper. Más que "educar" (o tal vez además), tanto Soledad Acosta como su marido José María Samper están pensando en hacer una literatura nacional. "He querido, por mi parte, que mi esposa contribuya con sus esfuerzos, siquiera sean humildes, a la obra común de la literatura que nuestra joven república está formando", dice Samper en su prólogo a la edición de 1869 de *Novelas y cuadros de la vida sur-americana*. Este volumen, que recopila varias de sus obras publicadas en periódicos desde 1864, es el único libro importante que conocemos de la narrativa de Soledad Acosta y significa mucho como posición y autovaloración de su obra. En él aparecen, según el índice pero no en orden de su anterior publicación: "Dolores" (1867), "Teresa la limeña" (1868), "El corazón de la mujer: Matilde, Manuelita, Mercedes, Juanita, Margarita, Isabel" (1869), "La Perla del Valle" (1864), "Ilusión y realidad" (1866), "Luz y sombra" (1866), "La monja" (1864), "Mi madrina" (1868), y "Un crimen" (1869). Habría aquí que mencionar otros libros de narraciones que corresponden a la escritura de esta época, como las reimpresiones en Curazao de *El corazón de la mujer* (1887), y de *Una holandesa en América* (1888), éste último originalmente publicado como folletín en 1876.

Pero quedan muchas otras narraciones sueltas y completamente perdidas, en publicaciones de difícil acceso. Entre los textos anteriores (publicados originalmente en los periódicos *El Mosaico, El Iris, El Mensajero, La Prensa, El Hogar*), y las publicaciones que aparecerán en las revistas dirigidas por ella, Soledad Acosta publica varios años (en especial de 1870 a 1878) en los periódicos *El Bien Público, El Tradicionista, La Caridad, La Tarde, La Unión Colombiana, La Ley, El Pasatiempo*. Y siguiendo de nuevo la bibliografía de Otero Muñoz, se destacan sus publicaciones en el folletín de *El Bien Público,* periódico de cuatro páginas a cinco columnas, que aparece martes y viernes, del 29 de julio de 1870 al 6 de agosto de 1872 (un total de 204 números), y que se identifica en el subtítulo como "periódico político, literario, noticioso y de ciencias, industria, comercio, estadística, costumbres y variedades". Además de frecuentes colaboraciones, Soledad Acosta de Samper publica en él varios folletines: su primera novela histórica importante, *José Antonio Galán. Episodios de la guerra de los Comuneros* (1-7), *Una venganza. Cuadros y costumbres populares* (30-34), *Laura, novela psicológica* (34-38 y 40), y *Constancia* (76-90).

Me referiré aquí a *Laura, novela psicológica,* por Aldebarán. Aldebarán es uno de los más hermosos seudónimos de Soledad Acosta de Samper, una estrella de primera magnitud de la constelación de Tauro, con un nombre que viene del árabe y significa "el seguidor o acompañante", seguramente porque es la estrella que sigue a las Pléyades. En una terminología que nos acerca más al siglo XXI, es una estrella roja gigante también llamada Alfa Tauri.

Este cuento, que no es novela ni psicológica según criterios más contemporáneos, aparece como folletín del periódico *El Bien Público,* en seis entregas (los números 34, 35, 36, 37, 38 y 40; se interrumpe en el 39) del 25 de noviembre al 16 de diciembre de 1870. La última entrega está fechada en Zipaquirá, el 16 abril de 1870. Es decir, el texto completo aparece en menos de un mes. La división en seis entregas, que mantienen la regla básica del folletín de terminar con un gancho climático (por ejemplo, en la primera entrega la última frase es "Era el extranjero"), se combina con otra división estructural (ya no del folletín como género) en tres partes, que marcan significativos cambios temporales. La longitud total es de unas 55 columnas del folletín, lo que realmente lo haría una novela corta o un cuento largo, comparable a "El perseguidor" de Cortázar o a pequeñas ediciones de bolsillo.

Comienza con la descripción del espacio y de los personajes principales. Un rico propietario viudo, Justo Rivera, se estableció con su hija Laura de catorce años en el pueblo N***, del Estado de Cundinamarca, donde hay minas de sal y carbón. Con esos datos, más el hecho de situarlo a hora y media a caballo de Zipaquirá, la abreviatura "N***" seguramente alude al pueblo de Nemocón. Laura es una joven apasionada y exagerada en todo, y de una belleza radiante y perfecta. Gracias a la educación que recibe entre los catorce y dieciocho años (dibujo, música, costura y relaciones sociales), "aprendió a encubrir hasta cierto punto la violencia de sus sentimientos, aunque de vez en cuando aparecía la lava y brillaban las llamas provenientes del volcán interior". Su fuego interior contrasta con su blancura y palidez exterior, "como el mármol" o como "un botón de rosa blanca".

La descripción del encanto de Laura adolescente mantiene el contraste entre blancura exterior y fuego interior de las pálidas heroínas románticas, que se encienden de amor y fiebre para morir así quemadas. La excesiva blancura, en el caso de *Dolores,* era indicio de destrucción. Aquí, el fuego que se puede despertar funciona como predicción de destrucción y muerte. A los dieciocho años su padre le cumple un deseo, conocer las minas de sal de Zipaquirá. Le regala un caballo y le organiza un paseo a las salinas, con diez o doce de sus amigas y otros tantos caballeros, parientes y amigos de esas señoritas.

La descripción de las salinas, como al comienzo la descripción de Nemocón, se acerca más a los cuadros costumbristas. Pero a esa descripción de las salinas sigue el evento, la entrada a las minas, el socavón iluminado con antorchas, y los jóvenes que van entrando con velas encendidas, como en un rito de iniciación. La entrada de Laura está marcada por otra predicción: "Laura dio un paso en falso, tambaleó y hubiera caído si no la hubiese sostenido un caballero que entró detrás de ella y la (sic) ofreció la mano; tornó ella la vista hacia su protector y ambos se miraron por primera vez, conmoviéndose ella sin saber porqué" (135). (Si hoy nos suena a Corín Tellado, recordemos que es Corín Tellado la que imita y perpetúa estas convenciones del siglo pasado.)

El encuentro se da en la penumbra, en la oscuridad del socavón, con las luces rojas de las velas. El hombre es rubio y de ojos azules, diferente, *extranjero.* Las miradas se cruzan, él la admira, ella está intimidada. El miedo (visceral, como un presentimiento) aparece por primera vez en Laura. Ha perdido la luz y está helada y temblando. Le dice a una amiga en la mina: "–No sé (...) he tenido tanto miedo...". Llegan a lo que en el relato se llama "un gran salón", y parece un lugar que precediera a la catedral, "reluciente con sal gema bajo el brillo de las luces", "El aspecto de aquella escena era fantástico y original". En ese ambiente fantasmagórico, dice Laura de repente: "Tuviera yo una luz para ver aquel rincón oscuro!" Y alguien le contesta: "Aquí tiene usted la que dejó caer a la entrada". Termina así la primera entrega, con la frase de suspenso que ya mencioné: "Era el extranjero".

En la segunda entrega sigue el recorrido por la mina, vuelve el miedo ante inesperadas explosiones de pólvora dentro de la mina, hasta que por fin regresan a la luz, al pueblo y al paisaje. Laura ya no escucha "el misterioso presentimiento". El extranjero es francés y se llama Montiel. Su historia y los motivos de su viaje son algo turbios, marcados por el deseo de ganancia fácil. Se rompe la expectativa romántica cuando él la mira y en monólogo directo y comillas piensa en la belleza de Laura unida a las ventajas de su dote y de sus caudales. Montiel está enamorado de una cartagenera "[...] [Laura] nunca me haría olvidar a mi cartagenera, la de los negros ojos y tez de perla; la hechicera morena cuya mirada quema como candela, y no adormece y calma como la de aquella niña cuyos ojos serenos tienen el calor de los rayos de la luna...". Lo interesante de esta frase de Montiel es que ya está subvertida dentro del texto, y el lector sabe que es una gran equivocación, porque Laura no es fría como la luna, Laura es un volcán cubierto de nieve y, como su nombre lo sugiere, es la mujer digna de amor y alabanza. Para quebrar aún más el esquema frío-calor, y mostrar a un extranjero aún más equivocado, la amante cartagenera, el contraste con Laura, se llama Nieves. Montiel hace sus planes de seducción y conquista, como un "cazador", como una "serpiente cruel".

Amadeo Montiel, calavera y arruinado a los veinticinco años, ha llegado a la Nueva Granada de forma también turbia. En Cartagena contrae la fiebre amarilla y se fuga con la hija de la hermana del hostelero, que había sido su enfermera (la hermana del hostelero y madre de Nieves) y lo había salvado de la fiebre. Amadeo (que en nada se parece a su propio nombre, el que ama a Dios) es ocioso, oportunista, cazador de fortunas. Enamora a Laura con facilidad y, en una típica y breve conquista, engaña a padre e hija. Don Justo pide informes sobre Montiel, pero nadie sabe o dice la verdad. Claramente, Soledad Acosta de Samper critica la fascinación por los extranjeros: "A pesar de que para muchos basta ser extranjero para poseer todas las cualidades...". Laura se enamora y, en palabras de Soledad Acosta que evocan otras de sus obras, "perdió el corazón". La entrega de Laura es total: "le entregó su alma y albedrío, esperanzas, pasado, presente y porvenir". Olvida el temor instintivo, que queda latente, y que reaparece durante todo el texto como una interesante valoración que la autora hace del instinto frente al deseo y a la razón.

En una predicción que no se cumple así, porque no creo que Laura muera porque se le extinga la pasión sino al contrario, la autora impulsa la acción: "Apasionada en todo como era, se lanzó sin detenerse en el camino, en brazos de una pasión sincera, pura y vehemente, como rara vez se siente en la primera juventud y que no puede extinguirse sin aniquilar el cuerpo y el alma, sin enturbiar las fuentes de la vida y convertir en mármol el corazón". Los preparativos de la boda están acompañados por frío, estremecimiento, lágrimas. La relación con el padre se hace aun más evidente al principio de la tercera entrega, en un diálogo corto y teatral. Es un padre comprensivo que la adora, pero que no puede llegar a entender ni a descifrar lo que le pasa (varias veces se señala la falta de una madre, o de una adecuada figura materna que la sustituya).

–¿Qué tienes, hija mía?
–No sé, mucho frío; paréceme como si una ola helada me hubiese subido al corazón y me lo oprimiese.

–¿Te sientes enferma acaso? le dijo don Justo apretándola entrambas manos con las suyas; te veo pálida, tal vez triste... [...]

–Sentí un temor vago y repentino, una incierta y tonta aprehensión que pasó ya.

Laura se casa por la noche (como en la mina, lo que aumenta la expectativa de desastre) en la iglesia de Nemocón. El "corazón pervertido" de Amadeo le impide aceptar a último momento cualquier "ráfaga de virtud" o remordimiento, aunque alcanza a pronunciar la palabra perdón ("¿Perdón, de qué? preguntó ella sorprendida y confusa").

En la ceremonia, hay más frío y más lágrimas. El ramillete de jazmines y flores de azahar termina deshojado y solo queda el rico engaste, una joya admirable que le regaló Amadeo (aunque él la paga con el dinero de ella), como nueva predicción de desastre, un "funesto agüero" que los estremece a todos.

En la segunda parte han pasado dos años. Laura está *sola* y cabizbaja, pálida, flaca, triste. Fue feliz un mes con Amadeo, hasta que éste va una semana a Bogotá, reencuentra a la amante y cambia su actitud afectuosa con Laura. Cuando ella lo acompaña a Bogotá (porque "no sabía estarse sola"), él llega tarde cada noche y ella comienza a llorar y a entristecerse, hasta que regresa a la casa paterna. Da a luz a un niño prematuro, muerto al nacer. Amadeo se instala con la amante en Zipaquirá y siguen las ausencias y los silencios entre Laura, Amadeo y don Justo.

En ese momento, dos años después, decide ir a buscar a Amadeo, que estaba pasando en Zipaquirá la Semana Santa y las Pascuas. No sospecha una amante, sino cree que juega y quiere salvarlo. Viaja escondida, de noche (otra vez), en secreto, con la cara cubierta, acompañada por el mayordomo Vicente, hora y media a caballo. En la misma posada donde se había quedado el día del paseo a la mina, oye la conversación de tres o cuatro hombres, que comentan que "las mujeres bonitas están mal casadas, como Laura Rivera". Se entera del engaño, del crimen atroz (consecuencia de casarse con un extranjero) y la noticia de la rival "ilumina como una triste antorcha hasta el fondo su corazón", un corazón que así se vuelve como la mina.

Pálida, fría, temblorosa, en la misma pieza del día del paseo, Laura llora: "lloró como solo una vez se llora en la vida: lágrimas de fuego, de ardiente lava que queman y agostan las últimas sonrisas de la verdadera alegría (...) Después de llorar así, el alma queda desierta y, como el campo que se ha regado con cal, jamás vuelve a reverdecer; nunca deja de ser árida y estéril".

La posibilidad de reverdecer, sin embargo, será la causa de la muerte de Laura. Por ahora regresa a su casa de nuevo por la noche, con luz de luna, acompañada de Vicente, que también conocía la historia de Amadeo y Nieves. Durante el regreso, la maldad de los hombres contrasta con la hermosura de la naturaleza.

En casa, entre *frío y calor, fuego y nieve,* se enferma, hasta que despierta cambiada: "su dignidad mezclada de orgullo, no podía admitir celos". Su modelo es Aixa, esposa del rey de Granada: "Enfermedad de celos no es achaque de reinas". A partir de entonces, "perdió el amor por siempre, arrancándolo de raíz de su corazón". No se quejó, ni a nadie confió su secreto. Su alma era como "el fondo del mar", "un silencio tenebroso, sin vida". Sin desdén ni mal humor reanuda su vida social. Amadeo llega un día, no la encuentra, va a buscarla a un baile a donde ha ido sola, y se preocupa de verla tranquila y feliz.

La conversación que sigue entre los dos es antológica: "Jamás vuelva a tutearme...", le dice Laura. El necesita dinero para comprarle un caballo a Nieves y Laura se niega a firmar el documento: "No lo firmo". Le declara que "me es ya sobre manera indiferente" y establece, ella, las reglas de la relación. No habrá separación y se mantendrán las apariencias, porque el matrimonio es hasta la muerte, pero ella mantiene el capital y él solo *la renta* de sus bienes. Ella no firma para que él pueda enajenarlos ni acepta que gaste en su amante el caudal que su madre le dejó a ella. Después de esta escena, Amadeo se retira sin el dinero y con el orgullo quebrantado.

La tercera y última parte tiene lugar seis años después. Han vivido en apariencia de armonía, y Laura está serena, hermosa, distante y sociable (Soledad Acosta señala, como una anotación crítica al margen, que no lee, otra predicción de desastre). El padre no entiende lo que sucede, pero respeta y apoya a su hija. Pero un día, diez años después de haberse conocido, le avisan a Laura que Montiel llega enfermo. Nieves lo abandonó y se fue a Barranquilla y Amadeo tiene una fiebre maligna, contagiosa. Laura siente repulsión, y lo quiere muerto, pero lo cuida y es testigo de sus delirios por su amante. Impasible, como una *estatua,* lo salva. Amadeo se recupera de su enfermedad y se enamora de Laura.

En la última entrega del folletín, Amadeo le pide ayuda a una amiga de Laura, porque quiere recuperar a su esposa. Pero ésta le responde que no puede pensar en amarlo porque su corazón es un cadáver. Amadeo cambia, hasta el punto de volverse trabajador y recuperar el dinero que había perdido. Laura, desde su indiferencia y su tedio, trata inútilmente de "encender el fuego apagado". Pero, citando a Balzac, "ya no amo" es un sentimiento tan misterioso y profundo como el de "amo".

Una tarde, los sentimientos de Laura despiertan. Sonríe y no siente el mismo disgusto. Su renacer, sin embargo, está acompañado de un mal extraño, que la consume en poco tiempo. En una breve columna del folletín,

Laura agoniza ante el amor de Amadeo y ante su propio amor inaceptable. Muere con una mirada de amor y en un intento de abrazarlo, y Amadeo cree en el perdón de su esposa. Vive con el suegro hasta que éste muere, y regresa a su patria, según se cree (supongo que con la herencia de la familia). Es inevitable, dentro de la línea de lecturas que tienen que ver con la relación entre mujer y nación, ver a Laura como la nueva nación, huérfana de madre, entre el fuego y la nieve, enamorada de un extranjero que la seduce y explota, pariendo a un hijo muerto, aprendiendo a establecer reglas y, sobre todo, huyendo de volver a caer en la seducción depredadora del extranjero.

Pero ¿qué hacer con la muerte de Laura? En parte es una muerte erótica. Podría haber muerto después de la desilusión, o después de salvarlo. Lo extraño, lo interesante, es que muere cuando se empiezan a romper sus esquemas sobre "el corazón de la mujer", esos esquemas que tanto ha desarrollado Soledad Acosta en otros cuentos para mostrar que la mujer ama no sólo a un solo hombre sino una sola vez, y la traición no puede perdonarse ni el amor puede renacer. Su protagonista vuelve a amar, a perder el control de sus sentimientos, de su cuerpo, de su tiempo, de su dinero, y por eso pierde la vida, sin ponerle palabras a su muerte, sólo fuego a su mirada.

Es además extraño y sugerente que sólo la voz narrativa y el lector sabemos de la pasión de Laura. Ni el padre ni las amigas la conocen. Amadeo se equivoca, al creer que es fría como la luna y al creer, al final, más en su perdón que en su pasión. Pero ¿qué tipo de pasión puede caber en un cuerpo blanco, pálido, frágil, de una hija de hacendados, huérfana de madre, enamorada de un extranjero francés a mediados del siglo xix? El desenlace es la muerte, sola, callada y estéril.

Es una narración que oscila entre la pasión y el perdón, porque pasión y perdón no son compatibles. Se ha enamorado de un extranjero, ha querido descubrir, sentir, vivir, pero se encuentra con la traición y el engaño, y se le muere el corazón. Y ella muere cuando vuelve a sentir. Un aspecto especialmente interesante en el texto es la frecuencia como se valoran las intuiciones (en la mina, el día de la boda) por encima de la pasión y el deseo, y por encima de la razón (la posibilidad de la negociación y del perdón). Las intuiciones, esas señales casi mágicas que aquí se oponen tanto a la pasión como a la lógica racional, son la posibilidad de salvación que Laura no está en capacidad de descifrar. Porque algo falló en su educación, porque no tuvo madre ni figuras femeninas adecuadas (lo dice el texto, no yo) que le ayudaran a interpretar la vida y a sobrevivir. ¿Podría ser la madre ausente una reminiscencia nostálgica de la madre patria, España, que la hubiera podido proteger contra la rapiña francesa? ¿Qué significaría eso para Soledad Acosta, la devota hija de un gran patriota criollo que siempre se resistió a la educación protestante de su familia materna? ¿Un deseo desgarrador por llegar a independizarse políticamente de España, pero manteniendo todos sus valores ideológicos?

Como decía anteriormente, hoy no nos parece ni novela ni psicológica, y en este fin de siglo XX es más bien un texto de nación y de muerte, entre la pasión y el perdón. Un texto que pagó el alto precio de perderse dentro de la obra de Soledad Acosta de Samper y dentro de los interminables cuentos del siglo XIX que tan mal hemos recibido. Y si un texto de tanta profundidad y sugerencias no pudo ser leído ni transmitido en su época, y su autora poco después dejó de escribir esas interpretaciones sobre los tormentos y las tensiones del amor, me pregunto cuánto hemos perdido en nuestra historia literaria y cultural. Añoramos tanto la falta de escritura y escritores, que parece imposible, en este caso, haberla tenido y haberla borrado, por miedo a la pasión, por miedo al perdón. Soledad Acosta de Samper intentó seriamente hacer una literatura nacional, pero parece que no pudo ser leída como narradora en su momento, y nos queda a nosotras la tarea de investigar, explicar y recuperar esos intentos, entonces fallidos y tal vez hoy tan luminosos como Aldebarán-Alfa Tauri.

[*Memorias IX Congreso de la Asociación de Colombianistas.*
Coordinación editorial Myriam Luque, Montserrat Ordóñez
y Betty Osorio. Bogotá: Instituto Caro y Cuervo, 1997, 383-395.]

LA OBRA DE SOLEDAD ACOSTA DE SAMPER: UN PROYECTO CULTURAL

Paulina Encinales de Sanjinés

Ángel Rama en su *Autonomía Literaria Americana*, discute la evolución del papel, que en el siglo XIX, cumple la literatura en la expresión de las peculiaridades diferenciales de Hispanoamérica y su intento por enfatizar las singularidades nacionales. Constituyó un objetivo principal para los intelectuales del momento resaltar la especificidad de su nueva patria y reflejarla en una literatura autónoma y regional.

Dice Ángel Rama:

> Se trata... del problema fundacional de la literatura, a partir de la constitución de nuevos países, por lo cual puede reconocerse que... la literatura se formula inicialmente como una parte ... de la construcción de la nacionalidad. Esta será la tarea fundamental que deberá acometer una colectividad... Edificar, a partir del ímpetu localista que había dibujado un país nuevo sobre el mapa, la *conciencia nacional* de sus habitantes, fue el empeño prioritario de los equipos intelectuales responsables del momento. Todos, sin distinción, apelaron a las doctrinas que estaban entonces en boga en Europa o a las escuelas literarias que se habían impuesto en el momento ... todos utilizaron esas herramientas para desentrañar las características peculiares de sus regiones nativas y para constituir con ellas esa cosa nueva que habría de ser llamada la 'nacionalidad' (67).

Dentro de este escenario histórico de consolidación de nuevas naciones, de creación comunal de identidad, de elaboración de proyectos culturales que contribuyan a fortalecer el concepto de nación, es donde podemos analizar la compleja situación de Soledad Acosta de Samper y las dimensiones sociales y culturales de su labor literaria.

Parecería que no podemos comenzar a hablar de esta escritora sin citar, en un contexto u otro, la presentación que hace su marido, José María Samper, de su primera publicación en 1869 de *Novelas y cuadros de la vida sur-americana*. En sus "Dos palabras al lector", José María Samper, queriendo explicar por qué ha solicitado con empeño la edición de la obra de su mujer, dice:

> Los motivos son de sencilla explicación. Hija única de uno de los hombres más útiles y eminentes que ha producido mi patria, el General Joaquín Acosta,

notable en Colombia como militar y hombre de estado, como sabio y escritor y aún como profesor, mi esposa ha deseado ardientemente hacerse lo más digna posible del nombre que lleva, no sólo como madre de familia sino también de la noble patria colombiana; y ya que su sexo no le permitía otro género de servicios a esa patria, buscó en la literatura, desde hace más de catorce años, un medio de cooperación y actividad (iv).

Además de las consideraciones de género y su relación con el sistema patriarcal, ampliamente analizadas, entre otros, por Flor María Rodríguez en *¿Y las Mujeres?*, por Montserrat Ordóñez en la presentación de su libro *Soledad Acosta de Samper Una nueva lectura* y por Lucía Guerra en su ensayo incluido en esa misma obra, podríamos anotar que Soledad Acosta de Samper pertenece sí, a la marginalidad de la mujer escritora que necesita el respaldo moral y social de su marido para poder publicar; pero es también miembro de la élite intelectual y política de su momento, y es precisamente en calidad de 'hija del General Acosta' que su marido aboga porque se la estimule para que continúe la representación de "esa noble casta". Soledad Acosta utiliza y necesita estos referentes de "ser hija de..." y "esposa de..." para afianzar una voz, una autoría, derivadas del reconocimiento que se le confiere a su posición burguesa y aristocrática, y además constituye condescendiente autorización para incursionar en el mundo de la literatura.

Es sujeto periférico, mujer, y desde allí aborda parte de su problemática y de sus intereses. Pero también por ser Acosta de Samper, puede permitirse el acceso social y económico a una voz pública; y lo que pretende defender con esa voz está permeado por su rol dual: como mujer sometida a una cultura patriarcal dominante, expresa su preocupación por ejercer de manera comprometida y deliberada una función educativa y formativa, especialmente hacia otras mujeres; y como miembro de la élite intelectual, asume la responsabilidad de utilizar su trabajo literario para traducir el mundo 'civilizado' europeo como modelo para esta nueva nación.

A esta conciencia elitista, que constituye el punto de partida para la mayoría de las escritoras hispanoamericanas del siglo XIX, en el caso de Soledad Acosta se añade la influencia de una educación protestante estricta y austera impartida por su madre y su abuela, que habría de traducirse más tarde, en una sólida ética de trabajo. Pero, sin duda, la influencia decisiva de la primera etapa de la vida de Soledad Acosta, fue su padre. No sólo recibió de él su profunda convicción religiosa y su comprometida adherencia a la fe católica, sino que el compartir su vida diplomática, su carrera política y su vocación literaria, propició el intercambio de ideas, amplió sus perspectivas, sus lecturas y su interés por participar en la vida cultural a través de la literatura.

El oficio de escribir de Soledad Acosta, tal vez con excepción de la poesía, incluye todas sus posibles expresiones: traduce a autores franceses, ingleses y norteamericanos, escribe cuentos cortos, narraciones, novelas, artículos periodísticos sobre infinidad de temas, crónicas de viajes, cartas, biografías históricas, adaptaciones y resúmenes de noticias.

Se hace muy evidente en ella cómo en el siglo XIX, cuando se trata de una mujer, el oficio de escritor carece de parámetros establecidos; no hay reglas, ni expectativas –es un oficio que precisamente por novedoso se presenta libre y abierto a todas las posibilidades creativas. Acosta de Samper aprovecha ese vacío en que se coloca a la escritora y hace de él un espacio fructífero desde donde proyectar su voz autorial. Dentro de su extensísima obra, es tal vez en la intención editorial de sus publicaciones periódicas en donde podemos ver más claramente reflejado su pensamiento y sus preocupaciones intelectuales, sociales y políticas. Desde 1878 hasta 1906 publicó y escribió casi en su totalidad, cinco revistas diferentes.

En septiembre de 1878 fundó la revista *La Mujer*, que se constituyó en la primera publicación colombiana editada y financiada enteramente por una mujer. En esta revista no sólo refleja su pensamiento en lo directamente escrito por ella, sino también en el criterio con que escoge las traducciones, en los libros que resume y comenta, en las poesías que publica y hasta en los pequeños textos que por razones de diagramación, se ve precisada a añadir.

Para ubicar mejor las preocupaciones que van a motivarla en esta labor periodística, tendríamos que mencionar que en ese momento la vida social y política colombiana estaba enmarcada por la llamada 'guerra de las escuelas', que va desde 1876 hasta 1877. En ella se enfrentan el gobierno federal presidido sucesivamente por Santiago Pérez y Aquileo Parra, y los obispos católicos. El primero lucha por establecer una educación laica en las escuelas de la nueva república que culmina con la ley de Tuición del 9 de mayo de 1877 en que se determinó que los sacerdotes que no acataran la Constitución y las Leyes de Colombia serían castigados con multa y destierro del país. El clero y una gran parte de los políticos conservadores se opusieron violentamente a esta medida, boicotearon las escuelas laicas, amenazaron con la excomunión a los padres que enviaran a sus hijos a estas escuelas y llegaron a prohibir a sus fieles la lectura de la prensa liberal, convirtiéndolo en un problema espiritual y religioso y negándose así la oportunidad de establecer un debate intelectual.

Esta guerra civil se da en un momento en el que la controversia sobre la religión católica como elemento esencial de cohesión de la sociedad marca drásticamente las diferencias políticas entre conservadores y liberales. Dadas estas circunstancias, no es difícil pensar que alguien como Soledad

Acosta, profundamente católica y activamente interesada en los destinos de su patria, retomara estas preocupaciones y las reflejara en sus escritos.

Aunque Acosta de Samper no aborda directamente el tema político, sí hace una constante defensa de la educación religiosa y entra específicamente a defender y promover el trabajo de las órdenes religiosas. En *La Mujer* publica varios artículos sobre la historia de los Jesuitas y en su edición del 15 de agosto de 1880 alaba su labor diciendo: "Estos Misioneros son verdaderos héroes, cuyo ejemplo sería provechosísimo entre nosotros, en donde olvidamos todo lo bueno y sólo sabemos alabar lo que brilla y es ruidoso... y rara vez nos acordamos de los que han ofrendado su vida por el amor de Dios y del bien de la humanidad" (161).

Pero su defensa de clero va más allá de una convicción puramente religiosa. Ella aspira a ejercer la función rectora de las minorías intelectuales que sienten una fuerte necesidad de persuadir, de difundir y de hacer valer las mejores ideas de su tiempo. Refiriéndose a la misión que debe tener la escritora dice: "Se nota una tendencia general en todos los escritos femeninos y es que casi todas las mujeres que se han dedicado a la literatura tienen por objeto moralizar, instruir, educar y contribuir con su óbolo al bien de la humanidad"[1].

En la introducción a *La Mujer en la Sociedad Moderna* publicada en 1895, plantea el objetivo de la obra diciendo: "Deseosa de dar a los padres de familia, a las maestras de colegio, un libro que sin ser demasiado serio, pueda considerarse instructivo y al mismo tiempo presente ejemplos provechosos, y produzca en los tiernos y maleables espíritus de las niñas el deseo de la imitación, resolví tratar de hacer un ensayo de breves biografías femeninas" *(La Mujer en la Sociedad Moderna*, viii).

Su misión moralizadora está dirigida indudablemente a salvar a la mujer, pero también considera que es precisamente la mujer quien está llamada a salvar a la sociedad a través del cristianismo: "Hoy día, cuando el cristianismo se ve amenazado de muerte, está en el poder de la mujer el constituirse en su campeón, manifestándose siempre verdadera cristiana, y de esa manera no dudamos que vencerá a sus enemigos. La sociedad se ve amenazada con volver a la barbarie, y en manos de la mujer está impedirlo" (248).

En este esfuerzo por definir y procurar herramientas para que las mujeres encuentren su identidad y determinen el papel que quieren desempeñar en la sociedad, Soledad Acosta no es ajena al régimen de imitación de modelos europeos que desde entonces adopta la cultura hispanoamericana y que

---

[1] Soledad Acosta de Samper *La Mujer en la Sociedad Moderna* Paris: Editorial Garnier, 1895, 173.

pone en evidencia la compleja situación de estas sociedades, enfrentadas a una constante negociación entre su proyecto nacionalista y la ineludible valoración de lo europeo como el 'deber ser' de la cultura.

Traduce a los pensadores y moralistas del momento como Máximo du Camp y Antonino Rondelet, "obras que han sido coronadas por la Academia de ciencias morales y por la Academia francesa de París", y espera que sus consejos sean oídos "por las jóvenes colombianas con respeto y consideración" (*La Mujer*, #25, 20).

Presenta como ejemplo a más de cuatrocientas mujeres virtuosas que incluye en su obra *La Mujer en la Sociedad Moderna*. Escribe extensamente sobre lo que llama "La mujer en la Civilización" en artículos como: "La mujer Romana", "La mujer Italiana", "La mujer en los Imperios de Oriente y Occidente". Redacta biografías, que denomina "Galería de Mujeres Notables" y que incluyen la vida de La Marquesa de Barol, María Cristina de Saboya, Juana de Flandes y muchas más. Y finalmente encomienda a sus suscriptores no atrasarse en los pagos de las revistas para poder "pagar muchas suscripciones a periódicos extranjeros, a fin de poder tener a nuestras lectoras al corriente del movimiento de la civilización" (#36, 269).

Sin embargo, esta postura, no le impide extender su crítica moralizante a muchas de las actitudes de las mujeres europeas. Condena la frivolidad francesa: "En París la mujer vive, respira y piensa solamente en su adorno, introduciendo así la desgracia en sus familias; el lujo parisiense ha llegado a las proporciones de la insensatez" (#40, 88).

Es además consciente de que debe contribuir a adaptar, a 'transculturar', ese mundo civilizado a la realidad nacional. Hablando de un artículo del Obispo de Orleans, dice: "Extractaremos de este artículo, todo aquello que nos parezca más digno de atención con respecto a nuestras mujeres y adecuado a nuestras costumbres, intercalando algunas observaciones propias del asunto y desarrollando las ideas que más nos convienen en Colombia"[2].

En otro momento es aún mas explícita en su dualidad con respecto a lo extranjero. "En esta pobre Colombia, en donde amamos tanto lo que viene de fuera, y desdeñamos con tanto ahínco cuanto tenemos de bueno, ¿por qué nos empeñamos siempre en traer del extranjero cuanta idea mala y perniciosa encontramos, y jamás procuramos transportar a nuestro país lo bueno y benéfico de otras naciones?[3].

---

[2] Soledad Acosta de Samper, *El Domingo de la Familia Cristiana* N.º 41, dic 29, 1889, 240.

[3] Acosta, *La Mujer* N.º 26, 42.

En cuanto al tema de la educación de la mujer, como veremos en los ejemplos que citaré a continuación, Acosta de Samper se debate entre abogar por una mujer educada, emancipada, y autoafirmativa; y por otro lado insistir en la resignación cristiana, la moderación y el sacrificio. Se pregunta "¿Cuál es la misión de la mujer en el mundo?" Y afirma:"Indudablemente que la de suavizar las costumbres, moralizar y cristianizar las sociedades, es decir, darles una civilización adecuada a las necesidades de la época, y al mismo tiempo preparar la humanidad para el porvenir..."[4]. En esa preparación para el porvenir, Soledad Acosta se muestra abiertamente progresista cuando propone para la mujer un espacio de realización más allá de la maternidad y el mundo doméstico.

> [...] sólo los que pretenden degradar al sexo femenino para pervertirlo, han podido avanzar la idea absurda de que la mujer no debe servir sino para adornar la casa de su esposo. La mujer del pueblo (y aun la de las clases elevadas) debería aprender siempre un oficio lucrativo, útil y que pudiera en todo tiempo darle con qué subsistir, para que sepa que es libre y que no necesita absolutamente del trabajo del hombre"[5].

Sin embargo, Soledad Acosta no llega a cuestionar el orden socio-económico establecido y mantiene una posición burguesa, en la que su visión feminista está reservada para una clase social específica que considera peligroso que la instrucción académica se extienda a las clases populares.

> No solamente sus estudios son para ellas enteramente inútiles, sino que, enseñadas a ciertos hábitos de lujo, o por lo menos de comodidad y aseo, no encuentren en la miserable choza... sino pobreza grande, descuido, desmoralización y desesperadas con esa situación que no podrán remediar, se tendrán que entregar a los vicios y a los crímenes[6].

Y es nuevamente, a través de su interés nacionalista, que defiende planteamientos tan drásticos como el anterior. "Nos dirán que entre las clases pobres *puede haber* inteligencias culminantes que aspiren a una instrucción elevada; *puede haber*, decís, y porque es posible que entre diez mil niñas del pueblo se encuentre alguna de talento preclaro, ¿por esa persona que tal vez no existirá, haréis desgraciada a toda una nación?"[7].

---

[4] Acosta, *La Mujer en la Sociedad Moderna*, 381.
[5] Acosta, *La Mujer* N.º 25, 17.
[6] Acosta, *La Mujer* N.º 27, 71.
[7] Acosta, *La Mujer* N.º 25, 72.

Vemos así como a lo largo de la obra de Soledad Acosta de Samper se conjugan y contraponen su profundo catolicismo, su feminismo aristocrático, su actitud paternalista y moralizadora hacia las clases populares, su visión enciclopédica y universal y su sentimiento patriótico.

No es fácil llegar a determinar qué tanto constituyó la obra de Soledad Acosta de Samper un proyecto cultural preconcebido y deliberado; pero sí es evidente su intención pedagógica, la tenacidad para sacar adelante sus proyectos literarios y periodísticos, el interés por crear espacios de reflexión y expresión para las mujeres y el anhelo por traducir el mundo, la cultura global, a la nación incipiente.

Citando una vez más a Ángel Rama (La narrativa, 28)[8] , recordemos cuando afirma que ningún escritor crea una construcción literaria en forma ajena al medio cultural en el cual nace; pero cuando esa construcción literaria pretende dar respuesta al debate y a la problemática que la genera, podemos comenzar a pensar en un proyecto cultural y no exclusivamente literario.

[*Mujeres latinoamericanas: Historia y cultura. Siglos XVI al XIX.*
Ed. Luisa Campuzano. Tomo II. La Habana y México: Casa de
Las Américas y Universidad Metropolitana-Iztapalapa, 1997. 227-232.
Reimpr. en *Memorias. IX Congreso de la Asociación de Colombianistas.*
Colombia en el contexto latinoamericano. Ed. Myriam Luque,
Montserrat Ordóñez y Betty Osorio. Bogotá: Instituto Caro y Cuervo,
1997. 397-405.]

---

[8] Ángel Rama *La narrativa de Gabriel García Márquez: Edificación de un Arte Nacional y Popular.* Bogotá: Colcultura, 1991, 28.

LA MUJER COMO CIUDADANA:
DESAFÍOS DE UNA COQUETA EN EL SIGLO XIX

Nina Gerassi-Navarro

En 1850, el colombiano Aníbal Galindo escribió en el periódico *El Neogranadino* la siguiente reflexión con respecto a la convención de los derechos de la mujer que se realizó ese mismo año en los Estados Unidos:

> ¿Podrá la mujer tener los mismos derechos del hombre? Reduciendo más la cuestión: ¿podrá la granadina ser ciudadana? Tan amante del bello sexo como ninguno, siento en el alma responder por lo negativo... ¿cómo puede la mujer pretender la ciudadanía cuando carece de independencia...? la mujer está destinada especialmente a ser la compañera del hombre... el mismo Dios lo mandó así...; la naturaleza misma lo corrobora... Por otra parte, qué chocante nos será ver a la mujer abandonar sus quehaceres y salir al campo eleccionario... ¿qué sería del hogar doméstico vuelto el foco de querellas y debates? ¿qué de la familia? ... ¿qué del respeto y la moralidad en una casa donde no se sabría quien era el amo?[1].

Las razones que presenta Galindo justificando la posición inferior de la mujer contradicen el ethos de la sociedad burguesa que apelaba a la igualdad de oportunidades para todos. La mujer no puede tener acceso a los mismos derechos del hombre porque su función principal –el ser madre– dispuesta por la naturaleza se lo impide. La maternidad y el cuidado de su hogar la consume toda. El uso de las teorías biológicas para legitimar las desigualdades sociales entre clase y género, colocó a la mujer en una posición de subordinación y permitió definir como "naturales" hechos que eran decididamente "sociales". Consecuentemente el lugar de la mujer y su rol en la sociedad quedaron restringidos al espacio doméstico donde su función principal era asegurar la permanencia de determinados valores morales (definidos por el hombre de la casa) y mantener unida la estructura familiar. Pero también se desprende de la afirmación de Galindo que si la mujer tuviera la posibilidad de verbalizar sus opiniones podría cuestionar las decisiones de su esposo. Es decir que la mujer sería capaz de disentir con su cónyuge, lo cual según el autor, crearía una ruptura en el ámbito doméstico, desestabili-

---

[1] *El Neogranadino*, septiembre 6 de 1850, citado en Susy Denise Bermúdez.

zando la unión más sagrada y básica de la sociedad. En conclusión, para mantener esa unión familiar y evitar todo tipo de desorden la mujer debería permanecer al margen del ámbito político, bajo el control de su esposo. Frente a esta justificación para negarle el voto a la mujer, también se encuentra otra argumentación que sostiene que la mujer no debe tener acceso al voto porque justamente es incapaz de tener una opinión independiente. Darle el voto sería desperdiciar un derecho según Juan de Dios Restrepo:

> La mujer llevaría a la urna electoral la opinión de su marido, padre, hermano o amante. Estamos seguros de que ellas no harán uso de semejante derecho y si lo hicieran nada ganaría la política aunque sí perderían mucho las costumbres... quédense en la casa... quédense allí...[2]

Por un lado se condena la disensión porque fragmenta y por otro, se condena el acuerdo por ser una mera repetición. Así se definen las dos posibilidades actanciales cuando se refieren a la mujer. Aún cuando las mujeres habían participado de diversas maneras en las guerras de independencia de la Gran Colombia, y la sociedad reconocía su valor, se les seguía negando la participación directa en las instituciones formales de poder (Cherpak, 219-234). Este tipo de disyuntiva colocó a la mujer en un vacío paralizante ante lo cual la única alternativa era mantenerla en su lugar de "costumbre", dejarla inmóvil, ausente.

Durante el período de posindependencia, las discusiones ideológicas que dominaron el debate de la construcción nacional y del ciudadano ideal ocuparon un lugar central en la producción literaria de la época. La literatura adquirió una función didáctica a través de la cual se intentaba promover el perfeccionamiento de la vida republicana y democrática, edificando a la vez moral y políticamente al ciudadano. La literatura creó un espacio imaginario para proyectar al ciudadano ideal y diseñar un futuro próspero de nación. En ese proyecto, si bien los derechos y obligaciones de la mujer dentro de la "comunidad imaginada" fueron discutidos, su esfera de acción permaneció restringida al hogar[3].

Las opiniones dispares acerca de la definición de la mujer y de su rol en la nación decididamente incidieron en el modo en que ellas proyectaron sus representaciones a través de la literatura. Aún aquellas mujeres privilegiadas

---

[2] Juan de Dios Restrepo (Emiro Kastos), *El Tiempo* 14 de agosto de 1855, citado en Bermúdez 126.

[3] Me refiero a la noción de "comunidad imaginada" elaborada por Benedict Anderson (véanse especialmente las páginas 13-16).

que lograron ocupar un espacio público y articular una voz propia no fueron ajenas a este conflicto. Posicionada dentro y fuera de la nación simultáneamente, la mujer debió encontrar una forma de encubrir su voz para poder acomodarse al discurso patriarcal sin romper abiertamente con los valores establecidos y, a la vez, encontrar una manera para explorar su rol e identidad en la sociedad. De allí surge ese discurso doble, lleno de contradicciones, que a menudo caracteriza la producción literaria de la mujer durante el siglo XIX. Mi interés es detenerme justamente en esas contradicciones porque considero que es allí donde se puede entender el modo en que las mujeres intentaron articular sus propias representaciones e inscribirse en el proyecto nacional de su país.

Entre las mujeres que participaron en la reorganización nacional de su país, se destaca la colombiana Soledad Acosta de Samper (1833-1913), una de las escritoras más prolíficas del siglo XIX. Hija de padre diplomático, militar y reconocido hombre de estado, Acosta de Samper creció inmersa en las discusiones patrias. Su educación fue excepcional para una mujer de su época ya que por las misiones gubernamentales de su padre residió y estudió en Quito, Santa Fe de Bogotá, Washington y París[4]. Su casamiento con José María Samper, prominente político, periodista y escritor, además de ser una de las figuras intelectuales más influyentes del siglo XIX en Colombia, le permitió el acceso a un mundo poco frecuentado por mujeres, desde donde usó su posición de privilegio para luchar por los derechos de la mujer incitándola a hacer algo "útil" de su vida. Una vez iniciada su labor de escritora, Acosta de Samper nunca la abandonará, ni siquiera cuando tenga que trabajar comercialmente para mantener a su familia. Sus primeros escritos son traducciones y crónicas de viajes y de la vida cotidiana. También colaboró como editora y correctora en la *Revista Americana*, una publicación fundada en Lima por su esposo con el fin de promover la literatura del Perú. Luego, bajo varios seudónimos ("Andina", "Bertilda", "Olga" y "Renato" entre otros) publicó una serie de novelas y narraciones que posteriormente formarían una colección titulada *Novelas y cuadros de la vida sur-americana*. Su dedicación a la escritura la llevaría a colaborar en numerosas publicaciones como *La Prensa*, *La Ley*, *Biblioteca de Señoritas*, *La Nación*, *El Deber* y *El Mosaico*, produciendo un corpus verdaderamente impresionante que abarca desde reportajes, estudios, editoriales, cuadros de costumbres, hasta biografías de figuras patrias, cuentos y novelas[5].

---

[4] Para más datos biográficos véase la introducción de Montserrat Ordóñez a *Una nueva lectura*.

[5] Según la bibliografía preparada por Gustavo Otero Muñoz, la obra de Acosta de Samper se extiende desde 1862 hasta 1906, y abarca un total de 48 narraciones breves y

Tanto en sus escritos periodísticos como en sus obras de ficción, Acosta de Samper despliega una preocupación no sólo por el futuro de su país sino, y sobre todo, por el rol que la mujer debía ocupar en ese proyecto. A pesar de discutir la importancia de la mujer en la sociedad e insistir en su reconocimiento e independencia, Acosta de Samper la excluye del campo de la política y, sin cuestionar los parámetros establecidos por la sociedad patriarcal, incita su participación dentro del campo doméstico, donde, en su opinión, puede ejercer mayor influencia. Con este propósito funda y edita varias publicaciones como *La Familia*, *Lecturas para el hogar* y *La mujer*, un periódico escrito exclusivamente por mujeres, donde se discuten los diferentes modos de participación de la mujer:

> [...] la mujer no debe participar activamente en la política. Lejos de nosotros la idea de abogar por la absurda emancipación de la mujer, ni pretendemos pedir que ella aspire a puestos públicos, ni que se le vea luchando en torno a las mesas electorales; no, esa no es su misión, e indudablemente su constitución, su carácter y naturales ocupaciones no se lo permitirán jamás. Pero quedaría para ellas la parte más noble, la influencia moral en las cuestiones trascendentales y fundamentales de la sociedad [...] ella tiene el deber de comprender qué quieren y a lo que aspiran los partidos, entonces ejercería su influencia (Acosta de Samper citada por Bermúdez 127).

El rol fundamental de la mujer es asegurar su influencia moral dentro de la casa. Partiendo de las características "naturales" asignadas a la mujer y consciente del vínculo entre la familia y la comunidad política, Acosta de Samper subraya el rol constructivo de la mujer dentro de la nación. Si bien la mujer no debe participar en política, debe "entender los partidos" o sea que debe comprender cuáles son los valores y principios que distinguen a cada partido para poder asegurar que la familia reproduzca aquellos valores considerados indispensables para el futuro de la nación. La familia se convierte en el emblema de los futuros ideales nacionales. Para que un determinado proyecto político logre consolidarse dentro de la sociedad debe estar arraigado en el hogar. Siendo éste el aceptado dominio de la mujer, será ella quien, a través de su influencia moral, asegure su afianzamiento. En este sentido la inclusión de la mujer en el proyecto político nacional es indispensable.

En los debates sobre la consolidación nacional, la mujer pocas veces aparece pensada como ciudadana[6]. Su función es más bien acompañar y

---

21 novelas. Otero Muñoz señala que sus primeras labores como escritora se hallan publicadas en la *Biblioteca de Señoritas* a partir de 1858.

⁶ En Colombia la mujer tendrá el derecho de votar a partir de 1957. Para una historia del voto de la mujer en Latinoamérica véase Jacquette.

reproducir los ideales de su esposo o padre. Ella es la encargada de poblar la nación, determinada y defendida por los hombres. En su capacidad reproductiva, la mujer no puede ser soberana, sólo puede imaginarse dependiente. Su cuerpo, símbolo del futuro, la margina de la hermandad de hombres que luchan por el bienestar de todos. Por ello, como lo observó Juan de Dios Restrepo, darle la voz y voto a la mujer era un desperdicio.

A pesar de defender fervientemente los derechos e independencia de la mujer, Acosta de Samper no reclama el derecho de voto ni cuestiona el discurso paternalista. Pero en lugar de esperar pasivamente que los hombres definan el proyecto nacional, cree firmemente en el rol activo de la mujer y aboga porque ella se posicione junto al hombre en su lucha. En lugar de verla como dependiente, prefiere imaginarla como aliada:

> No somos diosas ni esclavas, ni los hombres son ya héroes ni semidioses; debemos trabajar a su lado, aunque en diferentes caminos, y nuestra importancia y valor serán los que queremos[7].

Diferentes, pero situadas al unísono con los hombres, éste es el nuevo rol por el que debe luchar la mujer. El mensaje de Acosta de Samper se desdobla sutilmente. Por un lado insiste en destruir imágenes que congelen y paralicen tanto el lugar y trabajo de los hombres como los de las mujeres. Asegurándoles a los hombres su supremacía, les recuerda que a través del hogar la mujer también tiene un rol similar al de ellos en la consolidación nacional. Por esta razón deben incluirla en todo proyecto político. Simultáneamente su mensaje se dirige a las mujeres y, cuestionando su subordinación, las incita a que trabajen por su propia valoración, que traten de hacer algo constructivo con sus vidas. La responsabilidad de la mujer es educarse justamente para poder cumplir con el mandato que le han asignado los hombres. Es por medio de este acto que la mujer puede trascender los límites de su hogar y tomar en sus manos la redefinición de su rol en la sociedad. Pero, como afirma Acosta de Samper, ésta es una decisión que las mujeres deben tomar por sí mismas.

Su obsesión por la educación de la mujer la lleva a enmarcar sus ficciones con reflexiones que se transforman en numerosas ocasiones en una ilustración de lo que le ocurre en la vida real cuando la mujer carece de una buena educación. De hecho sus novelas se caracterizan por la propuesta de diferentes soluciones ficcionales ante los problemas diarios que atañen a la

---

[7] Acosta de Samper, *La Mujer* (20 de mayo de 1879), citado en Bermúdez 130.

mujer (Véase Rodríguez-Arenas, Guerra Cunningham). Si bien reconoce que en cierta forma la educación también es un mecanismo de control social (ya que se la educa según determinados parámetros establecidos por la sociedad patriarcal), Acosta de Samper está convencida de que es la única forma de otorgarle a la mujer una herramienta que le permita construir un eje propio que trascienda el espacio doméstico. Sus cuadros sobre la vida de la coqueta ejemplifican esta ambigüedad. Dos cuentos distintos, uno a continuación del otro, casi idénticos con la diferencia de que uno presenta la mirada del hombre y el otro, el de la mujer. Lo interesante de este formato es que al comparar dichas versiones de la "realidad" representada, las sutiles diferencias revelan dos modos de percepción, dos formas de definir la mujer claramente opuestas, una cuestionando la otra.

Los cuentos, "La perla del valle" y "Luz y sombra", forman parte del primer volumen de obras de Acosta de Samper titulado *Novelas y cuadros de la vida sur-americana*, publicado en Bélgica, en 1869. Dicho texto aparece autorizado por su marido quien se adjudica el control de la producción literaria de su esposa:

> La idea de hacer una edición en libro, de las novelas y cuadros que mi esposa ha dado a la prensa, haciéndose conocer sucesivamente bajo los seudónimos de Bertilda, Andina y Aldebarán, nació de mí exclusivamente; y hasta he tenido que luchar con la sincera modestia de tan querido autor para obtener su consentimiento. [...] ¿Por qué lo he solicitado con empeño? [...] He querido, por mi parte, que mi esposa contribuya con sus esfuerzos, siquiera sean humildes, a la obra común de la literatura que nuestra joven república está formando, a fin de mantener de algún modo, la tradición del patriotismo de su padre ("Dos palabras al lector").

La apropiación de Samper casi silencia el lugar de su esposa como autora. No sólo se atribuye a sí mismo la publicación del texto sino que además subraya que el propósito de dicha publicación es mantener vivo el "patriotismo de su padre", hecho que a penas reconoce el valor del trabajo literario en sí. Si bien el aporte de Acosta de Samper es en cierta forma una contribución a la nueva república, su espacio y figura quedan claramente enmarcados por las "verdaderas" figuras patrias: la paterna y la de su esposo. Por otra parte al catalogar la obra de su esposa como parte de la producción literaria de la joven república en formación, el subtexto implica cierta inmadurez como característica principal de su escritura. Pero Acosta de Samper usa esta forma de legitimidad para autorizar su reivindicación de la mujer. De hecho sus escritos a menudo aparecen con la introducción de una figura masculina consagrada (su esposo, el presidente de la nación), cuya función es autorizar, legitimar su escritura. Acosta de Samper usa esa autoría de la mirada masculina para luego oponerla o unirla a la mirada femenina. Miradas que dialogan entre sí, dibujando espacios que sutilmente se van desdoblando y separando hasta permitir que se distingan dos voces totalmente independientes.

Ambos relatos presentan la vida de la coqueta en dos etapas: la preciosa juventud, durante la cual la belleza de la mujer deslumbra a todos los hombres, aunque su vanidad la lleva a rechazar todas las propuestas de matrimonio. Luego, llega la vejez (quince años después), cuando las mujeres tienen treinta años y están casi irreconocibles, desgreñadas, arrugadas, viejas e infelices. En la primera historia, "La Perla del valle", el narrador es un joven apuesto de la ciudad quien, al encontrarse con su coqueta años después y verla tan venida a menos, le comenta a su amigo:

> Qué lección para las mujeres que creen que pueden ser coquetas impunemente!... Lo que faltó principalmente a esa niña fue una buena educación que pudiera impedir que se desarrollasen en ella los perniciosos impulsos que naturalmente debían dominarle en su posición excepcional como perla de la aldea (361).

En ambos cuentos la mujer es presentada como un objeto estético con rasgos casi idénticos: rubias, de pelo largo trenzado, ojos negros, labios marcados y tez blanca. Es la visión romántica de la mujer americana, la criolla. Pero su belleza es estática. Al carecer de características individuales, todas las mujeres se convierten en un único cuerpo estético representando la virginal belleza americana. En el primer relato esto es particularmente notable ya que todas las mujeres carecen de nombre, son "bellezas", siendo la más linda la Perla. Además de los rasgos genéricos tipificadores, las mujeres en este relato carecen de voz. El espectador masculino no le cede la palabra al personaje central, quien literalmente no dice mucho más que "gracias". La voz masculina narra, decodifica y explica. Su mirada representa la ley desde la cual se decreta el lugar de la mujer.

En la medida en que es el hombre quien determina el rol de la mujer y define su espacio, la desdicha de la Perla resulta doblemente trágica porque su recuerdo idealizado está íntimamente vinculado con la simbología patria:

> [...] en medio de los combates y sufrimientos de las guerras civiles, llenas de violencias y peligros, la suave figura de la Perla del Valle se me apareció como la imagen de la patria ausente, como la personificación de un sueño de dicha entrevisto en la juventud, como una promesa de virtud y de plácida alegría [...] (356).

La belleza juvenil de la Perla corporiza la potencialidad de la nueva nación emancipada, la "promesa de virtud". Pero al ignorar ese futuro y volcarse sólo al presente, la Perla se corrompe, pierde su sentido de responsabilidad y pone en peligro el futuro y virtud de la nación. Su fracaso por ende, es también el fracaso de la nación, de allí la necesidad de reprender su actitud.

Lo condenable de la coqueta según el narrador, es no saber controlar su belleza para mantenerse como objeto estético y a la vez subordinar esa belleza a la formación de una familia. La coqueta usa su belleza y, en lugar de subordinar su mirada a la masculina, la vuelve hacia sí misma, concentrándose en su propio cuerpo. Su pecado es el exceso: excesivamente bella, excesivamente central; y el exceso lleva al derrumbe, al fracaso, lo cual justifica su castigo. Es la imposición de la ley y orden patriarcal. La educación, en este sentido es presentada como medio de salvación para la mujer. Su función es también censora, pues la enmarca en un espacio/imagen/rol predeterminado por los hombres.

En el cuento, a pesar de ser la hija de uno de los principales habitantes del pueblo, admirada y consentida por todos, la Perla termina siendo excluida por su comunidad. La explicación es que "se hizo coqueta, y esa coquetería quedando sin fruto, fue progresando de día en día" (360) hasta ser obligada por la buena sociedad a vivir entre los más humildes del pueblo. El error no fue ser vanidosa sino que la Perla no usó su belleza para "casarse bien". Las consecuencias por quebrar las reglas son serias: llevan a la pérdida de estatus, al ostracismo o a la muerte.

¿De qué forma cuestionar ese orden? ¿De qué otro modo mirar a la coqueta? En la segunda narración, Acosta de Samper ofrece una alternativa, aunque a primera vista parecería avalar la misma construcción de lo femenino. La protagonista, Aureliana Hernández, ya entrando en años (treinta), acepta cumplir con el mandato a pesar de que no quiere al hombre con quien se casa y sabe que él tampoco la quiere. El resultado es que años después, enferma y frágil, Aureliana terminará ignorada por su familia e inclusive por su esposo. Morirá sola. A modo de epílogo la narradora agrega:

> […] y esto me ha probado una vez más, cuan indispensable es para la mujer una educación esmerada y una instrucción sana, que adorne su mente, dulcifique sus desengaños y le haga desdeñar las vanidades de la vida (396).

El sombrío final de la protagonista ilustra el mensaje social del relato: la felicidad de la mujer dependerá de su cumplimiento con el mandato patriarcal cuyo orden es justificado porque asegura el bienestar de sus habitantes.

Por otra parte la mujer sólo podrá sentirse realizada si es capaz de constituir una familia según el modelo que asegure el ideal nacional.

La diferencia fundamental entre esta narración y la anterior, radica en la mirada de quien relata, una mujer. Ante la belleza de Aureliana, la narradora tiene una reacción más compleja que la del hombre. Por un lado la rechaza al ver su vanidad y por otro se deslumbra: "Era tal la impresión que Aureliana me había causado, que no podía apartar mi vista de su precioso rostro" (383). El placer de la mirada ya no es exclusivamente masculino. La mujer es capaz de admirarse a sí misma a través de la imagen/belleza de la coqueta. Quien mira además es quien ejerce el control sobre la narración. Ese es el poder del sujeto. En un acto solidario, Mercedes, la narradora, le cede la palabra a Aureliana para que ella cuente su propia historia, para que ella misma se explique. El relato ficticio queda ahora enmarcado por las dos mujeres. Y es aquí donde se redefine no sólo la figura de la coqueta sino también la construcción de lo femenino.

Uno de los temas centrales de conversación entre las dos mujeres es la importancia del amor en la constitución de la pareja, que alude al nuevo tipo de familia que surge con la emancipación. Durante la colonia, el matrimonio tuvo poco que ver con el amor. Los casamientos se producían más bien por obligación o por razones religiosas. Entre las familias más acomodadas, era una alianza para asegurar su patrimonio y estatus social, un modo de perpetuar el sistema jerárquico de hegemonía española (Navarro 28)[8]. Pero a partir de 1800, los censos matrimoniales revelan una nueva razón: el amor. En Colombia, Susy Bermúdez afirma que si bien no llega a imponerse legalmente, a partir de la independencia política la presencia del amor entre la pareja comienza a ser justificada (Bermúdez 115)[9]. Sin embargo, a pesar de esta ilusión de igualdad, implícito en la idea de que existe un consenso afectivo entre ambos miembros, el matrimonio continuó siendo un contrato que obligaba a la mujer a postergarse en favor del "otro", asegurando así su subordinación.

Aureliana le confiesa a su interlocutora que su drama es no haber podido encontrar a un hombre al que realmente pudiera amar. Tristemente

---

[8] El cambio fundamental se produce a partir de 1776 con la promulgación de la cédula real (Real Pragmática) por el rey Borbón, Carlos III, en la cual se redefine dramáticamente la reglamentación del casamiento. Para un análisis sobre este período de transición y el modo en que dichos cambios afectaron el rol de la mujer en la sociedad colonial véase Socolow.

[9] Doris Sommer rastrea el modo en que las novelas durante este siglo reafirman la correlación entre la unión amorosa de una pareja y el ideal nacional que dicha pareja reproducirá al consolidarse.

refiere sus conquistas e intentos de parejas que siempre terminaban en desilusión:

> He pasado mis días buscando con ahínco el amor, único objeto de la vida de una mujer, pero en su lugar solo he hallado desengaños y vacío. No creas que la coquetería que me tachan quizás con razón, es el fruto de un corazón pervertido: no lo creas: es que busco en todas partes un ideal que huye de mí incesantemente (390).

Esta confesión presenta una nueva definición de la coquetería: es esencialmente una búsqueda dentro de la cual la mujer se posiciona como sujeto responsable. La única culpa de Aureliana es intentar cumplir con el ideal social de casarse por amor. La contradicción, sin embargo, radica en que para la sociedad esto es inaceptable en una mujer en la medida en que ésta se vuelva exigente. Como ideal, casarse por amor es importante, pero si la mujer se posiciona como centro y vuelca su mirada hacia los hombres como objetos, esto resulta nocivo. Vista a través de la mirada femenina, la coquetería articula la ambigüedad de las expectativas sociales asignadas a la mujer. Acosta de Samper lleva aún más lejos esta disyuntiva al contrastar la penible situación de la coqueta, su soledad y abandono, con la supuesta felicidad de la narradora, quien está a punto de casarse. Pero cuando ésta define qué significa amar, el panorama resulta poco alentador:

> Hace dos años… que estoy comprometida a casarme y nunca me ha pesado. Esto le bastará a usted para comprender que sé lo que es amar (386).

Lo revelador de estas reflexiones es que ponen en evidencia la falta de los hombres. En su búsqueda de amor, Aureliana sólo encuentra vacío y frivolidad. Son los hombres quienes resultan incapaces de entregarse realmente, el interés que muestran por las mujeres es un mero juego de conquista que recubre su propia superficialidad. Aureliana llega a la conclusión de que "todos los hombres son iguales puesto que basta lisonjear su vanidad para verlos rendidos" (389). La coqueta expone la insuficiencia de los hombres a través de sus juegos y seducciones. El verdadero peligro de permitirle a la mujer que verbalice sus propias opiniones es que posee la capacidad de desestabilizar el orden social al reclamarle a los hombres su falta de responsabilidad. Como explica la narradora al reflexionar sobre Aureliana, "Sin educación esmerada, sin instrucción ninguna, al perder esa hermosura que era su único atractivo, los admiradores fueron abandonándola sucesivamente" (394). La superficialidad de los hombres es que mientras la mujer sea bella y joven aceptan su falta de educación, pero una vez que comienza a envejecer, ella ya no tiene ningún atractivo. Aquí es donde Acosta de Samper sutilmente cuestiona la idea de casarse por amor y redefine la función de la educación convirtiéndola en un arma, un medio para otorgarle a la mujer cierto poder para no encontrarse completamente supeditada al hombre.

Consciente de su belleza, la coqueta usa su cuerpo para agradar a los hombres. En la medida que su centro de atención está puesto en él y subordina su existencia a su propia mirada, la mujer se coloca como objeto. Aquí no habría ningún acto censurable según los cánones sociales. Lo condenable es que la coqueta use su belleza para convertirse en sujeto de su propia mirada. Ese es el momento en que la mujer cruza la frontera del espacio designado. Al colocarse como objeto y sujeto de su propia historia, la mujer se construye como emblema del narcisismo puro. La amenaza real de las coquetas es que se complacen en su propia sexualidad y desplazan al hombre. El deseo de la coqueta se convierte en el elemento central de su existencia y el hombre queda fuera del eje estructurador.

Al final del relato, a modo de epílogo, se articula la moraleja de la historia por una segunda narradora:

> Este episodio me fue referido no ha mucho por una venerable matrona de ***, y esto me ha probado una vez más, cuán indispensable es para la mujer una educación esmerada y una instrucción sana, que adorne su mente, dulcifique sus desengaños y le haga desdeñar las vanidades de la vida (396).

Según Acosta de Samper la educación es indispensable para la mujer porque le ofrece una alternativa ante el vacío político de su rol tradicional. La mujer debe aprender a reconocer y desdeñar las vanidades de la vida, pues esas vanidades son las que la supeditan a la mirada del hombre. La injusticia es que a pesar de tener un rol para la nación claramente delineado como madre y esposa, la mujer no logre un reconocimiento político por ello.

A pesar de la importancia que adquiere el matrimonio como institución durante el siglo XIX, los beneficios son sumamente dispares para los hombres y para las mujeres. Para el hombre, el estar casado reflejaba su responsabilidad y lo habilitaba para ser ciudadano. Esta es una de las características que permanece fija a través de las reformas constitucionales de Colombia. Tanto en la Constitución de 1853 como en la de 1863, el ser mayor de 21 y/o ser casado es uno de los requisitos para ser ciudadano, pero esto no atañe a la mujer. Por más que ella cumpla con sus deberes y vele por el bienestar de su familia, la responsabilidad de ser madre de familia nunca se equipara a la del padre. En su estudio sobre la mujer y familia en Colombia, Bermúdez señala que esta desigualdad en la conceptualización de la paternidad frente a la maternidad seguirá siendo reforzada posteriormente, como lo evidencia la propuesta de Miguel Antonio Caro, quien abogaba por el voto múltiple para los padres de familia:

> No sería justo decretar que solo los padres de familia voten; pero si ha de votar todo el mundo, sería muy bien pensado que el voto del padre de familia pesase como dos o más votos, como que un padre de familia no es un individuo aislado, sino legítimo jefe y representante de su pequeño reino (Cruz Santos 294).

Si bien el lugar de la mujer es el espacio privado del hogar, el hombre es el jefe de ese "pequeño reino", y como tal es el verdadero representante legal de la sociedad. Aún cuando la mujer cumpla con su mandato social, el estar al frente de su familia no le otorga privilegios de ningún tipo. Acosta de Samper reconoce esta desigualdad y por ello ve la educación como un medio para que la mujer se reafirme con cierta independencia en la sociedad. De hecho, a partir de la segunda mitad de siglo, una de las vías principales por las cuales las mujeres penetran en el dominio público es a través de su función pedagógica. Como maestras, informales dentro el hogar y formales en las escuelas, las mujeres aseguran la reproducción de la ideología nacional y refuerzan el vínculo entre la familia y el estado. Acosta de Samper reconoce este rol y por ello en numerosos ensayos dirigidos a las mujeres, les recomienda fervientemente el orden, la disciplina y la ocupación como elementos claves en la educación de las niñas:

> [...] obligar a las niñas desde su tierna infancia a tener siempre una ocupación, a que observen un régimen higiénico sano [...] evitar conversaciones inútiles, vigilar sus amistades, sus lecturas, y sobre todo no permitir que piensen que la vida es fastuosa para nadie, puesto que en ella cada cual debe cumplir arduos deberes[10].

Dejando de lado el romanticismo que encubría el casamiento ideal, Acosta de Samper aboga por la formación de la mujer para que ésta pueda ser una verdadera compañera. Subraya la importancia de preparase para ser una participante útil y constructiva en la pareja. Reafirmando el rol tradicional de la mujer, Acosta de Samper delinea un nuevo espacio para la mujer en la sociedad de su época, liberándola de su función de madre y esposa exclusivamente para incluirla en la esfera de la producción económica. La imagen que construye de la coqueta refleja el modo en que inteligentemente

---

[10] Acosta de Samper *La Mujer* (21 de febrero de 1879), citado en Bermúdez 133.

Acosta de Samper busca quebrar los moldes rígidos sin cuestionar la ley patriarcal.

Los cuadros de la coqueta articulan algunas de las contradicciones del lugar asignado a la mujer en la sociedad hispanoamericana durante el siglo XIX. Pero más importante aún, estos relatos exponen la ambigüedad de la construcción de lo femenino y el modo en que mujeres como Acosta de Samper intentaron revelar las contradicciones de las representaciones de la mujer para crear un espacio literario y político en que ellas mismas pudieran explorar y cuestionar esa imagen. En esos intersticios marcados por las contradicciones podemos encontrar otras imágenes que aún tienen mucho que decirnos sobre la problemática que debió enfrentar la mujer para construir su propia identidad en la literatura en el siglo XIX.

[*Revista Iberoamericana,* 178-179, enero-junio, 1997, 129-140.]

DICOTOMÍA Y DIALÉCTICA:
UNA HOLANDESA EN AMÉRICA Y EL CANON[1]

Catharina Vallejo

La novela que Soledad Acosta de Samper publicó en forma de folletín en 1876[2] presenta indudables méritos literarios. Es por tanto una paradoja el que no gozara del éxito que tuvo otra novela colombiana, publicada sólo nueve años antes: *María*, de Jorge Isaacs. Sin embargo, la canonización de una obra literaria no depende en primer lugar de sus calidades estéticas; entre los factores que median la formación del canon[3] se cuentan la identidad social del autor, así como su raza y género –todos elementos formados de manera histórica y todos elementos históricamente específicos (Guillory 17). En efecto, un canon es "the inevitable embodiment of hegemonic cultural values" (Guillory 20), valores que, y esto debe enfatizarse para el caso actual, han sido milenariamente masculinos. La canonicidad lleva a la repetida publicación de un autor, la inclusión en antologías y programas de estudio nacionales, comentario y crítica[4]; los factores principales que la determinan son "the unique historical conditions of that work's production and reception" (Guillory 85). En el caso de algunas de las obras de Soledad Acosta, específicamente, las "historical contingencies" de las que habla Raymond Williams (211), que incluyen una dialéctica de dominación, y no

---

[1] Una versión de este trabajo apareció en inglés en *Monographic Review/Revista Monográfica: Canon Formation/Exclusion: Hispanic Women Writers*, Janet I. y Genaro J. Pérez, eds. Vol. XIII, 1997, 273-285. Agradezco a los editores de esa publicación el permiso para traducirlo y publicarlo de nuevo. Traducción de la autora.

[2] Se publicó en *La Ley* de Bogotá entre marzo y julio de 1876; en 1888, el año de la muerte de su esposo, Acosta la publicó en volumen, en Curazao. No se ha republicado desde entonces.

[3] El término 'canon' aquí se refiere al conjunto de obras (literarias en este caso) que una cultura dada valoriza de manera especial. Si bien el 'canon' de la literatura colombiana debe revalorizarse (así como también el de la literatura hispanoamericana), el concepto mismo necesita problematizarse, ya que si por definición permite selección, admite por lo tanto también exclusión. Para fines de este ensayo, ver Guillory y Williams.

[4] Ver también Guillory: "Canonicity is not a property of the work itself but of its transmission..." (55). "[T]he history of canon formation belongs to the history of literary production..." (63).

los valores estéticos, son los factores que han dictado su exclusión del canon. Williams ha dicho, por ejemplo, que si se aplicaran a las obras de Soledad Acosta los mismos criterios de evaluación que generalmente se aplican a otras obras mayores de la literatura colombiana, tales como técnica narrativa, la profundidad de la presentación psicológica, etc., algunas de esas obras serían canónicas.

En este trabajo me propongo examinar ciertos elementos que pueden haber aportado fundamentos para la exclusión de Soledad Acosta del canon de la literatura hispanoamericana del siglo XIX; también propondré que las calidades estéticas de *Una holandesa en América* merecen una reevaluación.

Doris Sommer ha demostrado que las novelas seleccionadas para canonización en la Hispanoamérica del siglo XIX eran instrumentos dialécticos en la formación de la identidad nacional. En particular, la formación de un 'canon' en Colombia fue hasta cierto punto una estrategia consciente por parte de un grupo de intelectuales durante la década de 1860[5], cuando la novela apenas comenzaba a ser un género aceptable en Colombia. La poesía (y también el ensayo), se habían considerado como la actividad intelectual idónea de los "gentlemen/scholars" (Williams 20), y más aún de sus señoras. Era ésta una época que construía la nación de Colombia, un momento de luchas ideológicas binarias entre la oligarquía y la burguesía, entre los conceptos de arcadia y de utopía, entre conservadores y liberales, y entre las mismas facciones liberales. Asimismo, las formas escritas llegaban a ser privilegiadas, y la tradición oral comenzaba a ser marginada (Williams); se comenzaba a formular de manera consciente una literatura según parámetros europeos, pero que al mismo tiempo reflejaría los valores nacionales. 'El Mosaico', la tertulia de José Vergara y Vergara, sirvió de instrumento que legitimaba el proceso al favorecer (o desfavorecer) este u otro escritor: "he in effect appointed and annointed the novelists in the 'national literature' he was promulgating" (Williams 30)[6]. El proceso de legitimación se hizo especialmente importante en Colombia, donde existían aún grandes diferencias y desigualdades regionales. Se libró la lucha hegemónica de las varias regiones periféricas –El Cauca, la Costa– en el centro intelectual y político de Bogotá, la "ciudad letrada" de Nueva Granada, la "Atenas de Hispanoa-

---

[5] Así ocurría también en otros países; en la década de 1910 Ricardo Rojas comenzó en la Argentina un proceso consciente para la elaboración una bibliografía de obras "dignas de ser conocidas y conservadas". Esa lista también llegó a tener cierta autoridad en Colombia, así como en Chile (de Zulueta 192).

[6] Una vez canonizada *María*, se convirtió en la novela fundacional para otros países (Sommer 172).

mérica", como se la llamaba. La novela de Jorge Isaacs, muy aplaudida en 'El Mosaico', tiene lugar en el valle del Cauca, una área de ideología conservadora entre una oligarquía rancia y los "gentlemen/scholars", la élite aristocrática de los viejos encomenderos. *María* es característica de esa región y de esa clase, y su canonización fue un proyecto necesario en ese momento (Williams 30). La novela de Soledad Acosta, por otro lado, dejada de lado por el grupo de Vergara y Vergara, tiene lugar en una región al norte de Bogotá, poblada de extranjeros y comerciantes, y típica del proyecto liberal.

Además de esa diferencia regional entre las dos obras, que viene a ser una diferencia de base política, la construcción del género juega un papel importante en este caso de exclusión canónica. El grupo 'Mosaico' de Vergara y Vergara, así como, de hecho, toda la intelectualidad de Colombia de la época, estaba estrechamente relacionado con la oligarquía conservadora y era exclusivamente masculino.

Soledad Acosta de Samper (1833-1913) fue hija de un héroe nacional, el general Joaquín Acosta; contrajo matrimonio con José María Samper, de familia intelectual y liberal. Ella publicaba con regularidad y con frecuencia; en varias ocasiones después de 1876 (el año de *Una holandesa en América*), pudo proveer a su familia cuando se persiguió a su esposo y se expropiaron los bienes de la familia (Rodríguez-Arenas, en Jaramillo et al, 79, 136). Aunque Soledad Acosta formaba parte de la élite intelectual y política de su tiempo, y tuvo fácil acceso a los medios de publicación[7], fue precisamente como hija (del general Acosta) y como esposa (del conocido escritor y editor José María Samper), que pudo publicar. Le animaron a continuar la noble labor de su progenitor para "mantener de algún modo, la tradición del patriotismo de su padre..."[8], como escribe su esposo en su introducción a las *Novelas y cuadros de la vida suramericana* de Soledad Acosta en 1869 (citado en Rodríguez-Arenas 139). Insiste José María Samper, además, en que "la idea de hacer una edición en libro, de las novelas y los cuadros que mi esposa ha dado a la prensa, ... nació de mí exclusivamente..." (*ibíd.*). Samper tiene conciencia de que las obras de su esposa pueden servir de aporte a la literatura que se forjaba como colombiana, pero su formulación privilegia sus propios deseos mientras empequeñece la producción de ella: "Por mi parte, he queri-

---

[7] La falta de "access to literacy" es presentada por Guillory como una de las razones para la falta de representación femenina en el canon; se les negó acceso como consecuencia de su identidad social como mujeres (Guillory 17).

[8] "Hija única de uno de los hombres más útiles y eminentes que ha producido mi patria..." (citado en Rodríguez-Arenas 139).

do que mi esposa contribuya con sus esfuerzos, siquiera sean humildes, a la obra común de la literatura que nuestra joven república está formando..." (*ibíd*). La marginación de las obras de Soledad Acosta, por tanto, comenzaron en su propia casa y ambiente social. De ahí que no sorprenda que aunque fuera muy conocida en su época, su país y su literatura la hayan marginado por ochenta y cinco años después de su muerte[9].

Debe considerarse a Soledad Acosta como la primera novelista de Colombia y, de hecho, después de Gertrudis Gómez de Avellaneda, como la primera escritora de ficción narrativa extensa en Hispanoamérica. Además, sus obras con regularidad cuestionan el canon establecido. Sus novelas históricas, las más conocidas, se han criticado por tener demasiada historia y demasiado poco arte ficcional (ver McGrady, Wade y Englekirk, Williams). *Una holandesa en América*, sin embargo, es una novela compleja que comprende un relato de viaje, narrativa, descripción, técnicas epistolares y de diario personal, una temática de tipo *Bildungsroman* y episodios del caos nacional de la época, el todo en una estructura bien armada. En la complejidad de su novela la autora expresa y recrea la compleja realidad de la Colombia de los años 1850. La obra está estrechamente relacionada con el proyecto liberal de progreso y de educación práctica, y con la nueva burguesía de los años 1870. Prevalecían las dicotomías en Colombia y en las novelas de la época. La dicotomía es también uno de los principios fundamentales de la novela de Acosta, la cual, por tanto, se puede analizar en estos términos. Asimismo, *Una holandesa en América* propone a nivel particular un reto a casi todos los elementos temáticos de *María*. Fundamenta así otras dicotomías, mientras propone una relación dialéctica con respecto a la novela canónica en la que, a través de la 'contingencia histórica', será relegada a la periferia del no canon.

La novela aparentemente propone el estereotipo de la mujer del siglo XIX; su protagonista Lucía se presenta como la típica mujer virtuosa que lo sacrifica todo por su familia. Los elementos positivos de la novela son su construcción y su entramado complejo de varios juegos de dicotomías a diferentes niveles de la narración. Acosta borra los límites de las dicotomías y así logra subvertir el estereotipo, mientras a la vez trastoca las jerarquías

---

[9] Que yo sepa, sólo Martha Irene González-Ascorra, Montserrat Ordóñez y Flor María Rodríguez-Arenas ofrecen perspectivas críticas recientes. Hasta la publicación de la edición que hiciera Montserrat Ordóñez, y que contiene las novelas *Dolores*, *El corazón de la mujer* y varios cuentos, sólo *Los piratas en Cartagena* (1886) se republicó después de la muerte de la autora, en 1946, y otra vez en 1969.

que resultan de una estructura mental que se funda en oposiciones binarias, como lo es la cultura occidental hegemónica. La novela se construye según las pautas de las cinco proposiciones del modelo narrativo propuesto por Todorov. La primera parte, "Lucía en Holanda", muestra la situación narrativa en equilibrio; el lector se informa de la historia de Lucía y su vida excesivamente tranquila en Holanda. Se trastorna este equilibrio con la noticia de la muerte de su madre en Colombia, y la petición por parte del padre de que Lucía se traslade a Colombia para unirse a él. La segunda parte de la novela, "El viaje" constituye una narrativa de viaje que tiene la forma de diario personal así como cartas de Lucía a su tía en Holanda, y es una transición de esperanza e ilusión hacia el desequilibrio y la lucha de la tercera parte. Ésta se titula, "En la hacienda", donde Lucía se confronta con la realidad de la vida rural colombiana. Muy pronto pide licencia para irse a pasar un tiempo con su amiga Mercedes en el centro de la civilización colombiana; "En Bogotá" constituye la cuarta parte de la novela y otra transición, cuando Lucía se acerca a la aceptación y resignación de su nueva vida. Esta parte también relata la experiencia de los disturbios políticos de la Bogotá de 1854, así como los presenta Mercedes en su diario personal y en las cartas que se escriben Mercedes y Lucía. La vuelta de ésta a la hacienda, en la quinta y última parte de la novela titulada significativamente "La lucha es la vida", representa el equilibrio final conseguido.

A través de toda la novela, se juegan varios pares de dicotomías en un movimiento que se hace dialéctico. El primero es 'civilización-barbarie', que se juega en dos niveles: en el de la narración, donde la autora provee en muchos lugares notas a pie de página y comentarios, y en el nivel temático, que se mueve en una secuencia de la civilización en la primera y segunda parte de la novela, a través de la barbarie de la tercera y cuarta, para volver en la última parte a la civilización, ésta ahora creada por Lucía misma. Otro juego de dicotomías ocurre en el nivel actancial, y postula el tema del *Bildungsroman*, en el que se presentan los cambios que sufre Lucía, de una joven llena de ilusiones a una mujer madura resignada a la realidad del deber. Acosta representa este proceso a través de la conocida metáfora del viaje[10]. Se integra una tercera oposición, la que media entre realismo y romanticismo. La voz narrativa critica de manera acerba el estilo de vida romántico, oponiéndolo a una forma más práctica. Así como es el caso de

---

[10] Para un análisis de la novela en términos del viaje como metáfora del desarrollo psicológico, ver González Ascorra. Según he podido verificar, este trabajo es el único dedicado a *Una holandesa en América*.

muchas novelas del siglo xix, la voz narrativa refiere una manera "positiva" de vivir, esto es, vivir según los principios de la filosofía positivista de Comte o Spenser, y la que promovía la educación y el progreso en la higiene y la moralidad. También ocurre un énfasis en el proceso de la escritura al ser privilegiadas varias formas de escritura, tomando éstas el lugar de la transmisión oral de las comunicaciones.

La dicotomía civilización-barbarie se presenta a través de un juego entre el texto y las notas a pie de página, el entonces de la historia de los años 1850 y el ahora de su publicación en 1876, así como el allá (que refiere a Europa en general) y el aquí de Colombia. Esas notas a pie de página, o aun comentarios insertados por la narradora directamente en el texto (197), se constituyen en referencias explícitas a las experiencias personales de la autora cuando viajó de Europa a Colombia y por diferentes regiones de este país. Las dicotomías presentan el tema de civilización-barbarie a través de una serie de negaciones de los mismos elementos que representan la civilización: entonces no había vapores (77), trenes (79), telégrafo (197)... Lo mismo ocurre con la dicotomía del allá (Europa y civilización) y el aquí (Colombia y la barbarie), una formulación algo menos explícita pero muy clara, que sugiere que Colombia está en proceso de civilizarse, con la presencia de trenes, vapores y telégrafos, y a través de la labor en el aquí y el ahora de mujeres como Lucía. Esta técnica de notas a pie y comentarios dentro del mismo texto ficcional se da especialmente en la segunda parte de la novela,"El Viaje" de Lucía, que representa la transición de Europa a Colombia, del entonces y allá al ahora y acá. Al privilegiar en ese momento la dicotomía de la textualidad contra la extratextualidad, Acosta logra subrayar la validez histórica de su narración.

No se presenta la dicotomía civilización-barbarie como absoluta, como sí ocurría con frecuencia en la literatura del siglo xix; en esta novela se manifiesta como una cuestión compleja y tiene dejos cosmopolitas que así instituyen una dialéctica. El viaje de Holanda a Colombia, pasando por Francia, y la presencia de personajes ingleses y franceses, permiten que la autora contraste una cultura e identidad nacional contra otra. Así, no se cuentan a todas las naciones europeas como igualmente civilizadas. A Francia, por ejemplo, se la presenta como inconstante y ligera (168), pero los franceses son animados y de gran energía (5-6); los holandeses, por otro lado, tienen "agua estancada en sus venas" (2), y su vida es "monótona e insípida" (29); se considera el medio de existencia como "prosaico, mezquino y vulgar" (23), pero los holandeses gozan de una educación práctica y positiva (19, 24), y son pacientes y trabajadores (3). Europa, la ciudad, el orden y la educación se presentan como 'civilización' según la tradición, pero específicamente en esta novela, el modelo es Inglaterra. Los ingleses, dice la voz narrativa, tienen el arte de "formarse una existencia confortable, pulcra y civilizada" dondequiera que vivan (276).

Este borramiento de los límites entre los términos de la oposición civilización-barbarie se evidencia en otros niveles. En la ciudad de Bogotá, "ambiente de civilización, comodidad y bienestar..." (176), estalla en una revolución caótica y muy poco civilizada, del tipo de aquellas "tan frecuentes en Suramérica" (199), mientras Lucía está hospedada con su amiga Mercedes aprendiendo las tradiciones intelectuales colombianas. En una nueva paradoja, es esa misma revolución la que contribuye a civilizar a los hermanos de Lucía, quienes aprenden a vivir bajo la disciplina y la dura labor de las campañas militares (275).

La novela también insiste implícitamente en que la barbarie no se centra en la naturaleza colombiana, la que siempre se describe en términos grandiosos[11] y nunca necesita de un proceso de conquista y civilización. La barbarie existe en la sociedad que surge dentro de esa naturaleza, los pueblos desolados, miserables y abandonados que Lucía conoce en el interior de Colombia durante su viaje a la hacienda de su padre, y las gentes pobres, mal vestidas y mal alimentadas que viven en ellos (76-77). Se define la barbarie como una deficiencia en las normas de vida en la sociedad colombiana en el nivel del vestir, de la educación, de la higiene, de la sociabilidad y de la moralidad. Lo exclusivamente bárbaro en ese campo es el espacio doméstico, y más específicamente la casa y la familia de Lucía. Falta en ellas una figura que tome las riendas del hogar, ya que su padre es un hombre lleno de fantasías románticas y atrapado por el opio, y su madre muerta una mujer con una educación deficiente y poco apropiada, también llena de "futilidades románticas" (17-18). La formación holandesa de Lucía, su educación sólida y su perspectiva positivista de la mujer como moralizadora, su traslado de Europa a Colombia, su herencia inglesa, todo representa el aspecto práctico de la civilización. Este personaje principal constituye, por tanto, el eje en torno del cual giran las otras dicotomías de la novela. Es la lucha dentro de este personaje la que ofrece otra dialéctica, en el nivel actancial, en la que Lucía cambia de las ilusiones juveniles, de aventuras y riquezas en Suramérica, esperanzas de felicidad y amor, a la madurez, la realidad de la vida en Colombia y la resignación a la vida que ella misma se ha forjado. Lucía articula con cuidado y explícitamente las dicotomías de este aspecto de la novela; las ilusiones y la esperanza en las dos primeras partes de la novela, el

---

[11] Ver págs. 81-82, 112, 128-129.

deber en las tercera y cuarta partes, se convierten en la resignación de la
parte final. La voz narrativa prepara la trayectoria psicológica de la joven en
la primera parte de la novela, al introducir muy pronto la aseveración de que
"sólo cumpliendo con sus deberes puede una mujer ser feliz en la vida terre-
nal y después en la eterna" (30). Esta articulación se califica en la cuarta
parte de la novela, cuando Lucía reconoce que no está feliz, porque "la felicidad no es una planta de esta vida" (201); en la quinta parte define su satisfacción con la vida, al haber cumplido sus deberes y al haber superado enormes dificultades (285): "Lo único positivo en este mundo" –le dice Lucía a
su padre al final de la novela– "es el íntimo sentimiento y la sincera convicción de haber cumplido estrictamente con nuestro deber" (309).

La dicotomía civilización-barbarie se resuelve a favor de la civilización,
pero esta resolución tiene consecuencias en las otras dicotomías presentes
en la novela: la ilusión-realidad, y su corolario felicidad-resignación. La
continua presentación de la dialéctica de la vida femenina por parte de
Acosta resuelve esas dicotomías al proponer la realidad y la resignación
como alternativas aceptables de la madurez, frente a la ilusión y felicidad
de la juventud. El juicio de Lucía Guerra Cunningham, de que Acosta en
sus novelas "postula a la mujer como un ser condenado al desengaño de una
realidad que aniquila y hace de su vida un constante sufrimiento" (356), por
tanto, no es completamente válido para esta novela. Lucía lucha contra la
incompetencia de su padre, la adicción al opio y la vida llena de fantasía de
éste, y los vence todos, haciendo que su padre llegue a depender completamente de ella. Además organiza el hogar, la hacienda y las finanzas. El
comentario de Williams, de que Acosta postula "a female existence of value
only inasmuch as it nurtures males" (35), tampoco puede aceptarse para
esta novela. El papel de Lucía en el cuidado y la crianza de los hombres es
un papel primario, no secundario en términos del hombre. Se le puede decir
desilusionada y poco feliz dentro del marco de sus ilusiones adolescentes y
sus esperanzas poco realistas de su juventud, pero en la madurez encontra-
da y labrada se resigna y está satisfecha con lo que ha podido lograr en la
realidad.

Una holandesa en América no presenta figuras masculinas fuertes en
posiciones importantes. De hecho, ocurre la situación paradójica en que la
ausencia de una figura paterna fuerte en una sociedad fuertemente patriarcal
posibilita el avance de la posición de la mujer como figura dominante, mientras al mismo tiempo se mantiene aparentemente fiel a los parámetros ideológicos establecidos por el patriarcado para las mujeres como figuras secun-
darias. Las mujeres de esta novela se colocan todas dentro de esos
parámetros. Así, por ejemplo, Lucía le aconseja a su hermana Clarisa que

tenga paciencia con su marido y que no le desagrade (172); Mercedes, la amiga de Lucía, se desilusiona con respecto al matrimonio aun antes del día de su boda, pero se confiesa demasiado enamorada y romántica como para cancelarla.

La historia de Mercedes, que narra el tradicional destino de la mujer en amor y matrimonio como la ilusión de los personajes novelísticos femeninos del siglo XIX, se presenta como secundaria, pero ofrece interesantes chispas de rebeldía contra las normas establecidas. Mercedes es inteligente, activa y creativa; se casa, pero le escribe a Lucía que a su marido le habría gustado más tal vez una mujer "más tierna, más sumisa, más femenina quizás" (281). Ser amada, como nos recuerda Lucía Guerra Cunningham, es ser objeto escogido por un sujeto masculino (357). Mercedes presenta el dilema de las mujeres del siglo XIX conscientes del paradigma social; continúa: "Los hombres me lo han dicho, y yo lo siento así: buscan en el ser amado absoluta sumisión, quieren ejercer un dominio completo sobre nuestra alma;... querrían vernos moralmente a sus pies, a pesar de que se fingen nuestros vasallos y nos llaman ángeles y diosas" (281). "El matrimonio" –concluye– "arranca las delicadas ilusiones del alma, y la mujer casada nada tiene de poética" (282). Aquí también se encuentra la pérdida de la inocencia, de ilusiones y esperanza, frente a la realidad práctica y prosaica, ahora dentro del matrimonio. Sin embargo esta misma Mercedes mantiene su posición estereotípica de mujer casada: sus discusiones políticas son, según ella misma le escribe a Lucía, repeticiones de los discursos que los hombres pronuncian cuando visitan a su esposo en su hogar. Al contrario de Lucía, Mercedes se mantiene como figura secundaria a la posición ocupada por su esposo. La rebeldía por parte de Mercedes contra la subyugación de la mujer, implícita y futil, ha sido lograda por Lucía, quien alcanza una posición dominante en los asuntos domésticos. El juego entre la mujer en amor y matrimonio, por un lado, y la mujer soltera con una 'carrera' –aunque sea doméstica–, por otro, constituye otro de los ejes dialécticos de la novela.

Soledad Acosta fue una figura clave en la apropiación femenina del discurso público en Colombia (Rodríguez-Arenas, 79); al colocar la actividad de la escritura de cartas de autoría femenina en el centro de la novela, *Una holandesa en América* subraya ese interés de la autora. Las cartas y el diario de Lucía, así como el diario de Mercedes y sus cartas y apuntes[12], ocupan

---

[12] Algunos de esos apuntes tienen la forma de un artículo de costumbres; efectivamente, Acosta había publicado algunos de ellos como cuentos independientes, así como la autora misma indica en otra de sus notas a pie de página (203).

casi por completo la segunda y la cuarta parte de la novela. Estas dos partes constituyen etapas de 'transición', es decir, episodios que llevan a un cambio, y significan dinamismo y progreso. Dos de esas formas escriturales, el diario personal y las cartas, se pueden considerar como géneros tradicionales para las mujeres, pero aquí se legitiman al ser incorporadas en una narrativa. La escritura literaria, que era la valorizada, había estado en manos de los hombres; Acosta así cuestiona el canon al proponer la escritura femenina como otra forma, de igual legitimidad.

En *Una holandesa en América* Acosta problematiza los diferentes niveles de las dicotomías de una manera dialéctica; al borrar los límites de las rancias dicotomías de civilización-barbarie, ilusión-realidad, allá-acá, texto-extratexto, casada-soltera, comunicación escrita y no escrita, Acosta logra redefinir los parámetros que definen la posición de la mujer en la familia patriarcal, y así postula la posibilidad de las mujeres como figuras claves y en funciones primarias en la sociedad latinoamericana del siglo XIX. Entre otras cosas, cuando la autora señala los avances técnicos, la novela representa un esfuerzo para resaltar los éxitos que se habían logrado durante el siglo XIX, especialmente el aporte de la labor doméstica. Esta labor, generalmente femenina, no ha sido considerada en los anales de la Historia y la Literatura. Su obra muestra una contravención de las jerarquías tradicionales, al valorar, o poner en el centro, las esperanzas de un porvenir construido en la ardua labor y el sacrificio llevados a cabo por las mujeres de la nación, mientras al mismo tiempo margina la labor de los hombres al comprobar su falta de competencia. Como muchas novelas del siglo XIX, es una manera de documentar la historia nacional, pero en este caso es una relectura de la visión hegemónica patriarcal de la historia y del canon literario nacionales.

El contraste con *María* es llamativo; podemos hablar de *Una holandesa en América* como una respuesta a la novela canonizada o aun como una subversión de la misma, ya que se opone en cada uno de los elementos constituyentes a la novela de Isaacs[13]. *María* reprime la expresión de la realidad, y se estanca en romanticismo y sentimentalismo, con énfasis particular en el patriarcado y en la nostalgia de estructuras sociales caducas y de un pasado coherente y estático (Sommer 180). Acosta presenta alternativas a los este-

---

[13] En la República Dominicana, Virginia Elena Ortea, otra escritora excluida del canon, estaba también escribiendo una novela en respuesta a *María*. Aparentemente los literatos de Puerto Plata, donde residía, la desanimaron a continuar el proyecto, que quedó inconcluso y sólo ha sido publicado recientemente.

reotipos prescritos en las novelas que se canonizaron, y no sólo en esta novela (ver Rodríguez-Arenas)[14]. Las dicotomías quedan bien definidas: si *María* ofrece una virgen bella pero enfermiza y destinada a la muerte, un romanticismo literario tomado del francés, amor y matrimonio, juventud eterna y una sociedad semifeudal, *Una holandesa* presenta una muchacha no tan bella ("graciosa sin ser bonita" se dice de Lucía, 88), pero con energía y ánimo, una soltera realista, una vida diaria práctica, un proceso de maduración y desarrollo y una perspectiva progresista basada en modelos holandeses e ingleses[15]. Obras como *María* fueron concebidas como modelos para la juventud (femenina) colombiana; como Vergara y Vergara mismo indicó, esas obras viajarán en las "manos de las mujeres, que son las que popularizan los libros bellos" (citado en Promis, 68). A través de su novela, en contraste, Acosta muestra a las mujeres colombianas que hay otras opciones vitales. Se debe suponer, sin embargo, que el proceso de canonización en la literatura colombiana no aceptaría canonizar una novela escrita por una mujer y que suscribiera perspectivas contrarias a normas tan alabadas sólo nueve años antes.

Quizás en conjunto con las relecturas críticas recientes que se han llevado a cabo para *María*, y que han subrayado su filiación con las perspectivas conservadoras y su fuerte perspectiva patriarcal (ver, por ejemplo, Williams, Sommer, Promis), también se puede llevar a cabo una revalorización de *Una holandesa en América*, para que se la considere y reconozca como un elemento legítimo, parte del ambiente sociocultural variado y heterogéneo de la Colombia del siglo XIX.

["Dichotomy and Dialectic: Soledad Acosta de Samper's
Una holandesa en América and the Canon".
Monographic Review/Revista Monográfica 13 (1998): 273-285.]

---

[14] Aun antes de *María* hubo novelas sentimentales que formularon el estereotipo de la mujer ideal (la primera probablemente fue *Soledad* de Bartolomé Mitre), y varias más se siguieron escribiendo a lo largo de todo el siglo XIX, como *Memorias de un corazón* de Rafael Castera (México 1882) y *Margarita, Escenas de la vida íntima* de Francisco Ortea (pseudónimo "Doctor Franck", Puerto Rico 1889).

[15] Presento un resumen, pero esa lista se puede extender a lo largo de casi todos los ejes de las novelas.

ENFERMEDAD Y RUINA
EN LA NOVELA SENTIMENTAL HISPANOAMERICANA:
DOLORES DE SOLEDAD ACOSTA DE SAMPER

Magdalena García-Pinto

> *Women have long recognized the nature of the master*
> *narrative. Without the power to change the story or to enter*
> *into dialogue, they have resorted to subterfuge, digression,*
> *disguise or deathly interruption.*

JEAN FRANCO

En la "Introducción" de su libro de ensayos *La mujer en la sociedad moderna,* Soledad Acosta de Samper enuncia el doble intento de rescatar y hacer conocer la contribución de las mujeres en la cultura, tarea que describe así: "En todas las naciones la mujer ha señalado su huella haciendo el bien en todas las carreras, y cada cual pueda escoger alguna como ejemplo y norma de su vida futura, según se sienta con más o menos fuerza, con mayor o menor disposición para tal o cual carrera" (viii).

Apelando al modelo diseminado por el escocés Samuel Smiles (1812-1904) en su libro *Self-Help* (1859) de exitosa circulación en el mundo anglosajón y con el cual ella se había familiarizado en Nova Scotia, Soledad Acosta de Samper expresa que con el propósito de "dar a los padres de familia, a las maestras de colegio, un libro que sin ser demasiado serio, pueda considerarse instructivo y al mismo tiempo presente ejemplos provechosos, y produzca en los tiernos y maleables espíritus de las niñas el deseo de la imitación", resolvió "tratar de hacer un ensayo de breves biografías femeninas..." (viii), para instar a las lectoras de su país y del continente a servir a la causa nacional. En este gesto se nota la intención deliberada de promover una comunidad que incluya la vida y labor de las mujeres en la cultura.

Este deseo que analizamos hoy desde una perspectiva postmoderna, se originó en el momento de redibujar el mapa de la nación colombiana moderna. La participación de las mujeres en la construcción de la cultura nacional de los países hispanoamericanos, y las varias militancias que las sitúan tanto en la vanguardia de los movimientos protofeministas de inicios del siglo XX, han sido temas de investigación por parte de la crítica feminista reciente[1].

De acuerdo con lo expresado arriba, es central a la intervención del feminismo contemporáneo la reflexión crítica sobre las diferencias entre las culturas y sobre las diversas configuraciones de la lucha por el poder interpretativo, para focalizar el debate en las áreas que restauran la actuación femenina en la producción cultural. Es en este sentido que este trabajo explora aspectos de la modelización de los personajes femeninos en la narrativa de Soledad Acosta de Samper.

Panorama socio-histórico[2]

El período de la revolución liberal de 1849 en Colombia trajo una serie de reformas y mejoras en la situación económica. El nuevo país salía del dificultoso período de las luchas independistas y necesitaba incentivar su economía. Uno de los sectores que recibió apoyo fue la exportación de tabaco, que abrió la economía a la demanda externa. También se avanzó en la legislación liberal, se liquidaron las tierras comunales y se abolió la esclavitud en 1851; hacia 1853 se adoptó una constitución liberal.

La "Carta Magna" fue enmendada en 1863 para incluir la tolerancia religiosa y el sufragio "universal" para todos los varones, incluyendo la elección directa de todos los funcionarios públicos. Los aires liberales llegaron con mayor ímpetu a Vélez, una provincia en la zona este del país, en donde el gobernador propuso la extensión del voto a las mujeres, argumentando que las votantes deberían tener similar representación que los hombres en los comicios electorales. Excesivamente liberales para su tiempo, ambas decisiones desafortunadamente fueron rechazadas por la Corte Suprema.

En 1867, se fundó la Universidad Nacional de Colombia en Bogotá y en 1870 se decretó que la educación primaria sería obligatoria y libre. El período liberal fue seguido por la victoria de la reacción conservadora que inauguró el período conocido con el nombre de "La Regeneración" (1885-1904), presidido por el conservador Rafael Núñez, quien hizo suyo el programa

---

[1] Francine Masiello, *Between Civilization and Barbarism. Women, Nation & Literary Culture in Modern Argentina* (Lincoln: University of Nebraska Press, 1992); Jean Franco, *Plotting Women. Gender and Representation in Mexico* (New York: Columbia University Press, 1988), son dos de los estudios publicados recientemente.

[2] Esta visión panorámica se apoya en la historia de Colombia de David Bushnell, *The Making of Modern Colombia*, 1993.

positivista de "orden, progreso y tradición", al tiempo que modificaba la constitución para apoyar un programa de gobierno que aboliría o congelaría las medidas liberales, en particular en lo que concierne al papel dominante de la iglesia en la enseñanza pública.

En este marco socio-histórico de avance y retracción de las ideas liberales, la educación y la cultura eran controladas por un sistema patriarcal que afirmaba su poder a través de la Iglesia, la educación y la ley. La sociedad colombiana había sido y sigue siendo una sociedad conservadora, en la cual la aceptación de los derechos civiles de las mujeres es más lenta que en otros países. Por ello es iluminador enfocar el momento de aparición de la talentosa escritora Soledad Acosta de Samper[3] en la escena cultural colombiana, dado que su pensamiento y programa literario registran a lo largo de casi un siglo de vida la situación y los cambios que experimenta un segmento del sector femenino de la población colombiana. Soledad Acosta nace en 1833 y muere en 1913, a los ochenta años de edad. Es decir, ella es una verdadera testigo de esta época crucial en la formación de la vida nacional.

La narrativa de Soledad Acosta de Samper

El proyecto feminista de revisión de la producción intelectual y literaria de las mujeres del siglo XIX se enriquece notablemente con el estudio de la narrativa de Soledad Acosta de Samper, a quien Montserrat Ordóñez[4] considera como una de las escritoras más sobresalientes en América Latina. Esta mujer que asistió a la formación del Estado colombiano desde una posición privilegiada, intentó construir en su narrativa una topografía social de su

---

[3] Soledad Acosta de Samper nació en Santa Fé de Bogotá el 5 de mayo de 1833, año de la publicación de *Sab* de Gertrudis Gómez de Avellaneda. Hija de Joaquín Acosta, héroe de la independencia colombiana, escritor prolífico, diplomático y militar, y de Carolina Kemble, de origen escocés. El padrino de matrimonio de la pareja fue el General Francisco de Paula Santander, presidente de la nueva República de Colombia. Vivió un año en Washington D.C. y diez en París, donde se formó. En 1855 casó con José María Samper Agudelo, escritor y político. Vivió también en Lima durante los años de 1863 y 1864, en donde fundó con su esposo la *Revista Americana*, en la que publicó asiduamente. De regreso en Colombia colaboró en publicaciones que ella originó junto a otros numerosos escritos en Colombia y en el extranjero. Murió el 17 de marzo de 1913, habiendo vivido una vida de gran producción intelectual. Hoy es considerada como una de las precursoras de las mujeres intelectuales de América Latina.

[4] *Soledad Acosta de Samper: Una nueva lectura* (Bogotá: Ediciones Fondo Cultural Cafetero, 1988)

país. Este proyecto bastante ambicioso se cumplió con algunos límites, pero lo importante es que ella se lanzó con gran entusiasmo a su construcción.

Este trabajo se propone investigar las relaciones discursivas entre la narrativa de Soledad Acosta y *María* de Jorge Isaacs, modelo de la novela romántica decimonónica; los recursos retóricos que se ponen en movimiento; y la visión de mundo que elabora Acosta de Samper. Sus novelas construyen historias de mujeres cuyas protagonistas se plantean como tipos femeninos. Uno de los rasgos que caracterizan estas narraciones es la visión pesimista de la condición de la mujer en la sociedad sacrificada a intereses que poco o nada tienen que ver con las aspiraciones y deseos de las protagonistas, debido a las presiones que ejerce la sociedad patriarcal a través de la autoridad masculina (padre, tío, marido, novio, hermano) con respecto a su función social y a la condición de dependencia en que se encuentra. Este rasgo establece la relación textual entre estas novelas y la *María* de Jorge Isaacs, paradigma de la novela sentimental hispanoamericana, además de ser una de las obras maestras del género y la novela más popular y más leída del siglo XIX, cuya fecha de publicación, 1867, coincide con la de *Dolores*, la primera de las novelas de Soledad Acosta. El tema del amor en relación con la socialización de las mujeres es uno de los temas centrales de sus novelas, las cuales problematizan el tratamiento del personaje femenino en su función de dependencia de las estructuras patriarcales al postular el fin trágico de la heroína en sus distintas posibilidades –muerte temprana, vida desgraciada, vida fracasada, enfermedad o locura– como argumentos en contra de una sociedad que menosprecia a la mujer, la maltrata o abusa de su situación al ofrecerla en sacrificio para beneficio de los intereses masculinos. Esta victimización, según la visión de Soledad Acosta, debe ser revelada y asumida para ser cuestionada y revertida. En este sentido, se podría entrever en sus novelas una grieta de luz por la cual puede entrar la esperanza al recinto oscuro del sistema opresor.

La novela sentimental se caracteriza por una visión de mundo ideal que imagina una nueva sociedad criolla cuyo centro de operaciones es la familia. Esta institución, cuya meta es asegurar una sociedad homogénea, localiza la responsabilidad en la educación de las mujeres y en el tráfico de las jóvenes blancas a través de pactos familiares que aseguran el control del poder, del dinero y de la reproducción de la clase dominante. Sin embargo, es también en las mujeres donde puede residir la dislocación de dicho poder. Por esta razón, la presencia o sospecha de cualquier elemento perturbador debe ser eliminado. Esta idea central está sustentada en la ideología dominante de la sociedad colonial finisecular que se imagina pura, homogénea, incontaminada. Es uno de los aspectos innovadores del análisis que Doris

Sommer aporta para la lectura de *María* en su estudio titulado *Foundational Fictions*. Uno de los rasgos novedosos –y más sorprendentes– de la narrativa de Soledad Acosta es la insistencia en mostrar las formas de la imperfección como una sombra que aflora inevitable por sobre la belleza física y espiritual de los seres humanos, en particular la de las mujeres, signadas por un recurrente ensañamiento hacia la destrucción. El vehículo retórico que se moviliza para elaborar esta imperfección es la inscripción del discurso médico de la decrepitud física y espiritual, que toma posesión de los personajes "modelizados" en el canon romántico de belleza de la virginidad y de la pureza, provocando un choque realista violento en el discurso romántico.

Mi hipótesis de trabajo es que las novelas de Soledad Acosta proponen una visión de la sociedad colombiana que contrasta con la Jorge Isaacs en varios aspectos: es un discurso que combina elementos idealizantes con elementos realistas en la configuración de los personajes; el elemento costumbrista, que en *María* es extenso, aquí es mínimo porque el énfasis está localizado en la articulación de una visión crítica de esta sociedad, mediatizada en el personaje femenino central y, en alguno casos, como en *Teresa, la limeña*, en personajes secundarios. Finalmente, se problematiza el personaje femenino en función de su dependencia a las estructuras patriarcales en el sentido en que interpreto; el fin trágico de la heroína en sus distintas versiones es argumento en contra de una sociedad que menosprecia a la mujer, la maltrata o abusa de su situación de dependencia y por eso la ofrece en sacrificio.

Para reflexionar sobre los alcances de este discurso y sus implicaciones ideológicas, me parece productivo examinar los ensayos de tono moralizante de *La mujer en la sociedad moderna* y una novela, *Dolores (Cuadros del la vida de una mujer)*. Estos textos ofrecen una aparente contradicción en cuanto al mensaje moralizante que promueven, y digo aparente contradicción, porque la misma puede tener resolución dentro de una poética de la descomposición, cuya función es poner al descubierto la ignominia del cuerpo corrompido por una herencia en ruinas, ocultada por una sociedad en decadencia.

En la introducción al ensayo citado, Soledad Acosta de Samper propone dos puntos que provocan y dan forma a la ficción samperiana: el primero considera que la mujer es el "agente de la Revolución moral", misión que reviste un carácter casi religioso en tanto se plantea como una misión asignada por la Providencia a "la mujer"; el segundo mantiene que para cumplir su papel de agente del cambio social, la mujer debe poder tener acceso a un conjunto de modelos contemporáneos "para despertar en el espíritu de las jóvenes la emulación y el deseo de imitar alguna o algunas de ellas", y que dichos modelos deben ser tomados de "nuestro mismo siglo". Con estos principios en mente, Soledad Acosta recurre al cuadro como el vehículo formal más adecuado para presentar el ejemplo moral que las lectoras podrán emular: "cada cual puede escoger alguna como ejemplo y norma de su vida futura, según se sienta con más o menos disposición para tal o cual carrera" (viii). Acosta explica el valor literario del cuadro cuando se refiere a los *Cuadros de costumbres de doña Josefa Acevedo* (1803-1861).

> Aquellos cuadros de la vida y escenas de familia, aquellas descripciones de paisajes americanos, descubren una alma noble y un grande espíritu de observación. Posee el don de pintar en pocas pinceladas un carácter y un paisaje andino, cualidad que rara vez se encuentra entre los americanos que son por lo general demasiado exuberantes en sus descripciones, y queriendo pintarlo todo ahogan al lector en un mar detalles que anublan y obscurecen aquello mismo que pretenden retratar (396).

Aunque se sirve de una idea del ya citado Samuel Smiles, Soledad Acosta está motivada por la falta de atención hacia la educación de la mujer hispanoamericana, convencida de que los ejemplos de hombres ilustres no son suficientes pues éstos

> [...] nada enseñarán a la niña para su propia conducta, la mejor para la joven de estos países será aquella que presentará ejemplos de mujeres que han vivido para el trabajo propio, que no han pensado que la única misión de la mujer es la de mujer casada, y han logrado por vías honradas prescindir de la necesidad absoluta del matrimonio, idea errónea y perniciosa que es el fondo de la educación al estilo antiguo. ¡Cuántas mujeres desdichadas no hemos visto, solamente porque han creído indispensable casarse a todo trance para conseguir un protector que ha sido su tormento y su predicción!, ¿no es acaso suficiente protección para una mujer la virtud, unida al amor al trabajo, a la laboriosidad? (ix).

Uno de los argumentos más atrevidos es que el matrimonio suele acarrear la desdicha, de modo que no debe pensarse como imprescindible que la mujer necesite la protección formal de un hombre. Esta revolución moral por la que doña Soledad aboga está dirigida no solamente a detener la corrupción de las costumbres, sino también a promover el desarrollo del individuo, la base del "Verdadero fundamento de la fuerza y el vigor nacional... El progreso nacional es el conjunto de las actividades, la decadencia es la reunión de las cobardías, los egoísmos y los vicios de todos" (x), según cita que recoge de Smiles, a quien corrige para incluir a las mujeres: "A la mujer toca una ardua tarea en la grande obra de la regeneración". En la parte sexta de este libro titulada, "Literatas de la América Española", y subtitulada "Misión de la escritora en Hispanoamericana", la misión de la mujer es definida como una tarea cultural: "suavizar las costumbres, moralizar y cristianizar las sociedades, es decir, darles una civilización adecuada a las necesidades de la época, y al mismo tiempo preparar la humanidad para lo porvenir" (381).

Soledad Acosta recordaba la posición que las mujeres habían logrado obtener en los Estados Unidos, escapando parcialmente al paternalismo que imperaba con más fuerza en los países de ascendencia hispánica en donde lamentablemente:

> [...] aún se mira a la mujer como a un ser inferior, como a un niño, y se la elogia cuando se eleva un poquito sobre la medianía con una exageración que abochorna. Debemos, empero, rechazar cierta clase de ponderaciones como una ofensa casi, porque éstas prueban que se aguardaba tan poco de nosotras... (385).

Debido a que el proceso de evolución de la sociedad se ha visto interrumpido, en las sociedades americanas

> [...] agriadas por largas series de revoluciones, de desórdenes y de malos gobiernos [el proceso de moralización] está indudablemente en manos de las mujeres, cuya influencia, como las madres de las futuras generaciones, como las maestras de los niños que empiezan a crecer y como escritoras que deben difundir buenas ideas en la sociedad deberá salvarla y encaminarla por la buena vida (386).

Llenar un vacío, suplir un ausencia por la letra femenina para inscribir a la mujer en un rol múltiple que pueda ser internalizado por la lectora americana es la misión de la mujer hispanoamericana que en la visión de Soledad Acosta va de la mano de la misión civilizadora que adelantará el progreso de la nación. Estos argumentos que pretenden posicionar a la mujer hispanoamericana en la vanguardia de la acción civilizadora de la cultura representan una postura de avanzada en el contexto de Colombia y de América Hispana.

En el ensayo "La mujer en los Estados Unidos" observa que cada nación construye un ideal de mujer que está relacionado con el ideal de nación de la sociedad. Estas ideas expresadas por Soledad Acosta reaparecen algunos años después en otra gran escritora sudamericana, la venezolana Teresa de la Parra, con quien Soledad Acosta de Samper comparte intereses tanto literarios como ideológicos. Estas ideas están expuestas en la primera de tres conferencias titulada, "Influencia de las mujeres en la formación del alma americana" –eco de "Misión de la escritora en Hispanoamérica"[5]. Ambas adelantan un argumento moral para la literatura, y ambas llevan esta preocupación a su ficción; las diferencias importantes que distinguen sus novelas tienen en gran parte que ver con la distancia temporal y las características de las sociedades en que cada una de ellas vive. Es decir, la preocupación moral tan fuertemente manifiesta en las letras de Soledad Acosta no es una preocupación específica de ella, sino que parece ser más bien un elemento central en el pensamiento de las mujeres de letras del siglo XIX.

Acosta de Samper recoge de "La mujer en los Estado Unidos", una observación que hace suya con respecto a la construcción del ideal de mujer que construye cada nación para relacionarlo con el ideal de nación en la cultura hispana: en España es una virgen, pero en Hispanoamérica es algo más que una virgen en una iglesia porque el hispanoamericano es "más adelantado que el español", aunque de todos modos insuficiente puesto que en Colombia a la mujer "se la considera inferior junto con los niños", un orden de cosas deplorable pero no estático, sino sujeto a cambio si la mujer asume su rol moralizador. El proceso de moralización por el cual aboga está localizado en la mujer que es la gestora (madre) y modeladora (maestra) de las generaciones futuras. Es decir, relaciona el ejercicio de la reproducción con el de la instrucción, ideas que circularon a lo largo y ancho del continente americano. Lo nuevo es el énfasis en el proceso de moralización que acompaña a la misión de la mujer "nueva" en su doble papel de generadora de ideas y de la especie. Y más aún, esta nueva literatura debe ser *suis géneris*: americana en sus descripciones, americana en sus tendencias, en sus doctrinas y debe ser civilizadora, artística y provechosa para el alma, y finalmente, hermosa y pura para que se lea en todo el mundo hispano con el propósito de que eleve las ideas de sus lectores. Debe evitar crímenes, escenas de malas costumbres importadas de la corrompida Europa, no debe ser ni realista ni naturalista y puede interesar a pesar de ser moral.

Dolores. (Cuadros en la vida de una mujer)

Este discurso moral, en la ficción samperiana, es uno de los elementos de *Dolores. (Cuadros de la vida de una mujer)*, de *Teresa la limeña* y de las otras novelas construidas dentro del canon de la novela sentimental. En éstas, las protagonistas suelen ser huérfanas de madre por lo cual lo tutores

---

[5] Teresa de la Parra. *Obras completas*. Caracas: Arte, 1965.

se deben encargar de negociar el matrimonio de la doncella con un hombre de bien, rico, bien parecido, y de buena posición social; aman con un amor puro, incontaminado por sentimiento alguno que pueda nublarlo, como egoísmo o la cobardía. Enferman de amor, y a veces mueren de él sin que el amor se materialice; es decir, es un amor inacabado que deja el deseo anhelante e insatisfecho. La amistad cumple en estas novelas un papel principal, pues es a través de las confesiones a la amiga o amigo que se revela el perfil psicológico de la protagonista: Dolores, a través de sus cartas a Pedro, su primo, y Teresa en sus cartas a Lucila, la amiga francesa. En ambos casos, las protagonistas abren su corazón y su intimidad en las cartas, que se constituyen en el espacio textual de la emoción femenina decimonónica, reprimida en los otros espacios, estableciendo un contrapunto entre el exterior y el interior. La carta funciona como el apoyo confidencial dentro la vida convencional en el que vive cada joven.

Estas características son tan sólo un aspecto de esta narrativa. Dolores, como la protagonista de Isaacs, es huérfana de padre y madre cuando comienza la novela, y es criada por una tía materna. Pedro, su primo hermano por parte de padre, es también huérfano de madre. La tía Juana, tiene su propio plan para los huérfanos, pero su voluntad no es ley, situación que Pedro, el narrador de la novela, comenta con perspicacia: "Dolores y yo comprendimos que el deseo de la buena señora era determinar un enlace entre los dos". Por este motivo Pedro se va a Bogotá y se apresura a encontrar una novia, Mercedes. En tanto, a través de Pedro, Dolores conoce a Antonio González, amigo íntimo de su primo. Los jóvenes se conocen, se enamoran y comienzan a hacer planes para el futuro: "El amor entre estos dos jóvenes era bello, puro y risueño como un día de primavera" (16). En boca del narrador se adelanta la tesis sobre el amor *comme il faut* entre personas de la clase alta: "[E]ntre personas que aman verdaderamente es preciso una completa armonía, armonía en sentimientos, en educación, en posición social y en fondo de las ideas. La tranquilidad moral es el resultado de la armonía y ese debe ser el principal objeto del matrimonio, en lo que debe consistir su bello ideal" (17).

Esta proyección de sociedad clasista se afirma en la idea de que el amor puro es el pilar principal: "El amor sincero es egoísta; y nunca es más cobarde el corazón que cuando la persona amada está en peligro, aunque éste parezca insignificante para los demás" (21).

Esta concepción del amor asegura la eficiencia y productividad de la pareja y de la sociedad, pero como en María, en Dolores el proyecto de futuro se desmorona porque Dolores, en vez de acceder al destino al que parecía estar destinada, es portadora de una enfermedad que la llevará a la tumba.

La enfermedad de la bella judía era epilepsia, mal que había heredado de la sangre materna, y que la va matando a medida que su amor por Efraín se intensifica, como señala Doris Sommer. En Dolores, por el contrario, el espacio textual que abarca la disección del amor es mínimo para demorarse en detallar la progresiva invasión de la enfermedad en el cuerpo y la mente de la protagonista, marcando textualmente que el problema central se ha desplazado de lo detalles de la relación amorosa a la problemática de la sangre contaminada, que se insinúa prolépticamente desde un comienzo. El primer presentimiento es el comentario del padre de Pedro sobre la blancura excesiva de Dolores como signo ominoso de un mal que acecha a la joven, pero que no puede nombrar. El segundo momento proléptico ocurre durante un momento de descanso de Dolores y Antonio en un rincón del río, cuando Dolores compara lacónicamente su destino con el diseño de las hojas en el agua: "... las que me causan pena son aquellas que se encuentran encerradas en un sitio aislado y sin esperanza de salir...Mira, añadió, cómo se van hundiendo poco a poco y como a pesar suyo" (20).

Dolores tiene que renunciar a ese amor profundo para el que parecía haber nacido porque su desgracia proviene de la simiente con mancha de la sangre paterna. En su lectura de *María*, Doris Sommers sugiere que la contaminación de la sangre judía amenaza con debilitar a la clase terrateniente. Por esta razón, María muere y la unión de la pareja no se realiza. En Dolores, la enfermedad, aludida eufemísticamente como "lázaro" es una maldición de la herencia paterna. En un momento de climática revelación, precipitada por la indiscreción de la protagonista, ésta se entera por su tía Juana de la existencia de su padre, Jerónimo, a quien creía muerto porque al saberse contaminado por el mal éste decidió vivir escondido en el monte aunque cerca de la estancia para poder ver a su hija sin ser visto. Aunque la lepra no es una enfermedad hereditaria y su contagio sólo se produce por contacto directo con el enfermo, la novela asume que es un defecto de la herencia. Por ello, cuando Dolores descubre la identidad de su padre, se da cuenta de la sombra que el secreto proyecta sobre su vida y resuelve dramáticamente terminar su relación con Antonio sin revelarle la humillante verdad, adhiriéndose así a la tradición de guardar en secreto los males de familia. Le pide a Pedro que desengañe a Antonio con alguna mentira cruel. Su enfermedad es considerada una mancha genética y social, y no quiere que Antonio sepa de su siniestro destino. Dolores se ve forzada no sólo a renunciar al amor sino también a convertirse en una paria de la sociedad. Elige primero el ocultamiento y el aislamiento, para luego acabar en el exilio voluntario. Desaparece para evitar la repugnancia que le causa a su tía y a los demás la visión desagradable de un cuerpo en proceso de putrefacción y deformación. Dolores irá conociendo su cuerpo por la violencia de la enfermedad que lo destruye en las etapas previstas por el discurso médico. El texto insiste en detallar las etapas de la enfermedad de Dolores a través del recurso de la carta y el diario. En las primeras, Dolores describe a Pedro, su confidente, el avance de la lepra con una insistencia que perturba la convención del romance, e interfiere con los rasgos que Acosta enuncia para la "nueva literatura nacional". En el Diario, texto en el que Dolores se inscribe como sujeto y con el que finaliza la novela, se revela más íntimamente el conflicto de la protagonista en la descomposición del cuerpo que necesariamente aquí afecta también el alma.

Como *María*, esta novela parece ser una excepción al canon fundacional de la novela sentimental latinoamericana. Si el romance fracasa, también fracasa el progreso y la productividad de la nación[6].

Dolores, a diferencia de María, resuelve ella misma separarse de su familia, para acabar en un autoexilio en la misma estancia en donde ha vivido. El fracaso, como en María, no reside en el conflicto entre los amantes, alegoría de un antagonismo mayor, el de la patria, como en el caso de *Amalia, Sab* o *Aves sin nido,* sino que está localizado en la sangre contaminada del padre, herencia de la que Dolores es presa.

La premonición de la tragedia que va a consumir a la bella y demasiado blanca Dolores está presente desde el comienzo de la novela hasta que se revela la verdad de su terrible e injusto destino. Dolores ha heredado la lepra, enfermedad que recibió el desprecio de la sociedad desde los tiempos bíblicos, entendida alegóricamente como castigo a las malas acciones que transforma a sus víctimas en parias. Este destino implacable, irreversible y violento es el obstáculo de la felicidad de la pareja de amantes. Nos recuerda a María, pero en la novela de Isaacs, el mal de la protagonista no contiene la vergüenza social ni la humillación de la mancha que implica la lepra. Antonio, a diferencia de Efraín, no conoce hasta bastante avanzada la novela la causa de la muerte del amor de Dolores. El secreto de la enfermedad crea un aparente conflicto, pues Antonio lo confunde con la traición de su mejor amigo, al creer que Pedro lo ha desplazado en el corazón de Dolores. La traición por la cual se baten a duelo casi ocasiona la muerte del inocente Pedro.

Pero no sólo fracasa la relación amorosa de Dolores y Antonio, sino que también se desvanecen los sueños de Pedro y Mercedes, la otra pareja de enamorados de la novela, quien en su camino se cruza con don Basilio,

---

[6] Esta observación de Doris Sommer es aplicable a *Dolores*.

un tipo mal nacido, oportunista y chantajista, que logra desplazar y desprestigiar a Pedro ante Mercedes y su familia. El dolor y el desengaño se posesionan de la mayoría de los personajes. Si bien, al final de la novela Antonio logra llegar a destino normal, la visión optimista del porvenir se trueca en nostalgia por el pasado, y pesimismo e indiferencia por el presente doloroso.

¿Por qué tanto dolor gratuito? ¿A qué apunta esta novela? El sugerente estudio de Doris Sommer me ha permitido extender esta interpretación para interpretar el trasfondo de la novela, o sea, la vida afuera de la casa grande. Sommer observa que "beyond the very real tragedy of the first reading, the novel may be pointing to a national renewal based on a 'Draconian' renewal that needed to sacrifice the plantocracy..." (181). La saga desgraciada del padre tiene lugar en el campo no domesticado, en el monte, donde se refugian otros leprosos, los parias de la sociedad, junto con otros desplazados hacia el margen. A éstos se ve forzado a unirse primero Jerónimo, el padre, y la bella Dolores después.

Mediante una meticulosa exploración de la decrepitud del cuerpo y del espíritu, entrevemos una alegoría del cansancio social, de la decadencia de la sociedad pero que no deja de vislumbrar un futuro renovado. La perspicacia femenina la lleva a explorar los límites de la novela sentimental, en cierta manera, a reescribir *María*, y proponer una alternativa a la novela sentimental. En este sentido se adelanta a la narrativa colombiana del siglo XX. La lectura convencional de *María*, con lo gratuito del sacrificio y la injustificada muerte de la heroína debe tener un asimiento en la carga semántico-ideológica del relato. En el caso de Dolores, ya no es la sangre judía que contamina y terminará por acabar con la clase terrateniente. La heroína no sólo está enferma con un mal incurable, sino que su cuerpo, portador de significado y de valor social, está asediado por la podredumbre de la lepra que proviene de semen patriarcal, de la herencia maldita del padre simbólicamente proyectada como la herencia de la sociedad terrateniente. No es la decadencia de ser arrebatado por el vicio del narcicismo ni otros vicios decimónonicos tan cultivados en el período modernista; es la advertencia de que el mal está en la textura de la sociedad, mal que debe ser asumido pues sólo así se llegará a construir una nación hegemónica, que es la aspiración de la nueva clase emergente, la burguesía.

El amor, según Soledad Acosta, es un arma de doble filo: armonía espiritual de los amantes, ahogado por la simiente contaminada de linaje paterno de Dolores, o, si es mal aprovechado, un amor ignorado, tramposo y reprimido, como en el caso de *Teresa la limeña*, y que tiene tenebrosas consecuencias.

En las páginas del Diario de la protagonista, que cierra la novela un tanto abruptamente, se exponen temas candentes para Acosta: el amor, la duda de Dios, las posibilidades del suicidio, situaciones que esta escritora condena en *La mujer en la sociedad moderna*, por ser una "enfermedad moral que hace despreciar todo instinto de conservación y extraviado el entendimiento engendra la idea de un estéril y repugnante delito" (401).

Acosta de Samper modela sus personajes femeninos en base a ciertos principios éticos para que las letras femeninas sean, en efecto, órganos que transmitan el mensaje apropiado de la "Revolución moral" que la mujer debe promover. Estas heroínas de vida quebrantada por la decrepitud física que aflora en el momento de culminación de la vida, o por la mala intención de la voluntad paterna (en el caso de *Teresa la limeña*), deben cumplir la misión de constituirse en modelos "para despertar en el espíritu de las jóvenes la emulación y el deseo de imitar alguna o algunas de ellas".

El discurso protofeminista de Soledad Acosta de Samper tanto en sus ensayos como en la ficción adelanta una crítica con la doble función de exponer la corrupción inherente en ciertos modelos masculinos y articular un modelo alternativo que lo reemplace. En este sentido, se constituye en modelo precursor de la narrativa femenina del siglo XX.

[*Revista de Estudios Colombianos* 18 (1998), 19-26]

ÉL NARRA, ELLA ESCRIBE: COLABORACIÓN NARRATIVA EN *DOLORES*, DE SOLEDAD ACOSTA DE SAMPER[1]

Nina M. Scott

Soledad Acosta de Samper (1833-1913) es la escritora colombiana más prominente de la segunda mitad del siglo XIX y principios del XX, pero su escritura no se ha estudiado mucho sino hasta recientemente (Ordóñez 11). Era bogotana, de familia blanca y distinguida: su madre era escocesa, y su padre colombiano, político y general destacado durante la guerra de independencia. Gracias a sus estudios en París y en el Canadá (Nueva Escocia), Soledad Acosta fue una mujer culta que hablaba cuatro idiomas; se casó con José María Samper, importante periodista, político y escritor. Tuvieron cuatro hijas, viajaban mucho, y los dos esposos escribían constante y prolíficamente. Según Flor María Rodríguez Arenas, "De las numerosas publicaciones de Soledad Acosta se ha podido rescatar la información bibliográfica de 192 textos: 37 novelas, 49 cuentos y relatos, 59 estudios, ensayos y artículos, 21 obras de historia, 4 piezas de teatro, 12 relaciones de viaje, 5 periódicos fundados y dirigidos por ella, y 10 de sus traducciones de ensayos y novelas del inglés, francés y alemán" (n. 2, 137). Entre todas estas obras se destaca la extraordinaria *nouvelle* "Dolores," que se publicó por entregas en el periódico *El mensajero* en enero de 1867, el mismo año en que aparece *María* de Jorge Isaacs, la novela fundacional por excelencia de Colombia. Dos años más tarde se incluye "Dolores" en *Novelas y cuadros de la vida sur-americana,* la colección de obras de Soledad Acosta que su marido recoge y hace publicar en Gante (Bélgica). Se volvió a publicar en 1988, gracias a Montserrat Ordóñez (*Soledad Acosta de Samper. Una nueva lectura),* que ahora está preparando una reedición de *Novelas y cuadros* que está por salir[2]. Aparentemente se había traducido al inglés (*Dolores: The Story of a Leper*), pero no se ha podido encontrar esta traducción, por lo cual la volví a traducir para mi antología bilingüe *Madres del verbo/Mothers of the Word* (1999).

---

[1] Este artículo es una versión revisada de "'He Says, She Writes': Narrative Collaboration in Soledad Acosta de Samper's *Dolores*", publicado en *Mujer, sexo y poder en la literatura iberoamericana del siglo XIX*. Ed. Joanna Courteau. Valladolid: *Siglo XIX Anejos. Monografías 4*, 1999. La traducción es de la autora.

2 *Novelas y cuadros de la vida suramericana*. Edición y notas de Montserrat Ordóñez. Bogotá: Universidad de los Andes y Editora Javeriana, 2004. *(Nota de las editoras).*

"Dolores" es una obra sorprendentemente moderna, tanto en el contenido como en el estilo, muy diferente de obras contemporáneas de escritores
masculinos o femeninos de la época de la autora. La mayoría de los hombres se preocupaban por el proyecto nacional público, mientras que las
escritoras se enfocaban en temas más domésticos y esferas más privadas,
sin dejar de contribuir ellas también al futuro destino nacional. Ejemplos de
esta última tendencia serían las novelas de Clorinda Matto de Turner (*Aves
sin nido*) o Mercedes Cabello de Carbonera (*Blanca Sol*), llenas de fuerte
crítica social y moral. Algo de esto también se encuentra en "Dolores," pero
el foco principal de la narración es la evolución sicológica interna de una
mujer joven que padece de una terrible enfermedad terminal, pero quien –
en el proceso de morir – logra construirse como poderoso sujeto narrativo.
Esta historia es lo que Anne Hunsaker Hawkins llama una "patografía": la
narración de cómo "un individuo se enfrenta con su enfermedad – los mitos,
actitudes y creencias de nuestra cultura que emplea una persona enferma
para llegar a un acuerdo con la enfermedad" (4. Traducción mía).

En este estudio voy a examinar dos aspectos de "Dolores:" el estilo
narrativo y el desarrollo psicológico de la protagonista, comparándolos con
la novela de Jorge Isaacs, obra fundacional mucho mejor conocida, para
revelar cómo el tratamiento de la enfermedad terminal de las respectivas
protagonistas parece basarse claramente en cuestiones de género de los
autores. La organización temática de la novela de Acosta se parece mucho a
la trama de *María*. Sharon Magnarelli apunta que una típica novela romántica presenta a dos enamorados que pasan por diferentes fases de su relación,
todas presentes en las obras de Acosta y de Isaacs: encuentro, conquista,
pérdida, lucha, muerte o matrimonio (26). "Dolores" es la historia de una
bella joven de la aristocracia terrateniente que se enamora de Antonio González, estudiante de derecho de la capital, cuya relación idílica se termina
cuando Dolores se entera de que su padre, que ella pensaba ahogado en un
río seis años antes, está vivo pero lazarino. Como la lepra en aquella época
se consideraba hereditaria, Dolores corta con Antonio, pero, dado el estigma
de la lepra, sin decirle la verdad. Después de la muerte del padre, Dolores
contrae la espantosa enfermedad, se aísla en una casa en el monte, y, después de muchos años de padecimiento físico y casi total aislamiento social,
agoniza y muere.

La historia es narrada en primera persona por Pedro, el primo de Dolores, estudiante de medicina y el amigo más íntimo de Antonio, así como por
la misma Dolores mediante sus cartas a Pedro, y, al final de la novela, póstumamente por las entradas en su diario. Por consiguiente co-existen dos
hilos narrativos claramente diferenciados (Ordóñez 18). Hay sorprendentes

semejanzas entre "Dolores" y *María:* cada texto gira alrededor de la heredada enfermedad terminal de una mujer joven y bella; un amor idílico es trun-
cado por el destino; hay un narrador en primera persona entrenado en medicina y la intervención epistolar de la voz femenina; el *Leitmotiv* es la
nostalgia y la memoria. Los textos comparten también el papel un tanto
ambiguo de su definición del proyecto de nación colombiano; Doris Sommer observó con respecto a la novela de Isaacs que *María* no soluciona nada
(177), y lo mismo se podría decir de "Dolores".

    Hay cierto parecido entre María y Dolores en tanto heroínas. Son de
clase media-alta, viven en el campo, y se definen esencialmente por sus
relaciones con otras personas, especialmente sus futuros maridos. Domna
Stanton observó que la construcción textual del ser femenino en los relatos
de costumbres se definía por su relación con miembros de su familia, sus
hijos o su pareja (14). Rachel Brownstein, en su estudio de las heroínas literarias de la novela inglesa del siglo XIX, destaca que "La trama matrimonial
de la cual depende la mayoría de las novelas se centra en encontrar la vali-
dación de la importancia y unicidad de una mujer porque un hombre la ha
escogido de entre todas las otras mujeres. El amor del hombre es la prueba
del valor de esta mujer, y su manera de pagarlo" (xv, traducción mía). La
investigación de Brownstein sobre las novelas con protagonistas femeninas
también se enfoca en temas relacionados: la inscripción de la mujer en el
lenguaje; el carácter y destino de la heroína; cómo las convenciones literarias determinan la imagen de la mujer dentro y fuera de la literatura, y cómo
el ser y su auto-conciencia están mutua y problemáticamente involucrados
en la forma y el lenguaje literario (xx-xxi).

    Una comparación entre *María* y "Dolores" hace resaltar la importancia
que Isaacs y Acosta dieron a la construcción del sujeto femenino y su función como narrador. Sharon Magnarelli sostiene que el título de la novela de
Isaacs es básicamente engañoso, ya que la historia se enfoca principalmente
en Efraín mientras que María misma es "una ausencia total, una nulidad en
el texto" (16. Traducción mía). Esta observación se puede extender también
a su función narrativa. Durante la larga permanencia de Efraín en Europa,
éste revela que María le escribe dos veces al mes, pero Isaacs comparte con
los lectores sólo un fragmento de la primera carta, en la cual habla de otras
personas y no de sí misma (267-8), y algunas selecciones de cartas posteriores, más introspectivas (269-72), en las cuales revela la progresión de su
enfermedad y la certidumbre de la muerte que se le aproxima. Al morir,
María no deja ningún mensaje escrito, sólo las largas trenzas como recuerdo
no-verbal para Efraín. La suya es la muerte ejemplar de la heroína decimonónica: "¡Muerta!, ¡muerta sin haber exhalado una queja!" (304).

Por otro lado, en el texto de Acosta de Samper se notan unas diferencias muy marcadas en la construcción del sujeto femenino. En la primera de las tres partes, narrada casi exclusivamente por Pedro, Dolores se parece mucho a María: bella, joven, virginal; el amante ideal le hace la corte, y a los dos parece que les espera un matrimonio tan feliz como provechoso. Como heroína decimonónica ejemplar, Dolores siempre subordina sus propios deseos a los de otros (Spacks 114), especialmente los de su tía Juana que –ya que se cree que Dolores es huérfana– ocupa el lugar de la madre. En esta sección introductoria Dolores habla poco, pero al final Pedro la sorprende en el acto de escribir algo. Este piensa que debe ser una carta a Antonio, pero en todo caso una carta, ya que el género epistolar era el modo aceptado de la expresión escrita femenina, y casi la obliga a enseñárselo. Dolores cede, pero sin querer: "Toma el papel; haces que te muestre lo que sólo escribía para mí" (46) y su primo se sorprende al ver que Dolores ha compuesto unos excelentes versos, "un tierno adiós a su feliz niñez y una invocación a su juventud" (46). Poco después Pedro tiene que volver a Bogotá y a sus estudios médicos, mientras Dolores se queda atrás en el espacio privado de la finca de su tía. Como señala Domna Stanton, en los textos decimonónicos hay una oposición binaria que asocia a la mujer con preocupaciones personales e íntimas, y al hombre con el éxito de la carrera profesional (11). Igual que María, Dolores tiene que quedarse en casa y esperar al hombre que goza de la libertad de estudiar, viajar, y participar en el proceso de la *Selbstbildung*.

En la segunda parte Acosta de Samper empieza a "autorizar" a Dolores a narrar más de su historia personal. En su estudio sobre autobiografía y postmodernismo, Leigh Gilmore observa que ya es hora de pensar en las implicaciones del género literario para la autobiografía (5). Pedro, hasta ahora el narrador principal, empieza esta parte con las siguientes palabras: "Dos meses después de haber llegado a Bogotá recibí de Dolores su primera carta, la que he conservado con otras muchas como recuerdos de mi prima, cuyo claro talento fue ignorado de todos menos de mí" (47). Como Dolores se expresaba en cartas particulares y privadas, forma permitida, como hemos visto, de la escritura femenina, Pedro era el único lector privilegiado que *podía* apreciar los talentos de su prima. Pero a partir de esta segunda parte de la novela, la función narrativa de Pedro empieza a cambiar de narrador principal a destinatario y participa al lector del contenido de las cartas de Dolores.

En esta primera carta, larga y llena de descripciones y de diálogos, la historia y la voz de Dolores empiezan a ocupar un lugar central. Le cuenta a Pedro la llegada de otra carta destinada a la tía Juana que era, sin saberlo

Dolores, de su padre. El contacto con el papel contaminado causa una crisis: un sirviente le grita que tire la carta, y la tía fumiga la carta antes de leerla, lo cual contribuye al misterio para Dolores. Poco después, el padre hace una visita clandestina a la hacienda y a su hermana Juana; al descubrir su identidad, Dolores corre para abrazarle, a pesar de las advertencias de la tía que está lazarino. La joven le cuenta a su primo cómo ha reconstruido el pasado de su padre, pero saberse hija de un leproso la obliga a romper con Antonio, ya que existe la posibilidad de heredar la enfermedad. Dolores obliga a Pedro a ocultar su secreto, cosa que a este último le trae unas consecuencias desastrosas.

En la segunda parte, la historia de los amores de Pedro se desarrolla de una manera casi paralela a la de Dolores. El paga un alto precio por conservar el secreto de ella: su noviazgo con Mercedes empieza a deshacerse, en parte por un rival, en parte porque Mercedes está convencida de que Pedro quiere a su prima. Antonio sospecha lo mismo, cosa que destruye su amistad y provoca un duelo en el cual Pedro casi muere.

Otra carta de Dolores le comunica que no se siente bien y que la ha examinado un grupo de médicos; como era costumbre en la época, los médicos no le comunicaban su prognosis a la paciente, quien se entera de su opinión sólo porque espía una conversación entre ellos. Conmovido por estos hechos, Pedro corre a ver a su prima; será la última vez que los dos se vean.

Al contrario de la primera parte, Dolores ahora habla mucho más. Ha empezado la desfiguración de su cuerpo, pero también el inicio de su independencia. El matrimonio ya no es opción viable; tampoco lo es una "bella muerte" como la de María. Pero Dolores comienza a tomar control de su vida: ha escogido el lugar donde va a vivir, y ha mandado a construir una casita donde podrá terminar su vida en un aislamiento total. Se ha endurecido su bella tez, así como sus sentimientos. Sabe lo que Pedro ha sufrido a causa de ella, pero le dice duramente: "¡Yo he sido la causa de tus penas y peligros, y sinembargo [sic] ni un consuelo, ni una señal de gratitud has recibido de mí! Perdóname: las penas nos hacen egoístas" (70). A causa de la ruptura con Mercedes y con Antonio, Pedro decide irse en un largo viaje a Europa, como médico privado de un hombre acaudalado. El viajar no es opción para la mujer enferma de muerte.

En la tercera parte, la voz de Dolores se vuelve preeminente, como focalizadora y centro de la narración. Pedro funciona casi exclusivamente como el medio por el cual se presentan las cartas de Dolores al lector; ahora los acontecimientos de su propia vida son secundarios. Dolores se ha apropiado cada vez más del control sobre su vida: ha determinado cuándo y cómo despedirse de su tía; ha ocupado la casa que ella mandó a construir según sus especificaciones y dictamina que su familia no se le debe acercar. Cuando la tía Juana y el padre de Pedro le desobedecen y le hacen una visita imprevista, Dolores se marcha de la casa sin dirigirles la palabra y se interna varios días en el monte. El golpe que esto supone para la tía la mata, pero Dolores rehúsa sentirse culpable:

> Parece que se le declaró una fiebre violenta y al cabo de dos días sucumbió sin conocer a nadie, pero asediada por mi recuerdo y llamándome sin cesar. Acaso me creerás insensible, desnaturalizada, al ver que puedo hablar tranquilamente de la muerte de la que me quiso tanto. No sé qué decir: no me comprendo a mí misma y creo que he perdido la facultad de sentir. Nunca lloro: la fuente de las lágrimas se ha secado; no me quejo, ni me conmuevo (79).

Esta es la última carta que Dolores le dirige a Pedro. Este pasa tres años en Europa, y vuelve a Colombia cuando muere su padre, justamente a tiempo para asistir a la boda de Antonio en Bogotá antes de visitar a Dolores. Exactamente como ocurre en *María*, llega tarde: la heroína acaba de morir. Pero aquí se acaban las semejanzas, porque en el texto de Acosta de Samper Dolores tiene la última palabra. Pedro encuentra y transcribe fragmentos de un diario que ella llevó de 1843 a 1846, brindándole así al lector la oportunidad de enterarse de qué manera ella se había preparado para su fin.

Llevar un diario era otra forma de escritura antaño permitida para la mujer, ya que era también privada e íntima, sin intenciones de exhibirse en la esfera pública. Por su naturaleza era una forma fragmentada de escribir, otro aspecto característico de la escritura tradicional de las mujeres antes del siglo XX (Jelinek 19). Al desplegarse este texto, entonces, hemos visto una progresión en la voz narrativa de Dolores, del diálogo directo en las partes primera y segunda, al diálogo epistolar de las cartas a Pedro en las partes segunda y tercera, al diario de la parte tercera, esencialmente un diálogo consigo misma. Esta progresión refleja el creciente aislamiento del mundo de Dolores, pero al mismo tiempo esta condición la libera de tener que decir lo que el mundo esperaba de ella. El espacio privado del diario le permite la libertad de articular sensaciones que se oponen tajantemente a las que debía sentir "el ángel del hogar," término brillantemente conceptualizado por Virginia Woolf.

Las entradas del diario de Dolores son importantes por otra razón: revelan la veracidad sicológica de la protagonista. El famoso libro *On Death and Dying [Sobre la muerte y el morir]* de la médica oncológica Elisabeth Kübler-Ross, que describe las distintas fases sicológicas que experimentan las personas que padecen enfermedades terminales, señala cuatro fases principales: negación, ira, aceptación de los hechos, y separación del mundo antes de morir. Cuando Dolores ahora escribe para sí misma tiene el valor de contemplar el suicidio, de cuestionar a Dios, y de expresar su ira hacia su primo: "Recibí hoy una carta de Pedro que me ha consolado [...] ¡mentira! La he vuelto a leer y me causa un sufrimiento nuevo. Me habla de su vida tranquila, de sus estudios y proyectos para el porvenir. Los hombres son los seres más crueles de la creación: se complacen en hacernos comprender nuestro infortunio" (83).

Hay otros ejemplos de la característica ira de los enfermos terminales: "[...] cada día siento que me vuelvo cruel como una fiera de estos montes, fría y dura ante la humanidad como las piedras de la quebrada. Hay momentos en que en un acceso de locura vuelo a mis flores, que parecen insultarme con su hermosura, y las despedazo, las tiro al viento [...]" (84). Dolores anota momentos de depresión que Kübler-Ross analiza como pasos hacia la aceptación final del destino del enfermo (263). Los moribundos, observa ella, muchas veces se sienten completamente inútiles, algo que le pasa a Dolores también. En una ocasión había tratado de encontrar consuelo e instrucción en los libros, para después abandonarlos completamente: "¿Para quién aprendo yo? Mis estudios, mi instrucción, mi talento [...] todo es inútil [...]" (85). Acosta de Samper presenta también el estado conflictivo de su fe religiosa, algo que no se ve en *María*. Kübler-Ross asevera que sabe por experiencia que la mayoría de sus pacientes carecía de una fe lo suficientemente fuerte como para ayudarles durante su enfermedad terminal; según ella, sienten una especie de creencia religiosa, pero no lo bastante fuerte como para aliviar sentimientos de conflicto y de miedo (266). Dolores exhibe esta clase de ambivalencia también: "[a] veces mi alma se rebela, no puede creer en que un Dios bueno me haga sufrir tanto, y en mi rebeldía niego su existencia: después [...] me humillo, me prosterno y caigo en una adoración sin fin ante el Ser Supremo [...]" (84).

Lo que irónicamente precipita la muerte de Dolores es una carta de Pedro en la cual le cuenta que Antonio se va a casar. A pesar de la posición independiente que Dolores anotó en su diario, al final se porta como la clásica heroína decimonónica cuya definición de sí misma se queda inexorablemente vinculada a sus relaciones con otras personas, más que nada con su amante anterior. Kübler-Ross sostiene que muchos de sus pacientes se aferraban a la vida porque había algún asunto inconcluso en ella y que querían resolver antes de morir (270); en el caso de Dolores, es su amor por Antonio. Se había consolado durante años con el recuerdo del amor que él le había confesado, pero cuando se casa con otra Dolores siente que ha dejado de existir en la memoria de él, y ya está preparada a morir: "Mi vida hacía parte de su recuerdo, ¿y ahora? [...] Como que mi alma esperaba este último desengaño para desprenderse de este cuerpo miserable" (86). Lo irónico es que Antonio *no* la había olvidado, ya que Pedro llevaba para Dolores una carta que éste le había escrito después de casarse, una carta que ella nunca recibe.

El narra: ella escribe. Pero en la novela de Acosta de Samper es Dolores la que tiene la última palabra, y tanto su historia como su voz han eclipsado las de Pedro. Al escribir primero las cartas a su primo y luego su diario para sí misma, Dolores se ha creado como sujeto dominante de la narrativa; Pedro esencialmente ha pasado de narrador principal a editor y mediador de las palabras de ella. Por la creación del personaje de Dolores, luchando con su enfermedad terminal, y la veracidad sicológica de este proceso, Acosta de Samper nos ha dado un texto mucho más rico y complejo que la *María* de Isaacs. Otra vez, es hora de revisar el canon de la literatura decimonónica hispanoamericana.

[*Mujer, sexo y poder en la literatura iberoamerciana del siglo* XIX. Ed. Joanna Courteau. Valladolid: *Siglo* XIX *Anejos. Monografías 4*, 1999.]

IV. UN NUEVO SIGLO

LA BIBLIOTECA DE *TERESA LA LIMEÑA* (1868): LECTURAS E HISTORIAS LITERARIAS

Carolina Alzate

> El corazón de la mujer es un abismo de amor:
> parecen no haber sido creadas sino para vivir y morir
> de amor. / Carga pesada será para el hombre la mujer
> que se ama y se contempla a sí misma.
>
> Periódico *La Caridad*, Bogotá, 1869

Soledad Acosta de Samper publicó en 1869 su colección *Novelas y cuadros de la vida suramericana*. Como sabemos, las décadas de 1860 y 70 son décadas de proyectos de construcción nacional, no sólo en Colombia sino en toda Hispanoamérica, y parte esencial de estos proyectos la constituye la producción literaria. Desde textos literarios se quiso pensar la nueva nación y proponer un futuro; buena parte de esos textos se publicaron o gestaron en revistas dedicadas al *bello sexo*, pues sólo bajo la protección de *las señoras* podían colocarse objetos tan delicados y preciados como la civilización y la literatura de la nación. Soledad Acosta aceptó esta responsabilidad que buena parte de occidente en la época depositó en sus congéneres, pero como varias otras en Europa e Hispanoamérica, quiso ser no sólo musa y protectora de la literatura nacional, sino también escribirla. Sus novelas y relatos breves están constantemente en diálogo no sólo con el ser físico y espiritual de lo nacional que se quería definir, sino también en una apretada red intertextual con lo más destacado de la literatura europea y latinoamericana del momento, con una conciencia sofisticada de los instrumentos y exigencias de los géneros que trabajó y con un conocimiento de las literaturas de su momento bastante poco común en la Bogotá de la época.

Las preguntas que surgen son cómo una mujer se inscribe dentro de los sujetos productores de textualidad, qué hilos guían la producción particular de la primera etapa de su narrativa y qué factores pueden ser responsables de que una obra tan rica como la suya haya permanecido marginal, superficial y erróneamente comentada con frecuencia, prácticamente no reeditada y con lugar incierto, o sin lugar, dentro de la historiografía literaria colombiana.

En 1868 José María Vergara y Vergara (personaje de primera línea en la literatura contemporánea de la época) escribió que, a diferencia de los hombres, la virtud de las mujeres estaba en *no hablar ni dar de qué hablar* (124-125). Esta formulación, que por supuesto no es original del autor y que articula más bien el espíritu de su tiempo, es la que hace que Acosta de Samper comience publicando con pseudónimos, y que a pesar de su interés por la ficción, manifiesta desde el comienzo de su carrera, necesite varios años para comenzar una escritura creativa en un género que aún no estaba limpio de mancha, como lo es la novela. Las lecturas mismas debían ser vigiladas por padres y esposos; también Vergara y Vergara había aconsejado a una niña: "no leas novelas, porque las buenas son peores que las malas, y éstas no han perdonado ningún corazón" (128). Leerlas, y más aún escribirlas, necesitaba aún legitimación. Es por esto que José María Samper, escritor y esposo de la autora, y quien por supuesto tiene autoridad para prologar sus propias publicaciones, debe presentar él mismo la colección de *Novelas y cuadros* de su esposa; sus primeras palabras son: "*Debo una explicación* a quienes favorezcan con su benévola acogida este libro, respecto de los motivos que han determinado su publicación" (el subrayado es mío). En su prólogo afirma que ha tenido que luchar contra la "sincera modestia" de su esposa para lograr hacer la publicación, enteramente idea suya, pues ella "jamás se ha envanecido" de sus escritos literarios ni ha aspirado a honores más perdurables que la benevolencia con que ya han sido acogidos sus escritos en los periódicos. Pero Samper no sólo la defiende de probables críticas futuras, él respeta y apoya su proyecto, y lo presenta así: hija de un sabio, escritor y patriota,

> ha deseado ardientemente hacerse lo más digna posible del nombre que lleva, *no sólo como madre de familia* sino también como *hija de la noble patria* colombiana; y ya que su sexo no le permitía prestar otro género de servicios a esa patria, buscó en la literatura . . . un medio de cooperación y actividad. / He querido, por mi parte, que mi esposa contribuya con sus esfuerzos, siquiera sean humildes, a la obra común de la literatura que nuestra joven república está formando, a fin de mantener de algún modo la tradición de patriotismo de su padre (J. M.Samper, "Dos palabras al lector". *El subrayado es mío*).

El problema de la legitimidad es más complejo aún. La madre de José María Samper sabía leer sólo la letra impresa, pues no le habían enseñado a escribir ni a leer manuscritos, y sólo hacia 1840 aprendió a escribir para poder comunicarse con sus hijos que partían hacia Bogotá para estudiar (J. M.Samper, *Historia de una alma*, 1880, tomo 1, 22). María, el personaje de Jorge Isaacs, sabe leer pero no tiene una biblioteca propia ni se atreve a leer sola sin asesoría; cuando Efraín se ausenta de la hacienda por unos días, ella no se atreve a releer sola la *Atala* que Efraín les ha leído a ella y a su hermana: "como has dicho que tiene un pasaje no sé como..." (*María*, 1867, 181)[1]. Como ha señalado Nina Scott (85), María al morir deja sólo sus trenzas, y Efraín recibe una carta suya en que se rebela tímidamente contra su destino sólo cuando ya tiene un pie en la tumba.

No es difícil ver la distancia que va de estos personajes al de Soledad Acosta de Samper, personaje atípico y por ello solitario y seguramente marginalizado. Sus excelentes novelas no recibieron nunca la crítica cuidadosa y entusiasta de que fue objeto su contemporánea *María* (1867) por parte de Vergara y Vergara, y su reconocimiento en general no pasó de cortos y superficiales formalismos. Podría ser que hasta hayan querido salvar su modestia no hablando de ella, negándose a hablar de *la que habla y da de qué hablar*. Lo cierto es que Acosta definitivamente lee, y escribe. Las novelas y cuadros de su libro de 1869 son un tejido de citas, autores y novelas europeos e hispanoamericanos que denota una amplísima biblioteca constantemente actualizada y una conciencia del oficio y del mundo de lo literario bastante sofisticada. Mientras que la novela que recorre a *María* es *Atala*, publicada en 1801, canonizada y que constituye una elaboración puramente conceptual de lo americano en términos de civilización y barbarie, el *corpus* de la autora es el del romanticismo tardío y el del realismo. La elección de *Atala* por parte de Isaacs, y de Isaacs por parte de *El Mosaico*, parece ser un momento más de esa aparente incapacidad de la cultura letrada de la época de tratar con lo real, con lo diferente y los conflictos, de la opción que paulatinamente va tomando por la idealización del pasado y por la homogenización forzada y por supuesto nunca lograda de la nación.

La educación de Soledad Acosta fue atípica con respecto a la de las muchachas de su edad, hija única del General Joaquín Acosta, historiador y científico que se empeñó en que su hija tuviera acceso pleno y sistemático a la producción cultural de su momento: como afirma la autora, "mi padre [...] deseaba que me dedicase particularmente a estudios serios que no son generalmente del resorte de la educación de la mujer, sobre todo en Colombia" (*Biografía de Joaquín Acosta*, Introducción). Soledad Acosta se educó en Nueva Escocia y en París, y con su madre escocesa siguió a su padre a sus destinos diplomáticos. Hacia 1845 José María Samper identificaba dos corrientes dentro de los gustos literarios de los jóvenes de la época: de un

---

[1] Se debe referir sin duda a los fragmentos de sutil pero nada recatado erotismo de la novela de Chateaubriand.

lado Hugo, Dumas, Lamartine, Scott, Goethe; del otro la poesía española de Espronceda y Zorrilla (*Historia de una alma*, tomo 1, 129, 181). En 1864, después de su viaje a Europa, señala la primera corriente como un romanticismo exaltado que hizo estragos en su alma y que por fortuna fue matizado luego por la poesía española (tomo 2, 324). El libro de Acosta de Samper se mueve definitivamente entre el romanticismo exaltado que empezaba a ser criticado por misántropo y excéntrico y la transición al realismo.

Como ha mostrado Susan Kirkpatrick, el romanticismo permitió a las autoras de la época articular su inconformidad con la descripción genérica de su momento y asumir una actitud autorial. La dificultad de presentarse como autoras hace que Acosta, como muchas otras, tematice en su obra la lectura y la escritura en personajes femeninos, y la ansiedad de esa autoría es también responsable en parte de la aguda conciencia que tiene con respecto a la producción literaria de su momento y de la sofisticación de su escritura.

Muchos de los personajes femeninos de su libro de 1869 leen y escriben. Dolores, protagonista de la novela homónima, escribe cartas a su primo y un diario en el que reflexiona sobre la vida y la muerte, sobre la soledad a la que la ha condenado su enfermedad; también lee, porque decide convivir con los muertos ya que no puede hacerlo con los vivos. Otra novela, *El corazón de la mujer*, reúne no sólo relatos que reflexionan sobre las situaciones que debían enfrentar sus contemporáneas (tanto privadas como nacionales, guerras civiles, por ejemplo), sino que hace tema del hecho de contar: las mujeres se cuentan sus historias y escuchan las de otras o las escriben, y a través de ello diseñan sus propios rumbos o los trazan de nuevo.

Pero *Teresa la limeña* es la novela más poblada de literatura de esta colección, tanto por su profusión de epígrafes, citas y alusiones, como por el hecho de que son sus lecturas la que definen a la protagonista y le trazan su destino. Teresa es hija de una chilena de sentimientos elevados que muere sola en su retiro de Chorrillos (en las afueras de Lima), y de un peruano perteneciente a la élite burguesa limeña, manipulador, egoísta, ambicioso y materialista. El destino previsto por él para su hija, el de asegurar y aumentar la propiedad tanto en términos de riqueza como de comportamiento moral, se ve frustrado por la educación que, sin prever sus consecuencias, le da a Teresa en París. Teresa crece en un convento con una culta francesita de la aristocracia empobrecida que posee una extraña biblioteca: una mezcla entre el clasicismo francés de tiempos de Luis XIV y el romanticismo exaltado de Lamartine y Byron. Teresa prefiere los románticos: del Manfredo de Byron, semejante a Fausto, decide enamorarse, y según ese ideal medirá a los hombres que encuentra en su vida.

El *corpus* literario romántico, así como la ópera, tan importante en la segunda mitad del siglo, conforman el imaginario de esta heroína rebelde que quiere labrarse su destino por encima de la prosa del mundo y de la abnegación (autonegación) que supone para ella. *Lucía de Lammermoore* (Donizetti, 1835), *La Traviata* (Verdi, 1853), *Norma* (Bellini, 1831), *Don Giovanni*, con sus tejidos de imposiciones sociales y traiciones, le ayudan a comprender su destino. Teresa se enamora de su personaje romántico tocando al piano arias de *Lucía* y *La Traviata*, cuyos argumentos de amor romántico manipulado por familiares ambiciosos o insensibles prefigura el destino de sus propios amores; la serenata irónica y burlesca de Don Giovanni bajo el balcón de Elvira, semeja la transacción comercial a la que ha accedido prestándose a un matrimonio arreglado del cual enviuda pronto[2].

Así como Teresa se enamora del Manfredo de Byron, en sus pensamientos acerca de la naturaleza del amor involucra las ideas del amor-locura de Alfred de Musset, amante de George Sand, y las de Mme. de Girardin, novelista, poeta, dramaturga y periodista. En la biblioteca de *Teresa* abundan las escritoras, de las cuales Soledad Acosta se ocupa desde sus ensayos de finales de la década de 1850. Entre ellas sobresale Madame de Staël (1766-1817), la escritora feminista francesa de origen suizo, perseguida por Napoleón a causa de sus ideas liberales, y autora de importancia capital en el romanticismo europeo e hispanoamericano, pues a través de su estudio *De l'Allemagne* (1814) dio a conocer en Francia e Inglaterra el romanticismo alemán; de Stäel es también la autora de novelas tan influyentes como *Corinne ou l'Italie* (1807) y de ensayos sobre las mujeres escritoras en los que defiende el derecho de las mujeres a la educación y el provecho que de ello obtiene la humanidad. Otra autora importante de su biblioteca es Mme. Zoé Gatti de Gamond (1812-1854), autora socialista belga que escribió obras como *De la educación social de las mujeres en el siglo XIX* (1833) y *De los deberes de la mujer y de los medios más apropiados para asegurar su felicidad* (1838), y quien se preocupó por mejorar la educación de las mujeres, creando y dirigiendo dos escuelas gratuitas: una para formar jóvenes maestras y otra para obreras adultas.

La novela incorpora además, indirectamente, conversaciones que la autora tuvo en París con Michelet (antiguo amigo de su padre) acerca de los tiempos de Luis XIV, y que tienen que ver con las persecuciones religiosas y

---

[2] Como corresponsal desde París de la *Biblioteca de Señoritas* en 1859, Soledad Acosta se ocupó con frecuencia en reseñar funciones de estas piezas, entre otras, y continuó reseñándolas para su corresponsalía de *El Comercio* de Lima durante los tres años siguientes.

con la estética clasicista francesa, estética contra la cual reacciona el romanticismo y cuyo imaginario representa en la novela el orden caduco del antiguo régimen en cabeza del padre de la amiga de Teresa, el cual sufre del mal
del Quijote y se niega a vivir en el nuevo orden. Justamente Victor Hugo
(1802-1885) es otro de los personajes de la biblioteca, como figura princi-
palísima del romanticismo francés, heredero de los ideales de la revolución
y de la concepción del proyecto literario como parte fundamental del político. Se trata del mismo Hugo que encontró inmensa acogida en Hispanoamérica y en Colombia, paradigma del poeta nacional y que en nuestras literaturas significó inspiración en las tradiciones e historias nacionales y visión de
lo porvenir, fundamentales para la conformación de las nuevas naciones.
Como vemos, el *corpus* es claramente diferente al de *María*: lo constituyen
narraciones de conflictos y mujeres que construyen realidad a través de la
escritura.

La novela de *Teresa la limeña* se define alrededor de una aparente aporía que presenta la narradora comenzando la novela y que plantea a los lectores, y más aún a las lectoras, como veremos, un problema con respecto a
la educación femenina, del cual afirma que no ha podido resolverse satis-
factoriamente:

> ¿Se debe permitir que germinen en el alma de las jóvenes *ideas románticas*,
> inspirándoles un *sentimiento erróneo* de la vida, pero *noble, puro y elevado*? O,
> al contrario, ¿se han de cortar las alas a la imaginación en su primer vuelo y
> *hacerles comprender* que esos héroes que pintan los poetas no existieron sino
> idealmente? Con el primer sistema se debilita el alma, *suprimiendo la energía*
> para la lucha de la vida y causando mil desengaños; y con el segundo se forman
> *corazones poco elevados*, infundiendo un elemento de aridez y de sequedad en
> los sentimientos y el carácter (*Teresa*, 81-82).

Se trata de una novela sobre tres lectoras. Este texto, de nuevo en contraste con *María*, pone en primer plano el artificio del lenguaje y su opaci-
dad, es más una novela sobre el lenguaje que sobre la realidad, entendida en
sentido estrecho. En esta novela los paradigmas románticos o realistas están
puestos en un primer plano y se los muestra actuando y delineando destinos
y realidades: pone en primer plano los paradigmas que median novelas
como *María* pero que en novelas de ese tipo no son tematizados.

La novela tiene una narradora en tercera persona que encuentra a Teresa
abatida, melancólica y con signos de haber padecido una terrible enfermedad, con un libro en la mano y mirando distraída por el balcón de su casa.
Teresa decide hacer un recorrido por lo que ha sido su vida, y la narradora la

acompaña, transcribiendo y comentando para los lectores sus recuerdos. Hay múltiples perspectivas, a veces de origen no precisable, si bien la perspectiva que se sigue con mayor frecuencia es la de Teresa.

Esta novela llama la atención sobre el modelo cultural que se ofrece a las mujeres en el momento, y al ponerlo en primer plano lo pone entre comillas e invita a reflexionar sobre él. Teresa y su amiga Lucila, a partir de sus lecturas, deciden enamorarse de héroes románticos inspirados en Lamartine y Byron, y de manera inconsciente asumen la posición de las heroínas de esos relatos: "Amar y ser amada era su delirio, el ideal de su vida, único sentimiento que creía podía llenar una existencia" (159), es lo que se afirma de Teresa y podría afirmarse también de Lucila. La narradora, si bien siente gran simpatía por el personaje romántico de Teresa, asume una posición distanciada, revelada en comentarios importantes y entre los que se destacan los de "aún no sabía acompañarse a sí misma"(104), "todavía no sabía estar sola", "todavía se entretenía con juguetes" (113).

A través de este tipo de formulaciones, el centro del relato está elaborado como crítica a la descripción decimonónica de las mujeres como seres dependientes y abnegados (auto-negados), cuya esencia está puesta fuera de sí, cuya conciencia está subordinada a la de los varones de la familia o del Estado, incapaces de ejercer plena ciudadanía y plena existencia como sujetos a la manera en que los define la modernidad. Las críticas al personaje mencionadas arriba ocurren en momentos definitivos de la vida de Teresa, momentos en que se labra una idea de sí y en los cuales debe tomar decisiones importantes. Unos sentimientos elevados pero una incapacidad de comprender el mundo y de moverse de manera autónoma por él derivan en una muerte en vida, que es lo que representa para las mujeres del momento la soledad. Su amiga francesa, Lucila, muere, literalmente, de amor. Su pseudoamiga, Rosita, limeña también pero que lee a Sue y a Dumas (dos de los grandes vetados en las lecturas de la época en lo que era Colombia), se mueve de manera confortable por la vida, y si bien es un personaje cínico por el cual la narración siente gran antipatía, es la gran sobreviviente. Las dos caras de la aporía están en estos dos tipos de personajes.

Una clave de la novela, y de la resolución de la aporía sobre la educación de las mujeres presentada arriba, está en que su texto no es exactamente el tipo de novela que lee Teresa. El texto mezcla ideales románticos con realidades retratadas a la manera del realismo, de ese realismo que Rosita opone al romanticismo de su amiga cuando lo llama "romanticismo mentiroso" y cuando describe su idea del amor como un "estado de imbecilidad". La novela pone en primer plano la factura cultural de la *naturaleza femenina*, y deja en manos de sus lectoras el sacar conclusiones. Es un gran llamado de atención sobre lo que se lee y cómo se lo lee, y en ese sentido una puerta abierta a la reescritua, reescritura de la literatura y de los destinos personales, principalmente femeninos.

Buena parte de la novelística de soledad Acosta tiene esta marca, así como su labor en periódicos, fundados por ella o no, y sus ensayos. Con frecuencia afirmó que el matrimonio era uno de los destinos posibles para las mujeres, pero no el único ni indispensable. No entretenerse con juguetes y aprender a estar sola los mostró como elementos claves: la autoconciencia y la autonomía, dos elementos fundamentales del sujeto moderno de cuya descripción se quiso excluir, entre otros, a la parte femenina de la humanidad de la época dentro del discurso burgués de fundación nacional.

LA MUJER EN LA SOCIEDAD MODERNA (1895): APOGEO Y SÍNTESIS DE LA MISIÓN MORALIZADORA Y EDUCADORA DE SOLEDAD ACOSTA DE SAMPER

Mary G. Berg

Desde el comienzo de su larga trayectoria como escritora prolífica de ensayos, novelas, cuentos e historias, Soledad Acosta de Samper se interesó en cuestiones de género. Montserrat Ordóñez, en su análisis minucioso de la trayectoria literaria de Soledad Acosta, ha observado que desde sus primeras publicaciones en 1859, en sus ensayos, periodismo y ficción, Acosta no sólo "desarrolla estas preocupaciones, que seguramente son muy cercanas a la definición de su propia identidad" ("Género", 4), sino que expresa un fuerte interés en contribuir al mejoramiento de la sociedad por medio de la educación de la mujer. Más de treinta años después, la colección de ensayos reunidos en *La mujer en la sociedad moderna*, publicada en París en 1895, ofrece una destilación de lo que Soledad Acosta parece haber escogido como lo más pertinente (y lo más urgente) de sus muchísimos artículos sobre la presencia activa y visible de la mujer en la sociedad occidental. Como señala Montserrat Ordóñez, este libro es "un homenaje a todas las mujeres, no sólo las escritoras, que pueden ser modelo de realización personal y aporte al desarrollo de la humanidad" ("Género", 4)[1].

Historia de la mujer

Cuando reunió (y en muchos casos reescribió o reeditó) los textos que aparecerían en *La mujer en la sociedad moderna*, Soledad Acosta ya había publicado miles de páginas sobre la presencia de la mujer en la historia, en obras como *Estudios históricos sobre la mujer en la civilización* (1877), *Las mujeres de la Gran Colombia en la época de la Independencia*, "La mujer

---

[1] Los estudios cuidadosos hechos por Montserrat Ordóñez de la obra de Soledad Acosta de Samper han revelado coherencias, consistencias y pasiones de su obra voluminosa. Ordóñez habló más extensamente de estos temas en "De Andina a Soledad Acosta de Samper: identidades de una escritora colombiana del siglo XIX", publicado en este volumen.

española en Santafé de Bogotá" (1890), "Las esposas de los conquistadores", *Las santafereñas de la época de la colonia*[2] y cantidades de artículos
periodísticos, algunos de los cuales, los que tenían que ver con mujeres de
fines del siglo XVIII en adelante (límite que ella utiliza para definir época
"moderna"), reaparecerían en alguna forma en su nueva compilación. Y más
adelante siguió publicando sus listas y compilaciones de los logros históricos de las mujeres en un libro híbrido y fascinante publicado un año después
de *La mujer en la sociedad moderna*, en 1896, *Conversaciones y lecturas
familiares sobre historia, biografía, crítica, literatura, ciencias y conocimientos útiles*, en el cual, por ejemplo, incluyó una larga y detallada discusión panorámica de la presencia de la mujer en Italia. Es en *Conversaciones*
donde Soledad Acosta explica, aun más claramente que en *La mujer en la
sociedad moderna*, por qué le parece tan importante reunir estas varias discusiones de las aptitudes y los logros de las mujeres en la sociedad. Quizás
porque en *Conversaciones* se dirige más explícitamente a lectoras colombianas (o por lo menos a lectoras que leerán con interés los cuadros de costumbres colombianos y las denuncias de injusticias colombianas), es allí
mismo donde Acosta explica (y demuestra) bien claramente sus tres preocupaciones principales: la necesidad urgente de educar bien a toda mujer; la
importancia de insistir que toda mujer pueda elegir y seguir una carrera que
le provea la posibilidad de autosuficiencia y la capacidad de elegir libremente su propia vida; y lo imprescindible que es para toda mujer tener mujeres modelos, *role models*, abuelas sabias, que inspiren confianza y actúen
como guías morales.

---

[2] Estos son títulos citados en bibliografías de la vasta obra de Soledad Acosta de
Samper, que está todavía incompleta y documentada al azar, aunque bastante organizado
en años recientes por los esfuerzos prodigiosos de Flor María Rodríguez-Arenas, Gustavo Otero Muñoz y Montserrat Ordóñez. Los textos de esta lista que he visto personalmente son "Las esposas de los conquistadores: Ensayo Histórico", republicado por la
Academia de Historia del Valle del Cauca en 1957, y "La mujer española en Santafé de
Bogotá", republicado por lo menos parcialmente en muchos lugares, incluso *La España
Moderna: Revista Ibero-Americana* (Madrid), Tomo XL, Año IV, 15 abril 1892, 161-
168. Los escritos de Soledad Acosta y su esposo, José María Samper Agudelo, eran tan
numerosos que deben haber constituido un porcentaje considerable de lo que se escribió
sobre la historia colombiana en esos años. Muchos de sus libros se usaron durante años
como textos escolares. Sería interesante considerar hasta qué punto los Samper formaron
las definiciones de cuáles eventos, cuáles participantes, y cuáles interpretaciones se iban
a perpetuar y llegar a considerarse "la historia colombiana". Si Soledad Acosta hubiera
podido insistir en sus historias de las participaciones de mujeres en la formación de la
nación, hubiera cambiado los parámetros de "la historia" para siempre.

Aptitud de la mujer

Es a partir de 1870 que Soledad Acosta se dedica más y más seriamente a un escrutinio organizado de las capacidades, aptitudes, limitaciones, y posibilidades sociales de las mujeres, a lo que Mary Louise Pratt denomina "the gender essay"[3] en Hispanoamérica, el ensayo de género como contrapunto y contrabalance del ensayo de identidad criolla, que generalmente expresa una perspectiva masculina. En esta categoría de "ensayo de género" Pratt incluye una serie de textos de los últimos doscientos años sobre el tema del estatus y la realidad de la mujer en la sociedad moderna (15) y refiere una larga lista de los más conocidos de estos textos. Incluye textos a los cuales se refería Acosta con admiración y que discutía con entusiasmo en sus propios ensayos. Señala Pratt que estos textos suelen ser catálogos de hechos, insistencias detalladas e irrefutables de la presencia de las "mujeres ilustres" en todo momento de la historia, cultura, y vida pública de todo país. Una segunda práctica discursiva de estos ensayos según lo señala Pratt es la del comentario analítico sobre la condición espiritual y social de la mujer, que "propone formas alternativas de intelectualidad que constituyen un reto a la prerrogativa masculina a definir qué constituye pensamiento" (18). El ensayo de Acosta, "Aptitud de la mujer para ejercer todas las profesiones", se podría considerar como prototipo de esta definición del ensayo de género, y como forma abreviada y precursora del libro que Acosta publicó unos años después como *La mujer en la sociedad moderna*.

"Aptitud de la mujer para ejercer todas las profesiones" fue una memoria presentado en el Congreso Pedagógico Hispano-Lusitano-Americano reunido en Madrid en 1892. Acosta terminó de redactarlo en París en agosto de 1892, y fue publicado el siguiente año en Chartres[4], junto con otros tres ensayos largos sobre temas muy variados, todos algo controversiales: el pueblo indígena precolombino en Colombia; la comunidad de hebreos establecida en Antioquia poco después de la conquista; y las responsabilidades morales de la prensa y de los periodistas. Acosta aprovecha la celebración del cuarto centenario de la llegada de Colón a América para insistir en que

> ya con las luces que se han difundido al fin de este siglo es preciso que la educación
> que reciba la mujer sea más adecuada a las necesidades de la época, al grado de

---

[3] En "'Don't Interrupt Me': The Gender Essay as Conversation and Countercannon". La traducción de la cita de este ensayo es mía.

[4] *Memorias presentadas en congresos internacionales que se reunieron en España durante las fiestas del IV centenario del descubrimiento de América en 1892*. Chartres: Imprenta de Durand, 1893, 73-84.

civilización de que se disfruta y a las obligaciones que nos impone la patria. [...] Se trata aquí de averiguar si la mujer es capaz de recibir una educación intelectual al igual que el hombre, y si sería conveniente darla suficiente libertad para que pueda (si posee los talentos necesarios) recibir una educación profesional ("Aptitud", 73).

A pesar de que el ensayo se plantea como una respuesta a la pregunta (¿modestia simulada?) acerca de "si la mujer es capaz", el texto es por un lado una lista sumaria de los logros y la participación de las mujeres en los acontecimientos obviamente importantes, y por otro un grito de indignación ante el hecho de que alguien pueda haber pensado que las mujeres no merecen educación avanzada y apoyo en su profesionalización. Empieza el ensayo con dulzura (por lo menos fingida) y disimulo:

> En mi humilde concepto creo que debería empezarse por probarles que no carecen de inteligencia [las mujeres] y que a todas luces son capaces de comprender lo que se las quiera enseñar con la misma claridad que lo comprenden los varones. Además se les debería señalar con ejemplos vivos y patentes que, en el presente siglo al menos, muchísimas mujeres han alcanzado honores, y distinguídose en todas las profesiones a las cuales se han dedicado con perseverancia y ánimo esforzado (74).

Y ahora empiezan las listas, inocuas al principio: las santas, las monjas, las caritativas, las humildes, las abuelitas, las sirvientas. Pero después de arrullar con los innegables méritos de las beatas bienhechoras, de pronto insiste Acosta que también "se han visto en el siglo que concluye ya miles que han desempeñado brillantemente todas las profesiones, todas las artes, todos los oficios honorables" (75), asegurando a los oyentes (suponemos que masculinos, aunque a un Congreso Pedagógico es muy posible que hayan podido asistir muchas mujeres maestras también) que a pesar de sus éxitos profesionales estas mujeres no se han convertido en parias de sus sociedades, y no han tenido que renunciar "a la Religión de sus mayores, a las dulces labores de su hogar, al cuidado de sus familias y a la frecuentación de la sociedad" (75). Es decir, que la mujer lo puede todo, y todo simultáneamente, como la Nueva Mujer del ensueño recurrente del feminismo del siglo xx. Pero no, dice Acosta, no se lo van a creer:

> ¡Ah! Me dirán acaso, todo eso es imaginario y teórico, una cosa es decir que las mujeres se han distinguido en todas las profesiones y que son capaces de elevar su inteligencia hasta las ciencias y las bellas artes, y otra es probarlo con hechos; se ha reconocido ya que ellas carecen de ánimo y valor personal; de perseverancia; de juicio; de seriedad en las ideas; que la imaginación las arrastra siempre; que no

saben dominar las situaciones difíciles, sino que al contrario se dejan llevar siempre por las impresiones del momento, y que con el vaivén de sus sentimientos
cambian sin cesar, y nunca tienen fijeza sino cuando obedecen a su capricho (75).

Bueno, dice ella, citaré ejemplos. Encuentra muy difícil limitarse a unos
cien ejemplos –"necesitaría escribir muchos libros para hablar de una parte
de las obras importantes" (76)– pero siempre manteniendo el mismo tono
algo combativo, como quien espera contradicción pero la aniquila antes de
que sea articulada, suelta un chorro de nombres de mujeres brillantes y capaces, con admiración especial para Concepción Arenal (se nota que Acosta
escribió este discurso para un público español en Madrid). Cada rato vuelve
a insistir (con un dominio extraordinario del ritmo de la retórica oral: casi se
puede escuchar) que "lo he repetido hasta la saciedad: las mujeres de la
época actual han ejercido todas las profesiones y se las ha visto brillar en
todos los puestos que antes eran reservados a los hombres no más" (78).
Siguen largas listas de mujeres científicas, y Acosta advierte: "todas estas
damas no son aficionadas no más a estudios serios, sino profesoras cuya
opinión es acatada por los sabios" (80), así que los sabios (masculinos)
podrán verificar o confirmar lo que las mujeres ya bien saben (o deben
saber), que hay que tomar en serio la profesionalización de la mujer.

Acosta celebra vivir en "esta época de transición de una faz de la civilización a otra" (80), aunque expresa preocupación profunda por los resultados
de los cambios que la rodean. Se siente acosada por ambivalencias fuertes
donde "no es posible prever si el mundo podrá regenerarse o si se perderá por
entero en el caos de ideas que suelen obscurescer hasta los espíritus más claros; en esta sociedad actual tan llena de contradicciones" (80-81). A veces los
cambios le parecen tan rápidos que le abruman (hay que recordar que ya es
una mujer que ha vivido casi sesenta años, llenos todos de cambios, muchos
de ellos abruptos y profundos). Vuelve a sus listas, que también representan
orden, tranquilidad, logros verdaderos –una historia valerosa que ya está protegida, por pertenecer al pasado, de las peripecias y avatares de la inmediatez
cambiante. Menciona listas de mujeres literatas notables, y reflexiona con
cierta tristeza sobre las dificultades de su propia carrera (y la de tantas otras)
en los "países europeos y americanos en donde la carrera literaria es honorífica y respetabilísima, pero llena de abrojos y de espinas" (82).

Recapitula los temas: la importancia de una educación seria para los dos
sexos y el reconocimiento de que:

[...] así como no todos los hombres han nacido para las carreras profesionales,
literarias y artísticas, no todas las mujeres pueden abrazarlas con buen éxito;

pero la educación pone en evidencia las inclinaciones naturales de cada ser humano; ninguno debe carecer de aquello que le permita cultivar su entendimiento, dejándolo después en libertad para consagrarse a la carrera que más le incline (83).

Las mujeres tendrán que escoger entre la protección (y secuestro) tradicional y la oportunidad de tener "independencia de acción" (84), pero en ningún momento tendrán que dejar de ser mujeres. Nunca debe renunciar "a ser mujer por las cualidades de su alma, por la bondad de su corazón" (84). Todo ser humano, pero parece que sobre todo la mujer, tiene que luchar, hacer un fuerte "esfuerzo para personificar siempre la virtud, la dulzura, la religiosidad, y la parte buena de la vida humana" (84).

La mujer en la sociedad moderna

La mujer en la sociedad moderna es en parte una expansión (a un texto de 429 páginas densas) de los mensajes telegráficos de "Aptitud de la mujer para ejercer todas las profesiones". Como recoge ensayos (o revisiones de ensayos) escritos durante los veinte años previos, también es una concentrada exposición de temas recurrentes que tienen gran importancia para su autora. Este libro, al igual que el ensayo que lo precede, "Aptitud", expresa una aprensión finisecular (como en su maravilloso "Bogotá en el año 2000: una pesadilla"), una percepción de que el mundo está cambiando muy rápidamente (la sociedad moderna/modernizada/modernizante), de que los catálogos de logros pasados constituyen no sólo evidencia sino también seguridad y consuelo (¿quizás por eso vuelve en *Conversaciones* de 1896 a listas de mujeres notables de la Roma clásica?), pruebas y hechos incontrovertibles que representan cierta permanencia en la vida de esta escritora peregrina, exiliada, viuda, que tanto había luchado para insertar (recuperar) a la mujer en la historia (y en la literatura, si son separables) de Colombia y del mundo. Además de ser una colección de capítulos sobre más de seiscientas mujeres ilustres, divididas en categorías, también incluye discusiones más amplias de unas quince mujeres que Acosta considera, muy personalmente, como las que más le conmueven y le inspiran. El libro es una mezcla de enciclopedia didáctica y una fuente de información y documentación sobre la participación activa de la mujer en la sociedad occidental, y los quince ejemplos más extensos, narrados con técnicas de ficción (ocultación, suspenso, desarrollo de personajes, acontecimientos dramáticos, moralejas imprevisibles), se insertan como ampliaciones biográficas que generalmente (como en el caso de Frances Brown, poeta irlandesa) ilustran la vida interior imaginada que acompaña las hazañas exteriormente visibles.

Como se ha dicho, *La mujer en la sociedad moderna* es una compilación de materia nueva y de artículos ya publicados entre los años 1870 y 90 en varias revistas y periódicos, sobre todo en tres revistas editadas por ella, *La Mujer* (1878-1881), *La Familia: Lecturas para el hogar* (1884-5), y *El Domingo de la Familia Cristiana* (1889-90). Acosta solía reciclar sus artículos, cambiándolos, adaptándolos, poniéndolos al día. Dice que su propuesta en *La mujer en la sociedad moderna* es rescatar a las mujeres lectoras de su aislamiento; todas las mujeres tienen el deber de ser "agentes de la revolución moral", pues han logrado mucho a través de las épocas, y

> [...] la mujer moderna ha transitado por todas las veredas de la vida humana; [...] ha sabido dar ejemplos de virtud, de abnegación, de energía de carácter, de ciencia, de amor al arte, de patriotismo acrisolado, de heroísmo, etc., pero aun le falta mucho para cumplir la misión que la tiene señalada la divina Providencia, y es preciso enseñarla el camino que otras han llevado, para que pueda escoger el que conviene a cada una. La vida aislada de una mujer virtuosa, sabia, patriota, etc. no basta para que se comprenda lo que se pide a todas –es preciso presentar un conjunto razonado de biografías; de bocetos de mujeres ejemplares para despertar en el espíritu de las jóvenes la emulación y el deseo de imitar alguna o algunas de ellas. Estos ejemplos buenos no surten el efecto que se desea sino cuando las que lo dan son de nuestro mismo siglo, pues no se pueden imitar a las que vivieron en sociedades enteramente diferentes de las que conocemos actualmente[5] (viii).

El libro propone ser una enciclopedia selectiva de los logros de la mujer en el siglo XIX: "En todas las naciones la mujer ha señalado su huella haciendo el bien en todas las carreras, y cada cual puede escoger alguna como ejemplo y norma de su vida futura, según se sienta con más o menos fuerza, con mayor o menor disposición para tal o cual carrera" (viii).

Pueden decir los hombres que la educación de la mujer es importante porque ellas serán las madres de sus hijos –Clorinda Matto y otras feministas del cono sur se aprovecharon de este lugar común también, en esta misma época, porque servía para fundar escuelas y atraer fondos sin provocar resistencias machistas–, pero la verdad es, dice Soledad Acosta, que hay que profesionalizar a las mujeres. Toda mujer necesita una carrera, en parte

---

[5] Muchos de sus otros libros refutan esto, y presentan a las mujeres griegas, romanas o las de los primeros años de la colonia en Nueva Granada, como todavía vigentes.

para independizarse, para darle la libertad de no casarse si no quiere, y en parte para aprender a "valerse por sí misma" (x). Hay insistencia reiterada en una enseñanza práctica que abra la posibilidad de un empleo. Acosta advierte que "muchas, después de haber estudiado ciencias, tienen que aprender algún oficio manual para ganar honradamente la subsistencia. Se piensa que con saber cosmografía, historia, astronomía y retórica, la infeliz niña encuentra trabajo remunerativo; y como no las enseñan el arte práctico de la existencia, morirán de hambre" (139-140). Para ese aprendizaje se requieren modelos, para animar a las tímidas a tener confianza en sus propios esfuerzos.

> La lectura de las biografías de hombres grandes y virtuosos es excelente, pero ésta nada enseñará a la niña para su propia conducta, y la mejor para la joven de estos países será aquella que le presentará ejemplos de mujeres que han vivido para el trabajo propio, que no han pensado que la única misión de la mujer es la de mujer casada, y han logrado por vías honradas prescindir de la necesidad absoluta del matrimonio, idea errónea y perniciosa que es el fondo de la educación al estilo antiguo (ix).

Lo que sigue es un compendio extraordinario. Ella explica por qué empieza con un análisis extenso de la Revolución francesa: para ella es el evento más importante del período moderno, un experimento ambicioso pero desastroso, que destruyó la base de la cultura, la moralidad y la estabilidad del mundo occidental. Cuando escribió esta sección del libro en los años 1870, no se sentía muy distanciada de la revolución y sus repercusiones. Su padre era amigo de Lafayette y su mujer, y Soledad Acosta escribe con angustia de los esfuerzos de los Lafayette en la independencia de los Estados Unidos de América, y luego su frustración y sufrimiento al volver a Francia como aristócratas y católicos y por eso vistos como enemigos del pueblo[6].

Acosta se enfoca en cuatro francesas como *tipos* emblemáticos. Son modelos de cualidades distintas; la marquesa de Lescure, por ejemplo,

> [...] presenta en su vida rasgos tan característicos e interesantes, y sus desgracias y amarguras fueron tan grandes, que creo que podrá servir de enseñanza moral y

---

[6] Mucho se ha escrito sobre la perspectiva de Soledad Acosta (católica, blanca, de clase privilegiada, bien educada, cosmopolita) que informa sus comentarios. Ella nunca niega quién es pero su empatía personal es particularmente evidente en estas dramatizaciones emocionales de cuánto sufrieron las francesas aristócratas.

dar un ejemplo saludable para todas las mujeres que se encuentren en circunstancias, si no idénticas, al menos parecidas: lo que no dejará de suceder algunas veces en nuestras Repúblicas, en donde el estado normal es el de la revolución y el excepcional el de paz y concordia (20).

Después de esta advertencia histórica, titulada "la agonía de la sociedad pasada," la mayor parte del libro se compone de capítulos panorámicos sobre "Bienhechoras de la sociedad", "Mujeres misioneras", "Mujeres moralizadoras" (donde se incluye a escritoras como Harriet Beecher Stowe), y "Mujeres doctoras, políticas y artistas", con énfasis siempre en las mujeres que se han ganado su subsistencia, que han logrado independizarse y han tenido carreras como médicas, viajeras, políticas, filántropas, pintoras y músicas (Acosta excluye a las actrices por ser moralmente dudosas[7]). La última parte del libro es una enciclopedia, país por país, de "Mujeres literatas" y una reedición de "Misión de la escritora en Hispanoamérica", publicado antes en *Colombia Ilustrada*. Como documentación de talento y esfuerzo femenino es impresionante, pero al releerlo en el siglo XXI, es también interesante intentar descifrar las evaluaciones, y considerar el canon que Acosta propone. Ella está muy consciente de su propia ambivalencia frente al canon de su día, y está preocupada por la contradicción (también nuestra) entre la necesidad de preservar un canon clásico que nos aporte una cultura en común, y la necesidad de incluir nuevas voces, incluir a todos y a todas, y registar los cambios en la cultura y la sociedad: el balance entre lo que Mary Louise Pratt llama "estructuras de valor" y "estructuras de exclusión". En el caso de las escritoras del siglo XIX, que fueron muy leídas en su momento, podemos documentar la época de su exclusión en las antologías e historias de literatura a principios del siglo XX cuando ya no cabían dentro

---

[7] Algo defensivamente, explica este criterio: "Se extrañará quizás que entre las mujeres notables de este siglo no hubiésemos contado a las que se han distinguido en el teatro, cantatrices y actrices. Pero no hablamos aquí sino de aquellas cuyas profesiones son enteramente honorables, que con ella han ganado su vida y se han hecho un nombre sin exponer su virtud a las asechanzas de las tentaciones mundanas. No decimos por esto que no haya multitud de mujeres dedicadas al teatro que jamás han dejado la veredas de la virtud, ni que no existen y han existido muchísimas mujeres que, llenas de dignidad, han mantenido a su familia con las artes que tanta diversión dan al público; pero como entre éstas, la mayor parte se han dejado arrastrar por la pendiente de la adulación hasta caer en los vicios, y sería necesario para mencionar y encomiar a las virtuosas, callar los nombres de muchas de las que más han brillado en la carrera del teatro, resolvemos no hablar absolutamente de ninguna mujer que se exhiba sobre las tablas, salvo que se haya hecho famosa como compositora [de] música también" (239-240).

de los códigos de interpretación y valor necesarios para consolidar la hegemonía masculina. El panorama literario ofrecido por Soledad Acosta (anterior a la época amarga de exclusiones), en este libro con enfoque en la "sociedad moderna" del siglo XIX, enfatiza que hay diferencias profundas entre los géneros, pero ella nunca sugiere que las escritoras sean menos leídas que los escritores, excepto quizás en España: excluyendo a algunas eruditas (Concepción Arenal, Emilia Pardo Bazán y algunas otras), España es, a su parecer, un país atrasado. Acosta es esencialista en cuanto a diferenciación entre los géneros: los hombres abarcan ciertos temas y obligaciones, y las mujeres asumen otras responsabilidades. Según ella, las mujeres tienen una misión moral de mejoramiento del mundo, sea en escritura o en acción política. Acosta insiste con frecuencia en que "la sociedad se ve amenazada con volver a la barbarie, y en manos de la mujer está el impedirlo" (248). Esta aprensión sirve como una de las bases de su criterio de selección de autoras.

Cuando se dirige directamente a sus lectoras, Soledad Acosta dice "señoras"; al hablar de Jeanne Rendu de Francia, pregunta "¿No podríamos, decidme, señoras mías, poner a esta mujer en la categoría de las heroínas, como una Juana de Arco, una Carlota Corday o una Pola Salavarrieta?" (92). Obviamente está hablando a las mujeres colombianas, quienes sabrían quién es la Pola. Y no se está dirigiendo a señoritas jovencitas, sino a *señoras*, mujeres lectoras, mujeres que ejercen cierto poder sobre sus propias vidas. Las urge a leer ampliamente, a pensar en términos globales, a estudiar las culturas mundiales y entonces usar estos conocimientos para implementar reformas en Colombia. Reitera su convicción de que las escritoras tienen responsabilidad en la inspiración de acción positiva, y en la articulación de la conciencia social de la nación.

En *La mujer en la sociedad moderna* Acosta discute la obra de unas cuatrocientas escritoras, muy pocas de ellas bien conocidas hoy, aunque sí se incluyen los nombres de casi todas las autoras del siglo XIX que se leen todavía hoy. Algunas de las escritoras europeas favoritas de Soledad Acosta son: de España, Concepción Arenal, la Baronesa de Wilson y Emilia Pardo Bazán. De Francia, Madame de Staël, Susana Verdier, Louise Révoil Colet, Eugenie de Guerin y George Sand, aunque con muchas reservas sobre la vida privada de esta última. De Inglaterra, le encanta sobre todo Frances Brown, casi desconocida hoy, y muchas otras: Frances Gore, Frances Trollope, Elizabeth Barrett Browning, Amelia Alderson Opie, Ann Grant, las hermanas Bronte –prosa muy débil, le parece– y George Eliot, también con dudas sobre su moralidad privada. Le parece que es importantísimo leer a escritoras rusas como Sofia Swetchine y Maria Zebricoff, Krestovsky y otras, porque han tenido libertades inusitadas en Europa (derecho a votar, derecho a controlar su propio dinero y decidir la suerte de sus hijos) y han tenido acceso a la educación: "las rusas se han lucido en la carrera de la medicina, y desde que se las permite estudiar ciencias, cerca de mil mujeres estudian anualmente matemáticas, mineralogía, botánica, astronomía, anatomía, y se preparan para seguir la carrera de la agricultura" (335).

En Latinoamérica, país por país, aprecia o critica cómo las escritoras han logrado describir las realidades de sus países y escribir libros americanos –hay insistencia reiterada en la importancia de crear una literatura *americana*–, y hasta qué punto las escritoras han logrado sugerir reformas que cambiarán sus países[8]. Se da cuenta de que los libros son productos comerciales que tienen que venderse porque sus autoras necesitan subsistir sin la ayuda de otros, pero lamenta que a veces produzcan "estudios odiosos de pasiones y crímenes" (408). Detesta, por ejemplo, a Mercedes Cabello de Carbonera:

---

[8] Al ofrecer una lista comentada de escritoras colombianas, Soledad Acosta incluye (414-415) a Doña Agripina Samper de Ancízar y a la señorita Bertilda Samper Acosta. En este punto aparece una nota de pie: "Madre y cuñada de las dos anteriores es la señora Soledad Acosta de Samper - autora del presente libro. He aquí la lista de las obras que hasta ahora ha publicado en forma de libro, en folletines de periódicos y en páginas de revistas americanas y europeas. OBRAS HISTORICAS: *Estudios históricos sobre la mujer en la civilización*, 1877; *Preliminares de la guerra de la Independencia*; *Biografías de hombre notables*; *Época de la conquista y colonización de América*, 1883; *Biografías de hombres notables de la antigua Colombia*; -*Biografía del general París*, obra premiada en un concurso histórico, 1883; *Biografía del Mariscal Sucre*, obra premiada por la Academia de la Historia de Caracas, 1890; - NOVELAS HISTORICAS: *Los Piratas en Cartagena*; *Alonso de Ojeda*; *Sebastián Cabot*; *Hernán Cortés*; *La India de Juan Fernández*; *Bartolomé Sánchez*; *La nariz de Melchor Vásquez*; *Una aparición*; *El fuerte desamparado*; *Historia de una flamenca*; *Las esposas de los conquistadores*; *El ángel de doña Juana*; *Las dos reinas de Chipre*. EPISODIOS NOVELESCOS DE LA HISTORIA PATRIA: *El secretario del virrey Arzobispo*; *Una familia patriota*. VIAJES: *Viaje a Suiza*, 1860; *Viaje a España*, 1892. NOVELAS DE COSTUMBRES: *Novelas y Cuadros de la vida sud-americana*; *Anales de un paseo*; *Constancia*; *Laura*; *Los tres asesinos de Eduardo*; *Historia de dos familias; Doña Jerónima*; *Una Catástrofe*; *El Talismán de Enrique*; *Una Holandesa en América*; *El corazón de la mujer*, etc. etc. Ha editado además tres revistas en Bogotá –*La Mujer*; *La Familia*; *El Domingo de la Familia cristiana*–, en las cuales ha escrito artículos sobre todas materias. Presentó Memorias históricas en los congresos que tuvieron lugar en España durante las fiestas del Centenario del Descubrimiento de América y es miembro de varias sociedades literarias. (Nota del Editor)". Parece que esta lista fue compilada sin consultar a Soledad Acosta. Se equivoca de categoría en varios casos y es sumamente incompleta. Pero tiene cierto interés ver cuáles obras elige como títulos que serían reconocidos por los lectores (las lectoras) de este libro.

sus cuadros, dice, "sólo sirven para propagar el mal" (408), llenos de intriga sexual y aventuras dudosas. Soledad Acosta insiste en que "la misión de la mujer hispanoamericana [...] es cristianizar, moralizar y suavizar las costumbres, la escritora debe morir sobre la brecha si es preciso, más bien que hacer parte del ejército ateo que procura, inspirado por el genio del mal, destruir las sociedades de que ella hace parte" (410). En la discusión de Soledad Acosta, "ateo" equivale a pesimista, corruptor e inmoral; apasionadamente, ella insiste en la posibilidad del mejoramiento de la sociedad. Irónicamente, su diatriba contra Mercedes Cabello debe haber provocado un fuerte deseo en sus lectoras de conseguir y leer el estudio "de las costumbres pervertidas, de intrigas" que es la novela *Blanca Sol*. Mercedes Cabello de Carbonera, para Soledad Acosta aquí, representa lo opuesto (ejemplificado por los escritos de Lastenia Larriva de Llona, católica, moralista y positivista, "la madre abnegada, la cariñosísima esposa" [406]) de lo que debe ser la literatura americana. Lo que frustra e indigna más a Acosta es el talento extraordinario de Cabello:

> [...] posee las más notables aptitudes como escritora, como pensadora, como moralista y por consiguiente nadie mejor que ella podría dar a luz libros hermosísimos, *americanos netos* [bastardillas de Acosta] y que no fuesen tristes pinturas de las tristísimas pasiones desenfrenadas, espejo de las dañadas costumbres de la alta sociedad limeña, según nos asegura ella misma, aventuras de mujeres apasionadas y culpables, que pecan no por ignorancia sino con el cinismo más increíble, ataviadas de sedas y terciopelos, habitando palacios de mármol y rodeadas de todo el esplendor de una cultura refinada (405-406).

Acosta nos seduce con sus descripciones escandalizadas, aunque lamenta el gusto de los americanos por el naturalismo. Hay que aceptar que los franceses sean inmorales, pero los americanos deben tener otros criterios para sus países que todavía están en formación. Se enfurece al discutir "esa risa sarcástica de los lectores americanos que no quieren salirse nunca de la moda parisiense" (406) y los excesos lamentables del decadentismo de los primeros modernistas. La nueva literatura americana debe privilegiar lo mejor de la América, y proponer "ante todo hacer conocer su país ya en la historia, ya en la naturaleza física, ya en las costumbres originales, tan diversas en las diferentes comarcas" (407). Pero Acosta no suprime la voz de Cabello –la cita extensamente, para luego contradecirla en voz alta ("¡No, y mil veces no! Si el arte ha perdido la fe en Dios, el arte no se ha ennoblecido, se ha degradado [...]" [409]), y el diálogo es vivo, lleno de tensión, con todo el futuro del pueblo americano en debate. Si los americanos no escogen bien (es decir, en favor de un catolicismo moralizante) en su literatura y en su política, "volveremos a la barbarie y caerá la civilización que se ha levantado sobre los cimientos del cristianismo" y triunfarán "las pasiones brutales de la parte animal de la humanidad" (410). Para Acosta, la literatura y la cultura son fundamentales para la construcción de naciones fuertes y sanas, y su convicción sobre el papel importantísimo, esencial, que juegan las mujeres en el escenario nacional se expresa apasionadamente.

Soledad Acosta pasó su vida documentando, en millones de palabras, los esfuerzos humanos heroicos para dominar el caos, la violencia, la crueldad y la pobreza. Las más de seiscientas mujeres que describe en *La mujer en la sociedad moderna*, mujeres educadas, enérgicas, llenas de esperanza y deseo de transformar sus vidas y sus sociedades, representan un panorama extraordinario de nuestras bisabuelas del siglo XIX que vale la pena recordar en el siglo XXI: muchas de ellas están pasadas de moda, algunas apenas incluidas en los panoramas culturales de hoy, pero *La mujer en la sociedad moderna*, como las demás historias enciclopédicas de Soledad Acosta, nos ofrece la oportunidad de repensar los códigos de evaluación del pasado y del presente.

PIRATEANDO UN LUGAR EN LA HISTORIA: CRÓNICA DE MUJERES EN LA HISTORIA DE CARTAGENA

Nina Gerassi-Navarro

"La historiografía (es decir "la historia" y su "escritura") contiene en su nombre la paradoja –casi un oxímoron– de la relación que se establece entre dos términos antinómicos, o sea entre lo real y el discurso. Su tarea es la de conectarlos, y cuando este vínculo no puede ser imaginado, su tarea es funcionar *como si* los dos términos estuvieran unidos" (Michel de Certeau, xxvii. La traducción es mía). La cita de Michel de Certeau apunta a la problemática no sólo de la escritura de la historia como disciplina sino también a la de todos los géneros narrativos vinculados con la historia, como lo son, entre otros, las novelas y los relatos históricos. Los hechos ocurridos, percibidos como "reales", compartirían el mismo lugar de importancia que su modo de enunciación. La historia, entonces, no puede desconectarse de su escritura. La afirmación de Certeau abre un espacio para la reflexión sobre la posición del sujeto y el lugar desde donde esa voz o cuerpo de voces enuncian el discurso.

En el caso de la novela histórica se parte de esta interdependencia pero se subvierte la relación entre los dos componentes en la medida en que se otorga a la ficción, el lugar del discurso, mayor jerarquía, y desde allí se intenta establecer una relación con la historia *como si* los dos estuvieran unidos. Este juego de componentes fue de particular importancia durante el período de posindependencia cuando la literatura asumió un rol fundador e histórico en el proceso de la construcción nacional. Inscribir la nación durante el siglo XIX se transformó en un acto fundacional. De allí que los hombres políticos de las nuevas naciones americanas a menudo intentaran articular su nueva identidad política y social a través de la literatura, y en particular a través de la novela histórica.

Si bien muchos de estos relatos históricos estaban a cargo de los padres fundadores de la nación, las mujeres también participaron en los proyectos de reconstrucción nacional tanto a través de la política como a través de la ficción[1]. En Colombia, Soledad Acosta de Samper es quizás uno de los

---

[1] Con respecto a la participación de la mujer en los movimientos de independencia véase: Evelyn Cherpak, "The Participation of Women in the Independence Movement in

mejores ejemplos de la participación de la mujer en el campo literario que colabora en el proceso de consolidación nacional. Hija y esposa de patriotas, Acosta de Samper estuvo expuesta desde muy joven a los enfrentamientos políticos que marcaron la posindependencia. Su padre, Joaquín Acosta, había sido militar y diplomático, y figurará como uno de los hombres ilustres de la historia colombiana sobre los cuales ella escribiría años después[2]. Su casamiento con José María Samper, escritor, político e intelectual influyente, con quien colaboró en varios proyectos periodísticos, le abrió las puertas a una posición aún más privilegiada. Expuesta a los debates políticos e ideológicos que hostigaron la nación, Acosta de Samper entendía la importancia de documentar el pasado nacional para moldear el modelo de nación que se quería afianzar. Y, al igual que otras mujeres durante la segunda mitad del siglo, decidió no quedarse atrás[3].

La producción literaria de Acosta de Samper es un proyecto enciclopédico que responde a esa necesidad de configurar una nación independiente, una nación en la que el legado español ocupa un lugar prominente y en la que también se abre un espacio singular para la mujer. Su prolífera obra abarca diversos géneros: biografías de hombres ilustres (incluyendo a su padre); crónicas históricas sobre la conquista e independencia de Colombia; estudios sociológicos sobre la mujer y la sociedad colombiana; crítica literaria; cuadros de costumbres, novelas, cuentos, teatro, y artículos periodísticos. Además de ello, fundó y dirigió varios periódicos y revistas, colaborando en muchos otros, tanto en Colombia como en el exterior[4].

Gran Colombia, 1780-1830", *Latin America Women: Historical Perspectives* ed. Asunción Lavrín (Westport: Greenwood Press, 1978): 219-234 y José Dolores Monsalve, *Mujeres de independencia* (Bogotá: Imprenta Nacional 1926).

[2] Joaquín de Acosta fue Ministro de Relaciones Exteriores, miembro del Congreso, científico que presentó estudios sobre las desviaciones del río Magdalena y el efecto de la tala de bosques en la disminución de las aguas. También fue director del Observatorio Astronómico y del Museo Nacional. Véase Santiago Samper Trainer, "Soledad Acosta de Samper. El eco de un grito", incluido en este volumen.

[3] Consciente del trabajo de la mujer y de su falta de reconocimiento público, Acosta de Samper publica en *La mujer en la sociedad moderna*, en la sección "Misión de la escritora en Hispanoamérica", una especie de lista de divulgación, enumerando las escritoras colombianas durante el siglo XIX. Citado por Flor María Rodríguez-Arenas, "Siglo XIX" en *¿Y las mujeres? Ensayos sobre la literatura colombiana*". María Mercedes Jaramillo, Ángela Inés Robledo y Flor María Rodríguez-Arenas (eds.) (Colombia: Universidad de Antioquia, 1991).

[4] Entre los periódicos en los que colaboró figuran *Biblioteca de señoritas*, *El Mosaico*, ambos de Bogotá, y *El Comercio* de Lima.

A lo largo de sus escritos se destacan dos ejes fundamentales. Uno, es escribir la nación; participar activamente en la labor que se asignaron los hombres políticos de Colombia reafirmando el pasado para difundir y consolidar un proyecto político y social que uniera al país. De allí su obra histórica: sus biografías, sus crónicas sobre el pasado colonial, sus estudios sobre la religión, la ciencia y la política. El otro eje que recorre su obra y que está íntimamente vinculado con el anterior es su preocupación e interés por la mujer. La mujer no sólo como madre, esposa e hija sino y sobre todo como participante activa de la nación. Para difundir su visión Acosta de Samper no sólo escribe artículos periodísticos sino que además funda y dirige varias revistas femeninas como *La Mujer* (1878-1881), *La familia, lecturas para el hogar* (1884-1885), *El domingo de la familia cristiana* (1889-1890), *El Domingo* (1898-1899) y *Lecturas para el hogar* (1905-1906) (Rodríguez-Arenas, 137). Sus artículos son variados, dirigidos principalmente a las mujeres con el fin de educarlas sobre temas políticos y sociales, además de comentar sobre modas y temas de sociedad. De allí que se la considere una de las primeras feministas hispanoamericanas (Rodríguez-Arenas, 137).

Esta preocupación por educar a la mujer está también presente en su ficción. Sus personajes femeninos son complejos y a menudo exponen las contradicciones sociales a las que está supeditada la mujer. Sus mujeres resisten los estereotipos: son fuertes, débiles, enfermas o traumatizadas; son mujeres que desafían reglas sociales o que son incapaces de romperlas y sufren por ello. Consciente del rol asignado a la mujer y de las contradicciones que existían durante el siglo xix acerca de ese rol, Acosta de Samper se propone labrar un espacio multidimensional para la mujer, un espacio en el que pueda entretejer la experiencia de la mujer con la historia de la nación.

Los Piratas de Cartagena, publicado en 1886, responde a este proyecto. A través de una serie de *cuadros* narrativos, la autora combina lo documental con la ficción para inscribir a la mujer en la historia fundacional de Colombia. Cuidadosamente documenta el pasado colonial, rastreando los ataques de piratas más importantes a la ciudad de Cartagena, desde 1544 hasta 1741. Su reconstrucción reivindica la herencia española en la historia de Colombia (ya que son los españoles quienes defienden sus colonias ante los ataques brutales de las fuerzas extranjeras), pero además establece una pre-historia de la independencia de Colombia en la que las mujeres tienen un rol significativo o, siguiendo los preceptos de la novela histórica, *pudieron haber tenido* un rol significativo.

En Latinoamérica, las décadas que siguieron a la independencia, fueron sumamente conflictivas. Reinaba "una filosofía de desgarro" y todo estaba sujeto a debate: desde la organización formal de las instituciones políticas, hasta las convenciones sociales de la vida cotidiana, incluyendo el uso del idioma español (Leopoledo Zea). En el campo literario, la novela histórica fue uno de los géneros que más contribuyó a formular la definición de las identidades nacionales. A través de su lectura los hispanoamericanos aprendían acerca de su historia y cultura, y rescataban aquellos valores que consideraban útiles para su futuro. Siguiendo el modelo de Walter Scott, los escritores hispanoamericanos volcaron su mirada hacia el pasado con el propósito de desencubrir momentos de gloria y honor que, a su vez, servirían de apoyo a sus proyectos nacionales contemporáneos y ayudarían a crear un sentido de identidad nacional.

El tema preferido de este período eran la guerras de independencia en las que los enemigos y héroes eran evidentes; pero más allá de esas luchas, el pasado resultaba complicado. En el pasado lejano, por ejemplo, los héroes ya no eran inequívocamente los criollos; podían ser los españoles protegiendo sus colonias, los criollos reivindicando lo que sería la futura Colombia, los indígenas (como en las novelas indianistas) o, inclusive en algunos casos, los extranjeros por oponerse a las fuerzas colonizadoras españolas. Los héroes del pasado obviamente dependían de las visiones que el autor o autora tuviera con respecto al futuro de su nación. Los que buscaban proyectar su país dentro de los parámetros representados por Inglaterra y Francia utilizaban el pasado para exponer los vicios de los españoles y justificar la necesidad de erradicar a España del futuro nacional. Otros escritores reivindicaban lo indígena como lo verdaderamente autóctono y otros escritores rescataban el rol civilizador de España[5].

La elección de Acosta de Samper de enfocarse en el pasado de Cartagena como trasfondo de su reconstrucción nacional es clave. Responde, en primer lugar, a su deseo de afianzar la herencia española para poder marcar simultáneamente, la separación que existe entre Colombia y España. La historia de Cartagena es una historia de sitios y resistencias, allí yace también una de las cunas centrales de la independencia de Colombia. Durante la colonia, la magnífica ciudad amurallada que aún hoy se destaca como ejemplo de la arquitectura colonial del continente, fue una de las arterias más importantes de comunicación con el resto del continente y con el exterior. Fundada al oeste del río Magdalena en 1533, Cartagena rápidamente se convirtió en la ciudad rival de Santa Marta, la primera ciudad española de

---

[5] Para un análisis, a partir de la figura del pirata, del modo en que los diferentes proyectos políticos del siglo diecinueve redefinen y construyen su pasado histórico en la novela histórica véase Nina Gerassi-Navarro en *Pirate Novels: Fictions of Nation Building in Spanish America* (Durham: Duke University Press, 1999).

Colombia (1526) al noreste del mismo río. La ubicación con respecto al río Magdalena fue de fundamental importancia. El río Magdalena era el acceso principal al interior, pero su boca ofrecía demasiada dificultad para la navegación. Por ello, cuando al poco tiempo de su fundación se construyó un canal conectando a Cartagena con el río, ésta cobró preeminencia y se convirtió en uno de los puertos centrales de la América colonial desplazando a Santa Marta. Desde Cartagena se manejaban casi todas las exportaciones e importaciones de Nueva Granada; era el puerto por donde pasaban las flotas entre España y el Istmo de Panamá con todos los tesoros de la costa del Pacífico, y era además la entrada para el comercio de esclavos, camino hacia el sur. Su ubicación estratégica convirtió a Cartagena en un centro comercial y militar, y, por ser además una de las sedes de la Inquisición en América, también en un centro de poder eclesiástico.

En cierta forma la historia de Cartagena reproduce las distintas etapas de las colonias americanas: descubrimiento y conquista, colonización y guerras de independencia. Desde Cartagena y Santa Marta, partieron las expediciones de conquista y de búsqueda del afamado Dorado. Poco después de su fundación, se convertiría en puerto emblemático de la colonia, y por ello sería atacada por piratas franceses e ingleses, entre ellos los famosos Francis Drake y Henry Morgan. Durante las guerras de independencia, fue violentamente azotada por el ejército español. Al iniciarse los movimientos de emancipación, Cartagena fue la primera capital de provincia en declararse independiente y fue también la primera en oponerse a la creación de un gobierno central organizado desde Santa Fé de Bogotá, antigua capital del virreinato. Ese espíritu independiente la llevó a desmantelar la Inquisición y a convertirse en un centro de las fuerzas patriotas frente a las cuales se estableció Simón Bolívar al exiliarse de Venezuela (Safford et al., 91).

La historia de Cartagena legitima dos retratos antagónicos de los españoles. El primero los presenta como defensores heroicos ante los devastadores ataques de piratas extranjeros. Pero varios siglos después, los españoles se convertirían en los mismos opresores al reprimir sus propias colonias durante las guerras de independencia. El general español Pablo Morillo llegó a Nueva Granada con el mandato de someter las colonias. Una vez conquistada Santa Marta, Morillo avanzó sobre Cartagena, cuya fama de haber resistido a todo ataque extranjero desde la construcción de su fortificación era legendaria. Morillo no consiguió ser la excepción, aunque sí logró sitiar la ciudad por ciento seis días, durante los cuales ejecutó a cientos de patriotas. Cartagena capituló el 5 de diciembre de 1815 y fue liberada por las columnas patriotas apenas en 1821. Con la llegada de la república, la importancia de Cartagena disminuyó, y a partir de 1830, Barranquilla, ubicada en la

misma boca del Río Magdalena, se convirtió en el puerto principal, desplazando a Cartagena y Santa Marta por igual.

Reconstruir parte de la historia de Cartagena le ofrece a Acosta de Samper la posibilidad de presentar un emblema del pasado colombiano marcado
por enfrentamientos bélicos que a la vez consolidan una trayectoria de gloria nacional. Cartagena se convierte en el lugar de la nación por ser donde se
plasman determinados momentos claves que constituyen el legado histórico
de Colombia. Y ese legado se da a través de los enfrentamientos armados.
Las guerras tienen el poder de visualizar a un enemigo. Al enfrentarse con
su adversario la nación se afirma y se legitima; las oposiciones internas se
diluyen y la nación se unifica. Son los momentos del despertar político
nacional. Y es allí donde Acosta de Samper inserta la actuación de la mujer
para completar su cuadro del pasado colombiano.

A primera vista *Los piratas de Cartagena* parece ser un texto que reivindica la herencia española sin mayores críticas. Los españoles son los que se
enfrentan con los piratas, mientras que el resto de la población ocupa un
lugar secundario protegiéndose detrás de las autoridades. Los negros y los
esclavos en particular demuestran ser "no confiables" y traidores. Ya en sus
biografías de hombres ilustres, Acosta de Samper había declarado enfáticamente su posición con respecto a la importancia de la herencia española:

> Todas las naciones del mundo tienen su héroes populares á quienes respetar,
> y cuyas hazañas, narradas de padre en hijo, interesan á la juventud, que aprende
> así á amar las virtudes de sus antepasados y á odiar á los perversos. Nosotros no
> tenemos más héroes populares que los de la independencia, cuyos hechos no
> pueden todavía ser narrados con suficiente imparcialidad por sus inmediatos
> sucesores. Es preciso, pues, que volvamos los ojos más atrás, que recorramos
> con la imaginación los siglos pasados y conozcamos lo más posible á los que,
> atravesando los mares, vinieron á plantar sus tiendas en estas tierras tan lejanas,
> y á fundar naciones cristianas en donde reinaban la barbarie, la superstición y la
> idolatría[6].

Ferviente católica, Acosta de Samper rescata las acciones "civilizadoras"
de los españoles por abrirle a América las puertas de la cristiandad. El pasado
indígena no es un elemento que ella considere importante rescatar. Desde su
perspectiva de mujer privilegiada, la discusión se plantea entre protestantes y
católicos, extranjeros y españoles, y ella está firmemente en contra de los

---

[6] Soledad Acosta de Samper, *Biografías de hombres ilustres ó notables* (Bogotá:
Imprenta de La Luz, 1883), 3-4.

extranjeros. Pero también reconoce las luchas heroicas de los criollos. Sus enfrentamientos con los españoles no están en cuestión y ella no duda en afirmar a los criollos como los héroes populares de Colombia. El propósito de Acosta de Samper en este texto es conectar el pasado español con el pasado más reciente de los criollos, establecer un vínculo entre los dos componentes que ella considera esenciales para la identidad colombiana.

Procurando cumplir su tarea con cierta imparcialidad, Acosta de Samper evita glorificar a todos los españoles indiscriminadamente. De hecho, en *Los piratas de Cartagena* solamente algunos españoles realmente luchan para proteger sus colonias. A menudo las autoridades españolas demuestran ser cobardes, malos estrategas o poco inteligentes. Acosta de Samper contrapone los funcionarios, quienes aún viviendo en América mantienen la mirada en España, con los españoles dedicados a sus colonias. Estos últimos son los que están verdaderamente comprometidos con las colonias porque conocen la región y sus habitantes, y están dispuestos a luchar por ellos[7].

A pesar de su posición política, Acosta de Samper es muy cuidadosa en su reconstrucción, no sólo en lo que concierne a determinados personajes sino en el modo en que legitima su retrato del pasado. Cada cuadro está cuidadosamente documentado. Dada la cantidad de fuentes citadas, a veces en el mismo texto y otras veces en las notas al pie de página, parecería que la intención de la autora fuera introducir los hechos sin tomar partido. Sin embargo, como se afirma en uno de los cuadros, los hechos varían según las fuentes, de allí que a menudo existan serias discrepancias entre las versiones presentadas por los ingleses y los españoles. En lugar de silenciar una de las interpretaciones, Acosta de Samper astutamente introduce ambas, dejando que los lectores juzguen por ellos mismos. A pesar de ello, el relato está focalizado de tal manera que la voz narradora va guiando la mirada de sus lectores asegurándose de imponer una interpretación de los hechos por encima de otra.

Si bien Acosta de Samper reconstruye el pasado histórico de Colombia con imparcialidad, el entretejer en la crónica un relato ficticio –siguiendo

---

[7] En cierta forma sus críticas hacen eco de las que el cronista español Juan de Castellanos hiciera siglos antes en su *Elegía de varones ilustres de Indias*, publicado por primera vez en 1589. En su voluminoso poema, Castellanos dedica un poema de 715 estrofas a los ataques de Francis Drake en América, titulado "Discurso de el Capitán Francisco Draque". Según Castellanos, el éxito de Drake se explica en parte por la acción de los mismos españoles, por ser muchos de ellos autoridades negligentes, groseros, durmiendo mientras debían velar por sus colonias. Juan de Castellanos, *Discurso de el capitán Draque* 1586-1587 (Madrid: Instituto de Valencia de D. Juan, 1921) 33.

los preceptos de la novela histórica– le permite no sólo manipular la historia
sino además otorgarle a la mujer un espacio definido de acción en esa historia. Respetando el modelo tradicional asignado a la mujer por el hombre,
aboga para que el dominio de la mujer se expanda, para que pueda participar en el proyecto político de la reconstrucción nacional. Según Acosta de
Samper las mujeres deben estar preparadas para comprender lo que proponen los partidos políticos, porque ellas son quienes transmitirán los principios y valores morales sancionados por los políticos. Por eso, para el bien de
la nación, la mujer debe estar incluida en el proyecto político. Es en este
punto donde lleva su preocupación por la mujer más allá de los límites tradicionalmente aceptados.

Acosta de Samper no propone que la mujer asuma el mismo rol que el
hombre, ni siquiera pretende que pueda votar; sin embargo cree firmemente
que la mujer tiene una responsabilidad hacia sí misma y hacia la sociedad
que consiste en formarse, educarse y ocupar un rol constructivo para la
nación. En 1851, en su publicación *La Mujer*, declara:

> (...) la mujer no debe participar activamente en la política. Lejos de nosotros la
> idea de abogar por la absurda emancipación de la mujer, ni pretendemos que ella
> aspire a puestos públicos, ni que se le vea luchando en torno a mesas electorales,
> no, esa no es su misión, e indudablemente su constitución, su carácter y natura-
> les ocupaciones no se lo permitirían jamás. Pero quedaría para ella la parte más
> noble, la influencia moral en las cuestiones transcendentales y fundamentales de
> la sociedad (...) ella tiene el deber de comprender qué quieren y a lo que aspiran
> los partidos, entonces ejercería su influencia[8].

Si bien su declaración parecería contradecir su proyecto, apunta a uno de
los aspectos más recurrentes que subrayaban los escritores y los políticos
durante el siglo XIX: la interdependencia entre la familia y el estado. Para
muchos el ámbito doméstico se convirtió en un medio ideal para la difusión
de ciertos valores sociales, así como para la articulación de los cambios
políticos necesarios que aseguraran el bienestar de la nación. Como consecuencia, la familia fue uno de los puntos claves en el debate sobre la construcción de la sociedad. Los ideales políticos, los cambios sociales y educa-
tivos de las naciones recién formadas se debían cumplir primeramente

---

[8] Citado en Susy D.Bermúdez, "Debates en torno a la mujer y la familia en Colombia, 1850-1886", *Texto y Contexto* (enero-abril) (1987): 127. El citado trabajo de Bermúdez ofrece un excelente estudio sobre las discusiones acerca de la familia y el rol de la
mujer.

dentro del hogar. O sea que era en el ámbito doméstico donde primeramente se debía articular la "comunidad imaginada" (Benedict Anderson). Por ello, los novelistas históricos a menudo ambientaban sus reconstrucciones dentro del seno del hogar para ilustrar los efectos que ciertos proyectos tendrían en la sociedad. De ahí que Elizabeth Garrells afirme que "La novela histórica, pues, en su dimensión familiar aboga por la familia; en su dimensión histórica, aboga por la patria"[9].

Acosta de Samper parte de esta posición y funde los ideales políticos y domésticos en *Los piratas de Cartagena*. Enmarcados por una estructura melodramática, los enfrentamientos con los piratas dramatizan dos posiciones políticas opuestas: los nobles españoles por un lado y los herejes y crueles piratas por el otro. A pesar de que cada cuadro reconstruye un evento histórico particular, el proyecto político que representa en conjunto es la de lo español contra lo extranjero, codificado en términos simplistas y formulaicos de buenos contra malos, y dramatizado a través del comportamiento ético de los personajes. Esto es lo que le permite a Acosta de Samper trasladar el enfrentamiento político al hogar porque es allí, en la intimidad, donde los valores éticos realmente se exponen. Y es en el hogar donde obviamente entra en acción la mujer.

De los cinco cuadros que constituyen los momentos claves de la historia colonial, dos colocan en el escenario central a un personaje femenino que funciona como el eslabón entre las dos fuerzas opositoras. El primero de ellos se titula "El Almirante Corsario Francisco Drake (1586)" y reconstruye el violento ataque del pirata inglés a la ciudad de Cartagena. El cuadro no termina con el ataque de Drake sino diez años más tarde con su muerte. Esta prolongación de la acción es lo que permite que Acosta de Samper entreteja el relato de Clara Bustos con la historia documentada y le dé un lugar a la mujer en el pasado histórico. Clara es la hija del gobernador de Cartagena que, durante el famoso ataque del pirata inglés, se esconde con un grupo de mujeres en las afueras de la ciudad. Estando allí, aparece su prometido, un capitán cobarde quien deja la batalla con la excusa de estar preocupado por Clara. Avergonzada, Clara lo insulta recordándole que un verdadero soldado jamás abandona la ciudad sitiada para ocuparse de asuntos personales. "¡Morir en el puesto defendiéndose, o ir a unirse a los suyos para luchar por su rey y su patria hasta rendir el alma! ¡Eso hace un caballero que prefiere la muerte a la deshonra!" (57). El rechazo de Clara y su determinación por

⁹ Elizabeth Garrels, "El espíritu de la familia en 'La novia del hereje' de Vicente Fidel López", *Hispamérica* 16, núms. 46-47 (1987): 3-24

proteger a las mujeres asustadas reflejan una fuerza interior y lealtad a su patria que la destacan entre los demás súbditos. A pesar de ser mujer, Clara entiende el significado del enfrentamiento político, está dispuesta a sacrificar su vida para salvar el honor español y por ello no está dispuesta a unirse con un hombre que no cumple con *sus* expectativas de lo que significa ser un buen soldado. Este acto la transforma en una defensora de la patria, pues en su decisión de "luchar por su rey y su patria hasta rendir el alma" (57) Clara se posiciona como soldado, dispuesta a morir con las mujeres antes de entregarse a la cobardía de escapar. De allí que rechace al soldado que huye de la batalla. A través de la decisión de Clara, Acosta de Samper hace hincapié en la conexión que existe entre lo privado y público, entre lo doméstico y lo nacional.

Consciente de su lugar en la sociedad, Clara no sólo repudia a su novio cobarde sino que luego se casa con el valiente capitán, Hernán Mejía Mirabal, quien luchó junto a su padre en el enfrentamiento con Drake[10]. Concluido el enfrentamiento, el relato se interrumpe continuándose diez años más tarde. La siguiente escena presenta a Clara felizmente casada y con sus hijos, conversando con su marido que acaba de regresar de otro enfrentamiento con piratas. Esta vez, se nos informa que Drake fue dominado por los españoles y que al poco tiempo murió en altamar. Si bien no hay una conexión explícita, al yuxtaponer el final feliz de la pareja con el triunfo final de España, parecería que los hechos estuvieran entrelazados. Y en cierta forma lo están. El hecho de que Clara arme una familia con valores ideológicos compartidos –patriota, católica y valiente—cuya felicidad depende del bienestar de las colonias, implica que hay un vínculo entre lo que sucede dentro y fuera del hogar. El relato sirve para recordarles a los lectores cuán importante es incluir a las mujeres en el proyecto nacional porque sus actos también tienen relevancia política. En conclusión, el futuro bienestar de las colonias depende de esa conexión entre lo personal y lo público, pues en la medida en que se tomen buenas decisiones para la familia, serán también buenas para la nación. Acosta de Samper sugiere que, a pesar de las "limitaciones" propias de su género, en tanto partícipes de esas decisiones, las

---

[10] Curiosamente, entre las fuentes que documentan el ataque de Drake a Cartagena figura la declaración del testigo Pedro Mexía Mirabal el 30 de abril de 1586, citado en la biografía de Drake por Harry Kelsy, *Sir Francis Drake: The Queen's Pirate* (New Haven: Yale University Press, 1998). La semejanza de nombres podría apuntar al hecho que si bien Acosta de Samper construye una ficción alrededor del enfrentamiento, lo hace habiendo hecho una investigación de las fuentes que le permite anclar el relato ficticio en la historia con coherencia y fluidez.

mujeres son implícitamente tan importantes como los hombres, pues ellas también entienden de sacrificio, honor y patria.

La conexión entre la política del hogar y la nación es ampliamente discutida en el siglo XIX. Por un lado, las mujeres no eran consideradas verdaderas ciudadanas: no podían votar ni luchar oficialmente por la patria[11]. Se pensaba que no debían tener los mismos derechos del hombre porque su función principal, dispuesta por la naturaleza, era la de ser madre. Pero como madres de los futuros ciudadanos de la nación, era evidente que las mujeres ocupaban un lugar clave en ese futuro. Además, numerosas mujeres habían participado activamente en la lucha por la independencia, en diferentes áreas y desde diferentes clases sociales. Militarmente, lo hicieron disfrazadas en el campo de batalla, como espías y enfermeras; culturalmente, fomentando las tertulias literarias y políticas; y económicamente con contribuciones financieras[12]. Si bien no se llegó a un consenso en cuanto al rol político de la mujer hasta fin de siglo, sus reclamos comenzaron a circular y a discutirse públicamente.

El quinto y último cuadro titulado "La expedición del almirante Vernon (1738)", es quizás el ejemplo más evidente que procura insertar a la mujer en la historia de Colombia. Acosta de Samper reconstruye el último enfrentamiento importante con piratas en Cartagena, conocido como "La guerra de la oreja del capitán Jenkins", que ocurrió en 1781. El ataque fue significativo en la historia de Colombia por ser el último ataque de Inglaterra a las colonias españolas y sobre todo porque Vernon fue incapaz de tomar la ciudad de Cartagena; de allí que el evento pasara a simbolizar un heroico triunfo español ante la fuerza naval inglesa (Safford y Palacios, 56). Acosta de Samper entreteje en su reconstrucción la historia de Albertina de Leyva, una española fiel, quien termina cometiendo un acto de espionaje y asegurando el éxito de las fuerzas españolas.

Estando enferma en Portobelo camino a Cartagena, Albertina es socorrida por un capitán inglés, Robert Keith, quien se hace pasar por médico. El

---

[11] Esta resistencia a reconocer el lugar político de la mujer en Colombia se prolonga a lo largo de la primera mitad del siglo XX, si se tiene en cuenta que Colombia es el penúltimo país en Latinoamérica en otorgarle el voto a la mujer, cuatro años antes que Paraguay, en 1957. Jane Jaquette, "Female Political Participation in Latin America" en *Sex and Class in Latin America* eds. June Nash y Helen Icken Safa (New York: Praeger, 1976): 221-244.

[12] Cherpak, 220. En relación a la participación de la mujer a fines del siglo dieciocho pero sobre todo en la colonia, véase Susan Migden Socolow, *The Women of Colonial America* (Cambridge: Cambridge University Press, 2000).

capitán termina enamorándose de su paciente y cuando Albertina se niega a partir con él, éste la rapta y se la lleva a Inglaterra con su criada Dolores. Para salvar su honor y el de su padre, Albertina termina aceptando casarse. En Londres, a pesar de los cuidados de su esposo, Albertina vive en soledad, rodeada por "los enemigos" de su nación.

La historia de Albertina se entrecruza con los eventos históricos cuando su criada le cuenta de la llegada de unos españoles a Londres para averiguar qué planes se estaban entablando para atacar a España. Siendo la esposa de un miembro de las fuerzas navales inglesas, Albertina decide averiguar todo lo que pueda y pasarles la información. La posibilidad de colaborar con los españoles le abre una puerta que por otra parte contradice sus obligaciones de esposa ya que implica una traición a su marido. Pero frente a la disyuntiva de ser fiel a su esposo o a su patria, Albertina concluye que antes de ser la mujer de un inglés es "en primer lugar española".

Simultáneamente a la vida privada de Albertina, la voz narradora detalla los hechos políticos alrededor de la captura de Portobelo, llevada a cabo por los ingleses en 1740, y los consecuentes preparativos para invadir a Cartagena. Como miembro de la flota británica, Keith está involucrado en los planes de atacar las colonias españolas, de las que habla informalmente con Albertina. Aquí es donde lo "real" y la ficción se unen para crear una interpretación particular de cómo se explican ciertos hechos históricos y de cómo la mujer participó en esos hechos. Este entrecruzamiento es lo que distingue la novela histórica de otros géneros. A pesar de que el o la novelista histórico sólo presenta un retrato imaginario del pasado, este retrato se apoya en cierta "veracidad" que es corroborable por los hechos documentados. Al tratar de reconstruir lo que pudo haber ocurrido en el pasado, la novelista comparte un lugar con el historiador. Pero el eslabón histórico no garantiza veracidad histórica. Por otra parte la novelista no está obligada a guiarse únicamente por los hechos u otras fuentes de documentación. Siempre y cuando la explicación de los hechos tenga cierta verosimilitud y coherencia interna, la novelista histórica tiene libertad para enhebrar la realidad con la ficción.

Si bien Acosta de Samper articula su preocupación por la legitimidad histórica de su reconstrucción (de allí las citas remitiendo a sus fuentes y las declaraciones enfatizando los desacuerdos entre historiadores), su mayor preocupación está en crearle un lugar histórico a la mujer. Su meta es presentar a la mujer como partícipe en la historia sin cuestionar los presupuestos sociales que la contenían en el ámbito doméstico. De allí la importancia de trasladar el enfrentamiento político al seno del hogar.

En el caso del quinto cuadro, Acosta de Samper estructura el relato de tal manera que las decisiones personales de Albertina afectan los eventos históricos con los que se entrecruza. Decidida a ejercer de espía, Albertina se informa acerca del número de naves de la flota inglesa y la fecha aproximada del ataque. Pero Albertina pronto descubre que tiene un obstáculo: "poco sé escribir, pues mi padre no quiso que aprendiera sino a firmar mi nombre, [pero] haré los garabatos que pueda [...]" (181). Al final logra apuntar la información que resulta ser decisiva para la defensa victoriosa de los españoles. Si bien no es de extrañar que la mayoría de las mujeres no pudieran escribir en aquel entonces, la observación va dirigida hacia el presente de la lectura pues pone en evidencia las consecuencias de ciertas limitaciones que se le imponen a la mujer. La mujer necesita ser educada para su propio bien y el de la nación. Su educación por ende concierne a todos. Una vez que Albertina decide enlistarse en la causa española, su campo de acción cambia significativamente. Frente al rapto que la había dejado paralizada, ahora vuelve a tomar las riendas de su vida y se transforma en una mujer inteligente y capaz. Astutamente provoca a Keith para sacarle información, y ante la imposibilidad de escribir los detalles, busca otras pruebas que corroboren lo que ha sabido. Así es como obtiene una de las medallas que los ingleses, confiados en su victoria, mandaron a grabar de antemano. La medalla que Albertina envía a los españoles de hecho contiene toda la información: "Los héroes británicos tomaron a Cartagena en abril de 1741".

Al colocar el relato ficticio de Keith y Albertina en la intersección de los eventos históricos, Acosta de Samper lleva el enfrentamiento político al campo doméstico y le da a su protagonista un rol excepcional dentro de la historia. Albertina trasciende los límites de lo doméstico y decide notificar al gobierno español de los planes de Vernon; su razonamiento le indica que, si bien es la esposa de un inglés, en primer lugar es una súbdita española y tiene ciertas responsabilidades hacia su país. De esta manera Albertina separa su identidad de la de su marido y se convierte en patriota.

En la batalla Robert Keith es herido y socorrido por el padre de Albertina. Antes de morir Keith le informa al padre de Albertina que él había raptado a su hija, que se había casado con ella legalmente para mantener su honor y, agrega, que a partir de ese momento la dejaba libre y heredera de todos sus bienes. El final feliz para Albertina, su liberación y reencuentro con su padre, coincide con el triunfo de las fuerzas españolas, subrayando una vez más la implícita conexión entre la historia personal y la nacional.

El personaje de Albertina ilustra claramente el proyecto político de Acosta de Samper. Albertina no limita su papel de mujer a ser una sacrificada esposa, sino que se esfuerza por actuar como súbdita española leal que defiende sobre todo los intereses de su país. Albertina comprende las reglas de la sociedad con respecto a su lugar y obligaciones, por ellos se casa con

Keith. Pero también sabe que su país y sus obligaciones hacia España están por encima de todo lo demás, como un verdadero ciudadano. Clara y Albertina saben cuáles son los valores y principios morales que deben sostener para resguardar el futuro de Colombia. Su lucha se basa en hacer de la posición en su hogar, una posición de poder. Las heroínas de Acosta de Samper luchan por definirse como mujeres mientras toman responsabilidad como verdaderas ciudadanas dentro y fuera del hogar. Al darles voz y visibilidad fuera del hogar, Acosta de Samper logra que sus protagonistas se construyan como sujetos y se apropien de un lugar en la historia nacional. Este es su mayor acto de piratería.

LA IN-VALIDEZ DEL CUERPO DE LA LETRADA:
LA METÁFORA PATOLÓGICA

Beatriz González-Stephan

> The monster woman is the woman who refuses to be
> selfless, acts on her own iniciative, who has a story to tell
> –in short–, a woman who rejects the submissive role
> patriarchy has reserved for her.
>
> TORIL MOI

> Sois bastante bella; sois muy inteligente. Vos lo sabéis;
> pero creedme, desearía que os pagaseis más de vuestra
> hermosura que de vuestro talento. Entre Venus y Doña
> Emilia Pardo Bazán los hombres preferimos a Venus.
>
> RUFINO BLANCO FOMBONA

Sorprende que treinta años después de su primera aparición, Soledad Acosta de Samper (Colombia, 1833-1913) haya decidido publicar de nuevo su novela *Dolores*, ahora en la *Revista de San Lázaro*, dirigida por ella entonces (1898) y destinada a recaudar fondos para la colonia de leprosos Agua de Dios. ¿Caridad cristiana? ¿Compromisos familiares? Sin duda. Pero las figuras leprosas, las imágenes de su deformación monstruosa, recorren sus tempranas narraciones... entre ellas, el texto mencionado y que más ha llamado el interés de la crítica contemporánea, *Dolores (Cuadros de la vida de una mujer)* (1869), amén de haber sido el más reeditado y traducido al inglés en vida de la autora[1]. Sin embargo, sería ingenuo, además de subestimar la inteligencia perspicaz y vasta cultura literaria de Soledad Acosta, hacer una proyección biográfica para explicar la engañosa simplicidad de

---

[1] *Dolores* se publicó por primera vez como folletín en *El Mensajero* en 1867, bajo el seudónimo de Aldebarán. Luego fue recogido junto con otros textos en forma de libro en *Novelas y cuadros de la vida sur-americana,* publicado en Gante (Imprenta de Eug.Vanderhaeghen, 1869, 438 páginas), con un prólogo de José María Samper; fue traducido

Dolores. El cuadro leproso de la enfermedad de la protagonista, Dolores, se inscribe en el tejido de una tradición literaria y médica con la cual dialoga y discute ajustando sus tropos y figuras. Nada más lejano, entonces, que un relato de la enfermedad como tal. Y en este punto quiero traer a colación las primeras líneas del conocido libro de Susan Sontag, donde enfatiza que su tema no "es la enfermedad física en sí, sino el uso que de ella se hace como figura o metáfora" (9): "la enfermedad *no es* una metáfora" aclara, pero las enfermedades circulan en el discurso de una cultura cargadas de un lenguaje que las califica moral y socialmente. Lo que interesa, en este caso, es la carga políticamente sexuada en el uso de la enfermedad como metáfora, como tropo literario, particularmente en la esfera del poder letrado en plena configuración de las letras nacionales a mediados del xix; poder de las letras en manos de un cenáculo masculino que difícilmente las compartía democráticamente.

Tengo varios años retornando a la lectura de *Dolores*; y siempre encuentro detalles aparentemente inadvertidos cuyo reparo despiertan nuevas preguntas: quizás la más evidente y la más señalada pero no lo suficiente, sea la contigüidad entre la enfermedad y la mujer intelectual, entre la lepra y la sexualización del saber; en otras palabras: ¿qué ciudadanías aparecen en el reparto de las representaciones imaginarias como necesariamente patológicas e inváli(da)das? La diseminación y funcionamiento de las narrativas del contagio, y específicamente, el poder de la ficción como agente "infeccioso", y no las enfermedades como fuente de contaminación, sino el peligro de contagio de las letras: es decir ¿en qué medida qué tipo de literatura con-

---

posteriomente al inglés bajo el título de *Dolores: The Story of a Leper*, Nueva York. Las narraciones que configuran el libro circularon primero como folletines en varios periódicos y también bajo algunos seudónimos que Soledad Acosta usaba para encubrir su persona: "Teresa la limeña. Páginas de la vida de una peruana", folletín en *La Prensa*, 1868 (Aldebarán); "El corazón de la mujer (Ensayos psicológicos), folletín en *El Hogar*, 1868-1869 (Aldebarán); "La Perla del Valle", *El Mosaico*, 1864 (Andina); "Ilusión y realidad", *El Iris*, 1866 (Aldebarán); "Luz y sombra (Cuadros de la vida de una coqueta), *El Iris*, 1866 (Aldebarán), son algunos de los relatos que fueron leídos antes de su formato en libro y bajo la máscara de una falsa identidad autorial . Es interesante destacar que cuando su esposo prologó el libro y respaldó públicamente la gestión literaria de Soledad Acosta, fue cuando se develó la verdadera identidad detrás de los seudónimos. Aparte del gusto detectivesco por resolver acertijos identitarios, en este caso "protegían" el nombre de la hija del historiador y diplomático General Joaquín Acosta. En el presente trabajo todas las citas de *Dolores* se harán de la edición preparada por Montserrat Ordóñez, *Soledad Acosta de Samper. Una nueva lectura* (Bogotá: Ediciones Fondo Cultural Cafetalero, 1988).

tamina y subvierte no sólo las subjetividades femeninas sino también las masculinas? El relato enmarcado (la voz de Pedro que presenta la narración de Dolores), en ese juego de voces sexualmente travestidas que también excede y prolifera en los márgenes del texto de *Dolores* (José María Samper, el esposo, autoriza en el prólogo el libro *Novelas y cuadros de la vida sur-americana* de Soledad Acosta de Samper; Soledad Acosta habla por la figura de Pedro; Pedro por Dolores, y Dolores por Soledad Acosta): ¿qué ansiedades subyacen en esa inestabilidad identitaria?¿por qué el enmascaramiento del género sexuado en la atribución de la autoridad discursiva? Finalmente, ¿se trata de un texto que habla sobre la insanidad de ciertas ciudadanías o sobre el trauma y los riesgos que representa la configuración de la autoría femenina en un mundo controlado por voces y géneros masculinos? Ambas: *Dolores* es una puesta en escena, una *representación* (una escenificación) de un tramado de prácticas discursivas que tienen como centro el miedo a la autoridad de la voz de la mujer; también es una *re-presentación* en el sentido de re-producir para visualizar mejor las obturaciones y zonas oscuras (deformantes) de la cultura (literaria y médica) patriarcal. Es un texto reflexivo que interroga las tachaduras y los secretos que el cuerpo letrado oculta para prohibir el lugar de enunciación de un sujeto no masculino; revisa los modelos retóricos de las estéticas recibidas; conspira desde y contra las representaciones construidas para las mujeres que no guardaban silencio.

Cartas contagiosas

Dolores está estructurada en tres partes. La historia de la protagonista –que básicamente consiste en la relación de su infortunio al contraer la lepra y tener por tanto que retraerse de la sociedad, sacrificar su noviazgo y futuro matrimonio, y vivir aislada– es narrada por su primo Pedro, con quien Dolores mantiene durante años una comunicación epistolar, a través de la cual le va notificando los avances de la enfermedad, su estado anímico, pero también sus lecturas y escritos. Pedro, una vez fallecida su prima, revela el secreto de su historia al mostrar fragmentos de las cartas y el diario de la difunta. Así, el "cuadro" de la vida de Dolores es presentado a dos voces y también en dos estilos narrativos que se van alternando: primero, es la voz de Pedro, que en su *his-story* introduce a los personajes, los paisajes, las costumbres del lugar, las fiestas populares, los idilios (el suyo con Mercedes, luego el de Mercedes con Basilio, el de Dolores con Antonio, y finalmente el de Antonio con "una señorita de las mejores familias de la capital",

80), como también los no pocos años de la vida de su prima como leprosa. Tanto Pedro como su padre tienen la mirada clínica (son ambos médicos) para leer los síntomas sospechosos de la enfermedad de Dolores desde el principio. Y, segundo, la *her-story* de Dolores, que se va abriendo paso en el relato de Pedro, hasta terminar por ocupar toda la escena narrativa desplazándolo a él; es más, Pedro es quien va cediendo su espacio –sólo es el marco– para que sea la voz de ella quien *performe* su propia relación a medida que se agrava la enfermedad y su aislamiento se radicaliza. A diferencia de la narración de Pedro, las cartas y el diario de Dolores no se detienen en detalles del mundo exterior, en la historia de otros, sino que el centro lo ocupa el acontecer de su propia persona, las circunstancias límites en las que se desenvuelve la "vida de *una mujer*", como bien reza el subtítulo del texto. En este sentido, *Dolores* se inscribe en el proyecto narrativo de los "ensayos psicológicos" tan caros para Soledad Acosta en aquellos años de su trayectoria intelectual, más inclinada a explorar las situaciones de mujeres solas que desarrollar el melodrama de la familia sentimental[2].

Los síntomas que vaticinan la aparición de la terrible enfermedad ("Un temor vago me asaltó, como a mi padre, al notar el particular colorido de su tez", 46), la atmósfera de fatales presagios ("el filósofo búho... se quejaba con su grito de mal agüero", 29), y los estragos que causa en la vida de Dolores, sin duda captan el interés de cualquier lectura, inclusive el de la crítica literaria. El que la protagonista muriese tísica o clorótica no llamaría tanto la atención (es lo más frecuente entre las narrativas del XIX), como esta enfermedad que arremete contra las identidades corporales de sus pacientes transformándolos en monstruosidades desfiguradas. Pero, ¿cuál es la verda-

---

[2] Soledad Acosta desde sus tempranas incursiones en la narrativa, como es el caso de sus *Novelas y cuadros de la vida sur-americana*, que reunía una serie de "cuadros" que estudiaban tipologías femeninas que ahondaban más bien en situaciones no necesariamente vinculadas al idilio, hallaría continuidad en su obra posterior, como es el caso de su voluminoso trabajo de más de cuatrocientas páginas, *La Mujer en la Sociedad Moderna* (1895). Se podría considerar este libro como uno de los más sorprendentes esfuerzos por parte de una mujer latinoamericana en el XIX por hacer una historia de las mujeres intelectuales, letradas, artistas, músicas, compositoras, políticas, médicas, economistas, astrónomas, matemáticas de Europa, Estados Unidos, América Latina y el Caribe. En este sentido, creo que Soledad Acosta no abandonó sus preocupaciones iniciales. Lo que sí modificó fue el género literario: pasó de la ficción al ensayo, pero mantuvo la estrategia "biográfica", es decir, una narrativa que individuase la subjetividad de la mujer. También rastreó con ejemplos concretos tomados de la historia la posibilidad "real" de desempeño de la mujer fuera del matrimonio. Las biografías que integra esta obra debían servir como "cuadros" modélicos para la *Self-Help* de la mujer latinoamericana.

dera fuente del horror? ¿La etiología de la enfermedad? ¿La gramática del contagio?

Quiero detenerme en un detalle y leer todo el texto en reverso a partir de él, arriesgándome a resemantizar los sentidos de los demás elementos. Dolores, aún joven y saludable, recibe un día en sus manos una *carta* dirigida a su tía –con la cual vivía desde que se había quedado huérfana–, cuyo remitente debía ser celosamente guardado en secreto, dado que se trataba del padre leproso de Dolores, que había querido "desaparecer" para no contagiar a su hija. El padre, sin embargo, desde su confinamiento, mantiene una asidua y clandestina correspondencia con su hermana. Dolores, efectivamente, crece creyendo en su orfandad. Pero ese día, Dolores toma la carta, y cuando se dispone a dársela a su tía, el mensajero le grita: "Tira esa carta, Dolores, ¡tírala! (...) Mi tía hizo entonces que me *lavara las manos*, y mandando llevar un brasero, no tomó la carta en sus manos sino después de haberla hecho *fumigar*" (48, énfasis mío). Dolores queda tan sorprendida con esta reacción que apenas atina a preguntar:

> ¿Está *envenenado ese papel*, tía? ¿El viejo Simón tendrá sus rasgos a lo Borgia, como en la historia que leíamos el otro día?
> –No te burles, hija mía, me contestó [la tía] con seriedad: *el veneno que puede contener ese papel es más horrible que todos los que han inventado los hombres* (...)
> –Es preciso que me explique usted este misterio...
> –¿No sabes que en las inmediaciones de N*** hay lazarinos? Uno de esos desgraciados me ha enviado esa carta (...) Se dice que esa espantosa enfermedad *se comunica con la mayor facilidad* (...)
> –Mucho me ha interesado [afirma Dolores]: el sobrescrito de la carta estaba muy bien puesto... y aún me parece que *la letra no me es enteramente desconocida* (48-49, énfasis mío).

La enfermedad que se contagia a través de la carta no es la lepra, es decir, la lepra como patología; el veneno que se desprende de la carta ("el papel envenenado") es la escritura, la escritura que envenena; el contagio por producir y descifrar la letra; el contagio que produce la literatura en general ("se comunica con la mayor facilidad"), y particularmente los géneros íntimos como formas de ficción altamente contagiosas ("el veneno que puede contener ese papel es más horrible que todos los que han inventado los hombres"). Las narrativas que descansan en el mundo de la privacidad (las narrativas del Yo), que construyen una subjetividad que intensifica una mayor sensibilización, resultan a la postre más tóxicas, menos edificantes, más peligrosas, que los géneros didáctico, histórico o religioso. Ese sería uno de los ángulos de la "fumigación", amén de la capacidad perturbadora que ya trae el "vicio" de la lectura al (des)orientar la educación de la mujer e indisciplinar su domesticidad. La literatura de ficción –el papel, la carta– se vuelve un instrumento temible ("a lo Borgia") si cae en manos inapropiadas, como en las manos de las mujeres porque las incitaría (contagiaría) a escribir. Por ello, hay que "fumigar" la letra, evitar y exterminar los gérmenes de su propagación "tirándola al brasero" (49)[3]. La tía lee la carta, pero no se contamina porque no toca la letra. Por el contrario, la letra sí toca las manos de Dolores y las envenena. Quedará así contagiada ("mucho me ha interesado") por letras que matan, por el poder de la literatura del padre ("la letra no me es enteramente desconocida"):

> Había conocido *la voz* de mi padre (...) y acercándome le *eché los brazos al cuello*. Al ver mi acción (...) dieron un grito de horror (...) yo pugnaba *por seguirlo* (...)
> –Dolores, no te acerques, ¡por Dios! ... ¡está lazarino!
> –¿Lazarino? ¡qué me importa! Mi padre no ha muerto y *quiero abrazarlo* (51, énfasis mío).

Hereda ("abraza") del padre la "lepra" como metáfora del poder metafórico de las letras: en cierto modo para ella el don fatal de producir letras: versos, prosas, y también cartas[4].

---

[3] El concepto que usan Sandra Gilbert y Susan Gubar, "infection in the sentence *breeds*", en el segundo capítulo de su libro *The Madwomen in the Attic* ("Infection in the Sentence: The Woman Writer and the Anxiety of Authorship", 45-92), es sumamente útil para este punto que estoy tratando en *Dolores*. Desplaza el centro de atención del discurso del nivel de las representaciones al plano de los géneros literarios propiamente dichos. Y es en este sentido que la literatura como praxis social (su consumo) invade, contagia y modela las subjetividades; la "fiebre" que produce es una metáfora que apunta a su capacidad de agenciamiento e interpelación.

[4] Aunque Soledad Acosta no se está "autobiografiando" en esta novela –como tampoco en ninguna otra de su cosecha-, sí inscribe en sus textos de ficción su propio horizonte experiencial como una mujer de los sectores acomodados de la sociedad bogotana que ha tenido el privilegio de crecer y circular en el mundo intelectual tanto de Colombia como el Europeo. Es interesante señalar como también Soledad Acosta "hereda" de su padre, Joaquín Acosta, no sólo el gusto por el saber, las letras, la biblioteca, los viajes, sino una red de amistades intelectuales, entre las cuales va a crecer y desarrollar una intensa correspondencia, vínculos que le permitirán ejercer "naturalmente" las letras, y desempeñarse como escritora, periodista, conferenciante, traductora, maestra, y luego individuo de la Academia de Historia. El texto de *Dolores* es una sofisticada y simbólica puesta e escena de esta herencia.

La literatura es tan contagiosa (tocar la carta) como la lepra (hay que lavarse las manos); la ley de su propagación re-produce los mismos síntomas y patologías. Abraza y *sigue* la *voz* del padre: hereda, al abrazarlo, el designio de tener también una voz para poder hablar. Así, en la medida que la lepra consume el cuerpo de Dolores, ella produce en una relación inversamente proporcional un cuerpo textual sustitutivo. Ahora, es su voz que lucha por manifestarse. Se encuerpa en el don letrado que le dejó su padre. Se re-configura y re-genera –la propagación es la ley del contagio– en la escritura de cartas, diarios, versos, ensayos, traducciones... Del mismo modo que la carta del padre la contagia, y en cierto modo la "masculiniza", porque recibe la tradición literaria del padre que la pervierte a favor de las letras en detrimento del matrimonio, ella, a su vez, con su escritura, también contagia a Pedro: en cierto modo, él se "feminiza" por la lectura de los escritos de Dolores; termina no casándose con Mercedes; y opta por un destino tan solitario como el de su prima. Ninguno de los dos –como veremos más adelante– se inserta en las narrativas del idilio reproductivo. La neuromímesis que producen ciertas narrativas (Bailin 1994, Beizer 1993, Gilman 1994, Kahane 1995, Nouzeilles 2000, Silva Beauregard 2000, Vicinus 1972, Vrettos 1995) contagia subjetividades excesivas –dis-funcionales o patológicas–, porque logra transmitir –como las enfermedades– conductas desviadas del orden: "[...] ¡Dios, la religión, la vida futura! ¡Cuestiones insondables! ¡Terribles vacilaciones de mi alma! ¡Si mi mal fuera solamente físico, *si tuviera solamente enfermo el cuerpo!*" (84, énfasis mío).

La ansiedad autorial

Dolores queda contagiada con *la autoridad letrada* del padre; recibe de él la pasión patológica por la letra. Por consiguiente, la herencia literaria que la abraza –porque es la única letra paterna que recibe– le viene dada por un *padre literario* y no por una *madre literaria*. Su temprana vocación por las letras sólo encuentra a mano modelos –libros, historias, relatos, ensayos, novelas, cartas...– de la tradición literaria masculina. La única *voz* que abraza es la del padre; es la única que tiene disponible ("mi padre no ha muerto") en forma de una tradición objetivada en libros que le permite leer, ejercitarse, citar, imitar:

> A veces me propongo estudiar, leer, aprender para hacer algo, dedicarme al trabajo intelectual y olvidar así mi situación : procuro huir de mí misma, pero siempre, siempre el pensamiento me persigue, y *como dice un autor francés*: "Le chagrin monte en croupe et galope avec moi" (85, énfasis mío).

No tiene otra opción: la tradición de letras femeninas aún no se ha construido, se ha silenciado; sólo puede inscribirse en el canon letrado *patrilineal*, en la biblioteca del padre, y los libros que permanentemente le suministra Pedro. No sólo la carta del padre es uno de los emblemas más significativos: sino todo el sistema de referencias que maneja Dolores, como Soledad Acosta, pasa por el canon "autorizado". Epígrafes de autoridades literarias europeas –Víctor Hugo, Balzac, Gilbert– encabezan las tres secciones de la novela. Es la biblioteca que la escritora hereda del padre Joaquín Acosta y del esposo José María Samper.

Pero, dentro del registro de géneros literarios marcados por el sujeto masculino, la voz del padre que la contamina con la *misma* "lepra", ¿cómo separarse del padre? ¿Cómo, entonces, marcar la diferencia?¿Cómo elaborar una letra que *difiera* de la tradición del padre? ¿Cómo generar letras ante la ausencia de paradigmas que puedan vocear las subjetividades femeninas? ¿Dónde abrevar de otra tradición literaria que no la señale como raro espécimen?: "Siempre el silencio, la soledad, la *ausencia de una voz amiga* que me acaricie con un tono de simpatía" (84, énfasis mío). Evidentemente, la escena del saber y de la producción literaria están tomadas por el cuerpo masculino, y el no lugar para otras voces produce ese desierto de soledad y ansiedad:

> ¿Para quién aprendo yo? Mis estudios, mi instrucción, mi talento, si acaso fuera cierto que lo tuviera, todo esto es inútil, pues jamás podré inspirar un sentimiento de admiración: estoy sola, sola para siempre... Vegeto como un árbol carcomido: vivo como una roca en un lugar desierto... (85).

La ausencia de figuras y tropos literarios de una tradición matrilineal produce al tiempo una parálisis ("todo es inútil") y una ansiedad (¿para quién aprendo yo?") por conseguir un lugar en la audiencia literaria ("jamás podré inspirar un sentimiento de admiración"). Marcar una voz diferencial, "pugnar" por el desvío del canon ("procuro huir de mí misma"), pasa a convertirse en el proyecto existencial de Dolores; de otro modo, el proyecto estético-literario de Soledad Acosta con *Dolores* es llevar a la escena textual la lucha (la "pugna") por estabilizar políticamente la autoridad y legitimidad de la mujer letrada, y su derecho a fundar sus propios tropos literarios sin que sean des-figurados (por la lepra) por la voz del padre y sin tener que enmascarar su identidad literaria:

> –¿Qué es esto prima?
> –Estaba escribiendo y...

–¿Y esa carta?
–¡No es carta!
–Misiva, pues, dije riéndome, epístola, billete, *como quieras llamarla*.
–Toma el papel; haces que te muestre lo que *sólo escribía para mí*.

Y me presentó un papel en que acababa de *escribir unos preciosos versos*, que mostraban un profundo sentimiento poético y cierto espíritu de melancolía vaga que no le conocía (45-46, énfasis mío).

Su lucha por el poder interpretativo de la palabra implicará, como toda pugna, un duelo, un esfuerzo "doloroso" de afrentas y renuncias. El precio del gesto de la "diferencia" es alto: ella ensaya versos, prosas, cartas, diarios ("misiva, epístola, billete, como quieras llamarla") en un intento por darle otra forma a su identidad literaria y poder abrirse un espacio reconocible dentro de las narrativas patriarcales.

El desvío dif(i)erencial

La palabra *difierencial* es la que construye *en* la escritura una nueva subjetividad distanciada del padre (Derrida 1994, 1989). Pero esa construcción de momento está atravesada por inestabilidades de género (¿la narración es de él o de ella? ¿o ella narra a través de él?), y un experimentalismo que ensaya sus formas, "huyendo" de la voz del padre que "siempre la persigue", hasta poder encontrar sus propias formas expresivas, su propio lenguaje. Por eso, Pedro sólo puede mostrar partes de las cartas de Dolores, fragmentos de su diario, pero no sus versos y otras prosas. También de momento "sólo escribe para ella" dentro de la estricta privacidad del claustro. Pero incursionar en la *difierencia* es quedar otra vez atrapada en las cárceles del lenguaje, que no sólo la desnaturalizan como ciudadana (mujer y leprosa), sino que para nombrarse ("como quieras llamarla") sólo tiene el lenguaje del padre.

Al ser el *verbo* en su principio vital masculino, el *ella* epistemológicamente no tiene lugar. Dentro del lenguaje del padre *ella* es estructuralmente anónima (Derrida 1997). Para nombrarse sólo tiene las categorías del otro masculino (del sujeto médico) que la diagnostica *des-figurada* en una doble interdicción: sin identidad y sin habla, porque la lepra se "carcomerá" su cuerpo y su lengua. Su lucha no es contra la enfermedad, sino contra esta des-identidad originaria que la amordaza desde su confinamiento. Su escritura en fragmentos, *fragmentada*, es el gesto inconcluso de la supresión que regresa a la escena para cobrar "como una fiera de los bosques" (70) lo que el padre le ha robado. La "in-validez" que produce la carencia de un lenguaje propio para expresarse la llevan a estados de "locura y desesperación" (70). Las "prótesis" verbales del padre o la biblioteca de Pedro, no sustituyen *su* lenguaje. Dolores, como escritora, está por tanto des-valida de su propio cuerpo literario, porque las letras siempre han sido ejercidas por una "pen/penis" (Gilbert y Gubar 1984).

Para *ella*, apropiarse de la letra es un infortunio, porque la patología de la lepra contamina sexuadamente los cuerpos. La lepra/letra en manos de *la mujer* desvía el sentido establecido; el género sexuado contaminado marca el sentido de la diferencia. Es la voz de la mujer que habla, piensa y escribe la disonancia en el registro de los saberes masculinos:

> Una noche había leído hasta muy tarde, estudiando francés en los libros que me dejaste: procuraba aprender y adelantar en mis estudios, educar mi espíritu e instruirme para ser menos ignorante: el roce con *algunas* personas de la capital me había hecho comprender últimamente cuán indispensable es saber (50).

Por eso Dolores produce "repugnancia" y "horror". Esa apropiación es im-propia ("estudiando francés en los libros que me dejaste"), distorsiona el cuerpo de las letras, y "carcome" el tronco de la tradición porque es *ella* quien contaminará a la postre el canon letrado con *su* letra, aunque sea con una imperceptible inflexión. Dolores marca en cursivas el discurso alterando la gramática de su contagio: el roce con "*algunas* personas" la hace comprender la importancia del saber letrado para las mujeres. Aquí la diferencia se vuelve patológica; debe ser "patologizada" por las narrativas médicas (Pedro y su padre son los médicos que diagnostican la "anormalidad" de la tez de Dolores) para poder aislarla y evitar futuras propagaciones entre el género de su especie (no en vano Dolores sólo se comunica con Pedro; es sometida a un contacto controlado).

La "lepra" es, entonces, la marca de una diferencia patológica, la que corresponde a la mujer intelectual, peligrosa, porque ha subvertido la paternidad del saber de las letras. La "desfiguración" parece venirle de los "muchos libros sobre las mesas" (75). El discurso va aparejando los libros, la escritura, con la deformación física creciente. No sólo debe ser aislada, encerrada, sino desfigurada hasta la monstruosidad, porque además ha alterado el orden de adscripción de los roles sexuados. La ética del poder falocrático la penaliza con su fealdad. Su afición por los libros y el saber la llevan a no contraer matrimonio ("ella dice que jamás se casará"; "no quiero creer en la repugnancia de Dolores por el matrimonio", 63); no le interesa la maternidad; decide vivir sola lejos de lazos familiares; y como escritora, intenta re-escribir las representaciones y modelos retóricos hegemónicos, amén de cuestionar el orden de creencias del discurso religioso: "Otras veces *mi alma se rebela*, no puede creer en que un Dios bueno me haga sufrir tanto, y en *mi rebeldía niego su existencia*", 84, énfasis mío).

Si bien las narrativas patriarcales y médicas construían para la mujer letrada un cuerpo monstruoso y contaminante que la obligaba al encierro (Price Herndl 1993, Russo 1994), este aislamiento podía reconvertirse en una situación productiva ("transgresiva", Stallybrass y White, 1986) para la gestación de la voz diferencial. La reclusión de Dolores es necesaria, y no por la lep/tra que padece, sino porque la soledad es condición indispensable para el ejercicio intelectual. Por el contrario, la soledad del hombre letrado se reviste de importancia y distinción. La metáfora de la lepra la desacredita desde el discurso patriarcal; pero al tiempo la exime de ser cuerpo reproductivo, y puede propiciar –en esta interdicción– su pasión letrada. La otra cara de la enfermedad, digamos el lado productivo de la metáfora monstruosa, es que le permiten diferir, poder trabajar en su necesaria diferencia.

La monstruosidad patológica de la letrada, que funciona simbólicamente como una supresión de la sociedad patriarcal, incuba desde su denegación la forma de su identidad alterada. Sumergirse en la "cueva" (Gilbert y Gubar 1984), volver a la "gruta", adentrarse en la selva, en la más radical soledad, para no oír las voces dominantes que la puedan contagiar y desviar, alejarse de todos los compromisos sociales (familia, matrimonio, hijos), es también la situación metafórica del "cuarto propio" para poder ella hallar su propia identidad literaria y poder escuchar su propia voz: "Viviré sola. Mi tía tiene una repugnancia *singular* al mal que sufro (...) veo la humanidad entera como un enemigo que me persigue, que me acosa, y he resuelto separarme de todo el que me tema" (69, énfasis mío). Dolores, al saberse infectada, abandona a su tía, y con una voluntad firme, decide construir su propia casa, con su biblioteca en plena selva. Desde allí es ella quien regula sus contactos y comunicaciones ("no se dejaba ver por nadie, y no permitía que se le acercasen", 68). La monstruosidad descansa en la mujer que decide vivir sola, que administra su propia hacienda, sin el tutelaje masculino, evita el matrimonio, y que puede desempeñarse como una profesional de las letras[5].

---

[5] Soledad Acosta en *La Mujer en la Sociedad Moderna* (1895) es tajante al respecto: "La vida aislada de una mujer virtuosa, sabia, patriota, etc., no basta para que se comprenda lo que se pide a todas –es preciso presentar un conjunto razonado de biografías, de bocetos de mujeres ejemplares (...) mujeres que han vivido para el trabajo propio, que no han pensado que la única misión de la mujer es la de mujer casada, y han logrado por vías honradas prescindir de la necesidad absoluta del matrimonio (...) le enseñará a valerse por sí misma (...) puede existir sin los lazos matrimoniales, y sola, sin necesidad de

Dolores en su cueva, reescribe el mito de la caverna de Platón, subvirtiendo la semántica patriarcal de la "in-validez" de la mujer monstruosa. A manera de una olvidada Sibila, inicia el proceso de excavación de una memoria reprimida y (re)construye los fragmentos. El encuevamiento le permite sumergirse en las profundidades de sí misma y encontrar allí, en la pura subjetividad, el poder de una tradición matrilineal *diferida*. El cuerpo de esa tradición ha sido des-membrado, des-integrado, como su propio cuerpo leproso. Es un cuerpo incompleto, de voces dispersas, de "anomalías" literarias. Entre los epígrafes de la novela, mayormente de escritores, Soledad Acosta halla la voz de "Vicenta Maturana". Del mismo modo, en los fragmentos del texto de Dolores, tenemos la escritura interrumpida e inconexa de una subjetividad doliente que ha sido agredida por la violencia patriarcal, y que "pugna" en un duelo por hacerse, pero también abrirse paso en un coro que la silencia. La escritura de Dolores escenifica el trauma de la supresión y demonización de la escritora a quien le han quitado el lenguaje ("estoy loca, desesperada", 66; "mi espíritu es un caos: mi existencia una horrible pesadilla", 79); escenifica el duelo de la des-posesión ("al verme, fue tal el horror que se pintó en sus semblantes, que comprendí que yo no debía hacer parte de la humanidad", 76); al tiempo de iniciar el proceso de su (re)composición como individualidad literaria hecha a base de pedazos.

La tradición interrumpida

Dolores interroga desde la diferencia sexuada de los géneros la escena literaria y la tradición de las narrativas nacionales. El lenguaje de *su* diferencia le permite hacer visible el sentido estético-ideológico de los moldes retóricos recibidos, y proceder con cautela en la repetición distanciada del mimetismo acrítico. Es decir, re-producir los modelos de la tradición literaria patriarcal, pero haciendo visibles aquellos mecanismos que hablan por las mujeres, que les mienten, que las domestican, que las castran y anulan. Brevemente, para retomar una idea anterior: hace visible mediante el *travestismo* la supeditación de la palabra de la mujer a la del hombre (Pedro es la ficción masculina que autoriza la narración de Dolores). Conspira desde y

---

que un hombre trabaje para darle la subsistencia" (VII y IX). Su lucha como intelectual fue precisamente para "des-patologizar" la imagen distorsionada que tenía la sociedad de una mujer dedicada a las profesiones. En este sentido, esta obra dialoga entrañablemente con *Dolores* en relación a hacer visible, por un lado, las dimensiones teratológicas de los prejuicios patriarcales, y, por otro, desmentirlos con argumentos historiográficos.

contra las representaciones culturales para insertarse en los intersticios. En este sentido, desteje las narrativas melodramáticas y sentimentales, pone en cuestión la matriz del "idilio político" (el "Political Romance"), y revierte los presupuestos clínicos de las narrativas médicas. Sin llegar a parodiar –en el sentido estricto de burlar– estas estructuras, trabaja la duplicación –*parados,* canto paralelo– como un gesto, por un lado, de reconocimiento de la tradición hegemónica, y, por otro, de disensión de las restricciones de los sujetos subalternizados. Así pone sobre la escena textual dos voces (Pedro y Dolores), la voz de Pedro paralela (*para*) a la de Dolores (*dos*).

La distribución del relato entre Pedro y Dolores, este juego entre un *él* y una *ella*, no sólo reproduce los acertijos entorno a la identidad autorial, como señaláramos, sino además entraña implicaciones más complejas en cuanto a la densidad de tramados que esconden las diferencias gramaticales de género. El registro narrativo de Pedro –la voz "masculina" del relato– pone en marcha una concepción política de las letras que desearía garantizar la reproducción de la mujer doméstica y la despolitización del espacio privado en función de la permanencia de la familia burguesa. El eje de su relato sólo pareciera adquirir sentido en función de la pareja heterosexual y del idilio reproductivo: la ansiedad de quién se casa con quién, y de cubrir las expectativas de las narrativas sentimentales. Su relato repasa los tópicos trillados del melodrama: el amor a primera vista, la pareja ideal, los malos presagios, el amor fatal, las intrigas, los secretos, el duelo, el abandono, el amor imposible... Dentro de este esquema la mujer es como "las flores arrastradas por la corriente de un río", y Dolores una de esas flores que "se precipitan a la corriente y se pierden en un remolino (...) se van hundiendo poco a poco y como a pesar suyo" (42). Las expectativas de este proyecto narrativo fracasan. El "idilio" feliz no se cumple en ningún caso (ni en Mercedes, ni Pedro, ni Antonio, ni Dolores), subrayando más bien el carácter libresco de la construcción del amor romántico. Antonio, íntimo amigo de Pedro, en determinada oportunidad exige "ser engañado" pero con "algo verosímil": "yo no soy héroe de novela" (64). Finalmente, Mercedes y Antonio contraen matrimonios por conveniencia.

En este sentido, Soledad Acosta des-sentimentaliza el género novelesco ("¡Es tan desalentador sentir el corazón vacío, sin emociones ni entusiasmo!", 58) dejando trazos de su reflexión metadiscursiva ("yo no soy héroe de novela") , para inclinarse más por otro tipo de modelo narrativo, digamos más "realista", que le permite explorar el interior de una subjetividad y construir un "cuadro psicológico", distanciándose de las obligadas retóricas fundacionales de las letras patrias, que focalizaban la materia narrativa entorno a la compulsión familiar y a la des-figuración de la mujer en tanto sujeto sexual y racional[6]. El relato de Pedro apenas logra ocupar una tercera parte de la novela, cuando son las cartas y la voz de Dolores las que toman la escena y desplazan el meollo sentimental. Su pacto se inscribe en una estética que, si bien ataca la lacrimomanía de los folletines, busca la exposición de otro tipo de pulsiones, que no pasan necesariamente por el idilio y las tramas del corazón:

> Tía, ésta es nuestra última conversación. Hablemos con toda la *cordura* y resignación que puede tener un cristiano en su lecho de muerte. *No permitamos que nos interrumpan las lágrimas, y no seamos débiles* (...) Cuando lleguemos a la orilla del monte me adelantaré sin decir nada. No pronunciemos la palabra adiós; ambas *necesitamos de un valor* que nos abandonaría si nos despidiésemos (74, énfasis mío).

Soledad Acosta, al distanciarse del proyecto romántico de las narrativas que prescriben el idilio como única posibilidad para la mujer –distancia medible al pasar del *él* a un *yo ella*–, puede romper con la convención omnisciente del narrador masculino y configurar a partir del modelo autobiográfico una subjetividad moderna, la de la mujer, recuperándola como un sujeto equidistante de su fetichización tanto de ángel como demonio, y explorar el "lado oculto del corazón", ese ángulo ciego tanto para la mirada médica como para el letrado.

El realismo o naturalismo eran estéticas más "viriles", es decir, estéticas de combate, que ofrecían un mejor espacio para examinar sujetos desplazados y socialmente problemáticos, como en este caso, el ascenso de la mujer intelectual. Al poner en entredicho la naturaleza "afectiva" diseñada para la mujer ("no permitamos que nos interrumpan las lágrimas"), apropiándose de la facultad racional destinada al hombre ("hablemos con toda cordura"), desestabilizaba los esquemas románticos. Al potenciar la creatividad del logos, de algún modo la escritora no sólo se estaba "virilizando" –porque tomaba en sus manos la pluma/el pene–, sino que también se estaba des-

---

[6] El proyecto de Soledad Acosta con *Dolores* era más radicalmente contestatario en cuanto a los patrones narrativos circulantes, si lo comparamos con la novela "fundacional" de su compatriota Jorge Isaacs, *María*, ambas del mismo año de 1867. La crítica ya ha señalado sus parecidos y diferencias: entre Efraín y Pedro, que son médicos y primos; y entre María y Dolores, la enfermedad de las dos protagonistas. Pero la apropiación y sentido semántico de la enfermedad (lepra y epilepsia) adquirieron significaciones diametralmente opuestas. Mientras que Isaacs refrendaba la ideología patriarcal de los relatos degenerativos, Soledad Acosta ponía en evidencia la clave de sus dispositivos.

corazonando. Es, por tanto, también un ejercicio de escritura autobiográfica en reverso –no promueve el modelo de esposa ejemplar–, porque desmiente la fragilidad de su género ("y no seamos débiles"), la incapacidad intelectual de la mujer ("cuan indispensable es saber"), la necesidad de protección ("Viviré sola...amenacé seriamente que me huiría de la casa y conseguí hacerlo", 69), y la belleza física como capital ("Su belleza había desaparecido... se veía como un espectro entre las sombras", 69). Desde este ángulo, es interesante no dejar pasar otros sentidos posibles en la selección de la lepra como enfermedad: al descarnar el cuerpo de la paciente, va perdiendo su sensibilidad ("los médicos dicen que el lazarino ha perdido el sistema nervioso", 84), lo que metafóricamente la "des-sensibiliza" para los "excesos literarios", es decir, poder despedirse de la tía sin melodramas ("no pronunciemos la palabra adiós"), y poder abordar ciertos temas sin perder la "cordura":

> Acaso me creerás insensible, desnaturalizada, al ver que puedo hablar tranquilamente de la muerte (...) No sé qué decir: no me comprendo a mí misma y creo que hasta *he perdido la facultad de sentir. Nunca lloro: la fuente de las lágrimas se ha secado; no me quejo, ni me conmuevo* (79, énfasis mío).

La nueva estética propuesta disocia la "facultad de sentir" con la "fuente de las lágrimas" y "las quejas", lo que saca a la mujer del callejón de la "irracionalidad naturalizada" de la ideología patriarcal y la coloca como sujeto pensante ("Mándame algunos libros. Quiero alimentar mi espíritu con bellas ideas", 79), pero no necesariamente sin sentimientos. Se desafía la supuesta incapacidad de la mujer para poder articularse dentro del lenguaje verbal. La desentimentalización de la mujer, así como abogar por su derecho a profesar las letras, era vista como una pérdida de la feminidad. Soledad Acosta arremete contra el deseo masculino de la mujer "débil" y sin voluntad, oponiendo la construcción de un caso ejemplar de mujer fuerte y resuelta, cuya independencia también significa el desecho de las "prótesis" masculinas y poder caminar y hablar por sí misma. También, en cierta forma, la misma enfermedad, al inhabilitarla para ser la mujer doméstica deseada por Antonio, contradictoriamente la equipa ("necesitamos de valor") para enfrentar otro modelo de existencia: la fortalece psicológicamente.

Las narrativas melodramáticas como las médicas habían estandarizado la somatización de los sentidos simbólicos del lenguaje del cuerpo femenino, en el entendido de que la mujer no era capaz de explicarse en el discurso racional de la palabra, y, por tanto, sólo podía hablar a través de su cuerpo (Beizer 1993, Silva Beauregard 2000, Vrettos 1995). Necesitaba de interpretación: un ojo que la anatomizara desde la razón clínica. Desde esta lógica, el sujeto médico letrado era indispensable para descifrar el lenguaje "desarticulado" del cuerpo de la mujer, y disponer *sus* (los de la lógica patriarcal) sentidos dentro del orden del discurso. Recordemos que Pedro como médico presenta el caso de Dolores, evalúa su enfermedad. Sin embargo, no habla por ella...

La atención que recibió el cuerpo y la conducta de la mujer durante el siglo XIX propició buena parte del desarrollo de las narrativas médicas. El cuerpo de la mujer intrigaba, bien por temor a su sexualidad, bien por temor a su independencia. Auscultar, diagnosticar, anatomizar ese cuerpo, era una manera de vigilarlo, cercarlo, y pre-escribirlo dentro de la autoridad de la letra científica, que al paso legitimó representaciones de la mujer basadas en el ojo e interés del saber patriarcal. De este modo, el sujeto médico habló por ella, y decidió sus patologías, y obviamente, la etiología moral de sus padecimientos. En este sentido, es muy significativo cómo operaba el teatro clínico de la Salpêtrie del doctor Charcot, quien mostraba los casos de histéricas, neuróticas, y epilépticas, efectivamente en un anfiteatro, donde la paciente ocupaba el escenario de "disección", mientras una nutrida concurrencia de médicos observaba el cuerpo convulso de las enfermas. El ojo clínico trataba de leer los síntomas de un *striptease* de cuerpos que se ofrecían al deseo médico de penetrar los secretos de la enfermedad. O, con más precisión, la mirada médica proyectaba sobre esos cuerpos sus deseos eróticos reprimidos en forma del lenguaje simbólico de las patologías. De este modo, las narrativas médicas fabricaban un saber sobre el cuerpo de la mujer a partir de dispositivos que privilegiaban los mecanismos panópticos del espectáculo y de la mirada vigilante. La voz de la paciente enmudecía, y sólo su *cuerpo* hablaba.

Por ello mismo, Dolores no se deja *ver* ("no se dejaba ver de nadie, y no permitía que se le acercasen", 68), porque no desea que su *cuerpo* sea el libro donde los médicos interpreten el sentido del lenguaje de la mujer. El cuerpo de la diferencia de género no es traducible. No es transparente, y, por tanto, la interpretación basada en el sentido de la vista es susceptible de espejismos y distorsiones. Recordemos que Dolores es traductora, no sólo ejercitada en trasladar el sentido de las palabras de un idioma a otro (del francés al español), sino también traductora del sentido de ciertos conceptos de una cultura a otra. En última instancia, la traslación de un código a otro no es posible sin alterar los sentidos. Desde la perspectiva de los médicos (para Pedro y su padre) la "tez" de Dolores "*no es natural* en este clima" (27, énfasis mío); leen al *ver* la conducta de Dolores –más inclinada a las letras que al matrimonio– como una "anormalidad" que debe ser patologizada. Soledad Acosta construye con *Dolores* su caso al quebrar la gramática basada en el mimetismo de la mirada que "mal-interpreta" el sentido de la "enfermedad" de Dolores. El cuerpo diferente sólo puede "dif(i)erenciarse" si le permiten hablar y precisar *sus* sentidos, estableciendo, entonces, una *voz* diferida. Aquí se reprograman los canales de comunicación. La lepra como enfermedad entraña, en este punto, una categoría epistemológica que anula las narrativas médicas basadas en el saber especta-*ocular* para descifrar al otro sexuado; para instalar otra situación que obliga al sujeto masculino a *escuchar* –a Pedro sólo le queda oír a Dolores en una forzosa situación de escucha-cómplice–, y al sujeto femenino poder traducirse (inscribirse) en la letra hablada o escrita.

En este sentido, Soledad Acosta re-escribe las narrativas médicas a partir de sus presupuestos. Asume la condición de leprosa para la mujer contagiada por las letras, y conspira desde las condiciones de esta enfermedad en contra de las premisas del saber de la autoridad médica. La lepra desintegra la materialidad del cuerpo; luego, hay poco o nada que *ver* para anatomizar. En cierta oportunidad, Dolores escapa de la mirada del médico y de su tía que van a verla, adentrándose aún más en la selva. Durante la noche se cobija en la choza de una mujer tullida que vive con su hijo retrasado. Esta micro comunidad de seres incompletos y deformes –no en vano son mujeres y niños– que viven marginados, refuerza por contigüidad la imagen de la mujer letrada como un individuo mutilado. La tullida es también la otra cara de Dolores.

A despecho de la inevitable desexualización que conlleva ideológicamente esta enfermedad (la lepra), el único cuerpo que resta para el diagnóstico es el cuerpo in-material de la voz, el texto sustitutivo de la carne que se desintegra. También, por consiguiente, se abre el intersticio para la creación de una subjetividad que toma cuerpo en la escritura; con lo cual la representación de la mujer escapa del abanico de cosificaciones (virgen, madre, santa, puta, bruja, demonio, vampiro), para devenir en un sujeto psicologizado. La representación masculina de la "in-validez" de la mujer letrada queda forzosamente revertida al situar a la mujer como autoridad de su propio discurso.

De este modo, Soledad Acosta, más cercana a las narrativas humanitarias heredadas de la Ilustración, promueve dispositivos que desde la ficción pueden crear una sensibilidad "solidaria" (Pedro se convierte en un interlocutor "fraterno" y no paterno de Dolores) con los conflictos y padecimientos de las mujeres que no se ajustan al modelo doméstico y a las narrativas de la familia sentimental. Ahora, el sello viril de las letras queda contagiado con los fragmentos de la voz femenina. Después de todo, la feminización de Pedro prepara el escenario para un canon literario tal vez compartido fraternalmente.

Otras metáforas: ¡tuberculosis no!

La intelectualidad femenina causaba en el XIX profundas inquietudes entre la comunidad de letrados y artistas, que veía amenazada su autoridad con el ascenso de un nuevo sujeto que no sólo le podía disputar el terreno de las representaciones simbólicas de la cultura, sino también desdibujar la distribución sexuada de los espacios público y privado, además de alterar imprevisiblemente la decisión de los asuntos del estado (Dijkstra 1988). La posible disminución de este poder (más fantasmagórico que real), activó en el inconsciente de las sensibilidades viriles una misoginia sin precedentes, que se apresuró a elaborar una gama variopinta de estereotipos femeninos, que iban desde imágenes tranquilizantes y dulcificadas hasta representaciones diabólicas y monstruosas de la mujer. Convivieron a lo largo del siglo una oferta riquísima de tipologías, algunas preventivas –como las del dulce ángel del hogar, la madre abnegada cargada de hijos, o la enferma y moribunda–; otras conjuratorias –como la Salomé, la Judith, la Eva, la Medusa, la Vampiresa, o las odaliscas–; y otras, donde la mujer aparecía como pura fuerza física reducida a su masa laboral –como lavanderas, costureras, sirvientas, campesinas–. Las primeras, reprimían y encorsetaban; las segundas, liberaban e hipertrofiaban; y las terceras, mutilaban. Todas, devaluadas. En todo este repertorio de posibilidades, lo que incomodaba era la injerencia de la mujer en las zonas "viriles" de la cultura, el poder de las letras, de las artes, y de los negocios: el miedo masculino que despertaba la mujer que leía/escribía –en este renglón no fueron pocos los ejemplos de su representación- y la mujer saludable, fuerte, dueña de finanzas y haciendas. El temor a perder su hegemonía proyectaba esa ansiedad a las representaciones simbólicas, transfiriendo la violencia de su propio despojo al objeto de su castración. Esto podría explicar sólo en parte la dificultad para incorporar en el imaginario social del período imágenes más normalizadas del "segundo sexo".

En este sentido, una de las estrategias más recurrentes fue "invalidar" el cuerpo femenino convirtiéndolo en fuente de agentes patógenos. De eso se encargaron tanto las narrativas sentimentales del romanticismo como las médicas del naturalismo. Controladas ambas por compulsiones higienizantes y categorías de pureza, popularizaron el cuerpo degenerado de la mujer, estigmatizado por la culpa de enfermedades venéreas o la debilidad por diferencias sociales y étnicas. Al respecto, una de las imágenes más emblemáticas de la protagonista "romántica" es la tuberculosa, entre ellas, la más conocida, la Margarita Gautier de *La Dama de las Camelias*, y , posteriormente, la Mimí de la ópera *La Boheme*.

No ahondaremos en este punto, pero sí recordemos lo esencial: el imaginario misógino de la estética romántica –que no se desgastó hasta el 900– trabajó con ahínco la tuberculosis como enfermedad, que atacaba con preferencia a los seres de vida disipada: a las mujeres que llevaban una vida sexualmente indecorosa (es decir, eran prostitutas); al contraer la tisis se establecía una carga moral entre la enfermedad y el exceso sexual; del mismo modo, los hombres contagiados eran artistas que habían perdido la salud por excesos y miserias económicas (Sontag 1985). En cualquiera de los dos casos, la tuberculosis estaba asociada a un desborde de pulsiones (sexuales y etílicas), a pasiones in-disciplinadas de sujetos (masculinos y femeninos), que se ubicaban en las zonas ex-céntricas del cuadro social, y que en su mayoría, provenían de los sectores menos favorecidos. Por consiguiente, esas metáforas de la enfermedad estaban ligadas a la bohemia, al dandismo letrado, y al exceso sexual. Era difícil, por tanto, para Soledad Acosta, encontrar en este repertorio disponible una imagen para la mujer letrada que no estuviera asociada ni a la tuberculosis, ni a la sífilis, porque ambas estaban cargadas, específicamente para el caso de la mujer, de un exceso melodramático –de amores, idilios, y pasiones– que no se avenía al personaje de Dolores, cuya "anormalidad" debía estar liberada de cualquier connotación culposa. Después de todo, ser letrada no debía ser un pecado, como tampoco estar emparentada a la vida bohemia. Además, una heroína tuberculosa, con sus profundas ojeras y palidez mortal, revestía, de acuerdo a la moda, de mayores atractivos; y terminaba por satisfacer el deseo masculino y cumplir con las demandas de una mujer débil, fragilizada por la enfermedad, y sin voluntad. Recordemos que en el horizonte literario colombiano, Jorge Isaacs, en los mismos años, estaba proponiendo con *María* (1867) un modelo de protagonista también enferma (de epilepsia), pero ajustado al gusto romántico de la mujer desvalida y sentimental. Al rechazar gran parte de las retóricas en boga, Soledad Acosta descartaba consecuentemente las metáforas de la tuberculosis, y se adelantaba *avant la lettre* a las narrativas médicas que se desarrollarían hacia finales del siglo.

Sin embargo, la etiología de la lepra estaba desligada de una contextualización socio-histórica (nada tenía que ver con desvíos humanos); su origen se anclaba en una mitología religiosa. Tenía que ver más bien con la ira divina. De algún modo, el leproso transitaba con una doble carga moral: por un lado, expiaba un castigo divino en su cuerpo; pero, por el otro, al ser castigo divino gozaba de cierta trascendencia. Era a la vez *des-graciado*: tenía y no la gracia de Dios. Dolores tiene el don divino de la palabra; pero, al ser mujer, el don divino del verbo (que pertenece por ley al padre) ha recaído en manos equivocadas; se ha desviado de su curso normal (patrilineal), y, por ello, se ha (des)graciado: puede escribir ("unos preciosos versos, que mostraban un profundo sentimiento poético"). Pero como la tradición ha desviado su curso, la transgresión de esta gramática debía ser expiada bajo la forma de su máxima monstruosidad (la lepra), que, al mismo tiempo, la confinaba al máximo aislamiento.

Abrazar la (des)gracia de la escritura en una sociedad donde las letras estaban gobernadas por manos masculinas, era violar las normas sociales; y era también arriesgarse a llevar el peso de la máxima culpa, de la más abominable de las metáforas: la que convierte a la mujer letrada en un monstruo de rostro irrepresentable, porque en su "desfiguración" ha tergiversado el sentido del cuerpo biológico de la reproducción en cuerpo intelectual de la palabra.

DE ANDINA A SOLEDAD ACOSTA DE SAMPER: IDENTIDADES DE UNA ESCRITORA COLOMBIANA DEL SIGLO XIX[1]

Montserrat Ordóñez[2]

La escritora

Soledad Acosta de Samper (1833-1913) es la escritora colombiana más significativa del siglo XIX y una de las más sobresalientes y prolíficas de América

[1] Agradecemos a Margara Russotto su autorización para publicar aquí este artículo, el cual hace parte de su libro *La situación autorial: Mujeres, Sociedad y Escritura en los Textos Autobiográficos Femeninos de América Latina*, de próxima publicación.

[2] Este trabajo se enmarca dentro del proyecto de investigación "Soledad Acosta de Samper y la construcción de una literatura nacional", auspiciado por Colciencias (Instituto Colombiano para el Desarrollo de la Ciencia y la Tecnología) y la Universidad de Los Andes de Bogotá, y realizado en 1999. Esta investigación se centra en la recuperación y evaluación de la primera etapa de la escritura de Soledad Acosta de Samper (1859-76), y corresponde a una época de indefinición, tanto de la literatura nacional como de la propia escritura de la autora. En primer lugar contamos con la edición del libro *Novelas y cuadros de la vida sur-americana* (Gante, 1869; Bogotá, 2004), que recopila varias de sus obras publicadas en periódicos desde 1864, aunque quedan muchas otras narraciones de la misma época, sueltas y completamente perdidas, en publicaciones de difícil acceso. La magnitud de la producción de Soledad Acosta de Samper, teniendo sólo en cuenta esta primera etapa literaria, hace de este estudio uno de los retos más interesantes que ofrece nuestra literatura. Por un lado, debemos replantearnos la construcción de la literatura nacional, tanto desde su momento de producción como desde la recepción (o falta de recepción) posterior. Por otra, tratamos de ampliar el horizonte de lecturas de la narrativa del siglo XIX, con el propósito de desestabilizar y cuestionar la interpretación canónica de la historia y de la crítica literarias colombianas. Durante el trabajo de recopilación, organización y clasificación de los textos según temas, estilo y relaciones con otros textos, describimos las etapas y formas de construcción de esta literatura, y la manera como Soledad Acosta se integra y se margina de esta construcción cultural. Hay que señalar, además, que el importante aporte de esta autora aparece como marginal en la historia de la literatura colombiana, que pocas veces la menciona y no la ha reeditado sistemáticamente. En diversas etapas de esta investigación han colaborado Carolina Alzate, Beatriz Restrepo, Bibiana Camacho, Natalia Ramírez, Alexis Rodríguez y Enrique Ordóñez. Muchos de los datos bibliográficos de la prensa del siglo XIX que se mencionan en este artículo se deben a las excelentes revisiones bibliográficas de Carolina

Latina, con casi ochenta años de vida y unos sesenta de dedicación a la escritura. Aunque no se la reedita en la actualidad y es difícil estudiarla por la falta de acceso a su obra, escribió de todo, sin interrupción y sin preocuparse de los géneros: periodismo, traducciones, crónicas de viaje, novelas románticas y sentimentales, cuadros de costumbres, crítica literaria, cartas, teatro, novelas históricas, biografías, obras de ensayo. Dirigió y en ocasiones redactó casi en su totalidad más de cinco revistas, de uno o dos años de duración. Cuando murió en 1913 era una figura intelectual admirada y respetada, como demuestran la nota necrológica que aparece en la segunda página de *El Tiempo* del 19 de marzo de 1913 (bastante destacada para lo que se usaba en la época y el poco espacio del periódico de cuatro páginas, de las cuales dos eran de publicidad) y en *Soledad Acosta de Samper. Recuerdos y homenajes a su memoria*, de 1914, en donde algún editor anónimo recopila en setenta y cuatro páginas las notas necrológicas que se publicaron sobre ella en periódicos nacionales e internacionales. Las bibliografías más completas de su obra publicadas hasta la fecha, preparadas por Gustavo Otero Muñoz en 1937 y por Flor María Rodríguez-Arenas en 1991, ocupa unas quince páginas. Los datos siguen siendo incompletos y la tarea de reunir una información bibliográfica confiable y relativamente limpia puede tomar muchos años de perseverancia e investigación responsable. Sus principales datos biográficos aparecen en los artículos del mismo historiador Otero Muñoz (1933, 1937), de Bernardo Caycedo (1952) y de Santiago Samper Trainer (1995), y a ellos me referiré cuando sea pertinente para este trabajo. También quiero mencionar que esta autora ha significado para mí, durante mucho tiempo, una preocupación y un interés más o menos discontinuos pero persistentes. La encontré en 1985 en la biblioteca de la Universidad de Pittsburgh, y he trabajado aspectos de su obra en su antología *Una nueva lectura* (1988) y en un estudio sobre su novela "Laura" y la literatura nacional (1997). En la actualidad [año de 1999] estamos trabajando en un proyecto dirigido a la reedición y divulgación coherente de parte su obra, que corresponde a la primera etapa de su narrativa romántica y costumbrista.

La cuestión autobiográfica

En la investigación que estamos haciendo, "Soledad Acosta de Samper y la construcción de una literatura nacional", hemos tratado de no abordar a esta autora como un caso excepcional, y de tener en cuenta su relación con los gru-

---

Alzate y Enrique Ordóñez. Este artículo está dedicado en especial a Carolina y Beatriz, con quienes he compartido el placer y las emociones de investigar en equipo.

pos intelectuales del momento y con la literatura que se publicaba en el país, así como relacionarla con la producción de otras escritoras de su época[3].

Hemos tomado una actitud consciente de no tratarla como un caso especial, y no perder de vista toda la complejidad de la situación histórica, para lo cual han sido de gran ayuda los estudios de escritoras del siglo xix de Susan Kirkpatrick, sobre España, Francine Masiello, sobre Argentina, Francesca Denegri, sobre el Perú, y Catharina Vallejo, sobre la República Dominicana. Sin embargo, el asombro que nos produce su vida y su obra ha ido creciendo, y hace que no podamos ignorar las preguntas que nos hemos repetido mientras ubicamos y revisamos su obra, preguntas que parecen sacarnos a veces del objetivo central de la investigación (la literatura nacional y la valoración de la obra de Soledad Acosta de Samper), para situarnos en planos que tocan directamente la cuestión autobiográfica: ¿Cómo es posible que no encontremos materiales autobiográficos en la obra de una autora que escribió toda su vida?, ¿que no encontremos una relación evidente entre su producción y su vida? Durante sesenta de sus setenta y nueve años no cesó de escribir. Nada la detuvo y siempre se estaba planteando un nuevo proyecto, a pesar de las crisis conocidas de su vida, que incluyeron experiencias difíciles, enriquecedoras o traumáticas, como viajes y tres idiomas desde pequeña, el conflicto entre catolicismo y protestantismo, la pérdida de su padre a los dieciocho años, el viaje a Europa (1858-62) recién casada, las cuatro hijas que tiene en seis años (Samper Trainer 137), nacidas en lugares diferentes (Bogotá, Guaduas, Londres, París), durante la época en que está enviando sus primeras publicaciones con seudónimos a periódicos de Colombia y Perú. Ve morir a dos de sus hijas en una epidemia en octubre de 1872 (una de doce y otra de quince años), ve a su esposo en la cárcel en 1875 y se hace cargo de los gastos del hogar, queda viuda en 1888, a los cincuenta y cinco años, y pierde así al que fue su gran compañero y

---

[3] En el *Museo Literario* ("Periódico semanal dedicado al bello sexo", de 1871), se menciona el libro *Guirnalda Literaria,* publicado en Guayaquil, en donde trece de las treinta y seis escritoras americanas mencionadas son colombianas (252). La primera publicación periódica dirigida por Soledad Acosta de Samper, *La Mujer* (1878-81), debajo del título lleva la siguiente información: "Lecturas para las familias. Revista quincenal redactada exclusivamente por señoras y señoritas bajo la dirección de la señora Soledad Acosta de Samper". Que el proyecto haya resultado más difícil de lograr de lo que la directora creyó no invalida la presencia de suficientes escritoras como para poder plantearse esa tarea. En su libro *La mujer en la sociedad moderna* (1895) Soledad Acosta de Samper menciona más de treinta escritoras colombianas (414-418). Es decir, la presencia de escritoras, especialmente poetas, en la prensa colombiana del siglo xix, merece la atención que hasta ahora no ha recibido.

apoyo, sigue escribiendo y viajando a pesar del grave reumatismo que sufrió los últimos veinte años de su vida (Samper Trainer 150). La crítica literaria tradicional presentaba primero la vida de un escritor y luego su obra, que se explicaba por sus experiencias personales. Nuestra generación aprendió a leer una obra sin buscar justificación en la vida. Pero el caso de Soledad Acosta de Samper rompe con todos los métodos de interpretación, viejos y nuevos, cuando nos encontramos con tanta obra que parece no conectarse en absoluto con la vida, no sólo por sus temas y propuestas contradictorias sino por lo incongruente que puede ser lo que escribe comparado con lo que vive. ¿De dónde sale, cómo se sostiene una voluntad de escritura de este calibre?

A cualquiera de estas preguntas y al intento de responderlas hay que añadir que los materiales que encontramos sabemos que no son definitivos, y que trabajamos con hipótesis que se nos pueden desbaratar en cualquier momento. Contamos, eso sí, con una constante que aunque no nos ayuda en el trabajo nos ha dado mucho impulso: la enorme cantidad de errores, informaciones incompletas o equivocadas, escritos de divulgación que no son más que pésimos ejemplos de fuentes terciarias, interpretaciones sin ninguna base histórica ni crítica. Para un estudio de la recepción y distorsión de la obra de Soledad Acosta de Samper hemos encontrado, por ejemplo, desfases de veinte años en la ubicación de alguna de sus obras (Gómez Ocampo); referencias equivocadas a contenidos de sus libros que muestran que el que los menciona nunca los ha abierto (García Maffla 85); llamarla poetisa cuando nunca escribió poesía (Jiménez 32); además de acusaciones de no ser modernista y escribir como Silva cuando pertenecía a una generación anterior (Moreno-Durán 161), o de fantasear cuando escribe novela histórica (Melo 637). Como si la imprecisión la persiguiera, está la emisión de un sello o estampilla en su honor en una serie de personajes colombianos, con la fecha de nacimiento equivocada; la fecha de su muerte también errada, por lo menos hasta hace poco, en catálogos de la Biblioteca Nacional y la Biblioteca Luis Ángel Arango; y un archivo Samper en el Gimnasio Moderno de Bogotá, con materiales de Soledad Acosta, muy difícil de consultar porque no ha sido inventariado y catalogado. Este parece ser parte del mismo archivo que Otero Muñoz dice que revisó para completar su bibliografía de 1937 (283) y Samper Trainer para su artículo de 1995, archivo donado por Blanca Samper Acosta, la hija de la escritora, al escritor y académico Daniel Samper Ortega, y que ahora pertenece a don Armando Samper Gnecco[4].

---

[4] Agradecemos a don Armando Samper la generosidad con que nos permitió el acceso al archivo.

Más que de grandes errores, esperamos que nuestro trabajo sufra sólo de la inevitable falta de información precisa, y que ojalá algunos de nuestros interrogantes se puedan responder en el futuro con documentos y datos exactos. Las palabras que más hemos repetido en este año son "creemos" y "parece"... Y el asombro y la admiración que mencionaba antes se mezclan con la "desesperanza" de comprobar que pertenecemos a una cultura que ha borrado de su historia casos como el de Soledad Acosta de Samper, verdaderos modelos tanto por su dedicación al trabajo como por su producción. Nos seguimos preguntando por qué, por qué se leyó *María* y nunca se habló de *Dolores,* ambas de 1867. Qué puede pasar con la historia literaria hispanoamericana si se reedita y se lee adecuadamente el volumen *Novelas y cuadros de la vida suramericana*. Por qué no se conoce ni en Colombia ni en el Perú *Teresa la limeña*, de 1868, publicada, como *Dolores,* primero en folletín y luego en libro[5]. Ignorando y "ningu-neando"[6], seguimos partiendo de cero para plantearnos lo que significa integrar la escritura a la vida. Y parte de nuestros atascos presentes surgen de no entender la riqueza y versatilidad de vida que mujeres como Soledad Acosta de Samper lograron en condiciones históricas no menos difíciles que las nuestras.

Privilegiada. El grave problema de Soledad Acosta de Samper ha sido pertenecer a una clase social privilegiada. ¿Cómo perdonarle su capacidad y su insatisfacción a una mujer que no es una víctima, oprimida por clase y sexo? Carolyn G. Heilbrun se ha atrevido a plantear el dilema de la mujer privilegiada, que tiene que negociar con su creatividad, esa hambre del alma a la que parece no tener derecho por no haber sufrido lo suficiente. Mientras el resto de la población femenina no sabe leer, tiene mínimas alternativas de trabajo, y muere y ve morir a los suyos de hambre, enfermedades y guerras, unas pocas mujeres leen y escriben. Y su producción causa miedo, rechazo, o excesivo asombro. ¿Qué quieren esas mujeres? ¿Por qué no se dedican a agradecer y disfrutar lo que tienen y dejan de meterse en mundos que no les corresponden? Soledad Acosta es un caso paradigmático. Hija de un prócer de la Independencia y de una sajona nacida en Nueva Escocia, disfruta de una educación excepcional y de los círculos más interesantes en Europa y en América, primero por los viajes de sus padres y luego por los que hizo con su esposo, José María Samper, un gran político, periodista y escritor del siglo XIX. Viajes, educación, idiomas, relaciones; en fin, la información, como dirí-

---

[5] En el Perú existe una reedición de *Teresa la limeña* hecha por Edgardo Rivera Martínez, acompañada de un artículo del mismo escritor, en la revista *Scientia Omni* (1997) de la Universidad de San Marcos.

[6] Expresión que remite al poema de Rosario Castellanos "Ninguneo" (328), sobre la sentencia que todos los poderes dictan contra la escritora: "No existes".

amos ahora, parece estar en la base de su fuerza y de su influencia. Y tal vez por saber demasiado tiene ese deseo, ese impulso inagotable de contar y compartir. Un chiste de la época, que se sigue renovando y aplicando a distintas circunstancias de la vida nacional, fue definirla como "Soledad a-costa de Samper", es decir, como una mujer que valía por su marido pero no por ella misma. La verdad, de parte de José María Samper hasta ahora sólo hemos encontrado expresiones de admiración y reconocimiento respecto a su esposa, que colaboró incansablemente en los proyectos de él y que, en una relación que parece bastante equilibrada para la época, también recibió el justo apoyo de su esposo en los proyectos propios. Las ironías y los ataques aparecen más o menos veladamente, pero tampoco hemos encontrado un rechazo directo y total, como sufrieron otras escritoras del siglo XIX, como por ejemplo George Sand o Clorinda Matto de Turner. Más bien, en la revisión de prensa del siglo XIX que hemos hecho aparece siempre rodeada de comentarios elogiosos que, aunque no son muy profundos ni indican conocimiento de su obra, al menos la muestran con un aura de respeto y reconocimiento. La incomprensión y el desprecio son más recientes[7].

Privilegiada fue por haber tenido un buen padre que le dio una educación excepcional, un buen marido que parecía disfrutar la vida de hogar y las capacidades de su compañera[8], una madre que la ayudó en su vida de casa-

---

[7] Por ejemplo, en *Colombia Ilustrada* 2 (1° mayo 1889), en la sección "Varia", se recibe con una elogiosa nota la publicación de *El Domingo de la Familia Cristiana:* "Llega a nuestra mesa de redacción, y por cierto es bien venida, esta revista semanal, que con el hecho de ser dirigida por la señora doña Soledad Acosta de Samper, es buena e interesante. No puede ser menos que fructuosa la nobilísima tarea que se ha impuesto su ilustre redactora: la vulgarización de los Evangelios y la exposición sencilla y clara de temas religiosos y del hogar. Le deseamos éxito favorable." (38-39) Cuando *El Domingo de la Familia Cristiana* se suspende, de nuevo vuelve a elogiarse a su autora: "Con pesar hemos visto, en el número 52, del 16 de marzo de este interesante semanario religioso, que dicha publicación se suspende. Su inteligente e ilustrada Directora, Dª Soledad Acosta de Samper, tan justamente estimada en el mundo de las letras, merece, por el esfuerzo de diligente piedad y cristiano celo que representa la labor de redactar dicho periódico, toda clase de encomios, y nosotros se los tributamos muy expresivos y sinceros. Ojalá que, vencidas las dificultades que en su despedida indica la Directora, tan útil cuanto moralizador semanario vuelva a aparecer para bien de la sociedad." (189). Entre las referencias al celo cristiano y moralizador de la directora, hay un claro reconocimiento de su inteligencia, su ilustración y su lugar en el mundo de las letras, aunque no parece que el redactor de la nota hubiera leído esta revista semanal, que tiene muchos más temas además de divulgación del Evangelio y cuestiones religiosas.

[8] Dice Isidoro Laverde Amaya sobre la vida familiar de José María Samper: "Para él las expansiones familiares en el seno del hogar tornábanse á menudo en abiertas lizas de

da, una hija soltera, Blanca, que la acompañó en su viudez y sus viajes. Sin duda estos fueron los pilares de su seguridad interior y de la fluidez de su producción. ¿Pero ella lo sabía, y lo dijo? Seguimos pensando que una mujer de esa fuerza tuvo que haber dejado testimonios directos de su vida y sus experiencias, y aún quisiéramos encontrar su voz autobiográfica. Sin embargo, el rasgo más saliente de su personalidad parece que era el de ser muy reservada, como le dice incluso su propia hija Bertilda (Samper Trainer 148). Tenemos, pues, una mujer casi pública, refugiada en una vida privada impenetrable, que se dedicó a crear vidas y voces, en cientos de expresiones múltiples y casi contradictorias, que hacen tremendamente difícil explicarla como sujeto. Como un camaleón, cambia y se desdobla en otros sujetos que nunca sabremos con seguridad si representan o no lo que creía o tal vez lo que intuía. ¿Hasta qué punto su conocimiento del mundo y de los seres humanos (por experiencia personal, por haberlo oído, por sus lecturas), su escritura y su fluidez, la arrastran y la dispersan y la multiplican? ¿Hasta qué punto un caso así sólo puede darse cuando escribir es parte integral de la vida diaria, y así la escritura no sólo logra organizar el caos de la vida sino también reproducirlo?

Versatilidad de voces e identidades

Durante el proceso de ubicar, organizar y valorar su escritura, tan compleja y dispersa, uno de los temas más interesantes que se nos ha planteado ha sido la versatilidad de sus voces e identidades. Como esto parece un trabajo infinito leyendo a Soledad Acosta de Samper, voy a escoger unos casos representativos, algunos de los ejemplos más interesantes de las distintas voces e identidades que hemos encontrado en su escritura. Estos ejemplos representan momentos claves de su vida, desde el diario de su juventud, el uso de seudónimos, la voz epistolar, la voz ensayística, hasta la biografía de su padre, el General Acosta, publicada cuando Soledad Acosta de Samper tenía 68 años. Aún le quedan luego muchos más de producción, y hay

---

inteligencia, porque tanto su esposa, como su misma suegra y sus dos inteligentes y espirituales hijas, le oían con singular atención, no sin que de vez en cuando dejaran de expresar ellas, francamente, su opinión sobre puntos de literatura y bellas artes. ¡Cuánta dulce satisfacción le procuraba el afecto de los suyos!" (142). Cuando rememora los últimos meses de vida de Samper, se adivinan los cuidados y preocupación de la familia durante su enfermedad (185). En periódicos y libros de la época hay frecuentes referencias a las reuniones literarias y sociales en casa de los Samper.

muchos más ejemplos interesantes de versatilidad durante toda su vida; pero esto puede ser un modelo o esquema para pensar dónde y cómo integrar otros aspectos de su obra a las técnicas de construcción de su subjetividad.

Del diario fantasma a la novela[9]

Un diario íntimo de Soledad Acosta sí existe, según el discurso del 5 de agosto de 1952 de Bernardo Caycedo, Vicepresidente de la Academia Colombiana de Historia, con motivo de la colocación de un retrato de Soledad Acosta de Samper en la Galería de Historiadores. Caycedo dedica varias páginas muy lúcidas a describirlo y comentarlo, y tratar de entender los procesos de la escritora. Es un diario adolescente, escrito en los últimos meses de noviazgo, que termina el día de la boda, el 5 de mayo de 1855. Entre sus hojas hay "un verdadero herbario de hojas y flores secas". Es por ahora sólo fantasía pensar en ubicar y ver las flores y dibujos de este diario de enamorada y aún más pensar en una edición facsimilar, pero a veces las fantasías se pueden convertir en realidad y por qué no imaginarlo desde ahora. Parece ser un texto que oscila entre reserva y diálogo con su "trovador" enamorado[10], que puede leerlo para conocer así a esa joven "seria y pensativa" (362). Solita hace todo un proceso de introspección y autoanálisis, que parece no se vuelve a repetir. Esa libertad adolescente de escribir sobre sí misma ya no puede mantenerse cuando su audiencia es más de dos. Y sin embargo, es esa capacidad prefreudiana de conocer lo más oculto de los seres humanos lo que hará de sus novelas y cuadros excelentes estudios sobre personajes sumamente diversos.

A partir de 1859 colabora en diversas publicaciones, con seudónimos, y va explorando distintos géneros, distintas audiencias, temas y perspectivas. En su libro de 1869 *Novelas y cuadros de la vida suramericana*, recopilación de algunas de sus obras publicadas desde 1864, resaltará la presencia de narradores masculinos, primeras personas que filtran el mundo: el primo de *Dolores;* varios narradores en las historias de *El corazón de la mujer;* el

---

[9] Este diario fue localizado y publicado después de la muerte de Montserrat Ordóñez: *Diario íntimo y otros escritos de Soledad Acosta de Samper*. Edición y notas de Carolina Alzate. Bogotá: IDCT, 2004. Cubre los años de 1853 a 1855.

[10] El nombre de "trovador" que le da a "Pepe" en el diario se refiere a las dotes de versificación de José María Samper, que además en 1850 había redactado con José Caicedo Rojas y Rafael E. Santander una revista llamada *El Trovador*, en donde ya se hablaba de la necesidad de crear una literatura propia, americana (*El Trovador*, 19 julio 1850).

viajero de "La Perla del Valle" que identifica en su recuerdo mujer y patria; el hombre maduro que recuerda su infancia en "Mi madrina". La otra mitad del volumen son voces femeninas, muy claras, en distintos niveles: las cartas y diarios de Dolores; las cartas de los personajes de *Teresa la limeña*; la narradora/personaje de "Luz y sombra"; o las voces de una narradora que relata lo escuchado, como en "La monja" y "Un crimen". En diez o doce años Soledad Acosta de Samper ha desarrollado las habilidades de un verdadero novelista, que sabe que el mundo no se explica con la única perspectiva del propio yo. Deja de hablar de sí misma para reflejar sentimientos y pensamientos ajenos y muy complejos.

Los seudónimos: "la natural desconfianza de echar a la luz mi nombre"

Con seudónimos comienzan sus colaboraciones en diversos periódicos de Colombia y Perú. Andina, Bertilda y Aldebarán son sus primeras máscaras. Como Andina escribe desde 1859, primero en *Biblioteca de señoritas* y luego en *El Mosaico*. *Biblioteca de señoritas*[11], que se publica de enero de 1858 a julio de 1859, llega hasta el número 67, y se anexa en septiembre de 1859 a *El Mosaico*, que había comenzado en diciembre de 1858.

La "Revista parisiense" de Andina ocupa tres o cuatro páginas de las ocho de *Biblioteca de señoritas*. En 1859 podría decirse que la hacen prácticamente entre Eugenio Díaz y Soledad Acosta de Samper. Eugenio Díaz, el autor de *Manuela* y redactor de la revista, publica en el número 67 una nota de agradecimiento por las colaboraciones que Andina manda de París:

> La *Biblioteca de Señoritas* tiene que mostrarse profundamente agradecida a su corresponsal "Andina", señora bogotana, que le da tanto mérito a sus propias columnas. Las señoras granadinas le deben "gloria" por la parte de señoras, "instrucción" por las noticias y "amor" por sus tiernos consejos de madre. Pero hay un mérito más sobresaliente que levanta la fama de Andina sobre los monumentos de su patria, *la moral de sus escritos*. Tierna amiga, les avisa a sus paisanas cuáles de las nuevas producciones literarias de París les convienen, y cuáles no, lamentándose de la *presteza* (es decir de la malignidad) con que se traducen y propagan entre nosotros los libros corruptores. Andina no se alucina porque

---

[11] A partir del 18 de enero de 1859 aparecen en *El Tiempo* avisos sobre la *Biblioteca de señoritas*, "periódico para el recreo y pasatiempo del bello sexo granadino (...) cuenta con una correspondencia parisiense escrita por una ilustre señora suramericana que reside actualmente en París".

los libros sean novelas francesas. Andina tiene juicio y penetración, y sabe apreciar el pudor en las señoras. Andina prohíbe aconsejando, que es la mejor de las prohibiciones. Madres, sacerdotes y magistrados de la Nueva Granada ¿habéis pensado en lo que debéis a la señora corresponsal de la *Biblioteca*?

Si pues esta ave emigrante vuelve sus ojos desde las orillas del Sena a sus rocas y árboles nativos; si su corazón palpita por las avecillas, sus compañeras ¿cuánta debe ser la gratitud hacia ella, y cuáles las pruebas de cariño y afecto?

Las que mi patria le prodigue; las que le tributen los amigos del orden y de la moral, las esperamos como amantes de la justicia. Por nuestra parte no alcanzamos sino a manifestar a la eminente señora corresponsal de la *Biblioteca* toda la efusión de nuestra gratitud, por parte de un ciudadano, por parte de una familia y por parte de un colaborador (Díaz Castro 450-451).

De esta larga y elogiosa nota quiero señalar, además del seudónimo, que no está dirigida a una escritora consagrada, sino a una joven colaboradora de unos veinticinco o veintiséis años, oculta bajo un seudónimo, que obviamente Eugenio Díaz sabía a quien pertenecía. Además del seudónimo y de la juventud de la escritora, creo que es definitivo el tono de reconocimiento y admiración, que con frecuencia seguirá apareciendo en los comentarios sobre Soledad Acosta de Samper, y el énfasis en su misión moralizadora y educadora, no sólo informativa. Treinta y cuarenta años después, ya con gran experiencia en la dirección de sus propios periódicos, Soledad Acosta de Samper seguirá tratando de "prohibir aconsejando", como Eugenio Díaz dice en su nota.

A partir de la fusión de *Biblioteca de señoritas* con *El Mosaico* sigue apareciendo en esta última publicación (desde el número 37) la "Revista parisiense" de Andina y luego las notas de viaje "Recuerdos de Suiza". En 1864, ya de regreso a Bogotá, Soledad Acosta de Samper publicará como Andina en *El Mosaico,* además, sus dos primeros cuadros, "La Perla del Valle" y "La monja". Pero antes, durante su permanencia en París, manda colaboraciones no sólo a Bogotá sino a *El Comercio* de Lima, en donde escribe también su esposo. Las "correspondencias" (ahora las llamamos "corresponsalías") de Soledad Acosta de Samper para *El Comercio* parece que fueron un acontecimiento esperado y muy celebrado en su momento, como recuerda años después en su artículo Mercedes Cabello de Carbonera:

Recién casados trasladáronse de Colombia a París, de donde enviaron nutridas correspondencias, en las que, la pluma y el ingenio de la escritora colombiana, fueron el más importante contingente para prestarle amenidad y brillo a esas correspondencias; las que, publicadas en *El Comercio,* periódico entonces, como ahora de gran circulación en Lima, eran leídas con avidez, y estimadas en alto grado, por los que podían aquilatar el mérito de aquellos dos talentos literarios (1309).

Como pudimos comprobar en los ejemplares de *El Comercio* de la Biblioteca Nacional de Lima, con frecuencia se le dio un lugar destacado en la segunda página, e incluso a veces en la primera, lo que por la diagramación del periódico era algo excepcional para una "correspondencia". Las corresponsalías de José María Samper son fácilmente identificables por los temas, el estilo y el lugar de redacción, pero no llevan firma. En cambio las de Soledad Acosta de Samper están siempre identificadas con su seudónimo "Bertilda". Otras de las colaboraciones anónimas tal vez están escritas por ella, o por ambos. Su columna más frecuente, que con excepciones aparece cada dos semanas, se llama "Revista de la moda", pero sus temas van desde moda propiamente dicha hasta comentarios de la vida europea, exposiciones y descubrimientos, ópera y vaudeville, crónica social y de la realeza, mezclado todo con opiniones sobre literatura y educación, comentarios de libros y escritores, además de crónicas amarillistas y truculentas sobre crímenes y escándalos. Así como en Colombia se dirige a su audiencia bogotana, en estas "correspondencias" a menudo les habla directamente a sus lectoras, las limeñas a las que no quiere defraudar con sus noticias.

En 1862 los dueños de *El Comercio* contratan a José María Samper para dirigir el periódico y toda la familia viaja de Europa a Lima a fin de año, en donde además del trabajo que supone el periódico fundan la *Revista Americana*. Como subtítulo lleva una extensa descripción: "(Anexa al "Comercio" de Lima). Periódico de Política General - Ciencias Sociales, Físicas y Naturales - Historia - Viajes - Crítica - Biografía - Costumbres - Estadística - Bellas Artes - Industria - Crónica - Variedades - Organo general de los intereses de la América republicana; órgano especial de todas las universidades y sociedades científicas, literarias y de previsión y beneficencia del Perú". Se publica de enero a junio de 1863, cuando interrumpen el proyecto por los conflictos que tuvo José María Samper en Lima. En total salen doce números de veinticuatro páginas cada uno, que dan un volumen empastado de doscientas ochenta y ocho páginas. En el ejemplar que se encuentra en la Biblioteca Nacional de Bogotá, en el Fondo Quijano, aparece la siguiente dedicatoria en letra manuscrita y tinta café:

A José M. Quijano Otero / Su affmo amigo, / José M Samper / Bogotá, mayo 8 de 1864 / Nota: / Este libro ha sido escrito en Lima, casi en su totalidad (inclusive todo lo *editorial* i de *Crónica*) por / 'S.A.S' i / 'Bertilda' / (alias Soledad A. de Samper) / 'J.M.S.' / 'Fígaro' / 'Abancay' / 'Juan de la Mina' / i / 'José M. Samper' / (que todos son cinco *cristos* distintos i un solo escritor verdadero).

José María Samper le da crédito a Soledad por su trabajo en la *Revista Americana,* hace un recuento de los seudónimos y voces que usaron y se identifica con los "cinco cristos", lo que también podría ser una referencia irónica a los sufrimientos y persecuciones padecidos en Lima. Detrás de todo hay un hecho concreto: el trabajo a cuatro manos que realizan en esa publicación, y que se puede adivinar en otros proyectos, como las columnas de *El Comercio,* las recopilaciones en libros, o la redacción de *El Bien Público* entre 1870 y 1872.

Seguimos en 1863. Soledad Acosta de Samper publica en la *Revista Americana* como S. A. S. la traducción del francés del libro *Elementos de higiene general* del doctor Luis Crubeilhier[12], y como Bertilda una "Revista femenina"[13], comentarios de libros y otra sección que titula "Variedades".

---

[12] En la sección "Parte literaria" (sin firma pero seguramente de José María Samper) de *El Comercio* de Lima del 2 de julio de 1860, se menciona la "Biblioteca Util" de la Librería Pagnerre, que publica series de diez títulos por año sobre temas que merecen traducción porque los considera de utilidad para América. El número 7 de la lista es el que Soledad Acosta de Samper traducirá y publicará en la *Revista Americana* en 1863: *Elementos de higiene general* de Luis Crubeilhier.

[13] La primera "Revista femenina" de Bertilda en esta publicación tiene una introducción digna de reproducir en su totalidad, que muestra a una escritora cómplice de sus lectoras y con gran sentido del humor: "Si en todos los vapores ingleses, como en los ferrocarriles europeos, hay siempre un salón, ó un wagon ó compartimiento reservado á las señoras, donde ningún hombre puede entrar ¿por qué no ha de haber en un periódico tal como la *Revista* un lugar donde las señoras puedan hablar cara á cara, sin riesgo de ser interrumpidas por el sexo feo? donde puedan tratar á sus anchas, tanto de sus intereses personales, como también, á veces, de los desafueros, ó tal vez de las virtudes de la raza barbuda, sin que ella pueda enfadarse ó enorgullecerse? / Quedáis, pues, bien advertido, amigo lector, de que, si no tenéis la honra de arrastrar crinolina ni usar manto, bien podéis iros con la música á otra parte; pues este compartimiento es nuestro, y lo monopolizamos con privilegio. Aquí solo se trata de *cosas de mujeres,* como dicen *los hombres* con gran desprecio; y además de que á ellos nada les importa esta sección, pudieran oír cosas que no les fueran agradables. / Ahora, Señoras y Señoritas, á vosotras os diremos, muy en secreto, que no creáis que os vamos á hablar de frivolidades, de esas que nuestros esposos y hermanos suponen ser lo único que nos ocupa; no tal: esto no sería interesaros, pues bien sabemos que si las sur-americanas parece ser lijeras é indiferentes á las cosas sérias, esto es solo en apariencia para engañar al vecino, y reírse allá en sus adentros del petulante compañero, que se cree muy superior, mientras que *ella* por lo común le lleva por las narices. De ningún modo nos atreveríamos á descubrir este secreto, si no fuera porque confiamos en que los hombres nos dejarán solas en nuestro compartimiento, y no incurrirán jamás en aquel defecto tan feo que atribuyen solo al bello sexo, y que dicen ha sido herencia de nuestra siempre calumniada madre Eva. / En este nuestro departamento hablaremos de todo lo que concierne al bienestar de la familia, al adorno del espíritu y á las gracias de la persona. Trataremos de dar noticias de todo lo

En ese mismo año regresan a Bogotá y a partir de 1864 publica sus novelas y cuadros de costumbres en diversos periódicos de la capital (parece que algunos aparecen también en otras ciudades y otros países), con los seudónimos de Andina y Aldebarán: "La Perla del Valle" y "La Monja" en *El Mosaico* de 1864 como Andina; "Luz y sombra" e "Ilusión y realidad" en *El Iris* de 1866 como Aldebarán; *Dolores* en *El Mensajero* de 1867 como Aldebarán; *Teresa la limeña* en *La Prensa* de 1868 como Aldebarán; "Mi madrina" en *El Hogar* de 1868 como Aldebarán; y "Mercedes", "Un corazón de madre" y "Abnegación" (que luego formarán parte de *El corazón de la mujer*) en *El Hogar* de 1868 y 1869, también como Aldebarán.

Cuando el libro *Novelas y cuadros de la vida suramericana* se publica en Gante en 1869, en la recopilación hecha por ella y su esposo, en el prólogo que él escribe aparece la lista de sus seudónimos y el reconocimiento de su nombre y de su identidad de autora:

> La esposa que Dios me ha dado y a quien con suma gratitud he consagrado mi amor, mi estimación y mi ternura, jamás se ha envanecido con sus escritos literarios, que considera como meros ensayos; y no obstante la publicidad dada a sus producciones, tanto en Colombia como en el Perú, y la benevolencia con que el público la ha estimulado en aquellas repúblicas, ha estado muy lejos de aspirar a los honores de otra publicidad más durable que la del periodismo. La idea de hacer una edición en libro, de las novelas y cuadros que mi esposa ha dado a la prensa, haciéndose conocer sucesivamente bajo los seudónimos de *Bertilda, Andina y Aldebarán*, nació de mí exclusivamente; y hasta he tenido que luchar con la sincera modestia de tan querido autor para obtener su consentimiento.

Soledad Acosta de Samper seguirá usando sus seudónimos, pero ya sin que pueda haber dudas respecto a su identidad. El uso de seudónimos parece ser hasta un juego privado, como cuando publica en *El Bien Público,* en 1870, la novela *José Antonio Galán. Episodios de la guerra de los Comuneros*, con el seudónimo de Aldebarán, acompañada de una introducción geográfica e histórica firmada por "Juan de la Mina", es decir, José María Samper. Como Aldebarán y Renato firma también el resto de sus colaboraciones en *El Bien Público* (1870-72), que incluyen novelas como *Laura, Constancia, Una venganza,* y muchos otros textos de toda clase. Otro caso (no único)

que pueda convenirnos saber y que suceda en la madre Europa. Aquí será criticado bien ó mal todo lo que se publique en el exterior y merezca llamar la atención. En fin, de todo conversaremos un poco, instruyéndonos así nosotras, sin fastidiaros demasiado con largas disertaciones de ningún linaje" (*Revista Americana*, 20 enero 1863, 45-46).

es el de la dedicatoria siguiente: en el número 80 de septiembre de 1872 de *El Tradicionista* aparece "Anales de un paseo - Novelas y cuadros de costumbres por Aldebarán (Afectuosamente dedicados a mi esposo el señor José M. Samper, el día de su cumpleaños, 31-03-1872)". Hemos encontrado frecuentes ejemplos de "regalos" así en fechas significativas. Uno muy especial fue haber planeado su boda el día en que cumplía veintidós años, el 5 de mayo de 1855. Un caso más es el de uno de sus mejores y más terribles cuentos, "Un crimen", que antes de ser publicado en el libro *Novelas y cuadros de la vida suramericana* en 1869 apareció en el *El Hogar*, el 19 de junio de 1869, con el seudónimo de Aldebarán y la fecha de redacción, "Mayo 5 de 1869", como su propio y secreto regalo de cumpleaños.

Las sorpresas de revisar periódicos del siglo XIX incluyen casos como encontrar una carta de Soledad Acosta de Samper sobre sus seudónimos y las razones para usarlos. El director del *Papel Periódico Ilustrado,* Alberto Urdaneta, solicita a conocidos literatos que le envíen la lista de los seudónimos usados y la razón de haberlos adoptado, dado que "ha sido costumbre muy general en el país el uso de seudónimos". La petición se presta a respuestas de cualquier longitud y al recuento de anécdotas de todo tipo. En el número 74 del 1º de septiembre de 1884, en la página 23, aparece esta concisa carta de Soledad Acosta de Samper:

> *Señor D. Alberto Urdaneta.* - Presente.
> Muy señor mío.
> Vengo, aunque tarde, á contestar á usted su esquela del 17 del pasado mes.
> He aquí algunos de los seudónimos de que se ha servido mi esposo, el señor D. José María Samper, pero no puedo decir á usted los motivos que tuvo para adoptarlos:
> *Jeremías Páramo. / P. S. / Plutarco. / Kornicoff. / Juan de la Mina.*
> No recuerdo por ahora otros.
> Yo he usado de los siguientes:
> *S. A. S. / Andina. / Aldebarán. / Bertilda. / Renato. / Orión.*
> *sin que en ello influyera otro motivo que la natural desconfianza de echar á luz mi nombre.* [las itálicas son mías]
> Bertilda, que no gusta de que el suyo sea conocido fuera del círculo de sus amigas, no quiso en un principio dar nada á la prensa sin un seudónimo, y firmóse *Berenice, B. S.* y *M. J. B.*
> Quedo de usted atenta servidora,
> Soledad A. de Samper.

El tono es formal y correcto, la información incompleta, y por supuesto nos quedamos sin saber los motivos conscientes que Soledad Acosta de

Samper tuvo para escoger sus seudónimos. Parece que Andina y Bertilda fueron los primeros, prácticamente simultáneos. Andina es sin duda un homenaje a su tierra americana. Sabemos que Bertilda es un anagrama de "libertad" inventado por Samper, que fue el nombre de su primera hija, nacida en 1856, y que Soledad Acosta usó como seudónimo especialmente en sus correspondencias a *El Comercio* de Lima, de 1859 a 1863. Sabemos que Renato es un nombre masculino, con el que escribe cuadros de costumbres. Y que Aldebarán y Orión nos evocan su interés por constelaciones y estrellas, evidente en muchos de sus artículos sobre divulgación científica. ¿Juegos o máscaras? Cuando escribe esa carta sobre sus seudónimos al director del *Papel Periódico Ilustrado,* en 1884, Soledad Acosta de Samper tiene cincuenta y un años, su identidad de escritora es ampliamente reconocida y sus seudónimos son un recuerdo histórico.

Soledad Acosta envió colaboraciones y participó en la redacción de muchos periódicos de la época, y dirigió al menos seis publicaciones periódicas[14]. Las revistas que dirigía y además redactaba casi en su totalidad tienen una característica fascinante: escribe creando y cambiando voces, como lo hicieron ella y su esposo al redactar solos la *Revista Americana* de *El Comercio* de Lima en 1863. Pero además, dramatiza la información y crea personajes que hablan según su personalidad de los distintos temas que ella traduce y adapta de las publicaciones europeas que recibe. Los temas que elige para sus versiones y traducciones (¿literales?, ¿inventadas?) serían en sí objeto de otro estudio, así como sus textos anónimos más reconocibles. Incluye historia clásica y europea reciente, mitología, biografías, vidas de santos, relatos propios y traducidos o adaptados, datos científicos actualizados de gran interés. Y sus personajes conversan mientras comparten las informaciones, que además caracterizan a cada cual, según los temas que cada uno conoce y comparte con los demás. Detrás de esta estructura está por supuesto su habilidad para construir diálogos, oír y plasmar voces, evidente en toda su obra pero aún más especialmente en su teatro, que también está esperando reedición. Porque por desgracia, según Carlos José Reyes,

---

[14] Creíamos que era cinco, según la bibliografía de Gustavo Otero Muñoz y Patricia Londoño, pero gracias a la historiadora Aída Martínez Carreño acabamos de encontrar la *Revista de San Lázaro* (incompleta) en la Biblioteca Nacional de Bogotá. Soledad Acosta parece que dirige sólo algunos números, que se reparten gratis a los miembros de la sociedad de San Lázaro y en los que se solicita dinero y ayuda para los leprosos de Agua de Dios. En números de 1898 y 1899 vuelve a publicar su novela "Dolores" de hace treinta años, con otro subtítulo, más apropiado para esta revista: "Cuadros de la vida de una lazarina".

algunas de sus obras dramáticas como *Las víctimas de la guerra* conservan plena vigencia (381).

Recibir periódicos del exterior era siempre una odisea en esa época, y con frecuencia hay quejas sobre demoras de correo y problemas de transporte. En *El Hogar* (1868), en la sección "Revista europea", aparece un texto titulado "Apuros de Aldebarán":

> Se ha dicho por la prensa, lo hemos visto en letra de molde i sobre papel verde (esperanza!) que *Aldebarán* escribirá una REVISTA EUROPEA... ¿Una revista europea indica que será algo muy interesante, que traerá envuelta en su manto (estilo romántico) la esencia de todo lo bello, grande, magnífico, nuevo, horrible i sabio que ocurre en aquel foco de la civilización? Figuraos el eco de todos los telegramas, el estruendo de todos los cañonazos, el silbido de todos los trenes, los suspiros de todos los pueblos, los gritos de todos los desgraciados, las armonías de todos los instrumentos, el rechinamiento de todas las máquinas i los aplausos de todos los *públicos* europeos! Santo Dios! No bastaría eso para atolondrarnos, aturdirnos i atontarnos para el resto de nuestra vida! Sin embargo, una revista europea quiere decir todo eso... Pobre *Aldebarán* ! Está abochornado... véanlo ustedes: la cabeza apoyada sobre una mano, la pluma en la otra, un pliego de papel delante. ¿Qué hace ahí? Busca ideas y palabras con que revestir los acontecimientos europeos que tiene misión de resumir. Aldebarán no tiene la audacia de llamarse escritor, i ahora se presenta tan solo como un humilde condensador i simple intérprete de lo que pasa allende los mares; busca en los periódicos lo que cree poder interesar a los lectores de *El Hogar*, i lo cuenta a su modo, no teniendo propio sino la redacción, es decir, lo peor, pues los hechos serán por supuesto de ajena procedencia.
>
> Pero en este mes hemos tenido una desgracia: el paquete, después de haber tardado, como todo lo útil en nuestra tierra, llegó trunco, faltando gran parte de los periódicos ingleses. Pero, valor! es preciso que el editor de *El Hogar* no se quede como los partidos que anuncian un nuevo presidente que debe de ser el ideal y el hombre modelo, i que, apenas se ve en el gobierno, aunque no sea cuadrúpedo se *hecha con las petacas*, i no quiere ejecutar el programa anunciado (89; las itálicas son de la autora).

Desde la época de sus colaboraciones para *Biblioteca de señoritas, El Mosaico* y *El Comercio,* habla de los problemas e inconvenientes del correo, los envíos y las suscripciones. Pero en esta cita Soledad Acosta de Samper personifica a su seudónimo, Aldebarán, como a un hombre, un intérprete agobiado, aturdido por la responsabilidad de la tarea. Es el ensayista y periodista latinoamericano del siglo XIX, el gran "pensador": "la cabeza apoyada sobre una mano, la pluma en la otra, un pliego de papel delante". Con esta máscara masculina juega Soledad Acosta y deja fluir su humor divertido y mordaz, presente también según todos los testimonios en su conversación elocuente y aguda, que le valdría entre los sobrinos de su esposo el apodo de "tía cuchillo" (Samper Trainer 151).

Las cartas: de "Ciudadano Presidente" a "Querida Florencia"

La novela epistolar es uno de los fuertes de Soledad Acosta, que integra cartas con gran habilidad en sus novelas. No voy a referirme ahora a estas cartas ficticias, que merecen un estudio completo: las de *Dolores* y *Teresa la limeña*, en *Novelas y cuadros de la vida suramericana*, y las de *Una holandesa en América* serían los casos más clásicos y logrados. Verdaderas cartas son, con frecuencia, las "correspondencias" que enviaba desde Europa a Bogotá y Lima, como ya se ha descrito. Menciono aquí brevemente unas cartas menos conocidas, firmadas por ella y no por sus personajes, para pensar en su versatilidad de registros y, sin duda, de identidades.

Un ejemplo bastante inusual es la carta de Soledad Acosta de Samper que cita Santiago Samper Trainer (139-140), tomada del archivo Samper del Gimnasio Moderno. Es una carta al presidente Santiago Pérez y es tal vez lo más fuerte y duro que conozco de Soledad Acosta. Su marido ha sido encarcelado, sus bienes confiscados, la imprenta cerrada, y ella está dedicada a actividades comerciales para sostenerse, a ella y a las dos hijas que le quedan. Dirigida al "Ciudadano Presidente de la Unión", es todo un tratado sobre la libertad de prensa y la dignidad:

> Soledad Acosta, esposa del ciudadano José María Samper, ante vos, en uso de las garantías individuales, siquiera estén todas suspendidas por resolución vuestra, respectivamente expongo: (...) ¿Cuál, Ciudadano Presidente, de los pretextos alegados puede ser el verdadero motivo de la prisión de mi esposo? Si se le ha encarcelado por ser periodista, la prisión no tiene objeto; toda vez que ha cesado la publicación de todos los periódicos de oposición, que las imprentas están mudas; que por orden vuestra, han sido suspendidas las garantías individuales, bien que los periodistas que os sostienen sí gozan de libertad para escribir, y aún para insultar a sus cofrades encarcelados. (...) Nada de esto alego, porque no es mi ánimo haceros oir quejas de una mujer que tiene y debe tener la dignidad de no quejarse ni pedir favor. Lo que os pido, Ciudadano Presidente, es equidad, es integridad. Os pido que obréis conforme a los principios que tan valientemente sostuvisteis en el *Mensajero* en 1866 y 67, cuando erais periodista de oposición. (...) Os pido, por tanto, que devolváis a mi esposo la libertad y demás garantías que le habéis privado.

El tono de Soledad Acosta es asombroso. La carta está fechada el 30 de agosto de 1875, y la que se encuentra en el archivo debe ser una copia, si suponemos que la envió. No sabemos tampoco los antecedentes ni las consecuencias que pudo tener. Pero esta voz de valiente ciudadana y periodista es digna de tenerse en cuenta como parte de la identidad de Soledad Acosta de Samper, y es mucho más fuerte, precisa y convencida que la de la madre, esposa y educadora mucho más convencional, que da consejos útiles y afectuosos a sus congéneres.

Porque este es el otro caso frecuente: la escritura de cartas firmadas por ella en las publicaciones periódicas que redactaba y editaba. Por ejemplo, siguiendo el modelo clásico de Fray Luis de León, retomado con tanta frecuencia en la España decimonónica, publica en su revista *El Domingo de la Familia Cristiana* (1889) una serie de cartas, "Cartas a una recién casada" y "Cartas a una madre", firmadas como S. A. de S. Son textos que pertenecen a un género epistolar bastante rígido y forman parte claramente de su proyecto educativo; en ellos se mezclan de manera muy interesante la defensa de ciertos derechos de la mujer, los consejos de higiene y salud, y un análisis realista de los límites de la institución matrimonial. Están dirigidos todos a una lectora ficticia, "Querida Florencia", que se convierte en un personaje adivinado a través de las cartas de S. A. de S. Es Florencia la que le pide "algunos consejos enteramente caseros", que comienzan con las dificultades de combinar las ilusiones con la realidad y encontrar casa propia para salir de la casa de los padres: "aquella casa ideal no existe en el centro de la ciudad, y entonces con un suspiro se resignan a buscarla más lejos; como allí tampoco la encuentran, y la joven esposa no puede vivir demasiado lejos de su familia, sobre todo en esta capital, que tiene los inconvenientes de una gran ciudad, sin ninguna de sus ventajas, se resuelven a tomar la primera casa que encuentran, en el lugar menos malo, y con las comodidades que desean." (I, 79) S. A. de S. le recomienda tener cuidado con el monto de la renta que se comprometen a pagar ("Dícese que se debe pagar la cuarta parte de la renta que se tiene por la casa, pero en Bogotá no se puede sentar regla ninguna sobre la materia, y conozco personas a quienes cuesta más la casa que los alimentos y el vestido", I, 79), y con la humedad, caños y desagües ("primero es la salud que todo en la vida; salud del cuerpo y del alma, se entiende"). Tener agua potable, blanquear, empapelar, cambiar esteras para evitar gérmenes, contagios y posteriores gastos de médicos es parte de su preocupación por la higiene, que se resume en la propuesta de una casa con patios, flores, ventilación y luz. El sol, el aire puro y la limpieza son la base de la buena salud (95).

De ahí, pasa a los consejos de cómo mantener la casa en orden, y cómo transmitirle paz y sosiego al marido que llega al hogar a descansar (I, 96). Diciendo que lo traduce del inglés, le explica su derecho a manejar dinero y critica duramente a los maridos tacaños que no confían en su esposa, recomendándole: "dile a tu marido que no imite a esos maridos económicos" (I, 111). Que la esposa pueda disponer para gastos y "sentirse independiente" (I, 127), a la vez que ahorradora ("JAMAS COMPRES A CREDITO", le señala en mayúsculas), es para Soledad Acosta de Samper parte de la felicidad de la pareja. Sus consejos sobre la organización del servicio doméstico, el cuidado de la ropa (I, 143), la buena mesa, la puntualidad y el orden (I, 208) hacen pensar en la educación inglesa de la escritora. Y termina esa serie de cartas con un comentario que parece bastante inusual en una época de familias numerosas y círculos sociales bastante reducidos y por lo tanto invasores: "la mujer casada en los primeros años del matrimonio debe estar sola con su marido en su casa." (I, 222) La "confianza" y la ausencia de "testigos", que ahora llamaríamos comunicación y privacidad (y que no es lo que disfrutaron las heroínas de sus cuentos y novelas), son la base de una relación duradera, que evoluciona del amor al afecto: "ese amor que con el tiempo se convertirá en un afecto tranquilo y sincero" (I, 223); es decir, "si la esposa cumple con sus deberes, no como una tonta, no como una esclava, si sabe agradar, llamarle la atención, conservarle esas ilusiones que se desvanecen en los hombres con tantísima facilidad, entonces logrará vencer la política, los negocios y los amigos, y conservará el corazón del compañero de su vida para siempre." (I, 223) Y esto lo publica Soledad Acosta al año de la muerte de su esposo, cuando está distribuyendo una edición en homenaje a José María Samper para conmemorar el primer aniversario de su fallecimiento, como comenta el redactor de *Colombia Ilustrada* en su sección "Bibliografía" del 30 de junio de 1889: "[Doña Soledad Acosta de Samper] distribuyó el 22 de los corrientes, aniversario de la muerte de su esposo e ilustre literato y hombre de Estado, doctor D. José María Samper A., un folleto de 96 páginas en que reunió los *Recuerdos y homenajes a su memoria,* precedidos de una sentida introducción de los señores doctores Salvador Camacho R. y Manuel Pombo" (77)[15].

Florencia pasa de recién casada a madre joven, y la voz de Soledad Acosta la acompaña con el mismo afecto y experiencia en su nueva etapa, en la serie

---

[15] En esas fechas, según la elogiosa reseña de la misma sección y página de *Colombia Ilustrada* (30 junio 1889), llega también de la imprenta Bethencourt & Hijos de Curazao la edición en libro de *Una holandesa en América* de Doña Soledad: "*Una Holandesa en América* - Tal es el título de la última novela que acaba de publicar la ilustre escritora colombiana y respetada amiga nuestra, señora Da. Soledad Acosta de Samper. En las prensas de los señores Bethencourt & Hijos, de Curazao, ha sido editada esta obra de 309 páginas, que reúne en lo general las buenas condiciones indispensables para que impresione y subsista como pieza literaria: plan sencillamente coordinado, feliz desempeño de las situaciones difíciles, caracteres de personajes bien definidos y exposición narrativa interesante. Auguramos éxito notable a su distinguida autora" (77).

"Cartas a una madre". Sus lemas para la crianza parecen ser: "niños sanos primero y bien educados después" (I, 255) y "¡Método y perseverancia!" (I, 336). Recomienda quietud, calor y poca luz para el recién nacido, y se explaya defendiendo la leche y la crianza materna: "Nada más contrario a la naturaleza, nada más pernicioso, nada más cruel, nada más inmoral,—inmoral, lo repito,—como una mujer que, teniendo buena salud y suficiente leche, no quiera criar a su hijo" (I, 255). Está en contra de las nodrizas o amas de cría, y prefiere que la madre se encargue siempre de la alimentación del niño, con leche de vaca y agua hervida, si no puede alimentarlo ella misma (I, 336). Da consejos sobre el bautismo y sobre las visitas, y su humor aparece de nuevo cuando dice: "no hay recién nacido bonito, y si quieres que tus amigas lo admiren, no lo dejes ver antes de un mes, cuando tenga una apariencia agradable a la vista de los indiferentes, pues aunque a ti te parezca una maravilla, no será así para los demás" (I, 256). Insiste en la responsabilidad que la madre tiene en el cuidado de los niños y en la selección y educación de la niñera, para que sean sanos, aseados, nutridos y bien criados (I, 368). Incluso sus criterios sobre el régimen alimenticio, los primeros pasos, el desarrollo del lenguaje y el tratamiento de enfermedades parecen hoy sorprendentemente modernos (I, 400), tal vez con excepción de los fomentos o emplastos ingleses de alcohol, jengibre, clavo, canela y nuez moscada (I, 415).

Hacia el final de los cincuenta y dos números de la revista semanal *El Domingo de la Familia Cristiana* las cartas a Florencia, que siempre habían aparecido en las últimas páginas de cada número, pierden importancia e interés, volviéndose más impersonales y sin el sentido crítico y el humor de la autora, hasta que desaparecen a partir del número 33, mucho antes de que termine la publicación la revista. En su conjunto demuestran, eso sí, la mezcla de experiencia personal y lecturas europeas de la autora, sumadas a su conciencia de desarrollar un proyecto educativo y formativo entre las mujeres colombianas: su "anhelo por traducir el mundo, la cultura global, a la nación incipiente", como dice Paulina Encinales (405). Si fueron europeas las lecturas literarias de su juventud, ahora, para el proyecto educativo, Inglaterra sigue siendo el modelo, "el país donde saben criar mejor a los niños" (II, 112); y no entro aquí a desarrollar otro tema que Soledad Acosta de Samper trata de manera muy clasista, el servicio doméstico, del que nos habla con ecos de la ideología victoriana del "upstairs-downstairs", unida a los prejuicios raciales comunes en el país y la época. Por otra parte, recordemos que a pesar de su evolución personal y literaria, a pesar de la manera como va reenfocando sus trabajos y encontrando nuevos caminos y formas de expresión y proyección, sus intereses siguen siendo consistentes: su preocupación por la autonomía personal, intelectual y económica de la mujer estaba presente veinte años antes, por ejemplo, en *Teresa la limeña*. El interés por la higiene y la salud, tan evidente en todas las "cartas a Florencia", fue asimismo muy temprano en los Samper: como ya vimos, en 1863 Soledad traduce del francés para la *Revista Americana* de Lima, el libro *Elementos de higiene general* de Luis Crubeilhier.

Dar consejos, hemos visto, fue algo que hizo toda la vida, desde que firmaba como Andina en *Biblioteca de señoritas* hasta una de sus últimas recopilaciones, publicada en París, que se titula precisamente *Consejos a las mujeres* (1896). Como si se hubiera sentido siempre responsable de cambiar de alguna forma el mundo que la rodeaba, esa primera persona, primero amiga y luego madre y maestra, tiene a su cargo la doble e ingrata tarea de la educación femenina, que en especial desde el siglo pasado oscila entre impulsar y reprimir. Esa voz de Soledad Acosta reflejaba varios de los contradictorios aspectos de su propia identidad: autonomía y respeto por las normas, libertad de creación y control sobre sí misma y los demás.

El género epistolar, con todas sus variaciones, debió ser importante y natural para una escritora como Soledad Acosta, que se mantuvo en contacto toda la vida con muchísimas personas, por amistad, trabajo (editoriales, publicaciones, congresos) y todo tipo de relaciones. En el archivo Samper hay apenas una muestra, algunas cartas de personajes como Emilia Pardo Bazán, la Baronesa de Wilson, Nuñez de Arce, Juan Valera[16], el Duque de Rivas, Menéndez y Pelayo, Unamuno, Ricardo Palma, Rufino José Cuervo, Rafael Nuñez, Rafael Pombo, Antonio Gómez Restrepo. En el elogioso artículo que le dedica Mercedes Cabello de Carbonera en *El Perú Ilustrado,* en 1890, hace un recuento de su vida y logros, y cita una de sus cartas ("una de las cartas con que nos ha favorecido", 1309), en la que le confiesa qué hizo a la muerte de sus hijas: "para alcanzar olvido a mi pena me entregué por completo al estudio de la Historia, y escribí las *Biografías de los conquistadores"*. ¿Verdades, versiones, distorsiones, interpretaciones? Las cartas perdidas de Soledad Acosta de Samper debían llevar por países y continentes secretos que las personas cercanas a ella nunca conocieron.

La voz ensayística y el ensayo de género

A medida que pasan los años, su voz romántica es más y más didáctica, hasta llegar a sus libros de ensayo y de historia, que de todas maneras, repi-

---

[16] Las cartas de Juan Valera las publicó Soledad Acosta de Samper en su revista *Lecturas para el hogar* (1905-1906), con motivo de la muerte del escritor.

to, no implican un quiebre total con sus intereses y habilidades anteriores. Un momento clave de esta aparente ruptura sería la primera publicación periódica dirigida por ella, *La Mujer* (1878-81): ahí despliega su versatilidad de diez años de periodismo, intenta formar un equipo, sigue con sus prácticas de hacer traducciones y publicar textos anónimos. Sobre todo, recupera e integra ahí muchos de sus escritos anteriores, en un método escritural que repite toda su vida: reescribe, divulga, reimprime lo que considera importante o lo que le solicitan (a veces indicando la fuente, otras no), adapta para rellenar y cuadrar la diagramación y paginación, y siempre trata de llegar a nuevas audiencias. Si además pensamos que publica en tanta prensa de la época, es en verdad una tarea sin fin ubicar todas las reimpresiones y tener la seguridad de cuál fue la primera versión de un texto y cuál la última autorizada por ella misma. Si este método de publicación hace que sea difícil definir su voz narrativa, es aún más complejo para poder identificar su voz ensayística, tan cercana al periodismo de opinión y a los comentarios de libros que escribe toda su vida.

El desarrollo de la voz ensayística es evidente en uno de sus libros más famosos, *La mujer en la sociedad moderna* (1895), reelaboración y reedición de muchos de sus artículos y lecturas, aparecidos durante años en diversas publicaciones. Es un homenaje a todas las mujeres, no sólo las escritoras, que pueden ser modelo de realización personal y aporte al desarrollo de la humanidad. Este libro de 1895, que seguramente no tendrá una reedición por estar ya muy desactualizado, merece sin embargo un estudio detallado, así como la publicación de algunas de sus partes en una antología de la obra de Soledad Acosta de Samper. Tiene algo del tono de sus listas y sus cronologías de décadas anteriores y es el resultado de intereses, lecturas y trabajos que aparecen muy temprano en su obra, relacionados con la mujer. Es, además, un hito en el ensayo sobre género en América Latina, un campo de estudio que Mary Pratt plantea de manera magistral. Para Mary Pratt, el ensayo de género (*gender essay*), escrito por mujeres y por hombres, ha sido tan importante en América Latina como el ensayo sobre la identidad criolla (15). Para las escritoras, preguntarse por el papel de la mujer en la historia y hacer catálogos de las contribuciones de esas mujeres ilustres o célebres a la cultura y a la vida pública fue una manera de encontrar modelos y de autovalidarse, en un siglo positivista que legitimaba con datos científicos la inferioridad y la subordinación de la mujer (17).

Desde el comienzo de su escritura Soledad Acosta de Samper se interesa por los temas que tienen que ver con cuestiones de género y en numerosos artículos periodísticos suyos, muy tempranos, desarrolla estas preocupaciones, que seguramente son muy cercanas a la definición de su propia identidad. Ya en 1860 comentaba desde París el libro *La mujer* de Michelet, un autor "que ha querido proteger todo lo débil: los pájaros, los insectos y las mujeres" (*El Comercio*, 2 de febrero de 1860) y cuyas obras leen en esa época los Samper. En un precioso texto del 13 de julio de 1861, también de *El Comercio* de Lima, escrito desde Londres y titulado "La mujer literaria en Inglaterra", discute ampliamente "el tipo de la mujer *autor*", la educación no sexista que hace que "la ambición de ser *algo* se despierte en esos corazones femeninos, y que no teniendo otro desahogo las mujeres, se consagren a escribir novelas". Entre las motivaciones de una autora, identifica la posibilidad de escribir por dinero y no sólo por ambición y vanidad: "Pero muchas literatas no solo escriben aquí por ambición sino por ganar con su pluma el pequeño dote que las leyes y costumbres inglesas les niegan a las mujeres". Y termina su ensayo con una maravillosa historia (¿real o ficticia?) romántica, de una mujer que escribe por amor, para ganar dinero para casarse con su amado, que luego se enamora de su hermana más joven. Ella se sacrifica por ambos, se casa con un pretendiente viejo (rico, mayor y manco), pone en el banco el dinero que había ganado con sus novelas a nombre de sus hermanas menores y no vuelve a escribir, porque "sus obras habían sido de amor y no de ambición o vanidad". Sin embargo, Soledad Acosta de Samper admira a los escritores buenos que ganan dinero con sus obras, como Víctor Hugo con *Los miserables* (*El Comercio*, 16 de diciembre de 1861), y parece que ella también logró vivir de su escritura y planteársela como una profesión. Era consciente siempre de su audiencia, y del interés que pudieran tener sus obras. Me pregunto si en esa época sin correo electrónico fue su conocimiento de otras escritoras lo que la sostuvo en su trabajo: las escritoras francesas e inglesas, de tradiciones literarias que conocía bien, se habían planteado al menos desde un siglo antes los conflictos de escribir y publicar. Su relación con otras escritoras hispanoamericanas le mostraba que escribir era ya un proyecto colectivo, y su preocupación por la educación de la mujer la llevaba a imaginar no un arte por el arte, como se discutía a fin de siglo, sino una escritura que condujera al mejoramiento de la sociedad.

Central en *La mujer en la sociedad moderna* es el ensayo "Misión de la escritora en Hispanoamérica", publicado originalmente en *Colombia Ilustrada*, el 15 de octubre de 1889, y que con ligeras variaciones ocupa un lugar preferencial en el libro de 1895. En la primera versión, enumera tres motivos (lecturas) que la llevan a escribir ese ensayo: las novelas de las escritoras peruanas Mercedes Cabello de Carbonera (*Blanca Sol* y *Sacrificio y recompensa*) y Lastenia Larriva de Llona (*Un drama singular*), el libro *Cartas americanas* de Juan Valera y el artículo "La mujer en los Estados

Unidos" de Varigny, de la *Revista de Ambos Mundos*. Su argumentación es sinuosa y fascinante, aparentemente más prescriptiva de lo que podría ser en una segunda lectura, aunque sí toma una posición extrema frente a las novelas de Mercedes Cabello de Carbonera, rechazando tanto el subjetivismo romántico como el realismo naturalista.

Cuando escribe el texto "Misión de la escritora en Hispanoamérica" su libro *Novelas y cuadros de la vida suramericana* tiene ya veinte años y parece que no ha tenido mayor repercusión en la historia literaria del país. Como si Soledad Acosta de Samper no recordara lo que había escrito en los sesenta y principios del setenta, propone una literatura civilizadora y moralizadora, no una literatura de conflictos, incomprensiones e incomunicación como la que ella hizo en esa primera etapa. ¿Olvido? ¿Distanciamiento con sus otras voces, que no reconoce como propias sino como construcciones? ¿Aceptación de los estereotipos más rígidos de género que ella representaba, con su proyecto educativo e histórico, a fin de siglo? Tal vez sería mejor no tratar de resolver ahora todos los interrogantes que esa voz ensayística nos plantea y pensar en sus ambivalencias y contradicciones como una forma de multiplicación y transformación de sus proteicas identidades.

La biografía del General Acosta: la voz del padre

Soledad Acosta de Samper no escribe su autobiografía. Como dice Carolyn G. Heilbrun, cuando una mujer trataba de hablar de sí misma no encontraba códigos apropiados: no podía hacer alarde de ser diferente, ni de merecer su propia autobiografía ("Non-Autobiographies" 66), lo que no significa que no tuviera voces propias. Lo que sí escribe Soledad Acosta es la biografía de su padre, una figura que la acompaña toda su vida, y que en su diario de novia dice querer tanto que por eso no puede hablar de él: "Tal vez habrás creído que porque no hablo *nunca* de mi *padre* no pienso *en él*; pero es tan doloroso este tema que creo que jamás debo hablar de él sino con completo y profundo respeto y no en la conversación en que con la sonrisa en los labios se habla de las cosas más serias; es para mí un sacrificio el escribir esto. Su pérdida es un pesar tan hondo, que no puedo jamás pensar en él, sin estar triste" (Caycedo, 363).

El general Joaquín Acosta muere en febrero de 1852, cuando Solita no había cumplido diecinueve años. El 27 de febrero de ese año aparece muy destacada en *El Neogranadino* la noticia de su muerte en Guaduas, señalando que "deja una esposa llena de virtudes i una hija que era su encanto i objeto continuo de asiduos desvelos". El amor fue mutuo e incondicional. La influencia del padre es profunda y en muchos aspectos la vida de Soledad será el florecimiento de intereses y de metas que él le dejó marcados: viajes, historia, ciencias, amor al trabajo y a la patria. Su primera obra importante, el libro *Novelas y cuadros de la vida suramericana* de 1869 lo dedica "A la memoria de mi padre el General Joaquín Acosta". Y ya en su edad madura Soledad Acosta de Samper escribe lo que es un gran homenaje a un gran hombre, que es, además, su padre. La biografía está construida con todo tipo de discursos: documentos oficiales y nombramientos firmados entre otros por Bolívar y Santander, diarios de campaña y de viajes, cartas de importantes personajes de la ciencia y la política, algunos artículos de los muchos que escribió en la prensa. Soledad conservó todos esos papeles a pesar de sus numerosos viajes, y al hacer la biografía su propósito es mostrar al científico, al escritor y al educador, por encima del militar y el político, como se hace evidente en el subtítulo: *Biografía del General Joaquín Acosta. Prócer de la Independencia, historiador, geógrafo, hombre científico y filántropo*. El trabajo de Soledad Acosta, combinando sus documentos, es el de una bordadora: "Esta es la tela que tengo a mi disposición para en ella bordar, con los colores más imparciales que me sea posible, la vida de mi padre", dice (5).

Como dato sorprendente, o tal vez predecible, en esta biografía ella no está. O está de otra manera. Una escritora acostumbrada a explorar los pensamientos, sentimientos, comportamientos, intenciones y motivaciones de sus personajes, aquí pierde el habla y recurre mucho más a las fuentes primarias a su disposición, razón por la cual este libro ha sido uno de los más apreciados por los historiadores contemporáneos: "el único estudio en el que se basó en documentación original", dice Jorge Orlando Melo (637), en un juicio que habría que revisar. Un caso conmovedor de su silenciamiento aparece cuando llega el momento de describir la muerte de su padre. No quiere o no puede hacerlo, y termina con lo que José María Samper escribió sobre él:

> Temerosas, sin embargo, de dejarnos llevar por un sentimiento de piedad filial, que podría tachársenos de exageración al concluir esta biografía, dejaremos que tome la palabra en nuestro lugar el señor doctor José María Samper, el esposo querido de la que esto escribe, el cual también, a su turno, se ha hundido en las sombras de la muerte, después de una vida de sacrificios patrióticos que sus conciudadanos han olvidado, pues esa es la suerte de todo el que sirve a su patria con verdadero desinterés y abnegación (473).

Dándole la voz a los demás, recrea una figura que tal vez se hubiera perdido en la historia de Colombia. Su intención es "sacar del olvido en que yace la memoria de mi padre" (4), para que su memoria no desaparezca y sirva de modelo a la juventud colombiana (3-5). Y precisamente el historiador Efraín Sánchez, especialista en el siglo XIX y autor del libro *Gobierno y geografía. Agustín Codazzi y la Comisión Corográfica de la Nueva Granada* (1999), comentaba que el aporte del General Acosta a la historia de la ciencia del país fue decisivo, y se habría perdido si no hubiera sido por el trabajo biográfico y documental de su hija, que nos hace retroceder más de siglo y medio en la historia de la familia y del valle de Guaduas. Proporciona muchísimos datos fascinantes, como por ejemplo la descripción de la abuela Soledad, realista mientras su hijo Joaquín era patriota, los viajes por América y Europa, las decisiones que debe tomar sobre sus actividades, los estudios e intereses que predicen los de su propia hija. Nos muestra una vida muy llena y versátil, y a la vez trunca, en un país que amó profundamente pero en el que no logró llevar a cabo todo lo que había soñado.

La escritura y publicación de esta biografía parece que pasó por diversas etapas, que aquí no vamos a precisar (Otero Muñoz 384). Cuando su hija publica en 1886 un resumen de la vida de Joaquín Acosta en el *Papel Periódico Ilustrado* (otro texto breve que merece reedición), ya señala que tiene escrita una obra extensa sobre el asunto, para publicarla en un tomo, y que de esos materiales ha "zurcido la siguiente biografía" (130). Las variaciones de su voz de biógrafa y de autora de novelas históricas, que a fin de siglo ha desarrollado con excelentes resultados y gran reconocimiento internacional, se funden así en la biografía que escribe sobre su padre, el General Joaquín Acosta, publicada en edición definitiva en 1901. Y que se explica, para terminar, en las palabras de la autora: "Quisiera que esta obra mía sirviese de estímulo, de modelo y de pauta a la juventud estudiosa de Colombia, y al mismo tiempo que sea un humilde monumento literario levantado a la memoria de un verdadero patriota como los hay pocos en esta época de desconcierto general y de 'confusión de ideas'" (5). Contra el olvido, Soledad Acosta ofrece así un libro que no es otro más de su producción, sino una manera de reescribirse a sí misma al escribir al padre.

Un hallazgo inesperado

En el archivo no catalogado de Soledad Acosta de Samper, entre papeles y cartas, se encuentran unos cuadernitos azules, manuscritos, sin fecha. Comienzan con el título "Biografía / de Joaquín Acosta / Escrita por su hija / Soledad Acosta de Samper" y con un plan de la obra, por capítulos, mucho más sencillo que el del libro de 1901. Una "Introducción" de seis páginas

("Porqué y con qué materiales se escribió la obra"), muy tachada y reescrita, es en verdad una confesión íntima que ella no publicará en la biografía, y que transcribo por ser un material de difícil consulta. Es un texto autobiográfico intrigante y conmovedor, que de una manera casi mágica viene a confirmar muchas de las hipótesis de este trabajo y que puede ayudarnos a profundizar en el conocimiento de los procesos personales y creativos de la autora. La siguiente transcripción muestra que a pesar de las correcciones no es una versión definitiva sino apenas otro borrador. Las partes tachadas por ella, algunas muy difíciles de descifrar, no se incluyen aquí, pero son también de gran interés para una interpretación futura. Por lo que dice, parecen escritos a principios de la década del ochenta, después de las publicaciones que menciona y antes de la muerte de su esposo.

Mi padre tenía por mí, su hija única, un amor bien entendido, así es que su principal anhelo era inculcarme la idea de que buscase en el estudio la distracción de la vida. Pero temiendo que me envaneciese o llenase de ilusiones, deseaba que me dedicase particularmente a estudios serios que no son generalmente del resorte de la educación de la mujer, sobre todo en Colombia. Hízome pues seriamente primero estudiar en París adonde me llevó muy niña y después a su lado, pero desgraciadamente a poco de haber regresado a nuestra patria, la muerte le arrebató casi repentinamente y me dejó en una horfandad (*sic*) no solamente física sino también del espíritu. Mi dolor fue tan grande que jamás me he podido consolar de haberlo perdido, pero desde entonces juré en mi alma trabajar sin tregua en educar mi alma de la manera que él lo hubiera deseado. Felizmente encontré apoyo y maestro en mi esposo el cual se ha complacido en guiarme por la senda de la literatura y alentarme en ello, empezando por convidarme a que le ayudase en las empresas periodísticas que le han ocupado siempre.

Empecé por escribir artículos, viajes, novelas y cuadros de costumbres para los periódicos, pero no estaba satisfecha, porque mi deseo era hacer algo que hubiera aprobado mi padre, y deseaba emprender obras más serias e importantes. La historia fue siempre mi estudio favorito pero no me atrevía a abordarla de lleno porque no me creía con fuerzas para ello. Sin embargo al cabo de años, sintiéndome con más valor, emprendí una obra histórica, "La influencia de la Mujer en la civilización", y publiqué la primera parte en un periódico que redactaba, en "La Mujer". Después me propuse escribir otra obra histórica: "Biografías de los conquistadores de mi patria". Aquello me acercaba más a mi padre a cuya memoria dirigía siempre mis trabajos. Hecho esto me resolví ya con más ánimo emprender *con amore* la presente obra en la cual siempre había pensado, pero la he escrito con honda desconfianza del valor e interés que pueda tener para el público.

Desearía que esta obra pudiera ser imparcial pero esto no puede ser y, aunque creo que mi espíritu es suficientemente amante de la justicia, creo que no

me equivocaré en mis juicios o al menos si lo elogio nadie puede negar que el
General Acosta fue un verdadero patriota, lo cual probó con sus hechos hasta su
muerte, trabajando sin cesar en hacerle todo el bien que pudo sin que casi nadie
haya comprendido lo que valieron sus esfuerzos.

Desgraciadamente aunque tengo muchos elementos para escribir esa vida no
tengo todos los que quisiera. Poseo una fuente que nadie casi puede tener de sus
mayores: los diarios de casi todos sus viajes por Europa y por algunas provin-
cias de Colombia, y aunque se han perdido algunos de esos preciosos cuadernos
en el vaivén de la vida inquieta que he llevado yo viajando en Europa y en América, y por último arrojada de mi casa durante la Revolución de 1876, no es
extraño que perdiera entonces algunos papeles importantes. A más de estos cuadernos no poseo sino su hoja de servicios militares y civiles en la cual se hallan
interesantes documentos y unos pocos artículos que él guardaba, de lo mucho
que escribió en los periódicos casi siempre sin firma y algunas cartas de personajes importantes que le dirigieron: Esto es todo el angeo *(sic)*[17] que tengo para
bordar su vida, la que yo desearía que fuese satisfactoria y sirviese como el
mejor monumento que puedo elevar a una memoria tan sagrada para mí.

Lo que leemos es la declaración coherente, consciente, de su proyecto de
trabajo y de vida, que ella interpreta a la luz de una presencia paterna muy
fuerte e idealizada. Este texto, encontrado cuando ya este trabajo estaba
listo, prueba algunas de las hipótesis de este intento de lectura de las múltiples voces de la autora, como la importancia de la educación que recibió, su
buena relación y colaboración de trabajo con su esposo, la presencia de ciertos intereses que le duran toda la vida, su persistencia en los trabajos de historia y educación. Sin embargo, sabemos que no hay una autobiografía "verdadera" posible y que este texto es sólo una versión que ella se da a sí misma
para darle sentido a su historia personal: por fuera de esa dirección única y
clara están las contradicciones y las sombras, que por suerte para sus lectores también logró expresar en su compleja escritura, y que tratamos de
seguir leyendo en las entrelíneas.

Hacia otra historia literaria y cultural

Aunque estos son apenas algunos momentos significativos en la elaboración
de su compleja identidad de escritora, nos acercan a la hipótesis central de
este trabajo: cuando la escritura se integra a toda la vida de una mujer, como

---

[17] *Anjeo* (del antiguo ducado de Anjou, en Francia, de donde procede). Especie de
lienzo basto (*DRA*).

es el caso de esta autora, de alguna forma el yo único, romántico y subjetivo, desaparece o se diluye, y la voz autorial se dispersa, se multiplica, refleja otros sujetos, crea nuevos, y a la vez le sirve para cumplir otras funciones como la de ocultar su identidad privada, y divulgar de manera muy versátil su ideología y sus conocimientos. No hemos encontrado en los escritos de Soledad Acosta una gran voz autobiográfica, como podría ser la autosuficiente de José María Samper en su autobiografía *Historia de una alma* (1880), pero en lugar de eso hemos encontrado una gran riqueza: el valor de la persistencia y la constancia, a pesar de la oscilación, de la indefinición y, por supuesto, de cierto halo de soledad que aparece en sus trabajos y hace de Soledad Acosta de Samper eso que no queremos creer todavía: un caso paradigmático y excepcional en la literatura nacional.

Por ahora, seguimos trabajando en el estudio y edición de su narrativa romántica y costumbrista (1864-76), viendo cómo estos textos se volvieron a publicar reinsertos en otros periódicos y libros, y se entrelazan con su narrativa histórica y sus trabajos periodísticos y ensayísticos más conocidos. Entre las curvas de esa compleja producción está nuestra literatura colombiana y nuestra historia y nuestra crítica: masculina, clásica y tradicional. Y está la historia de la recepción, o no recepción, de una escritura que articuló y multiplicó la vida de su autora, que siempre le fue fiel como si no le importara qué fuera a pasar con ella. A muchos de nosotros, ahora, sí nos importa. Y ésta es la historia que estamos tratando, con mucho miedo, de reescribir.

EL TEATRO DE SOLEDAD ACOSTA DE SAMPER

Carlos José Reyes

La presencia de la mujer en la cultura y las letras de la naciente República de Colombia a lo largo del siglo XIX, logra alcanzar un notable relieve, que no había tenido manifestaciones anteriores, a lo largo de trescientos años de historia colonial, quizá con la única excepción de la madre Josefa del Castillo. Entre estas escritoras, la que alcanza una mayor importancia y trascendencia por la diversidad y magnitud de su obra es doña Soledad Acosta de Samper, narradora, historiadora, pedagoga, gestora cultural, creadora de revistas y dramaturga.

Soledad Acosta de Samper, hija del general Joaquín Acosta y de la dama inglesa doña Carolina Kemble, nació en Bogotá el 5 de mayo de 1833 y murió en la misma ciudad el 17 de mayo de 1913. Fue esposa del escritor y dramaturgo José María Samper.

Desde muy niña tuvo un contacto directo no sólo con los libros, en la rica biblioteca de su padre, sino con los viajes y la curiosidad científica y cultural que le inspiraban las tertulias y reuniones que tenían lugar en su casa. Más tarde, al contraer matrimonio con José María Samper Agudelo, hombre de diversas y variadas inquietudes, político y a la vez escritor como ella, su ámbito familiar se amplió; la familia Samper estaba compuesta por varios notables escritores y publicistas, como Miguel Samper, quien fuera el último candidato liberal en el siglo XIX, y como Manuel Ancízar, el autor de la *Peregrinación de Alpha*, colección de crónicas concebidas durante el desarrollo de la primera época de la Comisión Corográfica, y posteriormente uno de los fundadores y primer rector de la Universidad Nacional, casado con Agripina Samper, hermana de José María y Miguel.

Doña Soledad Acosta, en su larga vida, desarrolló una importante obra literaria, fundó y dirigió varias revistas como *La Mujer, La Familia* y *Lecturas para el Hogar*. Como periodista, dirigió *El Domingo de la familia cristiana* y colaboró en varios periódicos y revistas como *El Mosaico, La Prensa, Biblioteca de Señoritas* y *El Eco Literario*. Escribió con los seudónimos de Aldebarán, Bertilda, Andina y Renato.

Su obra teatral constituye una viva pintura de las costumbres, las ideas y los conflictos característicos de la segunda mitad del siglo XIX. Vamos a ubicar a grandes rasgos el contexto en el que esta obra se desarrolla.

El teatro del período republicano se inicia con dos importantes figuras, que tenían a la vez estrechos vínculos con la política de los primeros días de la vida independiente: José Fernández Madrid y Luis Vargas Tejada. Fernández Madrid no es un creador de argumentos, sino un hombre que concibe estructuras dramáticas con temas históricos o narrativos bajo un estilo neoclásico. *Guatimoc* se inspira en la lucha de los últimos gobernantes aztecas contra la dominación española, y *Atala* parte de la traducción de la novela de Chateaubriand efectuada por Simón Rodríguez, el maestro de Bolívar, en compañía del sacerdote y patriota mexicano fray Servando Teresa de Mier, cuyas historias de confunden con la leyenda.

Luis Vargas Tejada, joven inquieto, de espíritu exaltado, fue uno de los gestores de la Conspiración Septembrina contra Bolívar, y autor de varias piezas, algunas de ellas perdidas, como *Las Convulsiones, Doraminta, La muerte de Pausanias, Aquimín, Saquesagipa, Witiquindo, Catón en Utica o El Parnaso Transferido*.

Piezas desiguales y muy diversas entre sí, junto con el drama *La Pola*, de José María Domínguez Roche, fueron las obras que vio el público bogotano entre 1820 y 1830. De estas obras, nos interesa destacar *Las Convulsiones*, por la relación que tiene con los problemas y preocupaciones que muestra el teatro de Soledad Acosta de Samper.

El otro autor, éste conformado durante el medio siglo, es el propio marido de doña Soledad, José María Samper, quien escribió comedias de carácter social y dramas históricos de regular fortuna. Sus comedias *Un día de pagos, Un alcalde a la antigua y dos primos a la moderna, Los percances de un empleo* y *Los aguinaldos,* son piezas de carácter costumbrista que reflejan problemas y situaciones de la vida social de mediados del siglo XIX y dan fe de las preocupaciones políticas de Samper, más que su drama sobre la conspiración septembrina.

Un alcalde a la antigua se encuentra cerca de las inquietudes planteadas por las comedias de doña Soledad, y nos permite distinguir algunos de los aspectos característicos del teatro decimonónico, entre los cuales se destacan las preocupaciones relacionadas con la mujer y el matrimonio, las relaciones que se dan entre las formas de vida de la ciudad y el campo, y como un telón de fondo, el fantasma de las guerras civiles que asolaron el siglo, y que se constituye en el tema central del drama escrito por doña Soledad titulado *Víctimas de la guerra*.

El tercer autor que presenta correspondencias con los temas centrales tratados en las comedias de doña Soledad es Carlos Sáenz Echavarría, en especial en su obra *Similia Similibus*, convertida en zarzuela con música de doña Teresa Tanco de Herrera.

Estas distintas comedias, *Las Convulsiones*, de Vargas Tejada, *Un Alcalde a la antigua,* de José María Samper, *El viajero*, de Soledad Acosta de Samper y *Similia Similibus*, se refieren a la situación de la mujer así como a la diferencia de las formas de vida del campo y la ciudad.

En estas comedias se muestra cómo el campo es la principal fuente de trabajo y de riqueza. Los grandes hacendados constituyen la base del poder económico. La ciudad, en cambio, es el terreno propicio a la vida social, las diversiones, el bullicio, los amoríos y demás aspectos que cautivan el corazón de las jóvenes casaderas y de las mujeres románticas.

Así sucede, por ejemplo, en *Las Convulsiones*, cuando don Gualberto, el hacendado y padre de Crispina, la chica que padece el mal de las convulsiones, se queja de haber tenido que venirse a vivir a la capital, en contra de su voluntad:

DON GUALBERTO:

Viajes, facultativos y botica
Arruinan una casa, la más rica;
Pero esto todavía no era nada.
Dejar uno su hacienda abandonada
Y venir a vivir en el bullicio,
¡Esto sí que no es poco sacrificio!

En *Un alcalde a la antigua*, en cambio, Don Pascasio, el alcalde, que no es un propietario de tierras y cuya autoridad se halla disminuida por la intervención del gamonal, el cura, el gobernador y hasta de su propia mujer, sueña con ir algún día a la capital, donde podrá sentirse a sus anchas como todo un señor:

DON PASCASIO:

¡Ay, Petrona! Quien pudiera
Con prosapia y con caudal,
Vivir en la capital,
Que alcalde entonces no fuera.
Y asomarse uno al congreso,
Y en las lamedas andar
Y en todas partes estar

En un eterno embeleso,
Y conocer los cachacos,

La ritreta, el culiseo,
La catedral y el museo;
Y todos los arrumacos
De fiestas y prosiciones
De paseos y de modas,
De mercados y de bodas,
De conciertos y funciones,
¡Qué babilonia será!

Una babilonia que, sin embargo, deja de serlo cuando llega un primo de la ciudad y aspira a casarse con su hija Mariquita, pues don Pascasio prefiere que se case con don Pedrito, el lechuguino del pueblo, hijo de un rico propietario de tierras.

Los valores del campo y ciudad cambian, entonces, de acuerdo con los intereses de padres e hijas. Para los primeros, como para los señores feudales, el matrimonio es un contrato que se materializa con la ampliación de las propiedades de fincas y tierras. La mujer, en cambio, busca escoger al hombre que más cerca esté de sus sentimientos, y por lo tanto, se produce un evidente choque de intereses.

En *Las Convulsiones*, el padre, don Gualberto, descubre que el facultativo que ha venido a ver a su hija para tratarla del mal que la aqueja es un falso médico, y que se trata en realidad de un enamorado oculto, Cirilo Garancina, un vividor y desempleado señorito santafereño; por ello le echa de su casa con energía y amenaza a su hija con un garrote para que se someta a su autoridad omnímoda:

DON GUALBERTO:

¡Pobres mujeres! De exterior se pagan,
Y las sólidas prendas nunca indagan.
Cualquier miramelindo las seduce
Y piensan que es oro cuanto reluce:
La ilusión desvanece el casamiento;
Pero ya es tarde el arrepentimiento.
Usted, doña Crispina, en adelante,
No me ha de estar ociosa ni un instante;
Así se evitarán las ocasiones
De mal de corazón y convulsiones.
El dedal y la aguja las contrastan;
Mas, ¡vive Dios! Que si tampoco bastan
Para librar mi casa de este azote,
¡Le darán convulsiones al garrote!

Sin duda, este es un retrato fiel de la mujer, en un promedio de la vida familiar en el siglo XIX. Es claro que también existen una Madame Bovary o una Manuelita Sáenz, pero estas son excepciones y aparecen como la antítesis del modelo presentado por la ideología dominante. La mujer de su casa, dedicada al dedal y la aguja y que no está ociosa ni un instante, es la esposa que se respeta en la escala de valores. Sin embargo, este modelo implica la imposición de una autoridad enérgica sobre el deseo, de tal modo que sobreviene la histeria, o sea las convulsiones.

En la pieza *Similia Similibus*, el argumento relata la relación de una joven pareja de recién casados, en la cual, mientras el marido trabaja en las arduas tareas del campo, la mujer sueña con la vida de la ciudad, el arte, los poetas, la literatura como formas de sublimación de sus deseos reprimidos, por lo cual el joven esposo decide pedirle a un grupo de amigos y antiguos compañeros de estudio que le representen a su esposa una farsa sobre la vida de los artistas, con el objeto de asustarla y *¡Similia Similibus!*, curarla con su propio mal.

Estos diversos aspectos aparecen en la pieza *El Viajero*, de Soledad Acosta de Samper, incluida en su obra *Anales de un paseo*, que se presenta como un divertimento en medio del relato en prosa, concebido con una intención didáctica.

El Viajero es una comedia montada sobre un equívoco, al estilo de las piezas clásicas del género, como *La comedia de las equivocaciones* o *Mucho ruido y pocas nueces*, de Shakespeare, aunque desde luego, con un desarrollo y un lenguaje más modesto.

En esta pieza, don Mateo, un rico hacendado, tiene dos hijas: Juanita, quien vive con él en el campo tras la muerte de la madre, y Tiburcia, quien va a estudiar a la ciudad y allí cambia por completo de personalidad. El novio de Juanita ha viajado a Europa, para estudiar diversos temas que le ayuden a la mejor explotación del campo, mientras su prometida lo espera en la hacienda de su padre. Tiburcia, desde luego, no quiere vivir de acuerdo con ese modelo, sino que aspira a un novio viajero y a un mundo de salón en las grandes capitales del mundo. París o Londres se convierten en los modelos precisos para sus sueños, en vez de la existencia gris y mediocre que le reserva la vida en su propio pueblo. En este aspecto, puede decirse que la obra está concebida al modo de muchas comedias nostálgicas de fin de siglo, en especial, el teatro del autor ruso Anton Chejov, quien también trabajó en el tema de los contrastes de vida entre el campo y la ciudad en la mayor parte de sus piezas.

El equívoco de la comedia de doña Soledad nace cuando un joven extraviado una noche de tormenta en el campo llega a la casona de la hacienda y se le confunde con don Joaquín, el novio de Juanita. Sin duda los dos jóvenes se parecen, y por otra parte, ha pasado un tiempo y ya no recuerdan muy bien los rasgos de Joaquín. Por eso, cuando la sirvienta confunde a don José con el prometido de su ama, este le sigue el juego y finge ser don Joaquín. A la postre todo se aclara, cuando llega el verdadero novio, y se descubre que los dos muchachos eran amigos de vieja data.

La comedia está concebida como un juego de artificio, con una estructura armada a partir de casualidades, al modo de muchas comedias decimonónicas, de cuyo modelo se burlaba Oscar Wilde en una comedia como *La importancia de llamarse Ernesto*. Es curioso, por ejemplo, cómo coincide la llegada del verdadero prometido con la aparición de este viajero, convirtiendo la casualidad en una fórmula de la intriga escénica.

Sin embargo, la problemática de esta comedia no se reduce a estos juegos de artificio y a los equívocos que finalmente se despejan. Lo más interesante que plantea es el contraste que se da entre las dos hermanas, la joven hacendosa del campo y la intelectual presuntuosa de la ciudad.

Don Mateo ha preparado a su hija Juanita para que sea la buena esposa de un joven trabajador, que le ayude en sus negocios y tareas de la hacienda. Por eso el equívoco se proyecta sobre los intereses más profundos del terrateniente: la suerte de su hija y la de su hacienda y haberes, que parecen fundirse en una sola cosa. Por esto, define así a la hija que se halla más cerca de colmar todos sus afectos:

> Don Mateo: Ciertamente mi pobre Juanita nada sabe de Botánicas, ni astronomía, ni conoce la cosmografía, ni la geología, ni la mineralogía, ni la meteorología, ni el arte de la calisténica (o el de ser elegante), ni canta canciones en italiano, ni baila lanceros y mazurcas y sotises, ¡pero en cambio hace la felicidad de cuantos la rodean!

El juego consiste en definir a su hija justamente por lo que ella no es, y de este modo criticar a la otra. Su rencor hacia la hija sabihonda se formula, sin embargo, con expresiones más fuertes:

> Don Mateo: Locata ridícula ¡Cerca de un año que te saqué de un colegio del gobierno en Bogotá, en donde te educaste, o más bien en donde quise que te educaras; y cuando pensaba que vendrías a servir de algo en la hacienda y a ayudar a tu hermana en las faenas caseras, lo que resulta es que tenemos aquí a una sabia que le hace el asco a todo!

Resulta curiosa esta diatriba de doña Soledad Acosta de Samper, escritora, historiadora, mujer culta y de una rica vida cultural, contra la joven que ha estudiado y por ello se distingue de la ingenua e ignorante hermana. Pero en realidad, esta contradicción es interesante, pues lo que en realidad critica la autora es la impostura, la falsa sabiduría, el alarde de términos pedantes y confusos que deja entrever deficiencias no solo en la joven aprendiz, sino ante todo en los maestros y los métodos de enseñanza. Y en verdad, esta discusión era muy álgida a lo largo del siglo XIX, desde los conflictos entre el gobierno (en tiempos de Santander) y la Iglesia por la difusión de las doctrinas de Bentham, hasta las divergencias que se desarrollaron entre jesuitas y conservadores doctrinarios y los liberales, muchos de ellos pertenecientes a las logias de la masonería. Por eso, conservadores tradicionalistas que tuviesen a sus hijos en un plantel como el del doctor Lorenzo María Lleras, pese a que éste usara un nombre tan confesional como el del Espíritu Santo, no dejaban de tener sus recelos y reservas en relación con lo que sus hijos aprendían, y de ahí los galimatías que doña Soledad pone en boca de su personaje. Otra cosa muy distinta es la forma como ella misma busca lograr un equilibrio entre la mujer independiente que lee, estudia y trabaja, y la vida del hogar, como esposa y madre, según los modelos de la época. Tiburcia, entonces, es lo que doña Soledad no es, pero que otra joven que no sepa asimilar las lecturas y las lecciones aprendidas y aplicarlas a su vida cotidiana puede llegar a ser, como una caricatura del verdadero conocimiento.

La relación entre el conocimiento y la vida, entre la teoría y la práctica, es necesaria para que la cultura no sea un simple adorno excéntrico, sino una actitud integral que pueda enriquecer y orientar el rumbo de la existencia. A la postre, la falsa intelectual aleja al mismo joven simulador que pretendía cortejarla, como si fuese el novio de su hermana, y así se cierra el ciclo de tal modo que los impostores son descubiertos y los intereses dominantes de la vida social y familiar resultan imponiéndose.

En esta comedia existe, entonces, una intención didáctica, pero no se resuelve con una moraleja expresada en el texto de un modo manifiesto, sino más bien como algo que se puede extraer del desenvolvimiento de la trama, que critica la falsedad del comportamiento y la simulación de una forma semejante a como lo hace Molière en su comedia *Las preciosas ridículas*.

Esta actitud de divertimento, de juego instructivo, cambia con el drama *Víctimas de la guerra*, en el cual plantea las dolorosas experiencias de las guerras civiles, que constituyeron un verdadero flagelo en el desarrollo social colombiano. Estas guerras, generadas por causas complejas, tuvieron un carácter político, religioso y económico. Se produjeron en diversas regiones del país y marcaron nuestra historia de un modo dramático.

En su pieza, Soledad Acosta de Samper señala la forma como los nuevos bandos y partidos políticos separan a las familias y a los seres que antes estaban unidos, aun por vínculos amorosos. En efecto, desde los primeros días de haber logrado la Independencia en los campos de batalla, los distintos sectores políticos se dividieron entre los partidarios de Bolívar y los seguidores de Santander. Sin embargo, es sólo después de 1848 cuando comienzan a formarse los partidos propiamente dichos, y su primera contienda se produce en 1849, cuando cada una de estas corrientes se aglutina alrededor de sus propios candidatos: los conservadores con Cuervo y Gori y los liberales con José Hilario López, quien al fin resulta elegido Presidente tras una dura contienda. Los conservadores sostienen que la elección fue fraudulenta, pues se hizo bajo la presión de los llamados "Puñales del siete de marzo", y hasta el mismo fundador del partido conservador, Mariano Ospina Rodríguez, al votar por López, en un gesto sorpresivo, exclamó: "¡*Voto para que el congreso no sea asesinado!*".

Pese a la existencia de tantas guerras civiles, nacionales o regionales, hasta llegar a la guerra de 1885 contra Núñez y la Regeneración, o Guerra de los Mil Días, cuyo centenario se cumple por estas calendas, fueron muy pocas las piezas teatrales que tomaron el tema de la guerra para llevarlo a escena, y prefirieron deslizarse hacia comedias satíricas o dramas de carácter familiar, encerrados entre cuatro paredes. Tal vez las excepciones a esa tendencia general se hallen en las obras *El soldado*, de Adolfo León Gómez y *Las víctimas de la guerra*, de doña Soledad Acosta, a la que nos estamos refiriendo. El mérito de esta última fue el haber sido escrita primero y a la vez, en señalar los efectos nefastos de las contiendas civiles, sin tomar partido por ninguno de los bandos en conflicto, pese a que doña Soledad tenía una posición política bien definida. Allí podríamos encontrar su honestidad como escritora, al lograr distanciarse de la ideología y por lo tanto evadir cualquier forma de propaganda o panfleto partidista, como sí los hubo en muchas sátiras paródicas de su tiempo.

Las víctimas de la guerra puede considerarse un melodrama con alcances épicos, como lo diría un dramaturgo contemporáneo como Bertold Brecht. Épico en cuanto expresa la visión del pueblo frente a la situación conflictiva, así como *Madre Coraje* lo expresa frente a la llamada "Guerra de los treinta años" en Alemania.

En este caso, Ramona, una humilde campesina, enloquece al ver cómo el prometido de su patrona es asesinado a sangre fría frente a ella. Por eso, a partir de aquel momento, sigue tras los ejércitos de leva que se arman con los campesinos y arrendatarios de los gamonales para ir a la guerra. Así describe Ramona a estos improvisados soldados, en una contienda que nada tiene que ver con ellos:

RAMONA: ¡Qué distintos son los señores de nosotros! Los pobres van forzados a pelear ¡y hasta amarrados los tienen que llevar, mientras los amos todo lo dejan, todo lo abandonan por hacer lo que los otros no quieren ni a palos! ¡Qué mundo tan disparatado es éste! Dígame, señorita: ¿Acaso los que van a esos congresos a vivir, no deberían enmendar semejantes injusticias?

Ante lo cual, la patrona le responde:

MATILDE: Dices bien! ¿Pero quién se acuerda de los míseros reclutas sino en tiempo de guerra? Dicen que la República es para hacer bien al pueblo, que la Independencia se hizo para libertar a los desgraciados de la tiranía! ¿Y qué tirano español es comparable a la costumbre de reclutar al infeliz campesino o artesano y llevarlo a pelear por causas que ellos no entienden ni les importan?

Esta joven campesina, tan atinada en sus juicios, al perder la razón marcha como una soldadera, tras las tropas, cantando una triste balada que se convierte en un estribillo alegórico de la guerra:

No esperes, bella Matilde,
Que Felipe vuelva a verte:
Búscalo en el otro mundo
Porque ya no habita en éste.

Y su risa demente y dolorosa se pierde tras el ruido de los disparos y el vocerío del campo de batalla.

En síntesis, Doña Soledad Acosta de Samper escribió un teatro con intenciones didácticas, pero sin falsos didactismos moralizantes. Buscó divertir o conmover al público con la comedia o el drama, pero ante todo, fue una mujer de su tiempo, que supo expresar las inquietudes y problemas de su momento histórico, reconocer el rostro cambiante de nuestros conflictos de ayer y de hoy, y, por lo tanto, abrir los interrogantes a preguntas que, como en el caso de la guerra, aún no se han respondido.

LA LABOR INTELECTUAL
DE SOLEDAD ACOSTA DE SAMPER
EN LA REVISTA *LA MUJER* (1878-1881)

Flor María Rodríguez-Arenas

Entre 1870 y 1875, salvo algunos enfrentamientos entre los diversos bandos, hubo un periodo de relativa calma en el territorio colombiano, con lo que se impulsaron las letras y las artes, se mejoraron las obras públicas nacionales y se redujo la deuda externa. Esto acabó en 1876 cuando surgió una guerra de tipo nacional, originada por la escisión del partido liberal en el grupo de *independientes*, seguidores de Rafael Núñez y el de *oligarcas,* partidarios de Aquileo Parra; situación que aprovechó el partido conservador, esgrimiendo como pretexto el "problema religioso" que provenía de la enseñanza laica que algunos liberales querían implantar, para levantarse en armas contra el gobierno y hacer estallar la guerra en el Cauca. El conflicto se expandió a los Estados de Antioquia, Tolima, Boyacá, Cundinamarca y Santander, pero el gobierno central detentado por los liberales finalmente venció a los revolucionarios; las acciones bélicas se clausuraron definitivamente el 11 de abril de 1878, cuando tomó posesión de la presidencia Julián Trujillo, candidato del grupo *independiente*, hecho que marcó un profundo hundimiento del partido opuesto y el derrumbe total del grupo liberal de *radicales* u *oligarcas* (véanse Pombo y Guerra 1986, 173-174).

El enfrentamiento entre estos bandos, que supuestamente habían entrado en guerra por problemas de ideología religiosa, mostró además serias contradicciones que se impusieron sobre la aparente unidad doctrinal, ya que expuso los celos entre los dirigentes de las diversas regiones, sin importar la ideología política, sobre el resultado final de la confrontación; del mismo modo se señalaron ostensiblemente graves problemas regionales con carácter racial que cohesionaron al grupo antioqueño frente a los "negros del Cauca", mientras que del lado conservador se manifestó claramente que para sus dirigentes, los bienes materiales primaban sobre la lealtad a la causa y el servicio a la patria (véase Tirado Mejía 1992, 372). El siglo XIX, predominantemente clasista, continuó la división estamental y racial proveniente de los tiempos coloniales y legisló muchas veces prolongando las costumbres heredadas de antaño, ahora encubiertas bajo las nuevas ideas de libertad y prosperidad para todos.

En este ambiente escindido por problemas políticos, ideológicos, raciales y de clase surge el 1 de septiembre de 1878, *La Mujer. Lecturas para las familias. Revista quincenal, redactada exclusivamente por señoras y señoritas, bajo la dirección de la señora Soledad Acosta de Samper*, (denominada a partir de aquí como *La Mujer*), publicación periódica extraordinaria por el objetivo que la impulsó, el resultado que alcanzó y el sendero que abrió para el quehacer escritural femenino colombiano, a pesar de las ingentes dificultades que le ocasionó a su fundadora, directora y principal redactora, Soledad Acosta de Samper (1833-1913), quien para esa fecha contaba con cuarenta y cinco años de edad. Los tiempos de bonanza para Colombia en la década del 70, habían sido nefastos para la escritora; en 1872, dos de sus hijas, María Josefa (doce años) y Carolina (quince años), habían perecido en una epidemia y en 1875, el gobierno de Santiago Pérez había encarcelado a su esposo José María Samper, les había confiscado los bienes y les había clausurado la imprenta, por lo que ella se había visto obligada a dedicarse a actividades de comercio para poder sostener a sus dos hijas sobrevivientes: Bertilda (diecinueve años) y Blanca Leonor (diez años).

En el momento del lanzamiento de *La Mujer*, Soledad Acosta de Samper ya era ampliamente conocida en los círculos intelectuales bogotanos desde hacía casi veinte años, pues el 8 de enero de 1859, en las páginas del periódico *Biblioteca de Señoritas*, se encuentra el primer artículo suyo firmado con el seudónimo "Andina", el cual posiblemente señale el comienzo de su fecunda carrera como escritora; trayectoria que se extendería por casi seis décadas con la publicación de novelas, cuentos, teatro, biografías, ensayos, revistas de modas, numerosos artículos de diversos tipos y considerables traducciones, convirtiéndola en la pluma más prolífica de la Colombia decimonónica (véase Rodríguez-Arenas: *Bibliografía de la literatura colombiana del siglo XIX*).

Por los días iniciales de la carrera de Soledad Acosta de Samper como polígrafa, Eugenio Díaz Castro escribió bajo el título "Andina", un elogio sobre ella, en el que definía las características que distinguirían su quehacer escritural hasta el final de sus días:

> La Biblioteca de Señoritas tiene que mostrarse profundamente agradecida a su corresponsal "Andina", señora bogotana que le da tanto mérito a sus propias columnas. Las señoras granadinas le deben "gloria", por la parte de señoras, "instrucción" por las noticias y "amor" por sus tiernos consejos de madre. Pero hay un mérito más sobresaliente que levanta la fama de Andina sobre los monumentos de su patria, *la moral de sus escritos*. Tierna amiga, les avisa a sus paisanas cuáles de las nuevas producciones literarias de París les convienen, y cuáles no, lamentándose de la *presteza* (es decir de la malignidad) conque se traducen y

se propagan entre nosotros los libros corruptores. Andina no se alucina porque los libros sean novelas francesas. Andina tiene juicio y penetración, y sabe apreciar el pudor en las señoras. Andina prohibe aconsejando que es la mejor de las prohibiciones. Madres, sacerdotes y magistrados de la Nueva Granada ¿habéis pensado lo que debéis a la señora corresponsal de la Biblioteca? (Ortografía modernizada) (*Biblioteca de Señoritas*, Bogotá, II.67, jul. 30, 1859: 84).

¿Qué permitía que Soledad Acosta de Samper con apenas veintiséis años de edad obtuviera este enaltecimiento de Díaz Castro ya en esa época tan temprana? Nacida del matrimonio del investigador, científico, estadista, militar, historiador, Director del Observatorio Astronómico y del Museo Nacional y catedrático de la Universidad en Bogotá, Joaquín Acosta, y de Carolina Kemble (originaria de Nueva Escocia); y educada en Bogotá, Halifax (Nueva Escocia, Canadá) y París, Soledad Acosta poseía lo que Bourdieu ha denominado "títulos de nobleza cultural" (1996, 18); es decir, su origen social, la cultura heredada de sus padres y la educación escolar que había recibido, aunados a las relaciones socioculturales que estableció a lo largo de su vida, su matrimonio con el publicista, político y estadista José María Samper Agudelo y la perseverante investigación y el continuo estudio que realizó durante toda su existencia, la dotaron con una capacidad intelectual inquisitiva, analítica y crítica, a la misma vez que la proveyeron de una erudición inusual para una mujer en su medio y sin parangón en suelo colombiano en el siglo XIX. Por eso, no es de extrañar que ya en 1859, Eugenio Díaz Castro la valore y la elogie al afirmar públicamente que los diversos estamentos sociales bogotanos le debían agradecimiento por la labor educativa que ya realizaba en favor de las mujeres, y a través de ellas, a sus familias y a la sociedad en general, por medio de las páginas de la prensa.

Ahora bien, la revista *La Mujer*, como explicita su título, estaba destinada a servir como vehículo de comunicación, medio de expresión y núcleo generador de educación para las mujeres colombianas, por esa razón fue "redactada exclusivamente por señoras y señoritas", con lo que se originó una revolución, un cambio en la vida cotidiana del territorio, porque el espacio público y político construido por y para los hombres y reservado sólo para ellos se vio escindido con esta demostración pública de la capacidad de las mujeres, en especial la de Soledad Acosta de Samper, ya que como mujer deseaba dar sentido a sus actividades e involucrar a más miembros de su género. Para reforzar esta posición y compeler un cambio innovador en los usos tradicionales, en el "Prospecto" de la revista, escrito de apertura, cuyos objetivos son explicar el propósito que guía la publicación y anticipar características de su contenido, la Directora indicaba que las colaboradoras "en lo posible se tratará de que sean sólo colombianas y sud-americanas". De esta manera quería demostrar la habilidad y la competencia que poseían o que podían llegar a adquirir las mujeres del área para la construcción de las relaciones sociales establecidas.

Asimismo aclaraba que ese tipo de publicación era muy común en diversos países europeos y en Estados Unidos, pero "no tenemos noticia de una empresa igual en Hispano-América. Tócanos a nosotras pues el haber iniciado en Bogotá esta obra" [*La Mujer* 1 (sept. 11, 1878): 1][1]. Aseveración en la que tenía justa razón, ya que en Sur América, únicamente hasta la década del 80 de ese siglo, se publicaron revistas editadas y redactadas completamente por mujeres. Los periódicos, que habían surgido en la Argentina en la década del 50, pertenecían irrefutablemente a la pluma exclusiva de una mujer en cada caso. Los otros, que eran considerados publicaciones femeninas, contaban entre sus directores y redactores tanto a hombres como a mujeres (véase Auza 1988).

El antecedente de esta publicación se produjo en Colombia el sábado 12 de marzo de 1864, cuando las ocho páginas del número del periódico *El Mosaico* (III.9), editado por hombres, ofreció únicamente textos escritos por mujeres: Irene de Chateaudun (una carta), Pía Rigan, seudónimo de Agripina Samper de Ancízar (una poesía); Andina, seudónimo de Soledad Acosta de Samper (un relato), Belisa, seudónimo de Isabel Bunch de Cortés (dos poesías); y S. E. de R., seudónimo de Silveria Espinosa de Rendón (dos poesías). Con esta emisión se insinuó la posibilidad de una publicación periódica exclusivamente femenina, pero todavía no era el momento para realizarla, porque en el país apenas se habían publicado muy pocas revistas literarias (véase Cacua Prada, 1983).

Se necesitaron casi tres lustros más y posiblemente la grave situación que Soledad Acosta de Samper viviera entre 1872 y 1875, y que culminó con una carta al Presidente Santiago Pérez reclamándole como mujer los derechos de su esposo y el respeto a la Constitución, que promulgaba la libertad de prensa y la de expresión a través de ese medio, para que ella emprendiera esta difícil empresa:

---

[1] En Argentina se señalan *La Aljaba* (1830) y *La Camelia* (1852) como las primeras publicaciones femeninas, pero no saben con certeza si quienes las editaron y redactaron fueron mujeres. La *Educación* (1852, autora Rosa Guerra), y el *Álbum de señoritas* (1853, autora Juana Manso de Nohrona) fueron obras escritas exclusivamente por cada una de sus autoras. En México, se afirma que *Las Hijas del Anahuac* (1873-1874) fue la primera publicación hecha totalmente por mujeres; infortunadamente no hemos podido confirmar con certeza la veracidad de este dato (véase: Auza, 1988; y Ruiz Castañeda 1988, 53-54).

¿Cuál, Ciudadano Presidente, de los pretextos alegados puede ser el verdadero motivo para la prisión de mi esposo? Si se le ha encarcelado por ser periodista, la prisión no tiene objeto; toda vez que ha cesado la publicación de todos los periódicos de oposición, que las imprentas están mudas; que por orden vuestra, han sido suspendidas las garantías individuales, bien que los periodistas que os sostienen sí gozan de libertad para escribir, y aún para insultar a sus cofrades encarcelados (...). Lo que os pido, Ciudadano Presidente, es equidad, es integridad. Os pido que obréis conforme a los principios que tan valientemente sostuvisteis en el *Mensajero*, en 1866 y 67, cuando erais periodista de oposición (en Samper Trainer 1995, 139-140).

En este fuerte llamado de atención que Acosta de Samper le hace a la autoridad máxima de la nación se observa la decisión enérgica que la caracterizaba y el conocimiento de los negocios públicos que poseía. Resolución y erudición que son el fundamento de la publicación *La Mujer*. En la década del setenta, antes de inaugurar la revista, esta escritora había colaborado en los periódicos más importantes del momento: *El Mosaico: Periódico de la Juventud, destinado exclusivamente a la literatura* (última etapa 1871-1872), *El Tradicionista, El Bien Público, El Pasatiempo, La Ley, El Deber, La Tarde, La Caridad*; además sus escritos formaban parte de colecciones representativas de textos, como la selección hecha por José Joaquín Borda, bajo el título *Escritores colombianos* (1873); es decir, su posición de escritora y periodista estaba plenamente cimentada en el ámbito cultural del país.

La revista *La Mujer* alcanzó mil cuatrocientas cincuenta páginas distribuidas en sesenta números de veinticuatro páginas a doble columna, recopiladas en cinco volúmenes y publicadas en dos años y ocho meses, entre el 1 de septiembre de 1878 y el 15 de mayo de 1881. Como actividad intelectual fue mucho más que un simple medio de formación de la opinión pública, fue un verdadero núcleo de cultura y representó también todo un estilo de vida que la Directora buscaba impulsar en la mujer de las distintas capas sociales mediante la difusión de conocimientos útiles y normas de conducta; además de que intentaba la diseminación de información y con esto la aculturación sobre la situación histórica y real de la mujer en otros países; asimismo quería mostrar mediante la práctica la capacidad intelectual que poseían al divulgar sus nuevas obras literarias: novelas, cuentos y piezas de teatro, ya fueran de su propia inspiración o de mujeres europeas. Su labor periodística, comenzada en 1859, se basaba en la comunicación y el testimonio de cuestiones sustanciales para la mujer; quehacer que había cimentado sólidamente en su residencia en Lima entre 1862 y 1864, cuando había publicado artículos propios o traducido textos difundiendo los alcances en educación, higiene y derechos que habían mejorado la situación femenina en Europa y en Estados Unidos.

Ahora, ¿por qué escoge una publicación periódica para propagar información, adelantos, nuevas ideas y especialmente obras literarias? ¿Por qué no hacerlo en forma de libro? El nivel de analfabetismo era muy alto en la época y no había medios económicos para la adquisición de libros. Los periódicos por lo general tenían tiradas muy reducidas al ser pequeño el número de personas que podía leerlos o adquirirlos; pero la distribución de su contenido se lograba por medio de la lectura colectiva; es decir, eran obtenidos por unos y recibida la información por muchos; por eso, la prensa disfrutaba de una acogida mayoritaria dentro del escaso público colombiano al que llegaba.

Del mismo modo, el periodismo y la literatura se dan la mano durante el siglo XIX. No hay escritor que no haya sido periodista y ningún escritor dejaba de colaborar en los periódicos. Durante esa época no existía una imagen del periodista profesional que se diferenciara de la del escritor. Además, al menos en Colombia, en las páginas de los periódicos surgieron y se fortalecieron muchos géneros literarios, especialmente los de prosa de ficción. La amplia y constante labor informativa, didáctica y literaria que Soledad Acosta de Samper realizara en las páginas de numerosos periódicos decimonónicos colombianos, la señalan, ya no como la pluma decimonónica más productiva, entre hombres y mujeres, sino también como la primera escritora profesional de Colombia y la primera periodista del país.

La publicación de *La Mujer* implicó el denodado esfuerzo de Soledad Acosta de Samper por proporcionar y establecer sólidamente un medio para que las mujeres colombianas de la época pudieran expresar su quehacer escritural y tuvieran una forma de divulgarlo; esto les permitiría llegar gradualmente al nivel de otros grupos de mujeres intelectuales y trabajadoras en diversas partes del mundo. Pero debido a la falta de contribuciones y a la posible censura callada a su labor por oposición ideológica religiosa, política o de clase, esta intelectual se vio forzada a repetir lo que ya había experimentado en 1863 en su estadía en Lima, cuando su esposo había cofundado con Amunátegui la *Revista Americana*:

> (...) periódico de impresión elegante, correcto, variado, serio y digno, constante de veinticuatro páginas de dos columnas en gran folio en cada número, y dividido en diez secciones.
>
> Puedo afirmar que la *Revista Americana*, cultísimo auxiliar de *El Comercio*, fue honra para la empresa de la América española y título de honor para mi esposa y para mí. Alcanzó a llegar hasta la página 288, de suerte que su composición

equivalió a cosa de tres gruesos volúmenes en 12°, y (con excepción de algunas páginas) fue obra mía y de mi esposa, porque si bien hice grandes esfuerzos para lograr la colaboración de los escritores peruanos, rarísimos quisieron suministrar alguna cosa. El egoísmo de unos y la preferencia que los más daban a la prensa maldiciente y personalista, nos dejaron sin colaboradores. Así, mi esposa sostenía con su pluma dos o tres secciones, y yo con la mía las siete u ocho restantes; y a fin de atender a tal variedad, yo tenía que hacer prodigios de diversificación de estilo y de estudio y tratamiento de materias, procurando, para mantener la ilusión de los lectores y hacerles creer que colaboraban muchos otros escritores, diversificar los nombres y pseudónimos con que mis artículos, novelas, cuadros de costumbres, etc., aparecían suscritos (Samper, 350).

Las situaciones se repitieron, sin embargo los buenos modelos merecían emularse y esto fue lo que hizo Soledad Acosta de Samper al seguir el formato de *La Mujer* a semejanza del que su esposo había adoptado en 1863 para la *Revista Americana* y posteriormente al sostener la publicación casi sin colaboraciones.

A pesar del terreno que ya había ganado la mujer en algunos países, emprender y dirigir una publicación periódica literaria, en la que se daba a conocer la escritura de un conjunto de mujeres en la Bogotá decimonónica fue una tarea muy arriesgada e incluso bastante precaria. A lo largo del siglo XIX, se publicaron y propagaron diversos manuales de comportamiento que le recordaban a la parte femenina de la sociedad cuál era su puesto y cuáles sus obligaciones y prioridades. En la década del setenta en Bogotá, la imprenta de Nicolás Pontón había lanzado dos de estos textos: *El ánjel del hogar: estudios morales acerca de la mujer* (cuarta ed., 1872), cuya autora era la escritora española María del Pilar Sinués de Marco, muy conocida y difundida en las prensas bogotanas, y *La mujer cristiana desde su nacimiento hasta su muerte: estudios i consejos* (1873) de Mme. Marcey, de quien se publicaron una serie de aforismos en *La Mujer* (I.12, 15 de marzo de 1879: 268). Los dos libros explicitaban abiertamente su subordinación y su adscripción a la esfera privada, señalando que la transgresión hacia lo público la marcaba con el estigma de no ser femenina, con lo que se atraía el descrédito o la desgracia.

De la misma manera en 1871 y 1872 en Madrid, se había difundido la obra que Roberto Robert editara en dos volúmenes, en la que había reunido sesenta y ocho artículos de diversos escritores que expresaban conceptos sobre la mujer: *Las españolas pintadas por los españoles: colección de estudios acerca de los aspectos, estados, costumbres y cualidades generales de nuestras contemporáneas*, textos que como bien lo señaló Estrella de Diego deberían tener por título "las españolas insultadas por los españoles" (1984,

236). En esta colección, las ideas de la época sobre la mujer se observan claramente. Benito Pérez Galdós en su ensayo: "La mujer del filósofo", expuso notoriamente algunas de ellas:

> [L]a mujer (...) cede prontamente a la influencia exterior, adopta las ideas y los sentimientos que se le imponen, y concluye por no ser sino lo que el hombre quiere que sea. (...) buscando entre la multitud de hembras de todas clases que pueblan y regocijan el suelo de la católica España, una que se distinguiera entre todas las de su sexo por un desmedido amor a los trabajos especulativos; y, digámoslo en honor de la verdad, casi en honor suyo, no la hemos encontrado. La filosofante no existe; este monstruo no ha sido abortado aún por la sociedad, que sin duda, a pesar de la turbación de los tiempos, no ha encontrado materiales para fundirla en la misma turquesa de donde salió hace medio siglo la literata sentimental y hace treinta años la poetisa romántica. // Es cierto que hace poco ha aparecido una excrescencia informe, una aberración que se llama la mujer socialista (...) (I: 122).

En el escrito, Pérez Galdós concluyó que la mujer era incapaz intelectualmente de comprender las ideas profundas de su esposo filósofo, añorando únicamente tener hijos y dedicando todo su tiempo a comer, a engordar y a rezar rutinariamente en público. Cuando jubilosamente quedaba viuda y debido al escaso intelecto que la caracterizaba, se casaba con un hombre tosco que la llenaba de hijos, la cargaba de trabajo y a menudo la despreciaba y maltrataba; sólo así sentía que se realizaba como mujer. Complementando estas ideas, otro de los ensayistas, Eduardo Saco afirmó en "La literata":

> Los hombres en un momento de inocente expansión, dijeron que la mujer era la base de la familia y de la sociedad; la mujer, en su prodigiosa inteligencia, se apoderó instantáneamente de esta concesión, y sin fuerzas para contenerse en los límites de lo justo y lo natural, se lanzó a la senda de que se creía dueña, y apoderándose de cuantos medios ponía el hombre a su alcance, se hizo escritora para ser luego propagandista, y desbarró en la propaganda como había desbarrado en la poesía. // Por eso ven Vds. con qué fruición se entrega a fundar revistas, semanarios y bibliotecas cualquier señora dando al olvido los calzoncillos de su esposo (I: 72).

Estos cometarios son apenas una muestra de los innumerables ultrajes que pululan en los dos volúmenes; concepciones que señalan que la mujer por su naturaleza y su débil disposición tenía que estar sometida al hombre; además como esposa y madre debía quedar fuera y aparte de la ciudadanía, porque se hacía imprescindible su acatamiento absoluto a las necesidades del hombre; es decir, ella debía aceptar su sumisión y su muerte civil a cambio de su manutención y protección.

Las ideas prevalentes en la época ponen de manifiesto la imposible labor que enfrentó Soledad Acosta de Samper en la Bogotá decimonónica. Las reglas de comportamiento alusivas al puesto inequívoco que debía ocupar la mujer, a la docilidad y a la sujeción que debían ser sus características intrínsecas y a las censuras y vituperios que proliferaban abiertamente y que se atraía cuando se presentaba en la palestra pública, como las emitidas por Benito Pérez Galdós al llamarla "monstruo abortado", "excrecencia informe", "aberración" social. De ahí que la polígrafa bogotana, como intelectual y como mujer, perspicaz conocedora de la sociedad en que vivía, de las carencias y peculiaridades que la conformaban, empleara explícitas técnicas suasorias, tanto para lograr establecer un grupo lector-receptor de la revista, como para conseguir que los mensajes que se entregaban en sus páginas no fueran abiertamente resistidos por la comunidad, y con esto, acarrearse la censura; de esta manera prevenía que la labor que ella diestramente trataba de realizar fuera rechazada, perdiéndose la posibilidad de acceso ya no sólo a la educación de grupos de mujeres y a un inicio de intercambio de ideas, sino a la apertura del cerrado mundo en que las mujeres colombianas seguían enclaustradas.

En las palabras de presentación de la revista escritas en "El Prospecto", su Directora expresó que se había propuesto divulgar un:

> órgano dedicado al bello sexo y al bien y servicio de él bajo todos aspectos. No solamente procuraremos agradar a la mujer, sino que nos esforzaremos principalmente por consolarla en sus penas y amarguras, alentarla en el cumplimiento de sus obligaciones, y procurarla dos veces por mes un corto solaz, en medio de la vida de arduos deberes íntimos y ocupaciones domésticas, que es el fondo de la existencia de las mujeres de nuestra patria, en todas las jerarquías sociales (...). No les diremos a las mujeres que son bellas y fragantes flores, nacidas y creadas tan sólo para adornar el jardín de la existencia; sino que las probaremos que Dios las ha puesto en el mundo para auxiliar a sus compañeros de peregrinación en el escabroso camino de la vida, y ayudarles a cargar la grande y pesada cruz del sufrimiento. En fin, no las hablaremos de los derechos de la mujer en la sociedad, ni de su pretendida emancipación, sino de los deberes que incumben a todo ser humano en este mundo transitorio.
>
> Sin embargo, no se crea que nuestra revista será en realidad austera, ni se dará aires de rígida; aunque sí garantizamos que siempre será moral, y que contendrá artículos que estarán al alcance de todos los entendimientos. Algunos de ellos dedicados a los niños serán producto de la pluma de una de las literatas más distinguidas de nuestra patria. Además amenizaremos nuestras columnas

con novelas, cuentos, artículos varios, poesías y una corta reseña, en cada número, de los últimos acontecimientos importantes acaecidos en el extranjero y que
puedan interesar a nuestras lectoras y lectores, pues no está prohibida la lectura
de nuestro periódico al sexo llamado fuerte (La Mujer I.1, sept. 1, 1878: 1-2).

Para presentar la revista en este texto de apertura e introducción, Soledad Acosta de Samper utilizó importantes armas de influencia y persuasión;
con ellas deseaba seducir al lector y al receptor, a la vez que solidificar la
posición de la publicación. Para lograr esto, concedió explícitamente que el
puesto de la mujer era diferente al del hombre: por eso no iba a hablar de los
derechos de la mujer, sino de sus *deberes*; y dado que su lugar era secundario, ella era auxiliar del hombre: de ahí que su labor debiera desarrollarse en
el interior de la vida doméstica. Además, como mujer, aunque de clase alta y
con una educación inusual, la autora se ubicaba como miembro de un grupo:
las mujeres. Como parte de su género, todas tenían las mismas amarguras,
obligaciones y deberes, y el quehacer que la revista iba a intentar realizar
era ayudarles a "cargar la grande y pesada cruz del sufrimiento en el esca-
broso camino de la vida".

Con esos enunciados, la escritora bogotana se mostró sagazmente conocedora del género humano: los hombres no se veían amenazados, porque la
publicación no iba a destruir los límites asignados a la mujer; por el contrario, aparentemente los iba a reforzar. Al conceder que el hombre tenía un
lugar diferente, como prueba de reciprocidad lo mínimo que le pedía era el
apoyo a la publicación. Al afirmar que el puesto de la mujer era secundario,
mostraba consistencia con el punto anterior, dando mayor solidez a su presentación. Asimismo, cuando aseguró que las mujeres de todos los estamentos sociales tenían el mismo destino difícil, se hizo parte del grupo aludido,
logrando una mejor aceptación de los miembros de su género. Además,
como era de familia distinguida, con una educación sólida ratificada, y una
escritora que ya se había dado a conocer y había sido aceptada por dos décadas, poseía las pruebas sociales que se requerían para realizar la labor de
Directora de una publicación periódica; más aún, ella era la única mujer
capacitada para llevarla a cabo. Es decir: sus armas persuasorias fueron: la
reciprocidad, la consistencia, el reconocimiento social, la aceptación pública, la autoridad y la escasez de mujeres como ella (véase Cialdini 1993).

Ahora, para entender mejor la postura ideológica de Soledad Acosta de
Samper en *La Mujer*, algunas de las ideas expresadas por Michel Foucault
ayudan a descifrar la contradicción de mensajes, que se observan en algunos
textos de la publicación. El pensador francés afirma: "[N]o se puede hablar
en cualquier época de cualquier cosa; no es fácil decir algo nuevo; no basta

con abrir los ojos, con prestar atención, o con adquirir conciencia, para que se iluminen al punto nuevos objetos, y que al ras del suelo lancen su primer resplandor" (1983b, 73). Con esto hace énfasis en la dificultad para que se produzcan cambios en los discursos sociales establecidos por la tradición y en las relaciones de poder que se encuentran en cada aspecto de la vida. Para él:

> [E]l poder no es algo que se adquiera, arranque o comparta, algo que se conserve o se deje escapar; el poder se ejerce a partir de innumerables puntos, y en el juego de relaciones móviles y no igualitarias. (...) Las relaciones de poder (...) son inmanentes; constituyen los efectos inmediatos de las particiones, desigualdades y desequilibrios que se producen, y, recíprocamente, son las condiciones internas de tales diferenciaciones; las relaciones de poder no se hallan en posición de superestructura, con un simple papel de prohibición o reconducción; desempeñan, allí en donde actúan, un papel directamente productor. (...) El poder viene de abajo; es decir que no hay, en el principio de las relaciones de poder, y como matriz general, una oposición binaria y global entre dominadores y dominados (1983a, 114).

Los lectores parecen ser menos poderosos que los escritores y editores de una publicación, pero ellos pueden resistir e incluso rechazar los mensajes que se emiten. De esta manera, se establece un juego complejo de relaciones de poder entre los discursos sociales dominantes, que hacen que la colectividad juzgue una situación, muchas veces sin tener una razón justificada, basándose únicamente en la aceptación o el rechazo social que tradicionalmente se le ha dado. Aunque el balance de poder entre estos dos grupos (emisores y receptores) ha variado históricamente, porque está en constante proceso de formación y cambio, Soledad Acosta como Directora de una revista que nunca se había hecho en Bogotá, tuvo que enfatizar abiertamente la asimetría del género de la mujer en su sociedad. Esta característica, junto con la expresión de su propia ideología religiosa serán las únicas constantes que se mantendrán en la publicación, porque tenían como funciones primordiales: buscar, obtener y conservar el apoyo social para *La Mujer*.

A lo largo de la historia, los hombres han incursionado en las publicaciones femeninas ya como editores y redactores, ya como lectores, según se observa en las palabras con que la editora se dirige a los hombres; éstos aprenden a "leer como las mujeres", reconocen los tópicos, las técnicas y los medios que a ellas se les ha permitido usar a través de los tiempos y los juzgan desde su posición de hombres, lectores, críticos y censores. Con el ejercicio de estas funciones, una publicación periódica realizada por mujeres estaba destinada a sucumbir rápidamente si no se adaptaba a las normas estipuladas, porque el hombre con la lectura medía el mundo femenino de lo doméstico, cuyos parámetros él había contribuido a delimitar. De ahí que *La Mujer* como revista presente un espacio feminizado, definido por las mujeres que estaban en su centro y por su diferencia con el mundo masculino de la política, la economía, la ciencia y la guerra, aspectos de la vida colombiana con los cuales los textos de la revista nunca se involucran.

Sin embargo, esos mismos acontecimientos en el ámbito internacional aparecen comentados y muchas veces fuertemente criticados y rechazados en la "Revista de Europa". En esta sección, Soledad Acosta informa en cada uno de los números sobre diversos acontecimientos públicos en los países europeos, africanos, asiáticos y en Estados Unidos, comunica la actuación y las decisiones de los dirigentes políticos, expone su ideología religiosa y abiertamente falla sobre los hechos y situaciones con los que estaba en desacuerdo. Además constantemente reporta la actuación, los logros que alcanzaban las mujeres tanto en lo público como en lo privado; pero también critica los acontecimientos que se distanciaban de su ideología. Al parecer, había una gran diferencia en la percepción de los acaecimientos lejanos y los cercanos, ya que según se deja ver, las consecuencias de los primeros comprometían menos que los que sucedían en las inmediaciones y sobre ellos se podían exponer libremente ideas sobre sucesos del ambiente colombiano que no era posible presentar en público.

Del mismo modo, para disipar el posible peligro que los miembros de la sociedad consumidora pudieran ver en la publicación, la Directora la presentó abiertamente como una revista femenina, en el sentido en que definía a sus lectores principalmente como "mujeres"; sin embargo, el género "femenino" que se representaba, simultáneamente se subvertía, porque se asumía como dado, pero al mismo tiempo debía adquirirse; esto implicaba que las lectoras como mujeres debían mejorar e intentar llegar a ser el tipo de mujer que la revista planteaba. Para realizar esa difícil labor, en las páginas se daban pautas, recetas, patrones, relatos y modelos, que las receptoras debían procurar emular para llegar a crear las directrices de una identidad que debería poseer las características de mujer sexual ("la vida de arduos deberes íntimos"), de hacendosa ama de casa ("[difíciles] ocupaciones domésticas"), de madre y de hábil y dedicada trabajadora fuera de las labores domésticas cuando se requería su activa participación para salvaguardar la integridad del hogar y el honor de la familia, como le había tocado a ella misma cuando su esposo fue encarcelado. Es decir, los juegos de poder ejercidos por los discursos sociales, ya señalados por Foucault, se explicitan abiertamente en los textos de la publicación.

Esta posición adoptada dio buenos resultados; la revista se recibió con beneplácito, se la señaló como un gran servicio para la sociedad y de paso se halagó a la Directora:

> Hermoso periódico literario. (...) Su dirección está a cargo de la muy distinguida escritora señora Soledad Acosta de Samper tan justamente aplaudida en el mundo de las letras. (...) Entre todos los periódicos literarios editados hasta hoy en nuestro país ninguno hemos conocido en tanta armonía con el buen gusto y las necesidades de la familia. Gustosos, pues, recomendamos a nuestros ilustrados lectores esta valiosísima publicación donde todo está escogido con gusto exquisito y admirable habilidad. (...) Felicitamos a la señora de Samper por su lujosa labor, y deseamos un éxito seguro a tan acertada publicación (Anónimo. "Boletín Semanal". *El Pasatiempo*, Bogotá, 49, sept. 13, 1878: 391).

Se reconocía públicamente la benéfica labor social que Soledad Acosta de Samper iba a efectuar con *La Mujer*; esto era suficiente para apoyar una publicación del tipo propuesto, así fuera la primera vez que se realizaba. Obviamente este no fue el único apoyo público que se difundió; pocos días después se encuentra bajo el título "Una fecha notable para las letras colombianas" otro texto que presenta más o menos con los mismos términos la publicación y a su Directora:

> Tal juzgamos, sin hipérbole, la de la aparición del nuevo periódico quincenal titulado "La Mujer". (...) Nosotros nos hemos regocijado con la lectura del número 1 de tan interesante Revista: interesante por lo que se propone, que es levantar a la mujer a la altura que le corresponde en nuestra sociedad, pero dentro de los límites que le señalan su sexo y su misión en el mundo, sin aspirar a aquella quimérica emancipación con que se pretende hacer de ella un ser superior absolutamente igual al hombre; interesante por el acierto y buen gusto que se cuenta en la elección de asuntos y modos de tratarlos; interesante, en fin, por la variedad y amenidad de las materias, la sencillez y corrección del estilo, la pureza del lenguaje, y aún por su forma elegante y proporcionada.
>
> En nuestro concepto "La Mujer" es una idea feliz, y una empresa beneficiosa para nuestra sociedad, cuya parte débil no tiene el recurso de la belleza, la ciencia o el dinero, en cuanto a su mejoría y moral; la juventud masculina, que le es muy inferior en todo, no la estima ni considera sino atendiendo a lo que tiene de frívolo, superficial y ostentoso. (...) aunque "La Mujer" no tuviese otra ventaja que la de estimular, como se ha dicho, el cultivo de las Bellas Letras entre gran número de nuestras paisanas, y animarlas a la publicación de sus ensayos, ya esto sería mucho, y tal resultado será seguro cuando se vean mutuamente apoyadas, sin el natural temor a aparecer aisladamente en la escena literaria. ¡Y cuenta que no son pocas entre nosotros las señoras que pueden tener rece-

lo en exhibir sus producciones, hijas de apacibles horas pasadas agradablemente en tan dulce ocupación, y en el estudio de buenos libros!

Es sobre todo especial garantía de esta Revista el hallarse al frente de ella la señora Soledad Acosta de Samper, hija y esposa de dos hombres eminentes, historiadores, literatos y publicistas ambos, y tan conocida en nuestro país por sus talentos y su instrucción poco común, por sus estimables escritos, y más que todo por sus virtudes. Ella habla a un mismo tiempo con su pluma y con su ejemplo, y es por tanto acreedora al respeto, a la simpatía, y, diremos más, a la gratitud de todos los amantes de las letras (J. C. R. *El Zipa*, Bogotá, II.8, sept. 19, 1878: 114-115).

El favorable recibimiento que se le tributó a la revista y que hace eco del que emitiera Díaz Castro casi dos décadas antes, llevó a Soledad Acosta a escribir el texto "Mil y mil gracias", en el que agradece "a las muchas señoras y caballeros que nos han favorecido con sus felicitaciones y apoyo para *La Mujer*; así como a los periódicos que nos han honrado recomendando nuestra Revista al público" (I.1, sept. 18, 1878: 46). No obstante, recordó a todos que la labor que había empezado no era para ella, sino para abrir las páginas de la publicación a las mujeres: "Con todo, nuestro mayor deseo es ceder lo más posible el campo, en estas columnas, a nuestras colaboradoras colombianas, a fin de que su talento e instrucción brillen, cual lo merecen, en la prensa literaria del país" (I.1, sept. 18, 1878: 46).

La educación de la mujer era primordial para lograr el avance de la sociedad, por eso Soledad Acosta de Samper no se cansaba de ratificar este hecho, pero al mismo tiempo llamaba la atención sobre otras labores a las que las mujeres se dedicaban activamente en otras latitudes:

Una de las cosas que una mujer no debe olvidar jamás es, que es preciso ser mujer siempre, es decir, ser buena ama de su casa, atender a sus deberes en la cocina, en la despensa, en la alcoba. Una mujer no abandonará sin faltar a sus deberes, el cargo de la organización y orden de su casa para dedicarse a ningún arte; si sabe escribir bellos versos, pintar, dibujar o tocar algún instrumento con perfección, no por eso la debe ser extraña la aguja para remendar los vestidos de la familia, ni el fogón para acudir a él en caso de necesidad (...).

En Inglaterra, en Francia, en Alemania, en los Estados Unidos del Norte, y aún en Italia y en España, las mujeres tienen abiertamente una carrera que no es conocida entre nosotros: la de la literatura, y en ella se han distinguido en varios ramos, sobre el mismo pie que los hombres, muchas mujeres notables, que han hecho su fortuna con sus obras. Aquí aún no hemos llegado a ese grado de civilización, pero es preciso no olvidar que con el tiempo la mujer colombiana también tomará asiento entre los literatos, y debemos poco a poco ir preparando las generaciones que se levantan para ese caso. Debemos a nuestras mujeres una educación sólida, y no pasarán muchos años antes de que contemos en nuestras filas serias obras históricas, didácticas y filosóficas escritas por mujeres (S. A. de S. "Lo que una mujer piensa de las mujeres: el trabajo de la mujer" La Mujer I.1, sept. 1, 1878: 20).

La escritura de la mujer, proponía Acosta de Samper, debía estar al servicio de los demás; como parte de un género, el ascenso de la mujer a lo público debía ser una labor de alfabetización primero y luego una obra pedagógica realizada por las mismas mujeres. Se debía acabar con la noción de la incapacidad femenina y su ineptitud para desarrollar determinadas labores. ¿Quiénes mejor que ellas sabían lo que necesitaban y lo que querían? Sin embargo, quienes regulaban la enseñanza femenina en Colombia no eran las mismas mujeres, eran hombres y ellos, al dictaminar sobre este aspecto tan importante, deberían tener en cuenta las necesidades inherentes a cada uno de los estratos sociales; además deberían planear con anticipación, tener moderación y seguir una dirección en la instrucción que se impartiera y en la educación que se anhelara establecer para alcanzar la felicidad de la sociedad:

¡Ah Señores encargados de la instrucción pública: dudamos que ninguno de vosotros miraría con gusto una nación de mujeres, cuyo ejemplo fuese el de las mujeres de París durante la Comuna! Y sin embargo, nuestras mujeres del pueblo serán peores, mil veces peores, porque son menos civilizadas, menos instruidas y más brutales que las parisienses! (...). Nadie puede pensar con sinceridad en que en una nación tan atrasada como la nuestra, con un pueblo tan poco accesible a la civilización, la virtud filosófica sirva de freno a las pasiones. Nosotros no creemos que pueda existir jamás una nación así constituida; pero damos por sentado que aquello pudiera suceder.¿Acaso ya hemos llegado a ese punto de civilización y podemos considerarnos como el país más avanzado? No; nadie puede asegurar aquello, y es preciso convenir en que se necesita dar al pueblo otro freno que no sea el de la filosofía, que no conoce; y éste tiene que ser el de la Religión. (...).

Ahora pasemos a otra cuestión, la de la utilidad. ¿Qué objeto tienen las escuelas normales de institutoras? Sin duda será formar a las que han de encargarse de las escuelas primarias, sea en la capital o en los pueblos, villas y aldeas del Estado, y preparar las niñas del pueblo a que aprendan a trabajar y a ser madres de familia para que cumplan con su misión. ¿A qué viene, pues, la enseñanza para las maestras de catorce materias diferentes, las cuales en su vida volverán a practicar? ¿No es eso también una burla? ¿O se pretende enseñar a las hijas de las cocineras, a las aldeanas, a las carboneras y trabajadoras del campo, canto, calisténica, cosmografía, geometría e historia natural? ¿Acaso no sería mucho más provechoso para ellas que aprendiesen a leer, escribir, contar, algo de gramática y ortografía, y costura, lavado, aplanchado, arte culinaria e higiene, para poder ser madres de familia laboriosas y servir en las casas, y a quienes se les pueda entregar sin cuidado la ropa, la despensa, la cocina y los niños pequeños? Además, ¿qué puede valer toda aquella instrucción sin nociones verdaderas de religión y de los deberes que tiene cada mujer en su estado, así como sin moralidad y urbanidad? (S. A. de S. "La instrucción pública en Cundinamarca". *La Mujer* I.6, nov. 25, 1878: 126-127)[2].

El Estado, de acuerdo con los intereses de las clases dominantes, desarrolló durante el siglo XIX una política de control dirigida a establecer las bases de la nueva configuración social. La escuela era la propagadora de la moral que se quería implantar; por eso, se pretendía generalizar e imponer una educación a las clases populares que facilitara la inculcación de valores. Sin embargo, a pesar de que se quería llegar a la difusión de las ideas liberales de igual educación para todos, no existían los fundamentos de una base cultural nacional que permitiera la expansión de esos ideales. De ahí que Acosta de Samper señalara las fallas del plan educativo que se había estructurado para la Escuela Normal de Institutoras, porque no se había pensado en la estratificación real de la sociedad colombiana y en las insuficiencias que se daban en cada uno de los estamentos sociales, ni en la manera en que gradualmente se podían ir solucionando. Lo que se hacía en realidad era impartir normas generales que al no poderse aplicar quedaban en el papel, alejándose cada vez más los estratos entre sí. Esa situación de la división de clases y la distribución o ausencia de instrucción tutelaba, moralizaba y convertía las clases populares en productoras y trabajadoras domésticas necesarias para el buen funcionamiento de las comunidades tales y como estaban estructuradas. Sin embargo, Acosta de Samper a pesar de la posición que explicita con el reclamo público que efectúa, señala una gran conquista para el sector femenino: el reconocimiento legal de su salida al espacio público como instructoras preparadas y, a su vez, cómo la educación, aunque tímidamente, ya comenzaba a llegar de alguna manera al pueblo.

Este texto a su vez muestra la lucha ideológica política y religiosa de la época. El sector conservador católico, al cual pertenecía Soledad Acosta de Samper, consideraba que la educación de la mayoría de las mujeres debía ser para los asuntos domésticos, de esta manera se paliarían las deficiencias mora-

---

[2] Según el texto de Acosta de Samper basado en el Informe remitido a ella por el Director de la Instrucción Pública, se enseñaban: escritura, contabilidad, canto, pedagogía teórica, lectura, geografía, calisténica, historia patria, cosmografía, historia natural, legislación, higiene y se planeaba comenzar la enseñanza de la física en la Escuela Normal de Institutoras (126).

les de las familias, especialmente las de clases populares. La "educación", dirigida al corazón, que recibieran las diferentes clases, debería ser diferente a la "instrucción", dirigida al cerebro; sólo así se mejoraría la sociedad, conservando cada uno los derechos individuales y los puestos sociales adquiridos.

No obstante la concepción enraizada de clase, presente en casi todos los textos periodísticos y literarios de autores decimonónicos colombianos, Acosta de Samper traduce, adapta y glosa posteriormente un escrito del Obispo de Orleans, en el que hay oposición con las ideas expuestas anteriormente sobre la "Instrucción" de las mujeres. Incluso con el conocimiento de que la revista estaba dirigida a un público específico, el pudiente y con la instrucción necesaria para leer e interpretar correctamente su contenido, las ideas que este escrito difundía eran revolucionarias al ser su objeto la educación de la mujer en general.

¿Habéis visto alguna vez con gusto una mujer tonta, sin juicio, sin instrucción, que nada alcanza a comprender, que se duerme cuando le hablan de algo serio, y bosteza si le llegáis a leer cualquier cosa? ¿Por ventura éste es vuestro tipo ideal? No, -pues entonces iluminad el entendimiento femenino con el valor de la verdadera instrucción pero no la falsa que se encuentra en las novelas de mala ley y en versos lánguidos y malsanos, que despierten las pasiones y aletarguen el entendimiento. "Lo más peligroso para la mujer, dice más lejos el autor que vamos citando, es una instrucción incompleta", y nosotros añadimos: una instrucción falsa y errónea.

Si es difícil y mal dirigida la educación de la mujer en Francia, en donde hay tantos métodos para el caso y recursos infinitos y libros y maestros en todos los ramos del saber humano, ¿qué diremos, ¡Dios Santo!, en Colombia, en donde no hay nada de esto, y además tenemos hábitos arraigados de desidia y repugnancia por la instrucción?

*

Generalmente dicen las mujeres: "yo sí quisiera leer, estudiar, pero los deberes de la familia no me lo permiten, y rara vez puedo abrir un libro sin que me interrumpan".

No lo creáis así; siempre en todas las existencias humanas hay horas en que si se quiere, si se hace un esfuerzo, se encontrarán horas libres. Para esto sólo basta una cosa, de la cual carecemos en Colombia en todas las situaciones y esferas de la vida: ORDEN. / Quien tiene orden, lo aseguramos, alcanza a hacer lo que quiere. (...).

Hemos demostrado, siguiendo las huellas del ilustre Obispo de Orleans, que, no solamente la mujer hallará solaz en el amor al estudio, sino que sólo la mujer verdaderamente instruida podrá cumplir con los delicadísimos deberes de su posición en la sociedad (S. A. de S. "La instrucción en la mujer de sociedad. Del trabajo intelectual". *La Mujer*, II.16, jun. 5, 1879: 114-115).

La vida y las actividades que se describen en el texto traducido y glosado por Acosta de Samper muestran cómo las ocupaciones domésticas de la mujer se comienzan a volver complejas, porque ya requieren que ella se vaya especializando, se vaya instruyendo desde pequeña. Ser ama de casa, madre y esposa sin preparación, ya no es suficiente; se debe crear un ambiente donde todos mejoren, donde el buen orden y la moralidad prevalezcan; ahora la domesticidad de la mujer debe ser productiva y progresiva. Estas ideas hacen eco en escritos de otras colaboradoras dentro de la publicación: "El día que la mujer sea convenientemente ilustrada, será menos difícil su tarea, porque entonces tendrá la luz que alumbra, no la que ciega y engaña. / Entre tanto sepa hacerse digna de sí misma, comprendiendo sus derechos, practicando mejor sus deberes" (Eva C. Verbel y M. "La mujer. A mis lectoras". *La Mujer* III.33, mzo. 1, 1880: 208).

Los diversos sectores ideológicos coincidían por distintos motivos en la influencia fundamental de las mujeres sobre la familia y en la educación de los hijos. Para los conservadores católicos de avanzada, el educar a la mujer significaba defender la familia de las doctrinas perniciosas que intentaban alejarla de las enseñanzas de la religión. Para los liberales radicales, mayor instrucción para ella significaba alejar a los miembros del núcleo familiar de la tutela eclesiástica que frenaba el progreso de las nuevas ideas. Es decir, para los varios sectores, las mujeres se convirtieron en instrumentos al servicio de diferentes "progresos"; no obstante, el resultado final para ambos era un mejor desempeño de la mujer al realizar su papel social: "La sociedad se ve amenazada con volver a la barbarie, y en manos de la mujer está el impedirlo" (S. A. de S. *La Mujer*, V.58, abr. 15, 1881: 238).

Ahora, de los textos de la revista (poesía, teatro, novela, relato, biografías, ensayos, artículos con resúmenes de noticias de otras partes del mundo y traducciones), Acosta de Samper firmó con su nombre o con alguno de sus seudónimos (Soledad A. de Samper, S. A. de S., Olga, La Directora, Aldebarán, La Redacción, Renato) alrededor del 92% del contenido total; publicó 16 novelas, 74 biografías, ensayos y artículos, muchos de ellos de gran extensión, 3 piezas de teatro, 4 relatos, y 7 traducciones de ensayos, artículos y novelas.

Casi todas las contribuciones de otras escritoras fueron poesías y artículos de brevísima extensión. Las colombianas que ofrecieron su producción escritural a la revista fueron: Silveria Espinosa de Rendón (10 poesías, 1 relato), Agripina Montes del Valle (13 poesías, 1 artículo), Bertilda Samper Acosta (11 poesías, 1 ensayo, 3 traducciones), Eva Ceferina Verbel y Marea (10 poesías, 1 novela), Waldina Dávila de Ponce de León (4 poesías), Agripina Samper de Ancízar (2 poesías), Hortensia Antommarchi de Vásquez (6 poesías), Mercedes Hurtado de Álvarez (1 artículo), Eufemia Cabrera de Borda (1 ensayo), Concepción Borda (1 relato), Mercedes Peláez de Malo (3 poesías), Amalia Denis (2 poesías), Inés Aminta Consuegra (1 relato), Dolores Toscano de Aguiar (1 poesía), Feliciana Tejada (2 poesías, 1 ensayo), Ana María de la Torre (1 artículo), Ana Joaquina Cárdenas (1 poesía), Micaela Silva (1 artículo), María J. Pérez O. (1 poesía), Emilia Calé Torres de Quintero (1 poesía), Teresa González (1 traducción). Identificadas únicamente con un nombre o un seudónimo: Margarita y Lucrecia (1 artículo), Juliana (2 artículos), Oscalina (1 poesía) y Cevinta (1 artículo); con iniciales: J. P. R. (1 artículo), R. R. P. (1 poesía), C. A. (1 poesía), L. A. de C. (1 poesía); Anónimo (1 relato, 3 artículos).

Las colaboradoras hispanoamericanas fueron: Lola Rodríguez de Tió (puertorriqueña; 1 poesía), Julia Pérez Montes de Oca (cubana, 1 poesía), Luisa Pérez (cubana, 1 poesía), Ángela Grassi (argentina, 2 poesías), Josefina Pelleza de Saragasta (argentina, 1 poesía), Silvia Fernández (argentina, 1 poesía), Mercedes Marín del Solar (chilena, 1 poesía), Rosario Orrego (chilena, 1 poesía), Mercedes Belzú de Dorado (boliviana, 1 poesía), Angelina Caamaño de Vivero (ecuatoriana, 1 poesía, 1 artículo), Juana Lazo de Eléspureo (peruana, 1 poesía), Manuela Antonia Márquez (peruana, 1 poesía).

De Europa colaboró Cristina de Beaujour (francesa, 1 artículo), y se publicaron además traducciones de escritos completos o parciales de Mme. Ackerman, Mme. Marcey, Mme. Monniot, Ernestina Drouet, Ernestina von Hasselt y la Princesa O. Cantucuzene-Altier. Existen además cinco textos escritos por hombres: una carta del Arzobispo de Bogotá a Soledad Acosta de Samper, 1 sermón y 3 traducciones de escritos relativos a la mujer.

Estos aportes a la revista son índice claro de la situación del quehacer escritural de la mujer colombiana en ese momento del siglo XIX: la poesía era el campo preferido para expresar las ideas y demostrar las habilidades, las composiciones eran intimistas, de temática religiosa, infantil, familiar, referidas a la naturaleza, de amistad, expresión de sentimientos, emociones y esperanzas y de ocasión. No obstante ser supremamente, breves la mayoría de ellas, en su contenido, explicitan el estado sociocultural de la mujer en ese tiempo; limitada por una sociedad que la circunscribía al hogar y carente de una educación adecuada, le faltaba experiencia sobre el mundo y las posibilidades que existían. Esto no quiere decir que las colaboradoras no hubieran viajado, ya que varias composiciones están fechadas en el extranjero, sino que la movilización física no era suficiente para modificar las nociones entronizadas sobre el lugar social de la mujer, (como señala Foucault al hablar de los discursos sociales). De ahí que Soledad Acosta de Samper, al sugerir algunas ideas a una jovencita que se iniciaba en la ardua labor de escritora, expresara lo que ella como literata establecida pensaba sobre esa situación:

> [Q]ue estudie mucho en los libros, y que en la naturaleza observe con cuidado cuanto la rodea, pues no puede haber verdadero literato sin el instinto de la observación muy desarrollado. Decimos esto, porque las poetisas idealizan demasiado, y es preciso aprender a observarlo todo para tocar el corazón del lector, que busca en las poesías, no lo que ha soñado sino lo que ha sentido ("Una nueva poetisa". *La Mujer* II.19, jul. 5, 1879: 151).

Los artículos y los ensayos de las colaboradoras, las muestran interesadas en crear asociaciones de socorro mutuo (La Sociedad Protectora de Niños Desamparados, Casas de Beneficencia), hecho que señala otro comienzo de incentivo femenino de ruptura del mundo privado hacia el público, para buscar ayuda en la resolución de los problemas sociales que las aquejaban, como el abandono de los niños, la carencia de dinero, la falta de apoyo social y moral. Del mismo modo, algunos de los artículos refuerzan este interés ("La caridad", "La piedad"); así se observa el inicio de una discusión de los problemas y una apertura colectiva en la ocupación de tareas filantrópicas de nivel social.

Los relatos de las colaboradoras son de tipos y ocasiones ("El alguacil de Villa de Leiva", "Un paseo por deber") o moralizantes ("Un cuento", "El martirio de los martirios"), escritos con rápidos trazos y sin ninguna pretensión técnica, aspiran a comunicar un mensaje directo sobre una situación específica de la vida con la que desean transmitir una enseñanza producto de la experiencia.

Ahora bien, los relatos de Acosta de Samper publicados en *La Mujer* rompen la tendencia habitual de dirigirse únicamente a la mujer. En "La cruz de la vida. Fantasía" (III.33, mzo. 1, 1880: 207-209) lo hace a la humanidad. Como su título indica, el argumento habla literalmente de la cruz que es o puede llegar a ser la vida humana. La voz narrativa cuenta cómo en un sueño vio "un colosal edificio a manera de taller de carpintería" donde los trabajadores labraban cruces de distintos tipos y con diversos materiales; unos las hacían de pesadas y costosas maderas y las recamaban de metales preciosos; otros usaban maderas bastante toscas y muy pesadas y para ocultar las imperfecciones, las cubrían con flores preciosas; y otros, los menos, soportando la burla de sus compañeros, escogían maderas livianas, las pulían y las terminaban sencillamente. La voz narrativa sigue a los trabajadores al salir del edificio; los dos primeros grupos sufren por el peso o el valor del artefacto, o por ambos, y el recorrido se les hace intolerable, pero los primeros, cuando llegan al final del camino, y a pesar de los sufrimientos que han padecido, han cobrado mucho aprecio por el objeto y penan al saber que deben entregarlo. Mientras que los del tercer grupo:

> [C]aminaban alegremente por la vía que les habían señalado, sin temer las asperezas del camino ni los ladrones que hubiese en él; y así cuando llegaba la hora de entregar la carga al dueño del taller al fin de su peregrinación, los hacían sin dificultad y con gusto, pues no habían cobrado mayor afecto a su cruz (288).

Dentro de la estructura de un sueño, elemento narrativo que se emplea para mostrar aspectos del estado emocional, subconsciente o psicológico de los personajes, se recibe una lección religiosa y moral sobre lo que debe ser la existencia. Todos los elementos de la "fantasía" son supremamente coherentes y ordenados, lo que indica que más que un sueño es una ensoñación que expresa la conciencia de la voz narrativa. El mensaje que el relato emite es religioso; se habla del destino de los seres humanos y de la superioridad del alma sobre el cuerpo, donde la primera goza de la extensión del comportamiento moral que se ha tenido en vida. Al mismo tiempo es pedagógico porque los recursos literarios empleados son un correctivo moral, que muestra que las virtudes innatas del comportamiento se funden con las virtudes del buen cristiano, si se ha seguido una senda sencilla y sin cosas innecesarias o hechos escondidos. Incluso en este tipo de escrito, Acosta de Samper continúa ejerciendo su labor educadora, sin importarle si la expresión de su ideología religiosa atrae rechazos o censuras.

Los otros tres relatos: "Una pesadilla" (Aldebarán) (I.9, 22 de enero de 1879: 210-214), "¿Se podrá engañar al diablo? Leyenda fantástica" (S. A. de S.) (II.18, 20 de junio de 1879: 138-144), "Una hora en mi ventana" (Renato) (II.20, 20 de julio de 1879: 191-194), presentan, con diferentes técnicas narrativas, un sueño, una narración fantástica y un cuento realista, versiones del mismo tema de la historia arriba mencionada: la necesidad de un dogma religioso en la existencia humana. Esta persistencia temática es un arma persuasiva que puede llegar a tener una fuerte influencia en la vida pública, porque a la vez que teoriza un aspecto moral, presenta desde diferentes perspectivas las posibles consecuencias benéficas o maléficas que se pueden atraer al seguir esas mismas sendas. Las voces narrativas son masculinas, excepto en "Una pesadilla", donde es ambivalente y unas veces se identifica como femenina y otras como masculina; pero todas ellas coinciden en sostener que una sociedad sin religión (católica) perderá gradualmente lo que ha ganado de civilización; no obstante si existen la esperanza y la fe, se puede lograr incluso "engañar al diablo" en su propio terreno.

Los personajes principales de "Se podrá engañar al diablo" y "Una hora en mi ventana" son masculinos, mientras en "Una pesadilla" el enfoque central del relato es la mujer instruida pero sin religión y el mal que puede llegar a causar en la sociedad. En el siglo XIX, el alejamiento de la Iglesia y el anticlericalismo eran fenómenos exclusivamente masculinos; de ahí que, al encontrarse personajes femeninos anticatólicos lo que se produce ya no sea un sueño sino una pesadilla, dado que el catolicismo decimonónico se inscribe en lo femenino (de Giorgio 1993, 185). Estos relatos pretenden una unificación de conducta de la que surja una tradición civilizadora hegemónica.

> El siglo XIX, siglo del primado de la palabra masculina, no se desmiente en la retórica de esta copiosa producción de modelos. A las mujeres les queda la práctica de un "contradiscurso", esencialmente fundado en características de su religiosidad, una religiosidad "sentimental" que se extiende del lugar de devoción a la cotidianidad familiar. El sentimiento de autogratificación (tan típico del rol femenino del siglo XIX) surge de un constante ejercicio de soberanía moral sobre la vida doméstica y sobre la educación de los hijos. Y hasta hay espacio para las muchas insuficiencias de la vida real. (...) El avance decimonónico del sentimentalismo religioso se halla en íntima relación con el sentimiento familiar: el modelo femenino católico es exclusivamente el de la esposa y el de la madre. En la esposa, la Iglesia busca sumisión y espíritu de abnegación. Si el mundo es un valle de lágrimas para todos, lo es particularmente para las mujeres (de Giorgio 1993, 188).

En este fragmento se observan muchas de las características que se encuentran manifiestas en los textos que Acosta de Samper escribiera para *La Mujer*. Como mujer católica, una de sus funciones primordiales era salvaguardar ya no sólo física sino moralmente el mundo y los objetivos que le habían sido asignados: es decir, lo doméstico y la familia; incluso a pesar de la vida de sinsabores que esto le acarreara; de ahí la constante vuelta al tópico de la religión como base necesaria para el bienestar de la sociedad.

En sus novelas publicadas en *La Mujer* ("Cuadros y relaciones novelescas de la historia de América", "Doña Jerónima. Novela de costumbres neogranadinas", "Las dos reinas de Chipre (siglo XV)", "Los descubridores. Cuadros históricos y novelescos - Siglo XV. Alonso de Ojeda", "Sebastián Cabot. Primer descubridor de tierra firme", "Los primeros mártires", "El fuerte desamparado", "El cacique Chucuramay", "El talismán de Enrique", "Mis sobrinos y yo", "Anales de un paseo", "La juventud de Andrés. Novela histórica y de costumbres nacionales (fin del siglo XVIII)", "Historia de dos familias. Novela de costumbres nacionales", "Una flamenca del siglo

XVI", "La familia del tío Andrés. Época de la independencia", "Una catástrofe"), la educación se da con el ejemplo. En esto, Acosta de Samper sigue las tradiciones de las novelistas francesas e inglesas en las que se nutrió su erudición y su talento. Ellas practicaban la doble vía de la preceptiva de formación y de la novela para promover la lectura y el deseo de emular la escritura de textos similares. A través de la ficción se daba vuelo a la imaginación femenina, siempre dentro de los límites permitidos por el catolicismo, para fundar y establecer una escritura femenina. Al representar los personajes femeninos en su ficción, la intelectual bogotana los diferencia de los personajes masculinos; los primeros pueden tener manchas, pero nunca son completamente perversos o malignos ni se degradan tan bajo como los masculinos. Los personajes femeninos son por naturaleza buenos, además han recibido educación de algún tipo que les permite intentar corregir sus fallas; no obstante, los masculinos aunque han tenido, muchos de ellos, mejores oportunidades, engañan, celan y degradan a la mujer. En este sentido, la temática de las novelas de Acosta de Samper en *La Mujer* continúa la tendencia ya establecida en *Novelas y cuadros de la vida sur-americana* (Gante, 1869), donde las protagonistas de sus obras de ficción ofrecen a la mujer ser social un autoconocimiento, que se manifiesta y se deduce en el resultado de las vidas ficcionales[3].

Sorprendente es que la revista *La Mujer* haya alcanzado la duración que tuvo, cuando muchos otros periódicos y revistas se habían extinguido a los pocos meses de lanzados (véase Cacua Prada 1983). Sin embargo, la extensión que logró se debió al vigilante celo de su Directora, quien constantemente señalaba los límites y los parámetros de los textos que podían reproducirse:

> Suplicamos que no se nos envíen manuscritos anónimos, pues de lo contrario no podemos publicarlos. Necesitamos tener conciencia de que son escritos por mujeres, para que aparezcan en las columnas de *La Mujer*. Si se desea, se guardará el secreto de los nombres, pero en la redacción se necesita saberlos (*La Mujer* I.10, feb. 5, 1879: 240).

También, al cuidado y a la constante búsqueda de colaboradoras entre las mujeres: "nuestro mayor deseo es ceder lo más posible el campo, en estas columnas, a nuestras colaboradoras colombianas, a fin de que su talento e instrucción brillen, cual lo merecen, en la prensa literaria del país" (*La Mujer* I.1, sept. 18, 1878: 46).

---

[3] Para un análisis de algunas de las novelas de esta escritora publicadas en *La Mujer*, véase Aguirre Gaviria (1990, 193-244).

Asimismo, a su decisión de realizar la publicación a costa de su propio esfuerzo, ocupación que se adueñó de gran parte de sus días. La exasperó sentir un encubierto rechazo, una persistente censura hacia el proyecto, pero no hizo público su descontento: para no declararse derrotada definitivamente, comienza a preparar el cierre de la publicación, tomando un tiempo prudencial, tal vez con la esperanza de que ante la posibilidad de la clausura, las colaboradas reaccionaran positivamente y ampararan con sus escritos la revista. El primer paso fue no aceptar subscripciones por largo tiempo a un año y un mes de comenzada la publicación, según ella, debido al constante enojo y a los innumerables contratiempos que como Directora le causaban las demoras en el envío; para evitar que los abonados se sintieran en algún momento engañados, aludió en su mensaje a los imprevisibles cambios del destino; esta decisión le permitiría resolver el futuro de la revista si la precaria situación continuaba:

> Una empresa periodística, que no cuenta sino con una sola persona para redactar los artículos de fondo, dirigir, administrar y correr con todas las faenas concernientes a la impresión, no puede asegurar que algún inconveniente, sea enfermedad u otro grave contratiempo, no venga tal vez a impedir la continuación del periódico, defraudando así los intereses de los subscriptores (La Mujer III.25, oct. 11, 1879: 5).

El 1 de mayo de 1880, a los dieciocho meses de lanzada *La Mujer*, Acosta de Samper hace un nuevo esfuerzo por atraer nuevos suscriptores y colaboradoras. Escribe un artículo en el que informa sobre los problemas que existen, a la vez que pide solidaridad a las mujeres para que la revista continúe existiendo, ya que es para beneficio de ellas mismas:

> Si nuestras suscriptoras tuvieran buena voluntad y deseos de protegernos, bastaría que en lugar de tener la condescendencia de prestar a sus amigas *La Mujer* para que la lean gratis, se empeñaran con ellas para que también se suscribieran. Esto aumentaría naturalmente los fondos de la empresa, y aseguramos que si logramos ver crecer el número de suscripciones en un veinticinco por ciento, inmediatamente aumentaríamos el número de páginas que hoy tiene la Revista, así como introduciríamos varias mejoras importantes, haciéndola más variada, de manera que hubiese en cada número lectura agradable para cada uno de los miembros de la familia, desde el anciano hasta el niño de escuela, y desde la abuela hasta la señorita de quince años. Pero si sucediera lo contrario, y si en lugar de aumentar disminuyeran las suscripciones, una vez que concluyera el segundo año de vida, la Revista tendría que eclipsarse, pues los gastos que es preciso hacer superarían a los fondos que se recaudan ("Dos palabras al lector", III.36, mayo 1, 1880: 269).

No obstante lo explícito del mensaje, tampoco recibe el apoyo de las mujeres a las que la publicación estaba destinada. Cansada de la desidia, del posible rechazo, de la censura abierta o solapada e incluso fastidiada por la incapacidad evidente de las mujeres colombianas, que se manifestaba en la carencia de escritos para publicar, coterráneas en las que había confiado al emprender la actividad de la revista, decidió poner fin a los sinsabores que le estaba causando *La Mujer*. Así lo afirma en el texto que empleó para despedirse de sus lectores y suscriptores:

> Cuando en Setiembre de 1878 emprendimos la tarea de fundar un periódico destinado particularmente a la mujer colombiana, nuestra intención era, en cuanto estuviera a nuestro alcance, procurar aconsejarla, instruirla, defender sus derechos, y entretenerla. Nos proponíamos además recibir con gratitud las producciones que nos enviaran las ya conocidas escritoras colombianas que nos quisieran ayudar, y al mismo tiempo, que LA MUJER fuera un campo abierto a los nacientes ingenios femeninos para estimularlos en el camino de la buena y sana literatura. Figurábasenos al mismo tiempo que nuestra empresa (nueva en su género entre nosotros), sería protegida por la mayor parte de las colombianas medianamente educadas de la capital de la República y fuera de ella. Pensábamos que el Clero a quien íbamos a ayudar en sus tareas, predicando desde nuestra humilde tribuna, religiosidad, moral y buena educación a las mujeres, también nos apoyaría. Pero todo esto ha salido fallido en gran parte, y no habíamos contado con nuestro escaso mérito sin duda para llevar la empresa a buen término. La generalidad de las mujeres no nos leen, aunque muchas se suscribieron al principio; las señoras escritoras (salvo unas pocas a quienes estamos muy agradecidas), nos miraron con indiferencia, y poquísimas han sido las que han procurado exhibir su talento en nuestras columnas. El Clero, salvo cinco o seis sacerdotes en toda la República, y el señor Arzobispo, que tuvo la condescendencia de apoyar nuestra empresa, nos han mirado con desdén. En fin, aunque las suscripciones han sido suficientes para sostener pecuniariamente la empresa en su parte material, la moral no ha sido lo que aguardábamos.
>
> Fatigadas ya con un trabajo tan ímprobo, pues hemos tenido que escribir sobre todas materias para variar y amenizar cada número; afligidas con la falta de cooperación moral de nuestras compatriotas; disgustadas con el desarreglo general de todos los ramos de este purgatorio, como debería llamarse la empresa de un periódico, resolvemos abandonar por ahora la palestra (Soledad A. de Samper. "A los lectores". *La Mujer* V.59-60, mayo 15, 1881: 245-246).

Al inaugurar la publicación, Acosta de Samper imaginó la sociedad de su patria ya preparada para dar un paso hacia al futuro. De ahí que se dirigiera a sus lectores y receptores como "las mujeres colombianas"; con esto creaba el potencial para una comunidad imaginada de mujeres o de las mujeres de su tierra como parte de un imaginario social. Infortunadamente, la única mujer real capaz de forjar y sostener semejante empresa, era ella misma. El imaginario social bogotano, y colombiano por extensión, seguía siendo privativo y exclusivo del hombre. La mujer todavía no tenía acceso a una educación regulada y constante; hasta ese momento, sólo para un número muy reducido de jovencitas el horizonte educativo era llegar escasa y rudimentariamente a ser normalistas para ocuparse de la enseñanza en las escuelas primarias especialmente en el campo. Hubo que esperar hasta 1925 para que se aceptara el ingreso de la primera mujer a la Universidad de Cartagena, quien fue además de ascendencia estadounidense (véase Cacua Prada 1997, 227).

La comunidad de mujeres que Soledad Acosta de Samper aspiraba a formar a través de las páginas de la revista, debería además de ser femenina, ser un centro de autocontrol para sus miembros. Habiendo nacido poco después de los años de la Patria Boba y vivido durante varios lustros en el exterior y en Bogotá, en un siglo eminentemente clasista, la relación entre las definiciones de clase y género son evidentes en la publicación. Las condiciones sociales materiales impedían que la revista llegara a estratos populares; de ahí que las mujeres de clases media y alta fueran su objetivo, por eso les ofrecía modelos de comportamiento femenino. Como católica reconocida y practicante que era, Soledad Acosta de Samper usó la publicación para difundir este dogma en cada oportunidad que pudo. Esta identificación de su ideología es constante en cada uno de los textos de *La Mujer*; la postura de género aparece y es subvertida por las nuevas características que se debían ir adquiriendo para alcanzar a formar la comunidad imaginada, y con ésta, la nueva sociedad.

Todo esto parece no haber sido muy bien recibido, porque además de señalar la tradición católica como parte de la vida diaria y por ende de la feminidad, las mujeres debían modificar sus patrones de conducta, adquirir orden, avanzar en el estudio, prepararse para afrontar adversidades, trabajar para mantener a sus familias si fuera necesario y además tener la fortaleza suficiente para ir resquebrajando los modelos mentales culturales entronizados por siglos. La mala fortuna era que para poder alcanzar todo esto se necesitaba una situación singular y privilegiada como la que Acosta de Samper misma había tenido, ya que había contado con el apoyo de su padre, de las familias paterna y materna y de su esposo, además de haber sido dotada de una gran inteligencia, la cual demostró en cada una de las labores que emprendió durante su vida; ella había podido estudiar y adquirir todo tipo de conocimientos y los había empleado como escritora y educadora.

Al comenzar la publicación de *La Mujer*, su fundadora concibió un medio para lograr el avance social; infortunadamente el suelo de su patria todavía no estaba preparado para dar los frutos que se necesitaban. Poseedora de una educación fuera de lo común y de un talento fenomenal, Acosta de Samper, al parecer, estaba sola: el arrojado empuje y la decidida constancia no fueron suficientes para que "una golondrina hiciera verano". Ella había adquirido la conciencia de la necesidad del cambio y quiso gradualmente procurarlo; pero la incuria, la agnosia, la tradición de los discursos culturales se mostraron mucho más poderosos. Hizo un intento denodado para crear una vía para que la mujer colombiana pudiera ir elaborando y reproduciendo sus propios discursos, labrando su propio futuro, pero lo que logró fue exponer para la historia los conflictos entre la tradición y la renuencia al cambio de sus contemporáneas(os) vs. la profunda posición innovadora que la impulsaba. Michel Foucault define esta situación, repetida innumerables veces en la historia de la humanidad, con gran lucidez:

Se pueden, pues, distinguir dos categorías de formulaciones: aquellas, valorizadas y relativamente poco numerosas, que aparecen por primera vez, que no tienen antecedentes semejantes a ellas, que van eventualmente a servir de modelo a las otras, y que en esa medida merecen pasar por creaciones; y aquellas, triviales, cotidianas, masivas, que no son responsables de ellas mismas y que derivan, a veces para repetirlo textualmente, de lo que ha sido ya dicho. A cada uno de esos dos grupos da la historia de las ideas un estatuto, y no los somete al mismo análisis: al describir el primero, cuenta la historia de las invenciones, de los cambios, de las metamorfosis, muestra cómo la verdad se ha desprendido del error, cómo la conciencia se ha despertado de sus sueños sucesivos, cómo una tras otra, unas formas nuevas se han alzado para depararnos el paisaje que es ahora el nuestro. Al historiador corresponde descubrir a partir de esos puntos aislados, de esas rupturas sucesivas, la línea continua de una evolución. El otro grupo, por el contrario manifiesta la historia como inercia y pesantez, como lenta acumulación del pasado y sedimentación silenciosa de las cosas dichas. Los enunciados deben ser tratados en él en masa y según lo que tienen de común; su singularidad de acontecimiento puede ser neutralizada; pierden algo de su importancia, así como de la identidad de su autor, el momento y el lugar de su aparición; en cambio, es su extensión la que debe ser medida: hasta dónde y hasta cuándo se repiten, por qué canales se difunden, en qué grupos circulan, qué horizonte general dibujan para el pensamiento de los hombres, qué límite le imponen, y cómo, al caracterizar una época, permiten distinguirla de las otras: se describe entonces una serie de figuras globales. En el primer caso, la historia de las ideas describe una sucesión de acontecimientos de pensamiento; en el segundo se tienen capas interrumpidas de efectos; en el primero, se reconstruye la emergencia de las verdades o de las formas; en el segundo, se restablecen las solidaridades olvidadas, y se remiten los discursos a su relatividad (1983b, 236-237).

Soledad Acosta de Samper al retirarse, al clausurar *La Mujer,* prometió volver y así lo hizo; llegó a dirigir cinco publicaciones periódicas más; continuó escribiendo, difundiendo sus conocimientos y sus grandes capacidades por otras tres décadas, para alcanzar una vida pública que cubrió casi cincuenta y cuatro años de su existencia.

Al revisar minuciosamente la historia literaria y cultural colombiana se advierte de inmediato la corta serie de nombres de mujeres decimonónicas que contribuyeron en la transformación cultural con su quehacer escritural; muy pocas se atrevieron a publicar o tuvieron la suerte de que se les publicara lo que escribían, y menos aún poseyeron la habilidad y el conocimiento necesario para producir la diversidad de temas, técnicas, estilos y géneros necesarios para iniciar una transformación. A esto se debe agregar la manera en que los discursos sociales establecidos contribuyen a disimular, velar e incluso querer destruir esas labores pioneras, como sucede con la producción de Soledad Acosta de Samper. Se la ataca por clasista, por católica, por escritora. ¿Cuántos de los renombrados escritores decimonónicos colombianos poseyeron las mismas características? Más del 95% (¡si no todos!). Muchos de esos nombres aparecen inscritos en las logias masónicas, pero ¿cuántos no guiaban sus actos por el dogma católico? La labor intelectual de Soledad Acosta de Samper cuenta "cómo la conciencia se ha despertado de sus sueños sucesivos, cómo una tras otra, unas formas nuevas se han alzado para depararnos el paisaje que es ahora el nuestro". Quehacer intelectual único y precursor que ya es hora de que en el siglo XXI se valore en sus justas proporciones.

DESEQUILIBRIOS DEL TEXTO LIBERAL AMERICANO: JOSÉ MARTÍ Y SOLEDAD ACOSTA DE SAMPER

María Helena Rueda

El discurso letrado que se desarrolló en las repúblicas americanas después de las guerras de independencia hizo amplio uso de los postulados del liberalismo europeo. Los sectores ilustrados de la sociedad americana buscaron "normalizar" para este contexto aquellas ideas, que venían cargadas de principios de igualdad incompatibles con los esquemas sociales que regían en las antiguas colonias españolas. La promoción de las ideas liberales se veía sin embargo como una necesidad para el establecimiento de naciones independientes que entrarían a formar parte de los circuitos del mercado mundial. Dichos principios fueron entonces utilizados en las repúblicas americanas como un material que podía ser moldeado, según las exigencias del contexto desde el cual escribían los letrados. Por esta razón, tras las guerras de independencia uno de los principales focos de reflexión entre los autores latinoamericanos consistía en la necesidad de "adaptar" al contexto americano las ideas de los pensadores europeos. En el texto "Las repúblicas americanas", de 1836, Andrés Bello hablaba de "la necesidad de adaptar las formas gubernativas (extranjeras) a las localidades, costumbres y caracteres nacionales" (188), con el objeto de escribir constituciones "que afiancen la libertad e independencia, al mismo tiempo que el orden y la tranquilidad" (189). Uno de los objetivos más importantes de este proceso era pues la conformación de unas leyes que garantizaran el funcionamiento de las nuevas naciones de acuerdo con unas reglas básicas que impidieran cualquier confusión entre "libertad" y "desorden", entre independencia y alteración de la "tranquilidad". Para los escritores de la época (quienes en muchos casos fueron también los encargados de escribir las constituciones) esa estabilidad derivaría en gran parte de la definición implícita o explícita de roles sociales, de acuerdo con parámetros de raza, clase y género. En este texto me ocuparé de observar de qué manera se fijarían las funciones relacionadas con el género, mediante la comparación de dos textos de finales del siglo XIX que participan en el proceso por dos caminos divergentes. El primero de ellos es canónico, ha sido objeto de múltiples lecturas y ha jugado un papel fundamental como sustentador de movimientos políticos; el segundo es prácticamente desconocido actualmente –excepto en el campo de los estudios de género relacionados con el siglo XIX– y aunque en su momento tuvo alguna divulgación se mantuvo al margen de las contiendas políticas. José Martí escribió el primero, Soledad Acosta de Samper el segundo. Un diálogo entre los dos textos habría sido prácticamente imposible en su época, pero la perspectiva que tenemos hoy nos permite imaginarlo para entender lo que de dicha confrontación podría surgir para comprender cómo se fijaron los roles de género en las repúblicas hispanoamericanas.

Aunque en los años inmediatamente posteriores a las guerras de independencia la reflexión de los autores hispanoamericanos se dirigía principalmente a las formas de gobierno, hacia finales del siglo XIX algunos sectores letrados de la sociedad no veían ya el liberalismo únicamente como un discurso apropiado para escribir aquella legislación que reemplazaría la instituida por España durante la Colonia. Los vínculos entre estas ideas y el avance de la economía de mercado sería evidente en sociedades que se veían cada vez más marcadas por el reordenamiento social que esto promovía. Surgiría así un nuevo tipo de discurso, que cuestionaba indirecta o directamente los planteamientos de Sarmiento, quien en su emblemática oposición entre civilización y barbarie sintetizó el afán por promover la modernización de las naciones americanas: barbarie era el esquema colonial que se quería dejar atrás, civilización las fuerzas de la modernidad que venían de Europa. La vuelta hacia un tipo de "autoctonismo" en algunos textos americanos de la última década del siglo sugería una vuelta a los planteamientos de Bello, pero con un énfasis –no siempre explícito– en el tema de la productividad y la incorporación de las nuevas repúblicas al mercado mundial. El objeto era revisar los planteamientos de quienes, como Sarmiento, habían abogado por el progreso y la modernización a toda costa. Frente a la promoción desregulada del nuevo orden (que era el de la economía capitalista en expansión) propondrían la necesidad de definir lo propiamente latinoamericano, el papel específico que les cabría a estas repúblicas en ese esquema. Si en Sarmiento América aparece como un territorio enfermo con los males de la raza y la geografía, para el cual el único remedio posible era la "importación" de lo europeo, parece lógico que surgiera un contradiscurso que equilibrara la balanza, definiendo bienes "exportables" para los americanos. Y si en el *Facundo* la única solución posible al "problema de la raza" era promover la inmigración europea, es comprensible que en respuesta surgieran textos que llamarían a confiar en la capacidad (productiva) de las "razas" americanas, promulgando una nueva valoración de las mismas. En este "contradiscurso" cobra una renovada importancia la definición de roles sociales en términos de raza, clase y género.

El texto donde se realiza en forma emblemática la crítica al discurso difundido por el *Facundo* es "Nuestra América", de José Martí, publicado inicialmente en 1891 en un diario mexicano que no por casualidad se llamaba *El Partido Liberal*. Texto fundacional de la "identidad" americana, le habla a la necesidad de promover una nueva valoración de los productos autóctonos: "El vino, de plátano; y si sale agrio, ¡es nuestro vino!" (31), y se refiere al afán de incorporar en la fuerza de trabajo a aquellas "razas" que el discurso letrado tradicional consideraba causantes de la enfermedad americana, cuando propone que lo verdaderamente importante es "...desestancar al indio; ir haciendo lado al negro suficiente" (30). Pero antes de plantear una mirada crítica sobre este aspecto del texto, parece necesario mencionar ciertas características del mismo que inevitablemente determinan la lectura. En primer lugar está su canonización, la cual ha dado pie a una apertura casi ilimitada de sus niveles de significación, convirtiéndolo en un texto que parece estar a disposición de todas las interpretaciones posibles. Si es difícil decir sobre "Nuestra América" algo que no haya sido ya dicho, es aún más difícil conseguir que aquello que ha estado siempre en el texto surja sin asumir la apariencia de una nueva reapropiación. De ahí que lecturas innovadoras del texto, como la de Julio Ramos en *Desencuentros de la modernidad en América Latina* (1989) procuren volver la atención sobre el nivel textual y contextual del discurso martiano, aquello que en el texto se refería al lugar y la posición desde donde fue escrito. El uso continuo de metáforas, que como lo señala Ramos responde al afán de Martí por definir el lenguaje poético como más apropiado que el científico para referir la realidad americana, facilita la consecutiva reactivación del texto en múltiples direcciones. Por eso el reto de lectura de "Nuestra América" parece ser hoy más bien buscar las referencias directas en aquellas alusiones metafóricas cuya significación sería clara para los receptores de su tiempo.

A partir de este tipo de lecturas sabemos que el texto gira en torno al propósito de definir una forma de "buen gobierno" para América, la cual deberá partir de un conocimiento sobre lo americano que rehuya los lentes extranjeros, un saber al que se accederá por los caminos creadores de la poesía y la estética, únicos apropiados para el acercamiento a la peculiar realidad americana de mestizaje y quiebres históricos. El "nosotros" americano que crea Martí es el de unas élites que deberán educarse en el arte de gobernar a los otros, las masas subordinadas a quienes Martí sitúa por fuera del gobierno, aunque insista en la necesidad de incorporarlas en el discurso. El propósito del "buen gobierno" será lograr la incorporación de las naciones americanas en el orden global, pero no únicamente en papel de receptoras sino también de productoras y ostentadoras de bienes: "Injértese en nuestras repúblicas el mundo; pero el tronco ha de ser el de nuestras repúblicas" (29). Desde el comienzo el texto muestra que su propósito de definir "lo americano" está muy lejos de un afán aislacionista, que se relaciona más bien con un deseo de preparar al territorio para que pueda enfrentar de manera competitiva las fuerzas del mercado mundial:

> Cree el aldeano vanidoso que el mundo entero es su aldea, y con tal que él quede de alcalde, o le mortifiquen al rival que le quitó la novia, o le crezcan en la alcancía los ahorros, ya da por bueno el orden universal, sin saber de los gigantes que llevan siete leguas en las botas y le pueden poner la bota encima, ni de la pelea de los cometas en el cielo, que van por el aire dormido engullendo mundos. Lo que quede de aldea en América ha de despertar (26).

Frente a un gobierno ocupado sólo en resolver conflictos locales, Martí propone uno capaz de enfrentar las fuerzas del capitalismo que vienen de fuera amenazando con "tragarse" a aquellas naciones que estén "dormidas", esperando a que se acumulen los bienes en la alcancía en lugar de ponerlos a circular. La insistencia posterior en un conocimiento surgido del propio territorio es específicamente una crítica a la adopción acrítica de las ideas liberales para la organización letrada de las naciones americanas:

> La incapacidad no está en el país naciente, que pide formas que se le acomoden y grandeza útil, sino en los que quieren regir pueblos originales, de composición singular y violenta, con leyes heredadas de cuatro siglos de práctica libre en los Estados Unidos, de diecinueve siglos de monarquía en Francia... A lo que se es, allí donde se gobierna, hay que atender para gobernar bien; y el buen gobernante en América no es el que sabe cómo se gobierna el alemán o el francés, sino el que sabe con qué elementos está hecho su país, y cómo puede ir guiándolos en junto, para llegar, por métodos e instituciones nacidas en el país mismo, a aquel estado apetecible donde cada hombre se conoce y ejerce, y disfrutan todos de la abundancia que la Naturaleza puso para todos en el suelo que fecundan con su trabajo y defienden con sus vidas (27-28).

La metáfora de la tierra americana como un cuerpo, que aquí es fecundado por el trabajo para producir sus frutos, atraviesa todo el texto. Interesa por ahora señalar el deseo de mostrar ese cuerpo como "apetecible", es decir dispuesto no sólo a consumir sino también a ser objeto de consumo. Si el trabajo agrícola fecunda a la tierra para que produzca frutos vegetales, el trabajo intelectual creativo deberá fecundarla para crear "formas que se le acomoden y grandeza útil", discursos sobre lo propio que sean originales y produzcan una utilidad. El saber intelectual sobre América que promueve Martí entre los intelectuales, a quienes sitúa como interlocutores de su texto, no deberá ser de tipo laudatorio: "El premio de los certámenes no ha de ser para la mejor oda, sino para el mejor estudio de los factores del país en que se vive" (28). El acercamiento estético que propone Martí como el más apropiado para conocer a América se dirigirá así a producir no un ornamento sino un saber práctico, aprovechable por los "nuevos gobernantes".

Radicado en Nueva York y a cargo de enviar a los periódicos americanos reportes sobre eventos decisorios en la definición de las relaciones políticas y económicas entre los Estados Unidos y los países de América Latina, Martí sería bien consciente del funcionamiento de la dinámica de exportación e importación de productos que por esa época comenzaba a definir el avance del capitalismo transnacional. Podría observar el flujo de mercancías que habría fascinado a las clases dirigentes de América Latina con la entrada del orden liberal: "Éramos una máscara, con los calzones de Inglaterra, el chaleco parisiense, el chaquetón de Norteamérica y la montera de España" (30). En esta dinámica habría percibido un desequilibrio, una ausencia de productos latinoamericanos que fueran apetecidos para el consumo por los propios habitantes de estas tierras (y quizás por posibles importadores): "Éramos charreteras y togas, en países que venían al mundo con la alpargata en los pies y la vincha en la cabeza. El genio hubiera estado en hermanar, con la caridad del corazón y con el atrevimiento de los fundadores, la vincha y la toga" (30). Sin prescribir el consumo de lo extranjero, propondría combinarlo con el de los "objetos" producidos en América, los cuales entrarían así al orden de la mercancía. El discurso creador de intelectuales como Martí serviría de mediador para promover el deseo hacia esos objetos, para hacerlos "apetecibles" y que de esa manera entraran al mercado.

Esos nuevos intelectuales, formados en las "universidades americanas" cuya implementación propone este mismo texto, desarrollarían un nuevo tipo de saber americano, un saber para el progreso de la región. Son los "hombres naturales" de Martí, capaces de llegar a un conocimiento de la realidad comparable al que se ha logrado en Europa o en Norteamérica, pero por otro camino:

> En pie, con los ojos alegres de los trabajadores, se saludan los hombres nuevos americanos. Surgen los estadistas naturales del estudio directo de la Naturaleza. Leen para aplicar, pero no para copiar. Los economistas estudian la dificultad en sus orígenes. Los oradores empiezan a ser sobrios. Los dramaturgos traen los caracteres nativos a la escena. Las academias discuten temas viables. La poesía se corta la melena zorrillesca y cuelga del árbol glorioso el chaleco colorado. La prosa, centelleante y cernida, va cargada de idea (31).

Los saberes "prácticos" de ciencias como la estadística y la economía aparecen aquí al lado de las expresiones estéticas, en la propuesta de una nueva forma de saber, creación y acción que haría de Martí uno de los principales exponentes de un discurso sobre la realidad en América Latina que aún tiene fuerza en la región, por el cual se plantea el acercamiento estético como único posible para el conocimiento y la descripción de la heterogénea realidad americana. La canonización de "Nuestra América" y su continua reapropiación, por parte de escritores que han buscado narrar lo americano, se relaciona con este planteamiento, el cual funciona por la manera como Martí interpela a su interlocutor en el texto. Sus frases proyectan al destinatario hacia el terreno de autoridad desde el que él mismo habla, le invitan a convertirse en Martí, a ser ese hombre natural que reescribe una y mil veces "Nuestra América", texto que se plantea como emblema de su propia propuesta. Este mecanismo textual falla, sin embargo, cuando el receptor se ve imposibilitado para asumir el papel al que le invita el texto. Por fuera de él quedan la "masa inculta", definida como aquella que debe ser gobernada, el negro y el indio, que son objeto pero no sujeto de conocimiento, y finalmente todos los seres humanos que no son hombres.

Ya señalé antes que la metáfora de América como un cuerpo viviente atraviesa todo el texto. Este cuerpo es un cuerpo femenino y los hombres naturales que la fecundan son hombres, cuerpos masculinos. Las diferencias de género sustentan "Nuestra América" y complejizan su lectura. El proceso de saber, creación y producción que promueve el texto excluye a las mujeres. Al igual que a las "masas desvalidas", al indio y al negro, las sitúa más allá del campo de autoridad que construye el texto, definiéndolas como consubstanciales a esa América que necesita ser narrada, creada y producida por los "hombres naturales" que integran el texto. Son los "otros" que hacen posible la configuración del "nosotros" de la familia americana de Martí, pero que para que ésta funcione deben quedar fuera de ella. Este proceso de delimitación parece ser finalmente exitoso en el texto, que no deja un espacio en el cual se pueda situar la voz de sus otros. La canonización de "Nuestra América" y su resonancia en tantos textos de intelectuales latinoamericanos muestran cómo funcionan los mecanismos de interpelación del mismo, muestran también hasta qué punto los discursos identitarios americanos se basan en estrategias de exclusión, en la delimitación de un campo de autoridad restringido, en el que sólo entran quienes pueden identificarse con el autor por ser sus iguales.

Un texto contemporáneo de "Nuestra América", pero escrito por una mujer, revelaría quizás de qué manera esta estrategia de Martí podría responder a un afán real de delimitar funciones, en sociedades donde las mujeres habrían comenzado a formular sus propios discursos identitarios buscando otorgarse una función en la marcha de las nuevas sociedades, que se estaban ordenando en gran parte a nivel discursivo. Frente a la tentación de interpretar al "hombre" de Martí como un término neutro usado para hablar del "ser humano" (de uno u otro sexo), propongo leerlo únicamente como "hombre", es decir como sujeto masculino que (entre otras cosas) precisa neutralizar en el lenguaje del liberalismo aquello que podría ser utilizado por los sujetos femeninos para reclamar un lugar social autónomo. Si Martí representa (o inaugura) un discurso dominante de su tiempo, podemos imaginar textos femeninos buscando algún resquicio dentro de éste para ocupar una posición de autoridad que les permitiera escribir y otorgarse una función en el engranaje de las sociedades liberales. El olvido en que se encuentran la mayor parte de estos textos muestra hasta qué punto funcionan las estrategias de exclusión en aquellos que como "Nuestra América" tienen como efecto el silenciamiento de sus otros, aun en un lenguaje que aparentemente procura incluirlos. Esto resulta más significativo cuando enfrentamos textos que en su momento habrían ocupado una posición importante en el intercambio intelectual de la época y hoy están prácticamente olvidados. Pienso en el artículo "Misión de la escritora en Hispano América" de Soledad Acosta de Samper, publicado en varios periódicos sud-americanos (como lo indica una nota de pie de página en la edición única de 1895) y luego incluido en el libro *La mujer en la sociedad moderna*, aparecido en 1895.

Acosta de Samper no fue precisamente una voz marginal en su tiempo. Hija de un prócer de la Independencia en Colombia, tuvo amplio acceso a los periódicos y a los espacios de intercambio intelectual de su tiempo. Publicó montones de libros, entre novelas, obras de teatro, estudios históricos y ensayos. Fundó, dirigió y sostuvo tres revistas femeninas en las que se difundían las ideas modernas y se reflexionaba sobre temas de relevancia social en su tiempo[1]. Tuvo un papel importante en la definición de los programas nacionales de educación en Colombia, durante la época en que se debatía la necesidad de entregar al estado (en lugar de a la iglesia) la responsabilidad de formar a los ciudadanos. Aunque de familia conservadora y convicciones cristianas, dejaba ver en sus textos simpatía por las ideas liberales que promovían la modernización de las sociedades surgidas en América Latina después de la Independencia. El texto al que nos referimos aquí es

---

[1] La no reedición de sus libros y la no inclusión de su nombre en los libros de historia de la literatura en Colombia (hasta tal punto que es hoy prácticamente desconocida y sólo recientemente se plantea la urgencia de recuperarla) representa un caso clásico de la forma como las escritoras mujeres pasan al olvido por su marginación en el discurso dominante.

buena muestra de ello. Su propósito va más allá de lo que parecería indicar su título, pues se refiere en general al papel de la mujer (no sólo de la escritora) en la sociedad. En él habla de igualdad entre hombres y mujeres, de la productividad y la civilización como las metas a alcanzar en las sociedades americanas y de una delimitación de instituciones y funciones sociales que bien corresponde a la de la ideología liberal. Su estrategia discursiva para hablar de igualdad sin parecer subversiva consiste en situarse del lado de quienes ostentan el poder, emitiendo un reconocimiento a los nuevos gobiernos por su apoyo a las mujeres y delimitando el papel que propone para las mujeres a sectores donde no serían percibidas como amenaza para el orden dominante. Esto lleva a que en su texto se combinen (en un gesto bastante americano, por cierto) nociones liberales sobre el progreso y la civilización con posiciones conservadoras desde las cuales se aboga por la "cristianización" de las costumbres y la necesidad de "moralizar" la sociedad.

Aunque en apariencia es bastante diferente, el proyecto de este texto podría ser el espejo del que emprende "Nuestra América" de Martí, pues representa una intención paralela pero desde una posición "otra". Cuando el texto martiano habla del papel que han de cumplir los "hombres" en la configuración de la sociedad americana se sitúa en la posición de la autoridad dominante a la que el discurso le permite hablar en términos universales. En cambio cuando Acosta habla de la función de la mujer, se ubica en el lugar marginal de quien no puede asumir la voz de la autoridad en la sociedad, limitándose a hablar de un sector "restringido" dentro de ella, es decir de un caso "particular" que no puede aspirar a convertirse en autoridad. Al igual que en "Nuestra América" el propósito aquí es definir quién y de qué manera se ha de narrar lo americano, pero en lugar de a los "hombres naturales" esa función es asignada en este texto a las mujeres. Esto tiene implicaciones importantes.

El comienzo del texto de Soledad Acosta de Samper parecería apuntar en la dirección conservadora y moralizante que constituye el reverso de los planteamientos progresistas que hace más adelante:

> ¿Cuál es la misión de la mujer en el mundo? Indudablemente que la de suavizar las costumbres, moralizar y *cristianizar* las sociedades, es decir, darles una civilización adecuada a las necesidades de la época, y al mismo tiempo preparar la humanidad para lo porvenir; ahora haremos otra interrogación: ¿Cuál es el apostolado de la escritora en el Nuevo Mundo? (381).

El uso del término "cristianizar" como sinónimo de "dar civilización", que podría parecer insólito en un marco liberal, estaría en este texto para presentar una posición que no fuera incómoda para el discurso dominante de su tiempo. Igualmente insólito parece el definir la misión de la mujer como un "apostolado", es decir como un trabajo que no busca retribuciones materiales, en un texto que más adelante alaba el acceso de las mujeres a las profesiones liberales y defiende la necesidad de que éstas cuenten con ingresos propios, una posición que Acosta de Samper sostendrá también en otros textos.

Para hacer posibles estos peculiares giros discursivos, la autora define su lugar de enunciación como original y nuevo: "Se ha notado que en todas las repúblicas que se formaron después de la independencia, se ha tratado desde su fundación de dar a la mujer una educación mejor y un papel más amplio en la vida social" (383). Las repúblicas recién formadas son pues un espacio en el que es posible la redefinición de los papeles sociales. América Latina, que para Martí es un cuerpo (femenino) que precisa ser fecundado por el trabajo viril, es para Acosta de Samper un espacio de posibilidad para la mujer, una sociedad en formación donde se ha logrado su entrada en las esferas productivas. Este entusiasmo sobre las posibilidades para la mujer en el "Nuevo Mundo" se hace más notorio cuando comienza a hablar de lo que ocurre en los Estados Unidos:

> En aquel país que en adelantos materiales se halla a la cabeza de todos los demás, la mujer goza de una inmensa y reconocida influencia... Es igual a su marido y a su hermano por la solidez de su instrucción, la noble firmeza de su carácter, por sus dotes espirituales, y por consiguiente para ella todas las carreras están abiertas, menos una, la menos envidiable, la de la política (385).

La definición de la política como ocupación no envidiable es sin duda estratégica en la definición de una posición autorial que no apareciera como amenazante al orden dominante de su tiempo. Me interesa por ahora señalar la visión tan favorable que presenta la autora sobre los Estados Unidos, país al que parecería considerar como igual a las naciones latinoamericanas. Contrasta esta visión con la de Martí, para quien los Estados Unidos son el tigre o el pulpo que amenaza el cuerpo de América. Si Martí procura destacar en su texto el papel que el país del Norte ocupa en el orden de las transacciones internacionales, Acosta de Samper se inclina por señalar la forma como allí se realiza el ordenamiento social interno, algo que no recibe atención en el discurso martiano.

Como procuré señalar más atrás, para Martí las naciones americanas eran partes actuantes en un intercambio político y comercial trasnacional. El ordenamiento interno de sus sociedades no merecía su atención sino en la medida en que serviría para definir una posición más competitiva en un circuito de intercambio transnacional. Soledad Acosta de Samper privilegia en cambio la forma como las naciones llevan a cabo su definición interna de funciones y posiciones sociales, de ahí que hable con admiración de lo que se ha logrado en el país norteamericano[2]. El deseo martiano de lograr un balance trasnacional le lleva en cambio a descuidar los inmensos desbalances que existen en el orden social doméstico de las naciones latinoamericanas, a los cuales él mismo contribuye con un discurso que propone la necesidad de educar únicamente a los hombres destinados a gobernar, mientras que el resto de la población queda definida como "masa inculta" sin derecho al gobierno. Acosta de Samper se ocupa en cambio extensamente de tratar de definir cómo se habrá de distribuir las funciones en el interior de las sociedades. En sus textos sobre educación habla de cuál es el tipo de formación que debe dársele a los diversos sectores sociales[3]. Aquí lo hace en términos de género:

> Mientras que la parte masculina de la sociedad se ocupa de la política, que rehace las leyes, atiende al progreso material de esas repúblicas y ordena la vida social, ¿no sería muy bello que la parte femenina se ocupase en crear una nueva literatura? Una literatura *sui generis*, americana en sus descripciones, americana en sus tendencias, doctrinal, civilizadora, artística, provechosa para el alma (388).

Como dije antes, su propuesta parecería el reverso de la de "Nuestra América": el afán de plantear una forma de narrar lo americano en la que lo estético se conjugue con lo práctico y con un saber sobre lo propio reaparece aquí pero como función para la mujer, no para el "hombre natural" martiano. Este sólo hecho, por cierto, le da un giro radical a la propuesta. A los hombres, como concesión estratégica, les otorga Acosta de Samper las funciones que ellos mismos han asumido desde su posición dominante: hacer las leyes, ocuparse del "progreso material" y del ordenamiento social. Esta cesión de

---

[2] No me ocuparé aquí de analizar hasta qué punto su visión de lo que ocurría en los Estados Unidos se correspondía con lo que realmente estaba sucediendo en ese país, donde el ordenamiento social también distaba mucho de ser igualitario. Sabemos que el conocimiento de Acosta de Samper sobre esa situación era fundamentalmente libresco, basado quizás en la lectura de las revistas a las que estaba suscrita y del libro de Charles Victor Crosnier de Varigny, *La femme aux États-Unis* (1893), que ella misma señala como una de sus fuentes.

[3] Su posición en este sentido no es ciertamente muy democrática, pues planteaba que no era conveniente darle la misma educación a las mujeres de la élite y a las de los estratos populares, pero este sería tema para otro trabajo.

terreno le permite asignarse funciones textuales que son igualmente políticas y que en sí mismas se insertan en el campo de la legislación, la asignación de papeles productivos y la organización general de la sociedad.

¿Qué es posible leer detrás de las concesiones que hace Acosta de Samper a la voz social dominante? ¿Cómo interpretar hoy sus gestos declaradamente modernos que proponen la igualdad entre hombres y mujeres, otorgándole a éstas el crucial papel de ser las "letradas" en las sociedades? ¿De qué manera relacionarlos con partes más regresivas de su texto en las que promueve el papel de la mujer como "señora de su casa" y la necesidad de difundir los "valores cristianos"? Al contrario de "Nuestra América" es éste un texto ambiguo y contradictorio, que debe tantear diversos terrenos para encontrar su posición de autoridad. En su indefinición y el uso peculiar de las ideas liberales representa una muestra de aquello que mencionaba al principio de este trabajo, sobre la maleabilidad que los conceptos liberales adquirirían al pasar a manos americanas. Cuando Martí condena a quienes los habían usado en una forma que desde su perspectiva era inadecuada, cierra en cierta forma una etapa de libre circulación de los conceptos "importados", para inaugurar otra en la que se hablará de nociones más determinadas de identidad, nociones que en torno a la idea de la heterogeneidad elaborarían discursos que con el tiempo revelarían ese carácter excluyente y autoritario que aparecía ya en "Nuestra América". Era quizás el lenguaje apropiado para la nueva etapa en la que entrarían las naciones americanas a principios del siglo XX, pero sólo se logró a costa de un silenciamiento de todo aquello que quedó marginado por su discurso.

La mano de Montserrat:
"Dolores", la lepra y Virginia Woolf

Nina M. Scott

Sin Montserrat Ordóñez, nunca hubiera conocido la obra de Soledad Acosta de Samper, ni "Dolores", el cuento de ella que fascina a tantos críticos, ni muchas otras cosas que van a figurar en este estudio.

Montserrat y yo nos conocimos en 1986, y dos años más tarde me regaló *Una nueva lectura*, libro totalmente desconocido en los EEUU. Allí descubrí "Dolores", y me impresionó tanto que empecé a enseñarlo en mis cursos y a hacer investigación sobre Soledad Acosta de Samper. Como Montserrat sabía que el tema me gustaba mucho, durante varios años me mandó toda una serie de artículos para mí inaccesibles. Me fascinaba especialmente el hecho de que Acosta de Samper hubiera escogido la lepra como la enfermedad terminal de su protagonista. Sabiendo esto, Montserrat me trajo el libro del Dr. Maldonado Romero, quien había trabajado durante años con los leprosos en Colombia – otra joya para mi investigación. Cuando traduje "Dolores" para incluirlo en mi antología bilingüe, *Madres del Verbo*, Montserrat estaba muy contenta, y se pasó toda una noche en vela corrigiendo conmigo las galeras. El último artículo que escribió, y que fue publicado póstumamente, fue su reseña de este libro. El presente estudio lo presenté en forma embrionaria en una sesión sobre Soledad Acosta de Samper, organizada por Montserrat, en el congreso de LASA del año 2000.

En aquel entonces yo no sabía nada del ensayo de Virginia Woolf "On Being Ill" cosa que me da pena, ya que Montserrat era una devota del alma de la gran escritora inglesa. Así que se ve claramente la mano de Montserrat en los dos temas que pienso desarrollar en este estudio: primero una discusión sobre por qué Acosta de Samper escogió la lepra como la enfermedad de Dolores, y luego una comparación de las ideas de Soledad Acosta y de Virginia Woolf sobre la relación entre la enfermedad y la escritura.

La literatura decimonónica está llena de historias de bellas mujeres enfermas, pero generalmente son enfermedades como la tuberculosis (como Marguerite, de *La dama de las camelias* de Dumas hijo) que no destruyen de una manera brutal el bello cuerpo femenino. La lepra es muy otra cosa. En su primera visita a una colonia de leprosos, el Dr. Maldonado Romero anotó esta impresión de los enfermos:

Poco a poco vamos encontrando rostros de blancura marchita, ojos inexpresi-
vos de mirada fija, que no cierran bien al parpadear y a los que les falta la sombra
piadosa de las cejas; orejas abultadas, de lóbulo alargado y móvil; manos descar-
nadas que parecen radiografías. Otras veces la cara toma una coloración cobriza,
se eriza de salientes horribles y parece de un león; más tarde se hunde la nariz
cual si le hubiesen dado un hachazo; los dedos van desapareciendo uno a uno y
los pies y las manos; el pobrecito enfermo es llevado al hospital y allí [...] allí no
podéis acompañarme: es la vida del sepulcro, pero conciente [*sic*] y más larga,
más horrible. El mal roe su presa lentamente, no tiene afán, está segura (25-26).

La palabra "lepra," nos dice el autor, quiere decir "escama," y es una
enfermedad muy antigua (89). Antes de la aparición del SIDA, la lepra tenía
una singular carga mítica y negativa en la cultura occidental:

Que la lepra sea la enfermedad extrema y el leproso el paria extremo es una
idea penetrante en la sociedad occidental. Para una mente familiarizada con el
Antiguo Testamento, la lepra es una abominación, un hecho de suciedad ritual.
Para los que creen en el Nuevo Testamento, las historias de Cristo milagrosa-
mente curando a los leprosos llegaron a ser metáforas de la salvación divina.
Desde tiempos muy remotos la lepra se consideraba como el castigo divino de
un estado pecaminoso [...] (Gussow 3)[1].

Levítico 13 contiene un largo tratado sobre la lepra[2], y hay muchos otros
pasajes relacionados con este tema, tanto en el Antiguo como en el Nuevo
Testamento. Saúl Nathaniel Brody, quien ha estudiado el papel de la lepra
en la literatura medieval, opina que el estigma asociado con esta enfermedad no tiene sus orígenes en el Antiguo Testamento, sino que refleja actitudes anteriores; en el Antiguo Testamento se presenta como la enfermedad de
un pecador, como un castigo enviado por Dios por haber transgredido ciertos códigos morales, como en el caso de Miriam, la hermana de Moisés,
quien osó hablar en contra de su hermano, o Gehazi, el codicioso sirviente
de Elías. Por otro lado, varios de los milagros de Jesucristo tienen que ver
con la curación de los leprosos, así que esta enfermedad adquirió una naturaleza ambigua. Según Brody, "Se vio al leproso como pecaminoso y meritorio, castigado por Dios y merecedor de una gracia especial" (61).
En la Europa medieval se asociaba la lepra con la lascivia, la manifestación exterior de la corrupción interior. Es especialmente interesante obser-

---

[1] Todas las traducciones en este estudio son mías.
[2] Según *The Interpreter's Dictionary of the Bible* (112), la enfermedad denominada
"lepra" en realidad incluía una variedad de enfermedades escamosas de la piel.

var lo que pasa con personajes femeninos literarios que contraen esta enfermedad: en el poema *The Testament of Cresseid [El testamento de Cresseid]*, escrito por Robert Henryson en el siglo xv, la promiscuidad sexual de la protagonista se castiga con los horrores de la lepra en su hermoso cuerpo. En algunas variaciones de la historia de Isolda, su adulterio con Tristán es castigado no con la hoguera sino entregándola a un grupo de hombres leprosos para que satisfagan sus apetitos carnales en su persona.

La lepra como enfermedad endémica desapareció de Europa alrededor del siglo xvi, pero continuó en otras partes del mundo: Asia, Africa, América Latina[3]. Zachary Gussow, historiador médico, ha observado que en Occidente hubo un gran resurgimiento de interés en la lepra en el siglo xix, lo cual clasifica como una especie de "re-contaminación" de esta enfermedad; según él, no se trataba de una continuación de actitudes bíblicas o medievales, sino que se debía a ciertos factores sociales e históricos de esta época. En el siglo xix, tal como se ve en el cuento de Acosta de Samper, la mayoría de la gente sabía que la lepra era contagiosa, pero pensaba que también era hereditaria, saltando generaciones (Maldonado Romero 93-4). El científico noruego Armauer Hansen descubrió el bacilo que causa la lepra en 1873-4, pero su hallazgo tardó en diseminarse y llegó a conocerse en Bogotá sólo alrededor de 1895 (99).

La teoría bacteriológica de la enfermedad se formuló al final del siglo xix, y, como sostiene Gussow, empezó a vincularse al imperialismo y colonialismo occidentales de esta época. En el caso de la lepra, "descubrieron que esta enfermedad era hiperendémica en las partes del mundo que Occidente estaba anexando y colonizando" (19). Los europeos, entonces, vieron la lepra como la enfermedad del "otro" o de "pueblos inferiores." Aun los misioneros, como el famoso Padre Damián que dejó Europa para trabajar en colonias de lazarinos en diversas partes del mundo, eran considerados, según Gussow, otra manifestación de este imperialismo occidental (202).

Como la respuesta tradicional a esta enfermedad era la segregación de los contagiados del resto de la sociedad, el lazarino llegó a ser sinónimo del paria social. Brody relata que en la Edad Media, el rito para expulsar a un lazarino del mundo era semejante al oficio para los muertos, "ya que en principio el leproso ya no hacía parte de los vivos"(65)[4]. Una vez aislados

---

[3] La lepra probablemente llegó a las Américas con la trata de esclavos africanos (Maldonado Romero 89).

[4] Se nota en el cuento que Soledad Acosta conocía esta costumbre. Dolores escribe en su diario que "En los siglos de la edad media, cuando se le declaraba lázaro a alguno, era inmediatamente considerado como un cadáver: lo llevaban a la iglesia, le cantaban la misa de difuntos y lo recluían por el resto de sus días como inmundo [...]" (83).

de la sociedad, los lazarinos sabían que iban a sufrir por mucho tiempo, ya que los estragos físicos de su enfermedad se manifestaban muy lentamente. En esos tiempos no había tratamiento para la lepra: sólo el aislamiento y el destierro físico y moral en los últimos márgenes de la sociedad. Como ha observado Susan Sontag, "Nada es más punitivo que asignar un significado a una enfermedad – un significado que es invariablemente de carácter moral [...]" (58).

Sandra Gilbert y Susan Gubar han demostrado que el tema de la enfermedad de la mujer era muy popular en la literatura del siglo XIX. Sontag también señala que esta literatura abunda en protagonistas, mayormente jóvenes y bellas, que se acercaban a una muerte beatífica (generalmente de tuberculosis), sin síntomas ni miedo (15). Según ella, la mayoría de estas heroínas literarias se enfrenta con su destino con ejemplar resignación: la narración suprime la agonía final, y las "protovirtuosas" llegan a nuevas cumbres morales (29, 41). *María,* la novela fundacional colombiana escrita en 1867 por Jorge Isaacs, es un ejemplo perfecto de este género. Lucía Guerra Cunningham cree que en esta preocupación con la enfermedad de la mujer "la enfermedad debe considerarse como un atributo que embellece al cuerpo sumiso y débil subordinado a la ley del padre y a la ley del esposo" ("La modalidad hermética" 355).

"Dolores," la obra de Soledad Acosta de Samper, presenta el tema de la enfermedad femenina de un modo radicalmente diferente. "Dolores" se publicó por entregas bajo el seudónimo de "Aldebarán" en el periódico *El Mensajero* en enero de 1867, el mismo año en que pareció *María*, obra con la cual comparte muchas semejanzas. Las dos heroínas mueren de enfermedades hereditarias, pero mientras María sucumbe a su epilepsia de una manera etérea y abnegada, Dolores sufre los estragos más horrorosos en su cuerpo y en su mente, aislada de todos los seres que la quieren, estado que la lleva al borde de la locura. ¿Por qué escogió Acosta de Samper esta espantosa enfermedad, tan cargada de históricas connotaciones negativas, para su protagonista pura, bella y virtuosa?

Creo que en parte fue porque la lepra es aún hoy una enfermedad endémica en Colombia, como lo es también en otras partes de Sudamérica[5], así que para Doña Soledad no era una enfermedad de "otros" o de "gente infe-

---

[5] Otros escritores hispanoamericanos han escrito sobre la lepra también: Teresa de la Parra en el cuento "Un evangelio indio. Buda y la leprosa"; Mario Vargas Llosa en su novela *La casa verde*; Gabriel García Márquez en su cuento "Un señor muy viejo con las alas enormes".

rior". Según Rodríguez-Arenas, por medio de este cuento Acosta de Samper quería mostrar "uno de los serios problemas sociales que afectaba al país, la lepra, y la forma inhumana como se trataba a los desafortunados que la padecían" (148). Como la mayoría de la gente en aquel entonces, ella también pensaba que era una enfermedad hereditaria, pero no debemos olvidar que escribió "Dolores" antes del descubrimiento de Armauer Hansen. La historiadora colombiana Aída Martínez descubrió hace unos años que Soledad Acosta, entre muchas otras actividades periodísticas, dirigió por breve tiempo la *Revista de San Lázaro,* publicación dirigida a la gente que padecía de la lepra, y ayudó a recaudar fondos para la gran colonia de Agua de Dios. Según Ordóñez, "Soledad Acosta parece que dirige sólo algunos números, que se reparten gratis a los miembros de la sociedad de San Lázaro y en los que se solicita dinero y ayuda para los leprosos de Agua de Dios. En números de 1898 y 1899 vuelve a publicar su novela `Dolores' de hace treinta años, con otro subtítulo, más apropiado para esta revista: `Cuadros de la vida de una lazarina'" ("De Andina" 45, n. 13). Santiago Samper Trainer, de la familia de la escritora y con acceso al archivo "Soledad Acosta de Samper", advierte que el interés especial de ella en esta enfermedad duró más de cincuenta años, tal vez porque una tía abuela suya había contraído la lepra; ella vivió durante años dentro de la casa del general Joaquín Acosta, el padre de Doña Soledad, pero totalmente aislada de la familia (145-6). Por consiguiente, Soledad Acosta sabía que la lepra podía atacar a cualquier persona, sin importar su posición social o económica, hecho que confirma Maldonado Romero: "[...] la enfermedad temible no [era] infrecuente ni confinada a los estratos menos pudientes de la población. Personas a que la voz pública señalaba, desaparecidas silenciosamente, hallé más tarde en Agua de Dios" (15)[6]. ¿Quería Acosta de Samper que la lepra funcionara entonces como una manera de erradicar diferencias de clase? Sí y no, porque a pesar del sufrimiento de personas de la clase alta, la estratificación social es muy evidente en el cuento: cuando el padre de Dolores descubre que padece de lepra, trata de ahogarse en el río Magdalena; sin embargo su deseo de vivir era demasiado fuerte; es entonces cuando lo recoge un hombre humilde que también está infectado, pero el padre decide no quedarse con él: "Pronto se separó

---

[6] Sin embargo, las personas ricas –como Dolores misma– tenían más recursos para evitar tener que vivir en las horrorosas condiciones de las colonias de leprosos: "Los enfermos pudientes esquivaban el traslado encerrándose en sus predios o enfrentados a las autoridades con los argumentos eficaces de la posición social o el soborno" (Maldonado Romero 14).

del lazarino. ¿Vivir bajo el mismo pie de igualdad con un ser vulgar no es la peor de las desgracias?" (54). Y Dolores, aunque trágicamente afligida, vive sin embargo cómodamente: su casita se encuentra en un auténtico *locus amoenus* y está bien amueblada. Tiene contacto semanal con su familia, y tiene a su disposición libros, flores y dos sirvientes que ya habían cuidado de su padre. Todo esto muestra las jerarquías sociales inconscientes de Doña Soledad, la cual dedica mucho espacio textual a la tragedia de Dolores y de su padre sin preocuparse por los sirvientes que corren el peligro de contagiarse de sus amos. A pesar de ignorar el descubrimiento de Hansen, era sabido que el contacto prolongado con los enfermos podía resultar en la transmisión de la lepra.

Con todo, Dolores, a pesar de ser bella y virtuosa, no puede escapar al trágico azar de una belleza destinada a convertirse en monstruosidad. Y allí, tal vez, se encuentra otra razón para la elección de este final para la heroína: la alta valoración de la hermosura femenina para los hombres de su época[7]. Dolores era la clásica belleza de las novelas decimonónicas latinoamericanas: la figura esbelta y graciosa, los cabellos largos y oscuros, la cara hermosa y la tez blanca tan admirada entre las mujeres. Pero esta blancura, normalmente ícono de pureza moral y de jerarquía social de las mujeres, es para el padre de Pedro el primer signo de la lepra[8]. ¿Se estaba rebelando Doña Soledad contra la sobreestima masculina de la belleza exterior de la mujer? Tal como la describió su marido, su esposa no se destacaba por su hermosura física: "Solita no era lo que comúnmente se llama una mujer *bonita*, porque no tenía los ojos grandes, ni las mejillas sonrosadas y llenas, ni el seno turgente, ni sonrisa amable y seductiva, ni cuerpo verdaderamente lozano. Pero tenía ciertos rasgos de *belleza* que a mis ojos eran de mucho precio" (Citado en Rodríguez-Arenas 134). En "Dolores" hay una clara indicación de que Acosta quiere subrayar el valor de las cualidades interiores de la mujer; esto ocurre, por ejemplo, cuando describe a la joven con la cual se casó Antonio: "La novia no era bella, pero sus modales cultos, educación esmerada y bondad natural, hacían olvidar sus pocos atractivos" (80).

---

[7] La escritora peruana Mercedes Cabello de Carbonera (1845-1909) escribió, unos diez años más tarde que "Dolores", un "Estudio comparativo de la inteligencia y la belleza en la muger" en el cual subrayaba el hecho de que la "belleza sin inteligencia es una ilusión que está muy próxima al desengaño" (Scott, *Madres del Verbo* 244).

[8] Gertrudis Gómez de Avellaneda (1814-72) también juega con la semiótica aceptada de la blancura en su novela *Sab* (1841): el blanco Enrique Otway era mezquino e interesado, mientras que el esclavo mulato Sab tenía alma noble.

Ordóñez, Rodríguez-Arenas y Guerra Cunningham señalan, por otra parte, que la historia de Dolores subraya la existencia restringida y la falta de libertad de movimiento de la mujer. Las cuatro paredes de su casa delimitan su esfera, y a medida que avanzaba la enfermedad, el espacio es menor. En la hacienda de la tía Juana se refugia en su dormitorio, hablando con la gente por entre las rendijas de la puerta o detrás de una reja. Como observa Lucía Guerra Cunningham, estos espacios arquitectónicos reflejan la estructura social en general, más aún en el caso de Dolores: "[...] la leprosa acosada por cuartos cerrados viene a ser un correlato objetivo de la existencia femenina representada como la nada alienante cuando no alcanza su realización a través del Sujeto masculino" ("Las sombras de la escritura" 147). Pero hay más. Cuando Dolores se ve obligada a renunciar a su relación con Antonio y a todos sus sueños de amor y de felicidad, a pesar de volverse una mujer solitaria y relegada a los márgenes más absolutos de la sociedad, logra crecer espiritualmente[9]. Según vimos antes, en la literatura decimonónica la enfermedad muchas veces brinda una oportunidad a la protagonista para llegar a ejemplares cumbres morales. Pero el caso de "Dolores" es más complejo: a través de su padecimiento llega a reacciones sicológicas muy verosímiles –y, más importante aún, llega a la escritura: las últimas palabras del cuento son las de Dolores.

Enfermedad y escritura: esta relación nos lleva a Virginia Woolf y a su ensayo "On Being Ill", escrito a mediados de los años veinte y publicado por primera vez en 1926[10]. Descubrí este ensayo por pura casualidad, cuando se publicó recientemente como parte de un simposio internacional sobre Woolf en junio del año 2003. No conocía este ensayo, y quería ver si podía tener alguna conexión con "Dolores." Encontré tantos puntos comunes que quedé pasmada.

Woolf estuvo enferma muchas veces durante su vida, padeciendo de alteraciones tanto físicas como mentales, por lo cual el tema de la enfermedad en la literatura le interesaba de una manera muy personal. Según ella – y en contra de la opinión de Gilbert y Gubar – había poca literatura que se enfocara en este tema, cosa que le sorprendía: "[Cuando] [...] uno considera lo

---

[9] Irónicamente, al final de su vida Dolores tenía el "cuarto propio" añorado por Virginia Woolf como condición imprescindible para la vida creativa de la mujer, pero en su caso no era lugar de libertad sino de condena. Le debo esta observación a Márgara Russotto.

[10] La traducción del título al español nos enfrenta con un problema inmediato y existencial: ¿es "Sobre *ser* enferma" o "Sobre *estar* enferma"? Dado el contexto del ensayo, las dos versiones podrían servir, pero prefiero usar el título original.

común que es la enfermedad, lo tremendo del cambio espiritual que conlleva, cuando se atenúan las luces de la sanidad, los mundos sin descubrir que esto entonces revela [...]" (3). En "Dolores" también se registran estos cambios sicológicos, cambios que llevan a la protagonista a regiones insospechadas. Para Woolf, en el enfermo no hay separación entre la mente y el cuerpo, ya que los padecimientos físicos afectan todo el proceso mental; este sentimiento es expresado también por Dolores: "¡Si mi mal fuera solamente físico, si tuviera solamente enfermo el cuerpo! Pero cambia la naturaleza del carácter [...]" (84). Woolf sostiene que la omisión de este tema en la literatura no le sorprende, ya que hace falta el valor de diez mil domadores de leones para enfrentarse de lleno con esta condición (5) –leones que "llevamos dentro y no fuera" (Lee xxxiv, n. 12). Al final de su vida, Dolores demuestra también este valor al ser capaz de contemplar su espantosa imagen en el espejo y articular su sufrimiento interior (82).

Woolf destaca la necesidad de un lenguaje nuevo para describir la condición de la persona enferma, ya que no hay modelos lingüísticos para describir "una nueva jerarquía de las pasiones" cuando nos aflige el dolor físico a tal grado que es imposible pensar (7). Entonces, en la lucha por la expresión verbal hay que aceptar la incomprensibilidad: "un estado mental donde las palabras no pueden expresar ni la razón explicar" (21). En las últimas páginas del cuento, en las febriles entradas del diario de Dolores antes de morir, se observa una situación similar.

La separación que ocurre entre el enfermo terminal y el resto del mundo –un abismo tanto físico como mental– es otro *Leitmotiv* compartido por las dos obras. Dolores siente ira ante la vida, los viajes y los proyectos de su primo Pedro; procura leer e instruirse pero lo deja por inútil ya que no le ve un futuro. "Hace un año que sufro sola, aislada, abandonada por el mundo entero en este desierto. ¡Oh, si hubiera alguien que se acordara de mí [...]" (82). Woolf subraya que hay que ir solo a la región de los enfermos: "[...] dejamos de ser soldados en el ejército de los rectos; llegamos a ser desertores. Ellos marchan a la batalla. Nosotros flotamos con los palos en la corriente[11]; revueltos sin orden con las hojas muertas en la grama, irresponsables y desinteresados, y capaces, tal vez por primera vez en años, de mirar alrededor, de mirar arriba –de mirar, por ejemplo, el cielo" (12). La vista del cielo

---

[11] Estas palabras recuerdan el episodio en la Parte I, cuando Dolores, Pedro y Antonio miraban los pétalos de las flores que Dolores había arrojado al río, clara metáfora de su destino: "las que me causan pena son las que se encuentran en un sitio aislado y sin esperanza de salir [...]" (42).

era inmensa, para Woolf hasta chocante en su inmensidad. Dolores también mira el cielo, y observa que le "inspira horror con su espantosa hermosura [...]" (83). Mirar el cielo lleva a las dos a considerarlo en cuanto Paraíso, pero la solución religiosa no satisface ni a Woolf (18-19) ni a Dolores: "Si hubiera un Dios justo y misericordioso como lo quieren pintar ¿dejaría penar una alma desgraciada como yo?" (83). Hasta llega a negar la existencia de Dios, reacción sicológica impensable en novelas contemporáneas como *María*.

Woolf se ahogó en 1941. Según su biógrafa Hermione Lee, el suicidio había sido un subtexto constante no sólo en este ensayo, sino en su vida y en gran parte de su obra (xi-xii); pero Woolf tampoco negaba el fuerte deseo de querer seguir viviendo: "[...] con el gancho de la vida insertado en nosotros, no hay más remedio que seguir agitándonos" (17). Dolores contempla el suicidio por lo menos cuatro veces[12], pero igual que Woolf sentía apego a la vida: "Siempre encontramos en nuestro corazón este amor a la vida, y por lo mismo que es miserable como que nos complacemos en conservarla [...]" (79).

Para Woolf hay una conexión entre la enfermedad y el amor en la tendencia a conferir un significado nuevo y hasta la divinidad a ciertas personas, a ciertas caras (6); esto lo vemos también en las confesiones de Dolores en su diario: "Antonio, Antonio, tú a quien amo en el secreto de mi alma, cuya memoria es mi único consuelo [...] ¡Si supieras como me persigue tu imagen! Resuena tu nombre en el susurrante ramaje de los árboles, en el murmullo de la corriente [...] entre las páginas del libro en que me fijo, en la punta de la pluma con que escribo [...]" (82).

Volvamos, para terminar, sobre el vínculo entre la enfermedad y la escritura. Lee observa que desde el comienzo de este ensayo estos dos elementos están totalmente entretejidos (xxv): Woolf afirma que la enfermedad es "el gran confesionario" porque cuando estamos enfermos hablamos con la franqueza de un niño: "se dicen cosas, se sueltan verdades, cosas que la cautelosa y respetable condición sana oculta" (11). A esto se une la necesidad de inventar un lenguaje adecuado para expresar la voz interior de la persona enferma. Vemos los mismos puntos en "Dolores:" Acosta de Samper dedica la mayor parte de esta obra al progresivo proceso confesional de su protagonista, al otorgarle más y más espacio textual a la palabra directa de Dolores, y al documentar la frenética búsqueda de la leprosa para poder articular lo que en verdad sentía –gustara o no gustara a la sociedad.

---

[12] Pidió a su tío médico que le diera algo para acortar su vida (73); buscó una peña de la cual precipitarse cuando se lanza al monte (76); quería ahogarse en un río, y soñó con pegarse un tiro con una pistola (83).

Al principio de "On Being Ill" Woolf se imagina una serie de enfermedades que podrían prestarse para la creación de una novela sobre la enfermedad –gripe, dolor de muelas, fiebre tifoidea, pulmonía, apendicitis, cán-
cer (4; xxiii, n. 12)–, pero aparentemente la lepra no entra en consideración,
tal vez por las razones expuestas al principio de este estudio: no cabe en el
imaginario de una inglesa de principios del siglo xx. Sin embargo, como
vimos, entre Woolf y Acosta de Samper hay un número asombroso de conexiones, de semejanzas en su tratamiento del tema de la enfermedad, que
prueban una vez más la gran modernidad de "Dolores" y de su autora. A
Montserrat no le hubiera sorprendido.

Historia, nación y género:
El didactismo en las novelas históricas
de Soledad Acosta de Samper

Lee Skinner

En muchas de las obras de Soledad Acosta de Samper vemos un fuerte impulso didáctico. Acosta de Samper creía que tenía el poder –y la responsabilidad– de impartir lecciones a sus lectores, la mayoría de ellos mujeres, sobre sus papeles y sus deberes en la familia, la nación colombiana y el continente hispanoamericano. A partir de la década de los setenta, sus obras trataron más y más de asuntos de importancia nacional, como la posición de las mujeres en la familia y la nación, la creación del ciudadano ideal, y el uso de la historia para enseñar a las ciudadanos la democracia y el patriotismo. Acosta de Samper mediaba la división entre las esferas pública y privada, división que era un rasgo dominante de la vida burguesa, tanto para justificar su propia existencia de mujer participante en la creación de los discursos nacionales como para hablar con autoridad a sus lectoras. Para instruir a su público de sus papeles vis-à-vis la nación, Acosta de Samper empleó múltiples géneros y técnicas. En este ensayo me concentro en su empleo de la novela histórica, un género sumamente popular en Latinoamérica en el siglo xix[1].

Como otros escritores decimonónicos, Acosta de Samper recurre a la narrativa histórica para articular las relaciones entre la identidad nacional, la ciudadanía y el individuo, trabajo más difícil aún cuando la idea de "nación" misma todavía no se ha estabilizado y cuando es una mujer quien se apropia del género de la novela histórica para interrogar tales asuntos.

Según Mary Louise Pratt, en el siglo xix y a principios del siglo xx "women inhabitants of nations were neither imagined as nor invited to imagine themselves as part of the horizontal brotherhood" que produjo la comunidad de la nación que Benedict Anderson ha postulado. En palabras de Pratt, "women inhabitants of modern nations were not imagined as intrinsically possessing the rights of citizens; rather, their value was specifically attached

---

[1] Ver Anderson Imbert para un catálogo de las novelas históricas publicadas en el siglo xix en Hispanoamérica.

to (and implicitly conditional on) their reproductive capacity. As mothers of the nation, they are precariously other to the nation" (51). Así, las escritoras decimonónicas que, como Acosta de Samper, querían tratar las cuestiones urgentes de la formación de identidades y el nacionalismo tenían que negociar sus lugares en los márgenes de la sociedad literaria y el discurso nacional mientras producían textos que trataban las relaciones entre el género, la identidad, el nacionalismo y la historia.

En una muestra típica de su prolífica producción literaria, el proyecto historiográfico de Acosta de Samper fue enorme en su ambición y su ámbito: planeó escribir una novela histórica para cada episodio importante en la historia sudamericana y colombiana. Entre 1878 y 1905, publicó nueve obras de ficción histórica, que van desde una novela basada en la vida del conquistador Alonso de Ojeda hasta una trilogía sobre una familia bogotana durante la Guerra de Independencia. Su escritura de novelas históricas se concentró en dos momentos: el primero entre 1878 y 1887, en donde publicó siete novelas históricas, y el segundo en 1905, hacia el final de su larga carrera, cuando aparecieron las dos últimas novelas.

En 1878, Acosta de Samper empezó a publicar su primera obra de ficción histórica, *Cuadros y relaciones novelescas de la historia de América*, en su revista *La Mujer*. Mientras los primeros "cuadros" eran breves episodios, el quinto era una novela titulada *Los descubridores: Alonso de Ojeda*, que fue publicada como libro en 1907 bajo el título de *Un hidalgo conquistador*. Acosta de Samper continuó esta primera entrada al campo de la ficción histórica con los siguientes textos: tres novelas sobre la historia colonial, *Los piratas en Cartagena* en 1886 (ver el artículo de Nina Gerassi-Navarro en este tomo), *La insurrección de los comuneros* en 1887 y *Aventuras de un español entre los indios de las Antillas* en 1905; cuatro novelas sobre las Guerras de Independencia, la "trilogía del tío Andrés" constituida por *La juventud de Andrés* (1879-80), *La familia de tío Andrés* (1880-81) y *Una familia patriota* (1884-85), y *Un chistoso de aldea* (1905). Como demuestra la amplitud de los temas de las novelas, tomada junto con las afirmaciones de la autora sobre sus obras, ella concebía estos textos como partes de un proyecto más amplio en el que proponía novelar todos los episodios importantes de la historia colombiana. Acosta de Samper analizó su propio proyecto múltiples veces, una tendencia que vemos en los prólogos que acompañan las novelas para enseñar al lector a leer no sólo la novela individual sino el cuerpo entero del que la novela es solo un elemento. *Cuadros y relaciones novelescas de la historia de América* empieza con una introducción en la cual Acosta de Samper explica su propósito al escribir la ficción histórica y habla a su público de la manera en que deben leer las historias que siguen. Invoca explícitamente la prescripción de Horacio al decir que su "intención es divertir instruyendo e instruir divirtiendo" (29). El hecho de que la novela histórica se base en sucesos verdaderos le presta a las novelas "un encanto que no se puede reemplazar con sucesos imaginarios" (29). Acosta de Samper afirma que las novelas históricas captan al lector más que otros textos ficticios por la fascinación de la verdad bajo el barniz de la narrativa ficticia. Descuenta aun más la importancia relativa de los aspectos ficticios de sus cuentos al decir, "sólo inventaremos los pormenores" (29). Después de explicar la atracción que cree que la ficción histórica tendrá para sus lectores y, por extensión, para sí misma como autora, declara su propio interés en la historia nacional, o, en sus palabras, "la historia patria".

Este prólogo –recordemos que es el prólogo a su primera obra de ficción histórica– nos hace preguntarnos por qué empezaría a escribir ficción histórica si daba tanta importancia a la "verdad" contenida en sus ficciones. Ya para 1878 había empezado a escribir historias breves y bosquejos biográficos de héroes colombianos, demostrando que era capaz de producir el discurso tradicional de la historiografía. Si la historia por sí sola tiene el encanto poderoso que ella misma confiesa sólo "LA VERDAD" (29) posee, ¿por qué siente la necesidad de dirigirse a la ficción histórica? Creo que una posible respuesta se encuentra en un párrafo que concluye la introducción de 1878 a *Cuadros y relaciones novelescas*, pero que se omite en la edición de 1907 de *Un hidalgo conquistador*. En ese último párrafo, Acosta de Samper afirma:

> Ponemos esta obra bajo el patrocinio de nuestras compatriotas, porque ellas, no teniendo tiempo para estudiar obras seria y extensas, tal vez encontrarán distracción y agrado en las siguientes relaciones, pues dan idea de las costumbres y los hombres que hicieron papel en la historia de nuestra patria (29).

Tomado en conjunto con la frase que aparece bajo el título de la serie, "dedicados al bello sexo colombiano" (29), este párrafo revela claramente que el público deseado de Acosta de Samper se componía de mujeres. Este hecho es relevante porque ofrece una explicación tanto para el contenido como para la forma de los textos que siguen en esta serie historiográfica. Sus lectoras, sus compatriotas colombianas, preocupadas con los deberes de sus hogares y sus familias, carecen del tiempo necesario para el estudio dedicado. Además, si bien carecen de instrucción en historia colombiana, también merecen alguna diversión –en la forma de las historias ficticias y amenas de Acosta de Samper. El propósito didáctico de sus obras explica ahora su énfasis anterior en la exactitud histórica de lo que escribe; estas novelas deben servir de historiografía –no complementar– la historiografía tradicional. Podemos releer su afirmación de "divirtir instruyendo e instruir divirtiendo" (29) en el contexto de ese último párrafo también: quiere divertir a sus lectoras con cuentos ficticios e instruirlas con hechos históricos. Su entrada al campo de la ficción histórica puede ser vista como una manera de atraer a un público de otro modo inaccesible de mujeres que no tendrían ningún interés en las historias "tradicionales".

De la misma manera, la autora adopta una postura igualmente didáctica en la introducción a *La insurrección de los comuneros* (1887). Aunque no hay ninguna indicación aquí de que el texto se dirija a un público lector compuesto sólo de mujeres, reitera su intención de instruir y divertir a sus lectores en "Cuatro palabras al lector" y afirma la precisión histórica de su cuento. Justifica los elementos que ha añadido a los personajes históricos de Juan Francisco Berbeo y José Antonio Galán al sostener que sus enemigos escribieron la historia; por eso ella los retrata de manera simpática para ofrecer una alternativa a las descripciones negativas creadas por sus enemigos. En fin, dice que el arte es capaz de decir ciertas verdades que la historia no puede cubrir. La "ficción" de su obra consiste en las personalidades, las justificaciones y los motivos de los personajes; no cambió los hechos de la historia. Su novela está constituida por lo que falta en la historia –las emociones, los pensamientos y los deseos de los actores históricos. Por último, en una muestra final de ansiedad, enfatizó que lo que ha añadido a la historia por lo menos parece verdadero, aunque no lo sea. Así su ficción tiene la cualidad esencial de la verosimilitud.

Además de emplear sus prólogos para explicar a sus lectores sus intenciones y proyecto autoriales, Acosta de Samper también se aprovechó de sus introducciones para revelar a sus lectores el trasfondo histórico de la ficción que leerían. Las introducciones imponen cierta interpretación de la historia al preceder las novelas con información supuestamente imprescindible, sin la cual el lector no podrá entender la novela que sigue. Por ejemplo, *La juventud de Andrés* comienza con un capítulo titulado "Situación de la Nueva Granada en 1782" en la cual la autora anuncia que "para que se comprendan mejor los acontecimientos histórico-novelescos que vamos a relatar, preciso será, antes de entrar en materia, hacer una corta reseña de la situación política" (*La Mujer* 3: 29, 112). De modo parecido, el primer capítulo de *Un chistoso de aldea* describe la aldea en el año de los hechos narrados y da información sobre el contexto social y las actividades económicas del pueblo que más tarde clarificarán algunos de los saltos de la trama. *Aventuras de un español entre los indios de las Antillas* se inicia con el segundo viaje de Colón al Caribe, una versión anotada generosamente con notas detalladas en las que Acosta de Samper cita y contradice a otros historiadores. El mensaje de tales introducciones es que para gozar adecuada y apropiadamente la "diversión" de la novela, el lector (o la lectora) tiene que adquirir la "instrucción" o contenido histórico del texto. Los prólogos preparan a los lectores para que se acerquen al texto "correctamente", demostrando el interés de la autora en promover cierto tipo de lectura e interpretación de sus novelas.

Estas prescripciones de lectura nos ayudan a identificar las novelas históricas de Acosta de Samper con el fenómeno que Susan Rubin Suleiman ha llamado "authoritarian fictions", o ficciones ideológicas, un término que Suleiman aplica a novelas que tratan de exigir una versión particular de lectura y que forman "a novelistic genre that proclaims its own status as both overtly ideological *and* as fictional" (2). Entre las características de la novela ideológica, Suleiman indica un didacticismo fuerte y directo; el propósito de la novela autoritaria es el de persuadir al lector de cierta tesis. La novela ideológica trata de eliminar la posibilidad de análisis ambiguos de su sentido al multiplicar sus niveles de redundancia y al sobredeterminar su propia interpretación. La repetición a los niveles formales y semánticos enfatiza la tesis de la novela y erradica las posibles dudas o confusiones del lector.

Muchas de las novelas históricas de Acosta de Samper trabajan para exigir cierto código de lectura y análisis a la manera de las ficciones autoritarias de Suleiman. *Un hidalgo conquistador* y *Aventuras de un español entre los indios de las Antillas* dan justificaciones fuertes al supuesto momento fundacional de la historia latinoamericana, el "descubrimiento" del Nuevo Mundo. *Los piratas en Cartagena* culpa de la caída del Imperio Español a su falta de liderazgo en las posesiones coloniales. *La insurrección de los comuneros* propone que el movimiento de la independencia no empezó en 1810, sino treinta años antes con lo que se había presentado como una rebelión insignificante de campesinos. La trilogía *Andrés* y *Un chistoso de aldea*, como veremos más tarde, tratan las Guerras de Independencia como un comienzo problemático de la independencia colombiana que sirve de precursor al problema contemporáneo en la política colombiana. Todas las novelas presentan sus versiones del pasado como la verdad histórica, y los distintos momentos de la intervención autorial en las narrativas –las introducciones, las notas, y los apéndices– pueden ser leídos como las huellas visibles de su esfuerzo por construir textos que funcionen como narrativas ejemplares. Las obras ficcionales tienen que ser transformadas en lo que Suleiman denomina "the bearer of an unambiguous meaning" (27). Acosta de Samper no sólo quiere que sus novelas conlleven ciertos mensajes sobre el comienzo y el progreso de la historia latinoamericana, sino también que su público lea esos mensajes de la manera "correcta", sin errores ni en la transmisión ni en la recepción. Ambos deseos tienen sus raíces en su afán original de enseñar al público femenino sobre la historia colombiana y en su propia relación con el patriotismo y la historia nacional.

La mayoría de las novelas históricas de Acosta de Samper aparecieron por primera vez en las páginas de *La Mujer*, la revista que redactó y publicó entre 1878 y 1881. De este modo los dos proyectos –uno, el de redactar una revista dirigida a las mujeres y el otro, el de ficcionalizar la historia colombiana– comenzaron casi simultáneamente. En el anuncio que inicia el primer número de *La Mujer*, Acosta de Samper explica que además de atraer un público de lectoras, la revista publicará sólo las obras de autoras, y mientras sea posible, sólo de colombianas. El propósito de *La Mujer* se describe en términos evocativos de su caracterización de su proyecto historiográfico; otra vez, se refiere al proyecto de enseñar y divertir. Dado que sus primeras novelas históricas (*Cuadros y relaciones novelescas de la historia de América*, *La juventud de Andrés*, *La familia de tío Andrés* y *Un hidalgo conquistador*) aparecen en una revista dedicada a las mujeres y creada con la intención explícita de mejorar sus condiciones de vida y trabajo, y dadas también las varias afirmaciones de la autora sobre los objetivos de sus novelas, parece lógico concluir que las novelas también debían perseguir la meta de instruir particularmente a las mujeres.

Una de las lecciones más importantes de las novelas históricas es que las mujeres son integrales al trabajo de la construcción de la nación debido a su papel en la familia. En la narrativa de Acosta de Samper, los personajes masculinos participan en y crean la historia: descubren nuevas tierras, conquistan o convierten a los indios, y luchan por los ideales de la libertad y la justicia. Mientras tanto, los personajes femeninos sobreviven, heroicos en, y por, su sufrimiento. El papel de las mujeres, sugiere la autora, es el de nutrir a la familia con los ideales patrióticos y el de proveer un lugar seguro donde los miembros de ésta puedan reunirse, protegidos de las vicisitudes de la política nacional. Sus obras muestran a las mujeres como esenciales al proceso de construir la nación y ofrecen modelos de paciencia y de patriotismo con quienes sus lectores pueden, y deben, identificarse. Además, sus textos proveen a las "madres de la nación" del conocimiento de la historia nacional y las lecciones morales sobre esa historia que necesitan para poder enseñar a sus hijos el comportamiento patriótico. Aunque Pratt ha dicho "women are precariously other to the nation", las novelas de Acosta de Samper hacen hincapié en las conexiones entre la domesticidad y el patriotismo, demostrando que las mujeres pueden y deben ser ciudadanas dedicadas de sus países. Conecta "Eros y Polis", en la frase de Doris Sommer, con su insistencia en narrar la "historia" al lado de la "ficción". En otras palabras, sus narraciones alternan tramas con hechos "verdaderos" y tramas sobre aventuras amorosas y/o domésticas de sus heroínas. Como afirma en la introducción de *La insurrección de los comuneros*, las adiciones ficticias le dan la posibilidad de comunicar ciertas verdades emocionales sobre los sucesos históricos que narra. Es decir, al conectar repetidas veces los mundos público y privado, lo histórico y lo ficticio, Acosta de Samper demuestra que los acontecimientos de la esfera doméstica tienen el mismo grado de importancia que los acaecidos en la esfera pública, y que estos dos campos están íntimamente relacionados. Sus textos presentan este fenómeno a sus lectoras y exhortan a que lo imiten en sus propias vidas, a la vez que ofrecen lecciones morales e históricas y ejemplos de mujeres que vencen las dificultades personales y políticas para cumplir con éxito sus deberes de esposas y madres patrióticas.

No obstante, hay ciertos momentos claves donde los mismos textos que deben comunicar un mensaje de inspiración a las lectoras revelan contradicciones que amenazan con interrumpir esa transmisión directa, a pesar de –o quizás debido a– el empleo de la ficción autoritaria. Para examinar uno de estos momentos de ruptura, cabe volver la atención a la trilogía *Andrés*. La figura epónima de estas novelas es un cura tradicional y misógino. El desarrollo de esa actitud se explica en la primera novela, que tiene lugar veinticinco años antes de las Guerras de Independencia. En las otras dos novelas, el enfoque de la narrativa cae en los sobrinos de Andrés y en sus aventuras personales y políticas durante la lucha por la independencia. En contraste con la misoginia y el conservatismo de Andrés, Acosta de Samper presenta varios personajes femeninos fuertes. *La familia de tío Andrés* y *Una familia patriota* se concentran en las mujeres cuyas historias forman el aspecto "ficticio" de las tramas, en contraste con los hombres cuyas actividades tienen lugar en el mundo político-histórico y quienes, como resultado, son subordinados a la "realidad" histórica. Mientras los hombres son heroicos por sus hazañas militares, las mujeres lo son por su habilidad de resistir ante el sufrimiento. Se resignan a la ausencia de sus hermanos y esposos y sobreviven el encarcelamiento de un hermano y la muerte de otro. Estas mujeres son capaces de trabajar contra los españoles invasores cuando es necesario, arriesgarse para rescatar a sus seres amados y colaborar para apoyarse mutuamente.

Como resultado de los anteriores hechos, sería razonable suponer que las lectoras de estas novelas deben dejarse inspirar por las mujeres abnegadas. Pero es una revelación examinar la conclusión de la trilogía. *Una familia patriota* concluye con la reunión de dos parejas de amantes, pero la salud de una de las mujeres ha sido destrozada por sus tribulaciones. La otra pareja sale para España inmediatamente después de su boda. La tercera "mujer fuerte" de la trilogía, Pepita Piedrahita, viuda del héroe Custodio García Rovira, entra en un convento con la intención de guardar la memoria de su amor perdido. Sus palabras dan fin a la novela: "'La vida es un enigma sin solución […]. Me resigno y acepto mi suerte sin quejarme" (690). Las uniones amorosas no parecen presagiar un futuro feliz para Colombia; no son productivas en el sentido requerido por los romances nacionales de Sommer.

Creo que Acosta de Samper no pudo dar a su novela el final feliz que anheló debido a la cronología alternativa que ella misma construyó. Una cronología, o trama, es la de los sucesos ficticios, la de la esperada conclusión feliz. Pero la otra cronología es la que Acosta de Samper edifica al conectar el presente y el pasado, condenándolos a ambos. A lo largo de la trilogía la narradora continuamente da voz a comentarios críticos sobre el proceso revolucionario y sus efectos en la nación contemporánea, que revelan que Acosta de Samper tiene otro proyecto que quiere imponer. Echa la culpa de los problemas contemporáneos de su país a su comienzo desdichado. Los fracasos de los rebeldes, según la autora, establecieron los paradigmas contra los que los colombianos contemporáneos todavía tienen que luchar.

La respuesta a esta paradoja está conectada con la cuestión de por qué Acosta de Samper se sintió obligada a instruir a sus lectoras sobre su relación con la historia y la nación. A mi juicio, su copiosa producción de novelas históricas –siete entre 1878 y 1887– fue una respuesta a la crisis política que sitiaba a Colombia a los ojos de Acosta de Samper. Por la época en que empezó a publicar *La Mujer* y a escribir novelas históricas, ella y su esposo, José María Samper, estuvieron involucrados en los avatares de un periodo de inquietudes civiles y polémicas sociales. Los liberales, quienes se habían mantenido en el poder desde principios de la República, comenzaban a perder su control del sistema político. El Partido Conservador no sólo crecía en poder e influencia, sino que el Partido Liberal estaba atormentado por conflictos, conflictos que al final llevaron a una división del partido entre los Radicales y los Independientes. En 1876, los Independientes presentaron a su propio candidato presidencial, Rafael Núñez, contra el candidato de los Radicales. Núñez perdió una elección ferozmente disputada y tres meses después los Conservadores empezaron un levantamiento violento. José María Samper, quien fuera antes un liberal ferviente y un agnóstico, se convirtió al catolicismo en la década de los sesenta y apoyó a Núñez. Acosta de Samper, católica piadosa, lo apoyó también, como lo revela el hecho de que le dedicara su novela de 1886, *Los piratas en Cartagena*. La respuesta de Núñez, reproducida en la novela, se refiere específicamente tanto a "la época tempestuosa de 1875" y a los acertados consejos dados por ella, como al "enorme contingente de su ilustre esposo" (xxiii). Las conexiones políticas entre los Samper y Núñez les servirían bien en 1886; pero en 1876, mientras Samper estaba fuera de casa luchando en la insurrección contra el gobierno radical-liberal, se confiscó su imprenta y Acosta de Samper, junto con sus hijas, tuvo que salir de su casa con un preaviso de sólo 24 horas[2].

De este modo, Acosta de Samper sufrió directamente las consecuencias de la inestabilidad civil. Sus novelas históricas, a la vez que ofrecen a sus lectoras modelos positivos y les enseñan los detalles de la historia colombiana, contienen también ataques explícitos a las políticas contemporáneas. Así, en *La juventud de Andrés*, ataca a los políticos mediocres de su época, diferenciando cuidadosamente entre la democracia como ideal y los políticos que subvierten tal ideal: "Yo no culpo de ningún modo a la República, el gobierno ideal de la verdadera civilización [...]: culpo a los ambiciosos, a los corrompidos, a los malos hombres que se han hecho dueños de este desgraciado país para explotarlo y corromperlo" (*La juventud de Andrés*, en *La Mujer* 4:37 (15 de mayo 1880), 9). Las novelas presentan una respuesta doble a lo que percibía eran los fracasos de la democracia colombiana: por un lado, criticaba los errores y defectos de los políticos contemporáneos, mientras, por el otro, intentaba inculcar en sus lectores valores patrióticos basados en un entendimiento histórico para que tales escenas no se repitieran. Este vaivén explica las contradicciones ya expuestas de la trilogía *Andrés*. Mientras la creación de la Colombia moderna es el gran tema de la trilogía, el sentido de fatalismo demostrado por Acosta de Samper significa que esta visión no puede ser puramente utópica; la escritora indica con cierta insistencia la distopía que resultaría de los principios idealizados de la independencia colombiana.

La primera vez que Acosta de Samper aprovechó el género de la novela histórica, fue en un intento por responder a los "fracasos" que percibía en la democracia colombiana. Sin embargo, una vez el país volvió a un estado de relativa paz, abandonó las ficciones históricas; entre 1887 y 1904 se enfocó en redactar revistas para las familias y en escribir historias "tradicionales", narrativas de viaje y manuales domésticos. Veinte años después, no obstante, volvió al género y publicó dos novelas históricas más. Su regreso al género después de su hiato extendido fue, creo, impulsado por un desastre que según ella equivalía a las rebeliones que habían amenazado la democracia colombiana en la década de los setentas y ochentas.

---

[2] Para información biográfica, ver Ordóñez y Otero Muñoz.

Después de la victoria de Núñez en 1884, los conservadores ocuparon todos los puestos gubernamentales; el descontento liberal estalló en una guerra civil a fines de 1899. La Guerra de los Mil Días continuó de manera fragmentada hasta fines de 1902, interrumpiendo el comercio y destruyendo la infraestructura. Tan sólo un año después, Colombia perdió Panamá. Los Estados Unidos intervinieron para garantizar la soberanía de Panamá y asegurar sus propios derechos futuros en el canal. Acosta de Samper vio la pérdida de Panamá y la intervención militar de los Estados Unidos como amenazas poderosas para Colombia, debilitada ya por la Guerra de los Mil Días. Como había hecho veinte años atrás, volvió al pasado en un intento por encontrar modelos apropiados para el comportamiento nacional durante la crisis. Además, con la publicación de *Un chistoso de aldea* y *Aventuras de un español entre los indios de las Antillas*, vuelve a los dos momentos fundacionales de la historia hispanoamericana, a la Conquista y a las Guerras de Independencia[3].

A diferencia de la mayoría de sus novelas históricas tempranas, *Un chistoso de aldea* no alterna entre una trama "histórica" y otra "ficticia"; de hecho, Acosta de Samper rechaza explícitamente la oportunidad de narrar otra vez la historia de la independencia diciendo: "No entra en nuestro plan hacer aquí la reseña de las desgracias y desaciertos de los Padres de la patria" (171). Así, afirma que quiere evitar la historia de las luchas internas que amenazaban con destruir la joven nación. Dado que la novela fue escrita, por lo menos en parte, como respuesta a la intervención de los Estados Unidos en la secesión panameña, tiene sentido que Acosta de Samper le diera la espalda a un retrato de Colombia como un país dividido dándole valor a una imagen favorable, aun inspiracional, del periodo de la independencia. Pero si Acosta de Samper de hecho quiso crear una novela edificante para sus lectores en un momento de crisis nacional, al recurrir a un instante previo en que los colombianos luchaban por su independencia contra un poder colonizador y opresivo, otros aspectos de *Un chistoso de aldea* militan contra esa interpretación. Mientras la narradora sostiene que la novela **no** incluirá la historia de los problemas que acosaban la fundación de la nación, esa misma afirmación aparece inmediatamente después de que la narradora resume los años entre 1810 y 1816 al decir: "en breve las contrariedades [...] la desunión, las rivalidades, las envidias de unos, el orgullo y el poco juicio de otros, fue perdiendo a los patriotas y a la República" (171). De hecho, a

---

[3] En este ensayo, por razones de espacio, me concentro en *Un chistoso de aldea* por el contrapunto que provee a la trilogía *Andrés*.

pesar de afirmar que no hará una crítica de la revolución, es obvio que las mismas dudas y los mismos temores que marcaban las novelas anteriores están en juego en *Un chistoso de aldea*. No sólo comenta sobre la incapacidad de los patriotas para cooperar unos con otros, sino que también critica la habilidad –o la inhabilidad– de la gente común para entender los eventos en que participa. Mientras la intención explícita de Acosta de Samper quizás sea la de ignorar las luchas internas que había enfatizado en sus otras novelas históricas sobre las Guerras de Independencia, *Un chistoso de aldea* termina repitiendo y reinscribiendo muchas de las mismas críticas de la Independencia, como un periodo arruinado por las batallas intestinas de los patriotas y el acceso de las masas a una independencia que ni entienden ni merecen. Si Acosta de Samper quiere usar la Independencia bien como un ejemplo negativo, bien como un ideal de inspiración –y parece que quiere hacer ambas cosas– los dos deseos parecen cancelarse uno a otro.

En conclusión, Acosta de Samper utilizó el género de la novela histórica para crear un espacio narrativo desde el cual podía hablar a un público femenino de asuntos de importancia nacional. Sus obras en todos los géneros debían edificar a sus lectores, pero la novela histórica era su recurso especialmente cuando buscaba comunicar mensajes sobre el nacionalismo, el patriotismo y el papel de las mujeres dentro del hogar y la nación. No obstante, los mensajes contradictorios de las novelas demuestran que sus esfuerzos de articular un mensaje directo sobre el género, la identidad nacional y el patriotismo estaban destinados al fracaso desde el principio. Acosta de Samper buscaba definir su público femenino al publicar estas novelas en sus revistas, *La Mujer*, *La Familia*, y *Lecturas para el Hogar*, y creaba un espacio desde el que podía dirigirse a la esfera pública sin amenazar las normas culturales del comportamiento femenino. Sin embargo, dentro de esta esfera aparentemente doméstica, Acosta de Samper enseñaba a sus lectoras las maneras de participar en la escena nacional. Aunque las novelas a veces comuniquen mensajes mezclados o contradictorios, hay que recordar que Acosta de Samper logró construir un espacio de enunciación desde el cual podía hablar de asuntos de importancia nacional e internacional. Sus textos y sus intentos de actuar sobre la esfera pública demuestran que las mujeres participaban activamente en la creación de los discursos nacionales, y que las cuestiones de género y de identidad nacional se entretejían en la escritura hispanoamericana a fines del siglo XIX.

LEGITIMACIÓN DE LA EXPRESIÓN FEMENINA Y APROPIACIÓN DE LA LENGUA EN *UNA HOLANDESA EN AMÉRICA* (1876) DE SOLEDAD ACOSTA DE SAMPER: DIALÉCTICA DE CULTURA Y TRADUCCIÓN[1]

Catharina Vallejo

Una holandesa en América, caracterizada por Martha Irene González Azcorra como *Bildungsroman* femenina (85) –es decir una novela que traza el desarrollo de una adolescente hacia la madurez– constituye una obra muy particular dentro de la novelística de Soledad Acosta de Samper (1833-1913). Se publica en forma de folletín en el periódico *La ley* de Bogotá, en 1876, al final de la primera etapa creativa de Acosta y poco después del encarcelamiento de su esposo, época en que tuvo que comenzar a sostener a su familia. Cuando apareció publicada en libro, por la casa editorial Bethencourt e hijos en Curazao en 1889[2], la novela recibió reseñas tibiamente favorables en la prensa bogotana, donde se consideraba que la obra reunía "en lo general las buenas condiciones indispensables para que impresione y subsista como pieza literaria: plan sencillamente coordinado, feliz desempeño

[1] Una primera versión de este trabajo fue presentada en el Congreso de la *Latin American Studies Association* que se celebró en Miami en marzo del 2000. Agradezco los comentarios y la discusión que suscitara la presentación y la novela entre el público presente.

[2] Al parecer Acosta quiso limitar la venta del libro por parte de la casa editorial Bethencourt e hijos. Se conserva una carta del 22 de marzo de 1888 que reza en parte: "Nos hemos mantenido en cierta perplejidad respecto a la forma que nos fuese posible dar a las bases del negocio que U. se sirve proponernos para la edición... Nuestra buena voluntad sólo puede llegar a la siguiente solución: ofrecer a U. doscientos ejemplares de la obra, pero dejándonos U. la libertad de venderla también en Colombia... [N]o [podemos aceptar] la limitación que U. nos propone de no mandar ejemplares a Colombia..." Sólo se puede adivinar que Acosta, ya que anunciaba la venta del libro en su propia revista y "en casa de la autora" (*El domingo de la familia cristiana*, 1889 año 1 #3, 7 abril), quiso para sí misma los derechos exclusivos de la venta en Colombia (documentos facilitados por Montserrat Ordóñez, a quien agradezco siempre la amabilidad y el entusiasmo de nuestras discusiones).

de las situaciones difíciles, caracteres de personajes bien definidos y exposición narrativa interesante. Auguramos –concluye la noticia– éxito notable a su distinguida autora" (*Colombia Ilustrada*, junio 1889).

En esa primera etapa Acosta produce mayormente textos costumbristas, muchos de ellos escritos cuando vivía en el extranjero[3]. *Una holandesa en América* constituye una notable excepción a esta práctica. Como es el caso de todos los creadores de ficción, la experiencia de la vida personal de Acosta influye en la creación de esta novela, historia de una joven llamada Lucía Harris –de padre irlandés y madre holandesa– que viaja desde Holanda a Colombia para unirse a su padre recién enviudado, y así civilizar al grupo familiar[4]. Alrededor de 1846 Acosta viajó a Europa con sus padres y allí pasó cinco años, principalmente en París, donde estudió y conoció muchas manifestaciones artísticas e intelectuales; asimismo viajó por otros países de Europa[5]. Contrario a lo que han propuesto muchos críticos de la literatura femenina que se esfuerzan en comentarios *ad feminam*, no están presentes los rasgos de su vida de manera autobiográfica directa. La experiencia vital de Acosta le permitió escribir con autoridad sobre diferentes prácticas culturales, incluir una conciencia de diferentes lenguas como válidas y abrir el horizonte referencial de su creación. En todo momento es importante recalcar que viajar era una aventura para las mujeres, "a forbidden mystery" y un acto de "resistance to feminine social responsibilities", como lo denomina Marjorie Agosín (12, 13). Acosta viajó extensamente; la protagonista de su novela representa a esas vijeras europeas que (re)-descubrieron a Hispanoamérica. *Una holandesa en América*, por tanto, se constituye como excepcionalmente paneuropea, y promueve una conceptualización cosmopolita de la vida colombiana, dentro de un ambiente –colombiano e hispanoamericano– esencialmente hispánico y de una insularidad asfixiante.

En otro trabajo he examinado esta novela en cuanto los motivos de su exclusión del canon, su contraste con *María* de Jorge Isaacs en múltiples aspectos, y la estructura cuidadosamente trabada de esta *Bildungsroman* (ver Vallejo 1998). *Una holandesa en América* ofrece otros aspectos que merecen análisis; constituye también una problematización de la expresión lingüística en varios niveles. Legitima la escritura femenina a través de dife-

---

[3] Para una bibliografía de la obra de Acosta de Samper, ver Porras Collantes.

[4] Mi propio interés en la novela se despertó porque yo también soy una *holandesa en América* y vivo, además, en Canadá, país donde Acosta pasó varios meses en 1845, con su abuela materna.

[5] Para otros detalles de la vida de Soledad Acosta de Samper, ver Otero Muñoz, y Ordóñez (en este mismo volumen).

rentes formatos de expresión: el diario, las cartas y cuentos intercalados, entre otros. Asimismo establece un lugar privilegiado para el castellano (claramente ubicado en Colombia) al "traducir" al español cartas y conversaciones que, según la narración, tuvieron lugar en otras lenguas y en otras culturas, eliminando de esa manera la distancia que podía mediar entre esas culturas, mientras elimina la distancia entre Lucía y Colombia, y entre la Lucía joven y la madura.

La legitimación de la escritura femenina se lleva a cabo por medio de las varias formas de expresión de sus personajes. *Una holandesa en América* es una novela narrada por una voz heterodiegética que a veces llega a dirigirse directamente al lector y considera a Lucía como "nuestra heroína" (24), y "nuestra holandesa" (76); contiene, sin embargo, largos pasajes de textos de Lucía y de Mercedes, su amiga bogotana. Las cartas constituyen un elemento importante de la novela: anuncian la muerte de la madre de Lucía o piden que vaya a Colombia, hay cartas de Lucía a su prima y su tía desde el navío que la lleva a Hispanoamérica y desde la finca en Colombia, cartas de la prima y de la tía en Holanda para Lucía, cartas de Lucía a Mercedes y de ésta a Lucía. Acosta realza el recurso del epistolario, tradicionalmente considerado como medio de comunicación escrita permitido a las mujeres pero a nivel privado y por tanto de poca legitimación a nivel de la esfera cultural dominante. Las cartas de *Una holandesa* demuestran por un lado la importancia de la comunicación internacional –entre Europa e Hispanoamérica– en una región y un país aislados y, por otro, hacen hincapié en que son sobre todo las mujeres quienes mantienen ese contacto y promueven el intercambio cultural a escala internacional. Las cartas son de un alto grado de literariedad –entendido este término tanto como corrección gramatical y como creatividad– ya que presentan descripciones de personajes y paisajes, reproducen diálogos y expresan emociones. Como han afirmado muchos –y cito a Ortega y Gasset– escribir bien es "un acto de rebeldía permanente contra el contorno social, [es] una subversión" (citado en Torre, 235). Jacques Lacan señala que la expresión lingüística permite la constitución del ser humano como sujeto (*Écrits* 237-323, 495). En la civilización occidental, la escritura legitima la expresión l lingüística (ver Derrida), pero esa expresión legitimada –pública– fue por mucho tiempo vedada a las mujeres. A través de personajes femeninos Acosta se esfuerza por legitimar la expresión lingüística escrita de las mujeres y produce un "texto rebelde" (Ortega, *ibíd*.) que conquista para las mujeres los límites culturales de la lengua.

Asimismo, y en grado mayor todavía, Acosta aumenta la legitimación del género "diario" al ampliar el radio de su difusión tradicional. Tanto Lucía como Mercedes producen textos de este género, forma de escritura que puede considerarse como monológica y circular ya que va dirigida al productor mismo del texto –forma, pues, sumamente "privada". Nuevamente Acosta transforma este vehículo: el diario de Lucía llega a formar parte de unas cartas que ella envía a su prima desde el barco transatlántico, y parte del diario de Mercedes –producido cuando está refugiada en un convento durante la guerra civil en Bogotá en los años 1850– toma la forma de un artículo de costumbres sobre diferentes tipos de monjas. La amplitud de la difusión pública –y de ahí el esfuerzo por legitimar la escritura femenina– va más allá todavía si tomamos en cuenta que algunos de los artículos de costumbres de "Mercedes" –que comienzan como fragmentos de su diario– son textos que la misma Acosta publicó ya en 1864 como parte de una serie, hecho notado por la escritora en una nota a pie de página de la novela (203). Acosta muestra así un alto grado de autorreflexividad textual que subraya la conciencia del acto escritural por parte de la autora y se constituye en un cuestionamiento de los valores culturales propios y ajenos.

La legitimación de la expresión femenina a través de la variedad genérica de la novela, y la consecuente multiplicidad de perspectivas, tiene un paralelo muy curioso y novedoso en la legitimación del castellano como idioma de expresión por sobre otros idiomas, una singularización o monopolio del registro lingüístico a través de un proceso de traducción ficticio. Las experiencias de Soledad Acosta le habían permitido aprender varios idiomas y, según asevera Flor María Rodríguez-Arenas, asimismo había traducido varias obras del inglés, francés y alemán (137). Se supone, por tanto, que Acosta estaba familiarizada con las problemáticas teórico-prácticas representadas por el proceso de la traducción y las implicaciones ideológicas de la misma.

Las épocas de la diégesis de la historia y de la producción textual son épocas de gran trastorno y crisis en Colombia; la acción tiene lugar durante la guerra civil de 1854, y los años de la publicación (1876, 1889) marcan una época de construcción nacional en situaciones de luchas ideológicas entre conservadores y liberales (ver Williams). Al mismo tiempo el grupo "El Mosaico", liderado por José María Vergara y Vergara estaba formulando en Colombia una literatura nacional según los parámetros de la tradición europea, pero con una reflexión sobre los valores nacionales que reflejaran los elementos considerados significativos para la cultura propia naciente. *María* formaría parte de esa empresa de construcción ideológica en una época de difícil transición entre una economía esclavista de hacienda y una cultura burguesa. La experiencia de crisis –ha escrito Wolfgang Iser– causa un cuestionamiento de la cultura propia, divide y desintegra la cultura en la que ocurre (247-248), y ésta entonces se reestructura, acomodando diferentes jerarquías y privilegiando diferentes componentes. La traducción participa de este proceso de manera intrínseca, como señala Géman, ya que siempre representa una desestabilización (122): del texto-cultura original al sacarlo de su contexto, y de la cultura en la que se inserta, necesariamente modificándola con su llegada. La traducción, sentencia Géman, "est le ferment de la culture" (123), dando lugar a un espacio de "diferencia" en el que se enriquece la cultura de recepción.

La práctica de la traducción, como bien lo ha visto Frances Aparicio, ha sido de gran importancia para el desarrollo cultural de Hispanoamérica, donde el acceso a las obras de las tradiciones dominantes generalmente se llevaba a cabo a través de traducciones: "El acto de traducir se puede proponer en Hispanoamérica como metáfora de la búsqueda de una literatura nacional, mediante la cual los autores leen y transforman los textos extranjeros en sus propias creaciones literarias" (Aparicio 27). Por medio de la traducción ficticia de obras específicas a un tiempo, espacio y situación –las cartas (en sí también ficticias)– Acosta intenta la apropiación de elementos culturales europeos (en particular ingleses y holandeses) que ella considera de interés o utilidad para la cultura colombiana, por ejemplo la "sólida educación" de Lucía (24), el que las niñas "fuesen económicas, cuidadosas y laboriosísimas" (31), las "huertas y hortalizas sembradas [por Lucía] a la manera europea" (283). Acosta propone la traducción ficticia como procedimiento de apropiación cultural en el que elementos de otras culturas –extraños y por tanto sin valor o significado– se convertirían en aspectos significativos –de importancia y valor– en la cultura colombiana, anulando la diferencia por medio del dominio de la lengua castellana. La autora/narradora de los documentos –ambos ficticios en este caso, pero no por ello menos efectivos– se constituye así como mediador entre culturas (ver Carbonell Cortés 60).

La dualidad inherente en la presencia simultánea de dos textos hace necesaria la intervención del "traductor" y Acosta indica esa función en varias ocasiones por medio de notas a pie de página o explicaciones editoriales. En éstas, son las costumbres colombianas o la jerga local las que se presentan como "extrañas" (u "otro") y las que necesitan ser explicadas para una extranjera como Lucía (ver páginas 106, 111ss, 184). Se enfatiza en todo momento que Lucía viene de un "país civilizado" (116, por ejemplo), y que todo lo colombiano es extraño para ella. De esta manera Acosta establece un tipo de "extrañamiento"[6] de lo colombiano para sus lectores, que

---

[6] Término que se dará a conocer por los formalistas rusos, cuarenta años después de la publicación de *Una holandesa*.

habrán sido en su mayoría colombianos también, proceso que forma parte de la autorreflexividad cuestionante de los valores propios y ajenos característica de la novela.

La traducción, como lo indica Iser, siempre mantiene la conciencia de la "diferencia" al integrar la cultura extranjera con la propia, ya que una cultura no puede nunca englobar totalmente a otra (247-248). Así, el encuentro entre dos culturas se convierte en un proceso de asimilación selectiva que incorpora los elementos que son de relevancia o utilidad para la cultura de recepción, y la búsqueda de elementos de otras culturas sirve como recurso de autorreflexividad sobre la patología cultural propia (Iser 248). Es un re/auto-descubrimiento –y así enriquecimiento– de la cultura propia. Traducir es, literalmente, hacer pasar de un lugar a otro; es la transposición desde un espacio a otro espacio (Torre, 7, 9) –proceso aquí casi literal y reflejado en el traslado de Lucía de Europa a Hispanoamérica en un viaje de auto-descubrimiento. Es de notar a este respecto que la novela subraya cómo la llegada de Lucía a Colombia coincide con el aniversario trescientos de la llegada del descubridor Bastidas a Santa Marta (71).

Las traducciones entonces proveen un tipo de eje de estructuras móviles en las que se yuxtaponen y categorizan las diferencias culturales. Acosta no presenta un espejo en el que se reflejan mutuamente las diferentes culturas, sino que, al presentar en castellano todos los textos que se originan, ficcionalmente, en otro idioma, "traduce" este idioma –y con él traslada sus elementos culturales– a la situación ficcional colombiana en un proceso que descodifica los múltiples códigos lingüísticos diferentes ("otros"), y los recodifica en uno solo, haciéndose propio. Recalco que Lucía es "nuestra" holandesa y heroína –posesivo que acerca lo europeo y lo colombiano. El proceso de la asimilación es selectivo; "las intrigas y los vicios de esta vieja Europa" (43) no se adoptarán; América será la "tierra prometida" (66); allí desaparecerán los elementos de la "corrompida civilización del antiguo mundo" (156). Así la "diferencia" entre culturas e idiomas comienza a ser parcial, difusa y borrosa; se americaniza lo "otro".

La variedad de idiomas presentes en la novela como subcorrientes lingüísticas es impresionante. Lucía "logró aprender sola la lengua española" (25) para poder entender algo del nuevo país de sus padres, pero admite en el barco que "mi español no sirve sino para leer algo, y no para hablarlo" (46); es un español aprendido en libros y no en la cultura viva. Efectivamente, a lo largo de gran parte de la novela, "el castellano no le era aun fácilmente manejable" (123). Lucía, nacida y criada en Holanda, habla holandés y les escribe a su prima y su tía en ese idioma; su padre es irlandés y se comunica con ella en inglés. Un vecino de Lucía es de padre francés y ella habla con el sirviente en ese idioma (12), ya que el francés es el "primer [idioma] que aprendimos ambas" –es decir la prima y Lucía (46). Con Mercedes, a quien conoce en el navío transatlántico, se comunica primero en alemán "que yo considero como mi segunda lengua" (46), dice Lucía en una carta, y luego, en las cartas en Colombia, las amigas se escriben en inglés "idioma que Lucía hablaba muy bien (y que Mercedes había aprendido en Europa con rara perfección)" (123) según la voz narradora. En varias ocasiones Acosta presenta fragmentos de texto en dos idiomas –el español y otro– en estatuto de igualdad: el nombre de la casa de Lucía "*Vreugde en vrede*[7] (Alegría y paz)" (6), por ejemplo, o una exclamación del padre de Lucía al verla por primera vez, en la cual subraya el idioma extranjero, lo nombra y lo traduce: "(*My dear daughter!* exclamó en inglés: mi querida hija [....]" (100). Sin embargo, los discursos de los personajes a través de más de la mitad de la novela –y sobre todo en la primera mitad– se presentan implícitamente como una "traducción" por parte de la narradora-novelista, de esos textos de Lucía, Mercedes, la prima y la tía de Lucía, el vecino francés, y el padre irlandés[8].

Desde los primeros traductores ha habido una controversia sobre el método de la traducción –que si se debe escribir la traducción como si estuviera escrito el texto original en la lengua de la traducción o si se debe traducir literalmente, para que parezca una traducción[9]; en palabras de Ortega y Gasset: o se trae el autor al lenguaje del lector, o se lleva el lector al lenguaje del autor ([1937], en Torre 235)– en un intento de erradicar la diferencia inherente entre dos textos/lenguas/culturas. En el caso de *Una holandesa*, obviamente, la "traductora" (Acosta) trae el autor del texto (los personajes de su novela) al lenguaje del lector (el español), el cual termina siendo dominante sobre los "otros". Aunque a veces se limita el texto a la mención de que hay una carta, en muchas ocasiones se "reproducen" los textos mismos –reproducción doble ya que se presentan noveladas en el texto de Acosta, y en castellano. Al presentar la ficción de su conversión al

---

[7] En la novela reza "*vreughe big vrede*", pero como no tiene sentido en holandés, y como la traducción reza *alegría y paz*, me he tomado la libertad de corregir el texto. Más corriente en Holanda –donde se solía dar nombres a las casas, sobre todo rurales– sería *vreugde en vrede*.

[8] En la segunda mitad de la novela –con una excepción– las cartas son mayormente de Mercedes y son las que contienen fragmentos de su diario, que se suponen estar escritos en castellano.

[9] Es decir que el autor extranjero sea traído hasta nosotros, o que seamos nosotros quienes lleguemos hasta el extranjero (Goethe, 1813, en Torre 44).

castellano, Acosta se apropia de algunos de los idiomas europeos más difundidos –el inglés, francés, alemán y holandés[10]–; todos idiomas de poderes colonialistas. Es evidente que Acosta está consciente del proceso de la traslación dialéctica, y de la consecuente pérdida del dominio europeo. En efecto, la narradora compara el proceso civilizador llevado a cabo por Lucía ("nuestra humilde heroína") con la conquista de los antepasados coloniales de ésta en Batavia (261). Se introduce así un proceso mediante el cual otras lenguas (y con ellas las culturas del "otro", efectivamente) desaparecen bajo el dominio del español, que se instituye como lo propio en un proceso de adaptación y asimilación.

"Cada traducción es, hasta cierto punto [señala Octavio Paz] una invención [...]" (13). La "invención" de América por parte de los europeos, nos recuerda Mary Louise Pratt, se transculturó en las obras de viajeros y viajeras americanas en Europa a través de un proceso criollo de auto-invención (175). Lucía asimismo, por tanto, puede verse como figura alegórica en el proceso de auto-descubrimiento –o auto-invención– de la constitución del sujeto a nivel personal-nacional colombiano. Lucía se instituye como intérprete de un redescubrimiento de las diferencias, una auto-invención y creación. Se lamenta de que la realidad de Hispanoamérica es muy diferente de lo que se había imaginado por sus lecturas cuando vivía en Holanda. "Leía mucho y de aquella manera llegó a formarse una idea enteramente poética e inverosímil de aqueste mundo nuevo" (25). El traslado y la traducción pueden verse, pues, como acto de descubrimiento, fenómeno análogo al acto de la escritura/creación, y como metáfora del proceso de significación en el espacio intercultural (Aparicio 12, 10). La traducción es mucho más que lingüística; es traslado de pensamiento cultural, procedimiento social, ideología. El dominio de una lengua permite acceso directo a la cultura cuya visión del mundo expresa, en un proceso de conquista que establece una jerarquización. Efectivamente, por lo general los conquistados son los que aprenden el idioma del conquistador –como fue el caso en las Américas. Recordamos que uno de los primeros actos de Colón, al llegar a la tierra nueva, fue buscar un intérprete, no sólo de la nueva lengua, sino también de la nueva realidad (ver Todorov, 99ss). Acosta presenta a Colombia, pues, como país de inmigrantes que interpretan –re-inventan y así re-crean– la nueva realidad. En efecto, hay muy pocos personajes "colombianos" como tales; con excepción de Mercedes y de los hermanitos de Lucía (hijos de inmigrantes), nin-

---

[10] Admite no conocer nada del sueco –con referencia a un pasajero en el barco transatlántico que lleva a Lucía a Colombia (55). El italiano queda completamente omitido.

guno de los personajes principales es nacido en Colombia. Todos ellos, sin embargo, se adaptan y se convierten en colombianos, proceso aquí simbolizado por medio de la conquista del idioma castellano como lengua dominante. Hay que subrayar asimismo que no es la lengua de España de la que se trata sino de Hispanoamérica[11]. Es notable que en todas las discusiones de los países europeos falte la mención de la "madre patria" España; Hispanoamérica es netamente cuna de lo propio: "América, América, pensé –escribe Lucía– yo te saludo! Tú serás mi patria y en ti fundo todas las esperanzas de mi vida; sobre tu maternal regazo han nacido todos mis hermanos, y en tus entrañas encierras la tumba de mi madre; te saludo, oh América!" (66-67).

En mi trabajo anterior sobre esta novela ofrecí contrastes con *María*. Con respecto a las perspectivas que ahora abarco, *Una holandesa* asimismo se opone a la novela canonizada. Ésta presenta el alejamiento de un personaje principal de la tierra nativa y la consecuente muerte de la joven amada. La novela entera, sin embargo, tiene lugar en una pequeña fracción de tierra regional colombiana. Mi tesis es que en *Una holandesa en América*, aparte de presentar el proceso de maduración de una adolescente y demostrar el importante papel que han tenido las mujeres en el desarrollo civilizador de Colombia, Acosta quiere enfatizar que Colombia necesita mirar hacia afuera e incorporar elementos extranjeros en su cultura, hacerlos pasar de un lugar a otro, traducirlos. Se opone a la tradicional endogamia colombiana, reflejada, por ejemplo, por Jorge Isaacs en *María*, y de la hispanofilia tradicional de la élite colombiana. Más importante, Colombia entonces necesita *apropiarse* de esos elementos "otros" mediante su traducción, traslado, interpretación, recreación, invención, adaptación, asimilación y conversión a lo propio –acto en sí también de dominación, conquista y rebeldía. Lucía –"informante" de Acosta– llega a Hispanoamérica, aprende español, se integra en la vida colombiana, y entonces logra civilizar a su familia y así intervenir en los asuntos colombianos. Al llegar a Hispanoamérica y paulatinamente conquistar el español, Lucía también llega a gerenciar su vida en la cultura nueva, efectivamente apropiándose de las dos, cultura y lengua, y hacerse colombiana. "Comprendo –dice Lucía– que ya no me acomodaría en Holanda [...] Todo lo encontraría cambiado, diferente, mientras que la verdad sería que yo era la que había variado [...]" (285). Lo colombiano, a través del aporte del "otro" inmigrante, llega a enriquecerse por ese otro en

---

[11] Es sabido, a este respeto, que Acosta defendía "enérgicamente el uso y la aceptación de americanismos en la Academia de la Lengua" (Samper Trainer 149).

un movimiento dialéctico en el cual el inmigrante recrea y reinventa lo propio. La estructura diacrónica de la novela –desde Europa a Hispanoamérica, desde los idiomas europeos absorbidos en lo hispanoamericano– refleja el proceso histórico de la inmigración y la integración de lo europeo en Hispanoamérica; la novela se instituye como un re-descubrimiento de lo que significaba la realidad colombiana. Mary Louise Pratt indica que las escritoras de los textos de viaje del siglo xix dibujaron los "maps of meaning" de una manera muy diferente de los hombres (193). Acosta utiliza para la base de su re-invención el material del quehacer doméstico –material generalmente considerado "femenino" y perteneciente a la esfera de las mujeres: cartas y diarios. El procedimiento de la traducción ficticia en una novela, además, le permite la integración de elementos de culturas "otras" en una forma de expresión con legitimación previa, asegurando de esa manera su incorporación en la lengua canonizada, oficial y dominante en un acto de reterritorialización cultural. De ahí que no deje de ser importante que este proceso –traducción, re-invención, re-descubrimiento, re-creación, significación– se lleve a cabo a través de la escritura de mujeres, ficcionantes y ficcionalizadas. En fin, en esta novela Acosta practica lo que predicó sobre la "Misión de la escritora en Hispanoamérica", artículo homónimo publicado en su volumen *La mujer en la sociedad moderna*; es decir, crear una "literatura *sui generis*, americana en sus descripciones, americana en sus tendencias, doctrinal, civilizadora, artística, provechosa para el alma [...]" (388).

BIBLIOGRAFÍA CITADA

ABEL, Elisabeth (ed.) (1982): *Writing and Sexual Difference*. Chicago: The University of Chicago Press.

ACOSTA DE SAMPER, Soledad (1869): *Novelas y cuadros de la vida sur-americana*. Gante: Imprenta de Eug. Vanderhaeghen. [Contiene las novelas *Dolores*, *Teresa la limeña*, *El corazón de la mujer* y los cuadros "La Perla del Valle", "Ilusión y realidad", "Luz y sombra", "Tipos sociales: La Monja y Mi Madrina" y "Un crimen".]

— (1869): *Teresa la limeña*. En: *Novelas y cuadros de la vida suramericana*, Gante: Imprenta Vanderhaeghen, pp. 73-233.

— (1878-1881): *La Mujer. Lecturas para las familias. Revista quincenal redactada exclusivamente por señoras y señoritas bajo la dirección de la señora Soledad Acosta de Samper*. I.1-12 (1 de septiembre 1878-15 marzo, 1879), pp. 1-288; II.13-24 (5 de abril-20 de septiembre 20, 1879), pp. 1-292; III.25-36 (1 de octubre-1 de mayo, 1879-1880), pp. 1-290; IV. 37-48 (15 de mayo-1 de noviembre, 1880), pp. 1-292. V.49-60 (15 de noviembre-15 de mayo, 1880-1881), pp. 1-288.

— (1879-1880): *La juventud de Andrés*. En: *La Mujer* 3 y 4, pp. 29-36, 37-42.

— (1880 [1878]): *Cuadros y relaciones novelescas de la historia de América*. En: *La Mujer*, segunda edición abreviada. Bogotá: Silvestre & Cía., pp. 29-81.

— (1880-1881): *La familia de tío Andrés*. En: *La Mujer* 5.49-60 (15 de noviembre-15 de mayo), pp. 10-13, 31-37, 56-59, 80-86, 103-108, 126-134, 152-159, 176-182, 200-208, 225-230, 250-262.

— (1883): *Biografías de hombres ilustres ó notables*. Bogotá: Imprenta de La Luz.

— (1884-1885): *Una familia patriota*. En: *La Familia: Lecturas para el Hogar* 1-2.1-12 (mayo-noviembre), pp. 101-116, 170-187, 213-226, 279-294, 358-380, 393-407, 491-508, 526-541, 633-690.

— (1886): "Joaquín Acosta". En: *Papel Periódico Ilustrado* 105 (4 diciembre), pp. 130-138. [Edición facsimilar. Cali: Carvajal, 1979.]

— (1886): *Los piratas en Cartagena*. Bogotá: Impr. de la Luz. [Bogotá: Ministerio de Educación de Colombia; 1946. Medellín: Ed. Bedout, 1969, 1972.]

— (1887): *La insurrección de los comuneros*. Bogotá: La Luz.

— (1888): *Una holandesa en América*. Curazao: A. Berthencourt e Hijos. [Publicado como folletín en *La Ley*, 2-27, 1876.]

— (1889): "Cartas a una madre". En: *El Domingo de la Familia Cristiana*. Primer semestre: 16 (7 julio), pp. 255-256; 21 (11 agosto), pp. 335-336; 23 (25 agosto), pp. 367-368; 24 (1 septiembre), pp. 383; 25 (8 septiembre): 399-400; 26 (15 septiembre), pp. 414-415. Segundo semestre: 28 (29 septiembre), pp. 32; 30 (13 octubre), pp. 64; 31 (20 octubre), pp. 75; 33 (3 noviembre), pp. 112.

— (1889): "Cartas a una recién casada". En: *El Domingo de la Familia Cristiana*. Primer semestre: 5 (21 abril), pp. 79-80; 6 (28 abril), pp. 95-96; 7 (5 mayo), pp.

110-111; 8 (12 mayo), pp. 126-127; 9 (19 mayo), pp. 142-144; 12 (9 junio), pp. 188-189; 13 (16 junio), pp. 207-208; 14 (23 junio), pp. 222-223.

— (1889): "Misión de la escritora en Hispano-América". En: *Colombia Ilustrada* 8 (15 octubre), pp. 129-132. [Edición facsimilar. Bogotá: Banco de Bogotá, 1978.]

— (1893): *Memorias presentadas en congresos internacionales que se reunieron en España durante las fiestas del IV centenario del descubrimiento de América en 1892*. Chartres: Imprenta De Durand.

— (1895): *La mujer en la sociedad moderna*. París: Garnier Hermanos.

— (1896): *Consejos a las mujeres*. París: Garnier.

— (1896): *Conversaciones y lecturas familiares sobre historia, biografía, crítica, literatura, ciencias y conocimientos útiles*. París: Garnier Hermanos.

— (1901): *Biografía del General Joaquín Acosta. Prócer de la Independencia, historiador, geógrafo, hombre científico y filántropo*. Bogotá: Librería Colombiana de Camacho Roldán & Tamayo. [Publicado incompleto en *El Domingo* I y II, 1898-1899.]

— (1905-1906): *Aventuras de un español entre los indios de las Antillas*. Bogotá: La Luz. *Lecturas para el Hogar* 1, 4-12.

— (1905): *Un chistoso de aldea*. Bogotá: La Luz. *Lecturas para el Hogar* 1, 1-4.

— (1907): *Un hidalgo conquistador*. Bogotá: La Luz.

— (1988): *Una nueva lectura. Antología*. Edición e Introducción de Montserrat Ordóñez. Bogotá: Fondo Cultural Cafetero.

— (1988): "Dolores". En: Soledad Acosta de Samper. *Una nueva lectura. Antología*. Introducción de Montserrat Ordóñez. Bogotá: Ediciones Fondo Cultural Cafetero, pp. 27-86.

— (2000): "Bogotá en el año de 2000: una pesadilla", republicado en *Revista de Estudios Sociales* 5 (enero), pp. 117-123.

— (2004): *Soledad Acosta de Samper. Diario íntimo y otros escritos*. Edición y notas de Carolina Alzate. Bogotá: Instituto Distrital de Cultura y Turismo.

— (s/f): "Biografía del General Joaquín Acosta". Manuscrito. Archivo Samper. Gimnasio Moderno, Bogotá.

AGOSÍN, Marjorie, y LEVISON, Julie H. (1999): *Magical Sites. Women Travelers in 19th Century Latin America*. Buffalo NY: White Pine Press.

AGUIRRE GAVIRIA, Beatriz Eugenia (1995): *Entre el desafío y la sumisión: Dos revistas femeninas de Colombia y México en el siglo XIX*. Binghamton, New York: State University of New York. [Disertación de doctorado.]

ANDERSON, Benedict (1991): *Imagined Communities: Reflection on the Origins and Spread of Nationalism*. London: Verso.

ANDERSON, Linda (2001): *Aurobiography*. Nueva York: Routledge.

ANÓNIMO (1878): "Boletín Semanal". En: *El Pasatiempo* 49 (Bogotá, 13 de septiembre), pp. 391.

APARICIO, Frances (1991): *Versiones, interpretaciones y creaciones: Instancias de la traducción literaria en Hispanoamérica en el siglo XX*. Gaithersburg MD: Hispamérica.

ARMSTRONG, Nancy (1991): *Deseo y ficción doméstica*. Madrid: Cátedra.

AUZA, Néstor Tomás (1988): *Periodismo y feminismo en la Argentina: 1830-1930*. Buenos Aires: Emecé Editores.

BAILIN, Miriam (1994): *The Sickroom in the Victorian Fiction. The Art of Being Ill*. Cambridge: Cambridge University Press.

BEIZER, Janet (1993): *Ventriloquized Bodies: The Narrative Uses of Hysteria in France (1850-1900)*. Ithaca and London: Cornell University Press.

BEJAR, Helena (1993): *La cultura del yo*. Madrid: Alianza.

BELLO, Andrés (1993): "Las repúblicas hispanoamericanas". En: Zea, Leopoldo (comp.), *Fuentes de la cultura latinoamericana*. México: Fondo de Cultura Económica, pp. 185-194.

BERMÚDEZ, Susy (1987): "Debates en torno a la mujer y la familia en Colombia, 1850-1886". En: *Texto y contexto*, (Bogotá, enero-abril), pp. 111-144.

— (1992): *Hijas, esposas y amantes. Género, clase, etnia y edad en la historia de América Latina*. Bogotá: Ediciones Uniandes.

BOURDIEU, Pierre (1996): *A Social Critique of the Judgement of Taste*. 1979. Trans. Richard Nice. 8th Printing. Cambridge, Massachusetts: Harvard University Press.

BRODY, Saul Nathaniel (1974): *The Disease of the Soul. Leprosy in Medieval Literature*. Ithaca and London: Cornell University Press.

BROWNSTEIN, Rachel M. (1982): *Becoming a Heroine. Reading About Women in Novels*. New York: Viking Press.

BUDICK, Sanford y ISER, Wolfgang (1996): *The Translatability of Cultures. Figurations of the Space Between*. Stanford CA: Stanford University Press.

BUTLER, Judith (1990): *Gender Trouble: Feminism and the Subversion of Identity*. New York: Routledge.

CABELLO DE CARBONERA, Mercedes (1890): "Soledad Acosta de Samper". En: *El Perú Ilustrado* 3, 142 (25 enero), pp. 1309-1310.

— (1999): "Estudio comparativo de la inteligencia y la belleza en la mujer". En: *Madres del verbo/Mothers of the Word. A Bilingual Anthology of Early Spanish American Writers*. Ed. and Trans. Nina M. Scott. Albuquerque: University of New Mexico Press, pp. 236-250.

CACUA PRADA, Antonio (1983): *Historia del periodismo colombiano*. Bogotá: Ediciones Sua.

— (1997): *Historia de la educación en Colombia*. Bogotá: Academia Colombiana de Historia.

CARBONELL CORTÉS, Ovidio (1997): "Del 'conocimiento del mundo' al discurso ideológico: el papel del traductor como mediador entre culturas". En: Esther Morillas y Juan Pablo Arias (eds.), *El papel del traductor*. Salamanca: Ediciones del Colegio de España, pp. 59-74

CASTELLANOS, Juan de (1921): *Discurso de el capitán Draque 1586-1587*. Madrid: Instituto de Valencia de D. Juan.

CASTELLANOS, Rosario (1972): *Poesía no eres tú*. México: Fondo de Cultura Económica.

CASTRO-KLAREN, Sara; MOLLOY, Sylvia, Y Sarlo, Beatriz (eds.) (1991): *Women's Writing in Latin America*. Boulder: Westview Press.

CAYCEDO, Bernardo J. (1952): "Semblanza de doña Soledad Acosta de Samper". En: *Boletín de Historia y Antigüedades* 452, pp. 356-379. [*Bolívar* 15, 1952, pp. 961-984.]

CHERPAK, Evelyn (1978): "The Participation of Women in the Independence Movement in Gran Colombia, 1780-1830". En: Asunción Lavrín (ed.), *Latin American Women: Historical Perspectives*. Westport, Connecticut: Greenwood Press, pp. 219-234.

CIALDINI, Robert B. Influence (1993): *The Psychology of Persuasion*. New York: Quill, William Morrow.

DE CERTEAU, Michel (1988): *The Writing of History*. Trad. Tom Conley. New York: Columbia.

DENEGRI, Francesca (1996): *El abanico y la cigarrera. La primera generación de mujeres ilustradas en el Perú, 1860-1895*. Lima: IEP/Flora Tristán.

DERRIDA, Jacques (1967): "Ce dangereux supplément". En: *De la grammatologie*. Paris: Eds. de Minuit, pp. 203-234.

— (1994 [1968]): *La escritura y la diferencia*. En: *Márgenes de la filosofía*. Madrid: Cátedra.

— (1997 [1996]): *El monolingüismo del otro o la prótesis del origen*. Buenos Aires: Manantial.

DÍAZ CASTRO, Eugenio (1859): "Andina". En: *Biblioteca de Señoritas* II.67 (Bogotá, 30 de julio), p. 84.

— (1985): *Novelas y cuadros de costumbres*. Elisa Mújica (ed.). Tomo 2. Bogotá: Procultura.

DIEGO, Estrella de (1984): "Prototipos y antiprototipos de comportamiento femenino a través de las escritoras españolas del último tercio del siglo XIX". En: *Actas de las cuartas jornadas de investigación interdisciplinaria. Literatura y vida cotidiana*. Madrid: Universidad Nacional Autónoma de Madrid/Universidad de Zaragoza, pp. 233-250.

DIJKSTRA, Bram (1988 [1986]): *Idols of Perversity. Fantasies of Femenine Evil in Fin-de-siécle Culture*. Oxford: Oxford University Press.

DOUGLAS, Ann (1988 [1977]): *Feminization of American Culture*. New York: Anchor Books.

ENCINALES DE SANJINÉS, Paulina (1997): "La obra de Soledad Acosta de Samper: ¿un proyecto cultural?". En: Luisa Campuzano (ed), *Mujeres latinoamericanas: Historia y cultura. Siglos XVI al XIX*. Tomo II. La Habana/México: Casa de Las Américas/Universidad Metropolitana de Iztapalapa, p. 227-232. [Reimpreso en Myriam Luque, Montserrat Ordóñez y Betty Osorio (eds.), *Memorias. IX Congreso de la Asociación de Colombianistas. Colombia en el contexto latinoamericano*. Bogotá: Instituto Caro y Cuervo, 1997, pp. 397-405.]

FOUCAULT, Michel (1983a [1976]): *Historia de la sexualidad*, I. México: Siglo XXI.

— (1983b [1969]): *La arqueología del saber*. México: Siglo XXI.

FRANCO, Jean (1988): *Plotting Women. Gender and Representation in Mexico*. New York: Columbia.

— (1994 [1989]): *Las conspiradoras. La representación de la mujer en México*. México: El Colegio de México y Fondo de Cultura Económica.

GARCÍA MAFFLA, Jaime (1992): "El romanticismo". En: María Teresa Cristina (ed.), *Gran enciclopedia de Colombia*. Tomo 4. Literatura. Bogotá: Círculo de Lectores, pp. 71-88.

GARCÍA-PINTO, Magdalena (1998): "Enfermedad y ruina en la novela sentimental hispanoamericana: *Dolores* de soledad Acosta de Samper". En. *Revista de Estudios Colombianos* 18, pp. 19-26.

GARRELS, Elizabeth (1987): "El espíritu de la familia en 'La novia del hereje' de Vicente Fidel López. En *Hispamérica* 16, 46-47, pp. 3-24.

GÉMAR, Jean Claude (1997): "Traduction et civilisation: fonctions de la traduction et 'degrés' de civilisation". En: Esther Morillas y Juan Pablo Arias (eds.), *El papel del traductor*. Salamanca: Ediciones del Colegio de España, pp. 109-124.

GERASSI-NAVARRO, Ninam (1999): *Pirate Novels: Fictions of Nation Building in Spanish America*. Durham: Duke University Press.

GILBERT, Sandra M., y GUBAR, Susan (1979): *The Madwoman in the Attic. The Woman Writer and the Nineteenth-Century Literary Imagination*. New Haven and London: Yale University Press.

GILMAN, Sander L. (1994 [1985]): *Difference and Pathology. Stereotypes of Sexuality, Race and Madness*. Ithaca: Cornell University Press.

GILMORE, Leigh (1994): "The Mark of Autobiography: Postmodernism, Autobiography, and Genre".En: Kathleen Ashley *et. al.*, *Autobiography and Postmodernism*. Amherst, MA: University of Massachusetts Press, pp. 3-18.

GIORGIO, Michela de (1993): "El modelo católico". En: Georges Duby y Mechelle Perrot (eds.), *Historia de las mujeres. El siglo XIX. La ruptura política y los nuevos modelos sociales*. Madrid: Taurus, pp. 183-217.

GÓMEZ OCAMPO, Gilberto (1988): *Entre María y La vorágine: La literatura colombiana finisecular (1886-1903)*. Bogotá: Fondo Cultural Cafetero.

GONZÁLEZ ASCORRA, Martha Irene (1997): "El viaje como metáfora del proceso de aprendizaje de la protagonista en *Una holandesa en América*". En: *La evolución de la conciencia femenina a través de las novelas de Gertrudis Gómez de Avellaneda, Soledad Acosta de Samper y Mercedes Cabello de Carbonera*. New York: Peter Lang Eds., pp. 85-102.

— (1997): *La evolución de la conciencia femenina a través de las novelas de Gertrudis Gómez de Avellaneda, Soledad Acosta de Samper y Mercedes Cabello de Carbonera*. New York: Peter Lang.

GUBAR, Susan, y GILBERT, Sandra (1984 [1979]): *The Madwoman in the Attic*. New Haven: Yale University Press.

GUERRA CUNNINGHAM, Lucía (1988): "La modalidad hermética de la subjetividad romántica en la narrativa de Soledad Acosta de Samper". En: Soledad Acosta de Samper, *Una nueva lectura. Antología*. Bogotá: Fondo de Cultura Cafetalero, pp. 353-367.

GUILLORY, John (1993): *Cultural Capital. The Problem of Literary Canon Formation*. Chicago: University of Chicago Press.

GUSSOW, Zachary (1989): *Leprosy, Racism, and Public Health. Social Policy in Chronic Disease Control*. Boulder, CO: Westview Press.

HALLSTEAD, Susan (1999-2000): "¿Una nación enfermiza? Enfermedad grotesca y escritura femenina en *Dolores* de Soledad Acosta de Samper". En: *UPenn Working Papers in Romance Languages* 4, pp. 69-80.

HAWKINS, Anne Hunsakerm (1993): *Reconstructing Illness. Studies in Pathography*. West Lafayette, Indiana: Purdue University Press.

HEILBRUN, Carolyn G. (1988): "Non-Autobiographies of 'Privileged' Women: England and America". En: Bella Brodsky and Celeste Schenck (eds.), *Life/Lines. Theorizing Women's Autobiography*. Ithaca: Cornell University Press, pp. 62-76.

— (1988): *Writing a Woman's Life*. New York: Ballantine.

HINDS, Jr./Harold E. (1977): "Life and Early Literary Career of the Nineteenth-Century Colombian Writer Soledad Acosta de Samper". En: Ivette E. Miller y Charles M. Tatum (eds.), *Latin American Women Writers: Yesterday and Today. Proceedings from the Conference on Women from Latin America (March 1975)*, *Carnegie Mellon University*. Pittsburgh: Latin American Literary Review, pp. 33-41.

ISAACS, Jorge (1942 [1867]): *María*. Santiago de Chile: Zig-Zag.

— (1986 [1867]): *María*, Edición de Donald McGrady. Madrid: Cátedra.

ISER, Wolfgang (1996): "The Emergence of a Cross-Cultural Discourse". En: Sanford Budick y Wolfgan Iser (eds.), *The Translatability of Cultures. Figurations of the Space Between*. Stanford CA: Stanford University Pres.

J. C. R. (1878): "Una fecha notable para las letras colombianas". En: *El Zipa* (Bogotá II.8, 19 de septiembre), pp. 114-115.

JAQUETTE, Jane (1976): "Female Political Participation in Latin America". En: June Nash y Helen Icken Safa (eds.), *Sex and Class in Latin America*. New York: Praeger, pp. 221-244.

JARAMILLO URIBE, Jaime (1982): *El pensamiento colombiano en el siglo XIX*. Tercera edición. Bogotá: Temis.

— (1989): *Ensayos de historia social. Tomo II. Temas americanos y otros ensayos*. Bogotá: Tercer Mundo Editores.

JARAMILLO, María Mercedes; ROBLEDO, Ángela, y RODRÍGUEZ, Flor María (1991): *¿Y las mujeres? Ensayos sobre literatura colombiana*. Medellín: Universidad de Antioquia.

JELINEK, Estelle C. (1980): "Introduction". En: Estelle C. Jelinek (ed.), *Women's Autobiography and the Male Tradition*. Bloomington, University of Indiana Press, pp. 1-20.

JIMÉNEZ, David (1992): *Historia de la crítica literaria en Colombia. Siglos XIX y XX*. Bogotá: Universidad Nacional de Colombia/Instituto Colombiano de Cultura.

KAHANE, Claire (1995): *Passions of the Voice. Hysteria, Narrative, and the Figure of the Speaking Woman, 1850-1915*. Baltimore: The Johns Hopkins University Press.

KELSY, Harry (1998): *Sir Francis Drake: The Queen's Pirate*. New Haven: Yale University Press.

KIRKPATRICK, Susan (1989): *Las románticas. Women Writers and Subjectivity in Spain, 1835-1850*. Berkeley: University of California Press.

KÜBLER-ROSS, Elisabeth (1969): *On Death and Dying*. New York: Macmillan.

LACAN, Jacques (1966): *Écrits*. Paris: Eds. Seuil.

LAVERDE AMAYA, Isidoro (1890): "José María Samper". En: *Colombia Ilustrada* 9 y 10 (15 febrero): 142-148; 12 (2 abril), pp. 181-186. [Edición facsimilar: Bogotá: Banco de Bogotá, 1978.]

LAVRÍN, Asunción (ed.) (1978): *Latin American Women: Historical Perspectives*. Westport, Connecticut: Greenwood Press.

— (1989): *Sexuality & Marriage in Colonial Latin America*. Lincoln: University of Nebraska Press.

LEE, Hermione (2002): "Introduction". En: Virginia Woolf, *On Being Ill*. Ashley, MA: Paris Press, pp. xi-xxxiv.

LONDOÑO, Patricia (1990): "Las publicaciones periódicas dirigidas a la mujer, 1858-1930". En: *Boletín Cultural y Bibliográfico* 23, pp. 2-23.

LÓPEZ CRUZ, Humberto (1999): "Enmarcando la historia en la obra de Soledad Acosta de Samper". En: Luis Jiménez. San José (ed.), *La voz de la mujer en la literatura hispanoamericana fin-de-siglo*. Editorial de la Universidad de Costa Rica, pp. 79-88.

LÓPEZ SÁNCHEZ, Olivia (1998): *Enfermas, mentirosas y temperamentales*. México: Plaza y Valdés Editores.

LUQUE VALDERRAMA, Lucía (1954): *La novela femenina en Colombia*. Bogotá: Pontificia Universidad Javeriana.

MAGNARELLI, Sharon (1985): *The Lost Rib. Female Characters in the Spanish American Novel*. Lewisburg: Bucknell University Press.

MALDONADO ROMERO, Darío, M. D. (1982): *Zaraath?... Esperanza!* Bogotá: sin editorial.

MARTÍ, José (1977): *Nuestra América*. Selección y notas de Hugo Achugar, Caracas: Biblioteca Ayacucho.

MASIELLO, Francine (1992): *Between Civilization and Barbarism. Women, Nation and Literary Culture in Modern Argentina*. Lincoln: University Of Nebraska Press.

MCGRADY, Donald (1962): *La novela histórica en Colombia, 1844-1959*. Austin: University of Texas Press.

MCMILLEN CONGER, Syndy (1990): *Sesibility in Transformation*. Lodon/Toronto: Associated University Press.

MELO, Jorge Orlando (1988): "La literatura histórica en la República". En: *Manual de literatura colombiana*. Tomo II. Bogotá: Procultura, pp. 589-663.

MERCI, Madame (1873): *La mujer cristiana desde su nacimiento hasta su muerte: estudios i consejos*. Bogotá: Tipografía de N. Pontón.

MOLLOY, Silvia (1991): *At Face Value. Autobiographical Writing in Spanish America*. New York: Cambridge University Press.

MONSALVE, José Dolores (1926): *Mujeres de independencia*. Bogotá: Imprenta Nacional,.

MORENO-DURÁN, Rafael Humberto (1992): "La prosa modernista". En: María Teresa Cristina (ed.), *Gran enciclopedia de Colombia. Tomo 4. Literatura*. Bogotá: Círculo de Lectores, pp. 151-168.

NASH, June, y ICKEN SAFA, Helen (eds.) (1976): *Sex and Class in Latin America*. New York: Praeger Publishers.

NAVARRO, Marysa (1988): "Women in Pre-Colombian and Colonial Latin America". En: *Restoring Women to History: Teaching Packets for Integrating Women's History into Courses on Africa, Asia, Latin America, the Caribbean, and the Middle East*. Bloomington: Organization ofAmerican Historians, pp. 3-40.

NOUZEILLES, Gabriela (2000): *Ficciones somáticas. Naturalismo, nacionalismo y políticas médicas del cuerpo (Argentina 1880-1910)*. Rosario: Beatriz Viterbo Editora.

ORDÓÑEZ, Montserrat (1988): "Introducción". En: Soledad Acosta de Samper, *Una nueva lectura. Antología*. Bogotá: Fondo de Cultura Cafetalero, pp. 11-24.

— (1989): "Soledad Acosta de Samper. Una nueva lectura". En: *Nuevo Texto Crítico* II 4, pp. 49-55.

— (1997): "Soledad Acosta de Samper: ¿un intento fallido de literatura nacional?". En: Luisa Campuzano (coord.), *Mujeres latinoamericanas: Historia y cultura. Siglos XVI al XIX. Tomo II*. La Habana/México: Casa de las Américas/Universidad Metropolitana de Iztapalapa, pp. 233-242. [Reimpreso en: Myriam Luque, Montserrat Ordóñez y Betty Osorio (eds.), *Memorias. IX Congreso de la Asociación de Colombianistas. Colombia en el contexto latinoamericano*. Bogotá: Instituto Caro y Cuervo, 1997, pp. 383-395.]

— "Género, escritura y siglo XIX en Colombia: releyendo a Soledad Acosta de Samper". En: <http://www.javeriana.edu.co/pensar/MO.html>.

— (en prensa): "De Andina a Soledad Acosta de Samper: identidades de una escritora colombiana del siglo XIX". En Márgara Russotto (ed.), *La situación autorial: Mujeres, sociedad y escritura en los textos autobiográficos femeninos de América Latina*. Caracas.

ORTEA, Virginia Elena (1997): *Mi hermana Catalina*. En: Virginia Elena Ortea, *Obras*. Edición de C. Vallejo. Santo Domingo: Ce-Mujer/Ed. Búho, pp. 46-63.

OTERO MUÑOZ, Gustavo (1933): "Doña Soledad Acosta de Samper". En: *Boletín de Historia y Antigüedades* 229, pp. 169-175.

— (1937): "Soledad Acosta de Samper". En: *Boletín de Historia y Antigüedades* 271, pp. 256-283.

— (1988): "Doña Soledad Acosta de Samper". En: Soledad Acosta de Samper, *Una nueva lectura. Antología*. Bogotá: Fondo Cultural Cafetero, pp. 369-376.

PARRA, Teresa de la (1965): *Obras completas*. Caracas: Arte.

PAZ, Octavio (1990): *Traducción: Literatura y literalidad*. 1971. Barcelona: Tusquets Editores.

POMBO, Manuel Antonio, y GUERRA, José Joaquín (1986): *Constituciones de Colombia*. IV. Bogotá: Biblioteca del Banco Popular.

PORRAS COLLANTES, Ernesto (1976): *Bibliografía de la novela en Colombia*. Bogota: Publicaciones del Instituto Caro y Cuervo, pp. 6-27.

PRATT, Mary Louise (1990): "Women, Literature and National Brotherhood". En: Emilie Bergmann *et. al* (eds.), *Women, Culture and Politics in Latin America*. Berkeley: University of California Press.

— (1992): *Imperial Eyes. Travel Writing and Transculturation*. New York: Routledge.

— (1995): "'Don't Interrupt Me'. The Gender Essay as Conversation and Countercanon". En: Doris Meyer (ed.), *Reinterpreting the Spanish American Essay. Women Writers of the 19th and 20th Centuries*. Austin: University of Texas Press, pp. 10-26.

PRICE HERNDL, Diane (1993): *Invalid Women. Figuring Feminine Illness in American Fiction and Culture, 1840-1940*. Chapel Hill: The university of North Carolina Press.

PROMIS, José (1991): "Las tres caras de *María* (lectura de las lecturas de la novela de Jorge Isaacs)". En: *Revista Signos. Estudios*, Vol. 24 #29, pp. 67-75.

RAMA, Ángel (1985): "Autonomía Literaria Americana". En: *La crítica de la cultura en América Latina*. Caracas, Biblioteca Ayacucho.

— (1985): "La modernización literaria latinoamericana (1870-1910)". En: *La crítica de la cultura en América Latina*. Caracas: Ayacucho.

— (1991): *La narrativa de Gabriel García Márquez: Edificación de un arte nacional y popular*. Bogotá: Colcultura.

RAMOS, Julio (1989): *Desencuentros de la modernidad en América Latina*. México: Fondo de Cultura Económica.

Restoring Women to History: Teaching Packets for Integrating Women's History into Courses on Africa, Asia, Latin America, the Caribbean, and the Middle East. Bloomington: Organization of American Historians, 1988.

REYES, Carlos José (1997): "El teatro de Soledad Acosta de Samper". En: Myriam Luque, Montserrat Ordóñez y Betty Osorio (eds.). *Memorias. IX Congreso de la Asociación de Colombianistas. Colombia en el contexto latinoamericano*. Bogotá: Instituto Caro y Cuervo, pp. 369-381.

RIVERA MARTÍNEZ, Edgardo (1997): "*Teresa la limeña*, una desconocida novela de Soledad Acosta de Samper". En: *Scientia Omni* 1 (marzo, Universidad Nacional de San Marcos, Lima), pp. 201-230.

ROBERT, Roberto (1871-1872): *Las españolas pintadas por los españoles: colección de estudios acerca de los aspectos, estados, costumbres y cualidades generales de nuestras contemporáneas*. 2 Vols. Madrid: J. E. Morete.

RODRÍGUEZ-ARENAS, Flor María (1991): "Soledad Acosta de Samper, pionera de la profesionalización de la escritura femenina colombiana en el siglo XIX: *Dolores, Teresa la limeña y El corazón de la mujer*". En: María Mercedes Jaramillo, Ángela Inés Robledo, Flor María Rodríguez-Arenas (eds.), *¿Y las mujeres? Ensayos sobre literatura colombiana*. Medellín: Universidad de Antioquia, pp. 133-175.

— (En prensa): Flor María. *Bibliografía de la literatura colombiana del siglo XIX*. Santafé de Bogotá: Instituto Caro y Cuervo.

RUIZ CASTAÑEDA, María del Carmen (coord.) (1988): *La prensa en México: siglo XIX. Exposición gráfica: catálogo de publicaciones periódicas*. México, D. F.: Universidad Nacional Autónoma de México.

RUSS, Joanna (1983): *How to Supress Women's Writing*. Austin: University of Texas Press.

RUSSO, Mary (1994): *The Female Gotesque. Risk, Excess and Modernity*. New york: Routledge.

SAFFORD, Frank, y PALACIOS, Marco (2002): *Colombia: Fragmented Land, Divided Society*. New York: Oxford University Press.

SAMPER, José María (1860): *Ecos de los Andes. Poesías líricas de José María Samper*, París, E. Thunot y C.

— (1869): "Dos Palabras al Lector". En: Soledad Acosta de Samper, *Novelas y Cuadros de la vida suramericana*. Gante: Imp. Vanderhaeghen.

— (1946 [1880]): *Historia de una alma*. I. Bogotá: Editorial Kelly.

— (1948 [1881]): *Historia de un alma*. II. Bogotá: Ministerio de Educación Nacional.

SAMPER TRAINER, Santiago (1995): "Soledad Acosta de Samper: El eco de un grito". En: Magdala Velásquez (ed.), *Las mujeres en la historia de Colombia*. Tomo I. Bogotá: Presidencia de la República de Colombia y Grupo Editorial Norma, pp. 132-155.

SÁNCHEZ, Efraín (1999): *Gobierno y geografía. Agustín Codazzi y la Comisión Corográfica de la Nueva Granada*. Bogotá: Banco de la República/El Ancora.

SARLO, Beatriz (1991): "Women, History and Ideology". En: Sara Castro-Klarén, Sylvia Molloy y Beatriz Sarlo, (eds.), *Women's Writing in Latin America*. Boulder, Colorado: Westview Press, pp. 231-248

SARMIENTO, Domingo Faustino (1977 [1845]): *Facundo o Civilización y barbarie*. Edición de Noé Jitrik. Caracas: Biblioteca Ayacucho.

SCARRY, Elaine (1985): *The Body Pain*. New York: Oxford University Press.

SCOTT, Nina M. (1999): "He says, she writes: Narrative Collaboration in Soledad Acosta de Samper's 'Dolores'". En: Joanna Courteau (ed.), *Mujer, sexo y poder en la literatura femenina iberoamericana del s. XIX*. Valladolid: Fundación Castellae, pp. 83-89.

SHOWALTER, Elaine (1985): *The Female Malady*. New York: Pantheon Books.

— (ed.) (1999): *Madres del Verbo/Mothers of the Word. A Bilingual Anthology of Early Spanish American Women Writers*. Albuquerque: University of New Mexico Press.

SILVA BEAUREGARD, Paulette (2000): *De médicos, idilios y otras historias. Relatos sentimentales y diagnósticos de fin de siglo (1880-1910)*. Bogotá: Editorial Universidad de Antioquia/Convenio Andrés Bello.

SINUÉS DE MARCO, María del Pilar (1872): *El ángel del hogar: estudios morales acerca de la mujer*. Bogotá: Tipografía de N. Pontón.

SKINNER, Lee (1999): "Gender and History in Nineteenth-Century Latin America: the Dialectic Discourses of Soledad Acosta de Samper". En: *Inti* 49-50, pp. 71-90.

Socolow, Susan M. (1989): "Acceptable Partners: Marriage Choice in Colonial Argentina, 1778-1810". En: Asunción Lavrín (ed.), *Sexual & Marriage in Colonial Latin America*. Lincoln: University of Nebraska Press, pp. 207-251.

— (2000): *The Women of Colonial America*. Cambridge: Cambridge.

Soledad Acosta de Samper. Recuerdos y homenajes a su memoria. Bogotá: Arboleda y Valencia, 1914.

Sommer, Doris (1991): *Foundational Fictions: The National Romance of Latin America*. Berkeley: University of California Press.

Sontag, Susan (1977): *Illness as Metaphor*. New York: Farrar, Straus and Giroux.

— (1985 [1977]): *La enfermedad y sus metáforas*. 1977. Barcelona: Muchnik Editores.

Spacks, Patricia Meyer (1980): "Selves in Hiding". En: Estelle C. Jelinek, (ed.), *Women's Autobiography. Essays in Criticism*. Bloomington, IN: University of Indiana Press, pp. 112-132.

Stallybrass, Peter, y White, Allon (1986): *The Politics and Poetics of Transgression*. Cornell: Cornell University Press.

Stanton, Domna C. (1987): "Autogynography: Is the Subject Different?". En: Domna Stanton (ed.), *The Female Autograph. Theory and Practice of Autobiography from the Tenth to the Twentieth Century*. Chicago/London: The University of Chicago Press, pp. 3-20.

Suleiman, Susan Rubin (1983): *Authoritarian Fictions: The Ideological Novel as a Literary Genre*. New York: Columbia University Press.

The Interpreter's Dictionary of the Bible. K-Q. New York: Abingdon Press, 1962.

Tirado Mejía, Álvaro (1992 [1984]): "El Estado y la política del siglo xix". En: *Manual de historia de Colombia*. II. Bogotá: Procultura S. A/Tercer Mundo Editores.

Torre, Esteban (1994): *Teoría de la traducción literaria*. Madrid: Editorial Síntesis.

Vallejo, Catharina (1997): "Dichotomy and Dialectic: Soledad Acosta de Samper's *Una holandesa en América* and the Canon". En: *Revista Monográfica/Monographic Review*. XIII, pp. 273-285.

— (1999): *Las madres de la patria y las bellas mentiras: imágenes de la mujer en el discurso literario nacional de la República Dominicana, 1844-1899*. Miami: Universal.

Vergara y Vergara, José María (1931 [1868]): "Consejos a una niña". En: *Obras escogidas de Don José María Vergara y Vergara. Tomo II: Artículos literarios*. Bogotá: Minerva, pp. 120-129.

Vicinus, Martha (ed.) (1972): *Suffer and Be Ill. Women in the Victorian Age*. Bloomington, London: Indiana University Press.

Vrettos, Athena (1995): *Somatic Fictions. Imagining Illness in Victorian Culture*. Stanford: Stanford University Press.

Wade, Gerald E., y Englekirk, John E. (1950): "Introducción a la novela colombiana". En: *Revista Iberoamericana*. Vol. 15#30, pp. 231-251.

Williams, Raymond Leslie (1991): *The Colombian Novel. 1844-1987*. Austin: University of Texas Press.

Woolf, Virginia (2002): *On Being Ill*. Ashfield, MA: Paris Press.

Zea, Leopoldo (1976): *El pensamiento latinoamericano*. Barcelona: Ariel.

Zulueta, Emilia de (1996): "Contribuciones hispánicas al desarrollo de la teoría crítica". En: *Hispania*. 79 #2 (mayo), pp. 191-200.

Bibliografía
sobre Soledad Acosta de Samper

AGUIRRE, Beatriz (2000): "Soledad Acosta de Samper y su *performance* narrativo de la nación". En: *Estudios de Literatura Colombiana* (Universidad de Antioquia) 6, pp. 18-34.

ALZATE, Carolina (2003): *Soledad Acosta de Samper. Una historia entre buques y montañas*. Biografía novelada. Bogotá: COLCIENCIAS.

— (2003): "¿Cosas de mujeres? Las publicaciones periódicas dedicadas al bello sexo". En *Medios y nación. Historia de los medios de comunicación en Colombia*. Bogotá: Ministerio de Cultura/Editora Aguilar, pp. 82-104.

— (2004): "Introducción". En *Diario íntimo y otros escritos de Soledad Acosta de Samper*. Bogotá: Insituto Distrital de Cultural y Turismo, pp. xiii-xxxviii.

AMMAN, Coleen (1998): "De la calma a la angustia: las emociones en 'Un crimen'". En: Flor María Rodríguez-Arenas (coord.), *Lecturas críticas de textos hispánicos*. Boulder: University of Southern Colorado, pp. 66-76.

ANÓNIMO (1887): "Episodios". En: *Revista de España* (10 de enero), s. p.

— (1889-1890): "[Sección sobre] Bibliografía". En: *Colombia Ilustrada* 4-5, pp. 76-77.

— (1907): *Un hidalgo conquistador*. Soledad Acosta de Samper. Bogotá: Imprenta de La Luz, pp. 3-10.

— (1909): "Notas bibliográficas". *Revista del Colegio Mayor de Nuestra Señora del Rosario* 1907-1974 (Bogotá) 5.48 (sept.), pp. 445-448.

— (1960): "Soledad Acosta de Samper y Manuela Santamaría, dos precursoras intelectuales". En: *Cromos* 1915-1974 (Bogotá), 90.2250, ag. 8, pp. 72-73.

ARISTIZÁBAL MONTES, Patricia (1998): "Soledad Acosta de Samper y la escritura femenina". En: *Revista de la Universidad del Valle* 19, pp. 96-106.

BARNARD, Jessica (1998): "Las tempranas manifestaciones del género en 'Un crimen'". En: Flor María Rodríguez-Arenas (coord..), *Lecturas críticas de textos hispánicos*. Boulder: University of Southern Colorado, pp. 50-56.

CABELLO DE CARBONERA, Mercedes (1890): "Soledad Acosta de Samper", *El Perú Ilustrado* 3, 142 (25 enero), pp. 1309-1310.

CAYCEDO, Bernardo J. (1952): "Semblanza de doña Soledad Acosta de Samper". En: *Boletín de Historia y Antigüedades* 452, pp. 356-379 [*Bolívar* 15, 1952, pp. 961-984.]

CURCIO ALTAMAR, Antonio (1975 [1957]): *Evolución de la novela en Colombia*. Bogotá: Instituto de Cultura Colombiana, pp. 99-100.

DÍAZ CASTRO, Eugenio (1859): "Andina". En: *Biblioteca de Señoritas* 67 (Bogotá, 30 de julio), pp. 84.

— (1985): "Andina". En: Elisa Mújica (ed.), *Novelas y cuadros de costumbres* II. Bogotá: Procultura S. A., pp. 450-451.

ENCINALES DE SANJINÉS, Paulina (1997): "La obra de Soledad Acosta de Samper: ¿un proyecto cultural?". En: Luisa Campuzano (ed.), *Mujeres latinoamericanas: Historia y cultura. Siglos XVI al XIX.* Tomo II. La Habana/México: Casa de Las Américas/Universidad Metropolitana de Iztapalapa, pp. 227-232. [Reimpreso en Myriam Luque, Montserrat Ordóñez y Betty Osorio (eds.), *Memorias. IX Congreso de la Asociación de Colombianistas. Colombia en el contexto latinoamericano*. Bogotá: Instituto Caro y Cuervo, 1997, pp. 397-405.]

FELICIANO, Clarissa (1998): "El honor, la vergüenza y la venganza, pasiones del hombre en 'Un crimen'". En: Flor María Rodríguez-Arenas (coord.), *Lecturas críticas de textos hispánicos*. Boulder: University of Southern Colorado, pp. 57-65.

GARCÍA-PINTO, Magdalena (1998): "Enfermedad y ruina en la novela sentimental hispanoamericana: *Dolores* de Soledad Acosta de Samper". En: *Revista de Estudios Colombianos* 18, pp. 19-26.

GERASSI-NAVARRO, Nina (1997): "Entre piratas y corsarios las mujeres construyen nación". En: *Feminaria Literaria* 8.13, pp. 71-75.

— (1997): "La mujer como ciudadana: desafíos de una coqueta en el siglo XIX". En: *Revista Iberoamericana,* 178-179 (enero-junio), pp. 129-140.

— (1999): *Pirate Novels: Fictions of National Building in Spanish America*. Durham: Duke University Press.

GÓMEZ OCAMPO, Gilberto (1988): *Entre María y La vorágine: La literatura colombiana finisecular (1886-1903)*. Bogotá: Fondo Cultural Cafetero.

— (1988): "El proyecto feminista de Soledad Acosta de Samper: análisis de *El corazón de la mujer*". En: *Revista de Estudios Colombianos* 5, pp. 13-22.

GÓMEZ RESTREPO, Antonio (1918): "Literatura Colombiana". *Revue Hispanique*, XLIII, pp. 155-156.

— (1997): "Soledad Acosta de Samper". En: Verity Smith (ed.), *Encyclopedia of Latin American Literature*. London/Chicago: Fitzroy Dearborn Publishers.

GONZALES ASCORRA, Martha Irene (1997): *La evolución de la conciencia femenina a través de las novelas de Gertrudis Gómez de Avellaneda, Soledad Acosta de Samper, y Mercedes Cabello de Carbonera*. New York: Peter Lang.

GUERRA CUNNINGHAM, Lucía (1988): "La modalidad hermética de la subjetividad romántica en la narrativa de Soledad Acosta de Samper". En: Soledad Acosta de Samper, *Una nueva lectura. Antología*. Bogotá: Fondo Cultural Cafetero, pp. 353-367.

HALLSTEAD, Susan (1999-2000): "¿Una nación enfermiza? Enfermedad grotesca y escritura femenina en *Dolores* de Soledad Acosta de Samper". En: *UPenn Working Papers in Romance Languages* 4, pp. 69-80.

HINDS, Harold E. Jr. (1977): "Life and Early Literary Career of the Nineteenth-Century Colombian Writer Soledad Acosta de Samper". En: Miller, Ivette E., and Charles M. Tatum (eds.), *Latin American Women Writers: Yesterday and Today*.

Pittsburgh: Latin American Literary Review, pp. 33-41. [Proceedings from the Conference on Women from Latin America, March 1975, Carnegie Mellon University.]

JIMÉNEZ, Ana Cristina: *Modelos de civilización y del papel de la mujer en el proceso de consolidación nacional en* Una Holandesa en América *de Soledad Acosta de Samper*. M. A. Thesis, Miami University.

LAVERDE AMAYA, Isidoro (1882): *Apuntes sobre bibliografía colombiana*. (Con apéndice de escritoras y teatro colombiano.) Bogotá: Librería Soldevilla y Curriols y Rafael Chávez.

— (1890): "José María Samper". En: *Colombia Ilustrada* 9 y 10 (15 de febrero y 2 de abril), pp. 142-148 y 181-186. [Edición facsimilar: Bogotá: Banco de Bogotá, 1978.]

LÓPEZ Cruz, Humberto (1999): "Enmarcando la historia en la obra de Soledad Acosta de Samper". En : Jiménez, Luis (ed.), *La voz de la mujer en la literatura hispanoamericana fin-de-siglo*. San José: Universidad de Costa Rica, pp. 79-88.

LONDOÑO, Patricia (1990): "Las publicaciones periódicas dirigidas a la mujer, 1858-1930". En: *Boletín Cultural y Bibliográfico* 23, pp. 2-23.

LUQUE VALDERRAMA, Lucía (1954): "Figuras femeninas de la novela en el siglo XIX. Soledad Acosta de Samper". En: *La novela femenina en Colombia*. (Tesis para optar al grado de doctor en Filosofía, Letras y Pedagogía.) Bogotá: Cooperativa de Artes Gráficas, pp. 33-48.

MALVERDE, Ivette (1993): "Soledad Acosta y La mujer en la sociedad moderna: Desde el affidamiento a la autonomía. En: *Literatura y Lingüística* 6 (Santiago de Chile), pp. 123-32.

MIRALLA ZULETA, Helena (1891): *Carta de Helena Miralla Zuleta a la señora Soledad Acosta de Samper*. Bogotá: Imprenta de *El Progreso*.

MORENO DURÁN, Rafael Humberto (1992): "La obra de Soledad Acosta de Samper". En: *Gran Enciclopedia de Colombia*. 4. Bogotá: Círculo de Lectores, p. 161.

NESWICK, Roxanne (1998): "El cuerpo social como objeto en 'Un crimen'". En: Flor María Rodríguez-Arenas (coord..), *Lecturas críticas de textos hispánicos*. Boulder: University of Southern Colorado, pp. 77-85.

ORDÓÑEZ, Montserrat (1988): "Introducción". En: Soledad Acosta de Samper, *Una nueva lectura. Antología*. Bogotá: Fondo Cultural Cafetero, pp. 11-24.

— (1989): "Un crimen de Soledad Acosta de Samper". En: *Vanguardia Dominical* (Bucaramanga, julio).

— (1989): "Crímenes de la historia literaria: Soledad Acosta de Samper". En: *Hispanorama Deutscher Spanischlehrerverband* (Órgano de la Asociación Alemana de Profesores de Español) 52 (junio). Número especial dedicado a Colombia.

— (1989): "Tres momentos de la literatura colombiana: Soledad Acosta, Elisa Mújica y Marvel Moreno". En: *Correo de Los Andes* (Bogotá) 57, pp. 17-24.

— (1989): "Soledad Acosta de Samper: Una nueva lectura". En: *Nuevo Texto Crítico* (Stanford University) II, 4, Número especial "América Latina: mujer, escritura y praxis", pp. 49-55.

— (1990): "One Hundred Years of Unread Writing: Soledad Acosta, Elisa Mújica and Marvel Moreno". En: Susan Bassnett (ed.), *Knives and Angels: Women Writers in Latin America*. London/New Jersey: Zed Books, pp. 132-144.

— (1995): "Cien años de escritura oculta: Soledad Acosta, Elisa Mújica y Marvel Moreno". En: Luz Mery Giraldo (ed.), *Fin de siglo: narrativa colombiana. Lecturas y críticas*. Cali: Coedición Universidad del Valle y Centro Editorial Javeriano, pp. 323-338.

— (1997): "Soledad Acosta de Samper: ¿un intento fallido de literatura nacional?" En: Luisa Campuzano (ed.), *Mujeres latinoamericanas: Historia y cultura. Siglos XVI al XIX*. Tomo II. La Habana/México: Casa de Las Américas/Universidad Metropolitana-Iztapalapa, pp. 233-242. [Reimpresión en Myriam Luque, Montserrat Ordóñez y Betty Osorio (eds.), *Memorias. IX Congreso de la Asociación de Colombianistas. Colombia en el contexto latinoamericano*. Bogotá: Instituto Caro y Cuervo, 1997, pp. 383-395.]

— "Género, escritura y siglo XIX en Colombia: releyendo a Soledad Acosta de Samper". En: <http://www.javeriana.co/pensar/MO.html>.

ORTEGA, José (1935): *Historia de la literatura colombiana*. Bogotá: Editorial Cromos, p. 184.

OTERO MUÑOZ, Gustavo (1937): "Soledad Acosta de Samper". En: *Boletín de Historia y Antigüedades* 271, pp. 256-283.

— (1933): "Doña Soledad Acosta de Samper". En: *Boletín de Historia y Antigüedades* 229, pp. 169-175.

OTTO, Sandra (1998): "Los discursos sociales en 'Un crimen'". En: Flor María Rodríguez-Arenas (coord.), *Lecturas críticas de textos hispánicos.*, Boulder: University of Southern Colorado, pp. 40-49.

PACHÓN PADILLA, Eduardo (1988): "El cuento: historia y análisis". En: *Manual de literatura colombiana*. Bogotá: Procultura-Planeta, pp. 523-524.

PALMA, Milagros (1997): "El eterno dolor femenino en la novela *Dolores* de Soledad Acosta de Samper", En: *Livres Ouverts/Libros abiertos* (Paris) IV (6 de enero-julio).

PATIÑO, Julia Emma (1995): *Resistencia y búsqueda de la identidad de la mujer latinoamericana en las obras de Soledad Acosta de Samper. Dissertation*. Tulane University.

PINEDA BOTERO, Álvaro (1999): "Dolores". En: *La fábula y el desastre: Estudios críticos sobre la novela colombiana, 1650-1931*. Fondo Editorial. Universidad EAFIT, pp. 195-198.

— (1999): "El corazón de la mujer". En: *La fábula y el desastre: Estudios críticos sobre la novela colombiana, 1650-1931*. Fondo Editorial. Universidad EAFIT, pp. 237-244.

PORRAS COLLANTES, Ernesto (1976): *Bibliografía de la novela en Colombia*. Bogotá: Instituto Caro y Cuervo, pp. 6-26.

REYES, Carlos José (1997): "El teatro de Soledad Acosta de Samper". En: Myriam Luque, Montserrat Ordóñez y Betty Osorio (eds.), *Memorias. IX Congreso de la Asociación de Colombianistas. Colombia en el contexto latinoamericano*. Bogotá: Instituto Caro y Cuervo, pp. 369-381.

RIVERA MARTÍNEZ, Edgardo (1997): "*Teresa la limeña*, una desconocida novela de Soledad Acosta de Sam[per]". En: *Scientia Omni* 1 (Universidad Nacional de San Marcos, Lima, marzo), pp. 201-230.

RODRÍGUEZ-ARENAS, Flor María (1991): "Soledad Acosta de Samper: Pionera de la profesionalización en la escritura femenina colombiana: *Dolores, Teresa la limeña* y *El corazón de la mujer* (1869)". En: María Mercedes Jaramillo, Ángela Inés Robledo y Flor María Rodríguez-Arenas (eds.) *¿Y las mujeres? Ensayos sobre literatura colombiana*. Medellín: Universidad de Antioquia, pp. 133-175; 389-307.

— (1995): "La marginación de la narrativa de escritoras decimonónicas colombianas: 'El crimen' de Soledad Acosta de Samper (1869)". En: Pamela Bacarisse (ed.), *Tradición y actualidad de la literatura iberoamericana* I. Pittsburgh, PA: University of Pittsburgh, pp. 153-158.

RODRÍGUEZ-ARENAS, Flor María (coord.) (1998): *Lecturas críticas de textos hispánicos*. Boulder: University of Southern Colorado, pp. 66-76.

SAMPER, José María (1869): "Dos palabras al lector". En: soledad Acosta de Samper, *Novelas y cuadros de la vida sur-americana*. Gante: Imprenta de Eug. Vanderhaeghen, pp. vi-viii.

SAMPER TRAINER, Santiago (1995): "Soledad Acosta de Samper. El eco de un grito". En: Magdala Velásquez (ed.), *Las mujeres en la historia de Colombia*. Tomo I. Bogotá: Presidencia de la República y Norma, pp. 132-155.

SÁNCHEZ ESPITIA, Leila Adriana (1995): "Soledad Acosta de Samper". En: *Diccionario Enciclopédico de las Letras de América Latina* (DELAL). Caracas: Biblioteca Ayacucho y Monte Ávila.

SÁNCHEZ LÓPEZ, Luis Mario (1982): *Diccionario de escritores colombianos*. Bogotá: Plaza y Janés, p. 26.

SCOTT, Nina M. (1999): "'He Says, She Writes': Narrative Collaboration in Soledad Acosta de Samper's *Dolores*". En: Joanna Courteau (ed.), *Mujer, sexo y poder en la literatura iberoamericana del siglo XIX*. Valladolid: Siglo XIX, Anejos. Monografías 4, pp. 83-89.

SERRANO, Emilia, Baronesa de Wilson (1899): "Soledad Acosta de Samper". En: "Mujeres ilustres de América", pp. 128-188. En: García Llansó, Ramon Pomés y Alfredo Opisso, *Historia de la mujer contemporánea*. Barcelona: Librería A. J. Bastinos, pp. 170-173.

SKINNER, Lee (1999): "Gender and History in Nineteenth-Century Latin America: the Didactic Discourses of Soledad Acosta de Samper", *INTI* 49-50, pp. 71-90.

Soledad Acosta de Samper. Recuerdos y homenajes a su memoria. Bogotá: Arboleda y Valencia, 1914.

TORRES, Thomas (1998): "La crueldad del poder o lo que destruye al hombre en 'Un crimen'". En: Flor María Rodríguez-Arenas (coord.), *Lecturas críticas de textos hispánicos*. Boulder: University of Southern Colorado, pp. 86-94.

VALENCIA GOELKEL, Hernando, y MUTIS, Santiago (eds.) (1988): *Manual de literatura colombiana*. Bogotá: Procultura y Planeta, II.523, pp. 636.

VALLEJO, Catharina (1998): "Dichotomy and Dialectic: Soledad Acosta de Samper's *Una holandesa en América* and the Canon". En: *Monographic Review/Revista Monográfica* 13, pp. 273-285.

Agradecemos la colaboración de Flor María Rodríguez-Arenas en la elaboración de esta bibliografía.

COLABORADORES

Carolina Alzate (Ph.D. University of Massachusetts at Amherst, 1998) es Profesora Asociada del Departamento de Humanidades y Literatura de la Universidad de los Andes en Bogotá. En 1999 publicó un libro titulado *Desviación y verdad: la re-escritura en Arenas y la Avellaneda*, sobre la narrativa histórica de estos dos autores y los discursos de fundación nacional del siglo XIX cubano y de la Revolución. Desde entonces sus investigaciones se han concentrado en la narrativa del siglo XIX latinoamericano, en especial colombiano: las historias de la literatura, las políticas de la escritura y las discontinuidades del discurso de fundación nacional. Sobre estos temas ha publicado varios artículos y participado en congresos nacionales e internacionales. En el año 2003 publicó una biografía novelada de Soledad Acosta de Samper, titulada *Soledad Acosta de Samper. Una historia entre buques y montañas* (Bogotá: Colciencias, 2003). Editó y publicó el diario inédito de la autora (*Diario íntimo y otros escritos de Soledad Acosta de Samper*, Bogotá: IDCT, 2004) y participó en la primera reedición de *Novelas y cuadros de la vida suramericana* (Montserrat Ordóñez, Ediciones UniAndes/CEJA, 2004), libro de Soledad Acosta que no había sido reeditado desde su publicación en 1869. Actualmente prepara una edición en libro de novelas de esta autora que sólo aparecieron en periódicos y que son prácticamente inaccesibles para los lectores contemporáneos.

Mary G. Berg pasó su niñez en Bogotá. Recibió su Doctorado en Literatura hispánica en la Universidad de Harvard, donde enseña en la actualidad, después de varios años de docencia en la Univ. de Colorado, Caltech y UCLA. Ha escrito sobre muchas de las narradoras de los siglos XIX y XX, entre ellas Juana Manuela Gorriti, Sofía Ospina de Navarro, Elisa Mújica, Marta Brunet, y César Duayen. Ha participado en muchos proyectos colaborativos de reevaluación de narradoras latinoamericanas, y ensayos o capítulos suyos han aparecido en libros como *Narrativa colombiana del siglo veinte* (2000), *Las Desobedientes: Mujeres de Nuestra América* (1997 y 2001), *Escritura y diferencia: Escritoras colombianas del siglo XX* (1995), *Escritoras de Hispanoamerica* (1991), *Escritoras chilenas* (1999), *Spanish American Women Writers* (1990), *A Dream of Light and Shadow: Portraits of Latin American Women Writers* (1995), *Reinterpreting the Spanish American Essay: Women Writers of the 19th and 20th Centuries* (1995), *Women Novelists of the World* (1994), entre otros. También es traductora (al inglés) de muchas obras de narradoras, recientemente de novelas de Laura Riesco, *Ximena de los dos caminos* (1998) y *Libertad Demitropulos, Río de las congojas* (2000). Actualmente está terminando una biografía de Clorinda Matto de Turner.

Paulina Encinales, Master en Literaturas Hispánicas de la Universidad de Stanford, tiene una experiencia docente de diez años en la Universidad de los Andes de Bogotá y ha sido profesora del Colegio San Patricio de la misma ciudad por veinte años. Entre sus publicaciones se cuentan los artículos "Escritura Femenina o la Re-inscripción del Silencio" en *Texto y Contexto* número 28, Septiembre-Diciembre 1995 y "La obra de Soledad Acosta de Samper: ¿Un proyecto cultural?", publicado en el libro *Mujeres Latinoamericanas: Historia y cultura. Siglos XVI al XIX*, compilado por Luisa Campuzano y publicado por Ediciones Casa de las Américas (La Habana) en 1997.

Magdalena García-Pinto es profesora de literatura hispanoamericana y directora del programa de *Women Studies* en la Universidad de Missouri-Columbia, USA. Fue presidenta de la *National Women's Studies Association* por el período 2001-2002. Ha publicado artículos sobre escritoras latinoamericanas en inglés y en español. Es autora de *Historias íntimas. Conversaciones con diez escritoras latinoamericanas*, Ediciones del Norte,1988, *Women Writers of Latin America. Intimate Histories*, University of Texas Press, 1991. En 1991 publicó en Editorial Cátedra de Madrid una edición crítica de las *Poesías Completas* de Delmira Agustini. Piensa finalizar un estudio crítico de Delmira Agustini, su vida, su tiempo y su obra poética. Está trabajando en un estudio sobre Victoria Ocampo y Delia del Carril. Es miembro de Consejo Editorial de *Confluencia. Revista Hispánica de Cultura y Literatura*, Department of Hispanic Studies, University of Northern Colorado. Ha colaborado en la *Encyclopedia of Latin American History*, 1995; *Encyclopedia of Latin American Literature*, Londres; 1996, *Encyclopedia of Contemporary Latin American Culture*, Londres , 2000 ; *Who's Who in Contemporary Women's Writing*, Londres, 2000 y *Encyclopedia of Erotic Literature*, Londres, de próxima publicación. Colabora en el *Handbook of Latin American Studies*, que publica la Biblioteca del Congreso, Washington D.C. desde 1983.

Nina Gerassi-Navarro (Ph.D. Columbia University, 1993) es Profesora Asociada en Mount Holyoke College, Massachusetts, donde enseña literatura latinoamericana, colonial y siglo XIX, además de cine latinoamericano desde 1993. Ha publicado *Pirate Novels: Fictions of Nation Building in Spanish America* (Duke University Press, 1999) y numerosos artículos sobre el proceso de consolidación nacional, el concepto de ciudadanía y la mujer, cine y cultura popular. Actualmente trabaja sobre formas de marginalización y transgresiones en la literatura y cine latinoamericanos. También está a cargo, con Luis Fernando Restrepo, de la coedición de un volumen sobre espacio y subjetividad titulado *(Dis)Locating Modernity: Space and Subjectivity in Early Latin America*.

Gilberto Gómez Ocampo estudió en la Universidad del Quindío (Colombia) y recibió su doctorado de la Universidad de St. Louis. Ha escrito y publicado sobre la narrativa latinoamericana de los siglos XIX y XX. Su área principal de interés actualmente es el estudio de los movimientos literarios de la vanguardia y en general de asuntos relacionados con el estatus de la modernidad en la cultura latinoamericana de los siglos XIX y XX. Es profesor del Wabash College y en los últimos años ha enseñado cursos sobre cine latinoamericano, literatura latinoamericana en traducción y los cuentos de García Márquez. Recientemente ha sido nombrado editor del *Handbook of Latin American Studies*, publicado por la Biblioteca del Congreso. Entre sus recientes publicaciones se cuentan "Traumas de la modernidad en el Caribe: Virgilio Piñera y Héctor Rojas Herazo", artículo publicado en el libro *The Culture of the Hispanic Caribbean* (Londres, 2000), "El ocaso de la veracidad: Suramérica en la narrativa de viajes de Christopher Isherwood y Bruce Chatwin", en la revista *Signos Literarios y Lingüísticos*, (México), y "How Two Hispanic Writers Lost Their Accents: The Autobiographies of Richard Rodriguez and Luis J. Rodriguez" (University of Hong Kong English Center), así como los ensayos "*Babel* de Jaime Ardila Casamitdjana y el recurso de la protomodernidad en Colombia" en *Neo/Post/Fin: lecturas hispanoamericanas de fin de siglo* (2001) y "Luis Tejada y Alfonso Fuenmayor: la ruptura del sistema estatoquinético en Colombia," en *Cyberletras* (2002).

Beatriz González-Stephan es Profesora Titular en Rice University. Fue Profesora de la Universidad Simón Bolívar de Caracas hasta 2000 e Investigadora del Centro de Estudios Latinoamericanos Rómulo Gallegos de Caracas (1977-86). Es fundadora y directora de *Estudios. Revista de investigaciones literarias y culturales* (1993-2001). Ganó el Premio Casa de las Américas de 1987 con su libro *La historiografía literaria del liberalismo hispanoamericano del siglo XIX*. Es autora de *La duda del escorpión: la tradición heterodoxa en la narrativa latinoamericana* (1992), *Cultura y Tercer Mundo* (1996) y *Fundaciones: Canon, historia y cultura nacional* (2002), así como coautora de los libros *Crítica y descolonización: el sujeto colonial en la cultura latinoamericana* (1992, con Lucía Costigan) y *Esplendores y miserias del siglo XIX. Cultura y sociedad en América Latina* (1995, con Javier Lasarte). Su libro *The Body Politic. Writing the Nation in the Nineteenth-Century Venezuela* se encuentra en prensa.

Lucía Guerra Cunningham es catedrática de la Universidad de California en Irvine y ha publicado alrededor de ochenta artículos en Estados Unidos, Europa y América Latina. Entre sus libros de crítica se destacan *La narrativa de María Luisa Bombal*, *Texto e ideología en la narrativa chilena* y *La mujer fragmentada: Historias de un signo* (Premio Casa de las Américas, 1994). Es autora de tres novelas: *Más allá de las máscaras* (Premio Gabriela Mistral, 1997), *Muñeca brava* (Monte Avila, Caracas, 1993) y *Las noches de Carmen Miranda* (por aparecer en Chile). Su colección de cuentos titulada *Frutos extraños* obtuvo el Premio Letras de Oro auspiciado por la Universidad de Miami y el Premio Municipal de Literatura en Chile en 1992. En 1998, Editorial Oveja Negra en Bogotá publicó su libro de cuentos titulado *Los dominios ocultos*.

Harold E. Hinds, Jr. es Distinguished Research Professor of History en la Universidad de Minnesota-Morris. En 1979 escribió una disertacion sobre Jose María Samper titulada *The Thought of a Nineteenth-Century New Granadan During His Radical-Liberal Years (1845-1865)* (El pensamiento de un neogradino del siglo XIX durante sus años de liberalismo radical). Fue cofundador y coeditor de la revista *Studies in Latin American Popular Culture* (1982-1998). Junto con Charles M. Tatum es coeditor del *Handbook of Latin American Popular Culture* (1985) y de *Not Just for Children: The Mexican Comic Book in The 1960s and 1970s* (1992), ambos publicados por Greenwood Press. Su libro más reciente, *Popular Culture Theory and Methodology*, será publicado por Popular Press en 2002. Actualmente trabaja en un libro sobre una familia del siglo XIX.

Montserrat Ordóñez (1941-2001). Nacida en Barcelona de padre colombiano y madre catalana, y educada en una doble identidad, residió en Bogotá donde enseñó y escribió. PhD. en Literatura Comparada de la Universidad de Wisconsin-Madison y Profesora Titular de la Universidad de los Andes, publicó sus trabajos en numerosas revistas de ambas Américas y Europa, y se especializó en literatura escrita y leída por mujeres. Se le debe en particular una recopilación de trabajos críticos sobre *La vorágine* (Bogotá, Alianza Editorial, 1987), una edición crítica de la misma novela (Madrid, Cátedra, 1990) y una selección de escritos de Soledad Acosta de Samper (Bogotá, Fondo Cultural Cafetero, 1988). Autora del poemario *Ekdysis* (Roldanillo, Ediciones Embalaje del Museo Rayo, 1987) y de otros textos hechos con algo de araña, de caracol, de escorpión y de camaleón. Porque siempre jugó con las palabras. Con ellas y de ellas vivió, lectora, estudiante y profesora de idiomas y de literatura, editora, traductora, conferencista, periodista, crítica literaria, investigadora, viajera y escritora, actividades que le descubrieron imprevistos mundos. De publicación póstuma será su edición del libro de Soledad Acosta de Samper *Novelas y cuadros de la vida suramericana* (Bogotá, 2003). También póstumamente, en el año 2002, se otorgó a su obra el *Premio de Literatura Latinoamericana Gabriela Mistral*, y dentro de él fue publicado su poemario *De piel en piel. Poemas, versiones, sombras* (París, Indigo /Cotte-Femmes, 2002).

Carlos José Reyes es dramaturgo e historiador. Realiza actividades teatrales desde 1958 y es fundador de varios grupos, entre ellos La Casa de la Cultura, hoy Teatro La Candelaria, junto con Santiago García, en 1966. Ha sido Director del TAP (Teatro de Arte Popular) y de El Alacrán y Co-director del TPB, con Jorge Alí Triana. Entre sus obras escritas para niños se encuentran *Globito manual* y *El hombre que escondía el sol y la luna* (Premio Casa de las Américas 1973), *La piedra de la felicidad* y *Dulcita y el burrito*. Fue Director del Centro Piloto de Educación Artística Infantil, de Colcultura, en el Teatro Cultural del Parque Nacional de Bogotá (1977-1979) y de la Biblioteca Nacional de Colombia (1992-2002). En 2001 recibió el título de Doctor *Honoris Causa* en Artes Escénicas de la Universidad del Valle. Es miembro correspondiente de la Academia Colombiana de la Lengua y miembro de número de la Academia Colombiana de Historia.

Flor María Rodríguez-Arenas (Ph.D., Univerity of Texas) es Profesora Titular de la Universidad de Colorado. Entre sus libros se cuentan: *Tomás Carrasquilla:*

nuevas aproximaciones críticas (2000), *Chiapas, la realidad configurada* (1999), *Hacia la novela: la conciencia literaria en Hispanoamérica (1792-1848)* (1998, 1993), *Guía bibliográfica de escritoras ecuatorianas* y *Guía bibliográfica de escritoras venezolanas* (1993), *¿Y las mujeres? Estudios de literatura colombiana* (1991), *Tradiciones peruana. Ricardo Palma (edición crítica)* (1996, 1993). Ha publicado también numerosos artículos sobre literatura latinoamericana de la colonia, siglo XIX y siglo XX en revistas de Estados Unidos y América Latina.

María Helena Rueda nació en Bogotá y estudió literatura en la Universidad de los Andes de esa ciudad. Posteriormente hizo una maestría en literatura hispánica en la Universidad Estatal de Nueva York en Stony Brook y actualmente se encuentra terminando el doctorado en la Universidad de Stanford, con una tesis sobre la conformación de un imaginario nacional de violencia en la literatura colombiana del siglo XX. Ha publicado artículos críticos en revistas literarias de Colombia, Venezuela y los Estados Unidos. Entre ellos "La letra vs. el cine en la construcción del imaginario cultural en Colombia" (*Revista de Crítica Literaria Latinoamericana*) y "En busca del lector latinoamericano" (*Revista Estudios* No. 17). Sus investigaciones se centran en la relación entre literatura, política y cultura en América Latina durante los siglos XIX y XX.

Santiago Samper Trainer (1946-1994) (M.A. en Historia de la Univerisdad de Syracuse) fue Jefe de la Sección de Centros Culturales del Instituto Colombiano de Cultura entre 1975 y 1977, creando Casas de Cultura en todo el país. Fue Director de Actividades Culturales del Centro Colombo-Americano de Bogotá entre 1977 y 1991, lugar desde el que promocionó y difundió la música, el cine, la literatura y las artes plásticas. Fue curador de numerosas exposiciones de artistas como Ricardo Borrero Álvarez, Ricardo Gómez Campuzano, Gonzalo Ariza, Fernando Botero, Enrique Grau, Eduardo Ramírez Villamizar y Coriolano Leudo, entre otros.

Nina M. Scott es Profesora titular de la Universidad de Massachusetts/Amherst en literatura colonial hispanoamericana, con especial énfasis en la obra de Sor Juana Inés de la Cruz y Gertrudis Gómez de Avellaneda. Ha publicado muchos artículos sobre la escritura de mujeres y numerosos libros: *Breaking Boundaries: Latina Writing and Critical Readings* (1989); una traducción de *Sab* y la *Autobiografía* de Gertrudis Gómez de Avellaneda (1993); *Coded Encounters: Writing, Gender and Ethnicity in Colonial Latin America* (1994); y *Madres del Verbo/Women of the Word. Early Spanish American Women Writers. A Bilingual Anthology* (1999), que contiene una traducción al inglés de "Dolores," de Soledad Acosta de Samper.

Lee Skinner (Ph.D., Emory University) es Profesora de la Universidad de Kansas. Ha publicado artículos sobre la novela decimonónica hispanoamericana en la *Revista de Estudios Hispánicos*, la *Revista Hispánica Modera*, *Hispanic Journal*, *Latin American Literary Review* e *Inti*, entre otras. Actualmente trabaja en un libro sobre el género sexual y la retórica de la modernidad en la segunda mitad del siglo XIX en Hispanoamérica.

Catharina Vallejo cursó estudios en Montreal, donde es Profesora Asociada de Español y Directora del Departamento de Clásicos, Lenguas Modernas y Lingüística de la Universidad de Concordia. Tiene publicaciones sobre el cuento y la literatura femenina del siglo XIX, sobre todo la dominicana y la cubana. Entre sus libros recientes se encuentran la *Antología de la poesía del romanticismo hispanoamericano,1820-1890* y *Las madres de la patria y las bellas mentiras: Imágenes de la mujer en el discurso literario nacional de la República Dominicana, 1844-1899*. Actualmente lleva a cabo un proyecto de investigación sobre las escritoras del modernismo en el Caribe hispánico.